U0921370

从化年鉴

CONG HUA NIAN JIAN

2012

中共从化市委员会
从化市人民政府　主办
从化市地方志编纂委员会办公室　编

廣東省出版集團
广东人民出版社
·广州·

图书在版编目（CIP）数据

从化年鉴（2012）/《从化年鉴》编纂委员会编. —广州：广东人民出版社，2012.12
ISBN 978-7-218-08496-1

Ⅰ. ①从… Ⅱ. ①从… Ⅲ. ①从化市－2012－年鉴 Ⅳ. ①Z526.53

中国版本图书馆CIP数据核字（2012）第312066号

CONGHUA NIANJIAN（2012）

从化年鉴（2012）

《从化年鉴》编纂委员会 编

出 版 人：曾 莹

责任编辑：张贤明 柏 峰
装帧设计：广东汇文出版印务有限公司

出版发行：广东人民出版社
地　　址：广州市大沙头四马路10号（邮政编码：510102）
电　　话：（020）83798714（总编室）
传　　真：（020）83780199
网　　址：http：//www.gdpph.com
印　　刷：广州伟龙印刷制版有限公司
书　　号：ISBN 978-7-218-08496-1
开　　本：787mm×1092mm　1/16
印　　张：39.25　**插　页**：26　**字　数**：950千
版　　次：2012年12月第1版　2012年12月第1次印刷
定　　价：320.00元

如发现印装质量问题，影响阅读，请与出版社（020－83795749）**联系调换**。
售书热线：020－83790604　020－83791487　**邮购热线**：020－83795749

从化市地方志编纂委员会

名誉主任：黄河鸿

主　　任：郭清和

副 主 任：王建红　梁锦华　罗爱萍　谭文标　蒋琼芳

成　　员：（按姓氏笔画为序）

邓世强　卢绍辉　刘建明　朱虹霞　朱峰锋
江柱兴　何向阳　何志强　李灼垣　李宝玲
李泳忠　李泽铃　陈万联　陈鉴池　冼叶生
林远明　林　康　罗树人　钟梅芳　徐惠贞
巢石养　黄桂明　黄润杭　黄雯婷　黄鉴森
温汝强　潘锦峰

从化市地方志编纂委员会办公室

主　　任：徐惠贞

《从化年鉴》编辑部

主　　编：徐惠贞

副 主 编：李信慧　潘　彦

编　　辑：巫丽玲

美　　编：袁　斌

编辑说明

一、《从化年鉴》是由市人民政府主持，市地方志编纂委员会领导，市地方志编纂委员会办公室和各有关部门共同参与编纂的年度资料性工具书，创刊于1999年，每年出版一卷，国内公开发行。其宗旨是全面系统地记述从化市政治、经济、文化、社会等方面情况，为社会各界和海外人士了解和研究从化提供全面、及时、准确、密集的地情资料。

二、《从化年鉴》编辑采取设类目、分目和条目三个层次组成的框架结构，不同层次的标题，在版式设计、字体和字号上有所区别，条目标题用墨绿色加【 】表示，内容包含多方面资料的条目，在段首以仿宋小标题提示，方便读者检索查阅。

三、全书所载录的内容和数据，分别由各部门负责提供、审核。统计数据采用法定计量单位，由于统计口径不同，使用时请以市统计局公布的数据为准。

四、《从化年鉴》(2012)记述2011年全市政治、经济、文化、社会等方面的基本情况，编录2011年大事记；选载市委、市政府的重要文件；设《2011年荣誉》，收录获中共从化市委、从化市人民政府以上表彰的先进集体和个人；辑录各镇、街、市直属局级以上单位负责人和广州市垂直管理单位领导名录。并设置专题彩色图片，记录从化地区的大事、要事和一些单位的基本情况，图文并茂地反映从化的发展面貌。

五、《从化年鉴》编辑出版工作得到全市各级党委、政府、有关单位的大力支持，谨此致谢。本刊疏漏之处，敬请批评指正。

《从化年鉴》编辑部

二〇一二年十月十日

从化中心城区图
图例
市政府驻地
一般单位
街道办
国道 省道
学校
县道
旅游点
车站
村道
规划道路
医院
镇界
街道
镇界
市政府
龙福里
上城湾畔
娃潭围
江埔村
鹤公头
大车
第三水厂

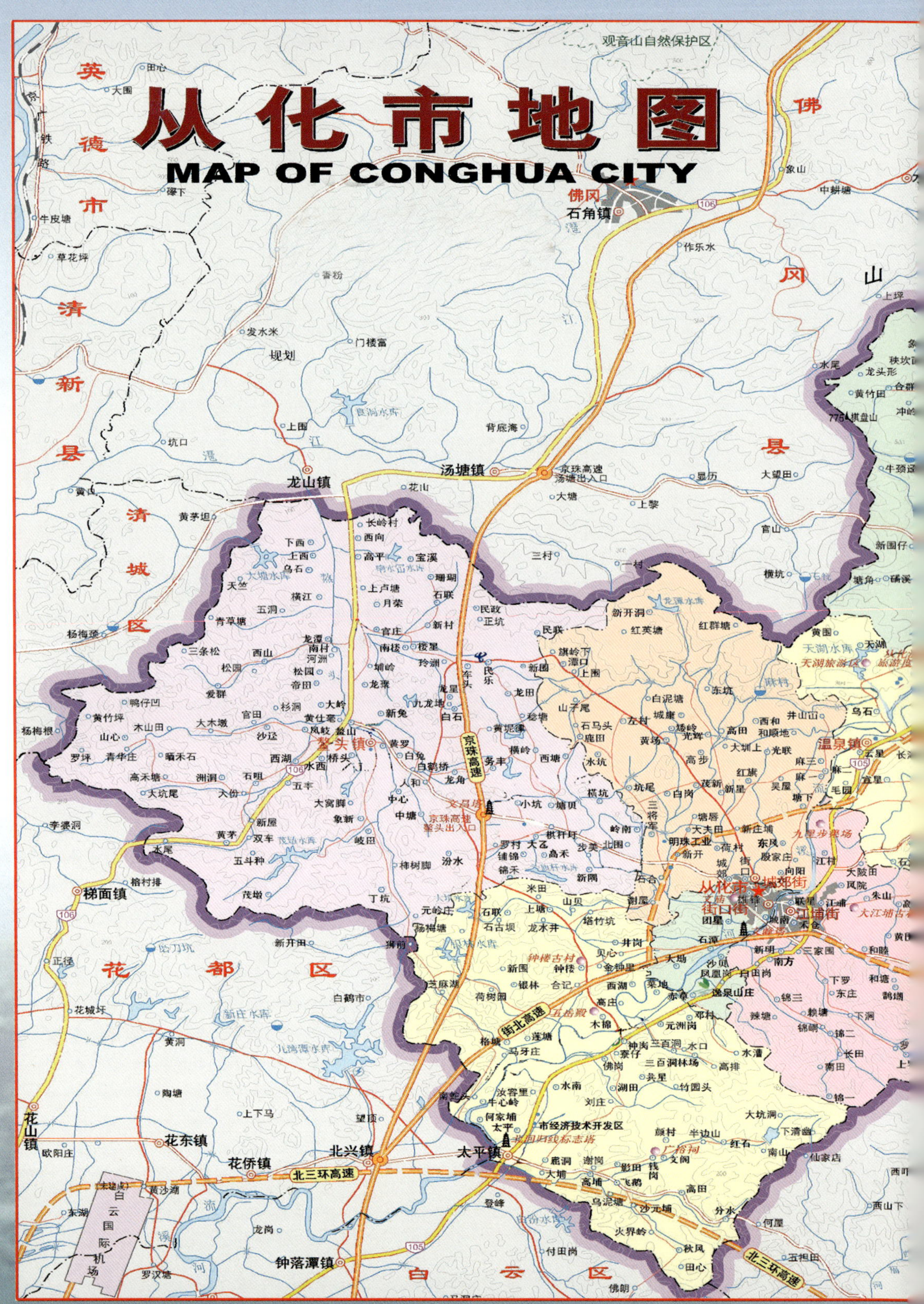

从化市地图
MAP OF CONGHUA CITY
英德市
清新县
清城区
佛冈县
花都区
白云区
观音山自然保护区
佛冈
石角镇
汤塘镇
龙山镇
京珠高速汤塘出入口
鳌头镇
京珠高速鳌头出入口
温泉镇
从化市
城郊街
街口街
江埔街
太平镇
北兴镇
花侨镇
花东镇
花山镇
梯面镇
钟落潭镇
白云国际机场
北三环高速
街北高速
京珠高速
天湖旅游区
流溪河
钟楼古村
五岳殿
广裕祠
北回归线标志塔
市经济技术开发区

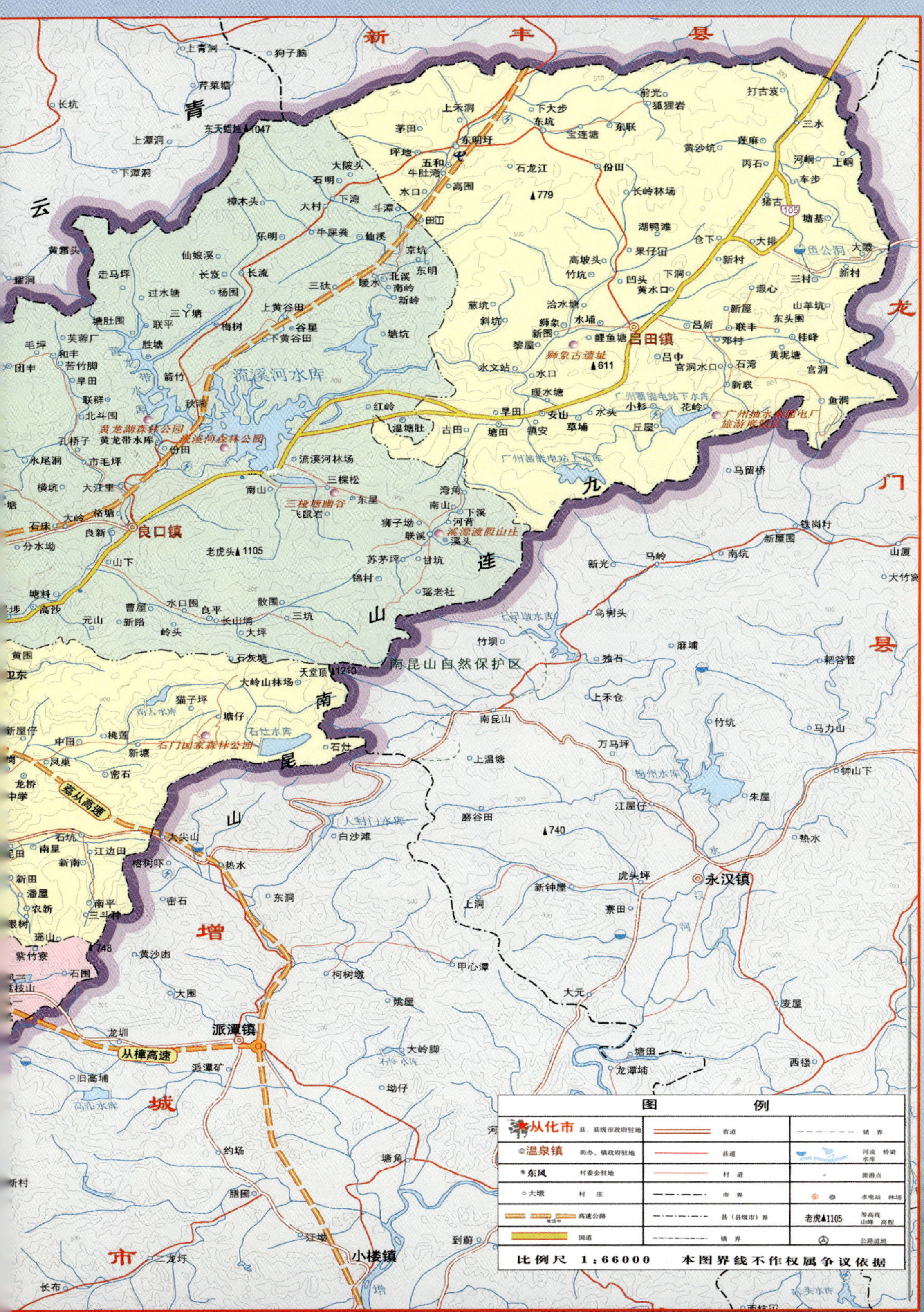
新
丰
县
龙
门
县
青
云
增
城
市
吕田镇
良口镇
永汉镇
派潭镇
小楼镇
流溪河水库
九
连
山
南
昆
山
南昆山自然保护区
黄龙湖森林公园
流溪河森林公园
三桠塘幽谷
溪源渡假山庄
石门国家森林公园
狮象古遗址
广州抽水蓄能电厂旅游度假区
广州蓄能电站下水库
广州蓄能电站上水库
七星墩水库
梅州水库
大封门水库
高山水库
石灶水库
黄龙带水库
街从高速
从樟高速
东天蜡烛▲1047
老虎头▲1105
天堂顶▲1210
▲779
▲611
▲740
▲748
上青洞
狗子脑
芹菜塘
长坑
上潭洞
下潭洞
上禾洞
下大步
前光
狐狸岩
打古岽
三水
茅田
东明圩
东坑
宝连塘
东联
黄沙坑
莲麻
河峒
上峒
坪地
五和
牛肚湾
石龙江
份田
丙石
车步
大陂头
石明
水口
高围
长岭林场
猪古
塘基
樟木头
大村
下湾
斗潭
湖鸭滩
仓下
大排
鱼公洞
大陂
乐明
牛屎粪
仙溪
田心
果仔田
新村
仙娘溪
长岌
京坑
东明
高坡头
竹坑
凹头
黄水口
下洞
三村
新村
黄茅头
走马坪
长流
北溪
南岭
新岭
暖水
三衽
过水塘
杨园
藤坑
洽水塘
新屋
联丰
山羊坑
东头围
三丫塘
上黄谷田
塘坑
斜坑
水埔
鲤鱼塘
吕新
邓村
桂峰
塘肚围
联平
梅树
谷星
下黄谷田
新围
黎屋
吕中
黄泥塘
毛坪
芙蓉厂
胜塘
官洞水口
石湾
官洞
和丰
苦竹脚
团丰
旱田
箭竹
水文站
水口
新联
联群
秋滩
红岭
暖水塘
北斗围
安山
水头
小杉
花岭
鱼洞
孔桥子
份田
温塘肚
古田
塘田
旱田
镇安
草埔
丘屋
水尾洞
市毛坪
流溪河林场
横坑
大江里
三棵松
马留桥
南山
东星
湾角
南山
大岭
格塘
飞鼠岩
下溪
河背
石床
狮子坳
良新
联溪
溪头
铁岗村
分水坳
新屋围
山下
苏茅坪
甘坑
新光
马岭
南坑
山寮
锦村
大竹窝
瑶老社
塘料
曹屋
水口围
散围
高沙
良平
元山
新路
长山埔
三坑
乌树头
岭头
大坪
竹坝
麻埔
黄围
石灰塘
独石
耙谷管
卫东
大岭山林场
猫子坪
上禾仓
塘仔
竹坑
南昆山
新屋仔
万马坪
马力山
中田
桃莲
新塘
石灶
钟山下
凤巢
上温塘
密石
朱屋
龙桥
中学
江屋仔
大尖山
白沙滩
磨谷田
热水
石坑
南星
江边田
格树吓
新南
热水
虎头坪
新田
东洞
新钟屋
瀣墨
农新
南平
寮田
三斗种
上洞
密石
瑶山
黄沙囱
紫竹寮
石围
甲心潭
柯树墩
大元
麦屋
大围
姚屋
龙圳
大岭脚
塘田
西楼
派潭矿
龙潭埔
旧高埔
坳仔
约场
塘角
新村
腊圃
江埗
到蔚
二龙圩
长布
图例
从化市 县、县级市政府驻地
温泉镇 街办、镇政府驻地
东风 村委会驻地
大墩 村庄
高速公路
国道
省道
县道
村道
市界
县（县级市）界
镇界
镇界
河流 桥梁 水库
旅游点
水电站 林场
老虎▲1105 等高线 山峰 高程
公路道班
比例尺 1:66000
本图界线不作权属争议依据

1月31日，广州市委常委凌伟宪（中）一行到鳌头镇了解帮扶建设项目情况。市领导刘宗静(左二)陪同

2月7日，广州市委副书记苏志佳（左四）到吕田镇了解新农村建设情况。市领导黄河鸿（左三）、梁建清（左一）、刘宗静（左五）陪同

3月3日，安徽省委常委、副省长赵树丛（前排左二）一行到从化，考察农业龙头企业发展情况。市领导郭清和（前排左三）、谭文标（二排左二）陪同

3月15日，广州市副市长甘新（左五）到广州万宝集团有限公司视察。市领导黄河鸿（左三）、郭清和（左四）陪同

3月21日，广州市政府在北京人民大会堂举办："新广州·新商机——北京推介会"，会上，从化市市长郭清和（前排左四）代表从化市人民政府与投资从化的企业代表签约

3月26日，省委常委、广州市委书记张广宁（左三）到从化市北部山区吕田镇调研。市领导黄河鸿（左二）、郭清和（左四）、王建新（左五）陪同

4月14日，广州市副市长陈国（前左三）率领广州市农业局等相关部门负责人到从化温泉镇、良口镇调研农村扶贫开发工作。市领导何镜清（左五）、刘宗静（左四）陪同

4月17日，广州市委副书记、市纪委书记苏志佳（左五），原广州市委常委、统战部部长孔少琼（左三）一行到从化温泉镇，对扶贫开发建设备选项目进行考察。市领导黄河鸿（左四）陪同

4月20日，广州市人大常委会党组书记、主任张桂芳（左一）率领广州市人大常委会视察组到从化调研贫困镇、村扶贫开发工作情况，市领导黄河鸿（左二）陪同

5月7日，广州市委副书记、纪委书记苏志佳（右一），广州市人大常委会副主任陶子基（右三）一行到从化，调研扶贫开发工作，并到太平镇钱岗村广裕祠参观。市领导黄河鸿(左二)陪同

5月17日，广州市委常委、萝岗区委书记凌伟宪（左二）以及雅居乐集负责人一行到从化市鳌头镇洽谈帮扶项目，考察鳌头中学等改造工程项目。市领导黄河鸿（左三）陪同

5月18日，广州市荔湾区和合景泰富地产控股有限公司对口帮扶吕田镇建设项目启动仪式在吕田镇举行。广州市委副书记、纪委书记苏志佳（左六），广州市副市长陈国（左五）出席仪式。市领导黄河鸿（左三）、郭清和（左二）陪同

5月18日，广州市副市长陈国（左一）一行到吕田镇狮象村调研新农村建设进展情况，从化市领导黄河鸿（左二）、谭凯平（中）、刘宗静（右二）陪同

5月20日，"光明之路，幸福乡村"从化市农村路灯建设启动仪式在吕田镇桂峰村举行。市领导谭凯平（右三）出席仪式

5月31日，广州市人大主任张桂芳（左二），市委常委、萝岗区委书记凌伟宪（左三）一行到鳌头镇调研开展扶贫开发工作情况。市领导黄河鸿（左一）陪同

6月3日，从化市政府与上海杰事杰公司举行华南国际新材料产业基地协议第一期项目合作签约仪式。省委常委、广州市委书记张广宁（后排左六），广州市政协主席林元和（后排左五），广州市委常委、广州市政府常务副市长陈如桂（后排左四）出席仪式

6月14日，广州市市委常委、广州市政府常务副市长陈如桂（左四）一行到广东从化经济开发区明珠工业园调研。市领导黄河鸿（左二）、郭清和（左六）、方纪章（左七）陪同

7月4日，美国纽约州罗马市政府代表团一行抵达从化，开展为期3天的友好访问活动。图为市长郭清和（左二）与罗马市市长布朗（左一）共同签订两市建立合作交流关系谅解备忘录

7月4日，从化市在鳌头镇隆重举行交通建设重点项目启动暨105国道、355省道升级改造工程动工仪式。市领导黄河鸿（左三）、郭清和（左四）、李玉宜（左二）、谭凯平（左五）、孙石康（左一）出席仪式

7月26日，广州市副市长陈明德（左四）率领广州市外经贸局及相关处室的负责人到从化调研，并到广州保赐利化工有限公司了解情况。市领导黄河鸿（左二）、郭清和（左三）陪同

8月2日，卫生部副部长、国务院医改办副主任、卫生部公立医院改革试点协调工作小组组长马晓伟（左三）率领国务院医改督导调研组到从化调研。副省长雷于蓝（左二）、从化市市长郭清和（左一）陪同

8月3日，省委常委、广州市委书记张广宁（左三）一行来到从化太平镇钱岗村调研。市领导黄河鸿（左四）、郭清和（左一）陪同

8月9日上午，广州市委副书记、纪委书记苏志佳（右二）到吕田镇开展扶贫开发调研活动。市领导黄河鸿（左二）、黄信敬（左一）陪同

8月18日，广州市委常委、广州警备区司令颜小明（左三）带领广州“创文”第八督导组检查从化市的“创文”工作。市领导黄河鸿（左二）、王建红（右一）陪同

8月24日，省委常委、广州市委书记张广宁（左二），广州市委副书记、市长万庆良（左一）一行到从化市动漫产业基地考察。市领导黄河鸿（左三）、郭清和（左五）陪同

9月2日，广州市副市长陈国（左三）到鳌头、吕田、良口、温泉四镇调研农村扶贫开发工作。市领导黄河鸿（左四）、黄信敬（左二）陪同

9月19日，省委常委、广州市委书记张广宁(前排左三)，广州市委副书记、市长万庆良(前排右二)，广州市人大常委会主任张桂芳(前排左二)一行到从化，出席广州市加快北部山区发展工作检查现场会暨“百企助百村”扶贫开发项目签约仪式，并到鳌头镇、吕田镇、良口镇、温泉镇巡查扶贫开发工作。市领导黄河鸿（二排左三）、郭清和（前排左四）、黄信敬（二排左二）陪同

9月28日，从化市政府与湖南伟大集团就“从化·城乡一体化发展示范项目”举行签约仪式。市领导郭清和（后排左五）、王建红（后排右二）出席仪式

10月18日，广州市人大常委会主任张桂芳（左三）、广州市人大常委会副主任陶子基（左一）一行到万祺水果专业合作社展示中心了解合作社发展情况。市领导黄河鸿（左四）、郭清和（左五）陪同

11月5日，市政府举行广州市政协支持从化市社会主义新农村建设项目落成暨新项目捐赠仪式，副市长温洁夫（前排左）代表市政府接受捐赠

11月22日，广州市副市长陈国（左三）到鳌头镇中心医院了解医院扩建工程进展情况。市领导谭凯平（左二）、黄信敬（左四）陪同

11月28日，从化市人民政府·广东太阳岛光伏科技有限公司、明珠·太阳岛光伏科技园战略合作签约仪式在温泉举行。图为副市长方纪章（前右一）代表市政府签约。市领导黄河鸿（后排左六）、郭清和（后排左五）、谭凯平（后排左二）、何镜清（后排右三）、王建红（右一）出席仪式

中共从化市第十二次代表大会

中共从化市第十二次代表大会于9月22日至25日在市流溪影剧院召开,大会由市委副书记、市长郭清和主持。市委书记黄河鸿代表中共从化市十一届委员会作报告，报告总结过去五年成绩。今后五年，从化市经济发展，以“建设珠三角最宜居生态城市”为总目标，以生态保护为核心，狠抓经济发展和社会建设，深入推进“大交通、大旅游、大产业、大平台”发展战略，力争在“四个转型升级”中增创新优势，着力打造广州北部生态经济核心区。会议选举产生新一届市委委员、候补委员、市纪委委员和从化市出席广州市第十次党代会代表。在市委十二届一次全会上，选举产生第十二届市委常委、书记和副书记。黄河鸿当选从化市委书记，郭清和、何镜清当选为副书记。

9月22日，中共从化市第十二次代表大会在市流溪影剧院召开

中共从化市第十二届委员会委员合影，从左到右依次为：欧阳翔、赵丰、刘宗静、王建红、何镜清、黄河鸿、郭清和、蔡澍、邱永权、梁锦华、黄信敬、李朔熹

中国人民政治协商会议广东省从化市第九届委员会第一次会议

中国人民政治协商会议广东省从化市第九届委员会第一次会议于11月4日至7日在市中心会堂召开。会议选举产生政协从化市第九届委员会主席、副主席、秘书长和常务委员，谭凯平当选为主席，蒋琼芳、刘维嘉、黎艺钦、任洪华、刘大光、李东强当选为副主席，梁柱生当选为秘书长，常务委员有31人。

中国人民政治协商会议广东省从化市第九届委员会第一次会议

新一届政协主席、副主席、秘书长合影，从左到右依次为：李东强、任洪华、刘维嘉、谭凯平、蒋琼芳、黎艺钦、刘大光、梁柱生

从化市第十五届人民代表大会第一次会议

从化市第十五届人民代表大会第一次会议于11月5日至8日在市流溪剧院召开。会议选举产生市十五届人大常委会和市人民政府领导班子，以及市人民法院院长和检察院检察长。黄河鸿当选为从化市第十五届人民代表大会常务委员会主任，张汉江、胡少民、余志平、罗爱萍、刘树生、赖志英当选为副主任，委员有20人；郭清和当选为从化市人民政府市长，蔡澍、方纪章、孙石康、卢凤萍、刘岗、邓宇恒当选为副市长；姜耀庭当选为从化市人民法院院长；蒋晋当选为从化市人民检察院检察长，按照法律规定，报请广州市人大常委会批准。大会选举产生广州市第十四届人大代表41人。表决通过《从化市人民政府工作报告》、《从化市人民代表大会常务委员会工作报告》、《从化市人民法院工作报告》、《从化市人民检察院工作报告》决议。

从化市第十五届人民代表大会第一次会议

从化市第十五届人民代表大会常务委员会主任、副主任合影，从左到右依次为：赖志英、罗爱萍、胡少民、黄河鸿、张汉江、余志平、刘树生

新一届市政府领导班子合影，从左到右依次为：邓宇恒、卢凤萍、方纪章、郭清和、蔡澍、孙石康、刘岗

综合实力

2010年，从化市综合发展实力和发展活力均名列广东省67个县（市）第二名，并入选“全国综合实力百强市”，为2011年从化市“十二五”时期开局之年打下了坚实的发展基础。

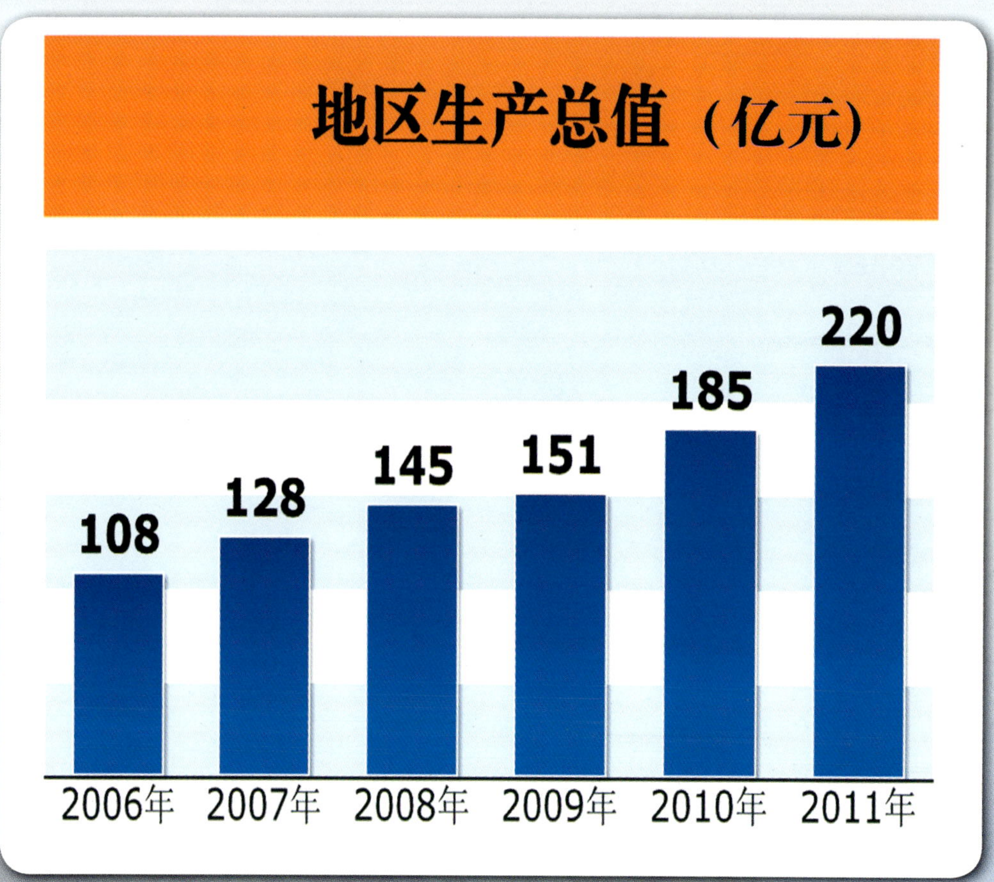

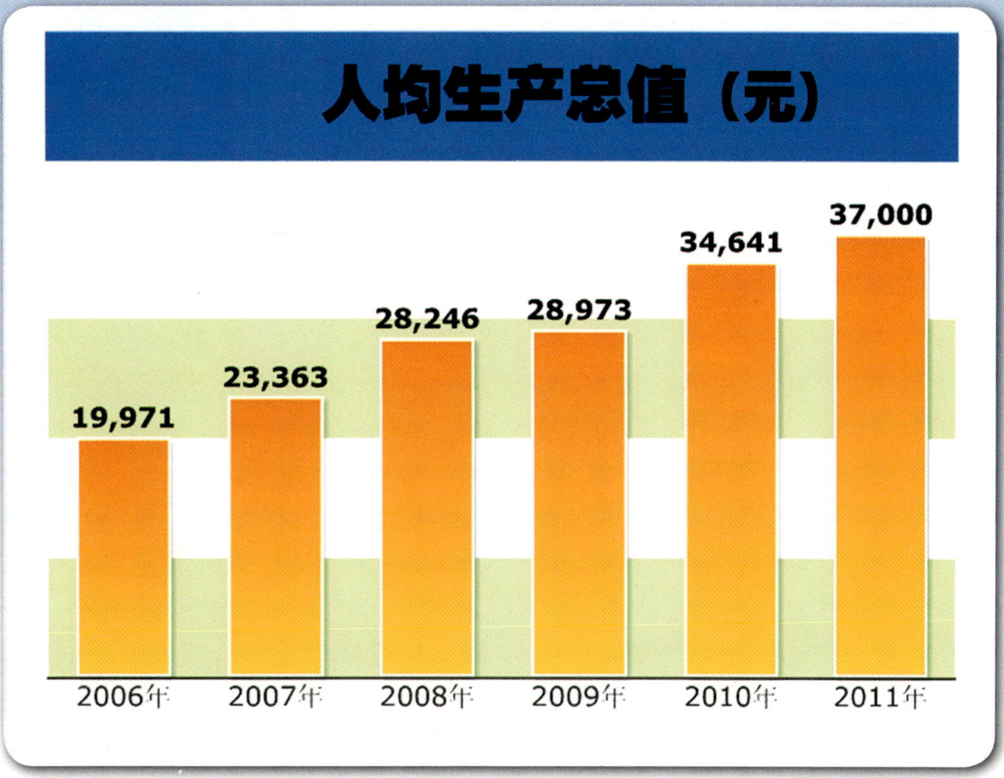
人均生产总值（元）
19,971
23,363
28,246
28,973
34,641
37,000
2006年
2007年
2008年
2009年
2010年
2011年

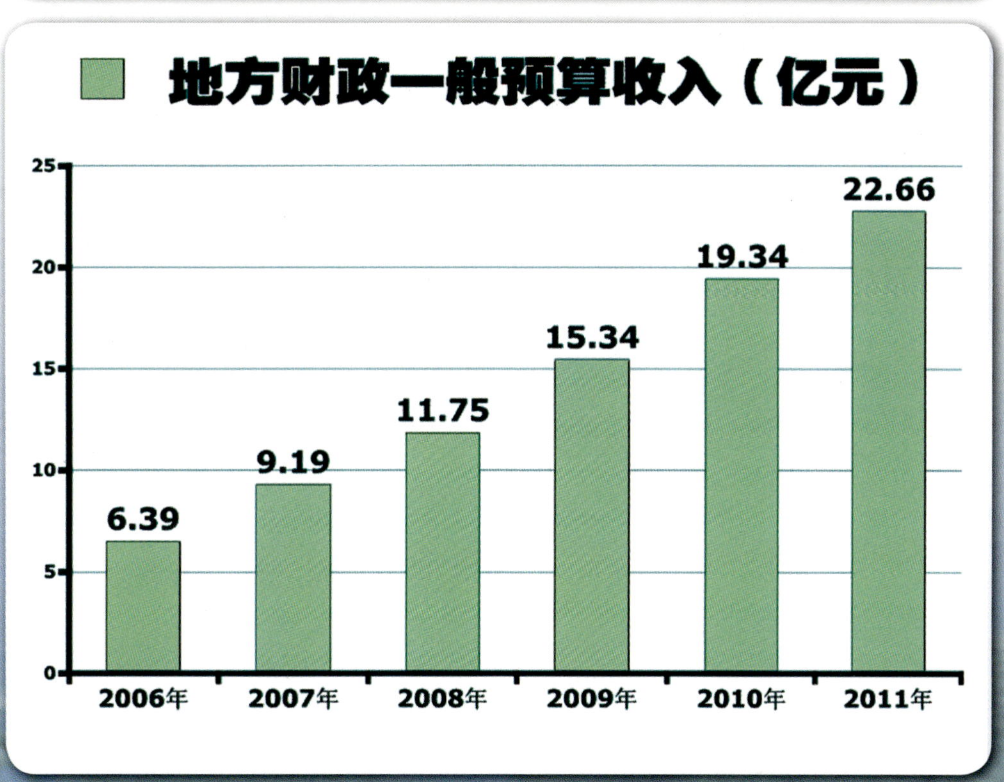
地方财政一般预算收入（亿元）
25
20
15
10
5
0
6.39
9.19
11.75
15.34
19.34
22.66
2006年
2007年
2008年
2009年
2010年
2011年

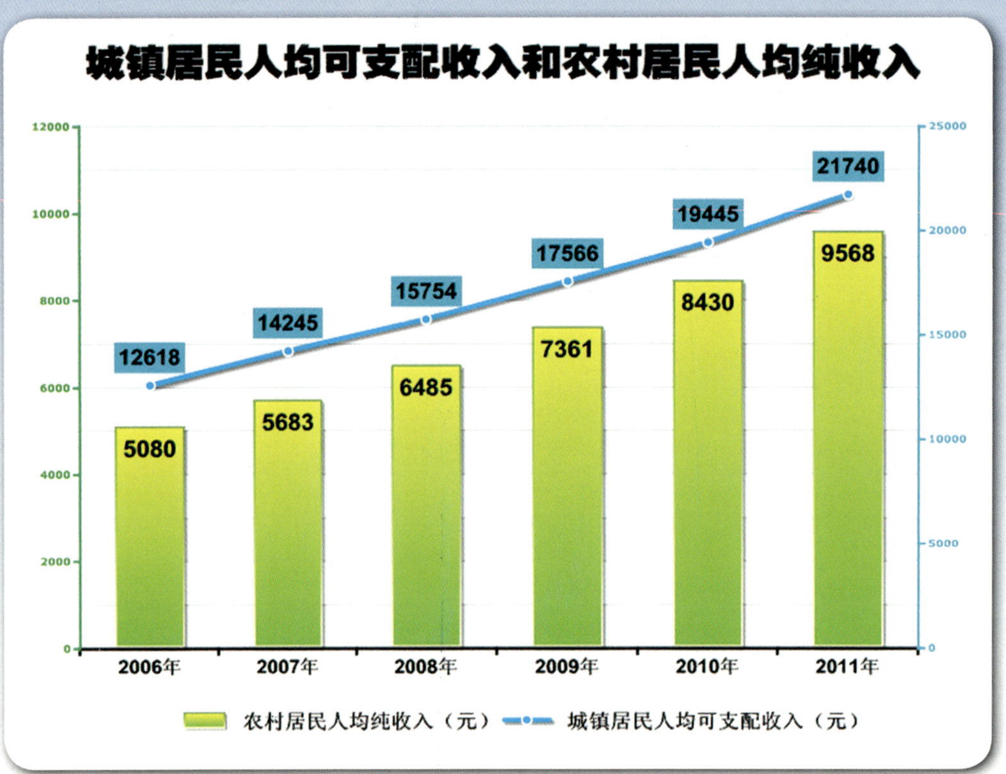
城镇居民人均可支配收入和农村居民人均纯收入
12000
10000
8000
6000
4000
2000
0
25000
20000
15000
10000
5000
0
12618
14245
15754
17566
19445
21740
5080
5683
6485
7361
8430
9568
2006年
2007年
2008年
2009年
2010年
2011年
农村居民人均纯收入（元）
城镇居民人均可支配收入（元）

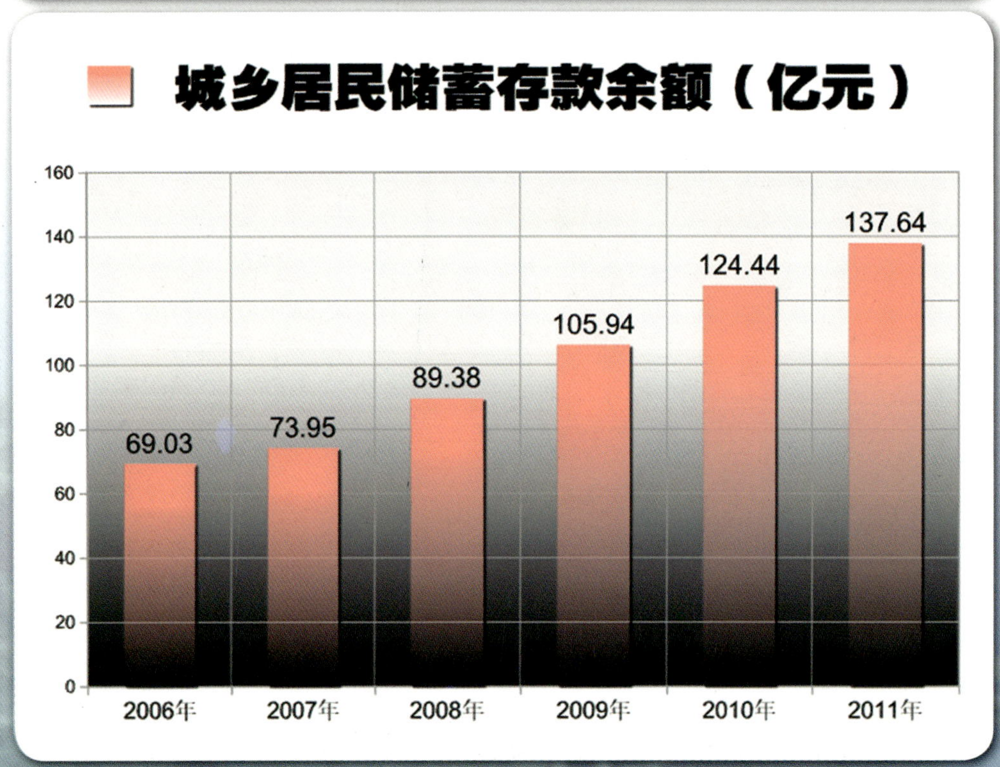
城乡居民储蓄存款余额（亿元）
160
140
120
100
80
60
40
20
0
69.03
73.95
89.38
105.94
124.44
137.64
2006年
2007年
2008年
2009年
2010年
2011年

扶贫开发　幸福大家

根据广州市委、市政府关于加快北部山区发展的战略部署，2011年3月起从化市全面打响扶贫开发工作攻坚战。一年多来，在广州市委、市政府的正确领导下，海珠、荔湾、黄埔、萝岗4个对口帮扶区，172个广州、从化市直企事业单位，星河湾集团、合景泰富集团、珠江投资、雅居乐集团、侨鑫集团、保利集团、南方石化集团、伟腾集团、方圆集团9大知名帮扶企业积极投身到扶贫开发大潮中来，形成“八方参与、全情投入、一区一企扶一镇、百局百企助百村”的广州特色帮扶格局，彰显广州首善之区的扶贫大爱精神。

一批对口帮扶建设项目陆续竣工使用，“双到”工作稳步推进，成效显著，全市确定的扶贫项目共有884个，其中，镇级项目191个，村级项目693个，总投资概算33亿元，已有162个镇级项目动工，动工率84.8%，96个镇级项目完工，291个村级项目完工。201个贫困村中（其中广州帮扶122个，从化自我帮扶79个），共有159个贫困村实现脱贫，占目标任务79.1%；3103户考核贫困户中，已有2755户成功实现脱贫，占目标任务的91.3%。贫困山区镇的民生福祉得到明显改善，村集体经济收入明显增加，镇村公共配套设施日趋完善，名镇名村品牌打造独具特色，广大群众幸福感指数明显提升，城乡统筹进一步加快，顺利完成“一年大见成效”的任务，为新型城市化发展奠定坚实的基础。

2011年4月18日下午，从化市在市中心会堂召开农村扶贫开发派驻干部动员培训会议

领导关怀

广州市委书记万庆良（左五）率队视察从化扶贫开发工作

广州市委副书记、市长陈建华（左四）率队视察从化扶贫开发工作

广州市人大常委会主任张桂芳（右）率队视察从化扶贫开发工作

广州市政协主席苏志佳（右三）率队视察从化扶贫开发工作

4月20日，广州市海珠区对口帮扶温泉镇灌村医院防保综合楼建设项目奠基仪式在温泉镇举行

5月8日，广州市委副书记、纪委书记苏志佳（主席台左五）在合景泰富地产控股有限公司对口帮扶吕田扶贫开发项目洽谈会上讲话

5月17日，广州市委副书记、纪委书记苏志佳（主席台左二）出席星河湾集团帮扶良口镇工作座谈会

5月26日，广州市萝岗区、雅居乐地产公司帮扶鳌头镇项目启动仪式在鳌头镇举行

8月18日，广州市人大常委会在鳌头镇岐田村举行帮扶两项工程项目（新建厂房、修建岐田桥）启动，一项工程项目（路灯建设工程）竣工暨捐赠仪式。广州市道教协会负责人代表向岐田村赠送支票和捐赠书籍

10月22日，南方石化集团捐建神岗卫生院大楼动工仪式在神岗举行。广州市委副书记、纪委书记苏志佳（左六），从化市领导黄河鸿（左五）、郭清和（左四）出席仪式

11月3日，广钢集团、云星村生态养殖基地投产暨有色集团青年文明号“助力云星”项目揭牌仪式在温泉镇云星村生态养殖基地举行

11月8日，广州伟腾集团向鳌头镇第三中心小学捐赠支票，用于完善该校基础设施建设。广州市委副书记、纪委书记苏志佳（右三）出席仪式

街口街帮扶项目

至2012年6月底，街口街4条贫困村（赤草村、沙贝村、大凹村和石潭村）已全部实现年收入超10万元，符合帮扶考核的14户贫困户共62人，均已全部实现达标帮扶，率先在全市扶贫开发中实现“双到”达标。

街口街共有5个村级建设项目，其中赤草村山坡地出租项目、沙贝村闲置地建设项目和石潭村合作项目等3项已完成，大凹村闲置地建设项目和赤草村神岗市场铺位加建项目正有序地推进。

从化市发改局属下化轻建材公司帮扶的石潭村，以合作形式，年增收10万元

从化市经贸局帮扶沙贝村，小商品市场及简易办公场所，年增收10万元

从化市政府办帮扶赤草村，山坡地出租附属变压器工程，年增收9万元

广州农商银行帮扶大凹村，闲置地开发利用工程，年增收10万元

街口街共有6个镇级公建项目，其中乡村文化家庭综合服务中心和乡村文化站升级改造项目已建设完工，乡村文化服务中心维护，大凹、赤草、沙贝、石潭村治安视频监控系统，赤草村综合文化楼建设和城内乡村文化综合服务中心正按照计划稳步实施。

街口街家庭综合服务中心，投资80.6万元，工程规模407万平方米

街口街文化站，投资66.26万元，工程规模311平方米

升级改造后的街口街文化站，藏书8000多册，报刊10多种，电子阅览设备一批，丰富了群众的文化生活

乡村文化服务中心，投资概算80万元，工程规模942平方米

江埔街帮扶项目

江埔街一共确定8个公建项目，投入资金3000多万元，涉及医疗、教育、社区服务等方面，建立社区服务中心、家庭服务中心、文体活动中心，完善医院、学校、社区等办公设施，着重民生，更好地为居民提供服务。

江埔乡村医院综合楼效果图

河东中学球场实景

海塱文化综合服务中心

锦联小学工程施工现场

江埔乡村社区第一文化综合服务中心效果图

从化市政协机关帮扶下罗村贫困户脱贫

从化市总工会帮扶山下村建设生态农庄

从化市政法委帮扶凤一村建设社会管理服务中心

从化市纪委帮扶南方村建设社会管理服务中心

从化市体育局帮扶锦三村建设灯光篮球场

城郊街帮扶项目

全街确定贫困村23条，贫困户638户，确定街道公建项目6个。新开村、光联村、大夫田村、西和村率先完成年村集体收入10万元的目标，78户贫困户共275人实现年人均纯收入5000元以上。23条贫困村基本实现通电、通邮、通讯、通电视广播，70多公里自然村道路实现硬底化，村文化室、小学、卫生站等基础设施不断完善。

城郊乡村社区卫生服务中心，总投资2655万元，建成后为群众提供更优质的医疗服务

城康社会管理服务中心成立

靖安小学、希贤小学家长候车区项目，总投资100万元

广东侨界人文学会帮扶麻三村，成立麻三村“村级社会管理中心”，方便为民办事

从化市国税局帮扶光联村建设大棚蔬菜种植项目，年增收10万元

从化市计生局帮扶矮岭村，救助贫困母亲

从化市供销社帮扶高步村，举办蔬菜栽培技术培训班

鳌头镇帮扶项目

萝岗区帮扶项目

自2011年初以来，萝岗区坚决贯彻落实广州市委、市政府的部署，以强烈的政治责任感，统筹谋划，主动作为，真抓实干，标本兼治，全力推进对口帮扶从化市鳌头镇工作，帮扶总资金达4.8亿元，其中萝岗区财政及带动社会投资达3.77亿元，雅居乐地产集团捐资近1亿元，广州伟腾集团捐赠320万元，截至2011年底，萝岗区帮扶11个村所有需要考核的“双低户”脱贫率100%，人均收入超过9642元，11个村平均集体收入27万元；启动14个帮扶建设项目，其中中塘村样板村建设工程，大石古帮扶样板社建设工程、鳌头中心医院改扩建工作（一期）、前进路商业街改造工程和355省道两侧建筑环境整治工程已经完工，355省道路面改造工程即将完工，鳌头镇中心客运站、黄罗河两岸人居环境整治和河涌整治工程顺利推进，在2011年全市年度考核中，萝岗区对口帮扶鳌头镇工作综合成绩排第一，11个贫困村的“双到”工作全部取得优秀成绩。

鳌头镇产业园园区位于中塘村大石古社，占地74亩。萝岗区投入2000万元。5家企业投入1.32亿元，建成投产后，预计年产值4.35亿元，年税收2300万元，可录用普工200人。该项目还作为该镇22条贫困村的统筹集体经济项目，帮助这些村每年平均增收15万元以上，扶贫造血时间长达12年

鳌头镇中心客运站建设工程，建设内容：按二级客运站标准建设，建成后将成为从化市第二大客运站，主要建设主站楼、辅助楼和办公楼

鳌头镇中塘村样板建设工程。该项目由萝岗区投入838万元，按现代化美丽乡村标准建设，2011年10月完工。该项目整治了入村主干道、沿线环境、古建筑修复、鱼塘整治、新建篮球场、文化室等

鳌头镇中心医院改建扩建工程，项目投资：一期2323万元，二期2468万元，建设内容：按二级甲等标准建设，可提供200张床位

鳌头镇前进路商业街改造工程，投资总额2515万元，建设内容：1000米道路沿线建筑立面整饰，道路环境升级改造等

企业帮扶项目

鳌头中心小学升级改造工程，投资概算800万元。鳌头中学升级改造工程，投资概算5390万元。图为鳌头中心小学升级改造工程

良口镇帮扶项目

黄埔区帮扶项目

良口镇在黄埔区委区政府、黄埔区11个街道（局机关）、14个广州市直企事业单位以及星河湾集团、侨鑫集团、伟腾企业集团、保利地产4大知名企业的大力帮助支持下，经过一年半的努力，取得了成绩：一是全镇2011年列入考核的26个镇级帮扶项目，已完工11个，已动工建设11个，正着手筹备立、规划设计、财评、招投标等前期工作的4个，项目动工率84.6%。其中黄埔区对口帮扶的首批4个重点民生福利项目——良口镇新敬老楼、良口镇文化站升级改造、良口镇第二小学升级改造和善施学校升级改造工程已全部完成；2012年帮扶的3个重点项目进展顺利，良口镇环境改造工程（105国道立面整饰）改造一期工程已完成90%的工程建设，二期工程已挂网招标，10月动工；良口镇中心幼儿园及体育馆项目已开始进行设计。二是全镇25个贫困村均已实现集体经济年收入达10万元以上，脱贫率100%，并建立“造血式”长效机制；全镇列入考核的556户（共2283人）帮扶对象已实现513户（共2103人）家庭年均人收入超过5000元，脱贫率达92%。同时通过实施村级公建民生项目，村容村貌明显改善。工作综合成绩排第一，11个贫困村的“双到”工作全部取得优秀成绩。

良口镇文化站升级改造项目，总投资200万元，由黄埔区出资，于2011年9月30日完工。该项目约惠及良口镇4万群众

良口新敬老院建设项目，总投资200万元，由黄埔区出资兴建，于2100年9月30日完工，可安置60多名五保户入住。项目占地447平方米，建设三层，总建筑面积1018平方米

良口镇环境改造工程（105国道立面整饰）第一期拟投入970万元（不含设计费），第二期投入1600万元

良口镇扶贫厂房建设工程，总投资4000万元，其中25个被帮扶村自筹2500万元，从化市本级扶贫专项资金1500万元。已完成招商工作，实现物业出租，让25个贫困村步入10万元的“脱贫奔小康”行列，并建立“造血式”扶贫长效机制

企业帮扶项目

侨鑫集团帮扶良口中学教学楼建设工程2000万元，流溪广场升级改造工程5000万元。伟腾集团帮扶的良口镇碧水新村综合门诊部项目，建设工程550万元。图为良口中学教学楼

星河湾集团帮扶105国道共青路口至五指山段沥青路面升级改造工程1800万元，帮扶建设良口镇综合农贸市场项目5100万元，保利地产帮扶石明小学升级改造260万元。图为105国道共青路口至五指山段沥青路面升级改造工程。

吕田镇帮扶项目

荔湾区帮扶项目

荔湾区帮扶吕田镇建设三大项目：综合服务中心、文体活动中心和社区服务中心（公租楼），总用地面积9885平方米（14.8亩），总建筑面积16441平方米，总投资近6000万元。综合服务中心和文体活动中心包含“一站式”对外政务服务大厅、党员电化教育中心、农村劳动力培训中心、多功能电影会议厅、专项文体娱乐活动室，以及16间商铺；社区服务中心共2栋均为六层，建筑面积8185平方米，配套住宅138套、商铺9间（其中50平方米的两房两厅套间114套、40平方米的一房一厅套间24套）。

荔湾区援建项目全景

政务服中心内景图

综合服务中心外貌

政务服务中心外貌

企业帮扶项目

星河湾集团捐资1.19亿元帮扶吕田镇建设狮象新村，将狮象旧村整体推倒重建，分三个片区投入约9000万元，为全村2450名村民集中建设房屋587套，以及完善村屋周边道路、绿化等市政基本设施；投入约3000万元作为村集体经济发展基金，用于发展本地畜禽养殖、苗圃种植及旅游业等。

狮象村上围社新屋全景

狮象村上围社旧貌

狮象村建设效果图

温泉镇帮扶项目

海珠区帮扶项目

19条贫困村中有13条年集体收入超过10万元，脱贫率68.42%。19条贫困村中考核的贫困户达标户数238户，达标人数963人，脱贫率83.82%。温泉镇和海珠区、珠江公司等帮扶单位制定镇级扶贫项目有47个，总投入资金概算3.38亿元。

海珠区帮扶建设灌村卫生院，总投资960万元

海珠区帮扶建设温泉镇灌村文化广场，总投资1100万元

海珠区、华新集团捐资5600万元建设温泉镇物流配送中心

企业帮扶项目

温泉大桥项目由广东珠江投资股份有限公司出资约18833.86万元建设

温泉镇卫生院改造扩建项目由广东珠江投资股份有限公司出资2800万元建设

太平镇帮扶项目

实施村集体项目54个，完成29个，累计投入资金720万元。全年实现122户共439人脱贫。启动中心客运站、中心幼儿园、中心医院、神岗卫生院住院大楼和钱岗古村落改造5个公建项目。其中神岗卫生院住院大楼已动工。钱岗古村落改造项目已落实、中心医院项目完成招投标。

太平镇神岗卫生院改造由广州南方石化集团有限公司帮扶

钱岗古村改造由广州方圆地产有限公司帮扶。图为钱岗古村广裕祠

钱岗古村

目　录

党委机关

目 录

党 派

群众团体

档案 地方志 党史

法制 司法

地方军事

基础设施建设

城乡规划　建设　管理

环境保护　气象事业

经济监管

经济贸易

旅游　商业

农业　林业　水务　养殖业

财 税

金 融

文化　新闻

教　育

卫生　体育

科技信息

社会生活

开发区

街镇场

统计资料

附 录

特　载

增创新优势　谋求新发展
为加快建设珠三角最宜居
生态城市努力奋斗

——在中国共产党从化市第十二次代表大会上的报告

（2011年9月22日）

市委书记　黄河鸿

同志们：

我受中共从化市第十一届委员会的委托，向大会作报告，请予审议。

一、市第十一次党代会以来的工作回顾

市第十一次党代会以来的五年，是我市综合实力明显增强、城市品位明显提升、社会事业全面进步、居民幸福指数不断提高的五年。五年来，在党中央和省委、广州市委的正确领导下，十一届市委坚持以中国特色社会主义理论体系为指导，认真贯彻科学发展观和《珠江三角洲地区改革发展规划纲要（2008—2020年）》（下称《珠三角规划纲要》），团结带领全市各级党组织和广大干部群众，牢牢把握发展机遇，努力克服各种困难，全面加强经济发展、政治建设、社会建设、文化建设、生态文明建设以及党的建设，全市各项工作均取得显著成效，较好地完成了市第十一次党代会确定的各项工作任务。突出体现为“一个增长，两个突破，三个提升”：

（一）坚持科学发展，经济保持又好又快增长。

五年来，我们认真贯彻落实科学发展观，紧紧围绕广州建设国家中心城市的中心任务，狠抓《珠三角规划纲要》实施机遇，切实加强对经济工作的领导，促进经济又好又快发展。2010年全市实现生产总值187.27亿元，地方财政一般预算收入19.34亿元，分别比2005年增长83.3%和2.7倍，年均分别增长12.9%和30.2%。市域综合发展实力和发展活力均跃居全省67个县（市）第二名。

（二）坚持转变经济发展方式，产业结构调整优化有新突破。

五年来，我们积极应对国际金融危机的冲击，坚持把加快转变经济发展方式作为中心任务，坚定不移调结构，脚踏实地促转变。产业结构进一步优化，三次产业比重由2005年的12.90∶49.47∶37.63调整为2010年的9.71∶46.18∶44.11。

新型工业集聚效应不断增强　产业平台建设顺利推进，高技术产业园获“中国最具投资

价值开发区”称号，明珠工业园被评为“中国十大最具发展潜力园区”。大力发展先进制造业，汽车及其零部件、家用电器、机电设备等产业发展迅猛。战略性新兴产业发展取得新突破，引进了华南国际新材料产业基地、华理工国家大学科技园从化产业化基地、从化国家集成电路产业园等重点项目。积极培育高技术产业，高新技术产业产值占全市工业总产值的18.3%。有效承接“退二进三”产业转移，万宝冰箱等一批企业落户从化。

现代农业辐射作用不断扩大　出台了一系列强农惠农政策文件，大力发展都市农业、观光农业和特色农业，形成了具有广州亮点和从化特色的现代农业发展新格局。启动了国家绿色农业示范区创建工作，农业标准化示范区不断扩大。全市共有各级农业龙头企业50家、各类农民专业合作社137个，“一村一品”发展到20个品种、覆盖40条行政村，荣获国家级“农产品加工创业基地”和“生态荔枝蜜基地”。农业产业化进程加快，15家省、广州市龙头企业和万花园等农业产业化基地带动效应明显增强。水利设施不断完善，城乡防灾减灾能力得到提高。基本完成农田水利标准化建设，流溪河城区段景观工程竣工造福市民。集体林权制度改革进展顺利。建成了国内首个无规定马属动物疫病区。

生态旅游业特色不断凸显　充分发挥生态优势，推动旅游业向“高端化、国际化、品牌化、特色化”方向发展。流溪温泉旅游度假区及一批高端旅游项目加快建设，农家乐和乡村旅游蓬勃发展，旅游发展质量和服务水平不断提升，相继获得“中国最佳旅游度假胜地”、“中国优秀生态旅游城市”、“国际温泉旅游名城”、“世界珍稀温泉”、“广东省旅游强市”和“全国休闲农业与乡村旅游示范市”称号。

（三）坚持生态宜居，城乡统筹发展有新突破。

五年来，我们坚持生态优先，以“迎接亚运会，创造新生活”为契机，进一步完善了四大主体功能区规划，大力发展生态经济，积极营造生态城乡，广州北部生态经济带建设初见成效。

城乡基础设施更加完善　大力实施路网建设，增从高速公路即将竣工，升级改造了国道105线、省道355线城区段，完成了河滨北路、从化大道（南段）等主干道建设，大力推进自然村道硬底化改造。有序开展城北新区建设，“三旧”改造稳步推进，中心城区一批小区改造工作完成。不断拓展公共交通网络，所有中心镇开通了公交车，农村客运服务实现全覆盖。输配电设施改造建设步伐加快，电网保障能力不断提高。大力推进农村改水工作，农村饮用自来水受惠人口达96%。管道燃气建设扎实推进，已覆盖中心城区和明珠工业园，构建了安全可靠的清洁能源保障体系。信息网络建设进一步加快，信息发展平台更为完善。

环境优化成效更加明显　大力加强生态建设和环境保护，荣获“省林业生态县（市）”和“中国低碳经济建设先锋市”称号。全面实施建设宜居从化行动方案和城乡清洁工程，完成了各交通要道的景观林带建设，城乡美化、亮化、净化、绿化水平不断提高。坚持规划先行、建管并重，建成了总长187公里的城市绿道、社区绿道和水上绿道。实施森林保护工程，森林覆盖率保持较高水平。大力推进治理污染和节能减排，关闭了一大批水泥厂、石材厂和红砖厂，主要污染物排放明显减少，全市环境空气质量优良率100%。加强治水工作，5个污水处理厂和56个行政村（社）农村生活污水设施全面投入运营，饮用水源水质保持优良。完善了三个中心镇的总体规划，推进新农村建设和生态文明村建设，有效整治农村“脏、乱、差”，农村人居环境明显改善。

（四）坚持文化强市，文化引领功能不断提升。

五年来，我们坚持以文化求发展，大力推进文化与经济的互融共促，精神文明建设取得新成效，有力提升了城市文化品位和文化形象。

文化惠民工作全面推进 新图书馆、七星体育公园和标志性文化广场投入使用，市档案馆被评为国家二级馆，建成了城市“十分钟文化圈”、农村“十里文化圈”，实现了全市公共文化体育设施全覆盖。借助“名村”建设，积极推进古村落的保护、开发和利用。非物质文化遗产普查工作成效显著，客家山歌、水族舞等6个项目列入广州市级非物质文化遗产保护名录。

亚运马术完美精彩 第16届广州亚运会马术比赛和第8届全国少数民族传统体育运动会马术赛圆满成功，开创了中国举办国际马术赛事的先河，创造了举办国际马术赛事的范本，铸就了“团结奉献争一流，敢想会干为人民”的亚运马术精神。

创文工作扎实推进 坚持全民参与，“创文”测评成绩和排名稳步提高，城区公共交通秩序、集贸市场环境卫生以及社会综合管理水平明显提升。未成年人思想道德建设工作不断加强。志愿服务、友爱互助的意识深入民心，人民幸福感不断增强。

（五）坚持以人为本，民生福利水平不断提升。

五年来，我们坚持全心全意为人民服务的宗旨，切实把富民惠民利民作为各项工作的出发点和落脚点，确保基本公共服务的公平化、均等化和可及性。五年来，全市用于民生和各项社会事业的财政资金达73.58亿元，年均增长19.8%。城镇居民人均可支配收入、农村居民人均纯收入年均分别增长11.3%和12.4%，农村居民人均纯收入增幅连续3年高于城镇居民，城乡差距进一步缩小。

基本公共服务覆盖范围不断扩大 教育事业均衡化发展，实施了免费义务教育，义务教育规范化学校加快建设，职业技术教育学校布局调整顺利完成，成功创建了“省教育强市”。医疗卫生事业加快发展，全面推进了镇街医疗机构管理体制改革，中医事业发展成效显著，被评为“全国农村中医工作先进市”。劳动就业服务不断加强，城乡就业形势保持平稳，城市失业率控制在3.5%以内，实现农村富余劳动力转移就业近5万人。率先实现城乡医保一体化，落实了城乡居民基本医疗保障。全面加强社会保险、社会福利、社会救助、优抚安置和残疾人工作，社会保障体系进一步健全。人口计划生育工作晋升为省一类地区。顺利完成五保安居点建设任务。政策性农村住房保险及农村危破房改造等工作取得新的成绩。

社会管理服务全面加强 加快转变政府职能，政府机构大部制改革全面完成。积极承接广州简政强区（县级市）下放事权，大力推进简政强镇工作。全面深化行政审批制度改革，推进政府信息公开，行政效能明显提高。街口街基层社会管理服务体制改革试点工作全面启动，试行政府购买社会服务，“一队三中心”建设顺利完成。开展了农村社区建设试点工作，服务、管理、执法“三位一体”模式正在形成。在广州地区率先组建村级治安联防队伍和建立镇街综治信访维稳中心，构建了社会面整体防控体系。社会治安视频监控系统投入使用，刑事立案数持续下降，社会治安状况明显好转。

全面完成广州亚运会、亚残运会和深圳大运会的安保工作。加强“人屋车场”综合治理，创新人口管理方法。党政领导接访逐步制度化、常态化，解决了一大批信访积案，有效化解社会矛盾。大力整顿和规范市场经济秩序，加强食品药品安全监管，严厉打击制售假冒伪劣商品、商业欺诈等违法行为。加大生产安全、消防安全、交通安全监管力度，全市安全生产形势保持稳定。切实加强应急体系建设，应急机制不断完善。坚持党管武装，实现全市行政村（居委会）民兵营和民兵分队“四个基本”建设100%达标。

扶贫开发取得实质性进展　坚持城乡统筹，全力推进扶贫开发工作。各对口区、市直单位和企业对口帮扶的四个镇扶贫专项总体规划全面完成，引入和建设了一批扶贫开发建设项目，将使山区发展整体提速十年。目前已有36个行政村率先实现脱贫，村集体收入超过10万元，扶贫开发工作走在广州市前列。积极实施内部帮扶工程，余下一镇三街的帮扶工作有序开展。

（六）坚持创先争优，执政水平明显提升。

五年来，我们深入开展学习实践科学发展观和创先争优活动，着力在政治建设、思想建设、组织建设、作风建设、制度建设、纪律建设上下功夫，进一步夯实了执政基础，提高了执政能力。

学习型党组织建设全面推进　坚持用中国特色社会主义理论体系武装全体党员，围绕加快经济发展方式转变这一主线，精心组织党委理论中心组学习，深入开展科学发展观、现代产业基础知识、法律知识等学习，加快干部知识结构升级。不断创新学习模式，推进党员干部学习教育的制度化、常态化，连续两次被上级党组织评为学习型组织先进单位。

组织建设不断加强　深入开展了创先争优、服务亚运当先锋等主题活动，创造性地开展了“履职尽责当先锋，攻坚克难促发展——百万记”主题实践活动。深化“五清五帮”、“一工程四机制”工作和城乡基层党组织互帮互助活动，基层党组织的战斗力、凝聚力和创造力进一步增强。非公企业党建工作成效显著。进一步规范完善选人用人机制，提高选人用人公信度。加强各级领导班子建设，建立健全科学合理的年度考核评价体系。严肃换届纪律，保证风清气正，在广州12个区（县级市）中率先完成村（居）“两委”领导班子换届选举工作，受到省和广州市的充分肯定。顺利完成了镇党委换届工作，镇人大、镇政府换届选举工作有序推进。完善了人才工作机制，建立并丰富了“专家库”，每年引进高学历高层次人才到我市工作。

制度建设不断完善　坚决执行民主集中制，进一步规范市委常委会议事规则和决策程序。坚持人民代表大会制度、中国共产党领导的多党合作和政治协商制度，支持人大、政协依法依章履行职责和发挥作用。加强与各民主党派、工商联、无党派人士合作，充分发挥工青妇等群团组织参谋助手和桥梁纽带作用。

党风廉政建设扎实推进　全面落实党风廉政建设责任制，惩防体系不断完善。深入开展廉政文化建设，建立教育长效机制和风险防范机制，党员干部廉洁从政意识进一步增强；严格执行党的纪律，突出开展效能监察，建立完善重大事项决策、服务、保障和监督考核机制，机关作风持续改进，执行力明显提高；全面规范村级管理和农村基层干部行为，农村基层党风廉政建设进一步加强；领导干部的经济责任审计工作持续开展，领导干部廉洁自律规定切实执行，权力运行不断规范；纠风治乱工作不断深化，干部违法违纪现象得到有效遏制，人民群众对反腐倡廉建设的满意度不断提高。

各位代表、同志们，从化五年来取得的成绩，是上级党委、政府正确领导的结果，是全市广大干部群众团结奋斗、共同努力的结果，也是各民主党派、各界人士同舟共济、通力合作的结果；这些成绩的取得，离不开省、广州市垂直管理单位、驻从化人民解放军和武警部队热情支持、鼎力相助，离不开离退休老领导、老同志亲切关怀、鼓励鞭策，也离不开历届市委打下的良好基础。在此，我谨代表中共从化市第十一届委员会，向所有为从化改革、发展、稳定作出贡献的同志们，表示崇高的敬意和衷心的感谢！

回顾五年来的工作，我们积累了一些有益的经验，主要是：

*第一，必须始终把科学发展作为各项工作的第一要务。*五年来，我们与时俱进，按照广州北部生态经济带的定位，科学谋划从化发展新路径，发展目标从“建设富裕、文明、和谐、优美新从化”到“争当全省生态文明建设排头兵”，再到“建设珠三角最宜居生态城市”。我们紧紧围绕发展目标，充分借助承办亚运马术比赛、广州加快北部山区发展等历史机遇，扎实工作，全市综合实力大大增强。

*第二，必须始终把维护群众利益作为一切工作的出发点、落脚点。*五年来，我们坚持发展为了人民、发展依靠人民、发展成果由人民共享，大力实施民生工程，推进城乡基本公共服务均等化，民生福祉不断改善，群众出行难、上学难、饮水难、看病难等问题得到有效解决。

*第三，必须始终把依法治市与和谐稳定作为成就各项事业的坚实基础。*五年来，我们始终把依法治市和维护社会稳定作为各项工作的基础来抓，全面加强依法行政，创新社会管理服务，深入开展平安从化建设，畅通信访渠道，下大力气解决群众最关心、最迫切、最直接的问题，赢得了人民群众的理解和支持，维护了安定和谐的社会秩序。

*第四，必须始终把加强党的建设作为从化科学发展的组织保障。*五年来，我们始终坚持党要管党、从严治党的原则，坚持不懈地开展解放思想、学习实践科学发展观和创先争优等活动，不断加强基层组织和干部队伍建设，培养锻炼了一支政治坚定、作风过硬的干部队伍，为从化跨越式发展提供了坚强的组织保障。

五年来取得的成绩和经验弥足珍贵，但我们也要清醒地认识到发展中存在的一些矛盾和问题，主要是：一是全市经济总量较小，与周边地区相比，市域经济发展差距仍在拉大；二是征地难、用电难、用工难等发展瓶颈尚未得到有效突破；三是维护社会稳定、增进社会和谐的任务依然艰巨，社会管理服务比较滞后，存在许多亟待破解的难题；四是部分领导干部的危机意识、责任意识和执行力有待加强，推动科学发展的能力仍需提高等等。我们必须高度重视这些问题，立足科学发展、和谐发展，紧紧抓住各种机遇，有效化解矛盾和问题，实现从化发展新跨越。

二、今后五年的发展战略和奋斗目标

今后五年发展形势的基本判断：今后五年，是我市进一步发挥自身优势，实现“大建设、大转型、大发展”的关键时期。客观分析当前形势，第一，我们面临着极为重要的战略机遇期。“十二五”时期是深化实施《珠三角规划纲要》的重要时期，广州市加快建设国家中心城市，为从化建设珠三角最宜居生态城市提供了难得的历史机遇。第二，我们面临着极为难得的优势凸显期。从化生态优良、区位独特、资源丰富，后发优势十分明显。特别是“大交通、大旅游、大产业”发展战略的顺利实施，交通环境进一步改善、旅游发展水平不断提升、战略性新兴产业陆续落户从化，进一步凸显我市的竞争优势和后发优势。第三，我们面临着大有作为的黄金发展期。近年来，全市政通人和，广大干部群众思发展、议发展、谋发展的干劲越来越强烈，追求幸福生活的愿望越来越迫切，正在汇聚成加快发展的强大合力。同时，我们也应该清醒地看到，从化发展基础还相对薄弱，制约因素比较突出，人才结构性矛盾凸显，生态环境与加快发展的压力逐步增大，并面临着周边市（县）之间对资本、产业、技术、人才的激烈竞争。为此，全市各级党组织和广大党员干部务必按照胡锦涛总书记视察广东、广州时提出的“立足新起点、把握新趋势、建立新机制、增创新优势”的要求，在加快建设珠三角最宜居生态城市过程中做到“三个牢牢把握”，坚持“三个更加注重”，努力实现“四个转型升级”：即牢牢把握从化发展的新起点新目标，继往开来、乘势而上，更加注重持续跨越式发展；牢牢把握建设新从化的新机遇新动力，抢抓机遇、扎实工作，更加注重科学统筹、协调推进、全面发展；牢牢把握人民群众的新期待新要求，以人为本、求真务实，更加注重民生福祉和社会和谐，努力实现经济发展、城市发展、文化建设、社会建设四个转型升级。

今后五年，我市经济社会发展的指导思想是：高举中国特色社会主义理论伟大旗帜，深入贯彻落实科学发展观，以加快转变经济发展方式为主线，以深入实施珠三角规划纲要为动力，以“建设珠三角最宜居生态城市”为总目标，切实加强生态保护，狠抓经济发展和社会建设，深入推进“大交通、大旅游、大产业、大平台”发展战略，力争在“四个转型升级”中增创新优势，着力打造广州北部生态经济核心区，促进从化经济社会全面发展。

贯彻这一指导思想，必须突出增创新优势这一重点，努力实现四个转变：

——产业层次由“传统低端”向“现代高端”转变。打造国际新材料城，大力发展新材料、生物医药、电子信息、先进装备制造等战略性新兴产业，实现传统制造业向新型工业转变；打造国际生态旅游城，重点发展与战略性新兴产业对接的高端服务业和与珠三角最宜居生态城市相配套的生态休闲度假旅游业，实现一般性服务业向生产性服务业转变，乡村休闲旅游向高端生态商务旅游转变；打造国际动漫城，引进一批智力含量高、集聚效应大的文化产业，使文化产业成为现代产业体系的生力军；打造国家战略性新兴产业技术服务区，加快建设新技术、新材料、新能源产业基地，夯实战略性新兴产业发展大平台；打造国家绿色农业示范区，加快发展以花卉种植、中草药培植、绿色优质蔬果种植等都市型现代农业，实现传统农业向现代农业转变。

——城乡布局由“粗放分散型”向“集约均衡型”转变。进一步优化四大主体功能区布局，细化各功能区内中心镇、名镇、名村和农村新社区的规划，促进形成点、线、面结构有序、功能互补、整体优化的城乡统筹体系，做大做强战略性产业平台，推进空间资源配置合理化和效益最优化。

——文化建设由“依附补充”向“文化引领”转变。牢固树立未来经济社会“以文化求发展”、“以文化论输赢”的观念，善于运用世界珍稀温泉、广州母亲河（流溪河）的影响力，建设一批地标性的岭南传统文化载体；大力推进公共文化服务体系建设，增加文化基础设施投入，弘扬传播岭南传统文化，塑造提升从化文化形象。

——社会建设由“单一化管理”向“多元化服务”转变。探索改革社会管理体制，加强政府行政功能同社会自治功能互补、政府管理力量同社会调节力量互动，努力形成党委领导、政府主导、社会参与、多方协作的专业化、网格化、精细化的社区和镇村服务新格局。

今后五年我们的奋斗目标和基本构想是“强基础、优环境、提质量、大发展、见成效”。2012年，高速公路、输变电站、管道燃气等重点基础设施和重点生产力骨干项目全面动工，教育、卫生等民生公益项目全面建成，扶贫开发任务全面完成，从化发展基础更加坚实；2013年，基本实现镇镇通高速公路、园区通快速路，重点项目基本建成投产，生态体系更加完善，效能建设深入推进，发展环境和服务环境不断优化；2014年，产业布局和产业结构进一步优化，以“三城两区”为代表的大平台初具规模，从化经济发展质量不断提升；2015年，地区生产总值、工业总产值和财政一般预算收入实现翻一番，从化驶入大发展的快车道；2016年，珠三角最宜居生态城市成为从化品牌，社会文明度、经济富裕度、环境优美度、资源承载度、生活便利度、公共安全度等指标达到或超过宜居城市标准，人均期望寿命达80岁以上；环境空气质量优良率保持100%；集中饮用水源地水质达标率保持100%；城镇生活污水综合处理率达到90%以上；城镇化率提高到58%；城镇居民年人均可支配收入年均增长11%左右；农村居民年人均纯收入年均增长12%左右。

三、今后五年的工作重点

为确保各项奋斗目标的实现，今后五年全市必须全力以赴抓好以下五项主要工作：

（一）突出绿色发展，推动经济发展提速、提质、提效。

立足生态资源优势和产业基础，继续调整优化结构，加快构建以产业发展大平台为依托，生态工业为支撑，现代服务业为主导，都市型现代农业为基础的现代产业体系，增强产业竞争力，提升经济发展质量和效益。

搭建产业发展大平台　依托生态基础和优势，提升发展绿色生态大平台。按照“三城两区”的产业布局，加快产业发展平台建设。以广东从化经济开发区为龙头，完善产业平台基础设施建设，加快打造几个百亿元规模的“区中园”；创新平台开发管理模式，积极推进园区综合配套改革，赋予园区更为灵活的政策和更加有效的审批、管理权力，力促园区成为我市产业平台、新型工业的主阵地。以国家集成电路设计产业化基地从化园区、华南国际新材料产业基地、联合国华南太阳能光伏产业基地为依托，努力建设国家战略性新兴产业技术服务示范区。

推进生态工业集聚发展　积极发展汽车及其零部件、家用电器等先进制造业及食品药品、化妆品等支柱产业，重点推进广汽日野等广东省现代产业500强项目扩产扩容，力争在3—5年内将日野汽车、万宝电器、丰力轮胎等打造为百亿元龙头企业。支持培育一批产业关联度高、产业链条长、带动能力强的龙头企业，积极引进上下游配套企业，形成产业配套、集聚发展。鼓励企业自主创新，加强产学研联合，提高企业的自主创新能力。全面落实环保“三同时”制度，抓好节能减排，坚决淘汰落后产能。出台实施新型战略产业发展规划及指引，培育和发展新一代信息技术、生物医药、新能源、新材料等新兴产业。

加速发展以“大旅游”为龙头的现代服务业　加快打造提升国家4A、5A级旅游景区，进一步擦亮“温泉、森林、马场”核心品牌。

做优流溪温泉旅游度假区，继续推进流溪河、石门两个国家森林公园保护性开发，联动推进蝴蝶谷、生命谷旅游度假区和五指山旅游风景区开发，加快景区内五星级酒店建设，形成引领高端旅游业加快发展的“新亮点”。发挥全国首个“无疫区”和广州赛马场的品牌优势，加快推进赛马场的改造建设和开发利用，做大做活体育产业。以广东从化经济开发区、空港经济区和中新知识城为主要服务对象，重点建设高技术产业园现代服务核心区、广州国际贸易城、海航（广州）空港经济后台服务基地等项目，积极发展高端生产性服务业。巩固发展金融保险、总部经济、科技服务业和现代物流业、商贸流通业，配套发展医疗健康、酒店餐饮、休闲娱乐等生活性服务业。着力推进“名店”工程，促进高端商贸业健康发展。

大力发展现代农业　加快构建以现代装备为基础、以现代科技为支撑、以现代经营为特征的都市型现代农业体系，着力解决“三农”问题。进一步优化现代农业布局，突出产业发展的重点和特色。继续发展“一镇一业”、“一村一品”工程，打造若干个农业产业强镇。支持龙头企业和农民专业合作组织做大做强，鼓励发展农业社会化服务业。加快农业科技创新和品牌建设，着力发展绿色食品、有机食品，增创一批省级、国家级知名品牌。鼓励农村土地承包经营权流转，推进农业生产向基地化、规模化、集约化发展。推进万花园建设，做大国家绿色农业示范区。积极引导社会投资农业，参与农业保险，建立农业支持保护机制，夯实农业基础。支持“以农兴旅、以旅促农”，充分发挥绿道的带动效应，实现绿道与旅游景点（区）、农家乐和农业示范区串联，推动农业观光旅游发展。

积极发展民营经济　实施中小企业成长工程，积极鼓励民营企业争创名牌、支持民营企业上市。完善地方金融服务体系，促进村镇银行和小额贷款公司健康发展。继续推进政银企合作，不断改善区域金融生态环境。加强对民营重点项目的协调服务工作，组织引导民营企业重大投资项目申报纳入省、广州市重点项目和战略性新兴产业项目库。

（二）突出规划引领，加快推动城乡一体化发展。

城市要发展，规划须先行。要加快推进新区建设和旧城改造步伐，不断扩大城市规模，完善城市功能，提升城市品位；坚持城乡统筹，加快实现农村城镇化和城乡一体化。

完善主体功能区划　继续深化四大主体功能区的规划和建设，进一步明确城市发展的功能定位和区域布局。将城乡一体化原则贯穿于城市总体规划、土地利用总体规划和主体功能区划之中，形成层次分明、科学规范、覆盖全市的城乡规划编制体系。以城乡一体规划破解城乡二元结构，引领城乡经济社会发展一体化，推动全市人口、经济与资源环境相协调。

加快完善城乡基础设施　加大交通基础设施建设投入力度，健全内通外联的交通路网体系。全力推进大广高速、北三环高速、佛清从高速等高速公路建设；加快实施广从轻轨项目建设和广从快速路改造，不断改善外联交通条件。继续完善中心城区路网，着力改造道路节点，打通“断头路”、“丁字路”，增加交通辅助设施，有效解决行车难、停车难问题。继续推进自然村道建设，完善农村道路交通网络。加大基础设施投入，完成城区水厂扩容工程；重点建设一批输变电站，完善电力网络，有效破解用电难瓶颈；加快管道燃气工程向西部、南部、北部三个功能区延伸，完善能源网络，全面改善城乡生产生活环境。加快推进城北新区建设，力争到2015年中心城区面积达22平方公里。积极实施“三旧”改造和中心城区“退二进三”工作，进一步优化发展空间。有计划、有步骤、有重点地推进社会主义新农村建设，继续推进农村“五通”工程向自然村延伸。积极推进“名镇名村”建设，努力把一批具有岭南特色、从化韵味的镇、村打造成幸福示范镇和美丽乡村；把良口镇建成全省乃至全国闻名的生态旅游名镇，吕田镇狮象村建成全省著名的生态旅游村，太平镇钟楼村建成全省著名的历史文化旅游名村，良口镇溪头村打造成为五星级农家乐旅游村。

构筑生态宜居环境　深入开展道路景观林带建设、生态公益林改造和防护林建设，提高林业生态建设水平。深化林业管理体制改革，完善集体林权制度改革配套措施，逐步加大生态公益林补偿力度。持续推进大气污染综合治理，加强流溪河饮用水源水质保护工程。加快城乡污水、垃圾处理设施等重点环境保护工程建设，提高城市污水和垃圾集中处理率。加大防灾减灾力度，建立健全综合防灾减灾系统，保障居民生活和企业生产安全。抢抓国家大兴水利建设机遇，大力实施中小河流治理、小水库除险加固、小流域综合治理、小型农田水利建设等工程，提升防汛抗旱能力，完善水资源供应和水环境安全保障体系，实现水资源的可持续利用。依法严厉整治违法占地、违法建筑以及乱搭建行为，深入开展城乡环境卫生清洁行动、公共交通秩序整治行动，大力塑造素质文明、环境优美、秩序井然的城乡新形象。

创新城镇经营管理　抓住“三旧”改造政策机遇，统筹国土空间开发利用，实现土地增值增效。加大土地储备力度，确保储备土地满足经济社会发展需要。突破征地拆迁、补偿安置等难点问题，加快土地征收补偿安置步伐，加大土地出让收益反哺被征地农民力度。规范、健康、有序开发房地产市场，严格执行土地招标拍卖挂牌出让制度，严厉打击违法用地和非法采矿行为，维护土地市场秩序。深化土地管理等配套改革，不断增强城乡一体化发展的内在动力和体制活力。结合“空心村”改造，实施城乡建设用地增减挂钩工作。适当放宽城镇准入条件，推进户籍制度改革，加快城镇化进程。

（三）突出文化引领，大力推进文化建设。

围绕广州建设“世界文化名城”目标，深入挖掘和提炼从化文化的深刻内涵和核心精髓，实现文化与经济、社会的互融、互促和互动，不断提升从化“软实力”。

做大文化产业　以水为媒，围绕“温泉、流溪河、水上绿道”，大力发展文化旅游。策划推出系列特色旅游线路，将分散在流溪河畔的古村落与优美的生态环境串联起来，凸显人文风情和生态特色两大亮点，形成旅游文化品牌的群聚和辐射效应，充分挖掘广裕祠的历史魅力，把钱岗村打造成古村落经典文化旅游的典范，把“中国红色旅游文化村”宣星村打造为南中国最美的泉城。大力发展文化创意产业，着力推进广东动漫城、三学苑产业城建设，引导文化企业规模化发展，做大做强文化创意产业，形成特色鲜明、拥有知名品牌、具有核心竞争力的文化产业集群。

完善公共文化服务体系　加快推进基层文化设施全覆盖工程，改善提升文化基础设施，逐步形成覆盖城乡的公共文化服务体系，促进公共文化服务均等化。创新文化体制机制，完善社会力量投入公益文化建设的政策环境，鼓励社会资本进入文化领域，以建立文化基金、建设文化设施等多种形式参与文化建设。健全公共文化服务机构，充实基层公共文化服务机构人员，提高服务质量与水平。

提高现代文化传播能力　充分发挥现有的电视、广播、报纸、网站等各类媒体的作用，畅通文化传播渠道。大力开展文化对外交流合作，利用现代传播方式和市场营销机制，主动加强与国内外传播机构的沟通合作，精心策划对外宣传报道，着力构建传统媒体与新兴媒体相结合、具有广泛影响力的文化传播体系，提高从化在国内外的知名度。

（四）突出民生为重，推进幸福从化建设。

继续坚持基本公共服务的公平化、均等化和可及性，以创新社会管理增强安全感，以保障和改善民生提升幸福感，不断增进人民福祉，促进社会和谐稳定。

加强社会建设　坚持“重在建设、贵在创新、旨在服务、利在民生、根在组织”的原则，大力推进社会服务管理创新，实现社会资源合理有效配置。进一步深化行政管理体制改革。深入推进简政强镇事权改革和行政审批制度改革，推广政务公开和电子政府建设，健全政府公共服务体系。积极稳妥推进事业单位分类改革，创新事业单位管理和运行机制。按照服务、管理、执法“三位一体”的要求，整合街道现有资源，完成“一队三中心”建设。进一步加强社区建设。加快推进“五个一”工程建设，不断完善镇街、社区服务硬件设施。加快推进以“六个一”为核心的服务体系建设，不断完善政务服务网络。进一步推进服务创新。继续扩大政府购买社会服务，促进形成有序竞争、多元化参与公共服务的格局。重视外来工服务管理，增强外来务工人员的认同感和归属感。加强社会组织建设，提高公民社会责任意识，鼓励全体公民参与社会管理。创新信访工作服务体系，畅通社情民意反映渠道，着力从源头上预防和减少各种矛盾。建立依法治理缠访、闹访和非正常上访的工作机制，切实维护社会和谐稳定。进一步构建安全保障体系。推动生产安全、消防安全、交通安全、食品安全等工作法治化、长效化发展，努力消除各类安全隐患。严厉打击各种非法生产和违规经营行为，维护良好的市场秩序。完善应急救援体系建设，提高预防和处置突发公共事件能力。继续推进社会治安视频监控系统建设，完善社会治安防控网络，严厉打击各种刑事犯罪，切实保障人民生命财产安全。

深入推进扶贫开发工作　强化扶贫开发工作力度，进一步整合资源，举全市之力确保完成扶贫开发任务。突出抓好产业化扶贫，大幅度提高群众收入，最大限度促进贫困人口脱贫。力争建成一批永续性“造血”功能项目并发挥效益，使4个帮扶镇122条贫困村在2012年底前实现村集体收入超过10万元。同时，狠抓我市内部帮扶的三街一镇扶贫工作，让79条贫困村全面实现两年脱贫，实现全市整体发展水平提速5年，山区发展水平提速10年。

实施民生幸福工程　继续实施更加积极的就业政策，推进城乡就业服务均等化进程，开展技能培训，增强劳动力就业能力。坚持“广覆盖、保基本、多层次、可持续”的方针，推进覆盖城乡居民的社会保障体系建设。进一步深化扩大新型农村养老保险全覆盖，推进城镇居民养老保险广覆盖，在2012年实现全覆盖。健全社会救助、优抚保障机制，扩大城乡困难群众救助范围，提高各类救助标准，不断提高基本保障水平。加强残疾人社会保障和社会服务“两个体系”建设。继续实施教育优先发展战略，大力发展职业教育，基本普及学前教育，优质发展高中教育，全面实施素质教育，促进教育均衡化发展。加紧实施教育“三名工程”，提高教育质量和水平。加快推进市青少年宫和乡村少年宫建设，打造城乡青少年学习成长基地。贯彻实施《全民科学素质行动计划纲要实施方案（2011—2015）》，提升全民科学素质。深化医疗卫生体制改革，加快完成基层医疗卫生机构综合改革工作。进一步完善突发公共卫生事件应急体系、疾病预防控制体系和卫生监督体系，推动城乡卫生服务一体化。加大保障性住房建设和农村危破房改造力度。落实计划生育基本国策，继续保持人口和计划生育工作省内领先水平。大力发展残疾人事业、慈善事业和老龄事业以及妇女、儿童事业。

（五）突出从严治党，全面加强和改进党的建设。

党是领导各项事业的核心力量。要自觉顺应发展形势，扎实推进党的建设新的伟大工程，全面提升执政能力和执政水平。

加强思想政治建设，不断提升党领导经济社会发展的水平 坚持把思想政治建设放在党的建设的首位，坚定不移地用科学发展观武装全体党员。大力构建学习型党组织，完善党委中心组学习制度，通过举办专题讲座等多种形式，教育引导广大党员干部学习新知识，研究新情况，解决新问题。全市广大党员要把学习理论和思想改造紧密结合起来，用科学的理论指导实践，用坚定的信念筑牢精神防线，用辩证的思维看待机遇和挑战，用改革的办法破解困难和矛盾，不断开创各项工作新局面。

加强基层组织建设，不断增强党的凝聚力、号召力和战斗力 深入开展创先争优活动，以党组织和党员创先争优影响群众、感染群众、带动群众。大力加强村级党组织建设，重视村级干部的培养选拔，拓宽基层党员干部教育培训渠道，完善村级干部考核办法，提升基层干部整体素质。积极做好党员发展和流动党员管理工作，关心帮扶生活困难党员，加强基层党建活动场所建设。进一步加强社区、基层组织党建工作，实现党组织和党的工作全社会覆盖。

加强作风建设，不断密切党和人民群众的血肉联系 要大兴求真务实、艰苦奋斗、亲民爱民之风，提高党员干部的党性修养。要深入推进贫困户、贫困村的帮扶工程，进一步密切党群干群关系，树立党和政府以及各级干部的良好形象。要把“治庸、治懒、治散”作为干部队伍作风建设的突破口，以治庸提能力、以治懒增效益、以治散正风气。大力精简会议和文件，切实把干部从繁杂的事务中解放出来，腾出时间和精力抓工作、谋发展。

加强领导班子和干部队伍建设，不断提高领导干部的执行力 要进一步深化干部人事制度改革，坚持“德才兼备、以德为先”的用人原则，树立正确的用人导向。进一步健全干部考核机制，发挥干部综合考核评价体系的导向作用，坚持在发展和实践中考察识别干部，注重在重点项目和重大事件上考察识别干部，真正把政治上靠得住、发展上有本事、作风上过得硬、人民群众信得过的优秀干部放到关键岗位，让想干事的有机会、能干事的有舞台、干成事的有位置，切实提高领导干部执行力。

加强民主法治建设，不断增强民主执政、依法执政能力 支持市人大及其常委会依法履行监督权、重大事项决定权和人事任免权，支持市政协依章履行政治协商、民主监督、参政议政职能。充分发挥民主党派、工商联、无党派和工会、共青团、妇联等群团组织的桥梁纽带作用。进一步扩大基层民主，广开言路，广泛听取社会各界对党委工作的意见和建议，努力推进决策的科学化、民主化。继续做好党务公开、政务公开、村务公开，保障人民群众依法行使民主选举、民主决策、民主管理、民主监督的权利。严格依法行政，健全绩效评估和

考核机制，深化行政问责制度。扎实开展“六五”普法工作，强化法律保障、法制宣传和法律服务。支持法院、检察院依法行使职权，促进司法公正。加强党管武装，推进民兵预备役建设和“双拥”工作，维护和发展好军政军民团结共建的生动局面。认真做好统战、民族、宗教、档案、老干、对台、侨务工作。

加强党风廉政建设，不断营造清正廉洁的干事氛围　坚持“标本兼治、综合治理、惩防并举、注重预防”的方针，全面落实党风廉政建设责任制。要围绕干部选拔任用、财政资金使用等方面，建立完善各项制度，防止用人失察、权力失控、决策失误、行为失范。深入开展党性党风党纪教育，加大示范教育、警示教育和岗位廉政教育力度，积极推进廉政文化建设。进一步深化经济责任审计，加大查案执纪力度，坚决纠正损害群众利益的不正之风，营造政治清明、政风清廉、政通人和的良好环境。

同志们，岁月更迭，薪火相传，发展的接力棒已经传承到我们手中，这是历史赋予我们的光荣使命，是全市人民寄予我们的殷切希望，更是我们义不容辞的政治责任。让我们紧密团结在以胡锦涛同志为总书记的党中央周围，高举中国特色社会主义理论伟大旗帜，全面贯彻落实科学发展观，团结带领全市干部群众振奋精神、锐意进取，勇于创新、扎实工作，为建设珠三角最宜居生态城市而努力奋斗！

名词解释：

1. “三旧”改造：即旧城镇、旧厂房和旧村庄改造。

2. 一队三中心：指街道综合执法队、政务服务中心、家庭综合服务中心、综治信访维稳中心。

3. 五清五帮：“五清”是指家庭基本情况清、收入情况清、计划生育情况清、就业情况清、主要诉求清；“五帮”是指帮解困、帮技能、帮信息、帮维权、帮思想。

4. 一工程四机制：“一工程”是指创建生态文明建设排头兵先进村示范工程；“四机制”包括建立党内帮扶困难党员机制、推行农村干部任职公开承诺机制、建立农村干部成长机制、实施农民全面培训工程机制。

5. 民兵分队“四个基本”建设：指民兵分队的基本制度建设、基本设施建设、基本队伍建设和基本教育建设。

6. 产业布局“三城两区”：指国际新材料城、国际生态旅游城、国际动漫城，国家战略性新兴产业技术服务区、国家绿色农业示范区。

7. 环保“三同时”制度：指建设项目中环境保护设施必须与主体工程同步设计、同时施工、同时投产使用。

8. 社区“五个一”工程：指一个家庭综合服务中心、一个文化活动中心、一个体育休闲公园、一个卫生服务中心和一个视频监控系统。

9. 完善“六个一”服务体系：指建立和完善“一站”（政务服务中心）、“一网”（三级信息网络）、“一台”（服务管理信息平台）、“一库”（服务管理共享数据库）、“一页”（市民网页）、“一卡”（社会保障卡）政务服务网络。

10. 教育“三名”工程：即名校、名校长、名教师。

（市委办供稿）

在中共从化市委十二届一次全会上的讲话

（2011 年 9 月 25 日下午）

市委书记 黄河鸿

同志们：

刚刚闭幕的市第十二次党代会确定了我市今后五年的奋斗目标和工作任务，选举产生了新一届市委和市纪委。本次会议是新一届市委的第一次全体委员会议，会议选举产生了市委常委和书记、副书记，批准了新的市纪委常委和书记、副书记人选。这是全市党员给我们的重托，是各位委员对我们的信任，也包含着全市人民对新一届市委领导班子的殷切期望。在此，我代表新当选的各位市委常委，对同志们的信任和支持表示衷心的感谢！

2010 年 8 月，上级党委安排我到从化担任市委书记。在与全市干部群众一起学习、工作、生活的 400 多个日日夜夜里，我对从化从陌生到认识再到亲切，深深地爱上了这个景色优美、充满生机活力的地方。这次能当选为新一届市委书记，我倍感荣幸、备受鼓舞，深感使命光荣、责任重大，同时也对未来充满信心、满怀激情。我将在全市人民的支持帮助下，一如既往、竭尽全力地把自己的热情和力量奉献给从化这片热土，努力向组织和人民交上一份满意的答卷。同时，真诚希望各位市委常委、市委委员、市委候补委员和市纪委委员支持我、帮助我、监督我！

新一届市委领导班子，受命于“十二五”规划全面实施、珠三角规划纲要深入推进的重要时期，受命于从化增创新优势，谋求新发展的关键时刻。上级党委对我们寄予厚望，从化人民对我们充满期待，社会各界对我们高度关注。可以说，我们工作的状态和成效，不仅关系到个人的进退荣辱，还关系到从化 59 万群众的幸福安康，更关系到从化未来的发展前景。新当选的每一位班子成员都要倍加珍惜时代给我们提供的机遇和舞台，倍加珍惜组织对我们的厚爱和重托，倍加珍惜全市党员和全体人民对我们的信赖和期待，视信任为责任、视责任为使命、视使命为生命，加快建设珠三角最宜居生态城市，着力打造广州北部生态经济核心区，努力在科学发展中造福人民。借此机会，我代表新一届市委领导班子讲几点决心式意见，与同志们共勉，具体地讲就是表达“坚持六个第一”的决心：

一、坚持把改善民生作为第一目标

我们党的根基在人民、血脉在人民、力量在人民。能不能始终坚持全心全意为人民服务的根本宗旨，是衡量一名党员领导干部是否合格的标尺，也是指引、评价和检验我们一切执政活动的最高标准。我们必须始终把实现好、维护好、发展好最广大人民的根本利益作为一切工作的出发点和落脚点，在任何时候、任何场合、任何情况下，全心全意为人民服务的宗旨不能忘，与群众心连心同呼吸共命运的立场不能变，诚心诚意为群众办实事谋利益的劲头不能减，努力使人民群众生活得更加殷实、更加安康、更有尊严。要深怀爱民之心。只有我们把群众放在心上，群众才会把我们放在心上；只有我们把群众当亲人，群众才会把我们当亲人。要牢记宗旨，心系百姓，始终做到心里装着群众，凡事想着群众，工作依靠群众，一切为了群众。要恪尽为民之责。必须牢记，我们手中的权力是人民赋予的，一定要对人民负责。要坚持民生优先发展导向，把改善民生作为第一要事，把服务人民视为应尽的责任，使我们作出的每个决策，都能反映最广大人民群众的意愿；我们所做的每项工作，都能符合最广大人民群众的利益；我们所取得的每点成绩，都能实实在在地普惠于民。要多办利民之事。牢记群众利益无小事，时刻把群众的安危冷暖挂在心上，把群众的现实利益和长远利益、具体利益和根本利益、整体利益和局部利益有机结合起来，切实解决好群众最关心、最直接、最现实的利益问题，让人民群众一天比一天过得称心、过得开心、过得舒心。

二、坚持把学习作为第一需要

学习，不仅关系到党员干部的自身发展和提高，更加关系到国家民族的兴衰和社会主义现代化建设的成败。“十二五”时期是我市深入推进“大交通、大旅游、大产业、大平台”建设的战略机遇期，也是推动经济、城市、文化、社会建设“四个转型升级”，加快建设珠三角最宜居生态城市的重要攻坚期。面对新机遇、新挑战、新要求，新一届班子每一位成员都要充分认识学习的重要性和紧迫性，把学习当做一种神圣职责，一种精神境界，一种终身追求，使“带头学习”成为一种责任，使“工作学习化、学习工作化”成为一种乐趣，使“学有所获、学有所用”成为一种动力，积极构建学习型政党，努力将学习成果转化为谋划发展的思路、推动工作的措施、驾驭全局的本领，切实担当起领导全市科学发展的时代重任。要强化理论学习，不断提高政治素质、理论素养和政策水平，始终把握正确的政治方向，在政治上、思想上、行动上与党中央保持高度一致。要虚心向基层学习、向群众学习、向实践学习，努力做到学以立德、学以增智，学以致用、学以创业。要通过加强学习，提升思维的层次和境界，理清发展的思路和方向，着力解决影响和制约科学发展的突出问题，着力构建有利于科学发展的体制机制，不断提高领导科学发展、服务人民群众、促进社会和谐的能力水平。

三、坚持把发展作为第一要务

发展是硬道理，是解决所有问题的关键，也是全市广大人民群众的殷切期望。在新的历史时期，我们有机遇也有挑战，有困难也有动力。对全市发展而言，我们必须坚持发展是第一要务，扭住经济建设这个中心不动摇。要紧紧抓住重要战略机遇期，聚精会神搞建设，一心一意谋发展，不断增强区域综合实力和提高人民生活水平。对于个人来说，能够在这样的时代、这样的阶段为官从政，是非常幸运的，时间也是非常有限的。机遇千载难逢，不可有点滴错失；机遇稍纵即逝，不可有丝毫懈怠。能否把握机遇、抓住机遇、用好机遇，既是对我们每一位班子成员责任心、事业心的检验，也是对我们新一届班子执政能力的考验。同时，我们要在解放思想、加快发展中强化责任。从我们自身做起，带头解放思想，带头与时俱进，真正做到以破除思想束缚推动工作创新，以观念突破、思路创新推动全市经济社会更好更快发展。

四、坚持把团结作为第一责任

团结是班子集体的生命，也是班子个人的责任，更是从化经济社会加快发展的重要保证。大家在一起共事，既是组织的安排，也是事业的需要，更是难得的缘分。我们要时刻以党和人民的事业为重，以从化发展的大局为重，在维护团结、加强团结方面为全市各级领导班子当好表率。要严格贯彻执行民主集中制，按照“集体领导、民主集中、个别酝酿、会议决定”的原则，健全市委内部的议事和决策机制，既强调民主，又讲究集中。决策前可以各抒己见，发扬民主，广开言路，一旦形成集体的决定，就只能一个声音，自觉维护集体决定、决议，坚决贯彻执行，不允许有杂音。这既是党的规矩，也是我们应有的觉悟。每位班子成员都要认真落实集体领导下的个人分工负责制，既要关心全局工作，积极参与集体领导，又要根据集体的决定和分工，切实履行自身职责。由于工作分工的不同，由于每个人阅历、性格的差别，在一些具体问题上可能会有一些不同看法，彼此都要多一分理解和支持。每位同志都要有容人容事的胸襟，有互让互谅的气度，善于团结其他同志，做到不利于团结的话不说，不利于团结的事不做，多看别人的长处，常想别人的难处，多换位思考。只要我们坚持大事讲原则，小事讲风格，平时多沟通，遇事多商量，互相尊重，互相信任，互相支持，互相补台，就一定能够把从化的事情办好。

五、坚持把实干作为第一本领

这次党代会描绘了从化未来五年的宏伟蓝图，要把蓝图变成美好现实，就必须从全体委员特别是常委做起，坚持把实干作为第一本领，大力倡导务实之风，强化务实意识，在实干中展现个人作风，在实干中反映工作水平，在实干中促进工作落实。要以正确政绩观引领抓落实。牢固树立正确的政绩观，把抓落实的出发点放到为党尽责、为民造福上，把抓落实的落脚点放在办实事、求实效上，要在实干上比高低，在实效上论英雄。要以健全的机制保障抓落实。建立健全工作压力传导机制、责任倒逼机制和效能督察机制，严格落实领导联系包干、限时办结、督办通报、责任追究等制度，完善责任目标考核体系和奖惩激励机制，促进领导在一线指挥、干部在一线工作、问题在一线解决。要以鲜明的用人导向激励抓落实，注重在发展一线考察、识别和选拔干部，及时把那些勇于创新、敢于负责、善于突破的干部选拔使用起来，做到在责任担当中锤炼干部，在干事创业中成就干部。同时，加大治理“庸懒散”行为的力度，着力解决一些干部在职不尽责、在位不在状态的问题。

六、坚持把良好形象作为第一准则

我们能走上今天的这个岗位，既是组织的培养和群众的信任，也是个人长期努力的结果。作为领导干部，必须清醒地认识到，我们的一言一行、一举一动都会在全市党员干部和人民群众中产生重要影响，都直接关系到我们这个集体的形象、声誉和威信。新一届市委领导班子成员要带头执行廉洁自律的各项规定，坚持做人的准则、做事的原则，以自重铸品德，以自省管小节，以自警慎言行，以自励持操守，始终保持清廉、务实、为民的公仆本色。要正确对待权力。权力不是享受、是责任，权力不是安逸、是辛劳，权力不是获取、是奉献。要始终坚持立身不忘做人之本、为政不移公仆之心、用权不谋一己之利，珍惜手中的权力，牢记肩上的责任，真正把权力用到推动科学发展、促进社会和谐、造福从化人民上来。要正确对待名利。为人处世，常留一份宁静给自己；为官从政，多存一份淡泊在心底。任何情况下，都要稳得住心神、抗得住诱惑、管得住手脚，不为奢靡所惑、不为积习所蔽、不为人情所扰、不为名利所累。要正确对待监督。监督是提醒、更是关心，是约束、更是爱护。要自觉置身于法律监督、组织监督、舆论监督和群众监督之下，坦坦荡荡做人，清清白白从政，实实在在干事，真正做到以廉政取信于民、以勤政造福人民。

同志们，新一届市委继往开来，肩负使命，任重道远。让我们更加紧密地团结在以胡锦涛同志为总书记的党中央周围，团结带领全市共产党员和人民群众万众一心、锐意进取，为全面完成市第十二次党代会确定的各项目标任务，加快建设珠三角最宜居生态城市，着力打造广州北部生态经济核心区而努力奋斗！

（市委办供稿）

政府工作情况报告

——在从化市第十五届人民代表大会第二次会议上

（2012年3月20日）

市长　郭清和

各位代表、同志们：

我在去年11月召开的市十五届人大一次会议所作的政府工作报告，对过去五年的工作进行了回顾，对今后五年的奋斗目标和主要任务以及2012年的工作安排进行了部署。根据本次大会的安排，现就政府工作的相关情况作个通报，请各位代表，并请政协委员和其他列席人员提出宝贵意见。

一、2011年工作回顾

过去一年，在上级党委、政府和市委的正确领导及市人大、市政协的监督支持下，我们认真贯彻落实科学发展观，深入实施"大交通、大旅游、大产业、大平台"发展战略，以建设珠三角最宜居生态城市为总目标，以"三个重大突破"为总抓手，以保障和改善民生为总任务，全力推进经济发展、城市发展、文化建设和社会建设转型升级，经济社会发展呈现出"发展提速、转型加快、效益趋好、民生改善、后劲增强、态势良好"的势头，圆满完成了年初确定的目标任务，实现了"十二五"的良好开局。

过去一年，是经济保持平稳较快发展、综合实力明显增强的一年。

经济实力大幅提升　积极破解瓶颈制约，全力推动转型升级。全年实现地区生产总值223.81亿元，比增13.2%，增幅由2007年广州市12个区（县级市）的第6位上升到第2位。地方财政一般预算收入23.63亿元，比增30.4%，较2007年翻了一番多，增幅为广州市的第3位。固定资产投资完成111.30亿元，比增22.1%，增幅上升到第4位。年末金融机构存贷款余额为251.40亿元和144.04亿元，分别比增14.8%和31.5%。经济综合发展实力和活力位居全省67个县（市）前列。

经济结构优化升级　坚持产业集约化、高端化发展，全力构建现代产业体系。三次产业结构调整为8.81∶46.81∶44.38，实现第一、第二、第三产业增加值19.72亿元、104.77亿元和99.33亿元，对GDP增长的贡献率分别为3.7%、51.5%和44.8%。第一产业稳步发展。实现农业总产值33.89亿元，比增5.3%，现代都市农业的特色和基础作用得到加强。第二产业的"短板"得到改善。成功引进杰士杰新材料、金光伏新能源等一批投资超百亿元的战略性新兴产业重大项目，广汽日野汽车、丰力轮胎等5个"广东省现代产业500强"项目增资扩产，汽车及零部件、家用电器、机电设备等79个工业项目全面开工。新增高新技术企业2家、自主创新产品3个、工程技术研发中心4个、省名牌产品7个。规模以上高新技术产品产值82.1亿元，占规模以上工业总产值比重20.6%。第三产业的发展潜能得到释放。全年旅游业总收入43.02亿元、接待游客1220.84万人次，分别增长22.0%和19.7%，县域旅游综合竞争力居全省十强首位。实现社会消费品零售总额78.32亿元，比增18.1%，增幅居广州市第3位。房地产业健康发展，房价调控目标如期实现。

经济开放度扩大 实现商品进出口总值31.04亿美元，比增29.8%，其中出口18.85亿美元，比增28.6%，增幅跃居广州市第1位。吸收利用外资规模扩大，实际利用外资2.09亿美元，比增34.1%，增幅为广州市第1位。加工贸易转型升级步伐加快，新增4家企业过渡到一般贸易，加工贸易内销增长1.6%。出口品牌建设加快，新增服务外包注册企业5家，“天马”、“三雅”、“华林”三个摩托车品牌在83个国家注册，成为联合国采购指定供应商。民营经济增加值102亿元，比增12.0%，占全市生产总值比重45.6%。

经济增长后劲勃发 借力“新广州·新商机”招商签约大项目34个，总投资达1800亿元。全年安排重大产业项目62个，其中钻石轮胎、永新包装等19个工业项目竣工投产。国际会议中心（一期）、国际商贸城、家居广场等一批现代服务业项目建成。大津电器、先强药业、亨龙机电及广州赛马场等一批增资扩产项目加快推进。规划建设面积146平方公里的广东从化经济开发区、29.28平方公里的流溪温泉旅游度假区和约10平方公里的万花园三大战略性发展平台定位更加明确，设施日渐完善，经济发展的引擎作用明显增强。

过去一年，是民生社会事业全面发展、城市软实力明显提升的一年。

民生福利进一步改善 市本级财政投入民生和各项公共事业资金29亿元，占一般预算支出79.3%。政府承诺的十件民生实事全部兑现。城镇居民人均可支配收入和农村居民人均纯收入达到21755元和9856元，分别比增11.9%和16.9%。转移农村富余劳动力就业1.1万人，城镇登记失业率1.3%。农村居民参加“新农保”25.1万人，其中35周岁以上参保率达100%，成为全省试点的典范。城乡居民医保参保人数44.3万人，参保率99.8%，率先实现城乡居民医保一体化。引入市场化管理方式，鼓励和支持商业保险参与基本医疗保险管理服务，“从化模式”在广州市全面推广。社会救助水平不断提高，城镇和农村低保平均标准分别增长17.0%和20.0%。资助45万城镇居民和困难企业退休人员参加基本医疗保险。1360套保障房开工建设，完成农村危破房改造2442户。新建五保村12个，老人供养率100%。建成5个基层工疗站，6730名残疾人得到康复服务和医疗救助。

社会事业发展加快 规范化学校比例达80.7%，校舍安全工程开工率100%，普通高考5项指标创历史新高。市中心医院扩建工程投入使用，10所镇级医院升级改造工程全面启动实施。“创文”工作扎实有效，市民文明素质和城市文明程度进一步提升。8个镇（街）文化站和265个村（居）文化室、农家书屋功能设施逐步完善。新增4个项目成功入选广州市非物质文化遗产保护名录。《今日从化》成功改版扩面，新闻广电事业加快发展。七星体育公园、云岭湖公园等建成开放，参加广州市第十五届运动会夺得金牌49.5枚。档案新馆主体工程基本完成。人口计生工作水平进一步提高。

过去一年，是城市建设加快发展、城乡环境面貌明显改善的一年。

基础设施建设呈现新格局 增从高速基本完工。大广高速（从化段）获国家核准，地铁14号线顺利通过专家评审，报批等相关工作加快推进。花卉大桥、珠江温泉大桥等奠基开工。4.7公里南部供水管网工程全面完工，30公里西部供水管网工程统筹推进。18条总长12.5公里市政道路升级改造工程完工，一批市政设

施得到更新完善。

城乡环境呈现新面貌 实施美化、绿化、净化、亮化、生态景观化工程，完成总长120公里的105国道和355省道延长线景观林带改造工程建设，新增植被23.3万平方米，城区绿化率达34.5%，人均绿地面积达48.77平方米。新建绿道50公里，流溪河水上绿道建成营运。结合“创文”工作，开展城乡“六乱”专项整治，依法拆除违法建设5.5万平方米，整饰主干道沿线建筑立面35万平方米，拆除违章广告招牌1.5万平方米。启动16个、面积800亩“三旧”改造项目建设。新建生态文明村（社）52条、省（广州市）卫生村28条。建成5个垃圾压缩中转站，10个垃圾分类试点有序推进，无害化处理率100%。落实好空气整治50条和新31条措施，空气质量持续保持优良。加快太平、鳌头、吕田三镇和23个村（社）污水治理工程建设，城镇污水处理达到一级排放标准。新增城乡路灯1.78万盏，一批亮化工程春节前相继完工，彰显出“白天青山绿水，晚上流光溢彩”的从化新景象。重点抓好“三边”（路边、山边、水边）的美化绿化，营造“四季花开、处处皆景”的生态景观。

社会管理呈现新局面 镇（街）“一队三中心”和农村社区建设试点工作顺利推进，9个街道家庭综合服务中心和农村社区相继建成使用。积极理顺城市综合执法体制，城市管理得到加强。积极开展“大接访”活动和“化解信访积案百日行动”，调处化解各类社会矛盾198宗，受理信访案件2897件次。综治维稳和安全生产工作得到加强，刑事治安警情下降5.7%，全年事故起数、死亡人数分别下降15.4%和8.5%，社会大局保持和谐稳定。

过去一年，是城乡统筹发展、“三农”工作取得明显成效的一年。

扶贫开发取得历史性突破 如期完成“半年初见成效、一年大见成效”目标任务。全市确定镇（街）、村扶贫开发项目829个，总投资达30.6亿元，其中已动工建设419个、占项目总数的50.5%，已完工191个、占项目总数的23.0%。201个贫困村中已有72个村年集体经济收入达到10万元以上，脱贫达标率36.0%；3479户考核贫困户中已有1830户、7261人实现年人均收入5000元以上，脱贫达标率53.0%。

特色农业发展取得实效性进展 年种植粮食、水果、蔬菜、花卉98.5万亩，流转土地4.8万亩，培育发展各级龙头企业50家、农民专业合作社169个。“一村一品”发展到20个品种、40条村。建成无公害农（畜）产品基地135个，完成无公害农产品产地认定15.49万亩、无公害农产品认证57个、绿色产品和有机产品认证6个。国家绿色农业示范区创建工作全面启动，10大绿色农业工程进展顺利。

农村综合改革取得阶段性成效 新完成自然村道硬底化改造126公里，农村公路通车里程达889公里。新增农村居民饮用自来水人口7.69万人，农村自来水受益率达96.2%。城乡建设用地增减挂钩和“智慧乡村”试点工作取得初步成效。中心镇和山区镇基础设施、公共服务功能不断提升。圆满完成194万亩集体林权主体改革任务，林地所有权证、使用权证和股权证发证率均达99.0%，被授予“广东省集体林权制度改革先进集体”称号。

过去一年，是效能建设扎实推进、行政执行力明显提高的一年。

积极开展“效能建设年”活动，加大效能督查问责力度，机关单位风清气正、创先争优、干事创业的工作氛围日渐浓厚，“敢想、会干、为人民”的亚运精神在广大干部职工中进一步弘扬。进一步规范优化办事流程，制定完善投资服务、审批事项办事指南，落实公开、咨询、投诉等便民热线，积极推行网上审批、并联审批，提高办事时效。积极推进简政强镇改革，全年取消行政和非行政审批事项189项、备案事项109项，下放事权68项，主动配合衔接46个事权项目，做到“放得下、接得住、管得好”。完成医改“五项任务”，事业单位分类改革取得新成效。廉政建设和反腐败斗争深入开展，损害群众利益不正之风得到有效整治。法治政府建设全面推进，自觉接受监督，办理人大代表议案、建议61件，政协提案199件。修订出台《从化市人民政府工作规则》、《市政府常务会议工作制度》等一系列工作规章，阳光行政、民主科学决策能力不断提升。

各位代表，过去一年取得的成绩，是上级党委、政府和市委正确领导的结果，是人大、政协、各民主党派、人民团体和社会各界大力支持的结果，是全市广大干部群众共同努力的结果。在此，我谨代表市人民政府，向人大代表、政协委员，向全市人民，向社会各界人士，向驻从化部队官兵，向所有关心和支持从化现代化建设的港澳台同胞、海外侨胞和国际友人表示衷心的感谢和崇高的敬意。

总结去年的工作，我们也要清醒地看到存在的问题和薄弱环节。主要是：一是经济规模总量还不够大，产业发展水平还不够高，转型升级任务仍然艰巨；二是交通等瓶颈制约还没有得到根本解决，城乡一体化和城市精细管理水平还有待提高；三是区域发展还不够平衡，改善民生和扶贫开发任务仍然繁重；四是思想观念还不够解放，危机意识、责任意识、大局意识还不够强，创新力、突破力、执行力还有待进一步提高。对此，我们必须进一步采取得力措施，切实加以解决。

二、2012年重点工作安排

今年是新一届政府任期的第一年　市十二次党代会作出了“12346”的决策部署，市第十五届人大一次会议上作的《政府工作报告》明确了未来五年政府工作的奋斗目标和主要任务，对2012年工作也作了安排，强调要着力调整产业结构，进一步推进转型发展；着力加快城市化进程，进一步推进城乡统筹发展；着力扩大改革开放，进一步推进创新发展；着力加快社会事业建设，进一步推进和谐发展；着力提高行政执行力，进一步推进高效发展。要实现既定的目标任务，我们面临着一系列新的挑战。从当前国内外的情况看，今年的经济环境十分复杂，形势十分严峻。但同时我们要认识到，我市已处于“大转型、大建设、大发展”的重要战略机遇期。我们要牢牢把握广州推进“三个重大突破”，打造北部生态产业区，加快产业转型升级，给从化带来低碳高端新兴产业集聚发展的大好机遇；牢牢把握广州全面实施“美丽乡村行动计划”，大力推动扶贫开发工作，给从化统筹城乡发展带来的千载难逢机遇；牢牢把握广州走新型城市化发展道路，明确从化城市副中心功能定位，给从化加快城镇化发展带来的历史性机遇。以不骄不躁、谋定而动、奋发有为的精神状态，迎来从化后发崛起的快速增长期，全力推动经济社会又好又快发展迈上新的台阶、实现新的跨越。

今年政府工作总的基调是：贯彻落实好市委“12346”的决策部署，“稳中求进、好中求快”。“稳中求进”就是要防止大起大落，保持发展的思路不能变，发展的速度不能慢，发展的力度不能减，务求巩固和发展已经形成的良好工作局面，力争各项工作有更大的进步。“好中求快”就是要保持转型发展的好势头，努力实现投入与产出、速度与效益、结构与质量的同步发展与提升。今年工作总的思路是：牢牢把握总基调，紧紧围绕“一个目标”，坚持“六个着力”，做好“七项工作”。“一个目标”就是保持经济社会发展好的形势、好的态势、好的气势，全面加快建设广州城市副中心和珠三角最宜居生态城市。“六个着力”就是着力推进“三个重大突破”、着力统筹城乡一体发展、着力保障和改善民生、着力加快宜居城市建设、着力提升文化软实力、着力优化经济发展环境。为此，要重点抓好“七项工作”：

（一）全力推进重大战略性基础设施建设。

牢固树立“大路大富”、“基础设施就是发展环境”的理念，大力推进交通、能源、生态等基础设施建设，打牢经济社会发展基础，全面营造科学发展的良好环境。

推进综合交通工程　重点是打造包括轨道交通在内的“一环一轨三横四纵”综合交通体系。首先，加强沟通协调，强力推进地铁14号线和广从路快速化改造两个重大交通项目统筹规划、协同实施，力争年底前两个项目动工建设。其次，全力推进大广高速公路建设，统筹抓好征地拆迁等项工作，务求年内尽早开工建设。第三，全力推进增从高速公路收尾工作，力求7月初全线通车。第四，统筹做好北三环等3条高速公路各项前期工作，力争早日动工建设。抓紧筹划105国道（养生谷段）改道工程，加快推进凤凰大道、花卉大道（二期）、街人公路、珠江温泉大桥等一批路桥工程建设。

推进能源保障工程　重点完成220千伏绿洲站线网、森林输变电站等5个电力工程建设。加快5个水厂扩容工程和西部输水管线建设，增强供水保障能力。推进天然气管网工程建设，年内覆盖率达35.0%以上。

推进生态环保工程　重点完善8大污水处理系统建设，今年城镇污水集中处理率达到80.0%以上，力争“十二五”末实现城乡污水处理全覆盖。加快废弃物综合处理中心等环保环卫设施建设。推进云岭湖公园、荔枝公园等一批生态公园建设，打造一批展示生态城市风貌的景观新亮点和特色园林景观带。

推进民生设施工程　积极实施“名校、名医、名店”工程。以“五个一”工程为重点，推进“无线城市”宽带网络、光纤到户、宽带移动通信网和双向数字有线电视网络等新一代宽带网络建设。继续配套完善市政、通讯等公用设施，提升城市功能。

（二）全力推进重大战略性主导产业建设。

坚持高端引领，毫不动摇地把培育重大战略性主导产业作为加快经济发展方式转变、打造现代产业体系的重中之重，梯次推进一批战略性主导产业重大项目。重点培育和发展新材料、新能源、生命与健康、文化创意、电子电器、先进制造业、商贸旅游、都市农业等八大产业。

培育壮大新兴产业　加快杰士杰、金光伏等大项目落地建设，力争年内投产，3年内实现年产值超100亿元。加快先强药业等5家生物医药骨干项目发展壮大，力争2015年前实现年产值25亿元以上。加快珠江健康城、广东动漫城、京珠物流园区等项目建设，大力发展现代服务业。

发展提升优势产业　重点选择一批有扩产扩能潜力空间的工业、商贸旅游企业，给予政策扶持，力促企业原地扩大提升。加快广州（从化）家电产业基地发展，打造华南地区具有重要影响力的家电产业制造基地。进一步优化提升摩托车、日用化工、食品饮料等优势传统产业，推动钻石、工艺美术等加工贸易企业转型发展，力争到“十二五”期末形成3—5个百亿元的优势传统产业集群。积极推进商贸中心、梦芭莎、海航空港后台服务基地等商贸产业项目建设，构建现代商圈。着力抓好温泉风景名胜区等景区景点的提档升级，推进流溪河、石门国家森林公园的保护性开发，建设一批引领休闲旅游产业发展的温泉养生、绿道休闲、森林度假、商务会议等旅游精品。大力发展高端有机农业，打造“国家绿色农业示范区”和“全国现代农业示范基地”。

做大做强高新技术产业　重点在热塑性复合材料板、显示屏背板、太阳能发电板、光伏太阳能、生物制药、电焊技术、智能仪器仪表等具有一定基础的技术领域，打造一批竞争力强的优势企业和知名品牌，培育发展特色高新技术产业集群。不断完善技术创新体系和公共科技服务平台，扶持发展一批企业研发机构，为中小企业提供一站式技术服务。

（三）全力推进重大战略性发展平台建设。

以核心企业为主导，以产业配套为方向，以集群发展为目标，培育打造3个功能突出、特色鲜明、布局合理、高效低碳的战略性发展平台，成为全市经济发展和转型升级的重要载体。

打造国家级广东从化经济开发区　按照“一区四园多基地”模式，加快开发区建设步伐，力争到2015年，实现工业总产值超1000亿元。一是积极申报国家级科技兴贸创新基地。充分利用现有的新材料、新能源、生物医药等一批高新技术产业项目的良好基础，积极组织申报材料，加快推进国家级工业园区的创建工作。二是提升园区开发水平。进一步创新开发模式，完善平台建设和产业发展规划，大力推进4大园区和10大专业化产业基地建设。严把入园项目的环保关、产出关和效益关，适当提高园区的开发强度，提高产出效益。加快完善水、电、气、路等配套设施建设，增强产业承载力。三是创新园区发展环境。实施环境创新优化战略，从“政策型”转向“功能型”，从“管理型”转向“服务型”，为投资者创造规范透明的政策环境，优质高效的服务环境，公平有序的市场环境，依法办事的法制环境和文明诚信的人文环境。

打造具有国际影响力的流溪温泉旅游度假区　按照“一谷四区”模式，建设具有国际影响力的温泉康体旅游胜地。重点抓好国际会议中心（二期）、红树林度假酒店、温泉文化城等一批五星级酒店群及广州赛马场等重大项目建设。高标准抓好旅游规划和实施，进一步整合五指山等旅游资源，推进旅游配套设施建设，提升大景区的档次和辐射带动力，力争用3到5年时间创建国家5A景区。

打造国家级万花园生态农业示范区　按照“一园多区”模式，重点抓好万花园旅游总体规划编制、A级景区创建、土地流转、配套工程完善等工作，着力打造集现代花卉生产、销售、科研、展示、休闲观光五大功能于一体的都市型现代农业展示窗口、国家级现代农业园区和国家5A级农业景区。

（四）全力推进广州城市副中心建设。

按照“统一规划、强化功能、优化空间、分步实施”的思路，以“三个重大突破”为抓手推动城市副中心建设，力争用10年左右的时间，将从化建成经济实力强、生态环境好、文明程度高、生活品质优的具有岭南特色的广州城市副中心。

高起点抓好城市副中心规划　按照构建“一个核心区、三个卫星城、若干美丽乡村”新型城镇体系的思路，以街口为核心区打造规划面积约100平方公里的城市副中心，将鳌头、太平、良口3个中心镇打造成卫星城，并因地制宜、抓点带面，建设好美丽乡村。主动加强与广州的对接，抓紧开展调研论证，高标准做好新一轮城乡发展规划，实现“三规合一”全覆盖。

高水平抓好城市精细化管理 创新城市管理模式，积极推进城市管理数字化、镇街管理网格化、社区管理物业化、市政管理标准化。集中开展巩固创文成果八大专项行动，切实推进创文工作常态化。加大“两违”建设和非法采矿行为查处力度，坚决打击城乡“六乱”。积极推进“三旧”改造，促进城市有机更新，有效改善城市环境面貌。

高品位抓好人居环境建设 继续实施绿化、美化、净化、亮化、生态景观化工程，大力开展城乡环境综合整治。重点抓好工业企业、机动车等七大类综合治理，保持空气优良率100%。推进首批70家工业企业清洁生产，促进节能减排工作。深化水环境治理，抓紧抓好镇（村）污水处理系统建设和流溪河立法保护工作，不断提高污水处理水平。以更高的标准、更大的力度，推进城乡清洁、立面整饰等专项整治工程持久开展，提高城乡环境质量。优化交通组织管理，重点治理交通拥堵点，改善景区城区交通状况。加快对城区及高速公路主要出入口、主干道路的景观节点进行绿化美化建设改造，进一步提升城市品位。

（五）全力推进城乡一体化建设。

加快城乡一体化既是经济发展的重大举措，也是破解“三农”问题的根本路径。要坚持以工促农、以城带乡、城乡互动的方针，以转型升级为抓手，以科学规划为龙头，以缩小差距为核心，以政策制度创新为保障，统筹城乡空间布局、城乡规划、城乡基础设施、城乡公共服务、城乡环境建设、城乡综合配套改革，提高城乡一体发展水平。

加快推进扶贫开发工程 扶贫开发既是攻坚战，又是持久战。要对照进度，破解难题，强力推进扶贫开发工作，重点在抓好去年已开工的涉及学校、医疗卫生等61个公共民生项目建设进度，确保如期完工的基础上，着力推进242个扶贫“造血”项目的实施上马，为脱贫致富提供根本保障。完善扶贫工作机制和严格落实责任考核制度，按规定的时限和要求高质量完成帮扶任务。加大投入力度，市财政再安排4亿元用于扶贫开发，确保扶贫要素到位。继续抓好“一区带一镇，名企帮一镇”、“百企助百村”工作，进一步凝聚社会扶贫的整体合力，确保扶贫开发“双到”工作全面达标。

加快推进美丽乡村建设 围绕生产发展、生活富裕、生态良好“三生一体”的目标，坚持抓点带面、因村制宜，切实将综合整治村容村貌、特色开发产业项目与差异化发展农村经济有机结合起来，标本兼治，建设好幸福美丽乡村。加快编制美丽乡村建设总体规划，通过“三旧”改造、村庄整治，构建优美的农村生态环境体系。大力发展高效生态现代农业，发展壮大各具特色的乡村休闲旅游业，加快形成以景区为龙头、景点为支撑、“农家乐”为基础的乡村休闲旅游业发展格局。充分发掘和保护古村落、民俗文化等历史遗迹，大力培育特色文化村，提高农民群众生态文明素养。完善基本公共服务，发挥农民主体作用，坚持民主管理，把加强和创新社会管理贯穿于美丽乡村建设全过程，着力提升农民生活品质。

加快推进统筹城乡体制机制创新 积极实施农村人口“内聚外迁”战略，稳妥推进微型自然村、小型行政村撤并及“村改居”工作，支持下山移民，让农民群众融入中心镇、中心村，共享现代文明。按照依法、自愿、有偿的原则，稳步推进农村土地流转，有效增加农民财产性收入。进一步健全公共财政“三农”投

入稳定增长体制，建立和完善社会保障机制和公共服务产品供给机制，引导金融机构加大农村信贷投入力度、社会资金投向农村。采取以奖代补、以奖代投、先建后补等方式，鼓励引导农村和农民利用自有资金建设美丽家园，激发农民主体意识。加快建设农村交通网、公共服务网、信息网、市场网和安全网，为统筹城乡发展提供强有力的保障。加强统筹城乡资源配置，引导土地、资本、劳动力、技术、人才、信息等资源在城乡之间合理流动。特别是要最大限度地激活农村土地资源存量，结合“三旧”改造、城乡建设用地增减挂钩、土地流转等工作，搭建社会资本进入平台，拓展农村发展空间。加强基层组织建设，全面推进村民自治，维护农村和谐稳定。

（六）全力推进民生福祉建设。

民生是社会和谐之本　要把保障和改善民生放在更加突出的位置，着力解决社会关注的普遍性问题、事关人民群众切身利益的紧迫性问题，让城乡居民分享改革发展的成果。

办好十件民生实事　十件民生实事是市委市政府向全市59万人民群众作出的庄严承诺，是建设幸福从化的重要体现。各级各部门要高度重视，将十件民生实事摆在重要位置，明确责任，落实分工，精心组织，抓紧抓实抓好。要建立市分管领导、部门主管领导主抓、责任单位具体落实的工作机制，采取得力措施，及时解决遇到的问题和困难，确保按时按质按量把十件民生实事办实办好，向全市人民交上一份满意答卷。

打造幸福社区　重点抓好3个街道家庭综合服务中心建设，力求今年6月份前交付使用。稳步推进16个农村社区建设实验试点工作。加快推进“五个一”工程和“六个一”服务体系建设，建立完善“一站式”社区服务管理综合信息平台。继续扩大政府购买社会服务，促进形成有序竞争、多元化参与公共服务的格局。重视外来务工人员服务管理，逐步推动基本公共服务向外来务工人员延伸。

推进城乡基本公共服务　全面完成规范化学校和校安工程建设任务，提高城乡义务教育水平。基本完成10间镇级卫生院建设和116间未达标的村级卫生站扩建工程，构建农村30分钟医疗服务圈。大力发展慈善事业，完善社会救助体系。按照省一级标准配置街道和镇文化站，推进社区、村“五个有”文化设施建设。加强“无马疫区”管理维护，促进群众体育与竞技体育协调发展。进一步提高就业和再就业水平，新增就业岗位、转移农村劳动力、培训各类人员达到“三个”1万人以上。继续抓好社保扩面征缴工作，提高社会保障普惠度。整合城乡养老保险制度，统筹城镇居民基本医疗保险制度和新型农村合作医疗制度，逐步提高社会保障标准和水平。加快1360套保障房建设，确保年底前全部竣工。采取多管齐下、“几个一点”办法，充分调动镇（街）、村（社）及广大人民群众积极性、创造性，务求下大决心、下大气力，攻坚克难、真抓实干，今明两年全面完成13000多户农村泥砖房和危破房改造这一十分艰巨而又光荣的政治任务、民生工程。

建设平安和谐从化　以“三打两建”为重点，全面加强社会治安综合治理，严厉打击各类违法犯罪行为，保护人民生命财产安全。健全完善安全生产综合监管体系，坚决遏制重特大安全事故，确保安全生产形势持续稳定好转。健全食品药品监管体制，加强生产、流通、销售等环节联合执法，确保食品药品安全。加强应急基础设施建设，提升防范和处置各种突发事件的能力。健全综治信访维稳工作机制，畅通社情民意反映渠道，着力从源头上预防和减少各种矛盾和不稳定因素，保障人民群众合法利益。

（七）全力推进廉洁高效的政务服务。

以“抓落实促发展”为主题，深入开展效能建设，为加快跨越发展积极创造良好条件。一是进一步破解用地难题。按照“控制总量、用好增量、盘活存量、提高质量”的思路，推进土地节约集约利用，有效解决用地指标不足问题。树立“依法、和谐、快速”的征地理念，创新工作机制，推动征地工作不断取得突破性进展。二是进一步推进重点项目落地。建立完善严格的“以目标倒逼进度、时间倒逼程序、督查倒逼落实”的工作机制，加大执行力度，切实把各项工作抓出成效。重点对去年“新广州·新商机”签约项目逐一梳理、跟踪服务，主动与签约方加强联系，努力创造条件早日让更多优质项目动工建设。三是进一步抓好招商引资。坚持动态管理、滚动发展，做到“建设一批、开工一批、推进一批、储备一批”。围绕先进制造业、高新技术产业、现代服务业、重大基础设施等重点领域，进一步谋划储备一批牵动性强的大项目、好项目。四是进一步优化企业服务。重点加快政务中心建设，完善电子政务网络，力争年内实现网上审批率达90%以上。健全政企沟通服务平台，提供“保姆式”服务，帮助企业协调解决生产经营中遇到的困难和问题，促进企业持续发展。大力引进和培养高层次的创新型、技术型人才，为经济建设提供智力支撑。五是进一步营造良好的财政金融环境。拓宽融资渠道，帮助企业特别是中小微型企业解决融资瓶颈，切实保障重点项目建设资金需求。扶持发展村镇银行、小额贷款公司和融资性担保机构，大力支持金融机构做大做强。继续加强综合治税，建立和完善稳定的财政收入增长机制。六是进一步加强廉政建设。突出重点，狠抓落实，坚持不懈推进反腐倡廉工作。更加注重勤俭节约，严格控制“三公经费”，大力精简会议和文件，进一步降低行政成本。全面加强对重点领域、重点部门和重点资金的审计。加强机关作风建设，规范权力运行，推行阳光政务，全面提升行政服务效率、质量和水平。

同志们，人勤春来早，政好岁时丰。让我们在市委的坚强领导和人大、政协的监督支持下，深入贯彻落实科学发展观，围绕建设珠三角最宜居生态城市广州城市副中心和幸福从化的总目标，同心同德，扎实工作，奋力完成今年各项目标任务，以优异成绩向党的十八大献礼！

（市政府办供稿）

在全市经济工作会议上的讲话

郭清和

2012年3月29日

同志们：

今天，市委、市政府召开经济工作会议，目的是进一步贯彻落实好刚刚结束的市“两会”精神，分析当前经济形势，采取切实有效措施，确保完成今年经济目标任务。今年是抓落实年，今天的会议就是强调抓落实，抓好经济工作目标任务的落实。各镇（街、园区）、各部门对抓好今年的经济工作要高度重视，切实按照市委、市政府的统一部署要求和今天会议的精神，结合各自的职能、各地的实际，办好自己的事情，落实好自己的目标任务。刚才，市发改局、经贸局、财政局、国税局、地税局和供电局等经济主管部门作了很好的发言，都从本部门的职责职能出发，提出了做好今年工作的思路、目标、任务以及对策措施，都讲得非常好，希望大家按照相关要求切实抓好落实。在会上，各镇（街、园区）向市政府递交了《落实2012年经济工作目标责任状》，我们将按照责任状的要求来考核大家的工作。镇（街、园区）的代表江埔街、明珠工业园等单位也作了表态发言，也讲得很好，希望落实到具体工作中抓出成效。下面，我讲四点意见。

一、第一季度经济运行情况怎么样？

第一季度我市经济面临的形势比较严峻，主要经济指标运行呈现“三升、三降”。

（一）“三升”。一是社会消费持续畅旺。预计1—3月份，全市实现社会消费品零售总额22.17亿元，同比增长15.3%，比广州市高1.3个百分点；实现商品销售总额51.11亿元，同比增长17.5%，比广州市高近5个百分点。第一季度消费品零售总额和商品销售总额双双实现开门“红”，社会消费规模不断扩大，需求拉动增长效应持续增强，“扩内需、促转型”政策效果明显。二是外向型经济快速增长。1—2月，全市进出口总值与去年同比增长13.0%，比广州市高11.6个百分点，其中出口总值2.48亿美元，增长19.4%。三是固定资产投资稳步增长。1—3月份固定资产投资额16.2亿元，同比增长10.5%，比广州市高5.5个百分点，这表明我市经济发展后劲比较充足。

（二）“三降”。一是地区生产总值增速减缓。预计1—3月份实现地区生产总值44.88亿元，增长5.0%，比去年同期下降7.2个百分点，增幅有待进一步提高。二是工业总产值增长下滑。预计1—3月份，全市工业总产值累计完成68.92亿元，同比下滑3.7%，增幅下滑6.6个百分点，比广州市低6.1个百分点。说明了工业下滑比较厉害。三是财税收入增长下滑。全市一般预算收入4.72亿元，按可比口径计算同比减收约0.27亿元，同比下降5.5%，与去年同期25.8%的增长率相比，增速下滑31.3个百分点。从前三个月的情况看来，上半年前三个月我市经济运行下滑态势非常明显，要完成主要经济指标年度目标压力很大。

二、造成经济增长放缓的原因是什么？

1—3月份，全市经济运行状况低于预期，主要受四个“不理想”因素影响。

（一）外部经济形势不理想。1—2月份，在国际经济复苏乏力、国内经济“稳中求进”的大背景下，全国、全省和广州市主要经济指标开始减速，这是大环境。就全国而言，强调稳中求进，首先就是要稳，防止大起大落。全省社会消费品零售总额、固定资产投资、进出口额增幅全面放缓，广州市消费和投资虽有所增长，但进出口额等指标下滑，经济不确定因素增加。受国内外因素及省、广州市主要经济指标全面走低影响，1—3月份我市主要经济指标低位运行，工业总产值同比下滑3.8%，一般财政预算收入同比下滑5.5%。

（二）项目投资拉动不理想。固定资产投资是我市经济增长尤其是工业生产的主要推动力。但一方面由于工业项目投资比重偏低，1—3月份仅占全部固定资产投资比重的14.2%，低于去年全年平均水平和去年同期水平。另一方面因项目投资引致的工业需求不足，致使1—3月份投资拉动力度大幅减弱。第一季度，虽然我市社会消费品零售总额、固定资产投资和进出口贸易尤其是净出口均保持了较高的增长速度，但工业总产值仍然下滑了3.8个百分点。

（三）重点企业、骨干项目达能达产不理想。受需求因素和要素供应等因素制约，重点工业企业工业生产受到限制。1—2月份，我市9大传统优势产业中，除汽车及其零部件制造外，日用化工等7大行业产值全面回落，广汽日野等重点骨干企业均未能达能达产，工业生产面临较大压力。我市一些传统优势产业达能达产不太理想，陈建华市长来调研时十分强调就地达能达产，好的企业要逐一列出来，一个个抓落实明显。另一方面，我市重点的战略性新兴产业项目的招商引资虽然取得了明显成效，但尚属“落地”阶段，尚未形成产能。还有一方面就是受国内房地产调控政策影响，全市房一手商品房成交量和销售收入明显下行，导致营业税、土地增值税乃至全市一般财政预算收入增幅大幅下降。产业结构调整优化和转变经济发展方式的任务仍十分繁重。

除了以上三点经济放缓的原因，实际上从化经济发展的问题是什么呢？主要还是没有一个好的产业结构和规模。我市经济结构不优，总量不大，调结构的压力很大。我们说房地产占的比重大是相对于我们的总量较小而言的。我们一定要把低碳高端的大型项目搞起来，做大做强园区经济、工业经济。无工不富，工业这一块大头要紧紧抓住不放，但发展工业，决不能搞村村点火、处处冒烟，也不能搞有效益没有环保的，更加不能搞没效益也没有环保的。环保问题没解决，效益再好的项目也不能要，一定要坚守这一条，一定要真正实现转型发展。

三、对今年的经济形势怎么看？

总的来说，今年我市实现既定的目标任务，既面临一系列新的比较严峻的挑战，又存在不可多得的良好发展机遇。

一是形势严峻，但机遇良好。面对国际经济增长乏力、出口需求不振以及国内经济结构转型不断深化、经济增速趋缓的新形势，我市今年“保增长”的任务将更加艰巨。但就小气候而言，应该看到，目前我市所处的政策环境仍然是比较好的。除了本身鼓励经济发展的政策条件好之外，更重要的是广州市加快统筹城乡发展，从政策、资金、重大项目及用地指标安排等方面给予从化的支持力度还会加大。此外，扶贫开发的力度加大，一批扶贫项目陆续建成，也将推动从化整体发展水平快速提升。

二是困难重重，但利好多多。今年保增长的压力较大，改善社会民生的压力更大。但从1—3月份经济运行状况来看，存在不少利好因素。一是消费拉动经济增长的主动力作用逐渐稳定。第一季度社会消费品零售总额同比增长高达15.3%，远高于全市固定资产投资和净出口增长速度，内需的扩大将有益于推动经济快速增长。二是一批重大配套设施项目的建成并投入使用，我市经济发展的资源保障能力将进一步增强。三是杰事杰、金光伏、红树林酒店等重大产业项目将相继动工，必将带动固定资产投资快速增长，提升经济发展后劲。

三是道路崎岖，但前景光明。当前，调结构、促转型，推动经济又好又快发展的任务非常艰巨，需要全市上下团结一致，开拓创新，奋力拼搏。去年上半年，我们的生产总值、财政一般预算收入、工业总产值、固定资产投资等四项主要指标均未达到时间过半、任务过半的进度要求，但去年我们全市上下把握有利因素，突破各种瓶颈，采取一系列有效措施，最终顺利完成了全年的目标任务，主要经济指标实现了近年来在广州十二个区（县级市）的最好排位。去年，GDP增幅排在广州第2位，财政一般预算收入一年就增加近6个亿、增幅排在第3位，固定资产投资增幅排第4位，利用外资增幅排第1位，用电量增幅排第1位。去年，还历史借债10多亿，并解决了一批民生保障问题。我相信，只要我们齐心协力、众志成城、迎难而上，办法总比困难多，今年也一定能够克服各种困难，顺利完成年度经济目标任务。

四、接下来的工作怎么抓？

抓经济好比做蛋糕。如何促进经济又好又快发展，就是一个如何做大做好蛋糕的问题。去年，我市发展经济、改善民生的蛋糕做得都不错，主要经济指标的增长较快，民生福利保障扩面提质较好，受到国家和省、广州市的充分肯定。在今年非常复杂、非常严峻的经济形势下，要继续把蛋糕做大做好，必须打醒十二分精神，引起高度重视，切实增强危机感、紧迫感和责任感，实事求是正视困难，开门见山查找问题，真刀真枪狠抓落实，确保全面完成今年各项目标任务。今年我市经济工作总的基调是“稳中求进、好中求快”，工作的重点仍然是调结构、促转型，具体要求是要“抓早、抓紧、抓实、抓好”，要聚精会神、心无旁骛、坚定不移做到“九个全力”。

（一）全力推进转型升级。要做好蛋糕，首先要因地制宜，做有特色的蛋糕。这个特色就是从从化的实际出发，推进转型升级。“转型升级”是今后较长时间经济工作的主线和主脉，要继续按照“一下二上三转”的思路，着力推进产业结构调整和经济转型发展。“一下”就是要坚决淘汰、下马落后产能，坚决保护好优美的人居生态环境。决不能走以牺牲环境为代价换取经济一时发展的路子。宁愿慢一点，也要好一点，万万不可心浮气躁，急功近利，乱了方寸。在这里我要强调一下，我担心今年经济形势不太好，就饥不择食，什么都上，为了GDP、财政收入的一时增长一些乱七八糟的项目。随着目前征地难问题的逐渐破解，很多过去十多年、二十年的项目现在都要求上马，各镇（街、园区）、各部门在这个问题上头脑要特别清醒，一定要严格把好关。“二上”就是要坚持不懈上低碳、高端、优质的产业项目，上优势传统产业改造提升项目。一手继续抓好新好项目的引进上马，一手重视抓好现有重点项目的扩能达产、改造提升。“三转”就是坚定不移推动三次产业转型升级，即坚持推动农业向集约化、特色化转型升级，坚持推动工业向低碳化、高端化转型升级，坚持推动服务业向高效化、品牌化转型升级。

（二）全力加快重点项目建设。要做好做大蛋糕，得有好原料。经济蛋糕的重要原料就是重点项目。抓好重点项目建设，才能做好做大经济蛋糕。今年，我市经济增长主要来自两个方面：一是加快新项目的落地，形成经济新的增长点，二是加大固定资产的投资，带动经济发展。实现“两个增长”重中之重就是强力推进一批重点项目落地建设。工业方面：一要力促广汽日野、丰力轮胎等一批骨干项目达能达产；二要加快先强药业、大津电器等一批现有企业增资扩产、挖潜增效；三要加快推进杰事杰新材料、金光伏新能源等战略性新兴产业项目上半年动工，力求年内投产；四要优化提升摩托车、日用化工、食品饮料、钻石、工艺美术等优势传统产业转型发展。旅游业方面：重点抓好今年可动工的从都国际会议中心（二期）、红树林度假酒店、温泉文化城、雅居乐酒店等五星级酒店群建设。服务业方面：重点推进珠江健康城、广东动漫城、商贸中心、梦芭莎、海航空港后台服务基地等商贸项目建设。基础设施方面：抓紧完善城际、城市、城乡综合交通体系，重点推进地铁14号线、广从路快速化改造工程、大广高速规划建设及凤凰大道、珠江温泉大桥等一批路桥建设。大平台方面：

重点按照打造国家级园区的标准，全力打造好广东从化经济开发区、流溪温泉旅游度假区、万花园生态农业示范区3个战略性发展平台，使之成为全市经济发展和转型升级的重要载体。同时，统筹兼顾，积极做好国家级产业园区的申报创建工作。

（三）全力保障生产要素。要做好做大蛋糕，得有好配料。生产要素就是做好经济蛋糕的配料。配料配好了，蛋糕才能做好。一要切实解决项目用地难的问题。要按照“控制总量、用好增量、盘活存量、提高质量”的思路，想方设法，多措并举，推进土地节约集约利用，有效解决用地指标不足问题。值得强调的是，我们要把握机会，积极争取上级给予土地指标倾斜政策。例如前段时间建华市长看到金光伏项目很好，就直接“戴帽”安排200亩用地指标专项用于金光伏项目，并且表示首期项目做好了，二、三期要多少指标就给多少。像这样的机遇，我们要牢牢抓住不放。二要解决企业用水困难的问题。要切实解决西部供水管网工程建设遇到的问题，全力加快建设进度，力争早日解决西部地区企业用水难问题。三要科学合理安排用电的问题。要加强计划用电、有序用电、节约用电，同时，采取措施，加快电网建设，努力保障重点企业的用电需要。四要做好企业用工保障的问题。要优化用工环境，积极开展组团外出招工，探索订单招工新模式，加快建立企业用工需求信息平台，逐步解决企业用工难问题。

（四）全力落实各项配套措施。要做好做大蛋糕，得有好工具。配套措施就是做好经济蛋糕的工具。一是要根据我市产业转型和产业发展规划，编制好招商项目库和招商引资指南。二是要抓紧研究出台新的投资优惠政策和产业发展扶持办法。三是要进一步完善重点项目审批绿色通道，提高办事效率，缩短项目从洽谈到落地建设的时间，为企业提供全程、全方位的“保姆式”服务。四是要积极引进融资担保机构，加快村镇银行融资平台的建立，优化融资环境，缓解中小企业融资难问题。

（五）全力营造良好经济发展环境。要做好做大蛋糕，得有好环境。只有把经济环境营造好了，才能减少干扰，全心全意把蛋糕做好。一是转变服务发展理念。我们要强化两个转型升级的意识。不但企业的发展理念、投资项目、经营模式、管理水平等要转型升级，而且政府及政府部门为企业服务的意识、服务的效率和服务的水平也要转型升级。要牢固树立以服务经济发展为第一责任的思想，把服务保障企业、为企业排忧解难作为推动经济工作的重要环节来抓。二是加强经济运行监测分析。要高度重视经济运行监测分析工作，及时跟踪分析本行业、本领域月度和季度经济运行情况、重点工作推进落实情况，及时发现运行中或工作推进落实过程中存在的问题、困难和原因，研究提出有针对性的对策、措施、建议。要积极开展专题调查研究，加强信息沟通，掌握新情况、分析新问题，及时了解和反映相关经济运行态势。要及时监控，也要及时清算，做到应收尽收，必须及时征收。三是建设和谐稳定的经济发展大环境。要按照上级的部署和要求，全面开展“三打两建”，进一步规范市场秩序，完善社会主义市场经济体制和建立良好的社会信用体系、市场监管体系，为经济社会发展提供良好的环境。社会环境（软环境）同样是生产力。这个问题不可小看，一个地方社会稳定，就往往能吸引投资者安心置业发展，从这个意义看，社会稳定是最重要的经济竞争力之一。结合“三打两建”工作，营造更好的投资环境，突破用地难、征地难的问题。各镇（街）

要善于借力来解决一些问题。

（六）全力抓好扶贫开发。做好做大蛋糕，需要巧借外力。扶贫开发好比做蛋糕的外援厨师，不但人来了，连料也带来了。要做好做大蛋糕，就要充分利用好这一外力。今年是扶贫开发工程的攻坚之年，扶贫开发是我市今年工作的重中之重。要继续细化扶贫工作目标，将任务层层分解，把责任落实到人到岗到位，贴身跟踪，确保全面完成300多个扶贫开发项目，确保把扶贫项目建成优质、阳光、安全、高效的民生工程。要通过建设工业园区厂房、小水电、购置物业等方式，强化造血功能，壮大集体经济。通过危破房改造、村容村貌综合整治等，改善农民生活生产条件。通过抓好7773户贫困户帮扶工作，让老百姓通过扶贫开发切实分享到经济社会发展成果。

（七）全力抓好财政增收节支。经济蛋糕做得大不大、好不好，财政收入是最重要的衡量指标之一。一方面，要千方百计抓好增收。要加强征管，进一步加大偷税、逃税整治力度，加大协税、护税力度，扩大综合治税成效，确保应收尽收。要开拓税源，扶持培育企业做大做强，壮大工业、旅游、房地产税源，夯实增收基础；同时要狠抓招商引资，大力发展总部经济，补给可持续发展税源。另一方面，要想方设法抓好节支。要不断提高预决算编审质量，切实发挥预决算在财政财务管理中的作用；要加强财政支出监管，坚持“压一般、保重点”原则，厉行节约，确保“三公”经费支出“零增长”，控制一般性行政经费支出，集中财力办大事，确保“雪中送炭”的民生实事办好。在节支方面，市政府已制定相关的政策措施，进一步完善后予以实施。各镇（街、园区）也要拿出增收节支，特别是节支的有效措施。

（八）全力落实十件民生实事。做大做好蛋糕，最终是要让广大人民群众吃上好蛋糕。民生工作，就是一个如何切好分好蛋糕的问题。我们要全力保障“底线民生”、努力搞好“基本民生”、高度关注“热点民生”，重点要全力落实十件民生实事。去年，我们顺利兑现了十件民生实事，赢得了广大人民群众的称赞。今年，要以更高的重视程度，更大的工作力度，办好十件民生实事。分管市领导要亲自抓、部门领导要主动抓、责任单位要具体抓，及时协调解决困难问题，有序推进工作，确保十件民生实事抓早抓实抓好，按时按质按量兑现。

（九）全力抓好目标责任落实。蛋糕怎样做大，如何做好，归根到底要靠我们按照定下的目标去抓好落实、抓出成效。刚才，各镇（街、园区）都向市政府递交了责任状，明确了目标任务，就是要按照责任状的要求抓好落实，这相当于大家分头做好各自的小蛋糕，将各个好的小蛋糕整合起来，就成了好的大蛋糕。因此，各镇（街、园区）、各部门要高度重视，进一步抓好任务的分解落实工作，做到目标、任务、人员、责任、标准、时限“六明确”，切实强化督促检查，强化考核奖惩，形成人人有任务、个个有目标、齐心协力抓落实的工作格局，形成八仙过海、各显神通，在抓落实上比高低、论英雄、见成效的工作氛围，全力抓好今年经济工作目标任务的落实。

同志们，第一季度已经过去，今年经济工作责任重大，任务艰巨，希望大家进一步增强危机感、紧迫感和责任感，咬定目标不放松，坚定信心不动摇，狠抓落实不懈怠，团结合作，奋力拼搏，努力实现时间与进度同步推进、质量与效益同步提升，推动今年各项经济目标任务顺利完成，为全面建设珠三角最宜居生态城市、广州城市副中心、幸福从化作出新的贡献！

（市政府办供稿）

专 辑

2011年十件民生实事

一、扶贫开发

政府承诺：以温泉镇、良口镇、吕田镇、鳌头镇4个广州市对口扶贫镇及其122条贫困村为重点，对全市198条贫困村开展对口帮扶，确保到2012年底，所有被帮扶的贫困村年集体收入基本达到10万元以上，被帮扶的贫困户家庭人均年收入基本达到5000元以上。

扶贫项目已动工建设419个扶贫开发工作是市委、市政府为民办十件实事的“一号民心工程”。广州市对口帮扶的项目已全面动工建设。

至2011年12月，全市确定的镇（街）、村的扶贫开发项目829个，总投资概算30.6亿元，其中已动工建设419个，占50.54%，已完工191个，占23%。全市201条贫困村中，已有72条村年集体经济收入达到10万元，占35.8%；全市3479户考核贫困户中，已有1830户、7261人实现年人均收入5000元，占全市52.6%。

二、就业

政府承诺：新开发就业岗位1.2万个，培训和转移农村富余劳动力1万名以上。提供就业岗位2万多个。

市政府采取多种形式促进就业，进一步完善城乡公共就业服务体系。2011年，全市通过招聘会形式提供就业岗位2.34万个，累计培训城乡劳动力2.04万人，转移农村富余劳动力1.13万人。开设免费职业技能培训工种91个，参加培训约1.25万人，通过鉴定获取职业等级证书有7192人。

三、社保

政府承诺：市本级财政安排用于城镇职工养老保险、城乡居民医疗保险和新农保投入分别提高到675万元、2300万元和2152万元；继续做好城镇企业职工基本养老保险参保扩面工作，新农保实现适龄农村居民（35周岁以上）全覆盖，参保率达到100%。

2011年，全市城镇企业职工社保征缴600多万元，财政补助590万元，支付1105万元，基金结余489万元。全市城镇职工参加各类社会保险人数达33.93万人。新型农保方面，全市16周岁以上农村居民参加社会养老保险人数达2.62万人，35周岁以上农村居民100%参加社会养老保险，全市共4.6万名农村居民享受新农保待遇，被确定为广东省第二批新农保试点单位。

四、医疗卫生

政府承诺：完成市中心医院、鳌头镇卫生院扩建工程；启动太平、城郊等医疗机构和村级卫生站新建扩建项目；为居民免费提供9项基本公共卫生服务，逐步实现人人享有初级卫生保健服务的目标；对公办的基层医疗卫生机构全面实施国家基本药物制度，切实减轻群众看病就医的负担。

全市12间公办基层医疗机构已全面实施国家基本药物制度，基层医疗卫生服务水平和服务质量得到提高，市中心医院二期3号住院楼已投入使用，鳌头镇卫生院扩建一期已完成门诊综合楼主体工程，太平镇卫生院建设稳步推进，城郊街社区卫生服务中心综合楼正办理报建手续；江埔街社区卫生服务中心防保综合楼已完成各项前期工作，温泉镇卫生院标准化建设计划于明年动工，良口镇卫生院防保综合楼建设正办理报建手续，吕田镇卫生院标准化建设已提供施工走廊；各镇、街需改（扩）建的农村卫生站已铺开建设。

2011年，为全市居民免费提供9项（建立居民健康档案、健康教育、预防接种、传染病防治、高血压糖尿病等慢性病、重性精神病管理、儿童保健、孕产妇保健、老年人保健）基本公共卫生服务。

五、教育均衡发展

政府承诺：推进规范化学校和校舍安全工程建设，规范化学校达到80%以上；启动学前教育三年行动计划。

全市有义务教育规范化学校67所，覆盖率约为80.7%，覆盖率实现了市政府提出80%以上的目标。2010至2011年市规划实施的52个校舍安全工程项目建设总资金为1.73亿元。校舍安全工程改造总建筑面积82189平方米，至年底，校舍安全工程开工率100%，竣工面积50259平方米，竣工率达到61.15%。

从化市现已制定和实施《从化市学前教育三年（2011—2013年）行动计划》，完成全市幼儿园的布点规划工作，正在进行建设的前期工作。各镇（街）相应制定镇（街）学前教育三年行动计划，明确2011—2013年学前教育的发展目标和主要措施，初步拟定《从化市学前教育三年行动计划实施方案》。

六、免费义务教育

政府承诺：在全面实行免费义务教育的基础上，实施城乡贫困家庭子女免费接受高中阶段教育。

市政府从2010学年开始实施贫困家庭普通高中学生免费教育以来，投入补助资金238万元，惠及学生474人。2011年，全市贫困家庭享受免费中等职业教育的学生人数是81人，所需免费资金约29.7万元。

七、保障性住房

政府承诺：开工建设200套保障性住房；完成9442户农村危破房改造和60条五保村建设。

全市开工建设保障性住房项目9个共1360套，超额完成广州市与从化市签订的目标责任状1000套的任务。至2011年12月底，市危改办已审批资金1.18亿元，并由市财政局全额划拨到各镇街财政所。全市农村危破房改造收到申请10132户，已审批9442户，占全市农村危破房改造任务9442户的100%。已建成五保村60条，拥有床位630张，惠及老人386名。

八、社会救助

政府承诺：市本级财政安排用于社会福利和低保等支出3.96亿元，提高城乡低保和救济标准。

市政府大幅提高城乡低保标准，其中城镇低保标准由原来355元/月提高到415元/月，提幅17%；农村低保标准由原来250元/月提高到300元/月，提幅20%。城镇分类救助金由原来每人每月71元调整为每人每月83元，医疗救济金由原来每人每月49.7元调整为每人每月58.1元；农村分类救助金由每人每月50元调整为每人每月60元，医疗救济金由每人每月35元调整为每人每月42元。孤儿养育标准由原来650元提高到1000元。

2011年共发放城乡低保金4982.34万元，受惠22849人；发放物价补贴3次，总金额为1192.18万元。

九、社区建设

政府承诺：启动街口中心城区社区“五个一”工程建设和管理试点工作，建成社区居民的“幸福港湾”。

市政府实施社区“五个一”（一个小公园、一个文化娱乐活动中心、一个卫生医疗机构、一个服务中心、一个视频监控中心）工程，全面开展农村社区建设试点工作，各镇、街已按要求对相关设施进行新建、扩建和升级改造工作，有效提升社区综合服务功能。

在强化社区居委会建设方面，服务、管理、执法“三位一体”模式正在形成，全市新设社区管委会2个，通过新建、购买、调配、改选、扩建、租用等形式，解决全市44个社区居委会的办公用房问题。全市有22个社区被评为广东省“六好”平安和谐社区。完成塘田村等6条试点村农村社区建设实验工作综合服务平台建设。

十、农村路灯

政府承诺：到2012年，建设农村路灯23000盏，其中2011年建设农村路灯8000盏，使全市40%的农村道路实现“亮化”。

吕田镇、鳌头镇农村路灯一期工程已全面动工建设，共15240盏，由广州市建委委托广州隧道开发公司作为代业主实施统一招标、统一采购，市根据广州市建委的部署配合做好各项工作。

（资料来源：《今日从化》）

农村扶贫开发

【管理机构】 2011年3月9日，成立从化市农村扶贫开发工作领导小组，组长由市委书记黄河鸿担任，第一副组长由市长郭清和担任，常务副组长由市委副书记谭凯平担任，还由王建新、李艳阳、王建红、李波、何镜清、邱永权、刘宗静、梁锦华、孙石康、谭文标、张献华担任副组长，成员单位有市府办、市纪委、市委组织部、市委宣传部、市委基层办、市发改局等37个单位，下设办公室（以下简称市扶贫开发办），由副市长刘宗静担任办公室主任，内设综合信息组、项目督导组、后勤保障组3个工作组，人员由各成员单位抽调9人组成，下属还有街口、江埔、太平3个镇街工作组。从化市各镇街及有关部门相应成立扶贫开发工作领导小组和办公室。市扶贫办主要负责全市农村扶贫开发工作的综合统筹、指导协调、检查督促、情况收集、整理上报、考核验收等日常工作，做好传达、落实、督办市领导小组的工作部署，协调各镇街及有关单位开展各项扶贫开发工作，及时向领导小组汇报工作情况，并负责与广州市农村扶贫开发工作领导小组办公室沟通联系。办公地址在街口街新城东路99号大院2号楼1楼。2011年11月25日，根据《关于调整从化市农村扶贫开发工作领导小组成员的通知》，何镜清同志担任常委副组长，蔡澍、王建红、赵丰、黄信敬、孙石康、谭文标、张献华同志担任副组长，孙石康同志兼任市农村扶贫开发办公室主任。

【基本情况】 农村扶贫开发工作发动荔湾、海珠、黄埔、萝岗4个对口帮扶区，广州市直企事业单位84个，从化市市直单位79个，广州市驻村干部176名，从化市结对帮扶干部79名，星河湾集团、伟腾集团、雅居乐地产控股有限公司、广东珠江投资股份有限公司、侨鑫集团有限公司、合景泰富地产控股有限公司、保利地产集团、南方石化集团、方圆集团9大帮扶企业，100多家民营企业倾力帮扶。2011年，全市确定的镇（街）、村的扶贫开发项目829个（包括144个镇级扶贫开发基建类项目、47个镇级扶贫开发非基建类项目以及638个村级扶贫开发项目），总投资概算30.6亿元，其中已动工建设419个，占全部项目50.54%，已完工191个，占全部项目23%；全市201个贫困村中，已有72个村年集体经济收入达到10万元，占35.8%（其中广州市帮扶4镇有62个村脱贫，占122个帮扶村50.8%，从化市帮扶一镇（太平）三街10个村脱贫，占79个贫困村12.7%）；全市3479户考核贫困户中，已有1830户，7261人实现年人均收入5000元，占全市52.6%（其中广州市帮扶的有1557户，6321人脱贫，占考核帮扶1939户的80.3%，从化市帮扶273户，940人脱贫，占1540户帮扶户的17.7%），如期实现“半年初见成效、一年大见成效”的目标。

【工作目标】　扶贫开发工作时间从2012年3月开始至2012年底结束，实施“镇、村、户”全面覆盖帮扶的模式，各被帮扶的贫困镇容镇貌、村容村貌实现显著改观，市政及公共服务设施实现突破性发展；贫困村年集体经济收入基本达到10万元以上；贫困户人均年收入基本达到5000元以上，并确定“半年初见成效，一年大见成效，两年实现目标”的目标任务。

【工作措施】　科学有序规划　以“科学统筹、规划引领、突出重点、凸显特色、完善机制、强化责任、整体推进、务见实效”为工作思路，按照将“温泉镇打造为温泉旅游文化名镇、良口镇打造为温泉养生旅游名镇、吕田镇打造为绿色生态强镇、鳌头镇打造为现代工贸重镇、太平镇打造成为创新型的现代城镇、提升街口、江埔、城郊三个街道现代服务产业水平和辐射带动能力”的定位，完成全市5镇3街的扶贫开发总体规划。各镇村根据产业特色定位，在完善规划的基础上，筛选和启动扶贫开发项目829个，形成“规划引领项目、项目整合资源、项目带动发展”的工作格局，保证镇村沿着科学有序方向发展。

实现无缝对接　做好与广州市扶贫开发办、帮扶区、市直单位无缝对接。市、镇、村、户四级主动与对口帮扶的荔湾、海珠、黄埔、萝岗4个区及84个广州市直机关、企事业单位，176名派驻干部做好沟通对接，配合做好生活保障、宣传发动、调研摸底、教育培训、项目落实等工作。至年末，广州市财政下拨到位各类扶贫开发资金共7批，合计2.3214亿元；与对口帮扶区商定援建项目27个，总投资概算3.6亿元。做好与企业的高效对接，对4个帮扶区、9个知名企业的帮扶项目，均由市领导与帮扶单位的负责人、企业副总经理以上的领导进行沟通协调，确保帮扶项目顺利推进。市委、市政府主要领导组织热情邀请各知名企业负责人到从化市各镇调研视察、商定项目，引导各帮扶企业重点支持市内学校、医院、敬老院、幼儿园等公益项目和造血项目建设。做好联络感恩工作，7月，市委、市政府组织“激情7月、感恩之旅”拜访活动，组队上门逐一拜访各帮扶区委、区政府和知名企业，表达全市人民诚挚的感恩之情。

工作条件保障　着力抓好人员、资金、机制等方面工作，为扶贫开发工作顺利开展提供条件。成立由市委、市政府主要领导分任组长和第一副组长、市委副书记任常务副组长的领导小组及分管副市长任主任的办公室，各镇街及有关部门相应成立扶贫开发工作领导小组和办公室，确保工作沟协调有序、落实有力。召开全市农村工作会议暨农村扶贫开发工作会议，向8个镇街一把手颁发《从化市农村扶贫开发工作责任书》，印发实施《从化市关于加强农村扶贫开发工作的实施意见》（从发〔2011〕8号），进一步明确扶贫开发工作的指导思想、工作任务和措施要求。落实保障资金，在明确广州市和对口帮扶区本级财政2011年和2012年按上年度地方财政一般预算收入的1%安排扶贫开发专项资金之余，广州市本级财政对教育、科技、文化、医疗等切块资金的预算安排压缩10%，转移支付扶贫开发建设，强化扶贫开发建设的资金保障。从化市本级财政每年从土地收益中安排6.5亿元用于统筹全市扶贫开发项目建设和相关市政配套项目建设，从地方财政一般预算收入中安排专项资金对市内扶贫的79个村进行帮扶，力争用两年时间，全面完成全市八个镇街教育、卫生等公共配套项目建设，全面提高全市的公共配套水平。开辟行政审批“绿色通道”，按照“提高认识、依法有序、灵活提速、上下对接、专人跟进、全程服务”的工作思路，开设“扶贫开发项目”审批绿色通道，采取“同步送审、并联办理、边备边办”等方法，简化、优化办理程序和手续，做到特事特办、特事快办，切实加快各帮扶建设工程立项、报建等工作。先后召开多次扶贫开发建设项目联合审批会议，组织发改、国土、规划等10多个行政部门扶贫项目逐一进行审批，加快项目动工建设。健全效能问责工作机制，贯彻执行广州市委、市政府制定的《广州市市内农村扶贫开发工作考核办法》等一系列制度，组织开展定期巡査，对工作实效进行考核，考评结果作为实施奖惩的依据。对工作走过场、无成效的单位，广州市委、市政府将给予通报批评，并按照“不完成任务不脱钩，不脱贫不脱钩”的原则继续帮扶，直至达到任务要求。为进一步配合推进扶贫开发工作，提高被帮扶单位参与扶贫开发的积极性和实效性，从化市正加紧制订各被帮扶单位考核制度及方案，激励先进，通报落后，提升扶贫开发工作的效能。全市各有关单位把各项扶贫开发工作的目标和任务分解到具体部门、具体责任人，做到定时间、定要求，定标准、排进度，以目标倒逼责任，以时限倒逼进度。同步推进从化市市内扶贫开发工作，对尚未纳入广州帮扶的太平镇和街口街、江埔街、城郊街，从化参照广州的做法，按同样的思路、同样的办法和力度安排本市机关和事业单位进行结对帮扶，同步推进。向一镇三街派驻工作组，在全市直单位及驻从化单位抽调88名优秀同志进驻一镇三街和79条贫困村。从地方财政一般预算收入中安排专项资金对市内扶贫的79条村进行帮扶，每年每条贫困村市财政投入不少于30万元，合计不少于2400万元。

帮扶行动迅速　实施扶贫开发，加快北部发展，统筹城乡发展，顺民意、得民心，是“以人为本、执政为民”理念的具体生动实践。扶贫开发号角一响，各级领导重视，八方热烈响应。2011年2月11日，广州市五套班子主要领导带领广州市各级领导到从化市温泉、吕田、良口、鳌头4个贫困镇进行实地调研和现场交流，对北部山区工作进行工作动员和部署。2月12日，召开广州市加快北部山区发展工作会议，为从化的脱贫奔康规划美好蓝图、指明努力方向、明确目标任务。会后，广州市委、市人大、市政府、市政协、市纪委班子领导先后多次到从化市开展山区开发建设调研和指导工作，充分体现广州市委、市政府加快北部山区发展的决心和态度。荔湾、海珠、黄埔、萝岗4个对口帮扶区委、区政府以及84个广州市直企事业单位的主要领导率有关部门负责人多次深入各帮扶镇、村开展视察调研工作，实地考察和慰问帮扶镇、村和贫困户情况，研究帮扶措施和办法，现场拍板立即启动成熟的项目。全年各帮扶单位干部下村到户共3.39万多次。

【工作特色】 *实施“区、企帮扶”助推镇村跨越发展* 2011年，从化市与各大企业商定的帮扶项目有22个，总投资概算7.73亿元。9月19日，广州市开展“百企助百村”扶贫开发项目签约活动仪式，有124家企业签约扶助从化市108个村，签约项目128个，签约投资捐资金额近8.4亿元。通过实施“一区一企扶一镇，百局百企助百村”帮扶，创新帮扶模式，汇聚大量的资金、人力、技术、市场等宝贵资源，形成具有“党委、政府帮扶”与“社会各界帮扶”、“外部帮扶”与“自我帮扶”相结合的大帮扶格局。

实施“六种造血”加速贫困村脱贫 各帮扶单位着眼于长效“造血”式扶贫，结合从化市各村的实际，探索帮扶贫困村的六种具体类型：项目建设打基础，产业带动助增收，结构优化促造血，体外帮扶铺富路，科教引领增智慧，党建帮扶强根基。其中项目建设打基础以荔湾区为代表，针对吕田镇没有商业房地产和服务中心的实际，率先援建的138套公租房即将投入使用，带动每条村增收4.5万元。产业带动助增收以海珠区为代表，针对温泉镇生态资源优势，打造“田园花海”和“宣星人家”古村落特色旅游项目，带动农民发展第三产业，村集体直接增收25万元。结构优化促造血以萝岗区为代表，针对鳌头镇人口、产业集聚的特点，高标准规划各个主体功能区，投入1800万元改造升级前进路旧商业街，提升商业街的档次和水平；并帮扶新建产业转移园，引进5家优质企业作为11个被帮扶村的集体项目，每个村的集体收入每年增加15万元；以广州司法局为代表，筹集150万元兴建司联创业基地，招收当地村民入厂就业，解决以往村民不愿外出打工的问题，年人均增收1万元以上。体外帮扶铺富路以黄埔区为代表，针对良口镇部分村资源匮乏的实际，统筹11个村“双到资金”，在太平工业园区集中建设厂房出租，所得收益全部归11个贫困村所有；以广州港务局、交通集团、广州港集团为代表，为被帮扶村购置货轮、货车等交通运输工具，年租金收入归村所有，村集体收入增加10万元以上。科技引领增智慧以广州科信局为代表，针对出产绿色无公害、有机优质农产品的特点，利用自身技术优势帮助村建立“农产品团购网”，搭建农产品电子商务平台，不仅拓展特色农产品销售渠道，增加农民收入，更是建设“智慧乡村”的尝试。党建帮扶强根基以珠江啤酒集团、从化市委组织部为代表，珠江啤酒集团组织鳌头镇岭南村村委成员和党员到企业学习培训，增强村委班子带领农民脱贫致富的创造力、凝聚力和向心力，确保脱贫后不返贫。从化市委组织部创新性地在上塘村建立社会管理服务中心，为广大村民提供优质、高效、便捷的服务，转变村干部工作作风，密切党群、干群关系，促进社会和谐稳定，密切干群关系的“民心工程”，是创先争优活动的一项重要举措。

实施“六类帮扶”帮助贫困户致富 各帮扶单位在对贫困户实施生活援助和物质帮扶的同时，通过就业帮扶、教育帮扶、科技帮扶、保障帮扶等分类帮扶，着力提高贫困人口发展

能力，努力帮助贫困户实现稳定脱贫奔康。就业帮扶是根本，以促进扶贫对象稳定就业为核心，发动各级帮扶主体为贫困户提供就业信息和机会，推动贫困户长久、稳定脱贫。如海珠区人社局举行劳动力转移就业专场招聘会，现场达成招工意向267人，当场成功应聘57人。萝岗区及各帮扶街镇积极发挥区内企业多、用工需求大的优势，举办4场企业用工招聘会，现场招聘工人352名。荔湾区通过扶持企业，安排农村富余力就业60人。太平镇工作组与市经济技术开发区联合创建“人力资源电子服务平台”，由开发区提供岗位信息，太平镇提供劳动力信息，力促剩余劳动力转移工作有效开展。多次举办招聘会和各类培训，成功应聘者410人。种养帮扶为基础，充分利用从化市各地农业资源优势，发动农村贫困户从事种植、养殖产业，通过探索实施“企业+农户”、“农超对接”、“绿色蔬菜进社区”等方式，减少农产品流通环节，使贫困户实现脱贫致富。黄埔区长洲街充分发挥良口镇联群村杨梅品牌特色，发展有机杨梅种植示范基地项目，成立广州市从化联群水果专业合作社，兴建水果保鲜库，打造广东省有机农产品（杨梅）种植示范基地。杨梅节期间，直接帮助联群村和农户增加收入4万多元。教育帮扶谋长远，如萝岗区积极开展教育帮扶，投入32万元，为362名“双低户”贫困学生提供助学，覆盖小学、初中、高中和大学教育。荔湾区多方筹资，对“双低户”家庭中所有的270名贫困学生（从小学一年级到大学四年级）全部发放助学金，金额达53万元，并郑重承诺，所有270名学生都长期得到资助一直到大学毕业。海珠区充分发挥教育优势，通过两地结对、一校带一校的方式，对海珠区帮扶对象灌村中学进行教育帮扶，迅速提升灌村中学教育发展水平。科技帮扶长智慧，广州市府办公厅用信息化手段对宝溪村现有图书室进行改造；广钢集团在云星村委推进网络信息、计算机通讯建设，适应村委工作当前机动大、应变快的特点，并建成与省中医院专家教授间的“扶贫通道”，让村民免费享受到省城专家门诊的待遇；市城管局利用现有的远程教育网络，对33户贫困户进行全面培训。保障帮扶助解困，广州市民政局为吕田镇三村村困难家庭60岁以上老人购买养老保险。广州市信访局主动联系企业为铺锦村11名残疾人解决再就业并购买医保及社保。广州市委党史研究室为流溪河林场谷星村6户60岁以上老人一次性购买新农保。广州市卫生系统启动城市三级综合医院对口帮扶山区镇卫生院建设，至年末，南方医院、珠江医院、市红十字会医院、市第一人民医院已分别与鳌头镇、良口镇、温泉镇、吕田镇医院实现工作对接。文化帮扶开眼界，如万宝集团结合特定的节日或贫困户情况，组织开展各项文体及慰问活动。市文联充分发挥优势和特长，投入25万元组织广州地区的文艺家前往鳌头镇和对口帮扶的黄茅村进行慰问和文化帮扶演出、赠送书画作品和春联，给山区群众送文化、送温暖。

【工作成效】 民生保障跃上新台阶 随着一大批由各帮扶区和知名企业对口援建项目的建设项目落成，从化市民生保障水平跃上新的台阶。全市144个镇级基建类项目中，保障民生类项目61个，总投资约5.53亿元（包括文化教育事业类项目33个，医疗卫生类项目10个，改建敬老院类项目3个，农村危破房改造类项目1个，农村给排水改造类项目14个）。已开工建设的20个民生保障类项目中，有7个完工。完成农村危破房改造审批9442户，启动农村改水项目45个，建设路灯1.32万盏，建设社道212公里。全市201个贫困村，3476户贫困户共1.33万贫困人口，通过就业帮扶、种养帮扶、培训帮扶、教育帮扶、物资帮扶、保障帮扶等各种帮扶措施，至年末，已有1830户贫困户，7261人率先实现脱贫，全市总体脱贫进度达到52.6%。

集体经济提升新层次 各帮扶单位立足各村实际，发挥帮扶单位自身优势，因地制宜，开拓创新，通过资源开发、资金统筹、村企结合、集约建设、体外帮扶等途径和方式，大力发展各种经济产业及项目，在帮扶工作中注重强化造血功能，努力推动村集体经济发展，许多贫困村的产业发展基础不断得到夯实。全市确定帮扶村集体经济类项目236个，总投资9.44亿元，其中112个项目已经启动，46个已完工并开始产生效益。据不完全统计，全市投入规划到户、责任到人“双到”工作资金达4.7亿多元，有72个村集体年收入达到10万元以上，脱贫比例达35.8%。

镇村环境焕发新面貌 随着扶贫开发工作的全面深入开展，镇村的公共市政设施及公共配套设施日臻完善，镇容村貌焕然一新。通过4个对口帮扶区援建、9大知名企业捐建和从化自身加大投入，城乡市政公共配套设施不断完善，城乡公共服务均等化步伐明显加快。全市确定改善镇村面貌类项目480个（包括市政道路建设、社道建设、农村路灯建设、污水处理、环卫设施），总投资概算20亿元，有266个项目动工建设，131个已完工。

特色打造取得新成果 从化市把名镇名村创建工作与农村扶贫开发工作紧密结合起来，共同谋划部署，充分发挥名镇名村的典型示范带动作用。按照从化市“大交通、大旅游、大产业、大平台”的发展战略，立足地方自然资源禀赋和优势，着眼长远规划发展，创建良口镇为温泉养生旅游名镇，良口镇溪头村为流溪河源头旅游名村，吕田镇狮象村为古人类遗址旅游名村。在黄埔区和星河湾集团大力扶持下，已完成良口镇文化站升级改造、敬老院扩建、第二小学升级改造、善施学校升级改造和105国道良口段沥青路摊铺工程；星河湾集团捐资1.9亿元支持狮象村整体改造工程正在稳步推进。

干事创业呈现新气象 广大派驻干部高度的政治责任感、无私奉献的大爱精神、务实创新的工作思路、攻坚克难敢为人先的工作作风极大地感染和教育从化的干部群众。从化市上下紧抓扶贫东风，感恩奋进，主动作为，解放思想，大胆创新，献计出力，积极配合，贴身服务扶贫工作，全面畅通绿色通道，开辟无障碍施工走廊等，在资金使用、项目落地、破解难题等方面发挥重要作用，展示新时期从化人团结奉献争一流，敢想会干为人民的精神风貌。通过扶贫开发攻坚战，带来的不仅仅是硬件建设长足进步，也有力地锤炼从化市广大干部的办事效能和作风。

（从化市农村扶贫开发工作领导小组办公室供稿，刘庆武执笔）

突出重点 优化流程 加强管理 扎实推进

——从化市基本完成农村危破房改造任务

按照广州市对农村危破房改造工作的统一安排，从化市从2009年起用三年的时间完成9442户的农村危破房改造任务。至2011年11

月25日，农村危破房改造收到申请10132户，已审批9442户。其中街口街143户、江埔街705户、城郊街605户、太平镇620户、温泉镇1151户、良口镇1593户、吕田镇2237户、鳌头镇2388户。

全市有3358户已完成改造并入住，有3330多户已在建设中，剩余的2000多户将在近期动工。广州市财政现已划拨到从化市的危破房改造及统筹低收入住房改造建设的资金约22000万元，市国土房管局已审批资金10401.2万元，这些资金已由财政局划拨到各镇、街，再由各镇街划拨到农户的账户中。

一、加强领导，明确任务

成立市危破房改造工作领导小组，由分管副市长担任组长，由市属相关职能部门负责人组成，领导小组办公室设在市国土房管局，负责改造工作的组织协调和指导监督；各镇、街成立相应的领导小组和办公室，负责做好改造对象申报资料的收件、核实、审查，对工程质量、进度进行监管。制定《从化市农村危破房改造工作方案》，明确目标任务，对改造原则、操作办法和各部门职责作出具体的规定。自2009年9月召开全市农村危破房改造工作动员大会以来，各镇、街迅速行动认真做好农村危破房改造工作。

二、因地制宜，科学规划

严格按照一户一宅政策，以拆旧建新的方式为主，实施农村危破房改造。坚持“先规划、后建设”的原则，在保留各村社有历史价值和地方特色的古文物如门楼、牌坊、祠堂、巷道、古树等的同时，把危破房改造与生态文明村、农家乐旅游村建设结合起来，形成新农村村庄整治和农村危破房改造同步推进的良好局面，努力把农村危破房改造工程打造成群众满意工程。

三、突出重点，适时调整

在工作的前期，优先对符合条件的低保户、困难残疾户、独生子女纯二女结扎户及贫困单亲母亲户的房屋进行零散、个体改造，保证最困难、最有需要的农村家庭首先得到改造。

在基本完成上述四类农户的危破房改造任务的情况下，把工作重点调整到村（社）整体改造上来，努力实现农村“既有新屋、又有新村”的“双赢”局面。

四、加强指导，合理分配

由于9442户是2005年在册的数据，根据2011年7月最新的摸查情况和各镇、街工作进度，市危改办在全市总任务不减少的情况下，按照“谁积极，谁先报，谁先得”的原则予以审批，直至指标用完为止。同时，由市农村危破房改造领导小组办公室对改造工作进度相对缓慢的地区加大协调和指导力度，对剩余任务指标作出适当调整，并限期完成。

五、优化流程，加快补助资金拨付

（一）市农村危破房改造领导小组办公室结合实际情况积极向市政府建议，推动拨付程序进行适当优化，由市政府统筹协调把原来改造和资金“两次”报批合并为“一次”报批，即在批准农户改造房屋时，同步批准补助资金额度的50%并划拨到镇（街），另50%的补助资金按进度申请划拨，补助资金由镇（街）按规定的进度拨付到户；原规定本市、镇（街）补助的资金以及新规定的公共基础设施配套资金，统一由市财政先垫付，以后再从各镇（街）的土地纯收益或土地出让金中扣除。

（二）市国土房管局各国土所多渠道缩短办事时间，收到农户的资金申请后，在申请市政府补助的同时发函至市财政局，使镇政府补贴部分垫付资金的审批工作可以同步进行；市危改办及各镇、街承办单位想尽千方百计，加班加点，分工负责，尽量缩短危破房改造申请资料的整理和上报周期，大大加快了审批速度。

六、做好调查审核，加强资金的管理和筹措

（一）做好改造前住房登记、拍照、建档和公示等工作，对符合条件的农户，由农户自愿申请，镇（街）核实情况，民政、妇联、计生、残联等部门加具意见后报市农村危破房改造领导小组办公室审批，对普通户的申请严格进行房屋安全鉴定，清查是否唯一住房，确保农村危破房改造工作严谨、公平、公正。

（二）对各镇、街的每一期危破房改造资金申请，市农村危破房改造领导小组办公室迅速组织专人进行严格抽查，并且确保抽查的户数超过本批次总户数的10%。对抽查合格的资金申请，将按程序审批，并对落实补助资金的使用情况进行监管。同时，由市财政局、镇（街）分别开设危破房改造资金专户，确保补助资金及时到位，专款专用。

（三）对整体改造的村（社），由市、镇（街）财政安排一定的资金用于公共基础设施建设，扶持标准为每户5000元（包括原已批准整体改造的项目），由市、镇（街）按6：4比例分担，资金由市农村危破房改造领导小组办公室监督使用；市供电、电信、广播电视等部门积极配合，根据农村危破房改造的新情况，及时提供配套服务，涉及有偿的服务予以优惠。

七、健全台账，加强内部管理

为确保从化市农村危破房改造的审批和资金管理无错漏，在建立电子台账的基础上，市农村危破房改造领导小组办公室创建了一套详细的手工台账：建立《农村危破房改造审批登记表》，对每一批核定农村危破房改造资格的申请进行登记；建立《农村危破房改造资金登记表》，对每一批申报的资金进行登记；建立《农村危破房改造审批登记名册》，对每一户每一笔资金的申请和拨付的时间进行详尽的登记。由于危破房改造的工作量大，通过细化的台账和手写登记，使工作情况更加清晰，查阅复核更加方便。通过利用台账核对申请资料，已取消申请资格的农户共112户，其中重复申请的63户，已购置住房的49户，确保全市农村危破房改造审批的严肃性。

市国土和房管局继续加强对各镇（街）危房改造工作的协调、指导、监督工作。根据“谁积极，谁先报，谁先得”的原则，做好指标调整和资金申报审批等工作，按时完成广州市委、市政府下达给从化市的农村危改任务。

（市国土房管局供稿，郑雅韵执笔）

创先进党组织 争当优秀共产党员活动

【管理机构】 2010年6月，市委成立从化市深入开展创先争优活动工作领导小组。市委常委、组织部部长何镜清任领导小组组长，副组长由市委组织部、市委宣传部的负责人组成。领导小组下设办公室在市委组织部，内设秘书组、综合组、指导组、宣传组，有工作人员16人。

【基本情况】 在创先争优活动中，坚持重实践、出实招、求实效，力促创先争优活动扎实开展，取得基层组织添活力、党员干部受教育、人民群众得实惠、科学发展上水平的明显成效。从化市有局级单位82个、基层党组织904个、党员2.66万名参与活动，全市各级党组织确定争创主题317个，设计活动载体211个，有904

个基层党组织、2.66万名共产党员进行公开承诺，开展为民服务承诺事项1.02万件，为群众办好事实事1.93万件，参与点评的党组织904个，党员2.65万人。

【主要做法】 加强组织领导 从化市始终高度重视创先争优活动的开展，市领导班子成员率先垂范，以身作则，带头开展活动。成立领导机构和工作机构，制订工作方案，落实工作责任制。建立党员领导干部联系点制度，派出指导检查组，加强指导检查。

开展“百万记”活动 在落实上级各项工作部署、完成规定动作的同时，从化结合实际，创新“自选动作”，以“履职尽责当先锋，攻坚克难促发展——百万记”为载体，开展“百个基层党组织先进记”和“万名党员优秀记”活动，党组织和党员把在一般日常工作和生活中，难点、重点和热点工作中、党建工作中和创先争优活动工作中做到的事情记录下来，形成优秀党员的事迹记录。通过以记促干，以干富记，引导党组织和党员积极在各项工作中开展创先争优。

开展“五清五帮”活动 组织全市机关和事业单位5100多名干部职工与9.7万多户农户挂钩联系，深入开展“五清五帮”活动（家庭基本情况清、收入情况清、计划生育情况清、就业情况清、主要诉求清；帮解困、帮技能、帮信息、帮维权、帮思想），形成干部职工联系群众、帮扶群众的长效机制，进一步发挥基层党组织战斗堡垒作用和党员先锋模范作用，转变干部的作风，密切党群、干群关系。

实施“一工程四机制” 开展农村党建市镇村“三级联创”活动先进村示范工程。全市选出8个村作为重点创建村，由31个市直职能部门重点扶持，推动示范村各项事业发展，为全市农村基层组织建设树立先进典型。建立党内帮扶困难党员机制。建立党内关爱扶助资金，对139名农村困难党员进行定额补助。推进农村干部任职公开承诺机制。按照“提诺、定诺、审诺、示诺、履诺、评诺”的程序，组织全市村居“两委”领导班子及成员进行任职公开承诺。建立农村干部成长机制。累计招聘大学生村官218名，实现“一村一名大学生村官”。选派14名村干部到佛山市南海区挂职锻炼。组织283名农村党员干部、农民群众参加大专学历教育培训。解决没有在村委会兼任职务的农村党支部委员津贴待遇问题。实施农民全面培训工程机制。利用农村党员干部现代远程教育等平台，对全市18—60岁有劳动能力的25万农民进行培训。

建立“五好”村评选机制 制定具体的考核标准和办法，对全市218个村进行工作绩效考核，评选出一批“五好”（精神状态好、能力素质好、团结协作好、服务群众好、廉洁自律好）村。结合绩效考核，进一步提高村居“两委”干部每月工作补贴，同时实行村干部工作绩效考核奖励。

建立科级村官评选机制 每年从各镇街绩效考核排名优秀等次第一的村中，评选出3—5个村的党支部书记和村委会主任，当年给予副科（股）级公务员的津贴补贴待遇；对连续三年享受副科（股）级公务员津贴补贴待遇的村干部，直接转为镇、街事业编制副科（股）级待遇工作人员，并继续留在农村工作。

建立村机共建机制 组织市直属局以上单位与218个行政村挂钩联系，实行村机捆绑考核，把每个村的绩效考核结果转换成各个机关事业单位联系村的考核结果，并列入市直属局级单位目标管理年度考核内容。

建立长效扶贫持续富民机制 把做好后扶

贫开发工作、巩固扶贫开发成果纳入“五好”村培育工程，建立健全扶贫开发长效机制，实现长效扶贫、持续富民。

建立农村党建与社会管理共建机制　以加强村居“两委”班子建设为目标，以建设“便民、高效、廉洁、规范”的社会管理服务中心为载体，完善为民服务平台，提高农村党建与社会管理水平，体现“五好”村的工作成效。

建立美丽乡村品牌党支部示范带动工作机制　在培育“五好”村的基础上，有针对性地选择一些村党组织开展创建美丽乡村品牌党支部活动，打造一批树得起、站得住、叫得响、推得开的品牌。

【主要成效】　*党员干部思想水平有新提高*　突出表现在“四大转变”：思想观念大转变，主要是党员干部在思想上实现从过去的心浮气躁求发展到心平气和抓发展的转变，在实际工作中做到正确处理好当前发展与长远发展、加快发展与保护生态、加快发展与社会稳定、加快发展与改善民生这四大关系。发展思路大转变，通过开展创先争优活动，全市形成以“建设广州北部城市副中心和珠三角最宜居生态城市”为总目标，以生态保护为核心，狠抓经济发展和社会建设，深入推进“大交通、大旅游、大产业、大平台”发展战略的科学发展新思路，把其具体化为“强基础、优环境、提质量、大发展、见成效”，即在2012年，一批重点基础设施和重点生产力骨干项目全面动工，教育、卫生等民生项目全面建成，扶贫开发任务全面完成；2013年，基础设施和重点项目基本建成投产，生态体系更加完善，效能建设深入推进，发展环境和服务环境不断优化；2014年，产业布局和产业结构进一步优化，以“三城两区”（国际新材料城、国际生态旅游城、国际动漫城，国家战略性新兴产业技术服务区、国家绿色农业示范区）为代表的大平台初具规模；2015年，地区生产总值、工业总产值和财政一般预算收入实现翻一番，从化驶入大发展的快车道；2016年，社会文明度、经济富裕度、环境优美度、资源承载度、生活便利度、公共安全度等指标达到或超过宜居城市标准。干部作风大转变，通过开展创先争优活动和效能建设年活动，全市上下形成深入基层调查研究、铆足干劲干事创业的良好风气，表现在“三加快”：征地进度明显加快、行政审批时效加快、工作作风转变加快。基层党组织建设大转变，从化市把创先争优活动作为提升基层党建工作科学化水平的有力抓手，注重把创先争优活动与深化完善基层党建工作新格局结合起来，基层组织建设得到大提升。例如以扶贫开发为契机，积极探索农村基层党建工作与发展农村经济相结合的新路子。2011年，全市确定镇（街）、村扶贫开发项目829个，总投资达30.6亿元。201个贫困村中已有72个村年集体经济收入达到10万元以上，3479户考核贫困户中已有1830户实现年人均收入5000元以上。

体制机制进一步完善　全面实施城乡布局优化工程、交通枢纽建设工程、产业转型升级工程、生态环保开发工程、社会管理创新工程、公共服务优质工程“六大工程”。全市围绕一大目标：建设珠三角最宜居生态城市、广州城市副中心、幸福从化；统筹两大任务：发展生态经济、城乡一体发展；建设三大主体功能圈：东北部特色休闲生态圈、西南部新兴产业生产圈和中部商贸宜居生活圈；抓好四大重点：大规划、大转型、大建设、大发展；打造五大特色品牌：温泉养生品牌、森林度假品牌、赛马竞技品牌、文化创意品牌、生态宜居品牌；推进六大工程：基础设施建设工程、产业项目建

设工程、发展平台建设工程、功能新区建设工程、重大活动带动建设工程、社会民生事业建设工程。通过创先争优活动，从化科学发展的实力进一步提升。2011年，全市实现地区生产总值223.82亿元，增长13.2%；固定资产投资111.3亿元，增长22.1%；地方财政一般预算收入23.63亿元，增长30.4%；工业总产值420亿元，增长11.2%。经济综合发展实力跃居全省67个县（市）第二名，县域旅游综合竞争力居全省十强首位。

惠民政策落实　全市民生保障取得明显成效，表现在“三提高”：民生投入提高，市本级财政投入民生和各项公共事业资金29亿元，其中公共教育8.82亿元、生活保障2.56亿元、住房保障1.14亿元、医疗保障1.13亿元、公共卫生9200万元。保障水平提高，全年转移农村富余劳动力就业1.1万人，提供就业岗位2.54万个；城镇职工参加各类社会保险人数达33.93万人，率先实现城乡居民医保一体化；“新农保”参保人数25.1万人，其中35周岁以上的农村居民参保率达100%，走在全省前列。救助福利提高，城镇和农村低保平均标准达到415元和300元；1360套保障房开工建设，2011年拨付农村危破房改造资金1.18亿元，已累计完成9442户农村危破房改造；新建12个五保村；建成5个基层工作医疗站，6730名残疾人得到康复服务和医疗救助。

（市委创先争优办供稿，杨柳执笔）

从化市效能建设年活动

【管理机构】　2011年4月，成立从化市效能建设年活动领导小组，由市委书记黄河鸿担任组长，市委副书记、市长郭清和担任第一副组长，市直有关单位18名负责同志为成员。领导小组下设办公室（简称“市效能办”），设在市纪委监察局，从成员单位中抽调24名工作人员，负责“效能建设年”活动的组织协调、督查考核工作。

【加强督促检查】　年初组织召开市加快经济发展领导小组第一次工作会议，及时印发会议纪要，落实会议的精神和要求，明确年度主要目标任务，明确时间节点，明确督查督办要求，力促各职能部门认真履行职责，提高执行力，确保会议议定的“8.30工程”（国道105良口至吕田段绿化项目、省道355线旺城路口至鳌头镇段绿化项目工程）等重要事项稳步推进。起草并印发《关于建立加快经济发展联席会议制度的通知》，充分发挥“三办”（市效能建设办公室、市重点项目督查办公室、市用地保障督查办公室）联席会议的作用。先后组织召开4次“三办”联席会议，及时印发会议纪要，重点协调华南国际新材料项目（杰事杰）、溪洛渡送广东同塔双回直流工程（从化境内部分）、凤凰立交、105国道、省道355线绿化景观升级改造项目、IC产业化基地中心大楼、美都化妆品产业基地等30多个项目建设过程中碰到的问题，并且督查各职能部门加快已供地未动工项目建设，制定保障用地办法，并提请市政府向各镇街下发《限期完成交地任务书》，全力保障重点项目用地。各责任单位按照要求，主动作为，加强协调，密切配合，形成合力，加快推进联席会议决定的各项工作任务。通过召开会议、听取汇报、实地督查等形式，加强对各单位和职能部门落实市委、市政府关于“效能建设年”活动情况进行督查；市效能办于6月1日印发《关于开展效能建设检查的通知》，分5个工作组于6月中下旬对全市各单位进行集中检查；8月又组织对各镇街园区落实全市经济工作会议精神、推进重点项目建设情况进行监督检查，力促市委、市政府的决策和要求落到实处。

【建章立制】　起草并报市委、市政府印发《关于调整效能建设年领导小组的通知》、《"效能建设年"活动任务分工安排表》和《从化市效能建设办公室人员组成及工作方案》等，成立政务中心建设、政策法规服务、重点项目考核、综合、宣传5个工作组，细化工作任务，落实工作责任，明确时间节点和具体工作要求。全市各示范点、各镇（街）和市直各单位也都参照市里的做法成立相应的领导机构和工作机构，形成一级抓一级，层层抓落实的工作机制。起草并报市委、市政府印发《从化市机关效能投诉处理暂行办法》，明确投诉受理范围、办理程序、结果运用等，并建立"回访"制度。对"群访"和关系群众切身利益、阻碍经济发展的投诉重点进行跟踪督办，并及时"回访"，提高群众的满意度，效能办共收到群众的感谢信5封，来电致谢18人次。起草并报市委、市政府印发《从化市领导挂片督导工作方案》，成立4个督导组，分别由一名市领导任组长，对各镇街推进征地工作情况和已供地项目开工建设情况进行督导。起草并报市委、市政府印发《从化市效能观察员管理办法（试行）》，选取4个效能观察员，参与片区督导工作和重点项目的实施督查工作。起草并报市政府印发《重点工程建设项目行政审批绿色通道的实施意见》、《关于加强行政审批服务效能建设的意见》等，进一步减少审批环节、优化审批流程、缩短审批时限，加快推进重点项目落地建设。起草《从化市重点项目考核暂行办法（送审稿）》等，拟对重点考核项目以及承担重点建设项目任务的镇街（园区）和职能部门的工作进行考核，已再次提交市委常委会讨论。

【稳步推进各项重点工作】　*市政务服务中心前期工作*　制定《关于组建从化市政务服务中心的工作方案》和《关于政务服务中心新办公楼选址的意见》；草拟并逐步完善《市政务服务中心"三定"方案》，明确市政务服务中心机构设置及职能界定。已初步筛选出较适宜建设新办公楼的4块地块，并进行实地查看和研究。该意见已交市政府常务会议和市委常委会议研究。继续整合优化投资服务中心大楼现有办公场所、落实"两集中、两到位"加强硬件和软件升级建设力度，推进网上审批工作，力促全市政务服务高效、规范、便民。

《从化政务服务手册》前期工作　市效能办政策法规服务工作组专门到市经贸局和工商从化分局调研，并将其列为试点，指导督促他们对职责范围的行政审批、许可、罚款、收费等行政执法行为进行梳理，努力做到"该公开的公开，该规范的规范，该简化的简化，该优化的优化"，并制作办事指南和办事一纸清等等。市效能办总结试点单位的做法，召开全市政策法规服务工作会议，并成立6个小组分赴全市各单位，督促各机关对清理后的全部行政许可、确认、处罚等执法事项统一进行梳理登记；督促全市各单位制定审批事项、制作办事指南，落实公开、咨询、投诉等便民热线，积极推行网上行政审批，简化办事环节，优化审批流程，缩短办事时限；督促各单位梳理和规范各类行政执法行为的自由裁量权，这项工作已基本完成。

畅通投诉渠道　制作并刊发、播放《致广大市民的一封公开信》。把市委、市政府关于在

全市深入开展“效能建设年”活动，推动工作提速、提质、提效，努力实现“五个明显”（服务意识明显增强、办事效率明显提高、发展环境明显优化、实事好事明显增多、企业群众满意度明显上升）的决策部署以公开信的形式及时告知广大市民，真诚希望全体市民积极参与并建言献策。并制作2000块“机关效能建设”监督牌，公布投诉电话，免费发到全市各村（居）、各单位科室及办证窗口，要求张贴在显眼位置，畅通广大市民对各机关及其工作人员工作进行监督的渠道。至2011年末，市效能办机关效能投诉中心受理群众关于效能方面的投诉73件，已办结65件，正在督办8件，发出机关效能投诉交办函93份，切实为群众办实事，帮助他们解决难题，受到群众的认可。“效能建设监督牌”既弥补对少数单位日常监督的缺失，又方便广大市民对各机关及其工作人员的工作建言献策，又能遏制个别机关及其工作人员在服务过程中，存在无故不在岗、态度不好、业务不熟悉、办事拖拉、推诿扯皮、效能低下等现象，力促实现抓效能、优环境、促发展的目标。

营造效能建设氛围　在市广播电视台、《今日从化》、从化纪检监察网等开辟效能建设的宣传专栏，及时刊发各单位、各部门开展“效能建设年”活动的措施、进展及成效等有关情况。至2011年末，市广播电视台播出新闻130多条，推出专题3期；《今日从化》刊发消息36篇，时评性的理论文章6篇；从化纪检监察网发布40条信息。从化市政府网也设置“效能建设年活动”专题浮标链接，点击即可进入“效能建设年”活动专题网页。在市农校对面和凯旋宫隧道等显眼位置，悬挂效能建设宣传画，在全市主要电子显示屏滚动播出效能建设的有关标语和口号。开展《效能建设年大家谈》活动，《今日从化》还设置专栏，报道来自各机关和干部群众关于效能建设方面的一些观点、看法等。建立了《“效能建设年”活动联系点制度》，编辑出版简报18期，简报分为工作动态、重点项目的推进情况、经验交流和提醒注意以及效能告诫，既是情况通报也是兼含提醒注意的督办型简报，以此推动各项工作任务的开展。

（中共从化市纪委办公室供稿，巢金沂执笔）

创建全国文明城市

【管理机构】　2009年7月，市委成立市创建全国文明城市（下简称“创文”）指挥部，市委副书记、政法委书记谭凯平任总指挥，市委常委、宣传部部长王建红任常务副总指挥，副市长温洁夫任副总指挥，指挥部成员包括32个市直部门和3个街道党工委的主要领导。指挥部下设办公室在市委宣传部，内设综合组、督查组、宣传组、测评组4个专项工作组。2011年末，有工作人员5人。

【主要活动】　定期召开创建工作联席会议　2011年以来，市先后召开创建工作联席会议11次，工作协调会议18次，通报每月测评情况，安排部署迎接广州市城市文明指数测评工作。

加强创文组织领导　印发《从化市创建全国文明城市工作各职能部门测评达标责任分解表》、《2011年从化市创建全国文明城市“食品安全”、“药品安全”专项整治工作方案》等共20多份文件，明确各部门的职责分工，细化工作任务。5月10日，市创建办在2011年第10次市委常委会上专题汇报创建工作情况，针对全市创建工作存在的薄弱环节，提出8项整改工作建议。市委书记、市人大常委会主任黄河鸿在会议上强调要把创建全国文明城市工作与从化市城市管理工作结合起来，切实抓好各项创建工作的落实，确保市创建工作做到“国检不丢分，广州市检不滑坡，总体水平不落后”。市委副书记、市长郭清和多次专门就市城市文明指数测评工作情况作出重要批示，并在市委常委会议上决定在全市部署开展为期一个月的城乡卫生清洁大行动。其他市领导也高度重视创建工作，结合各自工作分工，加强对创建工作的检查、指导、督促。

完善巡查督办制度　在2011年“国检”期间，市委书记黄河鸿，市长郭清和组织召开市领导现场巡查办公会议5次。2011年8月，市委、市政府决定成立由市主要领导组成的创建工作总协调组和11个市四套班子领导挂点联系的创建工作督查组，对从化市创建工作实施领导干部挂点巡检督导制度。从8月28日到9月16日止，共有5个督查组分别开展挂点督查11次，参与的市领导有16人次，实地检查备检点33个，涉及乡村学校少年宫、镇、集贸市场、文化广场、社区等，协调解决问题60多个。全年发出督办通知书83份，交办工作函41份，交办排查发现问题6812个，整改排查发现问题5627个，占全市排查发现问题的82.64%。

加强创建工作宣传　加强创建社会宣传工作，2011年以来，全市印刷6期共27万幅创文宣传海报，在社区2400多个楼道宣传栏张贴，定期向市民宣传市创建工作取得的成果。继续编发《文明导报》，开展“小手牵大手”创建宣传活动。全年全市编辑出版《文明导报》26期共260多万份，每周定期向全市中小学生和社区居民免费派放。广泛开展创建主题活动和社区文化活动。全年全市举办“微笑服务月”、“爱绿护绿月”、“卫生清洁月”等12个主题月实践活动，举办社区文化活动350多场次，参与市民超过10万人次，市民对市创文工作的支持率不断提高。继续实施楼长工作制度，探索入户宣传工作新机制。利用楼长熟悉社区居民的优势，通过群众教育群众的方式，深入每户居民中进行创建宣传工作，争取社区居民对创建工作的支持。

完成2011年“国检”项目备检　2011年8月，从化市召开全市创建全国文明城市工作会议，市四套领导班子成员及各镇街、市直局以上单位负责人和创建工作第一线的居委会主任等200多名领导干部参加会议。会议强调要全面查漏补缺、巩固加强，以最大的决心、最佳的状态迎检“国检”。市委书记、市人大常委会主任黄河鸿要求全市上下要进一步增强责任感、紧迫感，齐心协力打好攻坚战，保持创建工作的高水平，确保市创建工作做到“国检不丢分，广州市检不滑坡，总体水平不落后”。8月，市委常委、宣传部部长王建红组织召集“国检”测评中涉及的相关职能部门，连续召开4次创建工作协调会议，就市“国检”中的“乡村学校少年宫”、“电子游戏（艺）场所”和“公共文化广场”工作重点难点问题统一思想，明确责任，落实措施。8月13日，市委书记黄河鸿现场督查市“乡村少年宫”材料整理工作，要求各学校要高标准做好材料整理工作，确保该项目“国检”不失分。8月21日下午，从化市召开市长办公会议，研究加快推进乡村学校少年宫建设工作，市政府决定投入资金970万元，高标准打造5所有从化特色的乡村学校少年宫。其中基建类投入497.67万元，主要用于改善学校硬件设施及校园环境，营造创文宣传氛围等；设施设备类投入241.08万元，主要用于改善乡村学校少年宫活动场设施、设备等；信息化类投入201万元，主要用于电子阅览室、电脑室、图书等更新改造；宣传类投入30万元，主要用于在校内设置未成年人思想道德建设和“创文”的相关公益广告。

【主要成效】　广州市获得“全国文明城市”称号　2011年12月20日上午，中央文明委在北京召开全国精神文明建设工作表彰大会，隆重表彰第三批全国文明城市（区）、文明村镇、文明单位。广州市荣获全国文明城市荣誉称号。

公共文明指数测评成绩不断提高　2011年3至7月（1至3月为季度测评，因“国检”原因8、9月暂停测评，10月开始恢复按季度进行测评），从化市城市文明指数测评的成绩和排名分别为91.17分（第11名）、94.89分（第9名）、94.37分（第8名）、90.94分（第12名）和95.83（第8名）。2009年至2011年，在广州市组织实施的21次城市公共文明指数测评中，从化市成绩逐年提高，进步明显，最高成绩为95.83分，在12个区县中最高排名第四，城市文明程度不断提升，逐渐拉近与广州市中心城区的差距。其中从化市2009年的平均成绩为80.67分，2010年的平均成绩为90.97分，2011年的平均成绩为93.44分，2011年的平均成绩比2009年提高12.77分。

2011年从化市城市文明指数测评成绩总表

月份	总成绩	排名	实地考察	排名	入户调查	排名	材料审核	排名
一季度	91.17	11	87.05	12	92.15	4	100	1
4月	94.89	9	94.73	10	91.74	6	100	1
5月	94.37	8	93.76	7	91.62	10	100	1
6月	90.94	12	88.41	12	89.13	11	100	1
7月	95.83	8	95.36	5	93.82	11	100	1

交通秩序得到优化　从化市大力开展整治机动车交通违法行为行动，尤其是加强对乱停乱放、酒后驾驶、闯红灯等违法行为的整治；对公务车辆交通违法信息定期进行公布；加大对行人、非机动车交通违法行为的处罚力度，规范市民交通行为。市交警部门加大对行人和非机动车交通违法的处罚力度，加大对机动车乱停放的执法力度，2011年全市共出动警力1.2万多人次，查处各类道路交通违法行为3万多宗，暂扣非法机动车4000多辆，行政拘留交通违法行为人100多人，纠正乱停乱放违法行为2500多宗。在测评中，从化市主要交通路口、主干道项目测评平均得分保持在96分以上，交通阻塞率低于2%，确保全市城市交通井然有序。

市容环境卫生明显改善　为全面加强市城市管理工作，切实改善人居环境，提升城市形象，市委副书记、市长郭清和于6月17日主持召开从化市“城乡清洁工程全民行动月”专项整治行动动员大会，市政府向全市下发《关于印发〈从化市开展城乡清洁工程全民行动月工作方案〉的通知》（从府办〔2011〕68号），由市城管局牵头组织为期一个月的“城乡清洁工程全民行动月”专项整治行动。重点围绕广告治理、整治“六乱”（乱搭建、乱堆放、乱摆卖、乱拉挂、乱张贴、乱扔乱吐）、环卫保洁、环卫作业规范、市容执法、爱卫工作等6项工作，全面开展城市市容市貌综合整治。整治期间，拆除破损广告招牌10宗、广告架172宗，纠正移动灯箱乱设置127宗；取缔乱摆卖881宗，整治占道经营1114宗，处理乱拉乱挂227宗、乱堆乱放394宗；清理卫生死角11个，清运各类垃圾5168吨；清洗面积26万平方米；查处乱倒乱丢垃圾行为19宗、污染道路27宗；更新及维修城区果皮箱123个次；清疏处理粪便130吨，修缮化粪池1个；签订《门前卫生责任书》293份，查处乱倒乱丢垃圾行为19宗，纠正随地吐痰行为13宗，清理乱张贴4374张。分类收集可回收物3183.5公斤、餐厨垃圾1.11万公斤、其他垃圾1.26万公斤、有害垃圾11.2公斤。7月，市环卫所还对城区社区中所有楼道内乱张贴、乱涂写情况进行全面的清理，共清理2.1万张。

食品安全监管不断加强 全市检查经营性公共场所3698间次，其中小餐馆2376间次，美容美发店1124间次，浴场21间次，休闲娱乐场所177间次。其中有证照的1134间，无证的42间，均发出限期办证通知书；从业人员6374人，持有效健康证的5191人，督促无健康证从业人员进行健康体检约1560人；有消毒设备设施的1067间，督促无消毒设施设备或不能正常运作的经营店档及时购置符合要求的设施设备共57间。严查学校周边场所的“黄赌毒”违法行为，严格落实网络监管措施，开展创建文明网吧活动。在城市文明指数测评中，从化市“学校”项目在连续7个月测评中均获100分；“经营性公共场”和“网吧”项目分别有3个月获100分。

未成年人思想道德建设大力推进 制订并印发《推进未成年人思想道德建设重点专项工作方案》，深入开展“做一个有道德的人”和“童心向党”等主题教育活动，组织开展从化市首届“小道德模范”、“美德少年”、“文明小公民”系列评选活动，举办中小学生诵读中华经典美文活动，2011年以来参与各类主题活动的中小学生达2万多名。投入970万元，高标准打造“乡村学校少年宫”5所，将其建设成为农村未成年人思想道德教育的一个重要阵地。营造有利于未成年人健康成长的社会环境，2011年，出动执法人员3300多人次，取缔无证书报摊53个、无证音像制品摊档86个、无证电子出版物店铺13间、无证卡拉ok娱乐场所14间，查获仓储、分销非法音像制品的大型仓库一个。取缔“黑网吧”32间。收缴非法书报刊3.3万多册（份）、非法音像制品6.87万多张、盗版电子出版物2400多张。至2011年末，全市有各类少儿活动中心200多处，“绿色网园”32家，“农家书屋”86家，每年免费接待未成年人超过100万人次。

各项重点工作成绩突出 自开展创建工作以来，从化市按照中央文明委、省、市文明办、创建办的工作要求，组织开展一系列形式多样的群众性文化活动。如在未成年人教育方面，组织开展“全市未成年人思想道德建设座谈会”、“诵读中华经典美文”、“优秀童谣评选投票”活动；在创文主题实践月活动中，围绕净化社会文化环境工作、社会志愿服务工作、道德模范评选和宣传工作、“我们的节日”主题活动和市民文明督导队（站）建设等主题，组织开展“大拇指行动”、“文明出行”、“关爱外来工”、“社区文化”等形式多样、内容丰富的专题活动；在传统民俗节庆日期间，以“我们的节日”为主题，组织开展荔枝节、美食节、动漫节、旅游节等富有地方特色的民俗传统文化活动。在相关部门的全力配合下，全市工作重点突出，材料形式规范、内容丰富，连续5次测评取得100分的优异成绩，为从化市测评成绩的提高奠定坚实的基础。

（市创建全国文明城市指挥部办公室供稿，陈彬执笔）

2011 年大事记

1 月

1 日　从化市环保局空气质量自动监测站启用。该自动监测系统每 30 秒监测 1 次城区环境空气质量，结束从化 27 年来用手工监测方法监测空气质量的历史。

是日　从化市耕地占用税和契税征管职能由从化市财政局划转从化市地方税务局管理。

是日　首届桃花节暨“大金峰杯”生态旅游摄影大赛开镜仪式在江埔街大金峰百花果公园举行。市人大常委会副主任余志平出席仪式。

4 日　第十六届亚运会从化赛区工作总结表彰大会在市流溪影剧院召开。市委、市政府隆重表彰“第十六届亚运会从化赛区亚运工作杰出贡献单位”15 个，“第十六届亚运会从化赛区亚运工作突出贡献单位”15 个，“第十六届亚运会从化赛区亚运工作积极贡献单位”20 个，“第十六届亚运会从化赛区亚运工作贡献单位”20 个，“第十六届亚运会从化赛区亚运工作积极参与单位”20 个，“第十六届亚运会从化赛区亚运工作积极支持单位”20 个，“第十六届亚运会从化赛区亚运工作特别鸣谢单位”1 个，“第十六届亚运会从化赛区亚运工作杰出贡献个人”52 名，“第十六届亚运会从化赛区亚运工作突出贡献个人”52 名，“第十六届亚运会从化赛区亚运工作积极贡献个人”200 名，“第十六届亚运会从化赛区亚运工作贡献个人”500 名，“第十六届亚运会从化赛区亚运工作积极参与个人”1790 名，“第十六届亚运会从化赛区亚运工作特别贡献个人”40 名。广州市人大常委会副主任陶子基，从化市委书记黄河鸿、市长梁建清分别在会上讲话。市四套班子领导出席大会。

5 日　广州市副市长陈国率领广州市农业局一行，到从化市鳌头镇龙角村、新围村检查指导农业生产防寒工作。副市长刘宗静陪同。

7 日　广东省十一届人大代表团一行到从化，视察绿道建设和环境综合整治情况。市领导王建新、胡少民、刘宗静陪同。

10 日　从化市被广东省旅游强县评定委员会认定为广东省旅游强县（市）。

11 日　广东动漫城揭牌仪式在从化市太平镇神岗举行。广东动漫城是广东省、广州市的重点建设项目，是广东省文化产业园区的创新发展示范点。揭牌仪式由市委常委、副市长王建新主持。广东省政府副秘书长江海燕，省文化厅厅长方建宏，广东省科技厅副厅长钟小平，从化市领导梁建清、李玉宜、王建新、任洪华出席揭牌仪式。

是日　从化市后亚运经济发展项目签约仪式在凯旋宫大酒店举行。市委常委、副市长王建新主持签约仪式，市长梁建清致辞。签约的代表项目有10个，包括高新技术型、现代制造型、商贸物流型、医药研发型、生态地产型等现代产业项目，累计总投资290亿元。市四套班子领导出席签约仪式。

13日　市委、市政府组团分别到广州警备区、市人民武装部、驻从化95316部队、广州军区联勤部通信站太平训练基地、市消防大队、市武警中队慰问部队官兵。

14日　国家农业部产业政策与法规司副司长黄延信率全国农业考察团一行180多人到从化，先后考察从玉菜场、宝趣玫瑰世界和广州马术场等地。市领导谭凯平、刘宗静陪同。

是日　2011年从化市离退休干部迎春茶话会在华景大酒店举行。茶话会由市委常委、组织部部长何镜清主持，市领导梁建清、谭凯平、李艳阳、李波、何镜清、张汉江、刘宗静出席茶话会。

16日　从化市、良口镇分别被人民网、中国城市发展促进会、中国品牌建设与管理协会认定为"辉煌十一五·中国低碳经济建设先锋市"和"中国生态文明（人文）宜居规划建设示范镇"。

20日　2011年从化市侨界迎春茶话会在凯旋宫大酒店举行。应邀出席的归侨、侨眷代表100多人。市领导王建红、罗爱萍、谭文标、邹建潮出席茶话会。

21日　市城市房屋拆迁管理办公室加挂"从化市城乡更新改造工作办公室"牌子。

23日　广州市离退休老干部和企业家代表慰问团到从化，慰问山区群众和视察企业捐助项目建设情况。广州市交通建设管理基金会名誉理事长石安海（原广州市委副书记、省政协副主席），原广州市人大常委会主任黄伟宁，广州市交通建设管理基金会名誉理事长曾庆申（原广州市委副书记、市人大常委会主任），广州市老龄事业发展基金会理事长郭向阳（原广州市副市长、市人大副主任），广州市老龄事业发展基金会顾问戴治国（原广州市副市长、市人大副主任）和如新（中国）日用保健品有限公司大中华区总裁范家辉等参加慰问活动。副市长谭文标陪同。

25日　广州亚运会社会面整体防控工作总结表彰大会在市委政法委会议室召开。会议隆重表彰"广州亚运会亚残运会社会面整体防控志愿者工作先进集体"9个、"广州亚运会亚残运会社会面整体防控志愿者工作先进个人"135名。

27日　中国共产党从化市第十一届委员会第十次全体会议在市中心会堂召开。市委常委会主持会议。市委书记黄河鸿代表市委常委会向全会报告工作，市长梁建清就《中共从化市委关于制定国民经济和社会发展第十二个五年规划的建议》（稿）作说明，市委副书记谭凯平就《从化市依法治市第五个五年规划（2011—2015年）》（稿）作说明；会议审议通过《中国共产党从化市第十一届委员会第十次全体会议决议》。会议至28日结束。

29日　从化市政府与香港赛马会举行广州马术场交接仪式。广州马术场签字移交香港赛马会，副市长温洁夫出席交接仪式。

31日　广州市委常委、广州开发区党工委书记、管委会主任、萝岗区区委书记凌伟宪一行到萝岗区与从化结对帮扶点鳌头镇，开展"双到"（即全镇80%的行政村年集体经济收入达到10万元以上，80%的贫困户家庭年人均纯收入达到5000元以上）帮扶调研，商讨落实扶贫开发工作。市领导黄河鸿、谭凯平、邱永权、刘宗静陪同。

是月　从化市被广州市委、市政府和广州

警备区授予“拥军优属拥政爱民标兵市”称号。

是月　从化市江埔街联星村支部书记邝鉴煌被中国老龄委评为“全国孝亲敬老之星”。

是月　从化市公安局交警大队干警马志昌入选由中央文明办主办的“我推荐、我评议身边好人”活动1月份“中国好人榜”“敬业奉献好人”。

2月

3日　由广州市文化广电新闻出版局、中共从化市委宣传部联合主办的“春催流溪”2011年广州市公益文化春风行广场活动在新世纪广场举行。市委常委、宣传部部长王建红出席活动。

7日　广州市委副书记苏志佳一行到从化，调研吕田镇狮象村社会主义新农村建设情况，并慰问狮象村、水埔村老党员、贫困户。市领导黄河鸿、梁建清、刘宗静陪同。

11日　由广东省委常委、广州市委书记张广宁，广州市长万庆良，市人大常委会主任张桂芳，市政协主席林元和率调研组一行，先后到从化市鳌头镇、温泉镇、良口镇、吕田镇开展实地调研，研究部署加快从化山区发展工作。市领导黄河鸿、梁建清、李玉宜、谭凯平、李艳阳、邱永权、刘宗静陪同。

14日　接穗组干〔2011〕106号文通知，郭清和同志任中共从化市委委员、常委、副书记（广州市正局级）；免去梁建清同志中共从化市委副书记、常委、委员职务。

15日　市十四届人大常委会第三十四次会议在市人大常委会会议室举行。市委书记、市人大常委会主任黄河鸿主持会议，会议表决接受梁建清同志辞去从化市人民政府市长职务的请求，任命郭清和为从化市人民政府副市长、代理市长。

是日　荔湾区对口帮扶从化市吕田镇驻村干部对接仪式在吕田镇举行。荔湾区委副书记、副区长王慎初，从化市副市长刘宗静，以及23名派驻干部出席仪式。

16日　广州市委常委、宣传部部长王晓玲一行到从化，调研鳌头镇、温泉镇、良口镇、吕田镇开展文化设施建设情况。市领导黄河鸿、王建红、罗爱萍、刘宗静、黎艺钦陪同。

18日　从化市交通建设年暨效能建设年动员大会在市中心会堂召开。市属15个有关单位负责人在会上郑重表态，积极响应市委、市政府提出的构建“大交通、大旅游、大产业”发展思路。市领导黄河鸿、郭清和、李玉宜、谭凯平、李艳阳、王建红、李波、何镜清、魏素新、邱永权等出席会议。

21日　由广东省环保厅、农业厅组成的规模化畜禽养殖污染防治工作联合检查组一行到从化，检查贯彻执行《关于加强规模化畜禽养殖污染防治促进生态健康发展意见》工作情况。市领导王建新、刘宗静陪同。

是日　国家统计局普查中心主任杨宽宽一行到从化，调研基本单位名录库管理工作。

24日　广州市海珠区对口帮扶温泉镇扶贫开发对接工作会议在从化市温泉镇召开。海珠区委常委、副区长苏小澎，副区长毕锐明，从化市领导何镜清、赖志英，以及海珠区对口帮扶的31个单位负责人出席会议。

25日　从化市政府机构改革评估会议在市委组织部会议室召开。广州市政府机构改革抽查评估组组长叶平，从化市委常委、组织部部长、编办主任何镜清出席会议。

26日　广州市副市长陈国率领广州市农业局等相关部门人员一行到从化，调研农村扶贫工作，先后到吕田镇、良口镇、温泉镇、鳌头镇调研。市领导郭清和、谭凯平、刘宗静陪同。调研至27日结束。

27日 “警务室开放日”活动在从化市公安系统19个派出所91个警务社区开展。活动当天发出《从化市公安机关民警走访受评登记卡》1500多份，收集群众意见和建议200多条。市委常委、公安局局长魏素新出席新城派出所中心会场活动。

是月 从化市被广东省委、省政府评为“广东省2010年人口与计划生育工作先进单位”。

是月 从化市获广州市政府授予“广州市治水工作先进集体”银奖。

是月 从化市被广州市政府评为“2010年突发事件信息报告工作综合考核优秀单位”。

是月 大丘园、宝趣玫瑰世界、田心社农家乐、溪头旅游村通过省旅游局检查验收组的验收，成为AAA景区。

3月

1日 2011年从化市女领导干部茶话会在华景酒楼宴会大厅举行。全市副局级以上女领导干部（含离、退休）共200多人参加茶话会，市领导郭清和、李玉宜、谭凯平、王建红、何镜清、邱永权、赵丰、罗爱萍、赖志英、刘宗静、梁锦华、谭文标、蒋琼芳，市政府党组成员谢焕扬、李东强出席茶话会。

2日 经广州市经贸委、广州市旅游局以及广州市老字号协会评定，广州鹰金钱从化三花酒厂的“从化三花酒”被认定为“广州老字号”，广州市谭山蜂业有限公司的“从化冬蜜”、“荔枝蜜”，广州市清香农产品有限公司的“白菜干”、“苦瓜干”，广州市佳荔干鲜果食品有限公司的“糯米糍荔枝干”以及从化东明昊辉农副产品加工场的“腊肠”、“腊肉”、“腊鸭”、“腊猪脚”被列入“广州十大手信”。

3日 安徽省委常委、副省长赵树丛率考察团一行10人到从化，先后考察广州从玉菜场有限公司、从化市友生园林有限公司。市领导郭清和、谭文标陪同。

4日 政协从化市第八届委员会第六次会议在市中心会堂召开。会议由市政协副主席邹建潮主持，市政协主席李玉宜代表市政协作工作报告，副主席黎艺钦向大会报告市政协八届五次会议以来提案工作情况。副主席刘维嘉宣读《关于表彰从化市政协八届五次会议以来优秀提案、2009—2010年度先进委员组、优秀政协委员和优秀调研报告的通报》。市政协副主席蒋琼芳、刘维嘉、任洪华、刘大光，秘书长陈滟湘，240名政协委员出席开幕大会。广州市政协副主席平欣光到会祝贺。现任市四套班子领导，曾任市领导的老同志代表出席会议。市属局以上单位、各镇街主要领导列席会议。会议6日上午闭幕。

5日 从化市第十四届人民代表大会第七次会议在市流溪影剧院召开。大会由市人大常委会主任、市委书记黄河鸿主持，代市长郭清和代表政府作《政府工作报告》，会议补选郭清和为从化市人民政府市长，选举郭清和为广州市第十三届人民代表大会代表。会议表决通过《关于从化市人民政府工作报告的决议》，《关于从化市国民经济和社会发展第十二个五年规划纲要的决议》，《关于从化市2010年国民经济和社会发展计划执行情况和2011年国民经济和社会发展计划报告的决议》，《关于从化市2010年预算执行情况和2011年预算报告的决议》，《关于从化市人民代表大会常务委员会工作报告的决议》，《关于从化市人民法院工作报告的决议》，《关于从化市人民检察院工作报告的决议》。市人大常委会副主任张汉江、胡少民、余志平、罗爱萍、刘树生、赖志英，193名市人大代表出席开幕大会。广州市人大常委会副主任陈伟光到会祝贺，出席大会并在主席台上就座的还有广州市人大常委会委员、财经委主任欧阳知同志，广州市质量技术监督局局长梁建清同志。市属局以上单位、各镇街主要领导列席会议。会议7日下午闭幕。

7日　从化市未成年人心理辅导咨询站成立，办公地址在市教育局内。未成年人心理辅导咨询站设有心理健康教育指导组，并在全市各学校设立心理咨询点。

8日　广州市农村扶贫开发干部进驻从化欢迎大会在市中心会堂召开。来自广州市海珠区、荔湾区、黄埔区、萝岗区以及市直属企事业单位共176名干部，进驻从化开展农村扶贫开发工作。广州市委组织部副部长李瑾，广州市农村扶贫开发工作领导小组办公室副主任王健舜，广州市农村扶贫开发派驻从化市工作队队长、挂任从化市委常委黄信敬，从化市领导黄河鸿、谭凯平、李艳阳、王建红、李波、何镜清、魏素新出席会议。

是日　广州市委常委、常务副市长邬毅敏一行到从化，调研产业转型升级和重点项目建设情况。先后到广东动漫城、广州（从化）亨龙机电制造实业有限公司、广汽日野汽车有限公司、广州万宝集团冰箱有限公司、从都国际会议中心和广州马术场了解情况。市领导黄河鸿、郭清和、梁锦华、方纪章、任洪华，市政府党组成员谢焕扬陪同。

9日　“余庆—伙村—象新小学”社道通车仪式在鳌头镇象新村举行。广州市人大常委会主任张桂芳，原广州市委副书记曾庆申，原广州市副市长郭向阳、戴治国以及从化市领导黄河鸿、郭清和、李玉宜、张汉江出席仪式。

15日　广州市副市长甘新率广州市经贸委、发改委的负责人到从化，调研重点工业项目的建设情况。先后到广州万宝集团冰箱有限公司和广汽日野汽车有限公司、明珠工业园污水处理厂了解情况。市领导黄河鸿，郭清和、方纪章陪同。

16日　国家质检总局发布2011年第33号公告，批准从即日起对从化荔枝蜜实施地理标志产品保护，保护范围为从化市现辖行政区域。

17日　从化市政府通报表彰从化市2010年度食品安全责任制考核优秀单位和优秀工作者，其中食品安全责任制考核优秀单位13个，食品安全责任制考核优秀工作者32人，没有发生食品安全事故单位11个。

是日　从化市政府通报表彰从化市2010年度打假工作责任制考核优秀单位和优秀工作者，其中从化市打假工作责任制考核优秀单位15个，从化市打假工作责任制考核优秀工作者64人，无出现制假窝点单位8个。

21日　市领导黄河鸿、郭清和、王建红、梁锦华、方纪章率团前往北京，参加广州市委、市政府在人民大会堂举行的“新广州新商机”北京推介会。在推介会现场与央企或全国500强民营企业签约高端、低碳项目3个，分别是从化保利低碳生态城、海航华南地区空港后台服务基地和今典投资集团红树林商务旅游项目，总投资额330亿元。

23日　湘西土家族苗族自治州人大常委会副主任刘昌刚、州人民政府副州长周云率团到从化，考察城市规划管理和绿道建设情况。市领导王建新、张汉江陪同。

24日　从化市农村工作会议暨农村扶贫开发工作会议在市流溪影剧院召开。会议由市委副书记谭凯平主持。市委书记黄河鸿发表讲话，市长郭清和向各镇街颁发农村开发扶贫责任书，广州市农村扶贫开发工作领导小组办公室副主任王健舜，广州市农村扶贫开发派驻从化市工作队队长、从化市委常委黄信敬对从化市农村工作和农村扶贫开发工作提出要求和希望，副市长刘宗静总结2010年全市农业和农村工作情况，部署2011年工作。市四套班子领导出席会议。

26日　广州市委常委、广州开发区党工委书记、管委会主任、萝岗区区委书记凌伟宪一行到从化，调研萝岗区与从化结对帮扶点鳌头镇开展扶贫“双到”活动情况。市领导邱永权、刘宗静、黄信敬陪同。

是日　广州市扶贫开发从化山区建设第一个项目——吕田镇狮象新农村项目动工仪式在狮象村举行。广东省委常委、广州市委书记张广宁，广州市委副书记、纪委书记苏志佳，广州市委常委、市委秘书长陈如桂，原广州市委常委、统战部部长孔少琼，荔湾区委书记、区人大常委会主任周亚伟；荔湾区委副书记、区长唐航浩以及从化市领导黄河鸿、郭清和、李玉宜、谭凯平、王建新、李艳阳、王建红、李波、何镜清、黄信敬出席动工仪式。由星河湾集团捐资1.19亿元建设该项目。

31日　从化市接受广州市妇女儿童发展规划（2001—2010年）终期评估检查汇报会在市交通局六楼会议室召开。经广州市评估检查组评估，《从化市妇女儿童发展规划》（2001—2010年）的主要指标基本达标。

是日　从化市亚运交通补贴现金发放截止，九成以上的户籍家庭已经领到补贴。全市户籍家庭总数167428户，已发放157194户，发放率93.89%；集体户口总人数4504人，已发放3421人，发放率75.95%；流动人员总人数52541人，已发放24367人，发放率46.38%；补贴金总额27966450元，已发放金额24968500元，完成比例89.28%。

是月　从化市被农业部和国家旅游局认定为“全国休闲农业与乡村旅游示范县（市）”。

是月　从化市被广州市委、市政府授予“广州市创建文明城区工作先进城区（市）”称号；谭凯平、王建红、杨远强被评为“广州市创建全国文明城市工作先进个人”；市交通局被评为“广州市文明单位标兵”，市地税局、市法院、流溪小学、国税第四分局被评为“广州市文明单位”，从化汽车站有限公司被评为“广州市文明窗口”，街口街镇安社区被评为“广州市文明社区”，温泉镇被评为“广州市文明镇”，良口镇赤树村、太平镇湖田村和邓村、良口镇溪头村、城郊街大夫田村被评为“广州市文明村”，城郊街道办、中国人民解放军95316部队被评为“广州市军警民共建先进单位”。

是月　从化市体育局被国家体育总局评为“2010年全民健身活动先进单位”，被广东省体育局评为“2010年广东省体育工作突出贡献单位”。

是月　吕田镇被中华环保联合会、中国城市科学研究会、中国农业生态环境保护协会、中国社会科学院数量经济与技术经济研究所认定为“中国绿色名镇”。

4月

1日　由广州市海珠区和黄埔区对口帮扶的从化市温泉镇灌村文化广场、灌村医院防保综合楼、灌村中学运动场扩建和西部校区改造、良口敬老院新宿舍楼、良口文化站升级改造、良口善施小学以及良口第二小学教学设施改造共七个项目，分别举行奠基仪式。广州市委副书记、市纪委书记苏志佳，海珠区委书记、区人大常委会主任邓伟强，黄埔区委书记、区人大常委会主任陈小钢，从化市四套班子领导出席奠基仪式。

是日　广州市副市长贡儿珍一行到从化，调研基础教育工作，先后到鳌头中学、鳌头镇中心幼儿园、流溪小学实地了解情况。市领导郭清和、温洁夫陪同。

3日　市长郭清和和副市长方纪章率从化市政府经贸代表团一行赴美国洛杉矶，参加由广州市政府举办的以“新广州、新商机”为主题的系列经贸推介和交流活动。

6日　广州市政协副主席平欣光一行到从化，调研扶贫开发工作，市领导李玉宜、黄信敬、刘宗静、刘维嘉、黎艺钦陪同。

8日　交通运输部检查组组长、新疆交通运输厅党委委员、副厅长王太一行到从化，开展全国干线公路养护管理工作检查。广东省交通运输厅党组书记、厅长何忠友，从化市领导黄河鸿、孙石康陪同。

11日　从化市综治信访维稳、出租屋暨应急管理工作会议在市中心会堂召开。市委、市政府隆重表彰从化市2010年综治信访维稳、出租屋流动人员管理工作优秀单位、先进集体、先进个人及命名“平安社区（村）”，其中“2010年度从化市维护稳定和社会治安综合治理优秀单位”37个，“2010年度从化市维护稳定和社会治安综合治理先进集体”80个，“2010年度从化市维护稳定和社会治安综合治理先进个人”146名；命名“平安社区（村）”37个；“2010年度从化市信访工作优秀单位”20个，“2010年度从化市信访工作优秀工作者”60名；“2010年度出租屋流动人员管理工作优秀单位”5个，“2010年度从化市出租屋流动人员管理工作先进单位”10个，“2010年度从化市出租屋流动人员管理工作达标单位”7个，“2010年度从化市出租屋流动人员管理工作先进个人”48名，“2010年度从化市出租屋流动人员先进管理员”32名。会上，市综治委成员单位的负责人向市委书记黄河鸿递交2011年综治维稳目标管理责任书，市禁毒委成员单位的负责人向市委副书记谭凯平递交禁毒目标管理责任书。市领导李艳阳、李波、魏素新、邱永权、赵丰、余志平、刘宗静、黎艺钦参加会议。

12日　广州市委常委、广州市公安局党委书记、局长吴沙一行到从化，调研鳌头镇鳌山村开展扶贫“双到”活动情况，市领导谭凯平、魏素新、黄信敬陪同。

14日　广州市副市长陈国率广州市农业局等相关部门工作人员到从化，调研温泉、良口两镇农村扶贫开发工作。市领导何镜清、黄信敬、刘宗静陪同。

15日　从化市精神文明建设表彰暨创建全国文明城市动员大会在市中心会堂召开。市委、市政府通报表彰从化市2008—2010年度精神文明建设先进集体和先进工作者，其中从化市文明单位34个，从化市文明村13个，从化市文明社区7个，从化市精神文明建设先进工作者79名。会上，全国文明城市创建工作责任单位向市委书记黄河鸿递交创建工作任务达标责任书。市四套班子领导出席会议。

是日　市委、市政府通报表彰从化市2010年度就业工作先进集体和先进个人，其中市就业工作优秀单位10个，市就业工作先进单位20个，市就业工作先进工作者155名。

17日　广州市委副书记、市纪委书记苏志佳，海珠区委书记、区人大常委会主任邓伟强，原广州市委常委、统战部部长孔少琼，会同广东珠江投资股份有限公司有关负责人对温泉镇扶贫开发建设备选项目进行考察。市领导黄河鸿、郭清和、谭凯平、黄信敬、刘宗静、张献华陪同。

18 日　从化市农村扶贫开发派驻干部动员培训会议在市中心会堂召开。市领导谭凯平、李波、黄信敬、刘宗静，以及各镇街、有关部门负责人，派驻干部等 150 多人参加会议。

19 日　从化市 2011 年村、社区“两委”换届选举工作总结大会暨村、社区书记、主任培训班开班仪式在市流溪影剧院举行。从化市在广州地区率先完成全市 221 条村、44 个社区“两委”换届工作。会议由副市长刘宗静主持，市领导谭凯平、何镜清、张汉江出席会议。

20 日　广州市人大常委会党组书记、主任张桂芳率广州市人大常委会视察组到从化，调研贫困镇、村扶贫开发工作情况，先后到吕田镇联丰村、狮象村、吕田镇第二中心小学和良口镇团丰村实地了解教育基础设施情况和农村危破房改造情况。市领导黄河鸿、王建新、黄信敬、张汉江、刘宗静陪同。

25 日　2011 年从化市庆祝五一国际劳动节暨表彰大会在市流溪影剧院举行。市委、市政府隆重表彰获得全国、省、广州市“工人先锋号”和广州市模范职工之家、先进职工之家、优秀工会工作者、优秀工会积极分子。从化市交通局综合行政执法局获全国“工人先锋号”称号；从化市地方公路管理站获广东省“工人先锋号”称号；从化市畜牧兽医渔业局动物卫生监督所获广州市“工人先锋号”称号；从化市地方税务局工会、从化市供电局工会获广州市“模范职工之家”称号；从化市东麟钻石有限公司工会、广东从化经济开发区总工会获广州市“先进职工之家”称号；孙美环、黄志斌获广州市“优秀工会工作者”称号；叶新民、江健游获广州市“优秀工会积极分子”称号。广州市人大常委会副主任、市总工会主席陈伟光，从化市四套班子领导参加会议。

是日　从化市市长郭清和率从化代表团参加在上海国际会议中心举行的“新广州新商机上海推介会”。推介会上，签订合约项目 4 个，分别是新材料项目、欣荣宏投资项目、浙商汽车模具项目和高扬国际商业广场项目，总投资额 446.5 亿元。

28 日　提升服务技能　展现行业风采——“广东温泉宾馆杯”从化旅游行业服务技能大赛在从化温泉广东温泉宾馆举行。有 26 家旅游服务企业的 70 名选手参赛。比赛项目包括餐饮部、客房部的工作技能等。市领导刘树生、梁锦华、刘大光出席活动。

是日　从化市加快重点项目暨电力建设工作会议在市中心会堂召开。会议表彰 2010 年电力建设和管理工作目标责任年度考核优秀单位及达标单位，各镇（街）、各相关职能部门负责人向市长郭清和递交 2011 年重点项目建设和电力建设管理工作目标责任书。市领导黄河鸿、郭清和、李波、梁锦华出席会议。

是月　从化市被国际旅游业管理协会、中国国际品牌协会、中国县域经济协会认定为“中国最具魅力乡村旅游目的地”。

是月　从化市检察院机关服务中心主任郭桂忠，入选由中央文明办主办、中国文明网承办的“我推荐、我评议身边好人”活动 4 月的“孝老爱亲”类“中国好人榜”。

5 月

6 日　从化青少年纪念建党 90 周年、五四运动 92 周年暨“五四”表彰大会在市中心会堂召开。团市委隆重表彰“2008—2010 年从化市五四红旗团组织”9 个、“2010 年度从化市先进基层团组织”33 个、“2010 年度从化市优秀共青团干部”61名、“2010年度从化市优秀共青团员”294名。市领导李玉宜、邱永权、罗爱萍，市政府党组成员李东强出席会议。

7日　广州市委副书记、纪委书记苏志佳，广州市人大常委会副主任陶子基一行到从化市太平镇钱岗村广裕祠，调研扶贫开发工作。市领导黄河鸿、郭清和、谭凯平、王建新、王建红、黄信敬、刘宗静，以及方圆集团董事长方明陪同调研。

8日　合景泰富地产控股有限公司对口帮扶吕田镇扶贫开发项目洽谈会在文轩苑召开。合景泰富对口帮扶吕田镇扶贫开发项目包括学校、医院、广场等公共服务设施9个和建厂房出租项目1个，资金总概算2.05亿元。广州市委副书记、纪委书记苏志佳，广州市人大常委会副主任陶子基，从化市领导黄河鸿、郭清和、谭凯平、王建新、李艳阳、黄信敬、刘宗静、张献华以及广州市扶贫开发办、荔湾区、合景泰富地产控股有限公司等领导出席洽谈会。

9日　2011年从化市纪念“5·12”国际护士节表彰大会暨“蓝月亮杯”文体活动周闭幕式在流溪影剧院举行。从化市卫生局表彰“2010年度从化市卫生系统先进护理集体”6个、“2010年度从化市卫生系统优秀护士”73名。市领导罗爱萍、温洁夫、蒋琼芳出席活动。

11日　广东省政协副主席、省妇联主席温兰子率省、广州市妇联指导组一行到从化，调研从化农村妇女增收致富、基层妇女组织建设、农村妇女两癌筛查、农村妇女小额贷款等工作情况。先后到市中心医院妇产科、新生儿重症监护中心，以及城郊街大夫田村妇代会、田心农家乐，全国“三八”红旗手、女能手示范基地“宝趣玫瑰世界”和市妇女儿童活动中心现场了解情况。市领导黄河鸿、郭清和、李玉宜、邱永权、谭文标陪同。

是日　广州市委2009—2010年度党委中心组学习检查考核组第三组到从化，专题检查从化市委中心组学习情况。市领导黄河鸿、郭清和、李艳阳、王建红参加座谈会。

是日　从化市教育工作会议在流溪影剧院召开。会议由市委常委、宣传部部长王建红主持。副市长温洁夫就《从化市学前教育三年（2011—2013年）行动计划》的编制情况以及迎接省教育强镇和教育强市复评的相关工作作说明。会议还印发《从化市学前教育三年（2011—2013年）行动计划》、《从化市教育事业“十二五”发展规划》、《关于做好迎接广州市对我市党政领导干部基础教育工作责任考核有关工作的方案》。市领导黄河鸿、郭清和、李玉宜、李艳阳、李波、张汉江、罗爱萍、蒋琼芳出席会议。

12日　星河湾集团帮扶良口镇工作座谈会在文轩苑召开。广州市委副书记、纪委书记苏志佳，星河湾集团董事长黄文仔，原广州市委常委、统战部部长孔少琼，从化市领导黄河鸿、谭凯平、黄信敬、刘宗静出席会议。

是日　从化市镇换届工作动员会在市总工会八楼会议室召开。会议传达全国、省、广州市换届工作会议有关精神，并对镇换届工作的干部考察、班子职数配备、干部选配要求、换届选举方法步骤等方面进行详细说明和具体安排。市委常委、市委组织部部长何镜清出席会议。

17日　广州市委常委、萝岗区委书记凌伟宪一行到从化鳌头镇，调研农村帮扶开发工作，先后到龙潭医院、鳌头中学等改造工程项目了解情况。市领导黄河鸿、谭凯平、邱永权、黄信敬、刘宗静陪同。

是日　由从化市人民政府、中国汽车用品联合会主办，从化市经贸局和全联投资有限公司（筹）承办的中国汽车后市场从化项目论证会在市凯旋假日酒店一楼多功能会议室召开。论证会围绕中国汽车后市场从化项目建设的重要意义、可行性及投资风险等进行论证。副市长方纪章出席会议。

18 日 广州市荔湾区和合景泰富地产控股有限公司对口帮扶吕田镇建设项目启动仪式在吕田镇政府举行。荔湾区、合景泰富控股有限公司分别向吕田镇捐赠1000 万元。由荔湾区帮扶的公租房项目以及荔湾区与合景泰富地产控股有限公司合股购置的长滩水电站，每年产生的收益全部归村集体所有。广州市委副书记、纪委书记苏志佳，广州市人大常委会副主任陶子基，广州市副市长陈国，原广州市委常委、统战部部长孔少琼，荔湾区委书记周亚伟，区长唐航浩，合景泰富地产控股有限公司集团主席孔健岷，从化市领导黄河鸿、郭清和、李玉宜、谭凯平、李艳阳、李波、何镜清、黄信敬、刘宗静、方纪章、黎艺钦、张献华出席仪式。

是日 广州市副市长陈国一行到吕田镇狮象村上围社，调研新农村建设情况。市领导黄河鸿、谭凯平、刘宗静、张献华陪同。

20 日 “光明之路，幸福乡村”广州市农村路灯建设、桂峰村启动仪式在吕田镇桂峰村举行。农村路灯建设项目是广州市委市政府2011 年“十大民生”工程之一。项目将为桂峰村长5.6 公里的村道安装太阳能 LED 路灯 106 盏。市委副书记、政法委书记谭凯平出席仪式。

是日 从化市依法治市工作会议在市中心会堂召开。会议由市委副书记、政法委书记谭凯平主持。市人大常委会副主任余志平总结从化市“四五”依法治市工作，并部署“五五”依法治市工作。省依法治省办公室常务副主任张宇航，市领导黄河鸿、郭清和、李玉宜、李波、张汉江、刘宗静参加会议。

24 日 由从化市委宣传部、市文明办、市创建办、团市委、市文广新局、市文联联合主办的“百歌颂中华”群众歌咏活动暨“歌域杯”2011 年从化青年歌唱大赛总决赛在新世纪广场举行。16 位入围青年歌唱大赛总决赛的选手参加角逐，其中民美组金奖由金歌获得，雨诺、王魁获得银奖，王文春、龚苗获得铜奖；通俗组金奖由彭红燕获得，郑胜军、陈燕桦获得银奖，纪秀珠、肖细霞获得铜奖。广东省作家协会党组成员、副主席、著名文艺评论家温远辉，广东侨青联常委任海鹰，市领导王建红、罗爱萍、温洁夫、谭文标、蒋琼芳、黎艺钦、刘大光出席晚会。

25 日 广州亚运先进事迹报告会从化专场在从化市中心会堂举行。来自亚运宣传文化领导小组办公室的李文驹、广东电网公司广州供电局的黄蕾、广东省监狱管理局的张帆、广州市公安局的李扬荔、广州市食品药品监督管理局的钟鑫、广州马术场团队的王忠华6 位报告团成员，分别代表各自所在的亚运战线团队作宣讲报告。市领导黄河鸿、谭凯平、李艳阳、罗爱萍、赖志英、温洁夫、黎艺钦、刘大光出席会议。

是日 海珠区联手广东珠江投资股份有限公司帮扶温泉镇建设项目启动仪式在温泉镇举行。帮扶的项目有：温泉镇沙岗社的“五个一”工程，即珠江温泉大桥、珠江温泉大桥交通环岛、珠江温泉广场、珠江温泉度假酒店以及温泉新牌坊建设项目；温泉镇龙岗圩“七个一”工程，即温泉镇政务服务中心、温泉镇中心医院、温泉新镇区农产品商贸中心、温泉镇客运中心、温泉镇中心幼儿园、温泉镇文化中心以及温泉新镇区安置工程建设项目。广东省委常委、广州市委书记张广宁，广州市委副书记、纪委书记苏志佳，广州市委常委、萝岗区委书记凌伟宪，广州市委常委、市委秘书长陈如桂，海珠区区委书记邓伟强，海珠区区委副书记、区长姚奕生，以及从化市四套班子领导参加仪式。

是日 萝岗区联手雅居乐地产公司帮扶鳌头镇建设项目启动仪式在鳌头镇举行。帮扶的项目有：鳌头镇中心医院改造扩建、前进路商业街改造、省道355线（鳌头镇区段）两侧建筑环境改造、省道355线（鳌头镇区）路面改造以及中塘村样板村建设项目。广东省委常委、广州市委书记张广宁，广州市委副书记、纪委书记苏志佳，广州市委常委、萝岗区委书记凌伟宪，广州市委常委、市委秘书长陈如桂，广州开发区党工委副书记、萝岗区委副书记、区党政办主任陈小华，以及从化市四套班子领导参加仪式。

27日 欣荣宏国际商贸城营销中心开业典礼暨品牌签约仪式在江埔街省道355线与从化大道交汇处举行。欣荣宏国际商贸城是从化市政府重点支持的项目，项目总投资6.1亿元，占地130亩，总建筑面积19万平方米，是从化首个集休闲、娱乐、购物、餐饮、商务办公、高尚住宅于一体的大型商贸城。市领导郭清和、谭凯平、李艳阳、何镜清、魏素新、孙石康出席典礼。

31日 广州市人大常委会主任张桂芳，广州市委常委、萝岗区委书记凌伟宪一行到从化，调研扶贫开发工作情况。先后到鳌头镇中唐村了解农村污水处理系统、样板村规划建设以及白石村发展村集体经济用地情况。市领导黄河鸿、谭凯平、黄信敬、张汉江、方纪章陪同。

是日 广州市委常委、市委统战部部长丁红都一行到从化，开展为期两天的社区管理服务改革创新专题调研。市领导黄河鸿、郭清和、李玉宜、邱永权、张汉江、刘宗静陪同。

是月 广州亚运会马术场团队、从化市畜牧兽医渔业局以及巢石养同志分别被人力资源和社会保障部、国家体育总局、解放军总政治部、中国残联、广东省委省政府授予“亚运先进集体”和“先进个人”称号；从化市交通局综合行政执法队被中华全国总工会授予“亚运全国工人先锋号”称号；李暖辉同志被民政部授予“亚运救助管理工作先进个人”称号；从化市委办公室、市政府办公室、市公安局亚运安保团队、良口镇政府被广东省委、省政府授予“亚运会亚残运会先进集体”称号；温洁夫、刘敏、詹大欢、钟继阳、邓宇恒、陈丹昭、李剑锋、范桂彬、凌华枢9人被广东省委、省政府授予“亚运亚残运会先进个人”称号；从化市委宣传部、市委政法委员会（维稳办公室、综合治理办公室）、市人民武装部、市国土资源和房屋管理局、市环境保护局、市城乡建设局、市交通局、市卫生局、流溪温泉旅游度假区管委会、街口街道办事处、江埔街道办事处、城郊街道办事处、太平镇政府、温泉镇政府、市公安局刑事侦查大队15个单位被广州市委、市政府授予“广州亚运会亚残运会先进集体”称号；谭凯平、李朔熹、余俊杰、但建茹被广州市委、市政府授予“广州亚运会亚残运会先进个人”称号；李艳阳、何镜清、胡少民、刘宗静、梁锦华、方纪章、孙石康、黎艺钦等54人被广州市委、市政府授予“广州亚运会亚残运会嘉奖个人”称号。

是月 广州双湖酒店和广州望谷温泉度假酒店被全国酒家酒店分等定级评定委员会认定为“国家特级（五钻级）酒店”。

6月

2日 从化市2011年流溪河渔业放生活动

在街口街河滨南路河堤举行。这次放生活动五镇三街分设放生点 8 个，主会场设在街口街，活动由市委副书记谭凯平主持，农业部南海区渔政局局长吴壮，从化市领导李艳阳、邱永权、张汉江，市政府党组成员李东强出席活动。全市投放草鱼、鲫鱼、鲤鱼、鲢鱼等鱼苗共 350 万尾。

3 日 广州市人大常委会副主任、总工会主席陈伟光一行到从化调研。先后到从化市镇泰（广州）实业有限公司和教育、财政等职能部门了解开展工会工作情况，并检查从化对《中共广州市委关于进一步加强工会工作发挥工会组织作用的意见》的贯彻落实情况。市领导邱永权、刘树生陪同。

是日 从化市简政强市事权改革工作会议在市政府四楼会议室召开。市委常委、副市长王建新主持会议。会议传达广州市简政强区（县级市）事权改革动员大会的主要精神，并部署从化市简政强市事权改革工作。全市 20 多个职能部门的主要负责人参加会议。

9 日 广州市市委常委、市委秘书长陈如桂一行到从化调研，先后到明珠污水处理厂、广汽日野汽车有限公司、明珠工业园管委会现场了解情况，并在明珠工业园管委会一楼会议室召开座谈会。市领导黄河鸿、郭清和、李艳阳、方纪章陪同。

11 日 全国证券业从业人员资格考试首次在从化市设立考场。从化市是广东省县级市承担全国证券业从业人员资格考试唯一考点，主考单位指定由广州城建职业学院承担。

16 日 广州市副市长陈国一行到从化调研扶贫开发项目推进情况。先后到吕田镇公租房、文体活动中心、综合楼，良口镇文化站、敬老院、农贸市场，温泉镇灌村医院，鳌头镇中心医院改造等项目现场了解情况。市领导谭凯平、黄信敬、刘宗静陪同。

20 日 从化市 2011 年广东扶贫济困日暨广州慈善日活动动员大会在市中心会堂召开。市委副书记谭凯平作动员讲话，所筹善款除按规定上缴外，主要用于市扶贫开发工作及慈善医疗、应急救助以及其他慈善救助工作，帮助困难群众解决医疗卫生等实际困难。

21 日 从化市旅游协会换届工作会议暨从化市实施“大旅游”发展战略动员大会在凯旋假日酒店召开。市领导郭清和、王建红、魏素新、赖志英、梁锦华、刘大光出席会议。

22 日 2011 年北回归线“夸父追日”活动夏至日观测太阳直射北回归线从化中心会场活动在从化市太平北回归线标志公园举行。该活动由中国科学院国家天文台二部、广东天文科普基地（五羊天象馆）、从化市人民政府、新浪网主办，北回归线沿线相关部门、机构共同联办，设台湾、广东、广西、云南共 6 个观测点。国家天文台副台长郝晋新，市领导罗爱萍、谭文标、任洪华出席活动。

23 日 广东省军区副政委张志国，广州市委常委、广州警备区司令员颜小明一行到从化，调研扶贫开发工作情况，并到太平镇上塘村了解情况。市领导黄河鸿、谭凯平、赵丰、刘宗静、谭文标陪同。

25 日 副市长方纪章率市委办、市府办和市经贸、财政、园区等部门负责人以及 10 位从化企业家代表，赴新疆疏附县考察产业对口援建情况。考察团先后到疏附民族乐器村、广州援建疏附农民安置新村和疏附广州新城、疏附广州工业园实地了解情况。考察至 27 日结束。

27 日 从化市庆祝中国共产党成立 90 周年大会在流溪影剧院召开。大会由市长郭清和主持，市委隆重表彰从化市“先进基层党组织”20 个、“优秀党务工作者”40 名、“优秀共产党员”100名。大会还举行“创先争优党旗红”——从化市庆祝中国共产党成立90周年文艺演出。市四套班子领导出席会议。

29日　广州市委副书记、纪委书记苏志佳一行到从化市良口镇协调落实扶贫开发项目，并出席南方石化集团有限公司捐建良口镇医院碧水新村综合门诊部签约仪式。市领导黄河鸿、谭凯平、黄信敬、刘宗静出席活动。

是日　广州市副市长甘新一行到从化调研重点工业项目发展情况，先后到华南国际新材料产业基地项目选址地块和广州丰力轮胎有限公司了解情况。市领导郭清和、孙石康，市政府党组成员谢焕扬陪同。

30日　从化市交通建设重点项目启动暨国道G105、省道S355升级改造工程动工仪式在鳌头镇举行。市四套班子领导出席启动仪式。

是日　美时家居广场在从化市从城大道89号开业。该项目是从化市重点商业项目之一，总用地面积7万平方米，总建筑面积6.5万平方米，有交易店铺600个。是一个集建筑材料、家具、电器、装饰、饮食、汽车销售及综合办公为一体的大型专业市场。

7月

1日　从化市执行《广州市提高困难残疾人专项补助金发放标准的实施方案》，贫困残疾人补助金发放标准提高25%。其中低保家庭的一、二级重度贫困残疾人每人每月从144元提高到180元；低保家庭的三、四级残疾人每人每月由72元提高到90元；本人无经济收入的一级重度残疾人每人每月由144元提高到180元；低收入困难家庭的一、二级残疾人每人每月由72元提高到90元；低收入困难家庭的三、四级残疾人每人每月由36元提高到50元。

是日　由从化市委、市政府主办，市委宣传部承办的“‘光辉的历程’纪念建党90周年图片展”在市博物馆展览。图片展分为“星火燎原、峥嵘岁月”、“新中国、新时代”、“改革开放、成就辉煌”和“启程‘十二五’、幸福新从化”4个部分，展出图片150多幅。图片展至10月结束。

4日　广东省十一届人大代表第一专题调研组到从化市调研，重点围绕从化扶贫开发、发展现代农业，促进城乡区域协调发展等工作情况开展调研活动。市领导黄河鸿、郭清和、刘宗静陪同。

5日　中国广东从化与美国纽约罗马友城谅解备忘录签字仪式在凯旋宫大酒楼宴会厅举行。从化市市长郭清和与罗马市市长詹姆斯F.布朗（James F. Brown）签订《中华人民共和国广东省从化市与美利坚合众国纽约州罗马市建立合作与交流关系谅解备忘录》；罗马市市长布朗、美国纽约亚美议会议长迈克林（Michael S. Limb）、从化市市长郭清和分别向为从化市与罗马市建立友好城市作出贡献的人士授予荣誉证书。从化市领导黄河鸿、郭清和、李玉宜、王建新、罗爱萍、温洁夫、谭文标及美国纽约州罗马市政府代表团一行出席仪式。

是日　从化市委常委、市委秘书长李艳阳率相关职能部门负责人到云浮市云安县进行为期两天的考察活动。先后到云安县石城镇和石城镇横洞村、云安县农村综合改革南盛试验区农村土地流转服务中心等地考察，学习云安县在推进乡镇大部制改革、建立新型农村基层组织架构和运作机制、主体功能区划分建设等方面的具体做法和成效。

9日　从化市市长郭清和率市发改、建设、规划、环保、体育、旅游、检验检疫、海关等部门一行15人到香港赛马会考察。双方就位于从化市良口镇温泉养生谷的广州香港赛马训练中心项目的规划建设和投资开发、体育赛事举办、无马疫区维护和建设、旅游项目开发等方面进行研讨。副市长温洁夫、梁锦华参加考察活动。

13 日　“志愿奉献北部山区，青春给力幸福广州”广州志愿者服务北部山区启动仪式暨2011 年暑期大学生“三下乡”社会实践活动在从化市鳌头镇举行。广州市副市长、农村扶贫工作办公室主任陈国，从化市领导黄河鸿、郭清和、谭凯平、邱永权、黄信敬出席仪式。

是日　广州首个农村志愿服务站落户鳌头。

是日　从化市有 23 家农家乐被广州市农业局认定为广州市星级农家乐。其中被认定为四星级 1 家、三星级 4 家、二星级 13 家、一星级 5 家。

14 日　广东省委巡视组到从化市开展巡视工作。先后到广汽日野汽车有限公司、城区河堤公园、卫东电站至温泉广场段流溪绿道、良口碧水新村了解情况，并在广东温泉宾馆会议室召开省委巡视组巡视从化市工作座谈会。广州市委常委、广州警备区司令员颜小明，从化市四套班子领导陪同。

是日　从化市顺利通过全国第一批水土保持监督管理能力建设县的验收。

是日　由从化市委、市政府、广州市文联主办，从化市委宣传部承办的“红荔飘香”岭南名家给力从化采风活动在从化温泉举行。参加采风活动的岭南诗书画曲名家有廖琪、周建平、温远辉、倪惠英、陈永锵、鲍十、洪志纲等。

21 日　由市四套班子领导成员带队的“八一”拥军慰问团，分别慰问驻从化部队、广州警备区、广州军区联勤部通讯站、中国人民解放军 95316 部队等，以及各镇（街）重点优抚对象、转业和复员退伍军人特困户。

26 日　广州市副市长陈明德率广州市外经贸局一行到从化调研外经贸工作情况。市领导黄河鸿、郭清和、方纪章陪同。

27 日　中国共产党从化市第十一届委员会第十一次全体会议在市中心会堂召开。全会由市委常委会主持。市委书记黄河鸿代表市委常委会向全会报告工作，对 2011 年下半年全市工作作全面部署；市长郭清和作全会总结；市委常委、组织部部长何镜清作《关于筹备召开中国共产党从化市第十二次代表大会决议》（草案）的说明；副市长刘宗静作《中共从化市委从化市人民政府关于加强和创新街道、社区管理服务的意见》（讨论稿）和《中共从化市委从化市人民政府关于加强和创新镇村社会管理服务的意见》（征求意见稿）起草情况的说明。市委领导黄河鸿、郭清和、王建新、李艳阳、王建红、李波、何镜清、魏素新、邱永权、赵丰、黄信敬参加会议。出席会议还有市委委员、市委候补委员。列席会议的有不是市委委员、市委候补委员的市人大常委会、市政府、市政协党员领导同志，市法院党组书记、市纪委常委，市人大常委会、市政府党组成员，市长助理、市政协秘书长、市委副秘书长、各镇、街党政主要负责同志，市直属局以上单位党员主要负责同志，市人大常委会、市政协的办公室及各工委（专委会）党员主要负责同志，驻从化有关单位党员主要负责同志。邀请非中共党员的市领导同志，市直属局以上单位非中共党员的主要负责同志，曾任市（县）领导班子正职的老同志、市各民主党派主要负责人、市第十一次党代会代表中的部分基层党务工作者、基层党员代表参加全会。

30 日　“2011 国际青少年航空教育交流会暨广东从化绿道旅游文化节”开幕式在广州赛

马场（从化良口）举行。来自美、英、意、日、法等15个国家和地区的青少年航空团60多名代表参加活动，从化市四套班子领导出席活动。

31日　由从化市承办的为期四天的广州市第十五届运动会拳击比赛在从化市七星体育中心闭幕。来自越秀、萝岗、黄埔、花都、增城、从化6个区（市）的144名运动员参加比赛。经过四天角逐，决出金牌28枚，从化市派出27名运动员参加20个级别比赛，夺得金牌4枚、银牌8枚，总分排名第二。

是月　从化市成立突发公共事件应急管理专家组，首批专家组成员25名，专家库成员61名，主要由自然灾害、事故灾难、公共卫生、社会安全、综合管理5个领域人员组成。专家实行聘任制，每届聘期5年。

8月

1日　《今日从化》报从每周两期改为每周五期，周一至周五出版，版面由原来单彩报纸改为双彩报纸，出版规格由四开八版改为对开四版。

是日　国家农业部兽医局副局长黄伟忠，广东省畜牧兽医局副局长余业东以及广州市农业局有关负责人一行到从化鳌头镇，检查供深圳第26届世界大学生夏季运动会食品安全监管工作。市领导刘宗静陪同。

2日　卫生部副部长马晓伟率国务院医改督导调研组到从化，调研基层医疗卫生机构综合改革工作。广东省副省长雷于蓝，从化市领导郭清和、李艳阳、温洁夫、梁锦华陪同。

3日　广东省委常委、广州市委书记张广宁一行到从化太平镇钱岗村，就如何科学保护、合理利用古村落作专题调研。张广宁强调在加强古村落保护中，要把文化保护与发展旅游、环境整治、农民增收结合起来，在科学保护和合理开发中传承历史文脉、弘扬岭南文化。广州市领导苏泽群、陈如桂、许瑞生，从化市领导黄河鸿、郭清和、李艳阳、王建红，市人大常委会党组成员张献华陪同。

4日　广州市政协主席林元和率政协视察团到从化明珠工业园，视察华南国际新材料产业基地项目建设情况。广州市政协副主席平欣光，从化市领导黄河鸿、郭清和、李玉宜、李艳阳、李波、方纪章、刘维嘉，市政府党组成员谢焕扬陪同。

5日　广州市副市长、广州市农村扶贫开发工作领导小组副组长陈国一行到从化，调研农村扶贫开发建设项目进展情况。先后到温泉镇宣星村、鳌头镇石联村和中塘村了解情况。市领导郭清和、黄信敬、刘宗静陪同。

是日　从化市市、镇（街）两级人大代表换届选举工作动员大会在市中心会堂召开。会议由市人大常委会副主任胡少民主持。市人大常委会副主任、市选举委员会主任张汉江就如何做好本次换届选举工作进行部署。市委书记、市人大常委会主任黄河鸿出席会议并讲话。市领导李波、何镜清、胡少民、佘志平、罗爱萍、刘树生、赖志英出席会议。

8日　健康共享、幸福从化——2011年从化市全民健身日暨第十二届“体育节”启动仪式在街口街金瓯广场举行。市领导黄河鸿、郭清和、王建红、罗爱萍、温洁夫、蒋琼芳出席仪式。

9日　荔湾区对口帮扶吕田镇建设项目主体竣工仪式在吕田镇举行。竣工项目包括吕田镇综合服务中心、文体活动中心和公租房主体工程，建筑面积2万多平方米，总投资7000多万元。广州市委副书记、纪委书记苏志佳，原市委常委、统战部部长孔少琼，广州市人大常委会副主任陶子基，从化市领导黄河鸿、郭清和、李玉宜、谭凯平、李艳阳、李波、何镜清、赵丰、黄信敬、罗爱萍、刘宗静、蒋琼芳出席仪式。

是日　广州市委副书记、纪委书记苏志佳，原市委常委、统战部部长孔少琼，广州市人大常委会副主任陶子基一行到从化，开展扶贫开发调研活动。先后视察吕田镇吕中村的新农村建设、绿佳缘蔬菜种植示范基地，狮象村新农村建设3个帮扶项目。市领导黄河鸿、黄信敬陪同。

10 日　从化市纪律教育学习月活动动员大会暨反腐倡廉专题辅导报告会在流溪影剧院举行。会议由市委常委、纪委书记李波主持。广东省监察厅副厅长曾庆荣应邀作专题辅导报告，市委书记、市人大常委会主任黄河鸿作动员部署。市四套班子领导，全市副局级以上现职领导、全市纪检监察干部共 600 多人出席会议。

是日　为期两天的广东从化无疫区粤港两地交流工作会议在从化市良口镇碧水湾酒店召开。广东省农业厅、广州市农业局、广州市动物卫生监督所、从化市畜牧兽医渔业局、香港特别行政区渔农自然护理署，以及香港赛马会有关负责人和专家参加会议。

11 日　由从化市贸促会、市台办和经贸局联合组织从化企业共 350 家，参加在中国进出口商品交易会琶洲展馆举办的 2011 广东（广州）台湾名品博览会。

是日　从化市村卫生站建设工作动员大会在市卫生局召开。会议传达市政府制定的《从化市健全基层医疗卫生服务体系建设实施方案》文件精神，要求在两年（2011 年、2012 年）时间内完成 116 个村卫生站整改扩建工作。市领导温洁夫出席会议。

18 日　广州市委常委、广州警备区司令颜小明，广州市政协副主席李勤德率广州市创建国家文明城市第八督导组到从化，督导创文工作。督导组先后到位于温泉镇第三中心小学的乡村学校少年宫和河东水果批发市场、新世纪广场了解情况。市领导黄河鸿、王建红、赵丰陪同。

是日　广州市人大常委会帮扶项目竣工暨捐赠仪式在鳌头镇岐田村举行。其中岐田村新建厂房、修建岐田桥两个工程项目启动，岐田村路灯建设工程项目竣工。广州市人大常委会副主任谢宝怀，广州市交通建设管理基金会会长戴治国，从化市领导郭清和、谭凯平、赖志英出席仪式。

是日　从化市举办为期两天的扶贫双到工作现场观摩会。广州市委副秘书长罗广寨，从化市领导黄信敬、刘宗静以及全市扶贫双到工作组成员，驻村干部，对口帮扶鳌头、温泉、良口、吕田 4 镇贫困村的工作队员 350 多人参加观摩活动。

24 日　广东省委常委、广州市委书记张广宁，广州市委副书记、市长万庆良率广州市四套班子成员、各区（县级市）党政主要负责人和广州市实施珠三角规划纲要领导小组成员单位的主要负责同志到从化，检查贯彻落实《珠江三角洲规划纲要（2008—2020）》、加快推动经济发展方式转变和产业转型升级工作情况。张广宁一行先后到广东动漫城、广州万宝集团冰箱有限公司考察，了解从化文化创意产业发展和先进制造业发展情况。广州市领导凌伟宪、邬毅敏、徐志彪、陶子基、陈明德、欧阳卫民、甘新、贡儿珍、平欣光参加活动。从化市领导黄河鸿、郭清和陪同。

26 日　从化市组织 8 家农业龙头企业、40 多种农产品，参加在中国进出口商品交易会展馆举行的2011年广州博览会。博览会至29日结束。

30日　市长郭清和，副市长孙石康率从化代表团一行到四川，参加由广州市委市政府主办的“新广州新商机”西部推介活动，在重庆推介会上，公司总部设在重庆的隆鑫机电有限公司广东分公司与从化市签订投资项目协议，投资总额达5亿元。

是日　从化市鳌头镇人大代表邹玉兴获广州市见义勇为基金会授予见义勇为证书及奖励金3万元。

31日　上午，根据广州市委、市政府统一部署，从化市委、市政府组织开展市领导分类接访活动，从化市四套班子成员分别在16个接访点分类接访群众。

是日　广州市委常委、广州警备区司令员颜小明，广州市政协副主席李勤德率广州市创建国家文明城市第八督导组到从化，了解良口镇善施小学少年宫建设进度，督查创文工作情况。市领导赵丰陪同。

是月　从化市被国际旅游业管理协会、中国国际品牌协会、中国县域经济协会认定为“国际绿色生态旅游目的地”，并获“中国最具魅力文化旅游节庆奖”。副市长梁锦华获“中华旅游建设突出贡献奖”。

是月　“西气东输二线连接线工程”在从化启动，该工程项目总投资1000多万元，铺设DN300中压燃气管线7公里。西气东输二线是中国连通中亚的能源大动脉，也是世界上距离最长的天然气管道工程。

9月

1日　从化贯彻实施国务院令第600号《国务院关于修改〈中华人民共和国个人所得税法实施条例〉的决定》，纳税人2011年9月1日（含）以后实际取得的工资、薪金所得，适用税法修改后的减除费用标准和税率表计算缴纳个税。

2日　广州市副市长陈国一行到从化，调研农村扶贫开发工作。先后对鳌头镇中心医院扩建工程和前进路商业街改造工程进展情况、吕田镇综合服务中心和文体活动中心以及公租房主体工程等帮扶项目建设情况、良口镇文化站和新敬老院建设情况、温泉镇灌村中学建校情况进行调研。市领导黄河鸿、谭凯平、黄信敬、刘宗静、孙石康陪同调研。

6日　从化市十四届人大常委会第三十九次会议在市人大常委会会议室召开。会议由市委书记、市人大常委会主任黄河鸿主持。会议审议通过人事任免事项，任命蔡澍同志为从化市人民政府副市长；任命卢凤萍同志为从化市人民政府副市长；任命刘岗同志为从化市人民政府副市长兼从化市公安局局长；免去王建新同志的从化市人民政府副市长职务；免去温洁夫同志的从化市人民政府副市长职务；免去魏素新同志的从化市公安局局长职务。市人大常委会副主任张汉江、胡少民、余志平、罗爱萍、刘树生、赖志英，市政府党组成员谢焕扬出席会议。市领导郭清和、何镜清、孙石康列席会议。

是日　全国人大常委会副委员长、民革中央主席周铁农到从化，视察广州南洋理工职业学院。全国政协常委兼副秘书长、民革中央副主席修福金，广东省政协副主席、民革广东省委会主委周天鸿，民革广东省委会专职副主委赵正，省人大常委会副秘书长郑红，从化市领导郭清和陪同。

是日　从化市机构编制实名制信息采集工作培训班在市图书馆举办，这标志着从化市政府各部门和有关单位机构编制实名制工作全面启动。机构编制实名制旨在通过采集各级机关、事业单位机构编制和实有人员信息，建立机构编制实名制管理数据库，为构建机构编制实名制管理核心电子政务平台，实现机构编制和人员动态管理提供数据信息依据。

7日　广州市政协办公厅对口帮扶从化市鳌头镇月荣村文化广场等工程项目竣工暨贫困户帮扶资金发放仪式在月荣村举行。广州市政协主席林元和，副主席潘胜燊，从化市领导李玉宜、邱永权、黄信敬出席活动。

是日　2011年从化市离退休干部迎国庆贺中秋茶话会在华景大酒店举行。茶话会由市委常委何镜清主持。全市离退休干部、曾任市（县）五套班子领导的离（退）休干部，市在任四套班子领导共120多人参加茶话会。

8日　从化市学习贯彻胡锦涛总书记重要讲话精神干部大会在市中心会堂召开。会议由市委书记黄河鸿传达胡锦涛总书记视察广东、广州的重要讲话精神。市四套班子领导，各镇（街）、园区党政领导班子成员、市直局以上单位、驻从化有关单位党政主要负责人同志参加会议。

是日　为从化市第十五届人大代表选举日。全市登记选民43万人，市镇两级人大代表选区分别有136个和206个，选举产生市人大代表218名，镇人大代表427名。

9日　从化市庆祝2011年教师节暨表彰大会在市中心会堂召开。市委、市政府通报表彰"2011年从化市高考成绩优良单位"8个，"2011年从化市高考集体突出贡献奖"集体15个；"2011年从化市高考个人突出贡献奖"30名，"2011年从化市教学新秀"70名；"从化市教育系统师德建设先进单位"10个；"从化市教育系统师德标兵"20名。市领导黄河鸿、李玉宜、谭凯平、李艳阳、王建红、罗爱萍、卢凤萍出席会议。

10日　三艘"流溪河"号游船在流溪河温泉段水上绿道试航。首期流溪河水上绿道（卫东电站——温泉广场段）长2.4公里，游船采用环保能源驱动，可容纳乘客38位，每趟航行约45分钟。

13日　广州市委常委、萝岗区委书记凌伟宪一行到从化，调研扶贫开发工作。先后到鳌头镇中塘村样板村工程、镇前进路商业街改造工程、镇中心医院改造扩建工程、石联村司联创业基地和淮山种植基地调研。市领导黄河鸿、郭清和、邱永权、黄信敬陪同。

15日　中共从化市委十一届十二次全体会议在市中心会堂召开。会议由市委常委会主持。会议应到市委委员52名，候补委员11名，实到市委委员51人，候补委员11人，符合法定人数要求，会议有效。会议审议市第十二次党代会报告和市纪委工作报告，表决并通过新一届市委、市纪委组成人员和从化市出席广州市第十次党代会代表候选人预备人选建议名单，审议通过《中国共产党从化市第十一届委员会第十二次全体会议关于召开中国共产党从化市第十二次代表大会的决议（草案）》。

18日　从化市2011年全国科普日启动仪式暨大型科普咨询互动与文艺表演在新世纪广场举行。市领导谭文标、任洪华出席仪式。科普日活动至23日结束。

19日　广东省委常委、广州市委书记张广宁，广州市委副书记、市长万庆良，广州市人大常委会主任张桂芳，广州市政协主席林元和一行到从化，出席广州市加快北部山区发展工作检查现场会暨"百企助百村"扶贫开发项目签约仪式，并到鳌头镇、吕田镇、良口镇、温泉镇巡查扶贫开发工作。广州市四套班子领导成员以及广州市各区、县级市党政主要负责人、扶贫开发工作相关单位负责人，从化市领导黄河鸿、郭清和、谭凯平、王建红、何镜清、黄信敬、刘宗静参加活动。

是日　根据广州市公车办的通知要求和从化市《关于做好广州市公务用车使用管理信息系统安装使用工作的通知》的工作部署，从化市对纳入广州市公车使用管理信息系统管理的公务用车安装车载终端卫星定位设备。安装工作至22日结束。

21日　由农业部、公安部、国务院食品安全办等部门人员组成的国家联合督查组，在广东省农业厅总畜牧兽医师蔡树淦，省卫生厅（省食品安全办）副调研员陈卫东等陪同下，对从化市“瘦肉精”专项整治工作进行督查。市领导刘宗静陪同。

22日　中国共产党从化市第十二次代表大会在市流溪影剧院隆重开幕。大会应到代表351人，实到代表344人。应邀出席会议的有市人大常委会、市政府、市政协的党外负责同志；从化市各民主党派与市工商联的主要负责同志，无党派人士和宗教界人士。列席会议的还有部分老同志。大会由市委副书记、市长郭清和主持，会议期间表决通过市委书记、市人大常委会主任黄河鸿代表中共从化市第十一届委员会作《增创新优势，谋求新发展，为加快建设珠三角最宜居生态城市努力奋斗》的报告，选举产生从化市第十二届市委委员、候补委员和市纪委委员及出席中共广州市第十次代表大会代表。会议至25日闭幕。

25日　中共从化市委十二届一次全体会议在市中心会堂召开。会议应到市委委员60名和候补委员11名全部到齐。黄河鸿同志受市第十二次党代会主席团委托主持会议。会议采取差额选举办法以无记名投票方式选举出黄河鸿、郭清和、何镜清、蔡澍、王建红、邱永权、刘宗静、梁锦华、赵丰、欧阳翔、李朔熹为中共从化市第十二届委员会常务委员会委员；采取等额选举方式选举黄河鸿为中共从化市委书记，郭清和、何镜清为中共从化市委副书记。

是日　中共从化市第十二届纪律检查委员会第一次全体会议在市中心会堂召开。会议应到委员15名全部到齐。欧阳翔同志受市第十二次党代会大会主席团的委托主持会议。全会选举产生中共从化市纪律检查委员会常委、书记、副书记。欧阳翔、黄柏强、李艳影、李记平、唐沛流、郭志锋、陆伟坚当选为市纪委常委；欧阳翔当选市纪委书记；黄柏强、李艳影当选为市纪委副书记。会议选举结果报经市委十二届一次全会通过。

28日　广州市副市长曹鉴燎率调研督导组到从化，调研推进“三个重大突破”（战略性基础设施要有重大突破、战略性主导产业要有重大突破、战略性发展平台要有重大突破）及固定资产投资工作。市领导郭清和、蔡澍、梁锦华、方纪章陪同。

是日　从化市人民政府与湖南伟大集团“从化·城乡一体化发展示范区”项目签约仪式在太平镇举行。从化·城乡一体化发展示范区位于市太平镇钱岗古村、红石村、沙溪水库及周边区域，总面积约19平方公里。市领导郭清和、蔡澍、王建红，全国新农村建设产业化发展办公室直属企业管理处副处长汪忠堂、湖南伟大集团董事长邓天骥、副董事长刘九冬以及从化市属有关单位负责人出席签约仪式。

29日　冰川圣地，大美波密——西藏林芝地区波密县旅游推介暨招商引资洽谈会在从化市凯旋宫大酒店举行。市领导郭清和、梁锦华、赖志英、方纪章、刘大光，以及波密县政协主席晋美、波密县县委常委、宣传部部长扎西洛布等参加推介会。

30 日 广东金光伏新能源（从化）产业基地项目合作协议签约仪式在从化凯旋假日酒店举行。市委常委、副市长蔡澍代表从化市政府与广东金光伏能源投资有限公司董事长周唐儿在合作协议上签字。该项目基地位于广东从化经济开发区明珠工业园和江埔街地段，总投资 300 亿元，主要生产高效薄膜太阳能电池模块。市四套班子领导出席签约仪式。

是月 广东县域经济研究与发展促进会发布的广东第一部县域旅游综合竞争力研究报告显示，全省 67 个县（市）中，从化位居“2010 年广东县域旅游综合竞争力”第一名。

是月 醉酒驾驶的刘某被市检察机关以危险驾驶罪向市人民法院提起公诉。自 2011 年 5 月 1 日《刑法修正案（八）》实施以来，刘某是从化市因醉酒驾驶被提起公诉的第一人，该案亦是从化市办理的首例危险驾驶罪案件。

是月 太平镇邓村村委成为从化市首个村级“省一级”档案工作目标管理单位。

是月 香港警务处学习团一行到从化考察社区警务巡逻及防盗快速反应机制，并到新城派出所及下属凤仪社区警务室，了解警务室视频监控系统、GPRS 定位系统及客户自动报警系统的运作。

是月 从化市良口镇赤树村村歌《赤树村之歌》在“村歌献给党”全国村歌评选活动中荣获“中国优秀村歌”奖。该活动由中国大众音乐协会、中国合作经济学会农村社区小康建设专业委员会、乡风文明网联合举办。

10 月

1 日 是日开始，从化市把城郊街的三将军村、坑尾村，鳌头镇的水西村、石咀村、民乐村作为城乡居民医疗保险普通门诊村级卫生站实时结算试点村，实现参保人员凭“金穗惠农保障卡”在卫生站就医费用直接记账结算。

是日 根据广州市物价局、广州市地方税务局联合发文《关于办理价格调节基金缴纳登记、申报和缴纳有关事项的通知》规定，是日开始，在广州市行政区域内从事酿酒生产、房地产开发、汽车生产、发电企业的四大行业，按实际缴纳的增值税、消费税、营业税的一定比例缴纳价格调节基金，广州市物价局负责价格调节基金缴交登记、申报，地方税务机关负责代征。

10 日 国家水普办、省水普办及珠江水务委员会督查组一行到从化，督导开展第一次全国水利普查工作，并视察麻村水库。

11 日 广东省文明城市复查考评组一行 6 人到从化，进行为期两天的省文明城市复查工作。复查工作采取座谈交流和整体观察两种形式进行。考评组先后到温泉镇第三中心小学，参观乡村学校少年宫的建设情况；到新图书馆和市汽车站了解窗口服务工作；到街口街文体中心了解社区管理和服务工作。市领导梁锦华、卢凤萍陪同。

12 日 位于鳌头镇鳌山村的广州市汉普医药有限公司生产车间发生爆燃。事故造成 1 死 4 伤。

是日 “幸福从化”——从化市首届广场集体舞总决赛在新世纪广场举行。该活动自 7 月启动，有 19 支代表队共 600 多人参加初赛。总决赛评出一等奖 1 名、二等奖 2 名、三等奖 3 名、优秀奖 6 名。

13 日 广东省委农村工作领导小组办公室副主任、省农业厅副厅长陈祖煌率调研组一行到从化，先后到吕田镇狮象村和良口镇调研名镇名村创建工作进展情况。市领导谭凯平、黄信敬、孙石康陪同。

14日　从化市工业生产工作会议在市中心会堂召开。会议总结全市前三季度工业经济运行情况，研究部署下阶段工业发展方向和目标。市领导黄河鸿、郭清和、何镜清、王建红、梁锦华、欧阳翔、李朔熹、赖志英、方纪章、谭文标、卢凤萍、任洪华及市政府党组成员邓宇恒出席会议。

17日　美国马主协会投资考察小组 Rollin Baugh 先生和日本龙头马场主席石田勇先生等组成的考察团一行到从化，考察无疫区建设情况及投资环境。市领导孙石康陪同。

是日　由南方报业传媒集团主办的“岭南十大佳果”评选活动揭晓。从化荔枝入选“岭南十大佳果”。

18日　广州市人大常委会主任张桂芳，副主任陶子基一行到从化调研。先后到江埔街、鳌头镇检查《中华人民共和国农民专业合作社法》实施情况。市领导黄河鸿、郭清和、胡少民、孙石康陪同。

是日　从化市首个“三旧”改造项目——欣荣宏·松铃项目动工。该项目计划建成生态居住社区，规划建设面积18万平方米。

是日　从化市工商业联合会（总商会）十四届会员代表大会在市中心会堂举行。会议审议并通过从化市工商联（总商会）第十三届执行委员会工作报告。选举产生从化市工商联（总商会）新一届执行委员会委员和新一届主席、副主席、秘书长。朱永红当选新一届执委会主席。广州市工商联（总商会）党组副书记尹宏亮，市领导黄河鸿、郭清和、李玉宜、何镜清、邱永权、李朔熹、方纪章、邹建潮、刘维嘉出席会议。

19日　广州市政协党组副书记、副主席平欣光一行到从化，调研扶贫“双到”工作。并到鳌头镇月荣村察看已竣工的广州市政协对口帮扶该村的文化广场、一期路灯工程，以及在建的社道工程。市领导蔡澍、黄信敬、孙石康陪同。

22日　神岗卫生院住院大楼动工仪式在从化太平镇举行。该项目由南方石化集团捐资1000万元建设。广州市委副书记、纪委书记苏志佳，市领导黄河鸿、郭清和、何镜清、谭凯平、王建红、赵丰、黄信敬、孙石康出席仪式。

是日　良口镇医院碧水新村综合门诊部项目签约仪式在文轩苑举行。该项目由广州市伟腾集团捐资550万元建设。广州市委副书记、纪委书记苏志佳，市领导黄河鸿、郭清和、何镜清、谭凯平、王建红、赵丰、黄信敬、孙石康出席仪式。

25日　从化市庆祝第24个环卫工人节暨表彰大会在市中心会堂召开。112名环卫工人被市政府授予“从化市2011年度环卫工作先进个人”称号。市领导郭清和、蔡澍、梁锦华、刘树生、蒋琼芳及相关部门负责人、环卫工人代表等160多人参加会议。

26日　从化市城乡居民医疗保险工作暨创建和谐劳动关系动员大会在市中心会堂召开。会议总结和部署从化市城乡居民医保工作及全市创建和谐劳动关系有关工作。市领导何镜清、刘树生，市政府党组成员谢焕扬出席会议。

27日　从化市质量强市工作动员大会在市中心会堂召开。会议由副市长方纪章主持。会议总结全市质量监督管理工作情况，部署从化市质量强市工作。市领导蔡澍、赖志英、任洪华出席会议。

是日　从化市与广州市同步进行防空警报试鸣暨羊城天盾——2011城市人民防空演习。演习指挥部设在市人民防空应急指挥中心，副市长谭文标担任演习指挥长。参演单位有市府办、宣传部、人武部、公安局、民政局、财政局、卫生局、发改局、交通局、民防办、各镇街民防办等。当天下午 15 时 55 分，全市 66 台防空警报器和 2 台机动警报车同时在 5 镇 3 街进行防空警报信号试鸣，鸣响率 100%。

28 日　广州市委副书记、纪委书记苏志佳一行到从化，调研土地储备开发建设工作。先后到温泉镇乌石村、温泉小镇、温泉镇南大水库和良口镇新温泉了解项目用地情况。市领导谭凯平、蔡澍、黄信敬陪同。

30 日　市委书记黄河鸿，市长郭清和一行前往香港赛马会，与香港赛马会事务执行总监麦建华，香港赛马会内地事务部部长吴政凯等会晤，洽谈加快香港赛马会从化新马场建设事宜。

31 日　市委书记黄河鸿，市长郭清和率队参加广州市委、市政府在香港会议展览中心举行的“新广州·新商机”推介会。在推介会上，市长郭清和代表从化市与广州摩拉网络科技有限公司 CEO 李曙东签约广东梦芭莎电子商务有限公司产业园项目。该项目首期投资 5000 万美元。

是月　从化被中国绿色食品协会认定为广东省首个国家绿色农业示范区建设单位。

是月　佛山市市委副书记、代市长刘悦伦，市委常委、常务副市长冼瑞伦率团到从化，调研城市规划建设情况。市领导郭清和、蔡澍陪同。

是日　从化市首次社区居民防空应急疏散演练暨“民防宣传日”活动在街口城区举行，100 多名社区居民参与演练。市领导谭文标出席活动。

是月　从化市教师进修学校被国家教育行政学院认定为“2010—2011 年度中小学校长远程培训优秀地方培训中心”。

是月　从化市江埔街养蜂能手、农民企业家谭东山被中国科协、国家财政部授予“全国科普惠农兴村带头人”称号。

是月　是月开始，按广州市补助标准 1:1 配套建设资金，从化市大幅度提高本级财政对自然村村道建设的补助标准，从原 8 万元/公里提高至 15 万元/公里。

11 月

4 日　中国人民政治协商会议广东省从化市第九届委员会第一次会议在市中心会堂召开。大会应出席委员 217 人，因事请假 5 人，实到 212 人，符合政协章程规定人数，会议有效。会议由市政协九届一次会议主席团常务主席谭凯平主持，市政协八届委员会主席李玉宜作工作报告，副主席黎艺钦向大会报告市政协八届六次会议以来提案工作情况，副主席刘大光宣读《关于表彰市政协八届六次会议以来优秀提案的通报》。会议选举产生政协从化市第九届委员会主席、副主席、秘书长和常务委员，谭凯平当选为主席，蒋琼芳、刘维嘉、黎艺钦、任洪华、刘大光、李东强当选为副主席，梁柱生当选为秘书长，常务委员有 31 人。会议审议通过《政协从化市八届常委会工作报告》和《政协从化市八届常委会提案工作报告》；听取和讨论《政府工作报告》等；审议通过《市政协九届一次会议决议》。广州市政协副主席李勤德、广州市委统战部副部长马卫平到会祝贺；现任市四套班子领导，曾任市领导的老同志代表出席会议；市属局以上单位、各镇街主要领导，广东省、广州市驻从化单位的主要领导、在从化工作的广州市政协委员、从化市各民主党派、工商联、各人民团体负责人以及市台商代表等列席会议。会议 7 日上午闭幕。

5日 从化市第十五届人民代表大会第一次会议在市流溪剧院召开。大会应到代表216人，实到代表210人，因病因事请假6人，到会人数符合法定人数，会议有效。会议由市人大常委会副主任、大会主席团常务主席、执行主席张汉江主持，市委副书记、市长郭清和代表市政府向大会作《政府工作报告》；市委书记、市人大常委会主任黄河鸿作从化市十四届人民代表大会常务委员会工作报告；市人民法院代理院长姜耀庭作市人民法院工作报告；市人民检察院代理检察长蒋晋作市人民检察院工作报告。会议选举产生市十五届人大常委会和市人民政府领导班子，以及市人民法院院长和检察院检察长。黄河鸿当选为从化市第十五届人民代表大会常务委员会主任，张汉江、胡少民、余志平、罗爱萍、刘树生、赖志英当选为副主任，委员有20人；郭清和当选为从化市人民政府市长，蔡澍、方纪章、孙石康、卢凤萍、刘岗、邓宇恒当选为副市长；姜耀庭当选为从化市人民法院院长；蒋晋当选为从化市人民检察院检察长，按照法律规定，报请广州市人大常委会批准。大会选举产生广州市第十四届人大代表41人。表决通过《从化市人民政府工作报告》、《从化市人民代表大会常务委员会工作报告》、《从化市人民法院工作报告》、《从化市人民检察院工作报告》决议。广州市人大常委会副主任谢宝怀到会祝贺；现任市四套班子领导，曾任市领导的老同志代表出席会议；出席市政协九届一次会议的政协委员、市十五届人大一次会议列席人员、荣誉市民、经济顾问、旁听人员列席大会。会议8日下午闭幕。

8日 广东连南瑶族自治县县委常委、纪委书记欧建宽率考察团一行到从化，先后考察田心农家乐、宝趣玫瑰世界、流溪水上绿道、碧水湾温泉度假村等地。市领导谭文标、刘大光陪同。

是日 从化市灭蚊工作顺利通过省灭蚊工作考核鉴定组考核。

是日 广州伟腾集团向从化市鳌头镇第三中心小学捐赠320万元，用于完善该校基础设施建设。广州市委副书记、纪委书记苏志佳，市领导黄信敬出席捐赠仪式。

10日 省森林防火指挥部专家组组长、省林科院副院长李小川率省森林防火指挥部检查小组一行到从化市林业局森林防火指挥中心，检查2011年秋冬季森林防火及2012年春季防火工作进展情况。市领导孙石康陪同。

11日 由市文明办、市创建办、交通局、团市委、市交警大队联合举办的从化市“文明出行月”暨排队日主题活动在从化汽车站举行。

14日 从化市卫生政务协作平台上线开通暨接入应用培训会在市卫生局举行，参加培训共40多人。卫生政务协作平台上线开通标志着从化市卫生行政系统内政务信息互联互通全面实现，在广州区县一级行政职能单位中率先实现条块政务管理一体化。

15日 2011年从化市副局级以上干部培训班在市流溪剧院举行。开班仪式由市委副书记何镜清主持。市委书记、市人大常委会主任黄河鸿在培训班上作动员讲话。全市各系统战线近700多名副局级以上干部参加培训。

15日 世界张氏总会第五届第二次理事会在凯旋宫大酒店举行。世界张氏总会60多位理事代表，以及应邀的韶关、清河、濮阳等政府代表，来自全国各地、中国香港、台湾，以及新加坡、马来西亚、印尼等地的张姓宗亲300多人，从化市领导邱永权出席活动。活动至17日结束。

16日 广东省财政厅厅长曾志权一行到从化，开展为民办实事问民意专题调研。市领导黄河鸿、郭清和、蔡澍、赖志英、孙石康，市人大常委会党组成员张献华陪同。

是日　市公安局在市废旧金属回收公司召开集中销毁涉案车辆及“五类车”现场会。现场会集中销毁各类涉案车辆及“五类车”（电动车、摩托车、机动三轮车、残疾车、改装报废车）共 2394 辆。市领导何镜清、刘宗静、刘岗、黎艺钦参加现场会。

是日　从化电视新闻和专题节目改版。开设的《日子》栏目包括百姓话题、从城 365 和流溪生活三个小版块，取代原《话说从化》、《走进从化》、《政务之窗》、《热点追踪》等栏目，逢周一、三、五晚上播出。逢周日晚播出的《一周要闻》也改版为《一周新闻综述》。

17 日　从化市太平镇高平小学的庆年教学综合楼、吕田中学的黄英敏体育馆、鳌头镇鳌山村的陈永明敬老安居点分别举行落成典礼。广州市政协主席林元和，从化市领导黄河鸿、谭凯平、何镜清、张汉江、罗爱萍、卢凤萍、蒋琼芳、李东强出席落成典礼。

18 日　广州市人大常委会副主任、民进广州市委主委陈国安一行到从化市吕田镇，开展助学慰问活动。市领导邱永权陪同。

19 日　水利部水土保持司副司长牛崇桓率全国第一批水土保持监督管理能力建设验收组一行到从化，对从化市水土保持监督管理能力建设工作进行验收。验收组通过查阅档案、资料，听取工作汇报和观看录像等程序，评定从化市水土保持监督管理能力建设工作综合得分 95 分，符合全国水土保持监督管理能力建设县的标准，通过验收。市领导孙石康参加验收会。

21 日　“新形势下地方经济发展对策”培训班在市流溪剧院举行。培训班由市长郭清和主持，邀请国务院发展研究中心资源与环境政策研究所副所长李佐军作题为“认清形势，科学发展”的专题讲座。市四套班子领导，以及全市现职副局级以上干部，市发改局、规划局、国土局的中层干部等参加培训。

22 日　广州市副市长陈国一行到从化鳌头镇、温泉镇开展扶贫工作专题调研。先后了解鳌头镇前进路商业街改造工程、鳌头镇中心医院扩建项目，温泉灌村医院防保楼、灌村中学扩建工程、灌村文化广场等项目建设情况。市领导谭凯平、刘宗静、黄信敬、卢凤萍陪同。

是日　从化市一镇三街（太平镇、街口街、城郊街、江埔街）农村扶贫开发工作现场会在太平镇政府五楼会议室召开。市领导谭凯平、何镜清、赵丰、谭文标，以及各相关职能部门负责人、驻村干部参加会议。

23 日　广州市人大常委会副主任陶子基率广州市人大农村农业视察组到从化，先后视察鳌头、吕田和良口镇扶贫项目、房屋改造以及医疗卫生教育设施建设等情况。市领导谭凯平、何镜清、黄信敬、胡少民、邓宇恒陪同。

是日　广州市司法局第三劳教所司联创业基地二期工程在从化市鳌头镇石联村举行动工仪式。广州市人大常委会副主任陶子基，市领导谭凯平、何镜清、黄信敬、胡少民、邓宇恒出席仪式。

24 日　从化市 2011 年人才和科技工作会议在市中心会堂召开。会议由市委常委王建红主持。会议总结市人才和科技工作，市委、市政府表彰从化市 2009—2010 年度科学技术进步奖项目 18 项（其中一等奖 3 项、二等奖 5 项、三等奖 10 项），市科技和信息化先进单位 20 个，先进工作者 20 人，授予从化市科技杰出专业人才荣誉称号 10 人。广州市科信局副局长林少敏，市领导何镜清、王建红、梁锦华、李朔熹、罗爱萍、谭文标、蒋琼芳出席会议。

25 日　从化市新城区拆迁安置房和公租房

建设项目奠基仪式在从化市七中西侧举行。仪式由市委常委、副市长蔡澍主持。该项目是从化市首个由市财政投资建设的公益性居住小区，占地约25亩，总建筑面积5.38万平方米；将建成拆迁安置房5栋，建筑面积4.16万平方米；公租房3栋，240套。市领导黄河鸿、郭清和、蔡澍、刘树生、黎艺钦出席奠基仪式。

是日　南苏丹共和国苏丹人民解放运动干部考察团一行到从化，考察从化现代农业生产和新型农业培育情况，并先后到广州花卉研究中心从化基地、宝趣玫瑰世界、大丘园农庄考察。市领导邓宇恒陪同。

28日　从化市人民政府、广东太阳岛光伏科技有限公司明珠·太阳岛光伏科技园战略合作签约仪式在从化市温泉镇翠岛温泉度假村会议厅举行。仪式由市委常委、副市长蔡澍主持。副市长方纪章代表市政府和广东太阳岛光伏科技有限公司董事长姚欣明签署战略合作协议。太阳岛光伏科技园落户从化明珠工业园区，产能规划为1000MW的多晶硅电池及组件，总投资额约50亿元，其中一期规划用地200亩，建设200MW组件生产线、光伏技术研究院及配套生活设施。广东省政协常委谢鹏飞，广东省高新技术企业协会理事长谢明权，从化市领导黄河鸿、郭清和、谭凯平、何镜清、蔡澍、王建红、方纪章出席签约仪式。

29日　按照广州市政风行风热线工作安排，广州广播电视台《沟通无界限，行风大家谈》之特别策划《“扶贫”——让从化更美好》节目组到从化市温泉镇宣星村进行节目录制。市长郭清和与市委常委黄信敬上线该节目，介绍从化扶贫开发进展情况，并现场解答广州市派驻从化扶贫开发工作干部和贫困村干部提出的各类问题。市领导谭凯平、何镜清、梁锦华、欧阳翔、孙石康参加节目录制活动。

30日　2011年从化市党政领导班子党员领导干部民主生活会在市委常委会议室召开。民主生活会的主题是“坚持以人为本执政为民理念、发扬密切联系群众优良作风”。市党政领导班子党员领导干部黄河鸿、郭清和、何镜清、蔡澍、王建红、邱永权、刘宗静、梁锦华、赵丰、黄信敬、欧阳翔、李朔熹、方纪章、孙石康、谭文标、刘岗、邓宇恒，市政府党组成员谢焕扬参加会议；市政协主席谭凯平，市人大常委会副主任胡少民，市人大常委会党组成员张献华，以及各镇、街、园区和发改、财政、国土房管、经贸、交通等部分市直属局主要负责人列席会议。

是月　从化市推荐广州市出席中国共产党广东省第十一次代表大会代表75名。

是月　由省农业厅、省海洋渔业局与省财政厅组成的评审组一致评定，从化市为广东省15个农业机械化示范县建设项目实施单位之一。

是月　省和广州市专家组通过检查，同意从化市重点污染源在线监控建设项目通过验收。该项目又称“环保电子警察”，从2010年7月开始动工建设，全市已纳入监控的重点污染源企业有13家，市环境监管实现对重点排污企业的人工监控向全过程实时监控的转变。

是月　根据广州市统一部署，从化市向市内低收入居民和重点优抚对象发放10—12月的临时价格补贴。具体标准为：低保、五保、重点优抚对象和政府供养人员每人每月50元，一次性发放3个月共150元；低收入困难家庭成员每人每月30元，一次性发放3个月共90元。据统计，此次临时价格补贴发放资金约430万元，约3万人得到实惠。

是月　国家科技部火炬中心发布2011年国家火炬计划重点高新技术企业评审结果，位于从化市高技术产业园的广州亨龙机电制造实业有限公司被认定为“2011 年国家火炬计划重点高新技术企业” （粤科函高字〔2011〕1482号）。

是月　从化市农业龙头企业——大丘有机农产有限公司被中国绿色食品协会认定为“全国绿色食品示范企业”。

是月　广东温泉宾馆、碧水湾温泉度假村、广州从化望谷温泉度假村和崴格诗温泉庄园 4 家温泉旅游企业被广东省旅游局认定为“广东省温泉旅游示范基地”。

12 月

1 日　由省卫生厅、省教育厅等部门组成的评审组对市中心医院创建广州医学院非直属附属医院进行考评，认为市中心医院达到广东省高等医学院校非直属附属医院的基本条件及评审要求，成功创建广州医学院非直属附属医院。

2 日　从化市“五五”普法工作总结表彰暨“六五”普法工作启动大会在市中心会堂召开。市委常委、政法委书记刘宗静作“五五”普法工作总结，并部署“六五”普法工作。市委、市政府表彰从化市“五五”普法先进集体 20 个，先进工作者 50 名。市领导黄河鸿、余志平、黎艺钦、谭文标出席会议。

5 日　广州市委副书记、纪委书记苏志佳一行到从化鳌头镇石联村、中塘村、岭南村、万宝集团和良口镇联群村、赤草村、少沙村调研农村扶贫开发工作情况。市领导何镜清、黄信敬陪同。

6 日　首次中国内地—香港—澳门突发重大动物疫情联合应急演练在广州赛马场举行。该演练由农业部突发重大动物疫情应急指挥中心、香港特别行政区食物及卫生局、澳门特别行政区民政总署、广东省突发重大动物疫情应急领导小组联合举办，演练包括疫情监测报告和先期处置、应急响应与应急处置、应急响应终止和善后处置等内容。

是日　广州方圆地产控股有限公司（方圆集团旗下）捐建钱岗古村落改造项目动工启动仪式在太平镇钱岗村广裕祠举行。方圆集团首期捐资 1500 万元，用于基础设施建设，保持古村落格局不变，完善周边环境，打通进村的观光旅游走廊，配套建设基本的旅游设施。广州市委副书记、纪委书记苏志佳，方圆集团主席方明、总裁徐珺，从化市领导黄河鸿、何镜清、王建红、赵丰、黄信敬、谭文标出席仪式。

是日　广州市委副书记、纪委书记苏志佳一行到从化吕田镇，视察综合服务中心、文体活动中心和公租房主体工程，并到汾田村、水埔村、狮象村、新联村了解农村扶贫开发工作情况。市领导何镜清、黄信敬陪同。

7 日　前联合国副秘书长、现中国联合国协会会长陈健到从化，参观从都国际会议中心、碧水湾旅游度假区等景点，了解从化旅游发展情况。市领导郭清和、王建红、罗爱萍，市政府党组成员谢焕扬陪同。

是日　从化市委副书记、市长郭清和率考察团一行赴深圳华强集团考察，探讨合作事宜。市领导蔡澍、方纪章、任洪华随同考察。

是日　农业部专家樊恩源和美国湿地与自然保护区交流代表团到从化，考察交流唐鱼资源保护工作。广东省、广州市海洋与渔业局，从化市畜牧兽医渔业局有关负责人陪同。

8 日　广州科丝美诗有限公司在从化市高技术产业园举行项目动工仪式。该公司是韩国科丝美诗独立出资的独资企业，在从化高技术产业园总投资 1 亿元，主要经营化妆品研发、生产及销售业务。

11日　从化市副市长方纪章率考察团一行到香港赛马会，探讨马匹频繁往返两地的通关、快速检验检疫模式、建立车辆检查场等问题。广州市政府口岸办公室负责人及香港赛马会从化训练中心总监，从化市政府口岸办公室、市经贸局、从化出入境检验检疫局、从化海关等部门负责人参加考察活动。

13日　从化市事业单位分类改革工作会议在市中心会堂召开。会议部署全市事业单位分类改革工作，涉及单位399个，共10377人。市领导何镜清、李朔熹，市政府党组成员谢焕扬出席会议。

16日　广东和谐医患纠纷人民调解委员会从化工作站成立暨揭牌仪式在从化市司法局举行。市领导刘宗静、卢凤萍出席仪式。

是日　从化市学习贯彻党的十七届六中全会精神宣讲报告会在流溪影剧院举行。报告会由市委常委、宣传部部长梁锦华主持，邀请广州日报报业集团党委书记、广州日报社长汤应武作专题辅导报告。市四套班子领导，市法院院长、市检察院检察长、市纪委副书记以及各镇街、市直局以上单位、驻从化有关单位负责同志共300多人参加报告会。

是日　2011年从化市美食文化节在从城大道89号美时家居广场开幕。美食节设摊位128个。至20日美食节结束止，销售总额达500多万元。

19日　由市政府主办，市投资服务中心、香港职业训练局、香港无线发展中心、广东动漫城、广州创意行业协会、广州玩具和礼品行业协会联合承办的“2011穗港数码娱乐及移动应用交流会”在凯旋假日酒店召开。来自穗港两地近80位企业代表参加会议，市领导方纪章、任洪华出席会议。

20日　第14届中国留学人员广州科技交流会在广州中国进出口商品交易会展馆举行，从化市组织25家企业在参展区内设置展位。

21日　中国动物卫生流行病学中心副主任陈萍率国家农业部无马疫区督查组一行到从化，督查无马疫区建设管理情况。市领导方纪章、孙石康陪同。

是日　广州市第十三届和第十四届人大代表从化联组到从化开展为期一天半的视察活动。代表围绕广州市十三届人大六次会议决议、决定的执行落实情况，扶贫开发工作情况以及十三届人大代表提出的《关于加快建设广州至从化快速路的建议》、《关于加快推进广从轻轨建设的建议》的办理情况进行集中视察。市领导黄河鸿、郭清和、黄信敬、胡少民、邓宇恒陪同。

是日　从化市参加广州市第十五届运动会总结表彰大会在市中心会堂召开。市政府表彰优秀教练员6人、运动员149人。该次运动会，市派出283名运动员参加21个项目的比赛，夺得金牌49.5枚、银牌24枚、铜牌26枚。市领导郭清和、罗爱萍、卢凤萍、蒋琼芳出席会议。

27日　广州市第十次党代会表决通过从化市党代表联名提出的《关于加快广州北部城市副中心规划建设的提案》，该提案为广州党代会史上第一份提案。

28日　省林改检查验收组到从化，开展为期三天的集体林权制度改革检查验收。验收组采取召开会议听取情况汇报、查阅内业档案材料、外业宗地现场勘查、走村入户访问林农等方式，从林改的组织保障、依法操作、明晰产权、确保收益减轻负担、档案信息管理、放活经营规范流转、配套改革完善制度、山林纠纷调处、社会稳定群众满意9个方面25个指标，对省林改办抽样确定的2个镇9个村12个经济社进行检查。检查组一致认为从化市集体林权制度改革工作验收综合得分达到优秀等级，顺利通过省级验收。检查至30日结束。

是日　鳌头镇经省教育强镇复评督导验收组复评，顺利通过“省教育强镇”复评验收。

29日　从化市传达贯彻广州市第十次党代会精神大会在流溪影剧院召开。大会由市委副书记、市长郭清和主持，市委书记、市人大常委会主任黄河鸿传达广州市第十次党代会精神，市政协主席谭凯平和市委常委、市委秘书长王建红分别谈了参加广州市第十次党代会的体会。市四套领导班子成员，市纪委副书记，市法院院长，市检察院检察长，从化市出席广州市第十次党代会代表，各镇街、市直局以上单位领导班子成员，驻从化有关单位主要负责同志参加会议。

是日　海珠区援建温泉镇物流配送中心项目收益分发仪式在温泉镇礼堂举行。海珠区帮扶温泉镇 11 个贫困村集体收入已增至 185 万元，被帮扶的 121 户核实有劳动能力的贫困户已全部脱贫。海珠区委书记、区人大常委会主任姚奕生，从化市领导黄河鸿、郭清和、谭凯平、何镜清、王建红、黄信敬出席仪式。

30日　从化市人民政府政务管理办公室暨从化市人民政府政务服务中心举行挂牌仪式，市领导欧阳翔、方纪章出席仪式。

是日　市委组织部市干部人事档案工作通过省委组织部干部档案达标升级验收小组评审，达到中共中央组织部档案目标管理一级标准，晋升为“干部人事档案工作目标管理一级达标单位”。

是日　由市委组织部、文明办、市老干部局、市关心下一代工作委员会联合举办的纪念从化市关工委成立十周年暨全市关心下一代工作表彰大会在市图书馆召开。会议总结过去十年从化市关心下一代工作的成绩与经验，表彰关心下一代工作先进集体28 个、先进工作者65人。广州市关工委副主任陈万鹏，市领导何镜清、李朔熹、罗爱萍、卢凤萍、蒋琼芳出席大会。

是月　从化市被中国绿色发展高层论坛组委会认定为“中国十佳绿色城市”。

是月　从化市首批20 家大型饮食服务业单位油烟在线监控系统通过专家组验收。

是年　从化市地税全年组织各项税费收入38.76 亿元，其中税收收入 21.08 亿元（不含契、耕税），首破 20 亿元大关，比上年增收5.26 亿元；社保费收入 13.93 亿元，首破 10 亿元大关，比上年增收 4.89 亿元。

（市档案局供稿）

基本情况

【地理位置】　从化市位于广东省中部，广州市东北面。地理坐标东经113°17′—114°04′，北纬23°22′—23°56′。东邻龙门县，南与增城市、广州白云区接壤，西与广州花都区、清远市相连，北与佛冈县、新丰县毗邻。全市总面积1974.5平方公里（广州市民政局确认的数据）。

【地形地貌】　从化市地理位置处于珠江三角洲到粤北山区过渡地带，地势自北向南倾斜，东北高，西南低，地形呈阶梯状。东北部以山地、丘陵为主，中南部以丘陵、谷地为主，西部以丘陵、台地为主。最高点是良口东南端的天堂顶，海拔1210米，是从化市东部与龙门县的分界山；最低点在太平镇的太平村，海拔16.2米。全市有耕地32.46万亩、园地33.96万亩、林地192.01万亩、牧草地79.2万亩、其他农用地2.40万亩、城镇村及工矿用地22.85万亩、交通用地1.18万亩、水域3.91万亩、没有开发利用土地9.01万亩。

【气温气候】　从化市地处低纬度地带，属亚热带季风气候，北回归线横跨境内南端的太平镇，境内气候温和，雨量充沛。2011年总体气候特征雨量偏少，气温变化幅度大。年降水量1307毫米，比近30年平均值（1952毫米）偏少3成；年日照时数1785.6小时，比历史平均值偏少2成；年平均气温20.9℃，最高气温37.5℃，最低气温0.7℃。

【水资源】　从化雨量充沛，川流纵横，水资源丰富。全市水源可采总量年均约27.55亿立方米。其中地表水22.7亿立方米，主要来源于三大河系，而河川径流主要由降雨量产生，属雨水补给型。其中流溪河属珠江水系，供应广州市城区60%的食用水，有“广州的母亲河”美誉，总集雨面积1594平方公里，平均年产水量18.2亿立方米；潖江河总集雨面积316平方公里，平均年产水量3.6亿立方米；连麻河总集雨面积75平方公里，平均年产水量0.9亿立方米。4—8月为丰水期，雨量占全年雨量的80%—85%。地下水4.85亿立方米，其中温泉地下的储水约在200米深层。由于储量丰富，水压较高，表层的第四层沙砾比较薄，所以一般在3—5米就有水涌出，日自涌量达1400立方米。

【矿产资源】　主要矿种有钨、锡、铋、铷、钼、铜、铁、钽铌、铅、锌、黄金、钾长石、大理石、绿柱石、石英石、水柱石、瓷土、稀土、钴钍矿等48种。储藏量已查明正在开采的有16种：黑钨矿6.05万吨，锡矿3172吨，钼矿2123吨，铋矿147.6吨，铜矿2881吨，铅矿5.35万吨，铁矿石166.65万吨，黄铁矿石2589吨，钽铌矿150吨，铷121.4吨，绿柱石（含皮）124吨，萤石矿39.72万吨，钾长石36.65万吨，石英石46.51万吨，瓷土矿190万吨，高岭土1500万吨。

【空气环境质量】　全市空气污染指数（API）年均值为53，二氧化硫、二氧化氮、可吸入颗粒物浓度等均达到或优于国家二级以上标准，空气质量级别为Ⅱ级以上，空气质量状况属于优良，优良天数为365天，空气质量优良率均达100%。

【水环境质量】　城区设饮用水源水质监测点1个、项目29个，全年监测12次，获得监测数据348个，水质达标率100%；流溪河地面水监测10个点、24个项目，获得监测数据1440个，饮用水源水质达标率100%，流溪河地表水100%达到功能区划水质标准；其他地表水监测175次，全年完成各类型污染源废水监测813个次。

【声环境质量】　街口二类宁静噪声达标区平均值为53.7分贝，交通干线噪声平均值为63.8分贝，区域环境噪声平均值为53.2分贝，噪声达标区覆盖率93.2%。

【建置沿革】　明弘治二年（1489年），由番禺划地设置从化县，隶属广州府。清袭明制，从化县隶属广州府。1936年，从化县隶属广东省第一行政督察区；1938年，从化县隶属广东省第二行政督察区；1945年，从化县再次划归广东省第一行政督察区管辖。一年后改隶属广东省政府专员公署直属督察，至1949年。

1949年10月13日，从化县全境解放，隶属省北江临时行政委员会。1953年3月，划归粤北行政区（后称韶关专员公署）。1958年10月，从化、佛冈两县合并为从化县，仍属韶关专员公署。1959年1月，改属佛山专员公署。1960年9月，改属广州市。1961年4月，从化、佛冈重新分为两个县，各辖原有地域，从化县仍属广州市。1994年3月，撤销从化县，设立从化市，属广州市代管。

【行政区域】　2011年，全市设太平、温泉、良口、吕田、鳌头5个镇以及街口、城郊、江埔3个街道。有村民委员会221个（含流溪河林场3个），社区居委会48个。设有广东从化经济开发区高技术产业园、广东从化经济开发区明珠工业园、流溪温泉旅游度假区；广州市属的流溪河林场、大岭山林场驻市内。市人民政府驻街口街。中心城区面积15.3平方公里。

【人口】　2011年，全市总人口58.68万人，非农业人口15.33万人，占全市总人口的26.12%，农业人口43.36万人，占全市总人口的73.88%，出生人口4933人，比上年下降20.49%。

【语言】　从化人习惯讲从化广州话，从化广州话又称从化本地话，属粤语的次方言，因靠近广州，与广州话相似，是从化主要方言。讲从化广州话的约占总人口70%，讲从化客家话约20%，讲省内其他方言或普通话、外省话约10%。

【民族】　从化市内民族以汉族为主，有少数民族27个，分别是土家族、苗族、壮族、瑶族、仡佬族、蒙古族、侗族、回族、满族、朝鲜族、彝族、白族、藏族、布依族人、黎族、土家族、维吾尔族、仫佬族、畲族、水族、京族、佤族、哈尼族、傣族、傈僳族、布朗族、锡伯族。

【土特产】 从化钱岗糯米糍荔枝、从化荔枝蜜经国家质量监督检验检疫总局批准，成为实施国家地理标志产品保护的农产品。从化荔枝名种还有水厅桂味、双壳槐枝。蔬果有无核红柿、三华李、杨梅、沙糖桔、红石白榄、青梅、白兔花生、高山番薯、车头粉葛、城康红葱头、吕田大芥菜，还有龙潭乌鬃鹅等农副特产。“从化三花酒”、“从化冬蜜”、“荔枝蜜”、“白菜干”、“苦瓜干”、“糯米糍荔枝干”，以及“腊肠”、“腊肉”、“腊鸭”、“腊猪脚”等均是知名土特产。

【传统美食】 从原料到烹饪技艺上具从化特色的美食有吕田炆大肉、紫苏山坑螺、蒸炸山坑鱼、民乐捺鹅、盐水浸荔枝菌、泥焗走地鸡、桂峰酿豆腐、香叶乌鬃鹅、流溪大鱼头等。每当一家团聚时，从化农村居民有用糯米粉做糍吃的习惯，品种有艾糍和各类时蔬、肉馅料包成或咸或甜的糍。

【风景名胜】 优闲生态类 从化温泉风景区、广州市流溪河国家森林公园、广州市石门国家森林公园、广州抽水蓄能电厂旅游度假区、响水峡生态漂流度假区。

乡村风情类 田心农家乐、溪头旅游度假村。

农业观光类 大丘园生态农庄、宝趣玫瑰世界、广州从化大金峰百花果园。

文化创意类 北回归线标志塔公园、钱岗古村、广裕祠、荔枝皇、孝行牌坊、宣星运动谷。

（市地方志办编辑）

市领导机关

中共从化市委

【管理机构】 中共从化市委办公室地址在从化市街口街新城东路99号。2011年末，有书记1人、副书记2人、常委11人。工作部门7个：市委办公室、纪律检查委员会、组织部、宣传部、统一战线工作部、政法委员会（市社会治安综合治理委员会办公室、市委维护社会稳定领导小组办公室等与其合署办公）、老干部局。还有编委办、直属机关党委、党校3个工作部门，不占机构限额。

【中共从化市第十一届委员会第十次全体会议】 1月27日至28日，中国共产党从化市第十一届委员会第十次全体会议在市委礼堂召开。全会学习贯彻党的十七届五中全会、中央经济工作会议、省委十届八次全会和广州市委九届十次全会精神，总结2010年工作，部署2011年工作。全会听取市委书记黄河鸿代表市委常委会所作的工作报告和总结讲话，市长梁建清、市委副书记谭凯平就有关文件所作的起草说明，审议通过《中共从化市委关于制定全市国民经济和社会发展第十二个五年规划的建议》和《从化市依法治市第五个五年规划（2011—2015年）》。

【中共从化市第十一届委员会第十一次全体会议】 7月27日，中国共产党从化市第十一届委员会第十一次全体会议市委礼堂召开。会议贯彻十七大、十七届五中全会和胡锦涛总书记“七一”重要讲话以及省委十届九次全会、广州市委九届十一次全会精神，全面落实中央、省委、广州市委关于加强社会建设和社会管理的重大决策，总结从化市上半年主要工作，研究部署下半年工作。全会听取市委书记黄河鸿代表市委常委会所作的工作报告，市长郭清和作的总结讲话，市委副书记何镜清、市委常委刘宗静就有关文件所作的说明，审议通过《中共从化市委、从化市人民政府关于加强和创新街道、社区管理服务的意见》和《中国共产党从化市第十一届委员会第十一次全体会议关于筹备召开中国共产党从化市第十二次代表大会的决议》，讨论《中共从化市委、从化市人民政府关于加强和创新镇村社会管理服务的意见》。

【中共从化市第十一届委员会第十二次全体会议】 9月15日，中国共产党从化市第十一届委员会第十二次全体会议在市委礼堂召开。会议审议市第十二次党代会报告和市纪委工作报告，并就从化市第十二次党代会《决议（草案）》的有关内容及从化市第十二次党代会报告稿的总体思路、主要内容和今后五年的发展目标向与会人员作了简要说明。表决并通过新一届市委、市纪委组成人员和从化市出席广州市第十次党代会代表候选人预备人选建议名单，审议通过《中国共产党从化市第十一届委员会第十二次全体会议关于召开中国共产党从化市第十二次代表大会的决议（草案）》。

【中共从化市第十二次代表大会】　9月22日至25日，中国共产党从化市第十二次代表大会在流溪剧院召开。大会批准市委书记黄河鸿代表十一届市委所作的《增创新优势，谋求新发展，为加快建设珠三角最宜居生态城市努力奋斗》的报告。大会充分肯定十一届市委的工作。会议选举产生新一届市委委员、候补委员、市纪委委员和从化市出席广州市第十次党代会代表。

【中共从化市第十二届委员会第一次全体会议】　9月25日下午，中国共产党从化市第十二届委员会第一次全体会议在市中心会堂召开。市委书记黄河鸿受市第十二次党代会主席团委托主持会议。到会委员通过充分酝酿，采取差额选举办法以无记名投票方式选举出黄河鸿、郭清和、何镜清、蔡澍、王建红、邱永权、刘宗静、梁锦华、赵丰、欧阳翔、李朔熹为中共从化市第十二届委员会常务委员会委员；采取等额选举方式选举黄河鸿为中共从化市委书记，郭清和、何镜清为中共从化市委副书记。会议通过新一届中共从化市纪律检查委员会第一次全体会议选举市纪委常委、纪委书记、副书记的结果报告，欧阳翔当选为市纪委书记，黄柏强、李艳影当选为市纪委副书记。

【市委决策和议事会议】　2011年，中共从化市委召开市委常委会会议35次。围绕市委中心工作，重点部署工业发展、交通建设、旅游工作、农村工作、重大项目建设、维稳及综治信访工作、科技工作、机关效能建设工作等。传达学习十七届六中全会精神、胡锦涛同志在庆祝中国共产党成立90周年大会上的讲话精神、胡锦涛总书记视察广东和广州重要讲话精神、汪洋书记视察从化讲话精神以及张广宁书记的指示精神、省委十届八次全会和广州市委九届十次全会精神。审议通过《从化市国民经济和社会发展第十二个五年规划纲要（草案）》、《中共从化市委、从化市人民政府关于深化医药卫生体制改革的实施意见》、《从化市医药卫生体制改革近期重点实施方案（2009—2011年）》、《中共从化市委宣传部、市司法局关于在全市开展法制宣传教育的第六个五年规划》、《中共从化市委、从化市人民政府关于加快科技进步和自主创新，促进经济社会发展的意见》、《从化市事业单位分类改革实施方案》、《关于加快残疾人事业发展的决定》等文件。

6月27日，市委、市政府在流溪影剧院隆重举行从化市庆祝中国共产党成立90周年大会。图为市党政领导班子大合唱

【市委办】　管理机构　中共从化市委办公室是市委的工作部门，定编23人。2011年末，在职21人，有主任1人、副主任3人。内设机

构有：秘书科、综合科、信息科、督办科、政策研究室、保密局，下属机构有市经济社会发展研究中心。

文秘接待　全年印发“从办”93号、“从办纪”13号、“从办文”6号、“从办函”26号、市委常委会纪要50号、市委办公会纪要16号、“从文”39号、“从发”28号、“从批”10号。参与组织从化市各类会议100多次，各类考察、调研、接待活动100多项；参与组织从化市党政考察团外出学习考察、旅游宣传推荐会等重大活动；完成国家、省、广州市领导到从化考察的接待工作。

信息报送　及时做好信息收集反馈工作。共报送信息215篇，被广州市委办公厅采纳73篇，其中《广州信息》10篇，《每天快报》61篇，《广州情况》1篇，广东省委办公厅《每日汇报》1篇。共印发《从化信息》69期，编辑整理信息2400条，刊发信息512条，报送广州市门户网站信息1247条。并且按照办公室工作例会研究决定，拟写并印发市委办公会议1—15号会议纪要。

综合调研　积极开展调查研究，为市委决策提供科学依据。围绕市委中心工作，就事关全市经济社会发展大局和长远影响的课题进行深入调研，先后组织全会调研任务、十二次党代会调研、产业升级转型调研等40多次调研活动。完成各类文稿撰写任务。完成市委十一届十次、十一次及市十二次党代会报告等30多篇市委决策性文件；黄河鸿书记在从化市经济分析会、南部片区巡查工作现场会、市党政领导班子民主生活会、市委中心组学习会等60多篇会议讲话稿的撰写工作。累计撰写各类文稿300多篇，累计30万字。整理录音讲话5篇，编发《内部情况》3期。

督查督办　搞好专项督查，有效地推动各项工作进展。围绕市的重点项目和重点工作、开展专项督查，共发出《决策督查办理通知书》14项。并针对市委常委会2011年工作要点进行分解细化，草拟印发《关于深入贯彻落实市委十一届十次全会精神抓好2011年重要工作部署落实的工作安排》。

机要保密　坚持市委保密委例会制度，落实保密工作责任制；进一步推进信息化建设，优质高效地完成各类电报的办理工作；加强保密管理，依法开展保密监督检查；做好涉及保密的日常工件；加大对新修订的《保守国家秘密法》的宣传力度，开展保密教育活动。

市经济社会发展研究　围绕市委、市政府的中心工作，组织和协调有关方面的研究力量，就全市经济、社会发展中带有全局性、战略性、综合性的问题以及当前经济运行中的重大问题进行研究，为市委、市政府提供决策、建议和意见；组织专家、学者和实际工作者，开展对全市性重大经济社会决策进行咨询和评估工作，为市委、市政府决策科学化、民主化服务；收集与本市经济社会发展有关的县（区）际、地区、港澳台和国外有关的信息资料，为市委、市政府的决策提供参考；承办市委、市政府交办的其他事项。

（中共从化市委办公室供稿）

从化市人大常委会

【管理机构】　市人大常委会地址在街口街新城东路99号。2011年末，在职19人，有主任（市委书记兼）1人，副主任6人。工作部门有8个：办公室，选举联络人事任免工作委员会，教科文卫、华侨外事民族宗教工作委员会，农村农业工作委员会，城乡建设环境与资源保护工作委员会，法制工作委员会，财经工作委员会，从化市依法治市办公室。

【市十四届人大七次会议】 3月5—7日，从化市第十四届人民代表大会第七次会议在市流溪影剧院召开。大会由市人大常委会主任、市委书记黄河鸿主持，代市长郭清和代表政府作《政府工作报告》，会议补选郭清和为从化市人民政府市长，选举郭清和为广州市第十三届人民代表大会代表。会议表决通过《关于从化市人民政府工作报告的决议》，《关于从化市国民经济和社会发展第十二个五年规划纲要的决议》，《关于从化市2010年国民经济和社会发展计划执行情况和2011年国民经济和社会发展计划报告的决议》，《关于从化市2010年预算执行情况和2011年预算报告的决议》，《关于从化市人民代表大会常务委员会工作报告的决议》，《关于从化市人民法院工作报告的决议》，《关于从化市人民检察院工作报告的决议》。市人大常委会副主任张汉江、胡少民、余志平、罗爱萍、刘树生、赖志英，193名市人大代表出席开幕大会。广州市人大常委会副主任陈伟光到会祝贺，出席大会并在主席台上就座的还有广州市人大常委会委员、财经委主任欧阳知同志，广州市质量技术监督局局长梁建清同志。市属局以上单位、各镇街主要领导列席会议。会议7日下午闭幕。

11月6日，市委书记、市人大常委会主任黄河鸿在从化市第十五届人民代表大会第一次会议第二次全体会议上作市第十四届人大工作报告

【市十五届人大一次会议】 11月5日—8日，从化市第十五届人民代表大会第一次会议在市流溪剧院召开。大会应到代表216人，实到代表210人，因病因事请假6人，到会人数符合法定人数，会议有效。会议由市人大常委会副主任、大会主席团常务主席、执行主席张汉江主持，市委副书记、市长郭清和代表市政府向大会作《政府工作报告》；市委书记、市人大常委会主任黄河鸿作从化市十四届人民代表大会常务委员会工作报告；市人民法院代理院长姜耀庭作市人民法院工作报告；市人民检察院代理检察长蒋晋作市人民检察院工作报告。会议选举产生市十五届人大常委会和市人民政府领导班子，以及市人民法院院长和检察院检察长。黄河鸿当选为从化市第十五届人民代表大会常务委员会主任，张汉江、胡少民、余志平、罗爱萍、刘树生、赖志英当选为副主任，委员有20人；郭清和当选为从化市人民政府市长，蔡澍、方纪章、孙石康、卢凤萍、刘岗、邓宇恒当选为副市长；姜耀庭当选为从化市人民法院院长；蒋晋当选为从化市人民检察院检察长，按照法律规定，报请广州市人大常委会批准。大会选举产生广州市第十四届人大代表41人。表决通过《从化市人民政府工作报告》、《从化市人民代表大会常务委员会工作报告》、《从化市人民法院工作报告》、《从化市人民检察院工作报告》决议。广州市人大常委会副主任谢宝怀到会祝贺；现任市四套班子领导，曾任市领

导的老同志代表出席会议；出席市政协九届一次会议的政协委员、市十五届人大一次会议列席人员、荣誉市民、经济顾问、旁听人员列席大会。会议8日下午闭幕。

【依法开展市镇两级人大代表换届选举】2011年，从化市市、镇两级人大代表同时进行换届选举。常委会依照选举法、地方组织法的有关规定和上级人大工作部署，遵循党委领导、人大主办、各方配合的工作原则，经报请市委同意，成立以常委会为主体的市换届选举工作选举委员会及其办公室，在8月全面铺开市、镇两级人大代表换届选举工作。主要做好宣传发动，会同有关部门利用电视、电台、网站等媒体，以及专栏、咨询园地等多种形式深入广泛开展宣传发动，使广大选民对换届的形势、目的意义以及人大代表的性质、地位和作用有充分的认识，为选举工作顺利进行奠定思想基础；严密组织，精心部署，常委会及早制定“总体实施方案”和“阶段工作计划”，组织8个指导组深入各镇、街指导选举工作，全力以赴实施好每一阶段的工作，切实做到领导、人员、工作、措施“四到位”。经过有序安排、深入指导、分阶段培训骨干，帮助各镇（街）、各选区依法做好每一阶段、每一环节的具工作，保证广大选民民主权利的正确行使。全市各选区经过充分发扬民主，严格依照法定程序，选举出新一届市人大代表216名、镇人大代表共426名。指导各镇依法顺利召开新一届镇人民代表大会第一次会议。

【人大监督】 围绕中心工作增强监督的实效性 常委会围绕市政府确定的重点工作开展监督，由常委会各工委按职责分工，提出具体项目列为常委会审议、调研、视察、检查的议题；常委会听取和审议市政府推进重点工作情况的报告；在常委会会议审议后，继续跟进“一府两院”有关部门落实审议情况。在监督过程中，通过听汇报、座谈、现场察看等方式，比较全面、客观地了解到各项重点工作推进的情况，提出解决问题的意见和建议，为推进各项重点工作的落实创造条件。2011年，分别参加市效能建设办组织的市领导挂片督导、对市水务局和林业局下属基层站所的行风建设评议、村务公开和民主管理检查和城乡环境卫生整洁行动等工作开展监督工作。

围绕热点难点和民生问题增强监督的针对性 常委会高度关注民生，加大对人民群众普遍关心的热点、难点问题的监督力度，把维护好人民群众利益，改善民生作为开展监督工作的出发点和落脚点，重视政府各项惠民措施的落实，增强监督工作的针对性。2011年，常委会在开展监督工作中，涉及民生大事的有4项。涉及《环保法》实施情况执法检查、流溪河流域水环境保护情况和农村生活垃圾处理情况的监督视察以及省道355西线环境整治等的监督。

加强事后监督 常委会注重改进监督方式，加强事后监督，切实提高监督实效。在审议市政府《关于办理代表建议工作情况报告》后，根据市政府研究制定落实审议意见的工作方案，常委会相关工委及时与政府有关承办单位联系，跟进落实办理情况。如对鳌头代表团梁永光代表提出的《关于对西灌渠三将军渡槽支圳改造的建议》、温泉代表团张本川代表提出的《关于要求清理温泉风景区内流溪河段河沙杂草的建议》和温泉代表团黄镜文代表提出《关于重建“农新桥”的建议》等跟踪督办，加强事后监督工作。

【人大审议】 严把计划预算审查关和执行关，

在市人大会议召开时和大会闭会期间，代表大会及常委会严格按照有关法定的程序，审查从化市国民经济和社会发展计划（草案）和预算（草案），审查计划、预算在各阶段的执行情况报告和决算报告，以及预算执行和其他财政收支情况的审计报告，要求市政府及有关部门进一步完善和规范计划、预算编制及其执行工作，促进全市经济社会协调、健康发展。2011 年审议“一府两院”专项工作报告 11 项。先后审查和批准市政府 2010 年本级决算草案报告，听取和审议市政府关于 2011 年上半年国民经济和社会发展计划、预算执行情况报告，审议和批准调整 2011 年预算报告，听取和审查市政府 2012 年本级预算草案报告等，及时把握市经济运行走势情况，提出建议和意见，并依法作出决议决定。常委会还注重发挥审计机关的作用，加强对预算执行的监督，听取和审议市政府关于 2010 年度财政预算执行情况和其他财政收支的审计工作报告，对执行预算中出现的违规问题，做好督促整改工作，强化审计监督的约束力。

【执法检查】 2011 年，常委会组织代表对《中华人民共和国环境保护法》、《广州市控制吸烟条例》、《从化市街口城区严禁销售燃放烟花爆竹的暂行规定》3 部法律法规及规范性文件在从化市的实施情况进行执法检查，建议市政府加大执法力度，做到有法必依，严格执法，对执法程序进行调整和完善，并制订更详细的相关制度，让执法更具有科学性、可操作性等五条建议，解决不够重视、执法不严等问题。

【代表视察】 2011 年，常委会组织部分人大代表视察 7 次，对“旅游业发展”、大交通工作、“三旧”改造、城市管理综合执法 4 个专项开展调研，共 4 次，其中组织部分代表开展对市政府推进“三大战略”（大交通、大旅游、大产业）情况的调研，共提出建议 60 多条送交市政府。

【重大事项决定】 根据新修订的《广州市人民代表大会常务委员会讨论决定重大事项办法》，常委会对从化市原来的实施办法及其工作制度进行补充修改，在 2011 年 4 月常委会第三十六次会议上，通过新修订的《从化市人民代表大会常务委员会讨论决定重大事项实施办法》，并从 5 月开始施行。该办法进一步明晰重大事项范围的界定，规定重大事项提出的程序，明确讨论决定、督促落实等具体做法，为提高从化市重大事项决策的科学化、民主化、法制化水平创造条件。在实际工作中，“一府两院”能认真贯彻重大事项实施办法，对必须经常委会讨论决定的重大事项，依法按规定提交常委会审议决定；对需要向常委会报告的重大事项，及时按规定报告。2011 年，审议市政府关于华南国际新材料产业基地项目第一期合作合同补充协议，从化市凤凰大道工程 BT 项目投资建设与转让回购协议书等重大事项。

【人事任免】 常委会的人事任免工作，做到正确处理党管干部与人大依法任免干部的关系，把贯彻市委意图与对拟任免人员负责有机结合起来，加强与组织部门联系沟通；严格程序，认真把关，按照省、广州市人大常委会和本会的人事任免办法，组织好任前情况了解、法律学习考试等工作，并要求被任命人员作履职承诺及为其颁发任命书，增强他们的使命感、责任感和自觉接受人大监督的意识；改进人事监督方式，加强与“一府两院”的工作联系，常委会坚持已建立的与市政府工作恳谈会制度，以及与市法院、市检察院建立的加强联系工作制度，构筑权力机关与行政机关、司法机关之间加强沟通的平台，在常委会与“一府两院”之间营造寓支持于监督之中、相互促进工作的和谐局面。2011 年，依法任免市人民政府市长、代市长 2 人，副市长 8 人；任免本会工委主任、副主任 19 人；任免市人民政府组成部门主要负责人 35 人；任免市人民法院院长 1 人，副院长、代院长 1 人；任免市人民法院审判委员会委员、法院庭长、审判员 4 人；任免市人民检察院检察长 1 人，副检察长、代检察长 1 人；检察委员会委员 1 人；任免市人大街道工委主任、副主任 3 人；任命市、镇选举委员会组成人员 78 人，街道选举工作办公室组成人员 56 人。

【代表工作】 增强代表履职能力 常委会注重提高代表素质和履职能力，组织全体代表学习《监督法》、《广州市人大代表议案条例》以及有关人大预算监督的业务知识，并结合监督工作实践，组织学习相关法律法规和社会管理知识等。每年召开“政情通报会”，由“一府两院”向代表通报工作情况。向代表发放常委会《年度工作要点》、审议意见书、会议纪要及《人民之声》、《人民代表报》、《强音》等刊物，把常委会的工作向代表公开，同时使代表了解外地人大工作动态，为代表知情知政提供信息服务。截至 2011 年，共组织 85 名从化市人大代表在各自的选区向选民报告履职情况；组织 19 名广州市人大代表向从化市常委会会议报告履职情况。让两级代表接受选民和选举单位的监督，有效增进人大代表密切联系群众、接受选民监督的主动性和自觉性。

组织代表闭会期间活动 常委会按照 2008 年制定并通过的《关于加强和规范人大代表活动的意见》，用制度规范代表开展活动和执行职务，并按该意见在每年初召开会议部署代表工作，要求各代表小组制订年度活动计划；定期召开代表工作座谈会，听取各代表小组汇报和交流工作情况；半年检查一次代表小组活动情况，使代表活动进一步规范化和制度化。常委会重视在闭会期间组织代表开展各项活动。围绕全市中心工作和人民群众关心的热点问题，开展专题调研、执法检查、视察等多种活动，让代表了解“一府两院”工作开展的情况，在肯定成绩的同时，对发现的问题及时提出建议和意见，为代表出席人大会议提出高质量的议案、建议做好准备。建立激励机制，在代表中开展“创先争优”活动。继续开展扶困助学献爱心活动。

代表建议督办 常委会把督促办理代表议案、建议和意见作为保障代表依法行使职权的重要工作来抓。2011 年市人大各次会议代表共提出议案、建议和意见多件，常委会把其中 10 件代表建议和意见列为重点督办的工作，积极与市政府和有关部门沟通，督促落实办理措施，还组织提出建议和意见的代表对办理情况进行实地检查。

加强对镇街人大工作指导 常委会坚持定期召开镇街人大工作座谈会的制度，年初布置工作，年中进行工作检查，年终总结交流经验。通过学习培训、现场指导、工作交流等方式，提高镇街人大干部的业务水平。建立和健全市人大街道工委工作制度，指导街道工委依法履行职责。指导各镇开好镇人大会议，依法选举镇人大领导和镇政府领导。

【信访工作】 常委会信访工作制度健全，信访工作职责、受理范围和工作守则明确，充分利用在人大网站搭建的信访平台，2011 年共受理人民群众来信来访48件次。对来访群众热情接待，做好耐心细致的思想工作，为来访者释疑解难；对群众来信及时转办、交办，做好跟踪督办；对重要信访事件及时与承办部门联系沟通，共同研究办理方案。常委会机关信访部门加强与“一府两院”信访部门和镇、街信访工作人员沟通联系，各工委之间相互配合，营造联动受理信访的工作格局，为人民群众解决涉法投诉、征地拆迁、环境污染等方面的问题。

【依法治市】 市依法治市办依法制定并全面实施依法治市“五五”规划，明确年度的依法治市工作要点，扎实开展各项工作，加强宣传力度，不断建立健全完善各项制度。2011年会同市委宣传部、市普法办等单位开展法治楹联、格言和法制漫画大赛、“法治文化”下乡巡演等法治宣传活动，受到群众的欢迎和支持。完善并通过《从化市依法治市领导小组成员单位报告工作制度》。

【常委会自身建设】 加强思想和作风建设 努力建设学习型机关，进一步健全常委会学习中心组的学习制度，认真组织常委会组成人员及机关工作人员学习党的十七大精神，学习法律、法规和人大业务知识。深入开展学习实践科学发展观活动，以科学发展观武装头脑。加强思想和作风建设，发扬求真务实的工作作风，营造团结和谐的工作氛围，进一步增强人大机关的服务能力和工作效能。

加强组织和制度建设 发挥各工委不驻会委员作用，不驻会委员能妥善处理好人大工作与岗位工作的关系，积极参加常委会组织的有关活动，在监督工作中发挥专业特长。街口、城郊、江埔三个街道办事处的人大工作委员会，为常委会的派出机构，常委会适时指导街道工委建立和完善相应的工作制度，明确工作职责和任务。常委会重视工作制度建设，2011年先后制定并通过《从化市人民代表大会常务委员会讨论决定重大事项实施办法》等文件，常委会工作制度建设的逐步完善，推进各项工作规范、有序开展。

加强宣传和理论研讨 常委会充分利用《人民之声》、《广州市人大工作信息》、《今日从化》、市人大网等渠道，及时发布重要信息，大力宣传人大工作和代表活动，把常委会的各项工作置于人民群众监督之中，扩大人大及其常委会履行职责的影响力。常委会积极组织理论研讨文章参加广州市人大理论研讨会，努力提高机关的理论研讨水平。

【市人大办】 管理机构 市人大常委会办公室地址在街口街新城东路99号。2011年末，在职6人，有主任1人，副主任2人。内设科室有秘书科、综合科、信访科。

办文办会 2011年，撰写常委会文件32件，办公室文件21件，信函12件。全年共筹办召开常委会10次，代表大会2次。

组织协调 做好常委会组织的各项活动的组织工作。做好上传下达、沟通协调工作。做好人大班子与市委、政府、政协、纪委班子之间的协调工作，做好本会机关与“一府两院”（政府、法院、检察院）及其职能部门之间的协调工作，以及本会委办之间的沟通协调工作。

宣传工作 利用人大网扩大宣传，按照监督法的要求，凡是需要向社会公开的内容，均在网上公布，使人大及其常委会工作置于代表、群众监督下，更具透明度。利用报纸杂志进行宣传，除做好常规工作的宣传外，常委会每次组织的活动，如会议审议、人事任免、重大决策、会前调研、执法检查、代表视察等，均见诸报端。

（市人大常委会办公室供稿，李景愉执笔）

从化市人民政府

【管理机构】　从化市人民政府办公地址在街口街新城东路99号。2011年末，有市长1人、副市长7人、政府党组成员2人（专职）。市政府工作部门有25个（监察局与市纪委机关合署办公，市民族宗教事务局与市委统战部合署办公，均列入政府工作部门序列，不占政府机构个数）：市政府办公室、发展和改革局、经济贸易局、教育局、科技和信息化局、民族宗教事务局、公安局、监察局、民政局、司法局、财政局、国土资源和房屋管理局、环境保护局、城乡建设局、交通局、水务局、农业局、文化广电新闻出版局、卫生局、人口与计划生育局、审计局、规划局、城市管理局、统计局、林业局、安全生产监督管理局。

【政府常务会议】　2011年，从化市政府召开常务会议21次，议题116项。

1月20日会议：市长梁建清在市政府四楼会议室主持会议，研究2011年市政府重点建设项目计划的问题，会议决定：由市发改局根据会议精神，对2011年从化市重点建设项目计划（下简称计划）作进一步修改完善，同时附上选定重点建设项目的原则、标准和简要项目说明，一并提交市委常委会审议；该计划经市委常委会审议通过后，由市府办按程序将其提请市人大审议。研究从化市土地利用总体规划（2010—2020年）送审稿，会议决定：同意市国土房管局提出的《从化市土地利用总体规划（2010—2020年）》；市国土房管局等相关职能部门和各镇（街）要继续做好市、镇级土地利用总体规划成果的报批工作，确保2011年全面实施新一轮土地利用总体规划。研究加快农村危破房改造进度的问题，会议决定：为使资金集中使用，有效分配，提高效益，市财政先将补助资金额度的50%先行划拨到镇（街），由各镇（街）按规定的进度拨付资金到户；半年后市财政将视镇（街）补助资金的使用情况再行拨付补助资金余额：如前期划拨的补助资金已按规定使用完毕，由市财政将余下的补助资金全数划拨到镇（街），如前期划拨的补助资金有剩余，余下的补助资金应暂缓划拨，并认真分析原因，进行整改；原规定由本市、镇（街）补助的资金和新规定的公共基础设施配套资金，统一由市财政先行垫付，镇（街）按比例出资部分日后从各镇（街）的土地出让金收益分成或其财政收入分成中抵扣；对整体改造的村（社），由市、镇（街）两级财政安排一定的资金用于公共基础设施建设，扶持标准为每户5000元，由市、镇（街）按6:4的比例分担，资金由市农村危破房改造领导小组办公室监督使用；城区或中心镇控规范围内的危破房改造，对只有唯一住宅的改造对象（农户），按原来房屋等面积、等楼层进行改造；由市国土房管局根据会议精神，对《关于加快农村危破房改造进度的意见》进一步修改完善，并报市政府审定同意后，以市府办名义发文执行。研究公布实施新基准地价的问题，会议决定：同意市国土房管局提出的局部调整2007年基准地价成果；由市国土房管局和市物价局联合发文执行，从2011年3月1日起公布实施新的网格点基准地价，原1999年2月1日施行的基准地价同时废止。讨论有效运行BT融资方式加快我市重大基础设施项目建设的问题，会议决定：由市法制办对《从化市政府基础设施项目试行BT、BOT等建设模式实施方案》（下简称方案）进行审核修改后，报市委办公会议研究；并由市府办按程序将该方案提请市人大常委会审议。研究《中共从化市委、从化市人民政府关于加快工业经济发展的意见》、《中共从化市委、从化市人民政府关于加快发展民营经济的意见》的有关问题，会议决定：原则同意由市府办草拟的《关于加快工业经济发展的意见》和《关于加快发展民营经济的意见》（下简称《工业经济意见》和《民营经济意见》）；由市府办根据会议精神，对《工业经济意见》和《民营经济意见》进一步修改完善，并由市政府分管领导会同有关部门作进一步细化，经市政府同意后，报市委审定。研究调整我市居住建筑配建停车场（库）停车位指标的问题，会议决定：同意调整从化市居住建筑建设项目配建停车场（库）停车位指标。具体如下：从化市中心城区、各镇镇区规划建设范围内的新规划审批的居住建筑按每户1个机动车停车位计算，自行车（含摩托车及残疾人专用车）等非机动车停车位按每户1个计算；从化市中心城区、各镇镇区规划建设范围外的新规划审批的居住建筑按每户0.7个机动车停车位计算，自行车（含摩托车及残疾人专用车）等非机动车停车位按每户1.5个计算；经济适用房和廉租房等保障性居住建筑按每两户1个机动车停车位计算，自行车（含摩托车及残疾人专用车）等非机动车停车位按每户2个计算；宿舍建筑按每100平方米建筑面积配建0.4个机动车停车位和2个自行车（含摩托车及残疾人专用车）等非机动车停车位；为居住建筑服务配套的公共服务建筑配建相应机动车停车位和自行车（含摩托车及残疾人专用车）等非机动车停车位的具体规划指标参照《广州市建设项目配建停车位指标》的要求执行；每一机动车停车位平均建筑面积为40平方米（室内）或25—30平方米（室外），每一自行车停车位平均建筑面积为1.5平方米；上述机动车停车位指标以小型汽车为计算当量，非机动车停车位指标以自行车为计算当量；3层（含3层）以下住宅每户一个机动车位。研究“十二五”规划有关问题，会议决定：原则同意由市发改局草拟的《关于制定全市国民经济和社会发展第十二个五年规划的建议》（下简称建议）；由市发改局根据会议精神，对该建议进一步修改完善，报市政府审定同意后，提交市委常委会审议。研究关于加快推进旺城商贸广场征地项目的有关问题，会议决定：同意对风云岭酒店和旺城商贸广场征地项目涉及的街口街团星村、城郊村、雄锋村、城南村被征地农民购买养老保险，并按照《广州市新型农村社会养老保险实施办法》（穗府办〔2010〕80号）规定办理；所需资金在土地出让金中支付，具体操作由市财政局会同市国土房管局、街口街道办协商实施。研究从化明珠医院整体回收方案的问题，会议决定：原则同意整体收回从化明珠医院。必须按照以下原则，收回价格：由市财政局会同市卫生局对该医院进行整体全面评估，形成评估报告后报市政府研究确定；人员安置问题：收回后，该医院原在岗在编人员由市卫生局统筹使用，离退休人员参照事业单位管理制度妥善安置，原临时工由广东健达有限公司处置，如市卫生局需要可重新聘用；广东健达有限公司在经营期间发生的亏损等债权债务由该公司负责；医院收回后归属市卫生局管理；从化明珠医院收回事宜由市卫生局牵头组织各职能部门落实。研究保留取消调整行政审批备案事项的问题，会议决定：同意市法制办提出的行政审批及备案事项清理结果和《关于公布保留取消调整行政审批备案事项的通知》，具体由市法制办按程序办理。研究从化市原国有企业（行政性公司）部分退休人员发放生活补贴试行办法补充规定的问题，会议决定：原则同意市委组织部、编委办、财政局和人社局提出的《关于对我市原国有企业（行政性公司）部分退休人员发放生活补贴试行办法的补充规定》（下简称规定）；从2011年1月1日起实施；由市人社局根据会议精神，对该规定进一步修改完善，报市政府审定后发文执行。研究减免华南农业大学珠江学院城市基础设施配套费的问题，会议决定：同意根据《中华人民共和国民办教育促进法》的精神对从化境内民办教育机构（包括大学、中专、职技、中学、小学、幼儿园）的城市基础设施配套费按政府举办的公立学校待遇给予全免，从2011年1月21日开始执行。研究2011年一般财政预算有关问题，会议决定，2011年财政预算按以下原则修改完善：水质检测中心等政府投资项目要安排资金；新兴产业扶持资金要安排；扶贫开发资金要按政策安排；对确保今后发展的招商引资、安全监督以及民主党派活动经费等项目适当提高；由市财政局根据会议精神，对2011年一般财政预算修改完善，报市政府审定后提交市委常委会审议。

2月14日会议：市长梁建清在市政府四楼会议室主持会议，研究提请市人大常委会任命郭清和同志为从化市人民政府副市长事宜。会议一致同意郭清和同志任中共从化市政府党组书记，并一致通过市长梁建清的提议，提请市人大常委会任命郭清和同志为从化市人民政府副市长。

2月19日会议：代市长郭清和在市政府四楼会议室主持会议，会议决定，原则同意《关于提请美国纽约州罗马市授予荣誉证书人员建议名单》（以下简称《建议名单》）等事项；同意增列温洁夫副市长为罗马市授予从化市与罗马市建立友好关系作出贡献人员；由市府办根据与会人员的意见和建议，对《建议名单》等材料进行修改完善，并进一步斟酌和完善两市建立合作与交流关系谅解备忘录相关表述；由方纪章副市长负责统筹安排此次活动，结合今后长远发展，制定系统的、内容丰富的活动方案。要注重交流活动中的文化交流成分，创造更多的多层次、多样式的交流合作机会，将从化市建设成为一个享誉世界的最宜居城市。筹备做好“新广州新商机北京推介会”有关工作问题，会议决定：原则同意《从化市招商工作领导小组（稿）》，由市府办根据与会人员提出的意见和建议进行修改，报市政府颁布实施；市政府各分管领导要根据“三个重大”（重大基础设施、重大主导产业、重大发展战略平台）的战略布局，按照项目的可行性、重要性和层次性，对自己联系的项目进行梳理分类；要加强与市委宣传部的沟通，以从化丰富的生态资源优势为背景，做好推介宣传资料。

2月24日会议：代市长郭清和在市政府四楼会议室主持会议，研究2010年政府工作报告有关问题，会议决定：原则同意由市府办草拟的《报告》；关于对《报告》的修改意见：对《报告》中涉及的数据、头衔、称号等要认真核实，《报告》中的表述要进一步斟酌修改，力求做到更加准确、简洁、精练；《报告》第三部分关于“扎实办好十件民生实事”的内容表述，要坚持实事求是，以事实和数据为依据，将民生工程真正落到实处，取信于民；由市府办根据与会人员提出的意见，对《报告》进一步修改完善。研究“十二五”规划有关问题，会议决定：原则同意《纲要（送审稿）》；由市发改局参照广州市有关领导在“两会”从化市代表团分组审议会上对从化发展定位的讲话精神，对《纲要（送审稿）》进一步修改和完善后，报市委常委会审议。研究从化市2010年国民经济与社会发展计划执行情况与2011年计划草案报告，会议决定：原则同意《执行情况与计划草案》；请各重点项目的分管领导收集相关项目的可行性资料，由市发改局根据会议精神，综合收集的资料，进行认真梳理、准确分类，重新拟定"2011年从化市重点建设项目表"并报市委常委会审议。研究市十四届人大五次会议代表建议办理情况有关问题，会议决定：原则同意由市府办草拟的《报告》；由市府办根据会议精神，对《报告》进行修改完善后，报市人大常委会。研究2010一般财政预算有关问题，会议决定：原则同意由市财政局草拟的《报告》；由市财政局根据会议精神，对《报告》进行修改完善后，报市委常委会审议。

3月7日，市委副书记郭清和当选从化市市长。图为市委书记黄河鸿（右）向郭清和（左）颁发当选证书

3月24日会议：市长郭清和在市政府四楼会议室主持会议，审议《关于进一步做好房地产市场调控工作有关问题的实施意见（方案一、方案二）》，会议决定：原则同意市国土房管局草拟的《方案一》。从化市2011年新建普通商品住房（144平方米以下），价格上涨幅度控制在当年预期GDP增长幅度以内，全面推行"一房一价"政策，房地产开发企业应严格按规定申报房价，采取"一套房一标价"方式明码对外销售；由市国土房管局根据会议精神，对《方案一》作修改完善，报市委审定后上报广州市相关部门。审议《从化市交通基础设施征地拆迁暂行办法》，会议决定：原则同意《办法》；由市国土房管局对照《关于印发从化市征收集体土地暂行规定的通知》（从府〔2010〕51号）、《关于印发从化市征收集体土地房屋拆迁补偿标准暂行规定的通知》（从府〔2010〕52号）和《从化市交通基础设施征地拆迁暂行办法》（从府〔2010〕8号），对《办法》进行修改完善，报市政府审定同意后，以市政府名义颁布执行。审议《从化市廉租住房保障工作实施方案》，会议决定：由市国土房管局会同市民政局等单位，认真核实从化市"双特困"家庭的住房需求，并根据会议意见对《方案》进行修改完善后，再报市政府常务会议审议。研究参照广州市建设工程招投标管理办法执行的问题，会议决定：原则同意参照广州市的办法执行；由市城乡建设局根据会议意见，对《办法》进行修改后，会同市监察局、发改局联合发文实施。

3月27日会议：市长郭清和在市政府四楼会议室主持会议，研究从化市2011年土地利用计划，会议决定：原则同意拟定的从化市2011年土地利用计划。由市府办会同市国土房管部门按照会议精神综合并调整完善后按相关要求办文。研究2011年从化市重点项目计划，会议决定：原则同意2011年从化市重点项目计划；由市发改局根据会议精神，把国际贸易城、新材料、五指山项目列入计划并重新排好次序、调整完善后按相关要求办文。

5月11日会议：市长郭清和在市政府四楼

会议室主持会议，研究从化特勤消防站人员经费有关问题，会议决定：同意按市财政安排消防大队经费标准安排合同制消防员经费（即人均4.5万元／人／年），招聘20名合同制消防人员；同意由市财政增拨市公安消防大队2011年合同制消防员经费52.5万元（4.5万元／12个月×7个月×20人），包干使用；关于市公安消防大队要求增加多5名合同制消防员的问题，下半年根据实际情况另行研究。研究《从化市电影服务中心转企改制工作实施方案》，会议决定：鉴于广州市事业单位转制改革工作尚未全面铺开，未出台具体的政策和依据，目前从化市电影服务中心经营运作又比较正常，请市电影服务中心继续保持正常经营运作，并做好职工的思想工作，保持稳定；请市文广新局牵头，会同市发改、财政部门对从化市电影服务中心改制问题深入研究，对原有方案进一步细化，制定一个具体可行的方案报市政府审定。研究从化市实施《珠江三角洲地区改革发展规划纲要（2008—2020）》实现“四年大发展（2008—2012）”工作方案，会议决定：原则同意该《方案》；结合从化的实际情况和广州市下达从化市“四年大发展”的主要指标，补充经济社会发展、“双到”扶贫以及能落实土地的有关项目，并进行整理归类；由市发改局根据与会人员提出的意见和建议，对该《方案》认真梳理、准确分类，进一步修改完善后报市委常委会议研究。研究2011年市政府重点工作责任分工，会议决定：原则同意市府办草拟的《责任分工》；补充调整以下内容：国道105良口—吕田升级改造工程；大力推进全民社保工程暨新农保全覆盖工作；将第43项“推进农村危破房改造”、第44项“推进五保安居工程建设，完成60个五保村建设”和第45项“推进农村道路‘亮化’工程；建设农村路灯8000盏，实现40%的农村道路亮化”调整到第三大点“以山区扶贫开发为重点，大力统筹城乡一体化发展”内容中；由市府办根据与会人员提出的意见和建议，对《责任分工》进行补充修改，与“双到”扶贫、四年大发展、广州下达的各项任务以及从化市确定的重点项目结合起来，进一步完善后报市政府颁布实施；市府办要做好市政府重点工作的跟踪督办，尤其是做好上半年和第三、四季度工作推进情况、存在问题和解决办法、措施的跟踪督办。研究从化市《基准房价体系》，会议决定：同意由市国土房管局组织制定的《基准房价体系》；市国土房管局与市物价局联合发文，从2011年6月1日起实施。研究给予处理旧厂房改造为商品住宅用地纳入政府储备的有关问题，鉴于部门意见不一致，请市“三旧”办牵头会同相关单位重新研究提出意见，提交市政府研究。研究关于进一步修改完善“三旧”改造相关政策的有关问题，鉴于部门意见不一致，请市“三旧”办牵头会同相关单位重新研究提出意见，提交市政府研究。研究关于我市道路交通建设项目投融资建设模式，会议决定：由市财政局根据与会人员提出的意见和建议，对从化市道路建设项目投融资建设模式进行修改，重点要明确从化市交通道路建设采用提供土地质押担保模式进行融资建设，质押或抵押的土地，在进行招拍挂或者出让的时候，不能设置任何排他性条件；由市法制办对市财政局提出的投融资具体做法进行审核把关；由市财政局将修改完善后的交通建设项目投融资建设模式报市委办公会议研究。

5月19日会议：市长郭清和在市政府四楼会议室主持会议，研究市林业局请示核销无法收回货币性资产损失的问题，会议决定：同意核销因转制等历史原因造成无法收回的林业发展有限公司等单位欠款和房改房建房款共212.33万元；请市林业局会同市财政局、审计局按照有关规定和程序办理核销手续。研究《关于组建从化市政务服务中心的工作方案》和《从化市政务服务中心新办公楼选址的意见》，会议决定：同意采用2个牌子、1套人马形式，在市投资服务中心基础上，组建从化市政务服务管理办公室，加挂市投资企业服务中心牌子。由市投资服务中心再细化方案，专题报市编委会审定；原则同意市政务服务中心大楼建设选址位于迎宾大道西北面地段约40亩（城郊街高步村，方案一）或位于河滨北路城郊街东风村地段约42.1亩（城北酒店以南与新法院办公楼的中间位置，方案三）的选址意见，具体由市投资服务中心完善两个方案后报市委办公会议研究审定；拟组建的市政务服务管理办公室（市投资企业服务中心）今后归并管理问题，由市投资服务中心细化方案，专题报市政府研究决定。研究原江埔粮食管理所土地建设公共租赁住房项目实施方案的问题，会议议定：同意选址位于江埔街原江埔粮食管理所9亩土地用于公共租赁住房建设，所需用地由市国土房管局按照规定办理划拨手续；建设资金由市住房保障办拟定测算方案，报市政府常务会议研究后再报市人大常委会审定；目前农民占用土地种植的苗木，同意按2万元/亩的标准予以青苗补偿，请江埔街道办认真做好群众思想工作。研究雅居乐项目沙贝坑改造方案，会议议定：由市水务局将雅居乐项目沙贝坑改造问题专题请示广州市水务局，如广州市水务局无明确答复，由市水务局组织专家进行论证，听取专家意见；相关改造资金由雅居乐地产公司自筹解决；关于沙贝村片区排水问题，由市水务局拟定综合整治方案报市政府研究。研究协调解决华南国际新材料产业项目配套资金问题，会议议定：原则同意由市财政安排6亿元资金配套华南新材料产业项目建设；其中广州市支持3亿元资金，本级市财政支持3亿元资金（产业扶持无偿支持0.8亿元，借款2.2亿元）；广州市支持资金由市财政局按照广州市有关会议精神跟踪落实；由市振兴办、经贸局会同市财政局、发改局、国土房管局，根据会议精神完善资金配套投入方式和税收分成方案等内容，专题报市委办公会议研究审定。

5月27日会议：市长郭清和在市政府四楼会议室主持会议，研究关于开展从化市“全民卫生行动月”专项整治行动工作方案，会议决定：原则同意市城管局草拟的《工作方案》；关于对《工作方案》的修改意见：专项整治活动的名称调整为“城乡清洁工程全民行动月”，目的是以行动月活动来推动城乡清洁工程的持续开展，完善相关的制度和措施，建立长效机制，进一步深化城乡清洁工程以及巩固迎亚运环境整治工程取得的成效，提高城市文明程度；行动月时间为5月下旬到6月底；成立专项整治行动领导小组，组长由市委副书记、市长郭清和同志担任，常务副组长由市委常委、宣传部长王建红同志担任，副组长由市长助理李保民同志，市政府党组成员、办公室主任刘敏同志，市政府党组成员邹少宁同志担任；各镇街、园区要成立相应的领导机构；要严格按照“属地管理、地段包干、门前三包”的原则做好相关工作；每一项整治内容都要明确相应的牵头单位和配合单位，并用表格形式列明工作分工等内容。国道、省道、县道等由市交通局负责，墟镇和村道等由属地镇街负责，车辆停放的整治等由市交警大队负责等；关于酒楼以及饮食店档油烟的排放问题，要纳入整治内容；要完善配备垃圾收集设备以及相关提示牌，做好主要道路、村前村后、墟镇、景区景点以及农家乐等重点地段的卫生保洁工作；关于户外广告整治和肉菜市场的分区规划问题，请相关部门进一步探索研究有效的工作机制；行动月整治步骤分为四个阶段：准备阶段，包括制定方案、动员以及暗访，由领导小组办公室在全市开展一次整治行动暗访，摸查相关情况，查找存在问题，制定工作方案并筹备召开动员大会；集中行动阶段，主要是确定行动日针对存在的问题统一开展集中整治；期间，要安排一天全市统一清洁卫生行动，要安排一周2—3次的统一灭蚊行动（之后每周一次，达到集中清理卫生死角，集中灭除蚊虫鼠害的目的）；排查巩固阶段；点评总结阶段，要加强对整治情况的考核检查，并进行通报。由市城管局牵头进一步研究制定相关考核检查办法以及对城乡清洁卫生常态化管理的具体工作措施，深入有效推进城乡清洁工程；宣传部门要加大宣传力度，通过电视、报纸、电台等形式对各职能部门的整治行动进行专题跟踪报道，对工作推进好的部门进行表扬，对工作推进不力的予以曝光；请市城管局会同市府办、创建办根据与会人员提出的意见和建议，对《工作方案》进行修改完善后印发实施，适时向市委常委会报告相关情况。研究《从化市水土保持管理规定（送审稿）》、《从化市开发建设项目水土保持方案编报规定（送审稿）》和《从化市水土保持补偿费征收和使用管理规定（送审稿）》，会议决定：原则同意市水务局草拟的三份《规定》；请市水务局会同市法制办根据上级相关法律法规文件的要求，结合我市的实际情况，对三份《规定》进一步审核修改，并按相关程序发文实施。研究《关于加快科技进步和自主创新，促进经济社会发展的意见》，会议决定：原则同意市科信局草拟的该《意见》；关于《意见》第五大点第（二）小点中，关于财政对科技投入增长幅度的表述，以及从今年起全市本级科学技术支出占当年本级财政一般预算支出的比例，由市科信局与市财政局进一步衔接确定；由市科信局对《意见》进行修改完善后报市委常委会议审议。研究关于将市政府招待所收回管理的有关问题，会议决定：同意在承包期满后（至2012年9月30日期满）将市政府招待所收回管理；收回之前要研究细化收回管理后的改造方案，从兼顾会议、接待等功能出发，把机关饭堂纳入改造一并考虑；由市机关事务局进一步做好两个方案：方案一为由市机关事务局对市政府招待所进行改造和管理，方案二为通过向社会公开招投标方式，由新承包人对市政府招待所进行改造和管理；关于新建市委市政府多功能会议中心以及对机关大院7号楼的改造问题，请市机关事务局尽快研究制定出相关方案，与市政府招待所收回管理的相关方案一并提交市委常委会议研究。研究《从化市一期污水治理和河涌综合整治考核奖励办法》，会议决定：原则同意由市城乡建设局制定的《奖励办法》；由市城乡建设局按照广州市的要求和做法，借鉴周边地区的做法，对奖励对象和奖金额度进一步研究，结合与会人员提出的意见和建议，对《奖励办法》修改完善后，报市委常委会议研究；由城乡建设局抓紧筹备奖励表彰大会，大会内容主要是总结一期治水工作情况，部署下一阶段工作；表彰大会可与“城乡清洁工程全民行动月”动员大会合并召开，由市府办协调市城管局、城乡建设局抓紧做好会议的相关筹备工作。

6月2日会议：市长郭清和在市政府四楼会议室主持会议，研究《从化市廉租住房保障工作实施方案》，会议决定：由市住房保障办根据与会人员提出的意见和建议，对《方案》进一步修改完善，由王建新常务副市长审核把关后提交市政府研究。研究从化市南部片区与西部片区供水资源整合工程资金的有关问题，会议决定：原则同意在银行融资贷款未到位前，由市财政暂付明珠工业园至鳌头镇龙潭墟输水主管网工程及南部片区太平开发区水厂与太平镇太祥水厂输水管网并网工程的前期工作经费4486.8万元（包括工程设计、勘察、施工图预算编制、土地征购及迁移补偿费、占用公路补偿费等），按财政资金管理有关规定办理；关于组建从化市水务集团问题，由王建新副市长会同市发改局、城乡建设局和财政局进一步研究，结合供水资源整合以及治水等工作一并考虑，借鉴广州市和周边地区的先进做法和经验，形成一套切实可行、科学有效的方案报市政府研究；关于供水和治水规划问题，由王建新副市长会同市财政局、城乡建设局等部门进一步研究，抓紧做好供水规划和治水规划，并根据当前的财力状况以及工作的轻重缓急，就目前供水和治水工作中迫切需要解决的问题进行研究，制定出具体方案报市政府审定。研究项目引荐奖励的有关事宜，会议决定：同意对符合条件的11名申请人按照《关于鼓励投资的优惠政策》（从府〔2007〕29号）的规定给予项目引荐奖励，奖励金额共计154484元；关于今后是否继续执行该奖励政策问题，请市投资服务中心进一步研究，提出意见报市政府审定；请市投资服务中心会同市经贸局对全市企业纳税以及享受优惠政策的情况进行梳理，确保企业在享受优惠政策的前提下足额纳税。研究华南国际新材料产业基地项目第一期合作合同有关事项，会议决定：原则同意华南国际新材料产业基地项目第一期合作合同的有关条款；合同有关条款要严格按照依法依规的原则确定，合同中未明确的具体事项要在按照相关政策、依法依规的前提下以签订补充协议的形式进行确定；各分管领导以及相关部门要继续把好关，在依法依规的前提下想方设法减少风险，努力解决对方提出的问题，积极争取广州市有关领导和部门的大力支持，确保工作的规范有效推进；因一期合作合同涉及的有关事项属特别重大事项，在签署合同之前，抓紧于6月3日上午提交市委和市人大常委会相关会议审议。

6月9日会议：市长郭清和在市政府四楼会议室主持会议，研究从化市“三旧”改造工作的有关情况，会议决定：由市国土房管局和“三旧”办进一步研究完善“三旧”改造的有关政策；“三旧”改造要有相应的规划，要严格按照规划实施；市规划局要尽快做好控制性详细规划；企业申请“三旧”改造时手续要齐全，各有关职能部门要严把审批环节，“三旧”办要严格审核，完善相关手续和审批制度；由市府办会同市“三旧”办、国土房管局等部门认真对照该《视察报告》中提出的存在问题和工作建议，深入研究和分析，提出贯彻落实意见经市政府审核后报市人大常委会；关于拟由我市部分企业实施的四个“三旧”改造的项目，视与市人大有关部门沟通情况及市政府相关职能部门的书面回复意见而定。

6月22日会议：市长郭清和在市政府四楼会议室主持会议，研究减免从化市农村扶贫开发建设项目有关费用的问题，会议决定：同意减免从化市农村扶贫开发建设项目有关收费，具体为：土地测量费、残疾人就业保障金分别按标准50%收取；房屋登记费、城市基础设施配套费、村镇基础设施配套费、城市道路临时占用费、建设工程交易服务费、排污费和环境监测服务费全免；人防易地建设费按穗民防〔2011〕136号文标准收取；防雷检测收费项目：防雷施工图技术审查费全免，防雷检测费用按标准50%收取；以上相关优惠政策仅对扶贫开发建设项目适用；关于从化市相关规费收取的问题，请市法制办牵头会同相关部门成立工作机构，对全市规费进行一次清理，查找问题并落实整改；请梁锦华副市长负责落实此项工作。研究《关于加强进城务工就业农民子女义务教育工作的意见》，会议决定：关于农民工子女入学接受义务教育的问题，请市教育局参照广州市的做法，重新修改后报市政府审定；请市人社局牵头会同有关部门，参照广州市的做法，研究制定优秀外来工的评选办法以及相关的优惠政策，报市政府审定。研究《关于从化市上城湾畔幼儿园（暂定名）承办权公开招标的方案》，会议决定：原则同意市教育局提出的《关于从化市上城湾畔幼儿园（暂定名）承办权公开招标的方案》（下简称该《方案》）；关于该《方案》的修改意见：上城湾畔幼儿园承办权公开招标范围由原来广州地区扩大为全国范围内；第二大点“竞投者的资格条件”中应明确竞投者必须有办学经验才能参与竞投；适当提高注册资金标准，设定办园保证金；第三大点“竞投者须提交的资料”中增加第二小点，内容为：竞投者须提交申请报告，内容要包括办学资历、办园经验、办园特色、学生入园需求、消费调查、员工安排以及营运可行性分析等内容；资金证明文件应适当提高资金标准；第五大点“承办者的责任”中第一小点修改为“幼儿园的园舍场地和财产不得转让或者用于担保或转包”；由市教育局根据与会人员提出的意见和建议，对该《方案》进一步修改完善后按程序报市政府审定后实施；此项工作由温洁夫副市长审核把关。研究落实收回赤草医院土地的有关问题，会议决定：同意由市土地储备开发中心以29.34万元/亩有偿收回赤草医院472.41亩土地，并纳入政府储备用地；请市国土房管局、财政局、卫生局以及市土地储备开发中心等部门按相关程序抓紧实施。研究对从化市市政及交通道路建设项目实施BT融资模式的有关问题，会议决定：原则同意市财政局提出的市政及交通道路建设项目实施融投资新模式；实施BT融资模式要选择大型、有实力的国有企业；将凤凰大道新建项目和迎宾大道东延段（国道G105线至省道S355省道路段）等2个工程建设项目采用BT融资模式实施建设；请市财政局会同市交通局、城乡建设局在对凤凰大道新建项目和迎宾大道东延段（国道G105线至省道S355省道路段）2个项目实施BT融资的过程中将项目的投资建设与转让回购合同再专题报市政府审定；城街花卉大桥项目建设所需资金通过争取上级交通部门支持解决，不足部分由市财政安排解决。研究关于向广州市政府申请缴纳从化市资助社会申办退休人员医保过渡金的有关问题，会议决定：同意按2004年从化市社会平均工资1369元/月为缴费基数，为从化市4285名退休人员一次性缴交尚未缴清的医保过渡金共计3986.24万元，其中：从2011年财政预算资金及以前年度结余中安排2310万元，不足部分先由市财政暂付，列入以后年度财政预算解决；由市府办抓紧按相关程序行文报广州市政府。研究从化市旺城开发区地段地块申请提高容积率的有关问题，会议决定：同意将位于城郊街旺城开发区北区广州市从化青云房地产开发有限公司地块的容积率增加到2.5；由市规划局将该地块规划调整方案进行公示，公示期满且无异议后，方可按照城市规划有关规范标准审批该方案；规划调整后增加计算容积率部分建筑面积，由广州市从化青云房地产开发有限公司按政策规定补交土地出让金；由市国土房管局与广州市从化青云房地产开发有限公司签订补充协议，明确该地块规划方案调整后，该公司必须书面承诺不再追究相关违约责任，且不得再延迟开工；请国土、规划等有关部门对城郊街旺城开发区地段地块申请提高容积率的问题按相关规定跟做好跟踪落实；市国土部门要加大对闲置地的清查处理力度。传达广州市市长万庆良在第三次国土资源工作联席会议的讲话精神，会议决定：请市国土房管局根据广州市2011年第三次国土资源工作联席会议精神，提出具体的贯彻落实意见报市政府审定；关于“6·25”土地日宣传活动，请国土房管局加大宣传力度，按照上级要求做好相关工作；关于从都国际会议中心的问题，请市国土房管局加强和广州市国土部门的沟通协调力度，继续跟进做好相关工作；市国土房管局要加强土地的执法检查力度，发现问题要及时整改。关于近期的相关工作，广州市拟于7月15日召开市委全会，出台社区和农村社会管理服务的相关政策，从化市也将相应召开全会做好贯彻落实；请市政府分管领导和有关部门做好相关准备工作。

6月30日会议：市长郭清和在市政府四楼会议室主持会议，研究《从化市农村生活污水治理设施运行维护管理方案》，会议决定：原则同意由市城乡建设局草拟的《从化市农村生活污水治理设施运行维护管理方案》；由市城乡建设局完善以下内容报市政府审定后实施：明确责任主体为各镇（街），监管部门为市城乡建设局；管理费用由市与镇（街、园区）按8:2比例分担；市级管理资金按季度核拨，其中三分之一管理资金纳入奖惩机制，以“以奖代拨”形式核拨；鉴于农村污水处理设施维护工作是长期的工作，管理机制应以办法形式印发；请市城乡建设局衔接市法制办按程序完善备案手续。研究增加“茶仔岭”国有已收回土地作为农民安置小区用地问题，会议决定：同意将位于明珠工业园区规划范围内原民乐公司土名“茶仔岭”地段约134亩的国有用地用于农民安置区建设；请市明珠工业园区管委会衔接市规划局、国土房管局完善用地手续。研究明珠工业园区2011年开发建设资金运营计划，会议决定：同意按照市财政局的意见调整市明珠工业园区2011年建设资金运营计划，请市明珠工业园区管委会进一步完善计划后报市政府审定；请市明珠工业园区管委会加快推进“街人”线道路征地工作，尽快提供施工走廊；明珠工业园区污水处理厂的扩容建设（二期）和工艺改造升级项目暂不在计划内安排资金，经研究论证后有需要再专题报市政府研究；请市明珠工业园区管委会根据市场发展需要研究制定新的融资方案，专题报市政府研究。研究经济技术开发区2011年建设资金运营计划，会议决定：同意按市财政局意见调整市经济开发区高技术产业园管委会2011年建设资金运营计划，请市经济开发区高技术产业园管委会进一步完善计划后报市政府审定；园区一期城市配套设施改造项目在不影响生产情况下，暂不在计划内安排资金；请市经济开发区高技术产业园管委会加快园区二期征地收尾工作。

7月22日会议：市长郭清和在市政府四楼会议室主持会议，研究审定《中共从化市委　从化市人民政府关于加快残疾人事业发展的决定（送审稿）》、《从化市加快残疾人事业发展“五个一”工程建设方案（送审稿）》、《从化市扶助残疾人实施办法（送审稿）》，会议决定：原则同意《中共从化市委　从化市人民政府关于加快残疾人事业发展的决定（送审稿）》、《从化市加快残疾人事业发展“五个一”工程建设方案（送审稿）》、《从化市扶助残疾人实施办法（送审稿）》；请市残联根据会议精神进一步完善后，报市委办公会议审定。研究《华南国际新材料产业基地项目第一期合作合同补充协议》有关问题，会议决定：原则同意《华南国际新材料产业基地项目第一期合作合同补充协议》；请市振兴办衔接市府办，按照会议精神修改完善后，按重大事项报告要求，尽快报市人大常委会审议；市法制办和相关部门要把好文字关、政策关。研究《从化市凤凰大道工程 BT 项目投资建设与转让回扣协议书》有关问题，会议决定：原则同意《从化市凤凰大道工程 BT 项目投资建设与转让回扣协议书》；请市财政局根据会议精神完善后尽快报市人大常委会审议。研究市政府《关于重大事项提请市人大常委会审议和意见办理工作机制》，会议决定：由市府办重新征求各镇街（园区）、各部门意见，并在修改完善后再报市政府研究。部署广州市贯彻落实《珠江三角洲地区改革发展规划纲要（2008—2020 年）》、加快推动产业转型升级现场考评会有关工作，会议强调，做好广州市现场考评会有关工作意义重大，要加强领导，在市委市政府成立的筹备小组统筹下，迅速组织精干力量，按照市委市政府分工，按照广州市时间节点要求，全力做好资料的准备工作；此项工作由梁锦华副市长、方纪章副市长负责。

8 月 4 日会议：市长郭清和在市政府四楼会议室主持会议，研究处置流溪香雪公司在违法占用土地上建成酒店设施的有关问题，会议决定：同意市财政局的意见，请市财政局按照相关规定和要求办理；请市国土房管局跟踪做好用地报批工作。研究解除与海谊公司签订合同有关问题，会议决定：由市法制办继续研究合同履行情况，抓住重点，有理有据和该公司进行协商。如协商不成可按规定单方终止合同，同时做好依法起诉解除合同的各项准备工作；鉴于与海谊公司合作期间没有实质性的财物可查封，广裕祠和钱岗古村的综合利用开发可按计划重新物色有实力公司进行。研究加强行政审批服务效能建设有关问题，会议决定：原则同意市投资服务中心草拟的《关于加强行政审批服务效能建设的意见》；请市投资服务中心根据会议精神进一步研究制订实施方案，尽快报市政府审定实施。研究《从化市农村保障房建设试点工作方案》有关问题，会议决定：原则同意市国土房管局草拟的《从化市农村保障房建设试点工作方案》，由市国土房管局根据会议精神完善后，按要求尽快上报广州市国土房管局；请市国土房管局根据我市实际，制定农村保障房准入、退出机制以及管理措施等相应配套管理制度报市政府研究。研究从化市两家粉磨企业有关问题，会议决定：同意按照原决定事项落实解决广州市强盛粉磨水泥厂有限公司和广州市粤海水泥粉磨有限公司两家粉磨企业的有关问题；原则同意按照搬迁合同条款，由市国土房管局以置换用地指标的形式，解决广州市强盛粉磨水泥厂有限公司搬迁用地问题；具体由市经贸局衔接该公司签订维持原合同搬迁条件的保证书后，由市国土房管局办理供地手续；请市环保局积极与省、广州市环保部门沟通，尽量配合两家粉磨企业办理环评工作。研究成立从化市城市规划委员会及其办公室有关问题，会议决定：原则同意成立从化市城乡规划委员会及其办公室，由市规划局根据会议精神完善后，专题报市编办审定实施；由市规划局进一步完善该委员会章程。研究审定从化旅游精品线路有关问题，会议决定：由市旅游局将拟定的旅游精品线路推介给各旅行社试运行，再根据市场运作效果进行完善调整，并最终形成具有从化特色、市场支撑的精品线路。研究审定《从化市人民政府会议及公务活动运作办法》，会议决定：由市府办根据会议精神进一步修改完善后报市政府审定实施。

8月17日会议：市长郭清和在市政府四楼会议室主持会议，研究珠江生命健康城项目及养生谷商务会议区项目土地利用总体规划调整有关问题，会议同意对珠江生命健康城和温泉养生谷两个省重点项目的土地利用总体规划作出调整。研究统筹全市义务兵优待金有关问题，会议决定：同意市民政局提出统筹全市义务兵优待金发放标准的意见；年度农村和城镇义务兵优待金的标准，按上年全市人均收入平均水平由市财政局核定；义务兵优待金由市与镇（街）按7:3比例分担；发放时间和方式由市民政局统一安排。研究从化市2009年以来规模以上企业关、停、搬的有关问题，会议决定：请市投资服务中心对现有企业进行排查，梳理享受优惠政策企业情况，提出企业具体优惠方案报市政府研究；企业关、停、并、转涉及“三旧”（旧城镇、旧厂房、旧村庄）改造，各镇（街）要高度重视，积极配合市城乡更新改造办做好“三旧”改造工作，想方设法破解用地难题，确保新项目如期落户。调整从化市2012年城乡居民医疗保险筹资方案和有关待遇标准有关问题，会议决定：原则同意从化市城乡居民医疗保险筹资标准提高至280元/人/年（方案一），请市人力资源和社会保障局做好实施方案报市政府审定实施；同意在鳌头镇和城郊街开展城乡居民医疗保险村级卫生站实时结算试点工作，请市人力资源和社会保障局认真组织实施，市卫生局予以积极配合。研究审定《从化市房地产发展规划（2011—2015）》，会议决定：由市规划局牵头，会同市国土房管局在“十二五”规划基础上，进一步研究细化，结合从化市产业布局和城市发展规划需要，制定具有指导性和约束意义的全市房地产发展专项规划，于2011年8月25日前报市政府研究。研究解决良口镇胜塘村灾后重建第二、三期建设资金有关问题，会议决定：同意将良口镇胜塘村安置房建设项目纳入保障房建设范畴尽快启动建设，所需资金由市财政从保障住房建设专项资金中列支；请市城乡建设局继续争取广州市财政支持，市府办尽快草拟有关工作报告给张广宁书记和广州市政府；结合城乡建设用地增减挂钩改革，将胜塘村原址约200亩的建设土地规模和指标调整到急需的建设项目上，由良口镇政府主动衔接市国土房管局落实。研究从化市2011年帮扶企业（项目）活动工作方案有关问题，会议决定：原则同意由市经贸局草拟的《从化市2011年帮扶企业（项目）活动工作方案》，请市经贸局根据会议精神进一步细化完善后报市政府审定实施。研究开展质量强市工作有关问题，会议决定：原则同意市质量技术监督局草拟的《关于开展质量强市工作的意见》，请市质量技术监督局根据会议精神进一步完善后报市政府审定实施；具体目标任务内容在成立相关工作机构后，由有关责任部门进一步调整完善。研究2009年度财政决算审计整改有关问题，会议决定：原则同意市财政局关于《从化市人民政府2009年度财政决算审计报告》整改的意见，请市财政局按照有关规定和程序尽快报告广州市相关部门；请市财政局及早部署下年度财政预算工作。研究审定《市政府重大事项提请人大常委会审议和意见办理工作机制》，会议决定：原则同意市府办草拟的《市政府重大事项提请人大常委会审议和意见办理工作机制》，请市府办按照程序征求市人大常委会意见后报市政府审定实施。

9月14日会议：市长郭清和在市政府四楼会议室主持会议，研究审定《从化市教育均衡发展实施方案》，会议决定：原则同意市教育局草拟的《从化市教育均衡发展实施方案》，请市教育局根据会议精神进一步完善后报市政府审定实施。研究审定《从化市实施“三大重大突破”的工作意见（送审稿）》，会议决定：请蔡澍常务副市长牵头，会同梁锦华、方纪章副市长和市政府党组成员谢焕扬、邓宇恒同志，召集市发改局等部门进一步研究，根据从化市实际和会议精神修改完善方案，于9月17日前再报市政府研究。研究从化市基层医疗卫生机构综合改革实施方案，会议决定：原则同意市发改局草拟的《从化市基层医疗卫生机构综合改革实施方案》，请市发改局会同市卫生局根据会议精神完善后，按程序报卢凤萍副市长审定。研究解决莲塘村留用地问题，会议决定：原则同意太平镇莲塘村留用地的解决方案，要力争不留尾巴，请太平镇按照会议精神协调连塘村落实好余下留用地指标的处理办法，待市落实农村集体留用地历史问题政策出台后一并实施；同意成立市落实农村集体留用地工作领导小组，由市国土房管局草拟方案，尽快报市政府研究审定；各镇街在调查摸底工作中要注意方式方法，做好群众工作，确保社会稳定；请蔡澍常务副市长牵头，召集国土、规划等职能部门，研究制定全市落实农村集体留用地历史遗留问题政策，报市政府审定。

9月30日会议：市长郭清和在市政府四楼会议室主持会议，研究规范投资项目有关文本问题，会议决定：由市投资服务中心修改完善《从化市投资指南》，对投资项目的准入门槛、投资规模和强度、用地规模和价格、利税预期、环保要求和优惠政策等进行约定；由市经贸局会同有关部门进一步修改完善有关项目合作协议（意向）、合同等范本；请市国土房管局进一步完善《土地出让合同》；请各有关单位修改完善后于10月底前报市政府专题研究审定。研究从化市技工学校有关问题，会议决定：从化技工学校的经费核拨按现行办法执行；另行选址建设用地问题请技工学校会同规划局进一步研究，提出方案报市政府审定；同意增加该校10个编制，用于引进高素质人才，充实师资队伍；请从化技工学校严格把关，用好编制；请卢凤萍副市长予以指导。研究审定《从化市政府性投资项目工程变更管理办法》和《从化市本级财政预算追加暂行管理办法》，会议决定：工程变更和预算追加管理要融入财政日常管理制度之中，请市财政局将上述2个管理办法合并为1个，按照会议精神尽快整合完善报市政府审定；请市财政局尽快布置下年度财政预算制定工作，并尽快拿出方案，争取在两会期间提交审议；具体由蔡澍常务副市长牵头，会同市委常委、宣传部部长梁锦华同志以及财政、法制等有关部门研究落实。研究审定《太平镇太祥自来水有限公司、从化市经济技术开发区自来水有限公司整合方案》，会议决定：原则同意市发改局制定的《太平镇太祥自来水有限公司、从化市经济技术开发区自来水有限公司整合方案》；请蔡澍常务副市长牵头，会同方纪章副市长和财政、发改、建设等部门，研究制定具体实施办法。研究授予罗马市长等三人为“从化市荣誉市民”称号问题，会议决定：同意授予美国纽约州罗马市长布朗和迈克林、梁树新等3人为“从化市荣誉市民”称号；请市侨外办按照程序报市委常委会和市人大审定批准。

10月21日会议：市长郭清和在市政府四楼会议室主持会议，研究审定《从化市供水专项规划（2010—2020）》，会议决定：原则同意由市城乡建设局草拟的《从化市供水专项规划（2010—2020）》，请市城乡建设局根据会议精神进一步完善后报市政府审定；请市城乡建设局尽快摸清目前全市供水企业现状，研究制定具体并购方案报市政府研究；请市财政局与市城乡建设局密切联系，通力合作，确保供水规划顺利实施和资金使用效果。研究审定《从化市学前教育三年（2011—2013）行动计划》，会议决定：请市教育局根据会议精神进一步研究，对《从化市学前教育三年（2011—2013）行动计划》进行修改完善后报市政府审定。研究2011年生态文明村建设资金安排问题，会议决定：原则同意由市生态文明村建设专责工作小组提出的2011年生态文明村建设资金安排计划；几项工作的具体实施：涉及沿线道路、村容村貌的整治，由蔡澍常务副市长牵头落实；乡村学校少年宫建设工作由卢凤萍副市长会同市教育局研究制订实施方案，组织实施；村村通有线广播建设工作由市委常委、宣传部部长梁锦华同志会同市广播电视台研究制订实施方案，组织实施；18个村篮球场的建设问题，请卢凤萍副市长会同市体育局做好各项验收收尾工作；生态文明村建设补助资金问题，由孙石康副市长牵头制定补助计划，明确补助标准，并组织实施。研究调整增加从化温泉项目安置区建设规模有关问题，会议决定：原则同意增加流溪温泉旅游度假区安置区的建设规模和资金的调剂使用；请蔡澍常务副市长牵头，会同市委常委、宣传部部长梁锦华同志，市政府党组成员谢焕扬同志协调广州市，进一步了解明确我市日后有关权益等问题。研究原国有企业中层以下退休干部发放生活补贴问题，会议决定：对原国有企业中层以下干部补贴的发放问题，按照“有政策按政策办，暂时没有政策的，等有政策再办”原则予以答复；由市人力资源和社会保障局对此类人员进行重新调查，摸清确切人数以及周边地区的解决措施等情况，专题报市政府研究；关于维稳问题，请刘岗副市长牵头认真做好群众的来信来访工作，要按照接访有关条例，严格规定5名以内代表参与诉求、协商。研究2012年从化市本级部门预算编制有关问题，会议决定：原则同意由市财政局草拟的2012年从化市本级部门预算编制工作的实施意见，请市财政局尽快组织实施；请市财政局严把预算审核关，认真做好预算编制的指导和汇总工作。研究审定《从化市建设工程交易中心交接方案》，会议决定：原则同意由市城乡建设局草拟的《从化市建设工程交易中心交接方案》；请市城乡建设局做好原工作人员的分流工作。

11月3日会议：市长郭清和在市政府四楼会议室主持会议，研究黄燮林、梁伟强所犯错误纪律处分问题，会议决定：同意市监察局提出对黄燮林、梁伟强所犯错误作出开除公职处分的意见，请市监察局按照有关规定和程序办理；请市监察局就梁伟强犯错误未能及时汇报和处分问题，约谈鳌头镇班子成员作出深刻反省，并以此为契机健全完善干部监察汇报通报制度。研究审定“三旧”改造项目审批程序问题，会议决定，原则同意由市城乡更新改造办草拟的《从化市“三旧”改造项目审批办法》，请市城乡更新改造办按照会议精神进一步完善，报市政府审定实施，具体由蔡澍常务副市长审核把关。研究审定《关于进一步鼓励和引导民间投资的实施意见》，会议决定，由市发改局根据方案内容，发放到各有关职能部门研究，征求鼓励和引导民间投资切实可行的具体措施和办法，再结合实际制定从化市鼓励和引导民间投资实施办法报市政府研究。研究关于解决从化轨道交通工程建设办公室经费问题，会议决定：同意核拨市轻轨交通工程建设办公室日常办公经费12万元；涉及相关大型工作，由市轻轨交通工程建设办公室提请市政府成立专项工作领导小组跟进，费用实行实报实销。研究从化温泉项目农保资金计缴问题，会议决定：原则同意由市流溪温泉度假区管委会提出的全面落实温泉项目被征地农民养老保险计缴方案二，即：按照每人5.58万元标准，核缴共1366名被征地农民养老保险费用；社保资金原则上专款专用，购买被征地农民养老保险具有强制性，要确保这部分被征地农民养老保险全覆盖；鉴于从化市社会保障制度已全面启动，针对个别对象已购买养老保险的实际，要根据个人情况和意愿，在核减应缴社保金额和签订个人自愿协议的基础上，可酌情考虑返还现金；具体实施方案由市人社局牵头，会同市流溪温泉旅游度假区管委会、良口镇政府研究制定，由良口镇政府配合组织实施。研究解决市供销社机关退休人员待遇有关问题，会议决定：原则同意市财政局对供销社机关退休人员处理意见，即：继续保持原有退休管理制度不变、发放渠道不变；市供销社80万元财政欠款暂时不用归还，由市财政局纳入明年财政定补；请市供销社参照周边做法，认真研究制定统筹根本解决的实施办法报市政府研究；切实做好信访维稳工作。研究横江公司拆迁安置区（首期）建设问题，会议决定：原则同意由市明珠工业园区管委会提出横江公司拆迁安置区的建设方案，请市明珠工业园区管委会根据会议精神进一步完善后报市政府审定实施；横江公司拆迁安置区建设标准要严格控制在每平方米2142元，户型在80—85平方米，要根据公租房有关设计要求，按照招拍挂有关程序选择优质企业建设，确保工程质量；市明珠工业园区管委会要做好群众工作，市国土、规划、建设等有关部门要积极协助项目建设的各项工作。

12月16日会议：市长郭清和在市政府四楼会议室主持会议，审议《市政府重点工作责任分工》，会议决定：原则上同意《市政府重点工作责任分工（讨论稿）》，请市府办根据会议精神进一步修改完善，按照程序印发实施。研究广东从化经济开发区发展规划（2011—2020）项目建议书有关问题，会议决定，请市规划局按照会议精神再行研究，确保规划的科学性和可操作性。研究购房入户政策有关问题，会议决定：原则同意有条件延缓购房入户政策2年，作为办证缓冲期；请市国土房管局牵头，会同其他有关部门加强监管，严格控制房价；请市发改局根据会议精神进一步修改完善，报蔡澍副市长审核后按程序报市委审定，同时以适当方式报广州相关部门后实施。研究增加市城监大队执法办案用房和业务用房建筑面积的问题，会议决定：鉴于涉及大桥规划建设问题，市城监大队执法办案用房和业务用房的建设暂缓，待规划敲定后再按高标准建设，争取一步到位。研究成立广州从化产权交易所有限公司有关问题，会议决定：原则同意按照广州市要求，规范国资与公共资源交易行为，成立广州从化产权交易所有限公司；请市财政局依法成立，并严格按照规范运作。研究解决市管水利工程管护经费问题，会议决定：鉴于市管水利工程管护工作面大、量多，原则同意由市财政增拨160万元给市水务局，作为水利管护工作经费；请市水务局严格按照审计有关规定，确保依法依规；市财政局要把好关；具体由蔡澍副市长审核把关。研究金光伏首期项目合作合同有关问题，会议决定：金光伏首期项目合作合同要继续与投资方洽谈、协商，请市振兴办根据会议精神进一步完善，并按照有关程序报市委、市人大常委会审定；鉴于该项目示范基地的选址（九里步果场）情况复杂、难度大、成本高，同时供地面积要求过大，请市振兴办按照30—50亩供地面积标准，与投资方进一步协商，另行选址；请市振兴办会同市财政局进一步细化资金监管协议，以确保政府资金安全无风险；在条件成熟的情况下，可抓紧推进该项目的生产基地建设。抓好办文质量，确保政府决策无偏差，会议要求，各单位、各部门今后向市政府的请示文件，内容要明确、表述要清楚，同时要广泛征求相关部门意见，达成共识，真正做到依法依规、有理有据，努力提高办文质量，促进政府办文流转迅速，提高工作效率。

【市长办公会议】 2011年，召开市长办公会议33次。

1月14日上午，市长梁建清在市政府三楼中会议室主持召开会议，专题研究解决从化大道隧道北出入口建设项目征收涉及江埔街联星村西华社土地的有关问题。会议听取江埔街道办、市拆迁办、市财政局、市国道105线和省道355线城区段升级改造工程指挥部等有关部门和单位，对西华社提出将该社约6.5亩的集体经济发展留用地与小海安置区4724.88平方米物业进行置换有关情况的汇报，与会人员就有关问题进行研究。会议议定如下事项：原则同意市国道105线和省道355线城区段升级改造工程指挥部和江埔街道办提出的以实物置换来补偿因从化大道建设需要占用西华社集体经济发展留用地的方案；由江埔街道办负责加快开展从化大道隧道北段建设涉及征用西华社13亩土地（以实际测量为准）的工作，征地补偿标准按从府〔2010〕51号文执行，村、社不再提其他条件，联星村和西华社必须在签订物业补偿协议时，承诺执行补偿标准和按时完成征地工作的条款；由市拆迁办协调小海安置区二期商铺的维修改造工程停止施工，并与工程中标单位协商解除合同涉及的经济问题，按照公平合理原则给予适当补偿；由联星村委负责做好小海安置区内其他安置户的安置工作，在小海片区市场整体改造期间，从2011年7月起，负责解决国道105线升级改造拆迁安置户的临迁、安置补偿等相关费用，并承担此后因物业补偿而产生的一切经济责任；由江埔街道办和市城管大队负责，加强查控联星村西华社、禾仓村姓钟围及从化大道规划范围内的违法建设，制订市体育公园对面违法建设的强拆方案，报市政府同意后组织实施。

1月17日上午，市长梁建清在市政府四楼会议室主持召开全市供水资源保障工作第2次例会，专题研究全市供水资源整合和保障工作相关问题。会议首先听取市城乡建设局和各镇（街）负责人关于供水资源整合工作的汇报，就相关问题进行讨论，对有关工作作出部署。会议议定如下事项：原则同意全市供水资源分南部片区（覆盖太平镇、市经济技术开发区）、中部片区（覆盖中心城区）、西部片区（覆盖整个鳌头镇）、北部片区（覆盖良口镇、温泉镇）、吕田片区进行整合，由市城乡建设局协调规划设计单位进一步论证，深化设计方案；市发改局负责提出全市供水企业和管理体制改革方案；要主动作为，深入研究，方案可“一镇一策、切合实际、因地制宜”，不强求“一刀切”，于3月15日前报市政府研究。关于中心片区供水资源整合保障问题，同意市自来水公司第三水厂扩容至20万吨/日，所需资金由该公司自筹解决；第三水厂要逐步将供水范围向西部片区和南部片区延伸，并将管网与北部片区的温泉镇接驳；市自来水公司要按照市场机制将管网延伸至江埔自来水厂供水范围进行供水；江埔街道办要协调公安部门给予保障，防止不法人员阻挠施工；卫生、建设、供水部门要加强对江埔自来水厂的监管，依法行政；如江埔自来水厂提出由市自来水公司收购该厂的要求，在收购价公平合理的原则下，市自来水公司可以酌情收购该厂，并整合利用该厂的供水管网等资源；由市自来水公司负责对旧城区和城中村的供水管网进行更新和维护，并根据“突出重点、分步实施、城区优先、覆盖全市”的原则，加快全市供水一户一表建设；各镇（街）负责无条件提供施工走廊；由市水务局牵头会同市卫生局、城乡建设局等有关职能部门和相关镇（街），以餐饮服务业为重点整治对象，开展整治非法开采地下水专项行动，对非法地下水取水点予以取缔，依法处理，必要时由媒体曝光。关于西部片区供水资源整合保障问题，关于明珠路口至象新村供水管网建设工程延伸至聚宝工业园、人和工业园、龙星工业园的问题，由王建新常务副市长负责协调市自来水公司、鳌头镇政府和市明珠工业园区管委会等有关部门和单位制定方案；管网建设工程所需资金由市财政解决，由鳌头镇负责征（租）地并提供施工走廊；市交通局负责指导对路面的开挖和恢复工作；该工作于12月底完成；由市发改局会同鳌头镇政府，就关闭民乐、棋杆、龙潭3个水厂涉及的债权债务处理、人员分流等相关问题，制定切实可行的方案，于3月15日前报市政府；同意保留茂墩水库取水点，并作为城区供水的备用水源之一。关于南部片区供水资源整合保障问题关于市自来水厂接管太祥自来水厂的问题，由市府办协调市发改局、城乡建设局和太平镇，在近期就市自来水厂接管太祥自来水厂有关事宜进行沟通协调，制定切实可行的方案，确保2月28日前落实接管事宜。太平镇政府要采取积极、稳妥的办法，按政策妥善做好人员安置分流工作；由市经济技术开发区管委会将持有的开发区自来水厂63%的国有股份划转给市自来水公司，由该公司按企业法有关规定参与开发区自来水厂的投资生产、经营、管理等各项活动。由市发改局会同城乡建设局、财政局、经济技术开发区管委会制订方案，于3月15日前报市政府；由市自来水公司负责制定接驳开发区水厂与太祥自来水厂管网的方案（含资金来源），于3月30日前报市政府；将沙溪水库作为南部片区供水备用水源，着手做好规划，进行可行性研究，待条件成熟时再开展相关建设工作。关于北部片区供水资源整合保障问题，良口自来水厂根据实际情况，逐步扩容，并逐步将管网与温泉、桃园接驳，构建良口、温泉、城区三大供水系统的链接，确保中心城区供水；由市城乡建设局负责协调规划设计单位在编制全市供水保障规划方案时，做好将良口自来水厂管网逐步覆盖良口镇其他村社的规划方案；由市水务局负责研究解决农村改水工程的水源保障问题，并明确水源水质管理的主体责任；市自来水公司第三水厂管网与浩泉自来水厂接驳；浩泉自来水厂的债务问题及接驳后的收益分成问题，由市发改局、城乡建设局、自来水公司会同温泉镇制订方案，于3月15日前报市政府；在方案出台前，有关部门要联合执法，加强监管，确保不发生饮用水安全事故。关于吕田片区供水资源整合保障问题，请吕田镇进一步研究，制定本镇供水资源整合保障方案，于2月28日前报市政府。

1月24日上午，市长梁建清在市政府三楼中会议室主持召开全市环境整治工作污水治理和河涌整治项目专题会议，研究部署从化市污水治理和河涌整治项目各项工作，会议听取市城乡建设局、鳌头镇、吕田镇等各相关单位关于全市环境整治工作第11次例会议定事项落实情况、从化市二期污水治理和河涌综合整治工作方案及农村污水治理工作等情况的汇报，就如何切实推进全市污水治理和河涌整治工作（以下简称治水工作）进行研究，对有关工作作出部署；会议议定事项如下：加快推进全市环境整治工作第11次例会议定事项，关于鳌头污水处理厂问题。由市国土房管局牵头负责，尽快收集和完善相关材料，在1月底完成鳌头污水处理厂的用地报批手续；由鳌头镇政府负责，在2月底前完成污水处理厂的征地工作；由市治水办负责，按照相关程序，做好勘探、设计等前期工作，确保鳌头污水处理厂如期完工；关于吕田镇污水处理厂问题，同意吕田镇政府扩征吕田污水处理厂地块4亩边角地，由该镇负责在2月底前完成污水处理厂的征地工作；由王建新副市长负责协调，市治水办牵头，会同吕田镇政府，结合吕田镇当前实际情况及发展预期，本着“实事求是、科学规划”的原则，对吕田污水处理厂首期设计、规模等进行论证，并将结果报市政府审定；请市治水办尽快协调市规划局、国土房管局、土地储备开发中心、吕田镇政府等部门，结合吕田镇实际完成征地情况，在春节前完成选址及征地红线放桩工作；市国土房管局要积极配合吕田污水处理厂的建设，尽快收集和完善相关材料，在2月底完成吕田污水处理厂的用地报批手续；青苔坑（城区段）改造工程由市水务局负责，结合生态护岸、休闲活动、景观、防洪排涝、交通功能及城市规划等方面要求，在3月底前提出包括河涌整治、堤路结合在内的较为全面的初步设计方案，报市政府审定；市规划局、城乡建设局要大力予以配合，城郊街道办要抓紧做好青苔坑两侧道路相应的征地拆迁工作，及时提供施工走廊；请市监察局做好上述各项工作的督察督办；抓紧完成从化市一期污水治理和河涌整治工程的收尾工作，良口镇要积极争取主动，抓紧实施剩余污水管网的铺设工作，务必于3月底前全面完工；由太平镇政府作为实施主体，负责太平污水处理厂尾水管的建设。太平镇政府要充分认识建设污水管网及污水处理厂工作的重要性，按照广州市、设计部门、环评部门的要求，加快落实尾水管的建设工作，于5月底前全面完工；尾水管建设过程中涉及的租地借地，按照有关规定和程序由太平镇政府负责；工程费用按从府办〔2009〕26号文规定由市、镇两级财政分担，镇级负责部分由经济技术开发区和太平镇按5:5比例分担；国省道升级改造指挥部要在2011年元宵节前完成由其负责的污水管网建设工作；由市治水办负责，梳理我市需与广州市水务投资集团协调解决的一期污水治理和河涌整治工程遗留问题，并协调联系广州市水务投资集团，在2011年春节前召开联席会议研究解决。完善从化市二期污水治理和河涌综合整治工作方案，由市治水办会同市财政局，在充分利用广州市对我市的各项扶持政策和资金的原则下，重新梳理从化市一期污水治理和河涌整治工作的资金使用情况；原则同意从化市二期治水工作任务时限设定为两年（2011—2012年），分2011年底、2012年6月底、2012年底三个阶段分步实施。计划在2013年至2015年完成的治水工作任务，可纳入从化市三期治水工作方案中逐步实施；由市治水办负责，在充分利用广州市对从化市的各项扶持政策和资金的原则下，修改从化市二期污水治理和河涌整治工作方案，并报市政府审定；制定从化市二期治水工作任务责任书，在一期治水工作总结表彰暨二期治水动员大会上下发；由市治水办负责，会同各镇（街）提出具体实施方案，报市政府常务会议讨论，并做好组织实施的指导工作；各镇（街）、有关单位要认真总结一期治水工程施工过程中的经验和教训，严格自检，切实做好各项农村污水治理工作，务必在4月底前按时完成广州市下达任务；由市监察局负责，做好农村污水治理工程专项督办工作，派专人跟进，根据任务进度时间表，对不能在时间节点完成任务的责任单位，进行通报批评；对不能在最后时限完成任务的责任单位，启动问责制。关于农村污水治理工作的相关问题，同意从化市农村污水治理设施维护养护经费按照人根据人口和设施数相结合的方式进行支付；补助标准由市治水办组织调研，并考虑设备维修等费用后，提出具体方案报市政府审定；在广州市给予从化市补助资金落实之前，农村污水治理设施维护养护经费由市、镇两级财政按5:5比例分担，市、街两级财政按照7:3比例分担。广州市补助的农村污水治理设施维护养护经费到位后，全额拨付给各镇（街）；由从化市财政统筹的用于设施日常维护费用部分，在广州市补助资金到位后，仍按照上述比例由市、镇（街）两级财政分担；从化市农村生活污水治理设施运行维护工作的责任主体为各属地镇政府（街道办事处），考核标准参照广州市考核标准；各镇（街）要高度重视农村污水治理工作，根据广州市考核情况，制定切实可行的整改方案，报市治水办审核后，抓紧组织实施，履行好属地管理的职责；各镇（街）凡在2011年春节前完成农村污水治理设备维护的，费用由市财政给予补助，春节后完成的，由镇（街）自行解决。关于从化市污水治理和河涌综合整治考核奖励办法，可考虑按如下初步意见修改补充：治水责任单位奖励名称参照亚运会评奖办法，为获金奖的责任单位颁发“从化市治水杰出贡献单位”金质奖牌，为相关人员颁发“从化市治水工作先进个人”金质纪念奖章；为获银奖的责任单位颁发“从化市治水突出贡献单位”银质奖牌，为相关人员颁发“从化市治水工作先进个人”银质纪念奖章；为获铜奖的责任单位颁发“从化市治水积极贡献单位”铜质奖牌，为相关人员颁发“从化市治水工作先进个人”铜质纪念奖章；责任单位考核的综合权重建议由投资权重（40%）、征地拆迁权重（40%）、农村生活污水治理任务权重（20%）构成；由市治水办负责根据会议意见，并参照广州市各区的奖励办法修改完善一期治水工作考核奖励办法；在征求各相关部门、镇（街）意见基础上进一步修改后，报市政府常务会议研究。

1月31日下午，市长梁建清在市政府4楼会议室主持召开市“三旧”改造工作领导小组会议，领导小组全体成员参加会议。会议听取市城乡更新改造办公室（以下简称市三旧办）关于广州三奇石矿有限公司旧厂房改造方案、广州意浓实业有限公司旧厂房改造方案的汇报，与会人员就有关问题进行研究，会议议定事项如下：会议原则同意市三旧办提出的《广州意浓实业有限公司旧厂房用地改造方案》，由市国土房管局收回广州意浓实业有限公司位于从化市温泉镇宣星村地段，总面积70385平方米（合105.57亩）土地的国有土地使用权，由市土地储备开发中心将上述70385平方米（合105.57亩）的工业用地纳入政府储备用地。由市土地储备开发中心对上述地块的收回进行补偿，综合补偿款为该地块的规划用途（商品住宅）出让成交价的60%，该补偿款包括70385平方米（合105.57亩）上的土地、青苗、地上构建物、企业搬迁、拆除等补偿费用，该补偿款所需缴纳的税费由广州意浓实业有限公司负责。广州意浓实业有限公司必须在70385平方米（合105.57亩）土地成功公开出让后2个月内完成厂房的搬迁、拆除或承诺放弃原生产设施、设备和建筑物。在该公司如期完成厂房搬迁或书面承诺确认放弃原生产设施、设备和建筑物，并移交给该地块公开出让的竞得者后，市土地储备开发中心按照“三旧”改造的有关政策规定追加补偿款给乙方。鉴于目前省、广州市“三旧”改造政策对于未纳入“三旧”标图建库范围但在同一国土证内的土地能否一并实施改造尚未明确，请市三旧办专门请示广州市“三旧”办，待上级有明确政策意见后，市“三旧”办根据上级意见与广州三奇石矿有限公司旧厂房用地使用权人协商后，拟出新的改造方案报市政府研究。

1月30日下午，市长梁建清在市政府三楼中会议室召开工作会议，研究原物资公司和城信社地块历史遗留问题、横江公司职工安置区建设问题，副市长王建新、方纪章，市政府党组成员谢焕扬，市府办、市法院、发改局、财政局、规划局、国土房管局、明珠工业园区管委会负责同志，以及天马公司、横江公司负责人分别按议题参加会议。关于原物资贸易公司地块处置问题，会议决定，对城信社申请法院查封的原物资公司23331平方米的国有建设用地（土地使用证号：从府国用（1993）字第01220300019号）进行处置；由市发改局负责，代替原城信社向市法院申请对该地委托有资质的中介机构进行公开拍卖或挂牌转让。由市发改局委托有资质机构对相关资产进行评估，以不低于评估价，附带该地块现租用合同的约定条件进行公开转让。该地块转让所得全部纳入市财政。关于原城信社地块处置问题，会议决定对原城信社位于江埔街禾仓村的32.44亩土地进行处置；由市国土房管局负责，核实该地块现状；如该地块已完成用地报批手续，则按政策和实际情况，对该地块进行土地确权；如该地块未完成用地报批手续，则由市国土房管局会同市发改局、江埔街道办，组织该地块用地报批资料，按政策完善用地报批手续，然后，按政策和实际情况，对该地块进行土地确权；再由该地块权属单位参照上述原物资贸易公司地块处置办法对该地块进行处置。关于横江公司职工安置区建设问题，同意参照国有工矿棚户区改造政策和房管拆迁安置的相关政策，在明珠工业园东区横江大道以北、街人线以东、机场用地以南的居住用地（具体选址和面积由市规划局负责核定），建设横江公司职工安置区；由明珠工业园区管委会会同横江公司，按照相关政策规定，确认安置对象，并进行公示；根据已核实对象情况，制订规划一次性改造安置方案；按照有关政策规定，采取“三个一点”的办法（即个人、企业、财政各出一点）解决横江公司职工安置区建设资金，市财政在保障性用房资金安排该安置区建设资金；由明珠工业园区管委会负责，在政策规定允许前提下，参照广州市国营民乐农工商联合公司职工安置标准和物价上涨因素，对该安置区建设资金中个人出资、企业出资、财政补助提出合理标准建议意见；同意按市规划局从规函〔2010〕1105号文意见，安排横江公司职工安置区的公建配套设施；由明珠工业园区管委会负责该安置区建设的组织实施工作。由明珠工业园区管委会根据会议精神，提出该安置区具体方案，对相关问题进行详细说明，报市委办公会议研究。

1月26日下午，市长梁建清在市政府三楼中会议室主持召开工作会议，研究温泉镇东埔、西埔道路及桥梁建设问题。副市长王建新，市发改局、规划局、财政局、国土房管局、水务局等单位负责同志参加会议。会议听取市规划局关于东埔、西埔道路及桥梁初步设计方案，就加快道路和桥梁建设进行研究。会议议定如下事项：连接东埔、西埔的桥梁位置选在规划的温泉东埔大道并与流溪河水流方向垂直；东埔大道东起温泉卫东小学南侧，向西下穿规划大广高速公路后穿越隧道到东埔南端流溪河东岸，全长1793米，行车道路面宽25米，其中隧道段长约410米，采用双洞形式，单洞规划设计路面宽度10.5米，单向双车道，隧道之间外墙间隔不少于5米为宜；温泉西埔方圆公司地块内流溪河西岸河堤路建设费用应协调并由方圆公司负责出资建设，规划建设方案须按水务部门和温泉镇规划建设的要求组织实施；连接东埔、西埔的桥梁长约156.5米，桥梁横断面宽25米，建设费用60%由市财政安排，其余40%应协调争取方圆公司负责出资；流溪河东岸东埔河段河堤路与温泉东埔大道建设费用由市财政安排，其中东埔大道建设由市交通局负责组织实施；由市规划局负责，完善相关规划方案报市委办公会研究。

2月15日上午，代市长郭清和召集市政府领导班子成员在市政府三楼中会议室召开会议，市委常委、组织部部长何镜清同志参加会议。会上，何镜清部长宣读市14届人大常委会第34次会议关于同意梁建清同志辞去从化市人民政府市长职务，任命郭清和同志为副市长、代市长的决议，代市长郭清和对近期工作提出要求并作出部署。会议议定以下事项：关于班子分工问题，市政府领导班子成员的分工暂时不变；要求各班子成员继续按照各自分工，各司其职，各负其责，抓紧推进相关工作，力争工作在原来基础上有新的起色；关于调研问题，要按照把握发展新机遇，以经济建设为重点，把从化生态资源优势转化为生态经济优势，坚持加快经济建设和加强环境保护“两手抓，两手都要硬”的工作思路，以及“摸实情、出实招、见实效”、轻车简从的原则，精心做好近期调研组织工作；由市府办拟定具体调研计划报市领导审定实施；会议要求，政府工作要倡导开短会、说短话、干实事、少说多干的工作作风，要坚持民主集中制，广泛听取班子成员等各方面的意见，共同研究谋划工作，齐心协力把从化建设好、发展好。

3月14日下午，市长郭清和在市政府三楼中会议室主持召开全市交通建设工作会议，专题研究全市主干道绿化景观综合整治工程有关问题。市领导李艳阳、胡少民、孙石康，市政府党组成员谢焕扬和市府办、交通局、林业局、财政局、发改局、规划局、国土房管局、城乡建设局及相关镇街负责人参加会议。会议首先听取各单位关于主干道绿化景观综合整治工程有关工作情况的汇报，并根据市委黄河鸿书记现场检查主干道绿化时有关指示精神，就相关问题进行讨论，对有关工作作出部署。

5月17日下午，市长郭清和在市政府四楼会议室主持召开市“三旧”改造工作领导小组2011年第3次会议，领导小组全体成员参加会议。会议研究玮思工业园等5宗旧厂房用地的改造方案，并就加快推进从化市“三旧”改造工作作出部署。会议原则同意《从化玮思工业园区旧厂房用地改造方案》和《广州真巧食品有限公司旧厂房用地改造方案》。鉴于改造条件不成熟，各职能部门意见不一致，暂不同意《广州市君涛房地产发展有限公司旧厂房用地改造方案》。

4月28日下午，在市政府四楼会议室召开市河滨游泳场升级改造规划评审会。市长郭清和、副市长温洁夫以及市府办、市财政局、市城乡建设局、市规划局、市水务局、市林业局、市环保局、市体育局等有关部门负责同志参加会议。会议听取市体育局关于市河滨游泳场升级改造情况介绍，广东名都设计有限公司介绍了泳场升级改造规划方案，与会人员就泳场升级改造规划方案提出意见。市长郭清和、温洁夫副市长分别作讲话。会议要求市体育局和各有关部门要高度重视，积极主动，相互配合，将市河滨游泳场升级改造工程作为从化市的一个亮点工程进行合理规划，加快推进市河滨游泳场升级改造工作。

5月26日下午，市长郭清和在市政府三楼中会议室主持召开和鸣路（西宁小学西侧道路）建设工作协调会，副市长王建新、市长助理李保民，市城乡建设局、规划局、国土房管局、财政局、拆迁办和街口街道办的有关领导参加会议。会议听取关于和鸣路征地拆迁的情况汇报，就加快推进和鸣路建设工作作出部署。会议议定事项如下：由街口街道办作为实施主体，负责和鸣路的征地拆迁安置工作，市拆迁办要积极予以配合。原则同意街口街道办提出的和鸣路征地拆迁安置方案，采取货币补偿的形式，属于国有用地上的房屋，按照市场评估价给予补偿（包括被拆迁户房屋租赁解约补偿的评估）；属于集体建设用地上的房屋，按照现行标准给予补偿，并视具体实际给予拆迁奖励。请街口街道办按照会议意见进一步修改完善方案，报市政府审定后实施。由市城乡建设局负责，结合和鸣路的征地拆迁安置工作进度，尽快启动和鸣路的建设工程。上述征地拆迁安置和建设工程资金由市财政局统筹安排，并预支部分征地拆迁补偿经费给街口街道办。和鸣路的征地拆迁安置费用和建设成本纳入四季花城片区的土地出让成本。

6月10日上午，市长郭清和在市政府四楼会议室主持召开铭粤汽配实业有限公司项目落地建设问题协调会议。会议决定如下事项：太平镇千方百计做好群众工作，于7月15日前完成该项目200亩用地的征地拆迁清坟任务；市高技术产业园管委会在项目征地后一个月内，即8月中旬前完成“三通一平”等项工程；市国土房管局加快该项目用地报批进度，能并联审批的并联审批，能同步进行的工作同步进行，有关用地资料6月23日前提交市用地会审核；市国土房管局根据报批规范要求，拟出各类项目用地报批最快捷程序方案报市政府研究。若可行，则定为以后加快项目用地报批的标准程序，切实提高行政效能；市财政局须尽快完成两个工业园区2011年资金运营计划的审核，以便园区加快开发建设进度；加快推进该项目报批建设工作由市经贸局王建中局长负责跟踪协调和督办。

6月10日上午，市长郭清和在市政府四楼会议室主持召开推进产业转型升级及城乡清洁工程工作会议，会议传达广州市市委常委、秘书长陈如桂同志视察明珠工业园指示精神，研究部署提升从化市规划标准、加快推进产业转型升级及城乡清洁工程、工业园区规划建设升级等工作。

6月14日下午，市长郭清和率市府办、经贸局、农业局、国土房管局、规划局、城乡建设局、明珠工业园区管委会、土地储备中心等部门有关负责同志到城郊街开展工作调研。首先视察美都化妆品产业基地，然后在城郊街二楼会议室召开调研座谈会，并对有关问题进行研究。会议议定事项如下：关于集体土地返还地问题，由市国土房管局做好全市未落实返还地的摸底统计工作，按照先急后缓、先易后难的办法安排落实返还地；今后，新上项目开展征地时要一并考虑安排返还地，避免出现新的问题；对于历史遗留的返还地问题可采用补偿返还地租金等办法逐步解决。关于明珠工业园集体土地返还地问题，由明珠工业园区管委会会同城郊街道办进一步沟通协调，核实、核准返还地选址、面积后报市国土房管局；原则同意在落实返还地之前，参照市经济技术开发区的做法，采取货币补偿的办法补偿返还地租金，以尽快解决被征地农民的生活问题。关于东风村一至七社返还地问题，由城郊街会同市规划局、国土房管局进行研究，制定方案后报市政府研究。关于新开村石合社返还地建房问题，由城郊街牵头，会同国土、规划等部门按照实际情况和有关规定，完善相关手续。关于城北新区东风、向阳、高步、北星等四条村返还地的临建问题，由城郊街会同市规划、国土等部门进行沟通协调，按有关规定制订方案报政府研究。同时，要通过“三旧”改造、土地指标增减挂钩等途径，真正解决好农民建房问题。关于美都化妆品基地污水处理问题，由城郊街道办会同明珠工业园区管委会、城乡建设局做好污水处理厂选址、设计方案报市政府研究，关于万花园改造升级问题，由城郊街负责牵头做好田心社农民房屋“穿衣戴帽”及入口道路的改造工作。关于人防大道接驳万花园主干道问题，由城郊街做好计划，争取利用人防资金进行建设；如果有建设用地指标按相关程序办理，或考虑按村道、机耕路或其他形式进行改造。关于在横江建设综合性服务中心问题，原则同意该项目列入扶贫“双到”项目，帮扶贫困村增加集体收入；具体由城郊街按程序做好规划设计等相关工作，明珠工业园区、横江公司积极配合城郊街做好征地工作。关于解决麻村片超重车辆损坏村道问题，由城郊街牵头，会同市交通局、交警大队、温泉镇等及时采取措施，妥善处理。

6月15日上午，市长郭清和率市府办、市财政局、经贸局、交通局、国土房管局、规划局、城乡建设局、旅游局、“三旧”办等部门主要负责同志到江埔街开展工作调研。现场视察江埔街海塱村市政道路、广州市外婆家生态旅游有限公司、江埔果场和市体育活动中心，然后在江埔街道办三楼会议室召开工作会议。会议议定事项如下：关于要求市政府加大扶贫双到财力支持的问题，由江埔街道办选好帮扶重点，以点带面，并结合“三旧”改造政策，积极发动有实力的企业参与扶贫工作。关于要求支持帮助、协调指导推进“三旧”改造问题，“三旧”改造工作政策性较强，要突出重点，将“三旧”改造政策落到实处；重点加快推进老城区的改造和旧村庄改造，按程序规范操作；由江埔街道办与市“三旧”办进一步研究，制定相关的工作方案抓好落实。关于江埔果场地块权属争议问题，按照依法依规、合情合理的原则，由江埔街道办考虑以适当方式给予补偿，协商解决。关于将江埔南部地区打造成农业观光旅游休闲区问题，由市旅游局牵头，会同市规划局、江埔街道办抓紧做好南部区域的旅游规划方案。关于加快河东社区基础设施建设问题，由江埔街道办针对河东片区基础设施建设存在的主要问题，选择主要的交通干道、重点社区等公共设施项目，制定相关实施方案报市城乡建设局研究。关于从化大道以北整改工程问题。由江埔街道办提出方案报市政府研究。关于将体育公园旁边土地留作广场用地，建成开放式公园问题，同意调整体育公园旁边土地的用途，用于建设群众广场，建成开放式公园，为市民提供一个活动场所；市体育局要尽快完成体育中心建设的收尾工作，尽快向市民开发公共活动场地。关于城区规划范围内农民建房问题，住房问题是最大的民生问题，既要正确处理好农民住房的违建问题，又要切实为群众着想，解决农民的住房需求和出路；由市规划局抓紧研究全市农民的建房问题，提出切实可行的解决办法报市政府研究。关于海塱片区道路建设用地补偿问题，海塱片区作为从化市的商业核心区域，要尽快完善好相关市政道路，高标准做好绿化工作，对于农民提出的合理要求要按相关规定给予补偿。关于小海河堤、体育公园征地返还地租金问题，在征地返还地暂时未能得到有效解决的情况下可先解决租金问题。关于完善广州市外婆家生态旅游公司项目用地手续和解决基础设施建设资金问题，由江埔街道办会同市规划局、国土房管局进一步衔接，按相关规定和程序完善相关用地手续问题；可考虑引进实力雄厚的企业合作建设，解决资金不足的问题。关于欣荣宏国际商贸城用电及广场绿化问题，由市经贸局牵头，尽快协调供电、国土等部门加快与乔安楼10kV电缆敷设工程共用电缆沟建设；在电缆沟建好前由从化供电局解决临时用电，确保如期开张营业；关于广场绿化问题，从交通安全的角度出发，不同意将广场S355线段绿化带打开，可考虑进行适当矮化、美化；具体方案由市城乡建设局牵头，会同市交通局研究确定。关于城区垃圾桶的设计和摆设问题。由市城管局进一步研究确定。

6月9日，市长郭清和率经贸、建设、规划、国土、农业、环保等部门负责人到鳌头镇开展工作调研，并召开调研座谈会。鳌头镇汇报2011年以来经济社会发展情况以及重点工作推进情况，市相关部门对鳌头镇推进重点工作中需要协调解决的问题发表意见，郭市长就加快鳌头经济社会发展提出明确要求。会议议定以下事项：关于污水处理厂用地指标问题，要按照实际建设需要和节约用地原则确定面积，由鳌头镇与市国土部门协商，并在增减挂钩或广州市分配到我市的用地指标中解决。关于安置区用地指标不足问题，由鳌头镇充分利用好三旧改造和增减挂钩政策，根据三旧改造、增减挂钩等政策制订方案报政府研究解决。关于34亩安置地的“三通一平”问题，鳌头镇要积极与萝岗区做好对接，利用萝岗区的优势帮助解决；市规划局要给予指导支持。关于变压器建设资金问题，由鳌头镇提出专项申请，报市政府研究解决；类似问题要多想办法，多动员企业参与扶贫开发工程。关于自来水厂整合问题，由市城乡建设局加强与鳌头镇沟通协调，尽快完善西部片区的供水管网，引入市第三水厂自来水到鳌头镇，切实解决用水问题。关于粉磨站搬迁问题。由鳌头镇提出搬迁处理意见，报市政府研究处理。

6月15日下午，市长郭清和到街口街道办开展工作调研。首先实地考察雅居乐项目排水灌渠整治和风云岭调蓄湖建设情况，然后在街口街道办事处四楼会议室召开调研座谈会。会议听取街口街道办工作情况汇报，并对有关问题进行研究。会议议定以下事项：关于雅居乐项目排渠整治问题，原则同意市水务局经专家提出的整治意见，加快相关手续的报批工作，同时要尽快研究解决出水口问题，衔接落实建设资金，争取尽快动工建设；具体由市水务局牵头，会同市城乡建设局、财政局、街口街落实。关于调蓄湖建设问题，要进一步加快工作进度，结合旅游亮点，完善各种配套景观设施，确保项目如期完成；要重点解决存在的绿化、高压线路迁移等问题；具体由市水务局牵头，市土地储备开发中心、经贸局、供电局、街口街道办积极配合。关于城中村供水管网建设改造问题，同意将城中村的供水管网纳入城市供水管网建设与管理，具体由市城乡建设局组织实施。关于成立陈屋改造项目工作机构问题，同意成立陈屋城中村改造工作领导小组，具体由市城市更新改造办会同街口街尽快拟订方案，报市政府审定。关于妥善处理返还地问题，这是影响全市发展的普遍问题，处理的基本原则是：凡是新开工、新上马的项目，返还地要按照规定的比例纳入项目内统一考虑解决；对于历史遗留的返还地问题，要在工作中逐步统筹解决；具体由街口街组织实施，市规划局、土地储备开发中心积极配合。关于小海征地补偿款问题，由市财政局按有关规定尽快落实。关于高扬国际广场项目用地指标问题，由市国土房管局负责落实，街口街要加快推进项目的征地进度，尽快提供建设用地。关于财政税收政策和工业指标等问题，一并纳入简政强街内容当中，具体由街口街根据实际，实事求是在研究制定简政强街的方案中提出。关于城市公园开放管理问题，青云公园、风云岭公园、体育中心等城市配套公共设施，要采取开放式的管理模式，真正成为便民设施、民心工程；具体由市城乡建设局牵头，会同市林业局、体育局、街口街、江埔街制订实施方案，报市政府研究审定。关于将青云公园改成开放式公园问题，由市城乡建设局进一步研究并制定切实可行的方案报市政府研究。关于风云岭电视塔亮化工程问题，电视塔的美化、亮化，要打造成为从化的标志，从化的名片；由市广播电视台牵头研究制订实施方案，报市政府研究；市城乡建设局积极配合。

6月22日下午，市长郭清和一行到温泉镇开展工作调研。首先实地视察三学苑、珠江温泉大桥等重点项目建设情况，然后在温泉镇三楼会议室召开座谈会。会议围绕温泉镇产业结构调整、扶贫双到健康发展和社区管理等方面工作进行研讨。市长助理李保民、政府党组成员、办公室主任刘敏、政府党组成员邹少宁陪同调研，市财政局、国土房管局、规划局、水务局、林业局、旅游局、环保局、城乡建设局、交通局、编委办等部门负责同志参加了调研活动。会议议定以下事项：关于从化温泉省级风景区复检问题，温泉镇要对照差距，认真整改，全力做好复检各项准备工作，确保顺利通过复检；原则同意成立风景区管理机构，具体由市编委办牵头，会同温泉镇、市旅游局研究制订方案，报市编委会议研究审定。关于温泉水管理问题，必须研究制定科学的管理办法，通过管理办法的制定和实施，规范用水，合理开发；具体由市国土房管局牵头，市旅游局、温泉镇协调配合，研究制定温泉水资源管理办法报市政府审定。关于高起点、高标准做好镇级规划修编工作问题，具体由市规划局牵头，温泉镇积极配合。关于推进三学苑等重点项目建设问题，温泉镇要加大征地工作力度，尽快提供建设用地；各相关职能部门要开通绿色通道，完善项目各项建设报批手续，使项目尽快动工建设；具体由温泉镇落实，市国土房管局、城乡建设局、规划局、环保局积极配合。

7月28日上午，市长郭清和在市政府4楼会议室主持召开市“三旧”改造工作领导小组2011年第4次会议。会议议题：听取关于从化市“三旧”改造工作进展情况和下一步工作计划的汇报；研究玮思工业园旧厂房改造方案。

7月10日，应对方要求市长郭清和，副市长温洁夫、梁锦华率从化市政府办、发改、建设、规划、环保、体育、旅游、检验检疫、海关等部门负责同志考察香港赛马会，并在香港马会沙田马场行政大楼会议室与香港赛马会负责人举行工作座谈会，研究加快推进广州赛马场建设、协调处理有关问题。会议议定如下事项：由从化市赛马场赛后利用协调工作领导小组负责，指导和协调市属相关部门对赛马场建设工作建立绿色通道，提高相关工作审批效率，加快推进项目建设。由市项目办牵头，会同良口镇、市规划局、国土房管局，研究解决赛马场第二进出口问题。请香港马会负责，向广州市提交赛马场整体规划及两地马匹频繁往返方案，争取广州市政府牵头，联合海关、检验检疫、农业等部门，研究日常通关方案，报上级部门审批。香港马会同意为2011国际青少年航空教育交流会提供场地，用于7月30、31日的开幕典礼及动力伞飞行。

7月28日下午，市长郭清和在市政府四楼会议室主持召开温泉大桥项目协调会，市委副书记谭凯平、副市长王建新、常委黄信敬、副市长刘宗静、孙石康及相关职能部门、镇（街）负责人参加会议。会议就温泉大桥建设相关问题进行研究。会议议定：鉴于温泉大桥建设时间紧、任务重，成立由副市长王建新任组长、副市长刘宗静为副组长的温泉大桥筹建工作领导小组，温泉镇党政领导及相关单位领导为成员，负责协调推进大桥建设各项前期工作。领导小组下设办公室（设在温泉镇政府），由温泉镇政府镇长李卫权兼任办公室主任，办公室人员在各相关职能部门抽调，具体负责落实温泉大桥的各项筹建工作。确定温泉大桥建设业主为温泉镇政府，同意由温泉镇政府委托珠江投资股份有限公司为代业主。为更好地做好温泉风景区的开发，由市规划局负责，对桥东地块规划性质进行调整，并研究制订桥西片区的控制性规划。由市土地储备开发中心负责，在市规划局调整桥东河堤侧大兴公司名下土地的规划性质后，采取尊重历史、互利互惠的办法将该地块收回。由属地镇、街负责，征收温泉大桥施工走廊、河滩地及片区相关地块。土地回收和征用资金由市财政解决。为保障交通安全，以及考虑轨道交通建设需要，同意将温泉大桥与国道105线连接段采取下沉平交方式，由市交通局负责组织规划设计。由温泉镇政府负责，市规划局、交通局、珠江投资股份有限公司、设计单位配合，尽快制订桥梁设计方案，报市政府审定。温泉大桥及国道105线下沉平交工程的建设资金争取由珠江投资股份有限公司在扶贫资金中解决，由市扶贫办跟踪落实。

8月3日下午，市长郭清和率市府办、财政局、经贸局、林业局、规划局、城乡建设局、人社局、城乡更新改造办等部门负责同志到市国土房管局调研，副市长方纪章、市长助理李保民参加调研。市长郭清和实地视察位于城郊街向阳大道的廉租房小区，并在市国土房管局礼堂主持召开调研座谈会。会议听取市国土房管局有关工作汇报，与会人员就有关问题进行讨论。

8月17日上午，市长郭清和在市政府三楼中会议室主持召开广州市民兵训练基地项目建设工作协调会，与会人员就广州市民兵训练基地项目建设存在的问题进行讨论，并提出意见和建议。会议强调，广州市民兵训练基地项目是广州市重点项目，各有关单位务必高度重视，密切配合，力争在8月底前解决存在问题，确保项目顺利动工建设。会议议定事项如下：关于返还广州警备区2003年垫付的征地费用485万元问题，同意由市财政局从该项目征地拆迁专项资金4141.6526万元中拨付485万元返还给广州警备区。关于江埔街江村村用地界线争议问题，仁厚社提出的3.69亩用地界线争议，沙塱社提出位于土名“渡槽口”处用地界线争议，江村社提出位于土名“卷狗岭山”处土地、江作荣鱼塘背后土地、江作华楼房背后位于土名“石场口”的山地（现用铁丝网围住的一幅山地）等多处用地界线争议问题，由江埔街道办牵头，会同市土地纠纷调处办公室、市武装部、市测绘队、市土地储备中心、温泉镇政府、九里步果场等单位尽快解决争议土地，完成征地结案盖章手续。同时，在用地争议调处期间，江埔街要做好群众的思想工作，不得以各种理由阻挠项目施工建设。关于江埔街江村村江村社要求落实留用地问题，该项目征地涉及江埔街江村村3.0492亩的留用地，鉴于村、社在征地之前已同意采用货币补偿方式，且市土地储备中心已按照13.6万元/亩标准拨付3.0492亩留用地的货币补偿款到江埔街道办。由江埔街道办负责做好解释工作，江村社留用地仍采用货币补偿方式解决。关于江埔街江村村江村社鱼塘及果树等地上附着物补偿问题，由市土地储备中心牵头，会同江埔街对江村社鱼塘及果树等地上附着物进行核查、清点，并根据实际情况和有关政策规定拟定补偿方案报政府审定。该项补偿费用从项目征地拆迁专项资金中支付；关于温泉镇云星村新华经济社征地补差款分配问题，由温泉镇政府负责解决，并于今年8月底前完成征地结案资料盖章手续。关于温泉镇云星村4个经济社提出要求补偿征地红线范围内机耕路的问题，由于该项目在2003年征地时，已对征地红线范围内包括机耕路在内的所有土地作补偿，不再重复补偿。关于温泉镇云星村新华经济社提出的烧坏果树赔偿问题，鉴于广州市中级人民法院对该事故已作出判决，由事故责任人赔偿责任，但从维护群众利益角度出发，同意给予受损人不高于6万元的经济损失补偿，由温泉镇政府积极做好受损人的思想工作，配合支持该项目建设。关于新建机耕路问题，由温泉镇政府负责征收云星村约1亩土地用作新建机耕路的施工用地，并于8月底前完成交地；由市交通局于8月底前完成新建机耕路在105国道旁开置8米宽路口的审批工作。关于民兵训练基地项目范围内高压线迁移问题，由广州市重点办向市供电局提出高压线迁移的申请，市供电局根据实际情况，确定高压线迁移的具体实施方案。关于民兵训练基地项目范围内供水、排污问题，由广州市重点办向市城乡建设局申请办理广州市民兵训练基地项目用水、排污报装手续，市城乡建设局做好协调工作。关于民兵训练基地大门口接驳105国道问题，由市交通局牵头，会同广州市重点办到现场勘查，研究确定民兵训练基地大门口开设的具体位置，于8月底前完成相关审批工作。关于耕地占用税减免问题，不同意该项目减免耕地占用税，待取得项目用地批文后向广州市财政局申请拨付缴纳。

8月21日下午，市长郭清和在市委常委会议召开会议，研究加快推进乡村少年宫建设工作。常委王建红、副市长温洁夫和市府办、教育局、财政局、创建办负责同志参加会议。会议听取市教育局关于各镇乡村学校少年宫建设汇报，研究根据广州市要求制订的加强乡村学校少年宫建设项目方案。会议议定如下事项：落实乡村学校少年宫建设资金，由市财政从生态文明村建设、教育费附加等资金中安排970万元，用于5间乡村学校少年宫建设（含设施设备购置等）。由市教育局根据会议精神对建设项目进一步细化，根据实际需要，在保证达到建设标准和创建效果的前提下，对标准过高的基础设施项目和设备购置资金进行核减，增加购置图书等实用项目，再经市财政局审核后实施。建立工作绿色通道，为保证在9月创文验收前完成乡村学校少年宫建设任务，在依照相关规定的前提，由市监察局提前介入，相关部门进行研究，基建和采购项目实施绿色通道审批，合法合理加快推进乡村少年宫的基础设施建设和设备购置流程。确保建设工程质量，在加快推进乡村学校少年宫建设工作中，不仅要合理安排时间、抢进度，确保完成创建任务的同时，还要确保建设工程质量，加强建设资金、购置设备和工程建设的监管，狠抓工程质量，确保施工安全，真正把这项关系农村基层教育的民生大事办好办实。

9月21日上午，市长郭清和分别到街口街陈屋片区、河滨泳场以及流溪温泉旅游度假区召开现场工作会议，专题研究陈屋“三旧”改造、休闲沙滩泳场选址建设和河滨泳场升级改造问题，市委常委、副市长蔡澍，市府办，国土房管局、规划局、旅游局、体育局、水务局、城乡建设局、街口街、流溪温泉旅游度假区管委会、良口镇政府有关负责同志参加会议。会议议定以下事项：关于陈屋片区改造问题，要高标准、高规格对陈屋实施“三旧”改造，打造成为从化的“曼哈顿”名区。市规划部门要会同市城市更新改造办、街口街做好规划，细化实施方案，努力将陈屋片区改造成为“三旧”改造亮点；请市城市更新改造办、街口街、规划局、国土房管局等部门进一步加快工作进度，尤其是街口街，要加大工作力度，摸清情况，按照程序认真做好群众工作，确保及时提供施工走廊。关于河滨泳场升级改造问题，街口中心城区一河两岸建设要长远规划，要把城市景观建设与城市道路交通、体育设施建设结合起来，与市民的日常生活结合起来，实现城市便民、美化、宜居的良好环境；将从化大桥（旧桥）打造成为景观桥、特色桥，具体由市城乡建设局牵头，会同市规划局、街口街做好规划报市政府研究。沙滩泳场选址问题，同意选址位于流溪温泉旅游度假区红树林项目用地旁、水利红线以内的河滩约150亩地块作沙滩泳场建设用地；沙滩泳场按政府引导、企业参与形式建设；为确保项目建设更加融入周边环境，沙滩泳场的设计和建设由市流溪温泉旅游度假区管委会委托红树林企业实施，具体设计方案要报市政府审核批准；关于日后泳场的管理问题，请市流溪温泉旅游度假区管委会与红树林企业进一步协商，一并明确；为增加更多惠民便民设施，同意在街口中心城区附近的一河两岸再行选址建设沙滩泳场，请市水务局牵头，会同市体育局、规划局进一步研究，制定具体选址方案报市政府审定。

9月29日上午，市长郭清和在市政府三楼中会议室与广州市发改委纪检书记彭健等就从化市自然村道建设举行座谈会，市人大常委会副主任、自然村道建设指挥部指挥长胡少民，以及市发改局、市交通局、市财政局、市扶贫办、市自然村道建设指挥部负责同志参加会议。会议要求，必须进一步加大工作力度，提高补助标准，克服时间紧、任务重等困难，确保在2012年底前全面完成600公里自然村道的建设任务，并力争提前完成。

10月8日上午，市长郭清和在市政府三楼中会议室主持召开市长办公会议。会议研究并部署落实国庆期间广州市委张广宁书记到从化市调研布置的工作、加快推进重点项目建设、加快完善《市政府工作报告》等工作。

11月18日下午，市长郭清和在市政府四楼会议室主持召开2011年第1次建设用地审批（审核）会审联席会议。会议议定事项如下：关于用地报批问题，会议原则通过如下建设用地报批计划，请市国土房管局抓紧组织材料上报；为确保列入2011年度土地利用计划的项目在11月30日前完成用地报批材料的报送工作，会议同意由市规划局重新出具相关项目的规划选址意见书，将用地性质调整为“风景名胜用地”和“特殊用地”；会议暂不同意将鳌头镇岭南村地段11.151亩工业用地（储备用地）作为我市2011年第24批次建设用地上报审批。请市经贸局会同市国土房管局、市投资服务中心进一步摸清该地块用地情况后，再报联席会议研究。关于土地划拨问题，会议原则同意如下国有建设用地划拨方案，请市国土房管局按规定办理。关于土地出让问题，会议原则通过如下国有建设用地的挂牌出让方案，请市国土房管局按规定组织公开出让。关于计收土地出让金问题，按 1100 元/平方米的楼面楼价计收太平镇水南村地段项目（广州市大城房地产开发有限公司）增加容积率部分土地出让金；按 1000 元/平方米的楼面楼价计收温泉镇温泉村天湖公路果场路段项目（广州市舒雅房地产开发有限公司）增加容积率部分土地出让金，并按规定收取该地块的闲置费后限期开发建设。

10 月 29 日上午，市长郭清和在市政府三楼中会议室主持召开会议，专题研究广州市重大战略性发展平台基础设施项目申报暨广州从化集成电路设计产业化基地孵化中心建设工作。会议听取市发改局、市高技术产业园管委会和明珠工业园管委会对从化市申报广州市重大战略性发展平台基础设施项目的进展情况、存在问题及广州从化集成电路设计产业化基地孵化中心建设工作有关情况的汇报，与会人员就有关问题进行研究。会议确定，由市发改局牵头，做好对接工作，以建设“广州从化集成电路设计产业化基地孵化中心”项目申报广州市重大战略性发展平台基础设施项目资金。

【市政府办】 管理机构 市政府办公室（挂市人民政府法制办公室、市人民政府侨务和外事办公室牌子）属政府序列行政单位，办公地址在街口街新城东路 99 号，定编 38 名。2011 年末，在职 54 人，内设秘书科、调研科、督办科、综合科、法制科（挂市人民政府行政复议办公室牌子）、应急管理办公室（挂市应急指挥中心牌子）、侨外科、市流动人员和出租屋管理办公室、口岸管理办公室（挂市人民政府口岸办公室牌子）。下属机构有市小汽车定编办。

优化工作分工 为进一步提高工作效率，加强办公室领导班子成员之间、科室之间、同事之间的沟通协调，形成工作合力，办公室根据实际工作情况对原职能分工进行优化调整，把市属单位的文电全部归口综合科办文，突出督办科的督办职能及调研科综合调研和专题调研职能，通过科室调整分工、明确目标及责任落实，提高科室人员工作的积极性，促进机关效能建设，提升办公室运作效率。

推行 OA 办文系统 推行“网上收件、限时办结、上下互联、在线监督”的网络化审批模式，加快完成党政机关办公自动化系统（OA 系统）的升级改造工作，基本实现办文无纸化，为向全市各级党政部门的全面推广应用 OA 系统奠定基础，有力提升全市各级党政部门办文效率和服务水平，创建服务型、效率型机关提供基础保障。

市重点工作和重大事项的组织协调 围绕市委、市政府的中心工作和重点工作，突出工作重点，全力以赴做好从化市后亚运经济发展项目签约仪式、2011 国际青少年航空教育交流会暨广东从化绿道旅游文化节、中国内地—香港—澳门突发重大动物疫情联合应急演练、迎春花市等各类大型活动的筹备、组织和协调工作，全程跟踪协调、配合做好广州市帮扶从化市山区镇农村扶贫开发“双到”（规划到户、责任到人）工作、国道 105 线和省道 355 线绿化景观综合整治改造、流溪河水上绿道建设、农村危破房改造、农村污水治理工程、深化卫生医疗体系改革等中心工作，协调推进轨道交通 14 号线及广从路快速化改造工程等大交通建设项目，跟踪督促有关部门做好华南新材料基地、生命健康城首期建设项目、吕田镇狮象村社会主义新农村建设项目等全市重点项目的征地拆迁和开发建设工作，高质量、高效率地完成市委、市政府重点工作和领导交办的各重大事项、重要工作任务。

规范公文办理 作为全市政府系统公文办理的总枢纽，市政府办及时快速地把全市各单位报送市政府的各项文书进行登记、归类，认真审核后呈报市领导审批，并做好以市政府和市府办名义发出的各类文件的草拟、编号、校对、收发和保密工作。在办理公文的过程，坚持从严、从精、及时、实效的原则，严把政策关、时效关、公文体例格式关、文字关和校核关，力求政策清楚、主题突出、观点准确、格式规范、逻辑严谨、准确及时。对重要来文来件和办文过程中遇到的问题，主动牵头召集有关部门研究，协调和统一各方面意见，提出拟办意见供市领导决策参考。全年处理中央、省、广州市各级文件5885份，其中通过广州市政府电子公文交换收到文件3308份，通过公文交换收到各类纸质文件2577份；处理各类保密件204份；处理市党政机关来文1710份，均通过从化市党政机关办公自动化平台处理，以批复形式答复712份，以公文处理表形式答复244份；处理各类转送件374份，出访件49份，处理与“四办”（市委办、人大办、政协办、纪委办）的交换件266份；发出各类会议纪要149份；以市政府的名义发出文件22份、函件244份；以市政府办公室的名义发出文件109份、函件471份。有力确保市政府各项决策和部署准确、及时地传送到全市各单位、部门。

做好政府系统保障服务　做好全市农村工作会议、全市经济形势分析会、质量强市工作动员大会、人才和科技大会等全市性综合会议的会务、会议材料审核和草拟修改领导讲话稿等工作。承办市政府各类事务性会议409场次，草拟各类市领导讲话稿和会议材料近400篇。做好省、广州市领导到从化市进行调研视察和各项重大活动的接待工作，如卫生部副部长马晓伟率国务院医改督导调研组到从化，调研基层医疗卫生机构综合改革工作、省委常委、原广州市委书记张广宁到从化市调研扶贫开发工作和古村落保护开发利用等的接待工作，督促各职能部门做好人大、政协“两会”的服务保障工作，完成市政府的各类接待任务和市领导交办的事项和要务，做好各项服务性保障工作。

调研工作　围绕市委、市政府2011年的中心工作和市政府各个阶段突出要抓的重点工作，做到超前思考，正确理解领导的意图和要求，及时组织有关人员，收集整理所需信息和情况，提前调研，先行谋划。全年完成深化社会管理、农村综合改革、产业发展规划、开发区体制改革、流溪河林场体制改革等专项调研材料10多份，参与协调重大项目招商引资活动近10多次，负责起草政府工作报告、完成各类综合材料、讲话稿近300份。为市政府领导解决问题和做出决策提供翔实的信息资料和政策理论依据。

信息工作　进一步完善政府系统政务信息报送网络，增加市民防办、食品药品监管局、城乡更新改造办为政务信息考核单位，市直单位、镇街（园区）报送政务信息3600多条，编辑《从府简报》100期。积极报送政务信息，2011年度被广州市政府办公厅采用政务文章78篇，提前超额126%完成全年报送任务，上报的《广州从化实施“五个一工程”加快推进北部山区建设》、《广州从化市“三结合”推动名镇名村创建工作初见成效》、《广州从化市在全省率先实现新农保“全覆盖”》等文章被国务院办公厅、省府办公厅刊载。

政务督查　通过制定《市政府重大事项提请人大常委会审议和意见办理工作机制》，健全完善督办工作制度和机制，积极主动做好跟踪落实，确保事事有落实、件件有回音。加强专项工作督办力度，按季度对72项市政府重点工作和90项重点工程项目进度督办落实。加强对人大建议和政协提案的督办，广州市政府交办的广州市人大代表建议21件、广州市政协委员提案3件，从化市人大代表建议61件、政协委员提案199件，办结率100%。

法制工作　规范行政执法制度，制定《从化市2011年度依法行政工作计划》，明确开展依法行政工作的指导思想、工作任务和工作要求。组织开展行政事业性收费和经营服务性收费的清理工作，通过审查收费依据及收费许可证情况等措施，明晰和规范行政收费。规范行政执法自由裁量权，梳理全市50个行政、事业单位（机构）行政执法事项。保持复议渠道畅通，顺利推进行政复议工作，收到行政复议申请7件，全部受理；通过调解，行政机关撤销复议决定后申请人撤回申请1件；作出复议决定6件，其中撤销1件、维持5件；申请人不服复议决定进行信访或向人民法院提起行政诉讼的为零。

侨务外事工作　利用广州亚运会的成功举办在国内外引起深远影响的机遇，联络各界归侨、侨胞、侨眷以及海外同胞，筹备成立澳门从化同乡联谊会，推动两地的经济、文化、旅游的交流合作。开展对外交往，参加2011年世界城市和地方政府组织（UCLG）中国大陆会员工作会议，与美国纽约州罗马市签订《中华人民共和国广东省从化市与美利坚合众国纽约州罗马市加强合作与交流谅解备忘录》。加强全市因公临时出国、赴港澳管理工作以及公务出访审核报批工作，全年出具13份同意函参加省、广州市的组团；办理因公出国审批及签证4批25人次；办理因公赴港签注75批次；办理因公一次性赴澳门签注10批次。

提高口岸通关效率　坚持以科学发展观统领全局，以创新口岸管理机制，促进从化外向型经济建设为重点，不断创新工作思路，加大口岸建设力度，加强口岸协调管理，对特殊情况的进出口货物提供预约办理服务，做到急事急办，特事特办，尽最大的可能方便企业通关，口岸整体服务水平取得明显的提高。全年经从化口岸进出口的货物13.61万吨，比上年（下同）减少9.34%，其中进口货物3.32万吨，减少27.11%，出口货物10.28万吨，减少1.59%，进出境车辆1.68万车次，减少10.04%，进出口货物总值18.8亿美元，增长19.9%。

出租屋和流动人口管理　建设出租屋服务管理网络工作站，加强对流动人员和出租屋的科学化、信息化管理，实现便民利民，提高办事效率和服务质量。根据季节性及普遍性存在的问题特点，深入开展出租屋消防安全排查整治工作。部署开展流动人员管理服务“四实”（实有人口、实时登记办证、提供实惠服务、实行到位考核）专项行动，对从化市辖内流动人员进行全面的登记核实。新录入流动人员信息2.57万条，注销和更新流动人员信息1.85万条。创新流动人员服务管理工作，通过改善外来工高度集中地区的公共资源配套，兴建流动人员公寓等方式推进流动人员参与建设从化，带动全市出租屋流动人员管理工作上新档次。兴建的“明珠公寓”，楼高13层，共有900间，可容纳3000多名外来工居住。2011年，全市有镇级出租屋管理服务中心10个，村级管理服务站25个，管理中心有工作人员180人，其中在编人员40人，出租屋管理员140人，全市登记纳管出租屋2.44万套（其中住宅1.31万套），面积139万平方米，流动人员10.36万人，办理广东省居住证2.45万人，房屋租赁备案1934宗，出租屋发生案件16宗，其中治安12宗，与上年持平，刑事4宗，比上年下降20%，协助抓获在逃人员5人、破获案件30宗。全年完成居住证2.45万个，出租屋门牌地址系统整合完成1.61万套。完成“两费一税”征收

1772.11万元，比上年增长17%，其中调配费162.3万元，治安联防费38.9万元，出租屋综合税1570.91万元。

突发事件应急管理机制和应急预案体系建设 强化各级应急管理指挥协调机制建设，完善突发事件防范应对联动机制；建立和完善风险分析制度、预警信息发布制度、现场指挥官制度、信息公开制度、考核制度等配套制度。深入开展《中华人民共和国突发事件应对法》、《广东省突发事件应对条例》的宣传，编制印发5万册《从化市公众应急手册》。加快建设应急平台，推进市政府综合应急指挥平台一期工程建设，完成应急指挥大厅、市政府总值班室建设。整合公安、国土、卫生、水务、安监等部门行业的信息数据，建成与公安、水务视频信息连接系统，互联互通、信息融合，实现数据的共享、协同和交换。

（市政府办供稿，李利东执笔）

从化市政协

【管理机构】 从化市政协办公地址在街口街新城东路99号。定编15名。2011年末，有主席1人，副主席6人（其中3人不驻会）。市政协机关设有：办公室、提案法制委员会、科技经济委员会、教文体卫联络委员会、学习文史委员会、联络委员会。其中办公室内设：秘书科、综合科；政协常委会下设委员活动组13个，分别是党派组、工青妇侨联组、工商经济组、工交园区组、农业科技组、城建法制组、教育医卫组、港澳组、宣传文体机关组、吕田组良口组、温泉江埔组、太平街口组、鳌头城郊组，共有政协委员213人。政协是多党合作的重要机构，是共产党和各民主党派合作的组织形式。2011年，从化市内有7个民主党派：中国农工民主党从化总支部委员会、中国民主同盟从化基层委员会、中国民主促进会广州市从化支部委员会、中国民主建国会广州市委员会从化市基层委员会、中国国民党革命委员会广州市委员会从化市支部委员会、中国致公党广州市委员会从化支部、九三学社广州市委从化支社。

【从化市政协第九届委员会第一次会议】 2011年10月26日，在市政协八届十九次常委会议上，审议通过《政协从化市第九届委员会委员界别设置及委员人选建议名单》。11月4—7日，中国人民政治协商会议广东省从化市第九届委员会第一次会议在市中心会堂召开。大会应出席委员217人，因事请假5人，实到212人，符合政协章程规定人数，会议有效。会议由市政协九届一次会议主席团常务主席谭凯平主持，市政协八届委员会主席李玉宜作工作报告，副主席黎艺钦向大会报告市政协八届六次会议以来提案工作情况，副主席刘大光宣读《关于表彰市政协八届六次会议以来优秀提案的通报》。会议选举产生政协从化市第九届委员会主席、副主席、秘书长和常务委员，谭凯平当选为主席，蒋琼芳、刘维嘉、黎艺钦、任洪华、刘大光、李东强当选为副主席，梁柱生当选为秘书长，常务委员有31人。会议审议通过《政协从化市八届常委会工作报告》和《政协从化市八届常委会提案工作报告》；听取和讨论《政府工作报告》等；审议通过《市政协九届一次会议决议》。广州市政协副主席李勤德、广州市委统战部副部长马卫平到会祝贺；现任市四套班子领导，曾任市领导的老同志代表出席会议；市属局以上单位、各镇街主要领导，广东省、广州市驻从化单位的主要领导、在从化工作的广州市政协委员、从化市各民主党派、工商联、各人民团体负责人以及市台商代表等列席会议。

【协商议政】 7月21日上午，市政协在原市公路局报告厅召开八届十八次常委会议。主席李玉宜主持会议，市长郭清和，市委副书记谭凯平，市政协副主席邹建潮、蒋琼芳、黎艺钦、任洪华、刘大光，市政府党组成员谢焕扬和政协秘书长陈滟湘等政协常委会组成人员，以及市委办、政府办等单位负责人参加会议。会议主要听取市长郭清和通从化市2011年上半年经济社会发展情况和下半年的工作部署；请市政府党组成员谢焕扬通报市政协八届六次全会议政意见的落实情况和政协提案的办理情况；市政协副主席蒋琼芳作关于从化市学前教育情况调研的报告；市政协副主席黎艺钦作关于从化市旅游资源整合利用调研的报告。针对市政协作的教育和旅游两个专题调研，会议邀请市委办、政府办、财政局、发展和改革局、规划局、教育局、旅游局、工商局从化分局、城乡建设局、交通局、国土房管局等职能部门及有关镇街负责人参加，按“专题报告—提出建议—协商交流—凝聚共识”的流程，对上述两个调研专题进行协商议政。通过协商座谈，议政调研中形成的不少意见和建议得到重视和采纳，推动市教育改革和“大旅游”健康较快发展。

4日至7日，中国人民政治协商会议广东省从化市第九届委员会第一次会议在市中心会堂召开。图为新当选政协主席谭凯平（右一）与前任主席李玉宜（左一）握手.

【理论学习】 加强学习，切实提高政协队伍整体素质。学习贯彻全国政协十一届四次会议和中共从化市委十一届十次全会的精神和要求，贯彻落实中共中央和各级党委的新思想和新要求。开展机关效能建设年活动，使机关干部在履行职责和改革创新上有新的突破，努力打造学习型、服务型、创新型和效能型机关。

【调研视察】 *基本情况* 2011年，市政协常委会牵头组织开展两次大型专题调研和3次重点工作（项目）视察，与20多个职能部门举行协商议政座谈会。

关于“当前我市学前教育现状”专题调研。专题调研组通过收集资料、实地察看、座谈交流等方式方法，开展广泛深入的调研，进行详细的分析研究，撰写调研报告。提出“科学规划，进一步优化幼儿园布局”、“加大对幼儿园建设政策扶持和资金投入，确保政府主导地位”、“进一步加强和完善学前教育管理机制”、“加强师资队伍建设，提高幼教队伍整体素质”等建议。

关于“我市现有旅游资源整合利用”专题调研 提出“深入宣传发动，进一步强化‘大旅游’战略定位整合和完善旅游产业发展体制、机制，充分发挥旅游职能作用”、“加强整体旅游策划和规划”、“加快基础设施建设，完善景区功能”、“建立旅游发展导向性投入机制”、“整合信息资源，着力提升旅游宣传推介水平”等建议。

专项视察活动 11月30日上午，市政协

领导率领部分政协委员、民主党派主委和政协机关干部到市看守所视察，在市公安局和看守所负责人的陪同下，对该所的设施设备和日常管理等进行实地察看和座谈。在看守所会议室召开座谈会，听取该所所长汇报2011年的工作情况。会上，视察团对该所一年来的工作表示满意和肯定，对全所干职员工克服周边环境不好、工作条件较差等困难，任劳任怨，为从化市社会发展保驾护航所作的努力表示感谢！同时也提出几点希望：要继续发扬艰苦奋斗的精神，为人民交出一份满意的答卷；继续加大对监所的管理，保证不出安全事故；加强学习，提高自己的素质，并广泛听取社会意见，改进自己的工作；有关部门要重视新所建设，采取行之有效的措施，加快推进该项目的落成；财政部门要增加该所的经费，保障该所工作正常运作。

【提案工作】　加强民主监督，进一步完善提案工作制度，抓好《关于改善温泉风景区内桥梁交通条件，优化旅游环境的意见》、《关于增设往鳌头方向公交车的建议》、《关于在滨江球场附近建公厕的建议》、《关于加快建设从化市看守所的建议》、《关于尽快完善明球工业园区有线电视线路的建议》、《关于尽快做好贫困村、贫困户脱贫规划，迎接新一轮扶贫开发工作到位的提案》、《关于流溪河大桥匝道加龙门架的建议》7件领导督办的重点提案工作，加大督办力度，组织召开提案办理情况通报会，促进提案工作取得新成效，发挥提案在落实和完善政治协商制度、推动民主和科学决策方面的作用。在政协从化市九届一次会议期间，市政协委员、各民主党派、工商联、人民团体以及市政协各专门委员会，围绕中共从化市委、市政府的中心工作和人民群众关心的热点、难点问题，运用提案形式建言献策，踊跃撰写提案，提出许多有新意、有见地、有价值的意见和建议。至年末，提案审查委员会共收到提案175件，提交提案的委员有219人次。建立和完善让政协委员知情、与政协委员沟通、向政协委员反馈等环节的制度，畅通政协委员向市委、市政府直接反映社情民意的“直通车”渠道。推荐政协委员和机关干部担任司法机关和政府职能部门特约监督员、监察员和行风评议员等。市初步形成由会议、调研视察、民主评议、提案和反映社情民意等多种形式和载体构成的民主监督体系，民主监督的组织化程度进一步提高，民主监督实效显著提高。

【委员履职活动】　市政协鼓励、引导和组织广大委员深入实际、走向基层、贴近群众，在服务群众实践中施展才华、建功立业，努力促进社会和谐稳定。17个委员活动组按照政协工作的部署，结合组别特点，密切联系群众，开展各种各样的履行活动。政协委员在各种救灾捐助和济困扶危活动中，纷纷慷慨解囊，捐款捐物，善心义举赢得社会各界的好评和肯定。广大政协委员立足自身工作岗位，勤奋工作，默默奉献，取得出色的业绩，发挥先锋模范作用，一大批委员获得各级党委和政府的各种表彰和嘉奖。

【队伍建设】　加强政协机关思想、组织、作风和制度建设，不断完善政协机关办文、办会、调研视察、宣传报道、财物管理等工作制度，工作效能不断提高。开展以“加强制度教育、构筑拒腐防线”为主题的纪律教育月活动。做好机关档案工作和政协委员履职档案工作。组织机关干部参加创建文明城市工作，做好扶持联系困难村和困难转业复员退伍军人挂钩联系以及节日慰问工作。协助市委做好统战工作，做好从化市民主党派办公楼装修和启用仪式。加强对外交往，做好接待省、市各地政协组织工作，增进友谊和团结。不断加强委员组建设，进一步增强政协组织的凝聚力和向心力。各委员活动组按照政协工作的部署，结合各自特点和优势，制订本组年度工作计划，组织委员开展履职活动。各委员组的活动坚持“三结合”，即与党委政府的中心工作相结合、与政协自身特点相结合、与委员本职工作相结合，充分体现政协工作的特色性、灵活性及创新性，突显界别优势和特色。

【市政协办】 管理机构 市政协办公室定编3名。2011年末，在职3人，内设秘书科和综合科。

队伍建设 加强学习，切实提高政协队伍整体素质。组织学习贯彻全国政协十一届四次会议和中共从化市委十一届十次全会的精神和要求，贯彻落实中共中央和各级党委的新思想和新要求。开展机关效能建设年活动，使机关干部在履行职责和改革创新上有新的突破，努力打造学习型、服务型、创新型和效能型机关。

服务机关 着力抓好机关建设，不断完善服务保障工作。做好政协履职的各项服务保障工作，努力发挥机关参谋助手、组织协调和服务保障作用，开展以“加强制度教育、构筑拒腐防线”为主题的纪律教育月活动。做好困难转业复员退伍军人挂钩联系和节日慰问工作。加强对外交往，做好接待省、广州市各地政协到从化市开展调研视察，交流学习等工作，增进友谊和团结。做好各类慈善团体的联系接洽工作，先后接待中国星火基金会、广东狮子会、香港的士协会，为他们在从化市开展公益慈善活动提供良好的服务。做好机关离退休干部和政协联谊会工作。每月组织机关离退休干部品茗恳谈，收集老同志的意见和建议，并了解他们身体和生活的状况。中秋前夕，组织政协联谊会聚餐座谈，听取他们对政协和社会各方面工作的意见和建议，并送上节日礼物和祝福。

为政协委员服务 协调各委员组开展履职活动，保持与政协委员的正常联系，及时通知协调委员参加会议、调研视察活动事宜，组织委员参加第四届广州市“政协杯”扑克牌、羽毛球、乒乓球赛，获扑克牌领导组双人赛和羽毛球团体赛季军。

办文办会 严把办文关，做好上呈下达工作，确保准确把文件、通知等传发到相关部门，保持与上级政协及市委、人大、政府等部门的正常联系。组织协调召开政协八届六次会议，政协九届一次会议，八届十七次、十八次、十九次常委会议，主席会议、机关干部会议、各类调研视察和协商座谈等会议，做好会务工作，协调领导应参加的各项重要活动。起草机关工作计划、活动工作方案、工作总结、会议纪要、议政意见和专题调研报告多篇，为从化市发展生态经济、建设幸福从化建言谋策。加强宣传政协工作，编辑印发《政协简报》5期，撰写多篇工作简讯在《广州市政协简报》、《今日从化》、《信息快报》上刊登。

档案整理 按要求完成2010年度各门类档案归档整理工作。档案整理项目按机关具体情况分为文书、声像、业务、设备、实物和文件汇编6个方面，其中文书类永久13件、30年21件、10年51件，政协提案业务类4卷；整理《发文汇编》1种、《会议文件汇编》1种；编写《2010年市政协组织机构沿革》、《2010年市政协大事记》、《2010年市政协全宗旨南》、《2010年市政协文件汇编》等编研资料。

（市政协办供稿，朱小聪执笔）

中共从化市纪委

【管理机构】 中共从化市纪律检查委员会（监察局与其合署办公）属市委序列行政单位，办公地址在街口街新城东路99号，机关定编28人。2011年，机关在职32人，有书记1人、副书记2人、常委4人、监察局局长1人（由副书记兼）、副局长2人。内设机构有：办公室、干部室、信访室、纪检监察室、案件审理室、宣传教育室、党风廉政建设室、执法监察室、效能建设室9个室。另设4个派驻纪检组，定编23人。全市有基层纪委29个。

【中共从化市第十二届纪律检查委员会第一次全体会议】 2011年9月25日下午，中共从化市第十二届纪律检查委员会第一次全体会议在市中心会堂召开。欧阳翔同志受市第十二次党代会大会主席团的委托主持会议。会议应到委员15名，实到委员15名，符合规定人数，会议有效。根据全会《选举办法》的规定和广州市委的要求，会议采用无记名投票方式，选举产生中共从化市纪律检查委员会常委、书记、副书记。欧阳翔、黄柏强、李艳影、李记平、唐沛流、郭志锋、陆伟坚当选为市纪委常委；欧阳翔当选市纪委书记；黄柏强、李艳影当选为市纪委副书记。会议选举结果经市委十二届一次全会通过。

【监督检查】 切实加强对中央、省、广州市和从化市重大决策部署落实情况的监督检查，加强对经济结构调整、加快经济发展方式转变、扶贫双到等重大政策措施落实情况的监督检查，及时发现和解决妨碍改革发展的突出问题。加强节约集约用地和违法用地整治、节能减排、环境保护、安全生产的专项检查，共开展监督检查25次，纠正违规问题21个。严肃换届纪律，确保换届风清气正。加大重要信访案件的督办力度，化解信访疑难突出问题，维护社会和谐稳定。

【效能建设】 完善决策咨询机制，建立市委重大决策酝酿办公会议和片区工作会议等制度。完善服务工作机制，构建城乡行政服务网络，镇（街）便民服务中心逐步建成，提高政务服务水平。完善重点项目保障机制，切实发挥市效能办、市重点项目督查办、市用地保障督查办联席会议作用，协调解决重大项目建设过程中遇到的困难。完善监督考核机制，制订《从化市重点项目考核暂行办法》等一系列考核制度，进一步增强决策和制度的执行力。加强效能投诉的调查处理工作，解决群众反映的突出问题65件，全市各单位办事效率总体提升28.6%。

【反腐倡廉教育】 开展以“以人为本，执政为民”为主题的纪律教育学习月活动。紧扣上级纪委工作精神，紧贴市委中心工作，坚持季度主题教育，提高党员干部廉洁从政意识。推进廉政文化建设，营造崇廉耻贪的良好社会氛围，反腐倡廉“日渗月透提醒季教育”长效机制不断健全。落实党风廉政建设责任制，领导干部廉政谈话、述职述廉等党内监督制度进一步落实。加强对党员干部廉洁自律情况的监督检查，不断深化政务公开和党务公开工作，加大责任追究力度，党员干部廉政勤政意识明显增强。

【查处违法违纪案件】 受理信访举报176件，立案24件35人，比上年增长9%和59%，给予党纪处分19件20人，政纪处分6件18人，同时给予党纪政纪6件6人。注重发挥市委反腐败协调小组作用，坚持依纪依法、安全文明办案，注重处理好惩处和保护的关系，充分发挥查办案件治标治本的综合效应。

2月8日，从化市交通建设年暨效能建设年动员大会在市中心会堂召开

【源头治理腐败】　健全干部选拔任用监督机制，加强对领导干部特别是“一把手”提拔初始提名权的监督，坚持和完善选拔任用干部征求纪委意见制度。深入推进工程建设领域突出问题的专项治理，重点排查2008年以来国土、建设、水务和交通运输4个领域中国有投资500万元以上工程建设项目69项，整改存在问题20个。开展行政审批事项清理，进一步完善行政审批电子监察系统，监督领域不断拓展。加强对要素市场建设和规范市场秩序情况的监督检查，全年对453宗招投标项目进行监管，通过政府采购节约资金523万元；通过挂牌出让土地28宗，总面积1091亩；通过财政评审核减基本建设资金2.94亿元。

【作风建设】　加强领导干部廉洁自律的监督，坚持领导干部定期接访和下访，推进党务和政务公开，做好政风行风热线上线工作，进一步严肃外出活动工作纪律。深入开展农村基层党风廉政建设，增强农村党员干部廉洁自律意识和拒腐防变能力。扎实开展公务车的专项治理工作，规范公务用车的使用和管理。深入整治庆典、研讨会、论坛过多过滥工作，取消庆典、研讨会、论坛33个。继续推进“小金库”专项治理工作，清理违规金额11.5万元。深化纠正医药购销和医疗服务中的不正之风、治理教育乱收费等工作。进一步巩固公路无“三乱”（乱设站卡、乱罚款、乱收费）工作成果。开展民主评议政风行风工作，促进执法部门作风好转。

【队伍建设】　开展创先争优活动，切实增强干部队伍的宗旨意识。加强干部理论学习和业务培训，切实提高执纪能力。完成全市镇（街）、园区分四片派驻纪检监察机构工作，逐步完善派驻管理。配合上级做好纪委换届工作，选举产生新一届市纪委领导班子。严格把关，做好镇（街）纪委换届工作，选好配强基层纪委班子。

（市纪委办公室供稿，巢金沂执笔）

党委机关

组织建设

【管理机构】　市委组织部属市委序列行政单位，办公地址在街口街新城东路99号，定编24名，其中行政编制21名，工勤编制3名。2011年末，在编23人，有部长1人、副部长2人，内设机构有：办公室、干部一科、干部二科、干部三科、组织科、党员电教中心、公务员管理科。下属机构有从化市干部人事档案管理办公室。托管机构有从化市人才储备推荐测评中心。

【各级领导班子建设】　完成镇（街）换届突出教育宣传先行、专题谈话先行、纪律承诺先行“三个先行”，确保换届纪律全覆盖。提高镇换届工作顺畅度，突出“四个抓好”，即抓好干部思想意识摸查和教育，市主要领导分别与8个镇街、16名党政正职和其他160多名干部进行谈话谈心；抓好干部结构分析和信息管理，对全市副科级以上领导干部从年龄、性别、学历、专业特长等方面作较为科学的结构分析，加强干部信息管理；抓好制度建设和规划制定，制定《从化市局级领导干部交流工作实施办法（试行）》等文件；抓好方案拟定和业务培训，拟定《关于镇党委换届选举和镇（街）领导班子配备的工作方案》等换届工作方案；组织开展镇换届工作业务培训，抽调业务骨干组成4个工作小组，深入各镇进行指导。严把配备干部政策关，做到突出“五个注重”，即注重统筹创设良好氛围，及时传达省、广州市换届的最新精神；注重推荐提名党政正职人选，严格按程序推荐确定15名非定向正局级领导干部考察对象；注重镇党政正职提前到位，结合实际提前对3名镇长和1名党工委书记进行调整，并及时安排其到岗任职；注重科学配备优化班子结构；注重班子成员在知识、经历、专长、性格等方面的科学配搭；加大对年轻干部、党外干部、女干部及少数民族干部的选拔使用力度。在全市35岁以下、符合相关任职资格条件的年轻干部中，公选局级班子副职领导干部13名，并调配部分公选干部充实镇街，调优配强镇领导班子；注重扩大选人用人民主，广泛征求镇（街）干部职工的意见，并在市领导中开展镇（街）领导班子成员民主测评；镇街考察确定的51名正副局级考察对象，均主动征求计生、纪委等职能部门的意见。8月底，从化市5个镇党委、人大班子顺利选举完毕，整个换届选举过程“零投诉、零上访、零违纪”，市委提名人选全部当选，新一届镇领导班子结构进一步优化，执政能力进一步增强。

完成市党代会和人大政协“两会”选举

成立工作领导小组，制订工作方案和工作明细安排表，建立时间倒逼机制，落实会议准备、培训指导、组织安排“三个到位”，抓好党代会选举组织工作。做好大会文件资料的起草工作，广泛征求意见拟定会议主持稿，科学设计选票，提高计票工作效率。事先准备好民主测评表、领导干部名册等各种会议资料，确保会议材料科学严谨、一份不漏，为大会顺利召开奠定基础。召开选举工作会议，对相关人员进行专门培训，并制作选举文字资料及光盘等下发到每个选举单位，提升相关人员的政策水平和业务能力。抽调17名精干人员组成4个指导小组，实行组长负责制，深入基层各个选举单位，指导其严格按照既定程序进行选举，严把代表素质关、代表结构关和工作程序关，确保选举高效有序推进。把好大会选举人事安排关，认真梳理干部信息，广泛听取群众意见，协助市委统筹考虑人大、政府、政协、法院和检察院领导班子的人事安排，如实反映领导干部的履职情况、群众基础，协助市委完成市委提名各项职务候选人的推荐和上报工作。制作工作安排流程表和现场座位平面图分发到个人，为每位工作人员定岗定责；采用现场模拟演练的方式，组织工作人员对分票、投票、计票、监票、报告结果等整套选举流程多次实地操练，提高工作人员对选举工作的熟练程度。把好大会选举程序关，科学安排大会的各种机构，拟定大会选举办法，明确大会预选、正选和主席团会议的会议时间及主题，合理安排选举大会工作日程，高质量完成市党代会、人大和政协选举组织工作。

推进政府工作部门换届　抽调精干人员组成4个考察小组，在两日内完成28个单位的领导班子及其成员考察工作。主要做法有：拟定《关于对政府工作部门领导班子及其成员进行考察的工作方案》，明确考察工作的指导思想和工作目标、程序和要求。着眼干部队伍建设需要，结合《从化市局级领导干部交流工作实施办法（试行）》等干部制度，对全市相关单位特别是政府工作部门的领导干部从年龄、性别、学历、任职年限等方面作结构分析，为组织考察和干部调配工作打下基础。考察组严格按照发布考察预告、民主测评、个别谈话了解情况等环节进行考察。注重通过考察发现一批优秀干部、年轻干部、女干部和党外干部，并广泛听取民意，根据考察情况综合分析，全面客观地撰写考察材料和情况汇报。坚持“大稳定、小调整、优结构、强素质”原则，科学合理配备政府组成局领导班子，注重把能够把握发展机遇、克服各种困难，能够应对突发事件、处理复杂问题的优秀干部选拔到政府工作部门主要岗位上来，务求干部队伍建设能满足发展大环境的需要。在这次干部调整中，在任领导干部年龄在53岁以上的（含53岁），原则上改任党委（党组、党总支、党支部）书记或交流到市人大工委、政协专委任职。有19个政府职能部门（组成局）局长（主任）的提名人选不变；并按照相关原则和工作需要，有8个政府职能部门（组成局）局长（主任）确定新的提名人选。

配合换届　配合广州市考察组顺利完成市级班子换届考察工作，得到广州市考察组的充分肯定。配合市工商联换届选举工作，选举产生从化市新一届工商业联合会（总商会）领导班子。

【干部培训】　继续深化“请进来，走出去”和“沉下去，请上来”的教学模式，增强干部教育培训的针对性、实效性。2011年的干部培训工作以“加强效能建设，提高执政能力”为重点，突出“加快转变经济发展方式暨创新社会管理”的主题，开展干部分类专题培训。联合市委党校举办副局级以上干部法律知识讲座、中青年干部法制培训班、新任副局级以上领导干部培训班、挂职干部岗前培训班、公务员培训班等；特别是在11月中下旬举办副局级以上干部“加快转变经济发展方式基础知识暨加强和创新社会管理专题培训班”，全市各系统战线700多名副局级以上干部参加培训。在干部培训过程中，注重把干部的理论学习、党性锻炼与工作研究结合起来，把培训与考察、使用干部结合起来，激发干部学习的积极性，提升全市各级领导干部依法行政和构建和谐社会的能力。

【人才引进】 编制人才工作规划 以胡锦涛同志“七一讲话”为契机，加强人才工作的宏观管理和组织落实。先后主持召开从化市人才工作领导小组工作会议和编制人才发展规划筹备工作会议，研究部署全市人才工作及编制人才发展规划有关工作。深入开展人才工作情况调研，先后组织开展机关单位、事业单位、企业单位人才工作情况调研会，在充分调研的基础上，编制《从化市人才发展规划纲要(2011—2015)》。

按需引进人才 注重根据从化市经济社会发展的需要，公开招录公务员32名和选调生9名。强化人才储备推荐测评中心的职能作用，继续招聘硕博士应届毕业生到从化市挂职。经笔试、面试、组织考察和体检等环节，共录用32名研究生，进一步优化全市的人才队伍结构。并按规定，对2010年招聘的38名挂职期满的挂职人员（有10人在挂职期间因个人原因终止挂职关系）做好安排使用工作，其中27人在全市范围内统筹使用事业编制；1人延长半年的挂职期限，并适当调整挂职单位。

引进高素质领导干部 创新干部交流任用方式，从兄弟区县、省直部门、以及广州相关部门选拔一批综合素质较高，业务能力较强，事业心、工作热情较高的干部到从化工作。在选拔任用中，严格按照干部选拔任用条例，通过考察谈话、查阅档案、部务会议讨论、送交市委常委会议票决等环节，引进领导干部5名，其中1名任二级班子正职，4名任二级班子副职，为干部队伍注入新的活力。

【干部管理】 干部日常管理 整理汇编全市领导干部名册，及时更新领导班子成员名册，整理汇编《从化市副局级以上领导干部名册》、《从化市副局级以上非领导干部名册》及《广州市管干部名册》，共完成1012名副局级以上干部个人信息的分类整理。继续加强干部日常了解，重点加强对市扶贫双到干部队伍的日常管理，通过实地查看、考察谈话、参加列席会议和民主生活会等方式，深入现场一线，直接了解和掌握干部表现，及时解决其思想上、生活上的问题，督促鼓励其积极配合开展扶贫双到工作。做好干部任免调配工作，全年全市任免调配干部303人次，发出任免文件168份，发出调动通知书89份；发出任前公示33份；提拔副局级以上干部75人，其中新提拔30人，副局级提拔为正局级24人（非领导职务5人），职务提拔20人；交流干部65人；领导改非13人（其中3人改非晋升）；发出审计委托书2份11人次，收到审计报告9份。发出征求意见函74份，向有关部门征求意见2250人次。并做好公务员招考、录用、转正、调任转任、辞职等日常管理工作。

干部管理监督 强化领导干部经济责任审计监督，委托从化市审计局对11名领导干部进行经济责任审计（其中3名为任期内审计），通过审计，查出部分管理不规范资金和违规资金，并及时敦促相关部门整改。至年末，全面完成2011年经济责任审计工作。草拟2012年领导干部经济责任审计工作计划，提交市经济责任审计联席会议讨论，确定对2011年岗位调整的7名领导干部进行经济责任审计的安排，并由市委组织部发出委托书；2012年经济责任审计工作顺利铺开。强化基层干部选任工作监督，重点对各单位突击提拔、超额配备、破格提拔、曾受处分干部提拔任用情况进行监督。发出《关于做好2010年度干部选拔任用工作情况自查工作的通知》，要求全市各单位对股级干部贯彻执行条例情况进行自查，促使基层单位贯彻落实《条例》和《办法》的自觉性，提高基层单位选任干部的规范性。认真办理领导干部重大事项报告申报工作，联合纪委完成2010年市五套班子成员个人收入情况和党员领导干部重大事项报告申报相关工作，切实加强对领导干部的管理和监督。严格把好领导干部因私、因公出国（境）以及赴台审批。严格执行国家工作人员登记备案制度，完成副局（科）级以上干部向出入境管理部门报备83人，其中新增60人，撤销17人，变更5人，领导签名样式1人。严格履行因私出国（境）审批手续，严格因私护照和赴港澳通行证的管理，办理因私出国（境）审批218人/次。其中为广州市管干部办理因私出国（境）报批手续7人/次。办理因公出国境政治审查51人次，赴台湾人员政治审查21人次。

【党的基层组织建设】 *率先完成村（居）“两委”换届选举* 坚持早谋划，注重抓实换届前的矛盾纠纷化解工作。排查出11条预计难度较大的村，通过落实领导包干、调整班子结构、解决群众反映的突出问题等措施，全面完成难点村整治任务。对难点、重点村实行全程督查指导，采取一村一策，逐一解决难点问题，确保难点村顺利完成任务。换届选举过程中没有出现重大信访和维稳问题。注重立体全方位培训工作骨干，采取集中培训、分阶段培训、现场模拟演练等多种形式加强工作骨干业务培训，提高其业务能力和工作水平，提升换届工作效率。及早部署，做好选举督导工作和现场稳控工作。成立由部领导任组长的村、社区“两委”换届选举工作维稳领导小组和督查组，全程监控选举现场，确保换届工作稳步高效推进。3月12日，全市221个村（含流溪河林场3个村）和44个社区，在广州范围内率先完成2011年村、社区“两委”换届选举工作。换届选举工作呈现“三高一低三满意”的特点，即建议人选当选率高、交叉任职率高、学历提高，平均年龄降低，党委政府满意、干部满意、群众满意。省和广州市村、社区“两委”换届选举工作领导小组办公室分别在《简报》上刊登专题材料推广从化的经验做法。

深化开展创先争优活动 围绕“推动科学发展、促进社会和谐、服务人民群众、加强基层组织”的目标要求，创新载体，深入开展创先争优活动。开展党建大篷车下乡活动，内容涵盖党建下乡、党课下乡、党员电化教育下乡、农技下乡、文化下乡、法规下乡、医疗下乡、计划生育服务下乡和送红歌、送电影、送文艺节目下乡，拓展党建服务的广度和深度。继续开展“履职尽责当先锋，攻坚克难促发展——百万记”主题实践活动。开展“百个基层党组织先进记”和“万名党员优秀记”，引导基层党组织和广大党员在一般日常工作和生活中创先争优，在重点、难点、热点工作中创先争优，在党建工作中创先争优，在创先争优活动工作中创先争优。开展“交通建设党员先锋行”和

"效能建设党员先锋行"活动。具体为开展"五个一"活动：即组织一次专题学习会，开展一次专题讨论，签订一份承诺书，开展一次党日活动，写好一篇先进记和优秀记，为扎实推进"交通建设年"和"效能建设年"活动提供坚强组织保证。组织开展建党90周年评选表彰活动。隆重召开庆祝中国共产党成立90周年大会，表彰先进基层党组织20个、优秀党务工作者40名和优秀共产党员100名，营造学习先进、争当先进、赶超先进的良好风气。各级党组织和广大党员通过开展创先争优活动，进一步推动从化经济社会各项事业发展，涌现出一大批先进集体和优秀个人。

夯实基层组织建设基础　落实"一定三有"（定权责立规范，收入有保障、干好有希望、退后有所养），定权责立规范，探索基层组织工作经费保障机制，建立健全农村干部成长机制，大幅度提高农村干部待遇，拓展农村干部发展空间。进一步加强大学生村官队伍建设。全年共招聘大学生村官169名，并联合市委党校对大学生村官进行岗前培训，有力地推进全市社会主义新农村建设。进一步规范农村干部任职公开承诺机制。落实"四议两公开"（党支部会提议、"两委"会商议、党员大会审议、村民代表会议或村民会议决议，决议公开、实施结果公开）、"四民主工作法"（民主提事、民主决事、民主理事、民主监事），全市村居"两委"班子和成员承诺事项达1.5万多项，履诺率99%，群众满意率98%。进一步加强机关、社区、学校、医院和"两新"（新经济和新社会）组织党组织建设。加强在非公有制经济组织发展党员工作，探索基层党组织生活创新，有序推进大夫田村党支部、市法院党总支、从化中学党支部、碧泉大酒店党支部试点工作。进一步加强党员队伍建设。抓好发展党员工作，全年发展党员855名（非公组织、社会组织党工委及旅游局党工委未纳入统计）。继续抓好党员教育、管理、服务工作，健全党内激励、关怀、帮扶机制，党员队伍素质得到进一步提高。高质量完成民主评议党员工作。全市共有基层党组织908个，全部开展民主评议党员工作；共有党员2.6万名，实际参加评议的党员2.55万名，占全市党员总数的98.34%；评为优秀党员的4460名，占全市参评党员总数的17.46%，无不合格党员。继续深化"一工程四机制"（即农村党建市镇村"三级联创"活动创建"生态文明建设排头兵"先进村示范工程；建立农村干部任职公开承诺机制，农村干部成长机制，党内帮扶困难党员机制，农民全面培训机制）工作；做好远程教育工作（收视率由70%—80%跃升至94%以上），组织参与"我与远教"征文比赛（4篇在广州远程教育情况简报发表，10篇入编《广州市党员干部现代远程教育—实践与探索》）；进一步加强党建指导员队伍建设及党内统计工作；做好党务公开工作及2011年市党政领导班子民主生活会的各项工作；做好离任村干部的登记、审核、落实待遇等工作。

【队伍建设】　结合市直属机关党委"创先争优促发展"主题实践活动，强化组织部门自身建设，着力打造工作质量优、办事效率高、服务意识强的组工队伍。扎实推进机关效能建设，成立组织部效能建设活动领导小组，结合工作实际，制定《中共从化市委组织部机关效能建设实施方案》，在4个方面采取12项具体措施，以制度建设推动效能建设；同时添置一批办公自动化设备，以硬件升级助推效能建设，高效优质完成各项工作。以"理解、超越、凝力、满足"为核心，组织开展系列活动，大力塑造幸福组工文化。如组织全体党员到红色革命根据地参观学习、组织参加丰富多彩的文体活动、组织收看省委书记汪洋讲党课等，以此增进组工党员干部的沟通交流，凝心聚力做好各项工作。稳步推进信息化建设，高质量完成“大组工网”项目建设。根据中央、省和广州市关于组织系统“大组工网”建设的要求，切实做好建设方案制定、经费申请等工作，按时按质完成“大组工网”项目建设，实现组工干部“全员使用大组工网”的目标。加强干部信息规范化和信息化管理。把全市900多名副局级以上干部的详细信息录入广州市委组织部综合业务平台，实现领导干部信息的高效管理和有效利用，进一步提高服务干部的工作水平。简化行政审批流程，制作《副局级以上干部因私出国（境）审批工作流程》和《公务员年度考核工作办法》压缩包，并将其上传至单位内网，相关人员可自行下载学习，进一步提高服务效率。建立民主开放的组织系统，全面推行党务、政务、事务公开，凡事关干部、群众切身利益，不涉及保密内容的事项都实行公示制，在单位宣传栏及政府网站予以公示，提升组织工作的公信度和满意度。2011年市委组织部先后获得广州市委组织部授予“2010年度调研信息工作先进单位”称号，市直属机关党委授予“2008—2010年度先进基层党组织”称号，以及“2006—2010年从化市法制宣传教育先进集体”、“从化市关心下一代工作先进集体”等荣誉称号；并有1名通讯员被评为省委组织部和广州市委组织部优秀通讯员，多名党员被评为市或机关党委优秀党务工作者和优秀共产党员。

（市委组织部供稿，孙文凭、张永红执笔）

人才储备推荐测评

【管理机构】 2011年1月18日，成立市人才储备推荐测评中心，为中共从化市委组织部代管的市独立建制正局级事业单位，定编38名，办公地址在街口街开源路23号后座3楼。2011年末，在职20人，有主任1名，副主任2名。内设科室有办公室、综合科、人才引进储备科、人才推荐使用科、人才测评管理科。

【人才储备推荐测评中心筹建】 建立健全内务管理制度 规范公文处理、文件收发办法及资料分类归档管理，通过办文呈批、文件呈阅及资料分类统一保管方式，提高办文质量和效率，实现文件资料管理的程序化、规范化、科学化。

干部人事调动 由于中心具有人才储备引进推荐职能，人员调动较为频繁，中心在实践中逐步完善有关干部人事调动程序，及时办理人员人事调动及工资关系调整的相关手续。自中心成立以来，调入人才22人次，调出3人次。

信息化综合数据平台建设 5月，人才储备推荐测评管理综合数据平台初步建立，该平台主要承担高层次人才招聘引进时的信息收集、整理、储存、发布、咨询和管理等业务；市内各类各层次人才招聘考试的网络报名、信息发布等工作，以及联系和服务从化市专家库成员。2011年，利用综合数据平台进行公开招聘挂职大学生、大学生村官的报名及资格审查工作，有效提高工作效率，推动招聘工作顺利开展。

岗位设置管理 按照人事制度改革原则，推进人事管理科学化、规范化、制度化工作，推进聘用制度和岗位管理制度建设，组织架构初步形成。对全体在职在编人员实行岗位设置管理，完成制定岗位设置方案、岗位核准、岗位及岗位等级分布、编制岗位说明书、事业单位机构实名制登记。经市人社局批准，中心于9—11月对8个中层副职领导岗位实行竞争上岗，符合报考条件的14名在编人员参加竞岗，其中有8位同志经过笔试、面试、民主测评及组织考察被确定为中层副职任职人选，分别在办公室、综合科、人才测评管理科、人才储备引进科、人才推荐使用科任职，中心组织架构及人员配置工作得到初步完善。

【人才招聘】 招聘挂职大学生 为贯彻落实从化市“人才强市”发展战略，建立充满活力的选人用人机制，多形式多途径吸纳人才，自2008年开始，从化市连续4年从高校全日制应届硕、博士毕业生中招聘挂职干部。2011年的挂职干部招聘工作从5月初启动，中心承担和参与此次招聘工作的网上报名、笔试、资格审查、面试、组织考察、确定人选、体检等具体工作。被确定聘用的30名优秀应届硕士毕业生均充实到各街镇及市直部门，有针对性地解决从化市经济社会快速跨越发展过程中对各类人才，尤其是高学历、高层次人才的急切需求，为加快转变经济发展方式、建设珠三角最宜居生态城市和建设幸福从化提供坚强有力的人才保障和智力支持。中心同时做好挂职干部一年挂职期间的联系服务工作。

招聘大学生村官 为进一步加强从化市农村干部队伍建设，引导和鼓励高校毕业生到农村基层就业，更有效地推进社会主义新农村建设，从化市在10月底在全市范围内公开招聘165名高校毕业生，担任村党支部书记助理、村委会主任助理。中心承担该次招考网上报名、笔试面试考务、组织体检等主要工作。这次招考计划录用162人，参加报名考试1900多人，实际参加笔试有1080多人，进入面试281人。

承担其他招聘考务 结合从化市镇（街）换届选举工作，为进一步改善干部队伍结构，加强干部队伍建设，更好地促进全市经济社会发展，5月底，从化市组织开展公开选拔13名局级班子副职领导干部。中心主要承担此次公开选拔考试的笔试面试、组织考察等具体工作。

【协助市委组织部开展工作】 协助编制从化市人才发展规划纲要（2011—2015年） 根据上级有关人才工作会议和文件的精神，3月9日，从化市组织召开编制人才发展规划筹备工作会议，部署编制人才发展规划有关工作，并先后组织开展机关单位、事业单位、企业单位人才工作情况调研会，深入机关、企事业单位开展人才调研。中心积极协助市委组织部草拟、修改全市人才发展规划纲要。其中已完成从化市第一部人才发展规划纲要（2011—2015年）（初稿）的编制工作。

筹备从化组工信息平台建设 为加强机关效能建设，推进党务、政务信息公开，提高党的组织工作的透明度，促进全市党建、干部、人才等工作的大发展，中心在市委组织部领导下，通过制定从化组工信息平台建设实施方案，开展调查研究，根据全市组工网站实际需求及中心的机构职能，确定组工信息平台的栏目等前期工作，为从化组工信息平台建设打下基础。

配合完成2011年换届会务 2011年是从化市的换届年，中心群策群力，配合市委组织部做好镇街领导换届工作、党代会、人代会、政协会议召开的前期筹备工作及会务工作，并准确无误地做好计票唱票工作。

（市人才储备推荐测评中心供稿，黄荣康执笔）

宣　传

【管理机构】　市委宣传部属市委序列行政单位，办公地址在街口街新城东路99号。定编10名（常委、宣传部长不占定编），其中行政编制9名、工勤编制1名。2011年末，在职8人，有部长1人、副部长2人。内设机构有：办公室、理论科、宣传科、外宣办（对外挂市委对外宣传工作领导小组办公室牌子）、文明办（对外挂市精神文明建设委员会办公室牌子）。6月，增设下属股级事业机构从化市新闻宣传网络管理中心。协调机构有：市文化广电新闻出版局、市广播电视台、市新闻中心、市文联。

【理论学习】　理论工作紧紧围绕市委、市政府的决策部署，结合庆祝建党90周年，学习贯彻党的十七届五中、六中全会和胡锦涛同志“七一”讲话及视察广东、广州重要讲话精神，以“加快转型升级，建设幸福从化”为重点，深入推进全市各级党委中心组理论学习。全市各级党委学习中心组理论学习和专题调研工作顺利开展，调研项目共160项，形成调研报告239篇。经市委检查组的考核，评出市交通局、市城乡建设局、良口镇等27个党委中心组为优秀单位。2011年5月，在广州市委对各区、县级市党委（党组）中心组理论学习检查中，从化市委学习中心组被评为2009—2010年度中心组理论学习检查考核优秀等次单位。

【开展宣讲研讨活动】　5月25日，从化市举办“我们的亚运，我们的风采——广州亚运先进事迹报告会”，号召全市广大干部群众学习亚运先进单位和先进个人的典型事迹。在5—8月期间，市组织开展一系列以引导干部群众树立正确幸福观为主题的“幸福从化群众论坛”。6月10日举行“实施‘大交通、大旅游、大产业’战略，建设珠三角最宜居生态城市”的首场论坛。10月10日，市邀请广州市委党校哲学教研部主任李仁武教授讲解胡锦涛总书记视察广东、广州重要讲话精神。12月16日，举办从化市学习贯彻党的十七届六中全会精神宣讲报告会，特邀广州日报社社长汤应武讲课，推动全市各级党组织深入学习贯彻党的十七届六中全会精神。

【社会宣传】　做好全市重大活动、中心工作会议的新闻宣传，做好扶贫开发和效能建设工作的宣传协调。2011年以来，从化市通过新华社、人民日报、广东电视台、南方日报、广州日报等媒体，加大对扶贫开发工作的宣传报道。通过组织征文活动，挖掘扶贫开发工作中的感人事迹。开展“纪念中国共产党成立90周年”系列宣传主题活动。做好依法治市“五五”规划和“6·26”国际禁毒日和禁毒宣传教育月宣传工作，开展普法宣传活动，电视台播出普法新闻200多条，电台播出普法稿件270多篇。

【对外宣传】　做好全市各项中心工作和阶段目标的新闻宣传，以市委全会、党代会、“两会”的召开为契机，围绕从化市近期的发展目标，通过新闻媒体及时发布，并组织南方日报、广州电视台、广州日报、南方都市报等媒体，以书记专访的形式作新闻宣传报道，详细解读从化今后的发展目标，向外界展示从化未来发展的美好蓝图和当前经济社会发展所取得的重大成果。邀请上级单位、媒体、岭南名家“走进从化”，在1月组织开展“青年记者绿道行”活动；配合做好从化良口杨梅节、水上绿道试航等活动，邀请中央、省、广州市以及香港媒体走进从化。7月底，邀请岭南诗书画名家到从化的风景名胜进行采风活动，11月，邀请广州市外宣办、广州日报、羊城晚报等单位到从化考察绿道建设等。在省内主流媒体投放专版，做好大宣传，全年在省、广州市主流媒体发放专版20多条次，字数超10万字。全年共接待媒体100多人次，其中包括中央电视台、新华社、中国网络电视台以及广东电视台等多家媒体的采访工作，省、广州市各大媒体（包括报纸、电台、电视）刊播关于从化的宣传报道共1500多篇，达到提升从化对外形象的宣传效果。

【国防教育】　配合做好国家、省国防教育办公室举办的国防教育征文、国防法规网络知识竞赛等系列活动的宣传发动。协调市广播电视台、市新闻中心在“七一”党生日、“八一”建军节等重要日子，开辟国防教育宣传专栏，对广大人民群众进行国防教育。开展“国防教育进街道”活动，邀请广州市国防教育讲师团到鳌头镇、城郊街，为基层党政机关干部宣讲国防理论，介绍世界和国家安全形势。组织人员参加广州市第三届“国防教育杯”军事定向越野比赛，市林业局党委、教育局党委分别选送两名队员代表从化参赛，获三等奖。配合广州创建全国文明城市和未成年人思想道德建设工作，对全市爱国主义教育基地进行全面的梳理检查。

【舆论监控】　完善新闻宣传工作机构，在6月成立从化市新闻宣传网络管理中心。设置全省首个县级“媒体接待站”，为从化市开展对外宣传、新闻协调工作提供机构保障。建立健全新闻发布、新闻发言人制度，并在9月举办各单位新闻发言人及助理培训班，切实加强新闻舆论的组织、指导、协调和监督。加强突发事件的新闻应急处置工作，建立突发事件24小时舆情监控值班制度，完善对外通报的新闻纪律，及时做好突发事件的新闻应对，2011年从化市舆情突发事件较多，如石岭小学撤并、城区小学生家长办假证入学被骗、瘦肉精猪、太平镇水南村电塔施工村民阻挠、屈洞村施工误砍荔枝树、鳌头镇药厂爆燃、高校门前交通黑点、麻三村千鸡只死亡、海霸王食品公司污染问题等，从化市能及时应对，正确引导舆论，掌握话语权。完善舆情信息报送制度，9月开始编印《从化舆情分析报告》，把每月的新闻报道定期汇总，及时上报市领导和下发各单位，及时、全面掌握全市基层舆情动态，为市委、市政府做决策提供参考。

【建党90周年大型宣传系列活动】　2011年，市开展形式多样的纪念建党90周年系列宣传活动，如“创先争优党旗红”庆祝建党90周年大型文艺汇演；“光辉的历程”纪念建党90周年宣传图片展览；从化市第二届“共创文明城——万人同唱文明歌”暨“爱国歌曲大家唱”群众歌咏活动；“党旗礼赞”读书月暨征文比赛等主题活动在全市范围内开展组织纪念中国共产党成立90周年征文活动，评选出优秀征文30多篇，并把部分优秀征文汇编成册。开展“争做党的好儿女”大型演讲比赛。组织全市广大党员群众收看中共中央、国务院召开的纪念中国共产党成立90周年大会实况。

7月，举行从化市第二届"共创文明城——万人同唱文明歌"暨"爱国歌曲大家唱"群众歌咏活动

【推进扶贫开发"双到"】 根据市委、市政府扶贫开发工作安排，迅速动员部署，成立市委宣传部扶贫开发工作领导小组，建立工作机制，落实帮扶措施，组织领导干部到帮扶的太平镇文阁村开展走访慰问活动，4—12月，共组织领导干部职工到村开展调查达265人次。借助扶贫开发打造名镇名村的大好机遇，开发"广裕祠古村"文化景点。5月7日，广州市委副书记苏志佳率有关部门以及方圆集团董事长方明先生考察钱岗古村，从化市也相应成立钱岗村改造工作领导小组。12月6日，广州方圆地产控股公司捐建钱岗古村落改造项目动工举办启动仪式。

精神文明建设

【创建全国文明城市活动】 *加强创文工作宣传* 全年印刷6期27万幅创文宣传海报，在社区2400多个楼道宣传栏张贴，定期向市民宣传市创建工作取得的成果。全年编辑出版《文明导报》26期260多万份，在全社会引起广泛好评，并得到中央文明委和广州市创建办的充分肯定，向全国推广。从2009年11月开始，在全市城区26个社区铺开楼长制试点工作，逐步形成工作机制。2009—2011年，广州市共对从化市组织实施城市公共文明指数测评21次，其中2011年的平均成绩93.44分，比2009年提高12.77分，增长15.83%。通过扎实开展创建工作，全面提升城市建设和管理水平，为广州市成功创建全国文明城市做出积极贡献。

专项整治行动 从2011年6月开始，组织为期1个月的"城乡清洁工程全民行动月"专项整治行动。重点围绕广告治理、整治"六乱"（乱搭建、乱堆放、乱摆卖、乱拉挂、乱张贴、乱扔乱吐）、环卫保洁、环卫作业规范、市容执法、爱卫工作等工作，全面开展城市市容市貌综合整治。开展整治机动车交通违法行为行动，尤其是加强对乱停乱放、酒后驾驶、闯红灯等违法行为的整治；对公务车辆交通违法信息定期进行公布；加大对行人、非机动车交通违法行为的处罚力度，规范市民交通行为。

4月15日，从化市精神文明建设表彰暨创建全国文明城市动员大会在市中心会堂召开。图为获2008—2010年度从化市精神文明建设先进个人代表上台领奖

主题实践活动 按照广州市的统一部署，从化市每月围绕一个主题，在全市广泛开展

“慈善帮扶”、“友爱互助”、“文明出行”、“爱护公物”、“志愿服务”等主题的宣传教育实践活动，共组织各种形式的主题月广场文化活动1075场，参加人数10万多人次。

【公民思想道德教育实践活动】　评先学先　在全市开展评选2008—2010年度精神文明建设先进集体和先进工作者活动，表彰一批精神文明建设先进单位和先进个人。组织开展道德模范先进事迹学习宣传活动，组织各镇（街）、机关单位、学校，通过报告会、学习会、讨论会、主题班会等形式学习宣传全国道德模范钟南山、赵广军和第四届广州市道德模范利翠莲、郭桂忠的先进事迹，共900多场次，有5万多人次参加。组织开展“我推荐，我评议身边好人”活动，全年全市各单位推荐“身边好人”104名，从中筛选10名向广州市文明办推荐，其中市交警大队民警马志昌、市公安局民警王小兵、工商从化分局注册科科员利翠莲、市检察院郭桂忠、街口街居民古爱芳、鳌头镇村民邹玉兴入选中国好人榜。

“我们的节日”主题活动　全年全市在节日期间组织开展节日系列群众文化活动、慰问活动等300多场次，参加的干部群众40多万人次。利用网络推动“我们的节日”活动开展，营造文明祥和、团圆和谐的节日氛围，在春节期间举办“红红火火过大年网上系列活动”、清明期间举办“网上祭先烈活动”、中秋期间举办“中秋网上系列宣传活动”等网上系列活动。

【创建文明村】　创建文明示范村　2011年，组织开展第六批广州市文明示范村创建工作和从化市40个文明示范村的创建活动，其中城郊街西和村、江埔街鹊塱村、温泉镇密石村、太平镇钟楼村创建为广州市第六批文明示范村。

开展以城带乡共建活动　4月开始，在各镇（街）挑选40个创建热情高、工作基础较好的村，与40个机关单位、各级文明单位结对开展城乡共建文明示范村活动。市相关职能部门积极发挥职能作用，推动文明村创建工作的开展。

【加强和改进未成年人思想道德建设】　组织开展未成年人思想道德教育系列活动。5月，举办“童心向党”歌咏展演比赛活动。7—9月，组织开展第三届中小学生诵读中华经典美文表演大赛。在小学和幼儿园深入开展优秀童谣传唱活动。净化社会文化环境，开展“红棉剑锋2011”、“文化市场清理整治专项行动”、“打击盗版工具书专项行动”、“清理检查教辅材料专项行动”等一系列行动，给未成年人成长营造健康的环境。

（市委宣传部供稿，黎志平执笔）

编　制

【管理机构】　市机构编制委员会办公室为市机构编制委员会的常设机构，既是市委的工作部门，又是市政府的工作部门，列入市委序列，不占机构限额，办公地址在街口街新城东路99号市政府大院内，定编6名。2011年末，在职6人，有主任1人（兼）、副主任1人。内设机构有：综合科、监督检查科。直属行政机构有：市事业单位登记管理局，定编2人。

【机构体制改革和调整】　深化政府机构改革　从化市政府机构改革从2009年12月开始，

于2011年1月基本完成。在这次政府机构改革中，市编办着力转变市人民政府及所属部门的职能，理顺部门职责关系，严格执行市政府机构改革方案，健全部门间协调配合机制，明确政府职责重点，进一步精简和规范议事协调机构及其办事机构，抓好“三定”（定主要职责、定内设机构、定人员编制）规定的贯彻实施，严肃机构编制纪律，深化行政管理体制改革，初步建立起符合从化市经济社会发展需要的行政管理体制。督促市政府各部门执行新“三定”方案，确保职能划转到位、工作衔接到位、内设机构和人员编制调整到位，各项规定的职责全面正确地履行到位。开展机构改革评估工作，围绕转变职能、理顺关系、落实责任、严格控制等重点抓好市政府机构改革和各部门“三定”规定执行情况评估工作，重点对政府职能是否转变、部门职责关系是否理顺、机构编制、人员调整是否到位进行评估，撰写专题评估报告。对评估中发现的问题，会同有关部门共同研究，切实解决。3月，顺利通过省、广州市对全市政府机构改革的检查验收工作。

推进事业单位分类改革　根据《中共广州市委办公厅、广州市人民政府办公厅关于印发〈广州市事业单位分类改革实施意见〉的通知》以及《中共从化市委、从化市人民政府关于印发〈从化市事业单位分类改革实施方案〉的通知》文件精神，按照市委、市政府和上级机构编制部门的工作部署，为贯彻落实国家、省、广州市关于事业单位分类改革的有关精神，12月13日，召开从化市事业单位分类改革工作大会，全面推开全市事业单位分类改革工作，重点明确改革的目标和任务，做好解释《从化市事业单位分类改革实施方案》精神工作，指导各单位或部门做好自身系统的事业单位改革方案。协调各单位或部门进行现有事业单位的清理和规范，按照精简效能、规范统一的原则，对于有所调整的事业单位，尤其是涉及予以撤销或整合的事业单位，市编办均与事业单位的主管部门或多个部门之间进行充分的沟通和协调。通过清理调整后，保留的事业单位，由市编办指导，进行重新规范。收集、整理、汇总各事业单位的分类改革方案。对于各单位或部门报送的方案，由市编办统一进行整理、汇总报市事业单位分类改革领导小组审议、市编委审批，行政类事业单位由编委审核后报省编办审批。保持与上级主管部门以及周边各区（县级市）业务联系，相互交流改革推进情况以及改革过程中所遇到的困难和问题，共同探讨解决办法，尽量做到事业单位的分类划分能符合“大统一、小特色”的原则，使全市事业单位分类改革工作得以有条不紊地顺利进行。

推进简政强市事权改革　根据《中共广州市委、广州市人民政府关于简政强区（县级市）事权改革的决定》、《中共广州市委办公厅、广州市人民政府办公厅关于贯彻〈中共广州市委、广州市人民政府关于简政强区（县级市）事权改革的决定〉的实施意见》文件精神，为扎实推进从化市简政强市事权改革顺利实施，在市委、市政府的统一领导下，市编办迅速组织召开从化市简政强市事权改革工作会议，研究部署简政强市事权改革的组织实施工作，拟定出《关于推进从化市简政强市事权改革工作方案》。针对《广州市简政强区（县级市）事权下放目录》中涉及从化市的事权项目与各有关部门逐项进行梳理，并明确提出改革涉及的市政府职能部门要抓紧制订工作方案及相关配套措施，加强与各上级主管部门协调配合，做好事权的衔接工作，正确处理改革发展稳定的关系，严肃组织人事纪律、财经纪律和机构编制纪律。其中从化市涉及事权承接的部门已于2011年10月中旬前全部与广州相关职能部门进行事权的对接工作，并通过广州市简政强市事权改革工作检查组的验收，确保从化市的事权改革工作真正做到“接得住、管得好”。

全面实施简政强镇事权改革　根据《中共广东省委办公厅、广东省人民政府办公厅关于印发〈简政强镇事权改革的指导意见〉的通知》、《中共广州市委办公厅、广州市人民政府办公厅印发〈广州市简政强镇事权改革实施意见〉的通知》文件精神，为全面开展从化市简政强镇事权改革工作，3月中旬，市编办组织有关单位和部门召开专题工作会议，推动简政强镇事权改革工作的顺利开展，并由编办拟定出从化市鳌头、太平、温泉、良口、吕田五镇的简政强镇事权改革方案等文件，以市委办、市政府办名义印发执行，确保全市简政强镇事权改革工作顺利推进。

【编制规范化管理】　实施机构编制总量控制　严格执行机构编制政策和法规，从紧从严控制机构编制，规范机构编制管理，严格实行集中统一管理。从严控编核编，杜绝行政事业单位超编进人，做好人员调配和招聘的前置把关，有效地防止盲目进人、逆向进人，强化人员入口管理，提高新进行政事业单位工作人员素质。

加强机构编制监督检查　根据上级有关文件精神，贯彻执行中央编办、监察部颁发的《机构编制监督检查工作暂行规定》，落实省、广州市编办关于机构编制监督检查工作的有关要求，市编办增设监督检查科。通过采取日常监督管理和专项督查等方式，加强全市机构编制工作的监督检查，切实维护机构编制管理的严肃性和法律效力，落实“12310”电话举报制度，及时做好信访案件的回复、跟踪调查和反馈工作。

实施机构编制实名制管理　根据广东省编委《印发〈广东省机构编制部门电子政务发展规划（2011—2015年）的通知〉》、广州市编委办《关于区、县级市机构编制实名制管理技术平台建设问题的意见》的文件精神，2011年9月6日，市编办举办从化市机构编制实名制工作培训班，在各级党政群机关、事业单位全面推行机构编制实名制管理系统，将编制管理落实到单位到人。通过机构编制的实名制管理，将更有效地控制人员增长，解决超编进人、超职数配备领导干部、混编混岗问题，促进机构编制工作的规范化、法制化建设，完善编制和实有人员的动态管理工作，及时办理编制变动手续，以维护编制的严肃性和时效性，确保在编在岗实有人员与财政供养人员相一致。

【完善事业单位登记管理】　2011年，市编委办逐步把事业单位登记管理工作的重心转移到完善登记管理程序、加强事业单位监督管理上，不断完善法人证书使用管理的规章制度，努力营造法人证书使用的良好环境，事业单位登记管理水平不断提高。在深入贯彻落实《事业单位登记管理暂行条例》和《实施细则》的基础上，建立健全事业单位登记管理的各项规章制度，严格规范年检程序，严把审验项目关，全面推行网上登记管理。通过积极采取事业单位登记业务培训、下达年检通知等方式，加大登记管理力度，圆满完成全年事业单位登记的各项任务。2011年全市应年检单位355个，已年检单位344个（由于机构改革，有11个事业单位处于拟合并或者拟撤销状态），年检率为97%。全年受理从化市体育活动中心等9个事业单位的登记申请、从化市环卫所等101个事业单位的变更申请，从化市无线电管理办公室1个事业单位的注销申请。

（市编委办供稿，田延安执笔）

老干部工作

【管理机构】 中共从化市委老干部局隶属市委序列行政单位。办公地址在街口街青云路286号。定编7名，其中行政编制7名（关工委1名）、工勤编制1名。2011年末，在职6人，有局长1人、副局长2人。内设机构有：办公室。下属机构有：从化市企业离休干部管理办公室、从化市老干部活动中心、从化市老年干部大学、从化市社区教育中心。协调机构有：从化市关心下一代工作委员会。

【老干部基本情况】 2011年末，全市有离休干部89人。其中市属行政事业40人，企（事）业单位30人，镇8人，属广州市垂直管理7人，易地安置管理4人。享受处县级待遇29人，享受局级待遇60人，市五套班子离退休干部25人。年龄最大92岁，最小76岁。

【落实老干部政治待遇】 市委、市政府举办春节团拜、中秋茶话会，向老干部通报全市的各项工作情况；市委、市政府的重要会议，邀请原市（县）五套班子离退休老领导及老干部代表参加；组织老干部外出参观学习，让老干部们感受市经济建设成果；采取多种形式，向老干部宣传党的路线、方针和政策，引导老干部提高认识，更新观念；市委常委、组织部部长李朔熹定期到老干部局听取老干部活动中心有关老干部工作情况汇报，指导活动中心工作开展；坚持每季度安排老干部学习会制度，传达学习贯彻中央、广东省、广州市和从化市的有关会议精神和政策法规，让老同志充分理解支持市政府的方针政策；关心离退休干部党支部的建设；为每位老干部订阅《红枫》、《秋光》、《老干部政治理论读本》等刊物，以及其他各类政治书籍；做好老干部来信来访工作，接待来访19件，来访办结率99%。

【落实老干部生活待遇】 市党政领导高度重视老干部工作，各基层部门支持配合，为老干部工作提供保障。贯彻推进中组部《关于利用社区资源做好离退休干部服务工作的意见》的落实。根据《关于调整我市机关、事业单位工作人员死亡后遗属生活困难补助标准的通知》精神，做好离休干部遗属生活困难补助发放工作，从化市有企业离休干部配偶14人，7月开始按调整后的标准核发；贯彻落实《转发中央组织部、财政部、人力资源和社会保障部〈关于提高离休干部生活补贴标准和扩大发放范围的通知〉的通知》精神，积极与市财政局、市人社局协调相关工作，按照文件标准属从化市财政供给的离休人员有88人，本次提高离休人员生活补贴标准和扩大发放范围，市财政每年需增资约19万元，该补贴列入7月份工资一并发放。9月，经市委、市政府同意，做好落实《关于转发省委组织部、省委老干部局〈关于提高科级以下离休干部待遇的通知〉的通知》相关工作，根据通知精神，全市符合提高待遇的离休干部共47人。全市老干部无出现“两费”（离休费、医疗费）拖欠现象。市中心医院每月安排2次时间，派出医生到老干部局医务室坐诊，为老干部进行健康检查。每年安排离休干部进行年度体检。坚持实行与老干部“结对子”沟通联系制度，每周上班的第一件事是通过电话了解或上门探访离休老同志，坚持生日祝寿和探病机制，通过经常关心、询问老干部的日常生活情况，想方设法为老干部解疑释惑、排忧解难。

9月16日，“共创文明 老当益壮”从化市老干部（老年人）宣传创文主题活动在河滨公园举行

【老干部活动】 老干部活动中心常年开展各项活动，采用喜闻乐见的形式，遵循贴近生活、贴近实际、贴近群众的原则，走进社区、居委开展活动；以庆祝建党90周年为契机，开展“学党史、颂党恩、跟党走”的系列纪念活动，如举办座谈、采访离休干部与电视台制作回忆录，老干部艺术团参加广州市第十四届广州老干部合唱节，“永远跟党走”——《灯塔颂》广东省暨广州市老干部纪念中国共产党成立90周年大型歌会，让老年群体老有所乐、老有所为。

【老年大学活动】 把城区的社区、老年大学、社区教育中心糅合一起，搭建展示平台，拓展教学活动。如声乐班学员到省老干中心参加庆祝建党90周年诗朗诵比赛获优秀奖。英语班学员助兴从化市英语演讲有奖比赛表演情景剧，书画班和摄影班开展“走出课堂，回归自然”活动，开设健康讲座等。老年大学2011年开设专业课13个，招生人数达460多人次。

【关心下一代】 市关工委坚持以科学发展观为统领，以“学党史，颂党恩，跟党走”为主线，举办“我们的旗帜——纪念建党90周年图片展”、“大手拉小手，永远跟党走”为主题的第五届关心下一代宣传月活动、“在党旗下成长”书画摄影征文比赛暨“童心向党”歌咏活动、“童心向党”故事大王比赛和贫困学生“梦想之旅”夏令营。加强对青少年的宣传教育，讲师团到学校、社区授课140场，金秋文艺队演出18场。举办山区农村创业青年培训班2期；坚持为青少年做好事办实事，爱心桥义工队募集善款8万元，资助贫困学生100名。30名网吧义务监督队员坚持每月到38间网吧检查2次以上，全年累计936间次。校外教育辅导站举行丰富多彩的校外教育活动13次。开展基层关工委（关工小组）工作情况专题调研。12月30日，在市总工会八楼会议室召开纪念从化市关工委成立十周年暨关心下一代工作表彰大会。对28个关心下一代先进集体和65名先进工作者进行表彰奖励。市关工委被评为2011年从化市关心下一代工作市先进集体，从化市2011年度维护稳定及社会治安综合治理先进集体，广州市第32届“羊城之夏”青少年暑期系列活动先进集体，广州市关工委关心下一代宣传报道工作先进集体，获广东省关工委山区农村创业青年培训工作组织奖。

（市委老干部局供稿，彭凯蔚执笔）

机关党建

【管理机构】 市直属机关党委属市委序列行政单位，不占机构限额，办公地址在街口街新城东路99号。内设机构有办公室。定编5名，其中行政编制4名、工勤编制1名。2011年末，在职10人，有书记1人、副书记2人。

【基层组织概况】 党委属下党的基层组织66个，其中党总支部7个、党支部58个。党员总数1402人，其中35岁以下的青年党员325人，占党员总数23.18%；60岁以上290人，占党员总数20.68%。在党员队伍中，大学专科以上学历有1089人，占党员总数77.67%；女党员385人，占党员总数27.46%；少数民族党员18人，占党员总数1.28%。

【政治理论学习】 党委坚持把思想理论建设放在首位，广泛开展理论学习活动。以深入学习党的十七届四中、五中、六中全会以及省委、市委全会精神为主要内容，围绕中心工作，以举办辅导报告会、学习论坛、专题辅导、集中交流、理论研讨等方式，广泛开展理论学习活动，不断提高党员干部政治觉悟和思想素质。以党委中心组理论学习为龙头，制定党委中心组理论学习安排意见，在理论学习上做到四个落实：落实中心组理论学习“一把手”责任制，建立健全党委主要领导亲自抓、分管领导具体抓、职能部门具体承办的工作机制；落实学习内容，精心制定年度学习计划；落实学习时间，全年组织理论学习不少于10次，每两月集中学习不少于1次；落实学习制度，建立党委中心组“一季一报”的学习制度。在学习形式上做到三个结合，即分散自学和集中学习相结合、专题学习与专题辅导相结合、理论学习与工作实践相结合。加强对基层党组织理论学习的统筹协调、指导检查工作，督促基层党组织建立健全领导干部理论学习的长效机制，部署落实对基层党组织理论学习情况的考评工作。

【创先争优促发展主题实践活动】 动员部署 为贯彻落实“机关党建走在基层组织建设前头”的工作要求，党委紧扣活动主旋律，于4月召开“创先争优促发展”主题实践活动动员大会，总结交流机关党建“一年一个主题”的工作经验，研究部署新形势下机关党建工作，不断增强深入开展“创先争优促发展”主题实践活动的责任感和使命感。市直机关各党组织紧扣发展大局，把创先争优转化为加快转变经济发展方式，全面提升科学发展水平的强大动力，不断掀起“创先争优”活动高潮。

加强指导 党委紧紧围绕市委、市政府中心工作，围绕“服务中心、建设队伍”这一核心任务，研究制定《“创先争优促发展”主题实践活动方案》，从有利于推动从化“十二五”开好局、有利于推动幸福从化建设、有利于推动创先争优深入开展、有利于推动党建工作上新台阶、有利于推动“大交通、大旅游、大产业、大平台”战略实施出发，探索机关党的建设的基本规律，着力创新机关党建制度机制，切实加强党建理论指导。在活动期间，市直机关各党组织根据要求，层层成立领导小组，制订工作方案，做到主题新颖、目标明确、内容丰富、载体多样，确保活动顺利开展。

创新载体 党委以“创先争优促发展”主题实践活动为载体，推动市直机关在“创建学习型党组织”、“机关效能建设”、“农村扶贫开发”、“百万记”、“为党旗添光彩”五项行动中充分发挥职能作用。市直机关党组织和党员创先争优坚持“实际、实用、实效”的原则，紧扣市委、市政府的工作重心，把“创先争优促发展”转化为“珠三角最宜居生态城市”建设的强大动力。

【基层组织建设】 落实机关党建工作责任制

贯彻落实全国机关党建工作会议精神、《中国共产党党和国家机关基层组织工作条例》和中央、省委、广州市委有关党的先进性长效机制文件精神，落实机关党建工作责任制，探索机关党建工作责任的目标管理，抓好监督检查，形成责任明确、领导有力、运转有序的党建工作责任机制。

加强基层党组织建设　严格按照《中国共产党章程》和《中国共产党党和国家机关基层组织工作条例》规定，强化“一岗双责”，不断加强党支部规范化建设，及时协助市委组织部对市司法局、原市人事局、市爱卫办等党组织的隶属关系进行调整，顺利完成党员组织关系接转，确保调整后的党组织工作有序衔接、正常开展。按照“坚持标准、保证质量、改善结构、慎重发展”的方针，党委坚持对入党积极分子的培训制度和组织发展工作，全年培训入党积极分子45名，发展预备党员24名，预备党员转正23名。按照市委组织部的要求，完成党委的党内年报表统计上报工作，办理党员的组织关系交接工作，认真负责地完成党费的收缴工作，全年上缴党费25.7万元。

建立落实党内激励关怀帮扶机制　落实党内激励关怀帮扶的有关意见，开展城乡基层党组织互帮互助、“五清五帮”和农村扶贫开发“双到”。在重大节日期间，注重开展对特困党员和离退休党员的慰问工作，切实关心和帮助老党员、患重病或生活困难的党员，使党员切实感受党组织的温暖，增强党组织的向心力和凝聚力。“七一”前夕，党委按照党费的管理使用原则，从留存党费中拨款12342.5元，给市人大、市法院、市民政局、市国土房管局等4个离退休党支部，作为支部开展活动的费用，专款专用。组织“送温暖、献爱心”活动，开展“广东扶贫济困日”捐款，1098名党员以不少于一个月党费标准捐款51873.3元，其中市人大离退休党支部退休干部李两弟以个人名义捐款1万元。开展评选表彰活动，在建党90周年到来之际，党委召开庆祝中国共产党成立90周年大会，对15个先进基层党组织、20名优秀党务工作者、93名优秀共产党员进行表彰。并推荐市委表彰先进基层党组织2个、优秀党务工作者4名、优秀共产党员19名。通过这些活动的开展，进一步增强党员的荣誉感、归属感和基层党组织的亲和力、凝聚力、战斗力，更好地发挥党员的先锋模范作用和战斗堡垒作用。

6月29日，从化市直属机关党委庆祝中国共产党建党90周年暨表彰大会在市中心会堂召开。图为优秀党务工作者代表上台领奖

党务信息化建设　党委注重运用信息化手段，提高党建工作效能，完善机关党建门户网站建设、办公自动化局域网建设、手机短信平台建设，为机关党务干部提供更方便快捷的工作平台。

扶贫开发　根据市委、市政府《关于加强农村扶贫开发工作的实施意见》的文件精神，切实抓好扶贫开发“规划到户、责任到人”的工作，加大帮扶力度，创新扶贫方式，做到人力物力到位，工作举措到位。协助帮扶村开展工作，与村居“两委”班子一起，拟定发展规划、落实帮扶项目。落实扶贫开发工作责任，按照扶贫开发的工作机制，落实驻村干部，深入帮扶村，了解他们的生产生活情况，着力解决实际困难，帮助他们学习掌握致富技能，提供信息、技术等支持，树立脱贫致富的信心和决心，努力提高发展和增收的能力。推进村级组织建设，指导支部、村委建立健全各项规章制度，对村居“两委”负责人加强政策法规及村干部权利职责教育，提高村居“两委”班子的履职尽责能力和组织领导水平。从优化村居“两委”班子、健全基层组织、提升党员干部素质等方面入手，努力把村级组织建设成为扶贫解困的战斗堡垒。

【党风廉政建设】 *开展纪律教育学习月活动* 按照市纪委的统一安排和部署，党委结合实际，落实市委、市政府的要求部署，做好各党（总）支部活动开展、组织协调、监督检查工作。党委印发通知，进一步明确活动的具体要求，动员各党（总）支部开展纪律教育学习月活动，充分发挥各自职能，围绕“以人为本，执政为民”教育主题，结合自身实际，开展特色教育学习活动。全市参加纪律教育学习活动的党员1357人，占党员人数的97%，党政一把手作教育辅导报告86次，抓教育示范点3个，专题研究党风廉政教育工作92次，集中观看反腐倡廉专题片60场，出版廉政宣传专栏28期，悬挂廉政宣传横幅52条。通过系列活动的开展，增强广大党员干部遵守反腐倡廉法规制度的自觉性，提高党员干部的思想政治素质，筑牢思想道德防线，有力地促进全市的党风廉政建设和反腐败工作。

落实党风廉政责任制 按照市纪委的要求，贯彻落实党风廉政建设责任制，建立惩治和预防腐败体系工作领导小组及督导组。加强对各党（总）支部权力运行的制约和监督，要求各党（总）支部完善反腐败领导体制和工作机制，以制度管人管事，把反腐倡廉工作纳入到党的建设和单位的发展总体规划中，做到统一部署，统一实施。坚持抓好责任分解、责任考核、责任追究、责任延伸等工作，加强对落实党风廉政建设责任制情况的专项检查，促进反腐倡廉各项工作的落实。

换届工作保障 党委采取中心组学习、警示教育案例等形式，组织广大党员干部学习换届工作程序、政策法规、组织纪律等，同时把“严肃换届纪律　保证风清气正”纪律要求、严肃换届纪律工作流程图、《干部任用条例》等文件资料编印成册发放给党员干部，深刻领会“5个严禁、17个不准和5个一律”的纪律要求，明确换届工作原则精神，掌握换届工作程序，抓住换届关键环节，进一步严肃纪律、严格程序、严把关口，杜绝出现违反组织纪律情况发生。严格按照规定的办事程序和要求，组织开好各种会议，依法依规选举出席市第十一次党代会代表45名，落实做好省第十一次党代会代表候选人预备人选、广州市第十次党代会代表候选人预备人选的推荐工作，圆满完成市委下达的各项选举工作任务。

【精神文明建设】 *开展道德模范先进事迹学习宣传活动* 在第三届道德模范评选活动中，对投票启事、投票规则和候选人事迹进行广泛宣传，正确引导广大干部职工和群众参与“助人为乐”、“见义勇为”、“诚实守信”、“敬业奉献”、“孝老爱亲”等五类道德模范的投票评选活动，通过报告会、学习会、讨论会、网上学习等不同的形式学习道德模范先进事迹，营造深厚的学习宣传氛围。

组织开展“我推荐，我评议身边好人”活

动　按照市文明办要求，党委高度重视，把“我推荐，我评议身边好人”作为精神文明建设的重点工作，每月从各党（总）支部内推荐的“身边好人”中确定1至2人作为候选人，报送材料到市文明办参加评选推荐，使推荐过程成为开展公民道德实践、促进道德养成的过程，树立道德模范在社会生活中的崇高地位，形成学习、崇尚、争当道德模范的热潮，形成浓郁的“学好人、做好事”的道德风尚。

开展建党90周年宣传活动　深入开展学习党章、党史和党的基本理论活动，通过上党课、重温入党誓词、召开民主生活会等形式，引导广大党员干部继承和发扬党的光荣传统和优良作风，进一步增强责任感。组织老干部合唱团参加第二届“共创文明城—万人同唱文明歌”暨“爱国歌曲大家唱”群众歌咏活动。组织举办“幸福从化群众论坛”，引导广大群众树立正确的幸福观，培育积极向上的幸福文化观。组织动员、推荐党员干部参加“争做党的好女儿”、“我为从化建设添光彩”等主题演讲比赛和建党90周年征文活动，激励广大党员干部干事创业的热情。

（市直属机关党委供稿，吴丽娜执笔）

党校教育

【管理机构】　市委党校属市委序列局级事业单位，地址在城郊街环城路49号，定编25人。2011年末，在职21人，有校长1人（由市委组织部部长兼任，不占编），常务副校长1人。内设机构有办公室、财务科、政工科、教研室、函授教育室、图书资料室。

【干部培训】　基本情况　全年举办主体班和各类培训班12期，培训各级干部和公务员4698人次。其中副局级以上干部培训班1期，参加培训1017人；“沉下去，请上来”专题研讨班1期，参加人员75人；机关单位党组织书记加强社会管理集中轮训班1期136人；村、居党组织书记、主任岗前培训班1期共432人；公开招聘挂职人员岗前培训班1期、31人；公务员全员培训班8期共3007人；完成年度干部和公务员培训任务。

突出重点开展干部培训　2011年，突出抓好中央、省、广州市关于加快转变经济发展方式知识大规模培训干部的指导意见，全面开展转变经济发展方式知识培训，促进领导干部知识结构转型升级；贯彻落实中央关于社会管理最新精神，围绕提高全市社会管理科学水平、完善社会管理格局、建设中国特色社会主义社会管理体系开展培训；以市委开展“效能建设年”活动为重点，围绕“建设珠三角最宜居生态城市”的总目标，以“加快转型升级、实现跨越发展、建设幸福从化”为核心任务开展干部培训。

创新教学形式和方法　在采用主体班培训、主体班轮训、短期班等培训方式的同时，注重融入体验式、案例式、研究式等多种培训方式方法，坚持“请进来”与“走出去”、“沉下去，请上来”、专题讲座与实地考察、课题研究与学员论坛“四结合”，推动教学资源、学习体会、工作经验“三共享”，引导学员深化对重大理论和现实问题的理性思考，帮助学员提高领导经济社会发展能力和水平。

创新教学内容　教学内容努力做到“三贴近”（贴近市委要求、贴近干部实际、贴近学员需求），紧抓“转变经济发展方式”、“加强社会管理”和贯彻落实胡锦涛“七一”讲话精神开展政治理论教育；联合纪委、检察院、司法局，开展党性修养和反腐倡廉教育培训；在主体班课程设置增加最宜居生态城市建设、加快转变经济发展方式、加强社会管理等内容；结合2011年的换届工作，在教学中融入严肃换届纪律、保证风清气正的纪律教育内容。

完善制度建设　建立学员档案，把学员参加学习培训的情况与年度考核和工资晋升挂钩；加强班级管理，采取双班主任制，分工合作，进一步搞好教学管理。党校配备专职班主任与市委组织部干部科的同志全程跟班，严肃学习纪律，严格考勤。

【参与市中心工作】　参与“创文创卫”活动　按照市委、市政府深入开展创建全国文明城市、国家卫生城市的工作部署，组织教职员工及家属，参与市和所属辖区居委开展的创文创卫活动，按时按要求完成任务和有关资料的报送工作；协助团市委、市城监大队、社区开展志愿者培训和创文创卫活动，其中协助团市委、社区开展培训和活动12期，参加培训人员2052人次；协助市城监大队举办创文创卫文明执法培训班3期，参加培训人员460人次。

参与市扶贫活动　2011年，根据市委扶贫工作要求，安排1名教师驻城郊街大夫田村开展帮扶工作。

配合做好村（居）委会换届选举　根据市村（居）“两委”换届选举工作的要求，派出3名骨干教师参加市村（居）委会换届选举活动的观察活动，对22个村（居）实地观察，实事求是写好考察报告总结报告。

参加市委各项宣讲活动　2011年，参加市宣讲团的教师配合市委宣传部，分别到镇、街、农村、市直机关，作有关科学发展观、廉政教育、经济政治形势、党建党史知识等的宣讲，发挥宣讲主力军作用。

【科研活动】　2011年，与市委组织部向广州市党建学会共同申报的题为《在村委会换届中党组织发挥作用的实证研究——以从化市温泉镇宣星村为例》、《新时期加强党建的又一鲜活有效方法——“创先争优”活动》两篇文章获全国党建研究会2011年度子课题暨广州市党建学会2011年度重点调研课题结项证书。以教带研，以研促教，让科研工作为教学服务、为当地党委、政府决策服务。发动教师积极撰写纪念建党90周年的文章，其中《中国共产党辉煌九十年》等文章在《今日从化》发表。

（市委党校供稿，陈笔球执笔）

信　访

【管理机构】　市信访局既是市委的工作机构、又是市政府的工作机构，挂靠市委办公室，办公地址在街口街新城路99号，定编14名，其中行政编制8名，事业编制5名，工勤编制1名。2011年末，在职公务员7人，事业编制人员5人，工勤编制1人，有局长1人，副局长2人。内设机构有办公室、督查调研科和办信接访科，下属机构有正股级事业单位从化市市长专线和信访网络受理中心。

【信访业务】　全年受理各类信访案件2897件次，比上年上升4.8%，其中受理群众来信396件次，上升3.1%；接听市长专线电话953件次，下降4.6%；受理电子邮件256件次，上升3.9%；受理群众网上信访件818件次，下降2.3%；受理群众到本市上访量423批、1850人次，与上年相比，批次上升 4.3%，人次上升 2.4%；受理群众信访复查复核 49 件次，上升 88.3%；群众越级到省上访 1 批共 12 人。

【落实信访责任】 从化市召开专题部署信访工作会议共 8 次，其中市委常委会会议 3 次，各镇、街、局主要领导参加的信访工作会议 5 次。制定并印发市领导亲自接待群众来访、阅批群众来信、落实领导包案等制度，有效地推动一批信访案件，得到及时妥善地化解。坚持实行市领导和市法院院长、市检察院检察长每周二在市信访局接访室轮值接待群众来访，在 8 月分别开展市党政主要领导公开接访活动和市领导分类接访活动。全年落实领导接待群众来访 68 人次，接访群众 235 批共 393 人次；市委市政府主要领导批阅群众来访 138 件次；落实领导包案 23 宗。

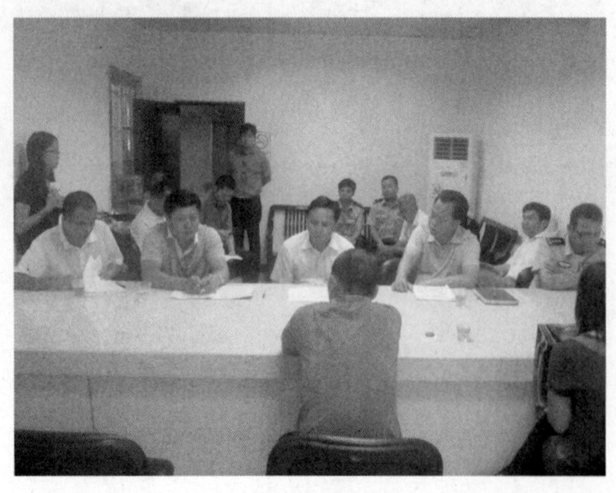

8 月 11 日，市党政主要领导公开接待群众来访。图为市委书记黄河鸿（左三）在接访

【信访制度建设】 健全信访维稳工作责任考核机制，制定《从化市信访维稳工作责任考核试行办法》，把信访维稳工作纳入各镇街各部门及干部考核、评先评优范围。健全信访维稳信息研判机制，进一步加强与公安、维稳部门的合作，加大信访信息的搜集、报送及研判决力度。建立健全矛盾纠纷排查化解制度，结合实际，对常见、多发的征地拆迁、社会保障、拖欠工程款等矛盾纠纷，市里每月排查一次，镇（街）和各单位每月排查两次，并将排查信息及时汇总、滚动分析、建立台账，实行常态化管理；对排查出来的矛盾纠纷，逐一落实责任单位、责任人员；对重点问题、重点群体、重点人员，由分管领导和责任单位一抓到底。

【市领导公开接访活动】 8 月 11 日上午，市委书记、市人大常委会主任黄河鸿，市委副书记、市长郭清和等市领导以及五镇三街、国土、民政、计生、林业等职能部门领导，在市信访局接访大厅与群众面对面交流，听取群众意见，受理群众信访诉求，对能当场协调解决的问题当场给予解决，不能当场协调解决的，提出解决方案或批示转交有关部门办理，要求有关部门按照《信访条例》尽快处理，确保件件有着落、事事有回音，切实维护群众权益，为群众解决实际问题。此次公开接访活动，市委书记、市人大常委会主任黄河鸿共接访群众 7 批 20 人，收到群众来件 33 件涉及 69 人，市委副书记、市长郭清和共接访群众 10 批 22 人，收到来件 34 件涉及 97 人，市领导共接访 84 批 208 人，群众反映诉求主要涉及环境污染、土地纠纷、工资福利、养老保险等。

【市领导分类接访活动】 8 月 31 日，市举行“从化市领导分类接访活动”，18 名市领导分 16 个接访点进行接访，市委书记黄河鸿在从化市综治信访维稳中心接待群众来访，其他市领导分别在各镇（街）及市国土房管局、市人社局、市交通局、市民政局、市公安局、市教育局、流溪温泉管委会进行分类接访。此次活动，全市16个接访点接访群众来访51批146人，接收群众信访件55宗；其中市委书记黄河鸿接访群众16批41人，收件21宗。群众反映的主要问题主要集中在林水土、政法、城乡建设、三农等领域。

（市信访局供稿，荣喜忠执笔）

统　　战

【管理机构】　中国共产党从化市委员会统一战线工作部属市委序列行政单位，台湾工作办公室、民族宗教事务局与统战部合署办公，加挂市人民政府台湾事务办公室和民族宗教事务局牌子，办公地址在街口街新城东路99号。定编6名，其中行政编制5名，机关后勤服务人员事业编制1名。2011年末，在职6人，有部长1人（不占编）、副部长2人。内设机构有：办公室、台湾事务联络科、民族宗教科。协调机构有：市工商联、市侨联。

【学习教育活动】　根据市委提出的目标任务，组织全市统一战线成员，结合市委统战部的工作实际，与学习邓小平理论和“三个代表”重要思想与学习胡锦涛总书记“七一”重要讲话精神结合起来，把省、广州市统一战线一系列重要论述结合到工作中去，努力提高广大统一战线成员对党的理论路线方针政策的认识和理解，指导实践、推动工作的自觉性和坚定性。通过学习有效达到预期的目标，提升统战干部队伍的战斗力。通过举办读书日、专题交流等教育实践活动，推动干部队伍工作作风的新转变和综合素质的进一步提高。通过参加统战部门组织的业务学习等活动，增强统战干部队伍的事业心和使命感，提高他们的思想政治素质和业务素质，统战干部能坚持求同存异、平等待人、协商办事，努力做到人格好、人缘好、形象好，以坚定的立场、民主的作风、广博的学识和创新的精神，为党的统一战线事业做出贡献。

【多党合作和政治协商制度化建设】　履行职责，协助各民主党派做好换届工作。贯彻落实《中共中央关于进一步加强中国共产党领导的多党合作和政治协商制度建设的意见》精神，把支持民主党派，加强自身建设作为一项重要政治责任，顺利协助市内各民主党派完成换届工作。在换届工作中，思想上重视，主动与广州市各民主党派做好协商、协调工作。措施上得力，配合做好各民主党派换届人选推荐和考察等工作。此次换届，为民主党派基层组织注入新的血液。

【海内外统战工作】　以文化交流为纽带，注重加强港、澳、台、侨统一战线工作。开展“走出去、请进来”活动，通过借助本地的传统节日，邀请港澳代表人士6次共315多人，到从化观赏梅花、桃花等节，或品尝荔枝，火龙果等主题活动。3次到香港、澳门和50多名港澳朋友进行联谊。通过各种途径联谊、沟通，增强从、港、澳三地互相间的情谊。促进三地的政治稳定和经济繁荣。组织港澳人士参加政府各项活动。加强与港、澳三地沟通和了解，并妥善做好宣传、发动选民登记等工作。如：7月2日，邀请香港社团人士140多人，到从化市开展省、广州市专项工作精神及考察与交流活动。8月27日，接待香港持牌水喉匠协会有限公司80多人到从化开展参观广州抽水蓄能电站等交流活动。通过形式多样的活动，促进从、港、澳互利共赢，共同发展。

【促进非公有制经济企业发展】 发挥工商联（总商会）作用，推动经济平稳较快增长。全市非公有制企业党组织和广大党员在活动中坚持围绕中心、服务大局，把创先争优活动转化为推动经济科学发展的新动力，加强对工商联协调，扎实推动经济发展方式转变，为从化经济持续发展作贡献。准确把握方向，扎实做好工商联换届工作。市委统战部按照省、广州市委统战部《关于工商联（总商会）换届工作的意见》文件的精神要求，以邓小平理论和“三个代表”重要思想为指导，加强党对工商联的领导和政府对工商联的指导，帮助市工商联（总商会）完成换届工作，选举产生新一届领导班子成员。在换届中市委统战部充分发挥工商联的统战性、经济性、民间性的优势和作用，广泛团结非公有制经济代表人士，坚持进步性、代表性与广泛性相结合。要求建立健全民主推荐和选拔考核工作机制，规范换届工作程序，换届人事安排要与实施《公务员法》相适应，与人大、政协换届相衔接，统筹考虑。调整一批参政议政能力强、奉献意识强、热心工商联（总商会）工作的非公经济代表人士，建立一个充满活力、高效运转的工商联（总商会）领导班子，努力为全面建设小康社会和构建社会主义和谐社会作出新的贡献。发挥工商联民间性的作用，工商联（总商会）经常性地根据会员企业在生产、经营中遇到的困难和问题，及时会同有关部门一起深入会员企业了解情况，为会员企业排忧解难，尽力地为会员企业解决实际问题。充分发挥工商企业互助协会的作用，为会员企业解决资金周转，全年帮助会员企业解决过桥资金 21 宗，金额 6610 万元。工商联与创富担保有限公司一起邀请镇街商会负责人，举办“携手创富、共同致富”联谊座谈会，积极为会员企业的发展搭建融资平台。建立工商联网站，打造工商联视窗。利用网站宣传会务工作、会务活动，介绍会员企业、推介企业产品、发布会员企业的用工需求及企业的产品供求信息，为会员企业寻求商机。充分发挥总商会会员中的人大代表、政协委员参政议政作用，在人大、政协会议期间围绕从化市的经济发展、社会热点等问题，撰写提案议案 45 件，积极为从化市经济建设、社会发展建言献策。

【民族宗教事务】 贯彻落实民族政策，开展民族团结进步创建活动。根据中央宣传部、中央统战部、国家民委《关于进一步开展国家民族团结进步创建活动的意见》的文件精神，市委统战部认真贯彻落实各项工作，并指导和协助创建民族团结进步社区的三个街（街口街、城郊街、江埔街）开展工作，建立民族团结进步创建活动组织机构，完善少数民族工作定期研究制度、帮困制度、学习联谊制度、来信来访接待制度、处理突发事件制度、双向服务等制度，建立健全台账，广泛开展民族政策法规等宣传教育，为少数民族提供优质服务，充分发挥少数民族积极分子骨干作用，妥善处置涉及少数民族方面的矛盾纠纷。通过开展创建活动，街口街、江埔街、城郊街分别获得“广州市民族团结进步模范社区”的荣誉称号，江埔街同时获得“广东省民族团结进步模范社区”的荣誉称号。

（市委统战部供稿，陈植玲执笔）

机关管理

【管理机构】 从化市机关事务管理局是参照

公务员法管理的正局级事业单位，加挂从化市委市政府接待办公室牌子，办公地址在街口街新城东路99号。定编49名。2011年末，在编41人，局长1人、副局长2人。内设机构有：办公室（加挂从化市公文交换站牌子）、财务科、接待科、保卫科、房屋管理科、后勤科和老干部管理科。下属机构有：从化市人民政府车队。

【公务接待】 随着“大交通、大旅游、大产业、大平台”发展战略的深入开展以及经济社会的转型升级，给接待工作提出新的挑战，任务更重、要求更高、应急性更强。按照“热情、节约、周到”的接待工作原则，坚持“从简、从细、从严”，搞好每一项接待工作。全年承担各项接待任务707批次，其中接待省部级以上领导30批次，上级部门指导检查195批次，其他省、市、县（区）班子领导到从化市参观、考察、学习交流107批次，兄弟县市参观学习交流114批次，外宾10批次，本市四套班子和市纪委及相关部门公务接待251批次，接待宾客1.62万人次，圆满完成国际青少年航空交流会暨从化市绿道旅游文化节、新广州新商机（北京、上海、成都、重庆、西安）推介会、杰事杰材料项目、扶贫双到、荔枝节、广州市产业转型升级现场考评、换届考察等大型会议、重要活动的后勤保障工作。接待任务比上年增长约20%，接待工作完成率100%，为完成市委市政府的高效运行提供有力保障。

【财务管理】 *提高财政资金使用效益* 事务局坚持厉行节约、注重预算、强化管理，加强资产和财务管理。合理安排预算，严格收支管理。贯彻落实各项财经法律法规和大院机关财务管理制度，在经费紧张的情况下，挖掘潜力，多渠道筹措资金，本着“以收定支，量入为出，保证重点，兼顾一般”的原则，做好预算安排，加强收支管理，既保证市委、市政府正常公务活动的顺利开展，也促使各项收支的安排使用符合事业发展计划和财政政策的要求，实现以最小支出取得最佳效果的目标，提高资金使用效益。加强机关运行经费和社会保障经费管理，推进机关运行经费开支标准建设，建立种类齐全、动态调整的开支标准体系。进一步加强会议费、公务接待费、公务用车和物业修缮经费等各项费用的管理，完善开支标准。加强审计和财务管理检查，根据内审工作要求，落实机关大院各单位的内审工作，制定2011年大院机关内部审计工作计划，组织人员顺利完成大院机关19个单位的内审工作。配合做好上级审计部门、广州市纪委津贴补贴检查组的专项检查工作。

机关资产管理 按照统一制度、分部管理的国有资产管理体制，健全配置科学、使用高效、处置规范、监管有力的资产运行机制，提高资产使用效率，实现资源统筹利用。为解决机关大院办公用房紧张及功能会议室不足等问题，结合各单位办公需求及楼房布局等实际情况，合理调整办公用房。对大院1至7号楼办公用房进行合理调整，涉及市委、市人大、市政府、市政协、市纪委、监察局、计生局、统计局、档案局等10多个部门和单位的132间办公室和4个会议室。由于办公用房调整工作时间紧、任务重、工作量大，事务局成立工作组，明确任务，分工合作，层层把关，加强工程质量监管，使办公用房调整工作有序推进并顺利完成。加强公有住房管理，严格按照干部职工公寓住房租赁制度要求，办理并完善干部职工租用公寓房手续，做好公寓住房正常范围内的修缮维护，及时为租户解决居住的各种问题。加强出租铺面的管理和租金的收缴。通过强化，

有效推进资源的统筹利用。

【安全保卫】 强化队伍建设，通过面向社会招聘素质好、技能强的治安队长和队员，重新组建一支30人的素质高、形象好、服务意识强的治安队伍，开展强化队伍的素质和技能培训，为平安大院、和谐大院建设提供强有力的保证。加强制度建设和技能培训，经过多次研究讨论，制定新的治安队伍管理制度和工作制度。加强安全管理，规范府后街车辆出入管理，安装车辆出入智能化管理系统；根据机关大院各单位的搬迁和调整，重新制作出入证，致力于解决车位不足与车辆日益增加之间的矛盾，通过严格执行人员车辆出入有关规定，有效确保大院机关安全、有序、和谐。关注民生诉求，积极应对信访，主动化解矛盾，维护社会稳定。在新世纪广百二层租户上访问题上，通过深入细致做好上访者的政策解释、思想工作和沟通协调，使新世纪广百二层约20多名租户与新承租方在不违反法律法规规定、尊重市场经济原则和规律的前提下达成有关租赁协议，仅用两天时间有效解决租户们关于新世纪广百二层招租工作的信访问题。

【后勤服务】 *房屋管理* 先后进行市委常委会议室改造、市政协常委会议室改造装饰、3号楼前改建小广场、大院内新建230米绿道、大院广场牌坊、升旗台改造等工程项目，进一步改善机关大院的各项基础设施和环境。为解决新任市领导的公寓住宅及办公用房等问题，先后对招待所4、5楼，府后街两套公寓，大院3号楼、4号楼、6号楼、7号楼的部分办公室等进行重新装修改造，并购置必要的办公设备。各项工作都能做到方案切实可行，组织严密到位，确保工程项目按时按质顺利完成。

绿化美化 切实抓好“三化”（绿化、美化、亮化）工作，提升机关整体形象。根据广州市绿化委员会的要求和标准，为加快机关大院园林绿化改造步伐，进一步加强机关大院环境绿化美化工作，事务局抓实抓好环境园林绿化改造工程。对景观环境进行整体布局、科学规划以及全面的升级改造。机关大院环境得到有效改善，绿化美化工作取得显著成效，成功创建广州市优秀花园式单位。为给机关大院干部职工创造一个无烟的良好办公环境，事务局积极筹备无烟单位创建工作，经广州市控烟协会的测评和审核，机关大院获得“无烟单位”的荣誉称号。

为老干部提供服务 坚持以人为本，做到生活上关心，情感上贴近，政策上落实，待遇上保障，强化服务意识、责任意识，全方位做好老干工作，提高服务水平。全年慰问看望离退休干部37人次，其中住院老干部18人次。开展体检和健康讲座等活动，每月邀请中心医院医生为老同志做基本的身体常规检查，邀请有关专家举行健康讲座，得到老干部们的认可，让老干部心气顺，心情好，身心更健康。

会务保障 坚持“严谨、细致、有序、规范”的会务保障原则，完成党代会、人代会、政协会和其他全市性重要会议约90场次后勤保障工作。事务局把高标准、高质量、高效率的“三高”作为会务保障工作目标，强化“四个到位”，即制订方案到位，会前认真研究，制订方案，反复论证，不断完善，并就会务全程各环节可能出现的问题制定相应的应急预案，力求做到会务保障，万无一失，食宿接待，细致入微，安全保卫，坚实有力；精细落实到位，从会场的横额、会徽、桌椅、报告台等硬件设施到会场花卉植物、背景音乐，再到水电、音响设备等，甚至是悬挂会徽的钢丝等都经过会

务人员的认真检查、跟踪落实，同时设置临时休息室、吸烟区等，满足个性化需求，为各与会人员提供更加安全、舒适、细致的会务服务；主动协调到位，主动与政府有关职能部门协调治安、消防、交通、用电、卫生等工作，积极协调社会服务机构，充分利用社会资源，形成机关主导、社会协作、优质高效的服务机制；立体服务到位，时间上全天候服务保障，各环节设定专人负责服务保障，工作生活全方位实施服务保障，拓宽服务范围，提高保障质量。

（市机关事务管理局供稿，戚美英执笔）

党　派

民主党派

【中国国民党革命委员会广州市委员会从化市支部】　基本情况　中国国民党革命委员会广州市委员会从化市支部地址在街口街开源路23号二栋四楼。2011年末，有党员8名，女党员2人，本科学历7人，硕士学历1人。高级职称5人，中级职称3人。教师5名，公务员1名，国企员工和私企主各1名。1名成员连任从化市八、九届政协常委及党派组组长和市纪委特邀行评团成员，1名成员当选广州市人大代表。

参政议政　市人大政协“两会”前，发动成员撰写个人提案和集体提案及议案。2011年度提交《大力普及统一战线理论知识教育，广泛宣传统战工作》、《组建市重大工程项目决策、运行、终结评估督导团》等提案9个。黄凌云成员在广州市人代会上提交议案和建议7个，其中《关于加快广州至从化轨道交通线建设的建议》议案得以落实。谢昌仁、黄凌云多次应邀参加从化市委、人大、市政府召开的协商、座谈及通报会。大会发言得到领导的好评，提出的意见和建议得到相关领导或部门的认可或采纳。

专题调研　《优化幼儿教育，尽快将幼儿教育纳入义务教育》提案被政协列入2011年主席领头的重点专题调研课题。4至7月间，谢昌仁作为提案单位代表及政协常委参与全过程，参与三街五镇现场调研及番禺学习考察，并协助撰写调研报告《关注幼儿教育，整合教育资源》。

立足本职　成员爱岗敬业，立足本职，成绩显著。7名教师中大多数是教育教学的骨干，3人任科组长和年级长。支委段贤正是三中的体育科组长，优秀教师。英语高级教师洪心琴，是从中的教学骨干，教育科研能手，撰文立著成果显著。主委谢昌仁是中学英语高级教师、广州市骨干教师、从化市外语教学研究会副会长、首届教育督导评估专家。副局长黄凌云荣获多项从化市和广州市的荣誉和奖励。

（中国国民党革命委员会广州市委员会从化市支部供稿，谢昌仁执笔）

【中国民主同盟从化市基层委员会】　基本情况　2011末，有盟员39人，设主委1人、副主委2人，下设教育、综合、退休3个支部。办公地址在街口街开源路23号二栋四楼

理论学习　组织盟员学习领会十七大五中、六中全会精神、胡锦涛总书记一系列重要讲话精神和《中共中央关于坚持和完善中国共产党领导的多党合作和政治协商制度的意见》等文

件精神，加强对盟员的思想政治教育，进一步巩固政治交接成果，不断夯实多党合作的思想政治基础，团结广大盟员坚定不移地走中国特色社会主义政治发展道路。传达民盟广州市委、中共从化市委有关重要会议精神，深入学习《群言》、《广东盟讯》、《广州民盟》等资料，不断提高盟员参政议政能力和社会服务水平。基层委员会还注重选派骨干盟员和新盟员参加民盟广州市委组织的各类培训班，进一步提高盟员的政治理论素养、个人综合素质和参政议政能力，为工作提供理论支持。

参政议政　在市人大、政协“两会”期间，盟基层委员会的盟员，特别是担任市政协委员和人大代表的盟员能切实履行参政议政的职能，积极反映社会关注的热点和难点问题，撰写提案或议案，建言献策，并收到良好的社会效果，进一步扩大民盟组织在当地的影响力。其中在从化市八届政协六次会议上，盟员政协委员在会议期间分别以基层委或个人名义提交并被大会采用提案22份，基层委拟写的《关于加强党外干部培养力度的建议》和刘秀英同志拟写的《尽快解决强镇不强街的创强遗留问题的建议》2份政协提案获优秀提案，并在大会上通报表彰。在从化市九届政协一次会议上，郑庆禄、李静、孙彦君、钟浩明4位盟员分别参加农业科技组、教育医卫组和党派组的分组讨论，并在会议期间分别以基层委或个人名义提交并被大会采用提案11份。响应民盟广州市委开展的“我为率先加快转型升级、建设幸福广州献一策”活动，撰写并提交《关于加快从化市工业产业转型升级的思考》等论文。继续深入开展“一基层一建议”活动，组织基层委员会盟员就从化市的教育、文化、科技、经济、法制、社保、环保、城建以及其他涉及公众利益的热点难点问题开展调研，形成建议，先后向民盟广州市委提交《关于进一步加强统战工作宣传力度的建议》等基层建议。各盟员在各自单位也积极建言献策，就校园环境建设、教风学风建设、教职工绩效工资的制定、人事改革等问题提出建议，关心本单位的发展。基层委员会注重拓宽视野，加强交流，激发广大盟员参政议政热情，分别由各支部组织盟员到佛冈、惠州等地参观考察学习，使广大盟员在开阔视野的同时，增强参政议政的热情。

服务社会　基层委员会继续注重发挥民盟组织在教育、医疗卫生方面的界别优势，践行服务社会的重要职能，并结合盟广州市委以及从化市委、市政府的有关工作部署开展各项社会服务工作。全力响应支持盟广州市委的梅州扶贫开发“双到”工作，并在年初组织全体盟员参加梅州扶贫捐资活动；组织盟员加入民盟广州市委社会服务联谊会并参加有关活动；郑庆禄同志大力协助盟广州市委等到云南省凤庆县开展白内障免费复明活动；已退休多年的老盟员积极发展余热，继续服务社会。如陈永椿老同志长期受聘为从化市关工委讲师，为关工委到各单位讲课，并每两个月编一期法制教育小报《花季法苑》，推动全市关心一下代工作的开展。2011年4月，温洁夫盟员被广东省委、省政府授予“广东省广州市亚运会亚残运会先进个人”荣誉称号。

（中国民主同盟从化市基层委员会供稿，钟浩明执笔）

【中国民主建国会广州市委员会从化市基层委员会】　基本情况　2011末，有会员81人，设主任1人、副主任3人。会员中，任中国民主建国会广州市委员会副主委、广州市政协常委、从化市政协副主席1人，任中国民主建国会广州市委员会委员、从化市政协常委2人，任从化市政协委员3人。其中女会员29人，博士研究生学历1人，硕士研究生学历9人，本科学历32人，高级、中级职称19人，会员主要分布在经济、商业、教育、政府等部门。办公地址在街口街开源路23号二栋四楼。

理论学习　结合践行社会主义核心价值体系学习活动，推进基层组织发展建设和社会服务工作等。

参政议政　组织会员出席和参加政府有关部门召开的协商、征询、讨论会，为从化的发展建言献策；2011年，民建从化市基层委员会集思广益，提交集体和个人提案《关于正常保证从化市内区域高校正常用电的》、《建议改善2路公交车线路的提案提案》、《关于取消太平镇北兴镇之间（S118省道）的杨荷收费站的建议》、《关于完善从化市职业教育园区建设的建议》等17件，内容涉及从化的人才引进、相关政策落实、交通运输、城乡医疗、教育文化、信息化发展等。

服务社会　会员张芳贤、王叁军、覃常员、刘向阳、唐研等会员申报市委会立项课题六项。会员张芳贤再次被聘为从化市人民检察院特约检察员。在中秋国庆前夕，组织会员参加公益扶助活动，慰问从化敬老院的孤寡老人及江埔街下罗村特困家庭。三支部在广州慈善会慈善活动中捐善款。

（中国民主建国会广州市委员会
从化市基层委员会供稿，赵艳执笔）

【中国民主促进会广州市直属从化支部委员会】

基本情况　2011年末，有成员17人，设主任1人，副主任2人，成员主要由中学教师组成。办公地址在街口街开源路23号二栋四楼。

参政议政　支部成员能关心社情民意，关注热点问题，关注从化的经济建设和社会发展，且从身边贴近百姓生活、事关群众利益的细处入手，向政协、人大，建言献策。支部中的政协委员和人大代表，通过调研，在从化市九届政协一次会议上提交《加强街道社区的文化建设》和《对我市农家乐发展的几点建议》等5个集体提案。支部主任随民进广州市委领导2次到吕田东明坪地村进行考察和助学帮扶；积极沟通，协助民进市委与从化市委统战部、从化教育局、吕田镇政府、吕田教育指导中心对4年的吕田帮扶行动进行总结。在每一次的中共从化市委和市政府的通报会和征求意见会上，支部主任赵如松代表民进从化支部就从化的经济建设和社会发展积极发言，起到一个参政党基层组织应有的作用。

自身建设　支部组织会员认真学习市委会的下发的有关文件和会议精神，重视思想理论建设，注重政治和统战理论的学习，通过学习，使会员能认清形势和责任、增强党派意识，提高会员的政治素质。2011年4月支部按照民进广州市委的换届工作程序，顺利完成换届工作任务，赵如松再次当选支部主任委员，温清梅和韦思聪分别当选为副主任委员。

敬业爱岗　支部倡导会员要为民进增光彩，立足本职、敬业爱岗、无私奉献。在职会员基本上都是单位的教学骨干，担任着繁重教学任务，在积极参加会内的各项活动的同时，还积极投入到新课程的教学改革之中，严格要求自己，努力工作，在本职工作中做出卓越的成绩，树立良好的民进形象，增强民进的影响力。

（中国民主促进会广州市直属从化
支部委员会供稿，赵如松执笔）

【中国农工民主党从化总支部委员会】 基本情况 2011年末，有成员60人，其中在职29人，退休31人。设4个支部，分别是中心医院支部，综合支部，退休支部，广州医学院从化学院支部。成员来自市政协、市科技局、市农业局、市水务局、中心医院、中医院、疾控中心、市卫生监督所、从化技校、棋杆中学、从化市顺昌源酒业有限公司等单位。成员中有广州市十三届人大代表1人，广州市十一届政协委员2人，广州市十二届政协委员1人，从化市十五届人大代表1人，从化市十五届人大常委1人，从化市八届政协委员5人，从化市八届政协常委1人，从化市九届政协委员6人，从化市九届政协常委2人。博士研究生2人，硕士研究生3人，主任医师，副主任医师，副教授，高级讲师，高级工程师13人。总支部办公地址在从化市街口街开源路23号2栋四楼。

学习活动 总支和各支部有计划组织党员学习农工党广州市第十三次代表大会文件精神，学习中共从化市第十二次代表大会精神。学习从化市2011年人大、政协“两会”文件精神。通过学习深刻领会农工党广州市委会和中共从化市委有关方针政策和工作任务，进一步增强参政党意识，进一步坚持共产党领导的信念，积极发挥参政党作用。

换届选举 2011年是民主党派基层组织换届年。按农工党广州市委会的工作安排和总支的实际情况，2010年下半年进行酝酿换届工作。通过思考探讨和充分准备，在农工党广州市委会统筹和从化市委统战部的支持下，5月顺利进行换届选举工作。有43位党员参加换届选举大会，农工党广州市委会和从化市委统战部的领导出席会议。大会对上一届总支委员会的工作作出全面、客观的总结，充分肯定上一届总支委员会所做的工作。大会以无记名方式投票选出新一届总支委员会和4个支部委员会。广州市政协委员，从化市科技和信息局局长卢绍辉任新一届农工党从化总支主任委员。为培养年轻干部，体现承上启下，4个支部的12名支部委员有7位同志是首次担任党内职务的年轻党员。

参政议政 2011年，总支正副主委参与从化市委、市政府召开的重大事项、重要职务和人事安排协商会，党代会报告和政府工作报告讨论稿意见征询会，市政协召开的专题议政会等会议，并在会议上发表意见和建议，得到市政府的重视。成员中的广州市人大代表在广州市人大十三届五次会议上撰写建议案2件，成员中的广州市政协委员在广州市政协十一届五次会议上撰写提案1件。李秋凌委员在广州市政协十一届五次会议提交的《建立大型农产品加工陪送园区，引领现代都市型农业纵深发展》提案，被广州市政协评为广州市政协十一届五次会议以来优秀提案。成员中的从化市政协委员在从化市政协八届六次会议上撰写提案8件。其中骆志荣委员以从化总支名义撰写的提案《关于加快贫困村，贫困户脱贫规划，迎接新一轮扶贫工作到来的提案》被市政协列为重点提案督办。在从化市政协九届一次会议上被评为优秀提案，受到表彰。在2011年11月召开的从化市政协九届一次会议上，参加会议的6位政协委员以总支和个人名义提交提案13件。

社会活动 7月，总支委员7人和广医从化学院支部组织学院师生30多人与从化市科技局一起到从化太平镇井岗村开展“科技下乡，义诊送健康”为农民服务活动。摆设科技宣传展板，派发科技资料500多份，为当地村民300多人义诊咨询服务，测量血压，免费按摩治疗。免费发放保健药品2000多元。11月，配合农工党广州市委会，总支组织中心医院支部4位医疗专家，广医从化学院支部和师生20多人，农工党广州市委会的5位医疗专家和广州市药监局一起，在从化街口河堤广场，开展主题为“弘扬科学精神，承担社会责任，促进和谐发展，共建创新型国家”的第23届中国“国际科学与和平周活动”。活动得到从化市委统战部和从化市科技局的大力支持。农工党广州市委会的领导参加活动。活动中为300多群众进行义诊、咨询、测量血压、按摩推拿治疗等服务。现场向群众免费发放保健药品价值2000多元。还多次派出成员参加市委老干局组织外出活动的医疗服务工作，参加市委、市政府大型会议的医疗服务工作。成员参与公益慈善捐款活动，捐款4600多元。

立足本职　总支成员在各自岗位上尽职尽责，积极工作。中心医院支部的王芝钧副主任医师，配合市中心医院创建广州医学院非直属附属医院工作，是外科教研室的骨干，中心医院成功创建广州医学院非直属附属医院后被医院评为积极分子、优秀研究生；主持开展的“手辅助胸腔镜肺大泡切除术”新技术新项目完成30多例，发表论文1篇。综合支部的卢绍辉、冯志敏年度考核为优秀，受到市委市政府的嘉奖。综合支部年逾80岁的黄永平老师，退休后积极参加从化市老干局合唱团各项演出活动；加入岭南诗社从化分社，2001年以来，创作书画、杂文、山歌和诗词370多篇（首）。内容有祖国览胜，乡土情怀，咏物言志等；2011年5月，作品汇集成书《平庐杂韵》，由从化市老干部诗社出版发行。广医从化学院支部多名成员在工作中表现出色，分别被学院评为“优秀教师”、“优秀教育工作者”、“受学生欢迎的授课老师”。宋宇宏副教授完成从化市科协课题1项，获广州市课程软件比赛三等奖，被评为广东省五星志愿者。李君副教授主编教材1部，主持广州市科信局和从化市科信局科研课题各1项，参与学院课题1项，发表论文2篇。李炎武副教授作为副主编，参与1本专业教材的编写。章沛老师作为副主编，参与1本教材的编写，参与一门学院精品课程建设和2项学院课题研究，晋升为计算机高级工程师。周春辉副教授发表论文2篇。

组织活动　4月，总支组织第二届总支委员到惠州市的全国爱国主义教育基地，中国农工民主党创始人——邓演达故居参观学习。参观邓演达纪念馆，回顾和学习农工党的光辉历史和邓演达的革命精神。10月，总支组织新一届总支委员和支部委员18人到南京市紫金山邓演达烈士陵园为邓演达烈士扫墓，向烈士墓敬献花篮，寄托哀思。拜祭先烈，继承遗志。

（中国农工民主党从化总支部委员会供稿，
邓汉洲执笔）

【中国致公党广州市委员会从化支部】　基本情况　中国致公党广州市委员会从化支部（下简称致公党从化支部）办公地址在街口街开源路23号二栋四楼。2011年末，有党员19人，其中当年新发展党员2人。中青年党员占60%以上，80%以上党员具有大专以上学历，其中高级职称6人，中级职称7人。

参政议政　从化支部响应上级组织和从化市政协的工作部署，广泛调动所有党员的参政议政、献计献策热情，特别是党员中的政协委员的积极性，围绕中共从化市委、市政府的中心工作，开展各种形式的调研，撰写提案，经过党员的共同努力，2011年从化支部提交提案8份，各类提案都获从化市政协和政府相关部门的高度重视，均获得各职能部门的实施或给予满意答复，满意率达100%。

组织活动　2011年从化支部开展各种形式的组织活动，全体党员都能积极参加。为丰富党员的政治生活和业余活动，经常不定时的进行党员内部谈心，有什么问题或有好的建议都能得到及时的沟通和解决；支部曾邀请广州致公党领导、从化市委常统战部部长委邱永权同志和统战部副部长李炳文同志参加中秋联欢座谈会，并给老党员送上中秋礼品和节日慰问金；2011年下半年应增城市支部邀请，组织12名党员前往增城学习和交流，并一起开展文体活动，既锻炼身体又充实大家的文体生活，同时增进兄弟支部之间的友谊；参与老干部文艺表演，致公党党员温年照同志为艺术团成员并参加文艺表演，党员胡海源同志为这次活动个人义务捐款3000元；邀请白云区支部党员一行共20多人来从化指导工作，传授经验，通过交流学习，增进支部之间友谊，提升支部党员的工作水平和参政议政能力；为配合从化市举办梅花节活动，支部与工商联合会、侨联联合主办“梅花迎春画展”，画展为期15天，画展收入除成本后，余下款项作公益事业扶贫；参加广州市委会举办的赴韶关助学扶贫活动，支部党员为这次助学扶贫活动积极义捐5800元。

（中国致公党广州市委员会从化支部供稿，温世明执笔）

【九三学社广州市委员会从化支社】　基本情况　2011年末，有社员12人，设主任委员1人、组织委员1人、宣传委员1人。其中具有高级职称3人，中级职称9人；研究生1人，本科学历11人。社员中，任九三学社广州市委员会委员、从化市政协常委1人。办公地址在街口街开源路23号二栋四楼。

理论学习　结合践行社会主义核心价值体系学习活动，推进基层组织发展建设和社会服务工作等。

参政议政　2011年度，支社社员撰写提案3件，征文1篇。其中社员徐国莉在“我为率先加快转型升级建设幸福广州献一策活动”中撰写的“关于大力保护广裕祠及钱岗古村落历史文化遗产的紧急呼吁”获九三广州市委颁发的优秀奖。社员单青撰写的“关于大力保护广裕祠及钱岗古村落历史文化遗产的建议”及“关于将2路公交车改线的建议”等3件提案被从化市政协采用；社员单青当选为从化市第九届政协委员，在政协从化市第九届委员会第一次会议上当选为政协常委。作为参政党，积极配合从化市委做好换届工作，参与从化市委市政府重大事件的决策工作，并提出意见及建议。如参加政府工作报告的讨论，列席市委常委会议，列席中共代表大会，真正起到民主党派参政议政、民主监督的作用。

社务工作　支社社员积极参加社市委组织的各项活动。如社市委召开的2011新年茶话会活动、“三八”妇女节纪念活动周年纪念活动、九三科普讲堂活动。支社主委单青及支社组织委员符勤怀参加由九三学社广州市委员会和广州社会主义学院举办的2011年基层骨干培训班学习。通过学习，提高自身素质和工作能力。全体社员积极参加纪念中国共产党成立90周年辛亥革命100周年暨社章社史知识竞赛答题活动；作为基层组织，配合社市委做好换届工作，支社主委单青参加九三学社广州市第七次代表大会，并当选为九三学社广州市第七届市委委员。

组织活动　支社围绕社会热点问题、民生问题、换届选举、新一年工作计划为主题召开5次座谈会，每次都有支社委员及部分社员10多人参加座谈，收到较好的效果；如：我为幸福广州建言献策活动、学习胡锦涛同志在庆祝中国共产党成立90周年大会上的讲话、学习胡锦涛同志视察广东重要讲话精神、传达九三学社广州市委员会第七代表大会精神及第六届委员会工作报告，宣读新当选的九三学社广州市第七届委员会主任委员、副主任委员、市委常委、市委委员名单。并且社市委也非常重视基层组织活动，九三广州市林沛勋副主委，组宣处刘素燕处长多次参加支社活动，为支社今后工作提出宝贵意见及建议。同时组织活动也提升组织的向心力、凝聚力。还建立QQ工作群，便于沟通联系、增进社员感情。

荣誉　支社社员在本职岗位上，发挥高学历、高职称的学术优势，为支社争得荣誉，为九三学社树立良好形象。从化支社社员一年来获得大小荣誉10多项，单青、沈玉才获得从化市中心医院“先进个人”等荣誉。由单青指导的《联合用药辅助短时宫腔填纱预防剖宫产产后出血》获得广州市立项，并已结题。还有多篇论文在国内医学杂志上发表。社员刘小丽撰写的论文《建筑施工技术管理分析》及《浅议市政设施管理维护》发表在《商情》杂志上。社员鲁福德撰写的《卡托普利对大鼠肝纤维化治疗作用的实验研究》发表在《中国现代医学杂志》；《高职护理药理学改革的几点思考》发表在《医学信息》；该同志负责的课题《格列卫对小鼠肝纤维化的影响和机制研究》获得《广东省医学科研基金》；护理专业《药理学》获广州医学院从化学院精品课程。社员姚丹丹撰写的《广东省老龄事业人才培养发展战略研究》获中国高等教育学会“十二五”高等教育科学研究课题。

（九三学社广州市委员会
从化支社供稿，单青执笔）

群众团体

市总工会

【管理机构】 市总工会属群团组织，办公地址在街口街青云路286号，定编7名，其中行政编制6名、事业编制1名；2011年末，在职12人，有主席1人、副主席3人。内设机构有：办公室、组织宣教部。

【三方协商】 为健全政府、雇主、劳动者三方协商机制，发挥三方协商的作用，推动劳动关系三方协商向镇（街）、园区延伸，切实协调解决劳动关系突出问题、创建和谐社会，确保市社会经济顺利发展，2011年共召开3次三方协商会议，就劳资三方如何加强劳动监察、遏制劳资纠纷、维护社会稳定、构建和谐企业、确保从化企业稳定进行协商，并提出协调劳资双方劳动关系的指导意见。在建立健全从化市级劳动关系三方协商机制的基础上，继续将劳动关系三方协商机制向镇（街）、园区延伸，至年末，已有五镇三街两个园区成立劳动关系三方协调领导小组，占镇（街）、园区总数100%。

【法律援助】 充分发挥工会法律援助中心的作用，通过开展“送法上门·依法维权”活动，集中开展以工会和劳动法律法规为核心的职工法制宣传教育，印发法制宣传资料3.5万份，为广大职工提供政策咨询、信息引导、法律解答等服务，取得良好的效果。全年工会法律援助中心接待、解答、处理各类法律咨询26宗，指导职工通过合法渠道、合理方式理性维权。其中协助市信访、劳动、建设等部门共同处理和平息职工突发事件5宗，涉及职工800多人；参与处理工伤死亡事故3宗，依法为工伤死亡职工家属争取经济补偿197万元；参与调处各类劳资纠纷8宗，妥善处理劳资双方关系，切实维护职工的合法权益。

【实行厂务公开和职代会制度】 全面推进职代会制度规范化建设，进一步规范厂务公开民主管理工作，不断扩大以职代会为基本形式的厂务公开民主管理工作覆盖面，突出抓好非公有制企业和区域性、行业性职代会制度建设，推进厂务公开工作向非公有制经济领域拓展，贯彻落实“全心全意依靠工人阶级”的指导思想，最大限度地保障职工的民主权利，维护职工的合法权益，保护和调动广大职工的积极性和创造性。至年末，全市实行厂务公开和职代会制度的企事业单位有1286家，占应建数的88%。

【工会组织建设】 市总工会坚持采用“先搭

架子、后充实、逐步完善、再提高”的思路，不断深化“广普查、深组建、全覆盖”集中行动，最大限度地推动普遍建立工会组织。市直属机关、事业单位工会组建实现全覆盖，新组建企业工会162家，发展会员1万多人，超额完成广州市总工会下达的任务指标（150家任务）。至年末，从化市工会拥有基层组织1466个，会员超过10万人。推动建筑工地、环卫行业工会组建，会员发展达90%以上，实现建筑工地和环卫行业的全覆盖。10月，成立旅游行业工会联合会，这是广州地区第一家旅游行业工会联合会。

1月19日，市委常委邱永权（左二），市人大常委会副主任、市总工会主席刘树生（右一）慰问省劳模徐秉良（左一）

【工资集体协商】　从化市工资集体协商工作覆盖面不断扩大，全市签订集体合同1174份，覆盖企业3878家。4月，市总工会把企业要约与行业集中要约结合起来，发出“春季要约行动”，督促基层工会主动向企业发出协商要约，开展行业性工资集体协商。继续加强工资集体协商专业队伍建设，组织驻镇街、园（区）协理员参加工资集体协商现场观摩会，选聘一批工资集体协商指导员。至年末，全市工资协商指导员人数有80多人，有力促进工资集体协商机制的建立。

【劳动竞赛活动】　市总工会联合市旅游局共同举办“广东温泉宾馆杯”旅游行业服务技能大赛，全市旅游行业27家企业选派近百名选手参加竞赛。通过竞赛，选拔出一批技能精湛、技艺超群的优秀人才，进一步增强企业凝聚力和市场竞争力，提高职工群众的积极性、创造性，激发职工学习和掌握技能、企业培训和选拔高技能人才的热潮，进而带动全社会各行各业形成学习文化、钻研技能、立志成才的良好氛围。

【职工劳动安全卫生】　市总工会与市安监局联合发文，组织全市职工开展劳动安全卫生宣传教育工作。按照《安全生产法》的规定，配合市安监局等部门做好安全生产的调查处理工作，监督事故发生单位按照国家有关法律法规做好死、伤职工的赔偿工作。

【送温暖活动】　充分发挥工会帮扶中心的作用，不断加大工会帮扶力度，在帮扶范围、帮扶次数，帮扶标准等都有所扩大和提高。通过劳模座谈会、节日慰问等方式，全面展开困难帮扶工程。全年慰问困难职工、劳动模范、因事故住院伤员等600多人次，送上慰问金近30万元；做好“金秋助学”活动，举办困难职工学子座谈会活动，对21名品学兼优的贫困职工子弟发放助学金；做好农民工免费体检工作，联合广州市第二工人疗养院上门为已建立工会的莱茵水岸和君源建筑工地400多名农民工免费体检。

【关心职工生活】　通过互助保障计划讲座、

发放宣传册、定点授课等方式最大化地宣传医疗互助保障计划，不断扩大医疗互助保障计划的覆盖面，进一步提高职工群众参保率，切实保障职工群众的生命健康安全。8月，市总工会女职委在各镇街、园区、行业举办外来女职工免费健康知识讲座12场，邀请广州市女性健康专家现场授课。在继续做好“市女职工安康互助保障计划”、“市职工特种重病互助医疗保障计划”、“市职工住院医疗互助保障计划”三项职工互助保障计划的同时，落实广州市总工会新推出的“广州市职工非因工伤病残互助保障计划”。

【外来务工人员服务管理】　为听取外来务工人员意见、诉求，市工会举办外来工代表座谈会10多场，外来职工代表参加座谈会共200多位。市总工会领导还经常深入基层，密切掌握外来务工人员工作、生活情况，有针对性地指导各级工会做好外来工服务管理工作。

【人大代表换届选举协助工作】　为贯彻执行中央、省、广州市有关文件及广州市总工会《关于在地方党委人大、政协换届选举中配合做好有关工作的通知》精神，市总工会在进行人大换届推选代表中积极关注和争取增加一线工人代表的比例。9月8日，从化市人大代表选举工作全面完成，全市产生的218名人大代表中有13名是一线工人代表，比上届增加4名，占代表总数的5.96%。一线工人代表比例明显增加，充分体现从化市委对工会组织作用的重视和对职工主人地位的尊重，这不但有利于发挥工会联系职工群众的桥梁、纽带作用，而且可以使工会更好地依法履行“代表和组织职工参与国家和社会事务管理”的职责，对促进劳动关系和谐，保障职工队伍和社会稳定具有深远的意义。

【队伍建设】　组织学习胡锦涛总书记“七一”重要讲话精神，通过开展“创先争优促发展”主题实践活动、纪念建党90周年系列活动、“效能建设年”活动、“幸福从化论坛”等活动，提高思想觉悟。市总工会领导班子主动参加相关业务培训，选派生活保障、女职委和经审委干部参加各级的专业知识培训，增加业务知识，提高工会干部的整体素质。4月，市总工会与市普法办联合举办全市《工会法》普法教育学习班，邀请广州市人大常委会副主任、总工会主席陈伟光亲临授课，全市副局级以上单位（含副局级）领导、各企业代表、工会主席以及工会全体干部职工近800人参加学习，取得良好的效果。

（市总工会供稿，彭旭华执笔）

团市委

【管理机构】　共青团从化市委员会办公地址在街口街新城东路99号。定编6名，其中行政编制5名、工勤编制1名。2011年末，在职6人，有书记1人、副书记1人。内设机构有：办公室（市青少年教育工作领导小组办公室）、学少部（少先队从化市工作委员会办公室与其合署办公）、城镇部。下属机构有：从化市青年志愿者协会、从化市青少年宫、从化市青年志愿者行动指导中心。

【团组织建设】　*基层团组织建设*　召开共青团从化市委十八届三次全体（扩大）会议，部署全市共青团的奋斗目标和主要任务，卸免4

名团市委委员，替补4名候补委员，选举2名常务委员。推进镇街团的组织格局创新工作，至2011年8月31日，完成全市5镇3街团组织格局重组，其中街口街和太平镇团委书记由年轻班子兼任，增加编制外优秀青年66名，平均年龄28岁，女团干占40%，大专以上学历85%人。

推动“两新”组织团建　坚持依托“党建带团建”、依托青年联合会、依托镇街的工业园、市开发区、明珠工业园、市个协私协等相关部门，到2011年底，全市“两新”（新社会组织，新经济组织）组织建团共132家，其中非公有制企业121家，新社会组织11家。全市已建团“两新”组织划分8大区域，建立“三层”指导模式，即由广州团委机关干部、从化团委机关干部以及镇街团干部联合挂钩区域指导“两新”团组织工作。

开展“两进三同”活动　组织市内40个团组织的团干召开专项工作会议，结合从化市实际制定“两进三同”（走进基层、走进青年，与青年同劳动、同学习、同生活）工作计划。在春夏秋冬四季专题工作中，全市各级团组织共走访青年398名，召开工作座谈会49场，交流学习会63场，发放调查问卷4800份，收集意见建议120条，帮助青年解决热点难点问题115个，结对帮扶基层团支部62个。

【扶贫开发】　团市委副书记丘俊超任城郊街扶贫组组长，致力于城郊街26条村的扶贫工作。办公室人员潘铸熙被派驻江埔街禾仓村任驻村干部，经调查核实，帮扶贫困户6户、22人。借“六一”、“中秋”等节日契机，团市委对禾仓村贫困儿童、孤寡老人、残疾人家庭及困难党员进行慰问，送上慰问品、慰问金共7500元。

【少先队建设】　青年阵地建设　提速市青少年宫项目，该项目被纳入2011年市政府重点工作之一，作为责任牵头单位，团市委加快建设青少年宫项目步伐，已报请财政局核拨建设资金。筹建从化市志愿者行动指导中心，已拟文向市编委提出成立申请，积极沟通，争取早日成立。开通团市委微博，团市委机关建立微博5个，各基层团组织建立组织微博25个，个人微博5个，及时发布共青团工作及活动情况，了解掌握青年思想动态。开展系列青少年理论调研，分别开展《广州（从化）青年媒介使用情况调查与分析》课题研究和《新生代农民工精神文化生活研究》“共青团与人大代表、政协委员面对面”活动调研，形成科学的论文报告。其中《广州（从化）青年媒介使用情况调查与分析》论文入编团广州市委2011年度青少年工作研究课题。

以团带队　在各种纪念日，组织少先队员开展各类纪念活动。深入江埔街禾仓村两户贫困儿童家庭进行“庆六一，送温暖”慰问。在“童心向党，文明共创”——广州中小学生党、团、队史暨文明礼仪知识竞赛总决赛中，市西宁小学荣获冠军。流溪小学张嘉敏老师等6名优秀教师获广州市十佳少先队辅导和广州市优秀少先辅导员等先进称号；10支队伍分别获广州市少先队红旗大队、中队、少队称号。

开展帮扶维权活动　设立青少年维权岗，市司法局、检察院、法院、公安局、温泉司法所5家单位申报并挂牌“青少年维权岗”。举办2011年成人宣誓，10月18日，以新世纪为中心会场组织近2000名18岁成人代表进行宣誓，并在市内多所学校组织开展“青春·感恩”、“我想对你说……”书信季活动和“青春·责任”成长第一课主题活动。积极推动青年劳动就业，岗位创业。开展系列青年创业大赛活动，联合热心企业发布招聘信息，组织4000多名大学生青年参加专场招聘会，引导学生转变就业创业观念。继续开展“希望工程”等扶孤助学活动，7月，与中国移动广东从化分公司联合举办“赢在广东·第四届希望工程南粤会亲活动——从化会亲”仪式，资助50名困难学生，资助资金达2.5万元。全年有262名学生受到省、广州市青基会、福彩大学生助学金17万元。

5月29日，在广州市友谊剧院举行广州市第八届羊城小市长决赛，从化市太平中学黄纪莹（左一）获得广州“羊城小市长”称号。图为“小市长”们与广州市市长万庆良（中）合影

【志愿者活动】 促进社会服务工作常态化管理 召开从化市亚运志愿服务总结表彰大会，对在亚运会、亚残运会志愿工作中有突出贡献的20个志愿服务团队和1521名志愿者个人进行表彰。开展纪念“五四”运动92周年活动，举办从化青年“五四”男子篮球赛，全市各高校、镇街、市直属单位共17支队伍参赛。召开从化青少年纪念建党90周年、五四运动92周年暨“五四”表彰大会，并向全市青少年发出青少年投身文明城市创建微文明行动的倡议。举行“纪念建党90年，共颂五四运动精神”党史讲座，进一步深刻教育团员青年。联合华南师范大学团委、华南师大教信学院、广东工业贸易职业技术学校共同承办第五届广东大学生科技学术节之广东大中专学生“低碳环保”创意广告大赛。全省参与院校共73所，参赛作品500多份。开展“道德在我心中”团干部培训班，邀请省委党校哲学部副主任、副教授余泽娜针对佛山“小悦悦事件”，举行题为“拒绝冷漠、传递善意”讲座，全市200多名团干部参加讲座。同时在全市大中小学开展“道德在我心中”演讲和征文比赛。

推动志愿服务制度化 开展“幸福从化，志愿新生活”——关爱农民工子女志愿服务活动，3月初，对农民工子女学校及农民工子女的数量和就学情况进行全面普查，40个镇（街）团（工）委、市直属单位团组织与45间农民工子女学校、15648名农民工子女建立起“一对一”的结对帮扶关系。开展关爱农民工子女活动15场，出动志愿者750多人次。成立爱心义教服务队，组织大学生到各镇街农民工子女家庭开展送教服务，累计组织90名农民工子女走进从化高校、从化著名景点等学习游览。扶持关爱农民工子女、爱心义务家教、健康信息咨询等3个项目获羊城志愿服务基金的支持。开展从化青少年投身创文微文明行动，邀请全国道德模范赵广军为从化市青年志愿者作经验介绍。重开“西关小屋”——城市志愿服务站。在节假日，开展“微笑文明”志愿服务活动，为市民提供文明知识宣传、出行指引、信息咨询、应急救援等服务。开展“创文”主题月活动，紧紧围绕每月“创文”主题统一行动，开展低碳出行日、垃圾分类日、环境清洁日、空调26℃日等活动。全年出动志愿者9150人次，服务时数达2.4万小时，服务对象21.25万人次。

实现志愿服务活动调度管理系统化 信息化管理志愿者队伍，开通“志愿时”系统管理账号，建立志愿者网站、微博、QQ群，通过网络召集志愿者到农村、老人院、“西关小屋”等开展各类实践活动，实现志愿者的招募、录用、培训、激励、记录和宣传等多项管理功能信息化。至年末，全市有各类志愿服务队30支，登记志愿者人数5.36万人。专业化志愿服务培训体系，邀请专家老师为志愿者骨干开展5场各类志愿服务知识和技能培训。与街口街家庭综合服务中心合作，开展助残、礼仪等志愿技能培训，联合推动组建专业化的志愿服务队伍。

（共青团从化市委员会供稿，黄泳执笔）

市 妇 联

【管理机构】　市妇联在街口街新城东路99号市委市政府大院内办公，定编7名，其中行政编制5名、事业编制2名。2011年末，在职7人。有主席1人、副主席2人。内设机构有：办公室、妇女儿童部（妇女儿童工作委员会办公室）。下属单位有：从化市妇联关围幼儿园、从化市儿童乐园。

【创新三项主体活动】　*“双学双比”活动*　为提高农村妇女的科技知识，先后在城郊街田心社农家乐、吕田镇塘基村开展“女能手”农技培训班8场，参加培训800多人。探索农村妇女“双学双比”活动新模式，市妇联配合农业部门，以农村各类协会和合作社为依托，通过“公司+合作社+协会+基地+农户”的形式，帮扶培育更多农村妇女参与到这种改革中来，在改革中求发展。吕田新联村大芥菜和田心社农家乐被广东省妇联评为巾帼示范创业基地，其中吕田镇新联大芥菜专业合作社由于成效显著，起带动示范作用，还获得中央财政扶持资金补贴。2011年5月省妇联主席温兰子到从化调研时，高度评价和充分肯定从化市妇女儿童工作。

“巾帼建功”活动　举办“文明礼仪进社区”活动，围绕文明礼仪推广月、排队日等主题，在广大城镇妇女中开展内容丰富的“巾帼建功”活动，有效促进机关妇女干部工作效能。举办“幸福从化群众论坛”妇女专场活动，各镇街妇联及机关单位妇委会以及妇女群众共150多人参加，引导群众理性看待幸福，树立正确的幸福观，弘扬积极向上的幸福文化。开展巾帼志愿服务等活动。发挥组织优势，组建巾帼志愿者服务队伍，推动巾帼志愿服务进行业、进社区、进机关、进村镇，开展“关爱农民工”、“关爱空巢老人”等巾帼志愿服务活动，发挥巾帼志愿者作用。完善开展巾帼文明岗创建活动。组织部分巾帼文明岗负责人到广州参加培训，学习先进经验，促进文明岗创建工作。

“文明家庭”创建活动　贴近创建全国文明城市和建设幸福从化工作主题，以“文明家庭”、“六进家庭”等活动为载体，大力开展“文明家庭”创建活动。开展“书香从化”创建活动，7月20日，在从化市图书馆内举办“阅读科学家教，共创幸福家庭”家庭教育读书活动，邀请广东省家庭教育指导中心主任祈丽珠、广东省首届十大杰出父亲程敏莅临现场，现身说法谈家庭教育，发动全市广大家庭成员利用休闲时间通读一本书，同颂一篇经典文章，培养家庭成员读书习惯，享受书香人生，推进“书香家庭”建设。开展“爱我家园”巾帼文明行动，实施“共建幸福家庭行动计划”要求，以弘扬社会文明风尚、宣传家庭美德为重

点，在从化市五镇三镇街妇联和41个机关妇委会开展125场“六进家庭”活动。为引导广大家庭成员遵守文明规范，践行家庭美德、文明礼仪，从化市妇联通过“平安家庭”、“书香家庭”、“廉洁家庭”等“文明家庭”评选活动，使创建活动更具特色。开展“美德家庭”和“科学教子”活动，市妇联以创建文明家庭为抓手，引导广大妇女和家庭成员带头学习实践家庭美德、遵守文明规范，践行文明礼仪活动。开展家庭美德和科学教子主题宣讲教育活动125场，吸引1.5万人次的群众参与活动，印发美德家庭建设倡议书、宣传单张2万多张、海报5000份，专门设计、印刷及粘贴家庭美德专栏宣传海报45个，印制、派发家庭美德二十字宣传环保袋1万个，并把家庭美德宣讲和知识问答融入到各个活动中。

3月8日，市组织各界妇女代表在新世纪广场举行2011年从化市庆祝“三八”国际劳动妇女节101周年大会。图为广州市妇联主席李建兰（左七）、从化市委书记黄河鸿（左五）等与先进代表合影

【维护妇女儿童合法权益】 2011年3月，市妇联与从化市法院联合举行反对家庭暴力研讨会，就家庭暴力遇到的相关问题进行探讨和研究。举行“从化市妇联三八维权周暨就业服务广场活动”，根据广州市妇联的部署，由市妇联牵头组织禁毒办、司法、法院、检察院、卫生、劳动等部门在青云公园广场举行活动，进行禁毒图片展览、咨询、就业招聘、免费量血压、派发宣传资料等，有群众1000多人次参加。举办《婚姻法》司法解释（三）学习培训讲座，镇、街妇联干部、机关妇委会干部、社区妇女干部及部分村妇女主任等200多人参加培训学习。以儿童乐园家长学校为阵地，围绕“关注青少年，不让合成毒品进我家”为主题，6月24—26日连续三天在儿童乐园开展禁毒防毒知识宣传教育活动，提高青少年禁毒意识，营造远离毒品、拒绝毒品的良好氛围。2011年从化市妇联被评为从化市“五五”普法先进集体。

【妇女儿童规划评估】 3月31日，市妇女儿童发展规划（2001—2010年）接受上级妇儿工委的终期评估，广州市评估检查组专家组对从化市十年来实施妇女儿童发展规划，如期全面达标给予充分肯定和高度评价，为制定和实施新一轮妇女儿童发展规划提供借鉴。根据监测评估，市妇女儿童发展规划（2001—2010年）的总体目标基本实现，主要量化指标基本达标。

【特色活动】 开展广州市第八届“羊城小市长”（从化赛区）评选活动。从化有9位同学进入广州复赛，2位同学进入总决赛，最后太平镇太平中学的黄纪莹获得第八届羊城“小市长”称号，实现市“羊城小市长”零的突破。举办“六一”庆祝活动。6月1日上午在流溪剧院举行以“爱家乡、倡低碳、颂党辉、创幸福”为主题的从化市2011年庆祝“六一”国际儿童节活动，对荣获广州市“梦想之星”的中小学生进行表彰。结合中华传统节日广泛开展“创文”活动。7月联合金夫人影楼开展

“我们的节日·七夕”主题活动，活动丰富精彩，受到广大青年男女和家庭的热烈欢迎，吸引近300人参与；开展各种群众文化活动。在广大妇女和家庭中开展微笑服务日、世界读书日、我们的节日等主题鲜明的群众文化活动，倡导文明新家风，共建文明新从化。按时按质按量完成创文工作任务。按时派出人员进行文明督导，按照市文明办的要求及时报送创文材料，创文资料档案健全，每次测评均得100分。

【为妇女儿童办好事实事】 市妇联分别在春节、“三八”、“六一”中秋等节日举办各种主题慰问、送温暖活动，慰问困难妇女儿童家庭150多户，送上慰问金5万多元及物品一批。整合资源，开展单亲特困母亲结对帮扶。广州市妇联在市鳌头镇举办“广州妈妈”结对单亲特困母亲帮扶工作后，从化市妇联大力推进该项工作。至2011年底止，全市有单亲特困母亲950户，已结对帮扶600多户，超额完成广州市妇联要求年底前完成50%结对帮扶任务。市妇联积极配合市卫生局开展妇女乳癌、宫颈癌“两癌”检查项目工作，与卫生部门共同做好项目的宣传、组织动员、追踪落实等工作。至2011年12月15日止，全市宫颈癌检查55191人，乳腺癌检查55295人，超额完成省、广州市下达任务。发现癌前病变237例，确诊宫颈癌30例，乳腺癌46例。并为3名患病妇女向省妇联申请疾病救治款共3万元。牵线搭桥，助学受益面不断扩大。争取广州市女企业家在鳌头镇开展持续5年资助该镇68名贫困学生的生活学习共款7万元；继续争取广州市妇联和广东省利海绿色基金会的支持，第三年援助一名高一女学生，共260多人接受“春雨助学”活动资助，三年每人约7200元。

【“两园”建设】 儿童乐园、关围、镇泰幼儿园是市妇联服务社会、服务群众的重要窗口，是妇联承载妇女儿童培训、教育和妇女就业推介的重要平台。以巾帼文明岗为载体，内强素质，外树形象，健全工作制度，改进作风，增强责任，与时俱进，不断拓展工作领域和工作内容，提升工作水平。2011年妇联关围幼儿园被评为广州市优秀家长学校，教学水平和社会影响力不断提高。儿童乐园也更名为“从化市妇女儿童活动中心”，争取社会资源，对部分室场进行改造，功能重新调整定位，将更好地服务妇女儿童。

5月11日，广东省政协副主席、省妇联主席温兰子（中）到从化调研。图为市委常委邱永权（左一），副市长谭文标（左二）等陪同参观市中心医院妇幼保健院

【妇联组织建设】 根据市委的安排，开展“履职尽责当先锋，攻坚克难促发展——百万记”主题实践活动，组织妇联支部党员干部开展纪律教育学习月活动，观看教育专题片、撰写学习心得等，提高党性修养和律己意识。在思想建设、组织建设、作风建设、制度建设等下功夫，进一步增强工作的凝聚力和战斗力。2011年市妇联支部荣获“从化市机关党委先进党支部”称号。

【扶贫开发】 领导重视，积极协调。市妇联领导班子高度重视扶贫工作，制定帮扶方案，协调各类资源，推进该村扶贫开发工作。主动与市民政局、水务局等有关部门领导沟通，就建设老人活动中心、更新户外健身活动场所、增设垃圾斗、机耕路硬底化建设等方面取得进展。大力宣传，招商引资。驻村干部入驻江村后，想方设法为村集体经济谋划。通过妇联组织网络发布招租信息，利用村委大楼空置的二三楼招租，已与广州合美激光科技有限公司洽谈成功，租用三楼300多平方米，已完成市委下达的村集体经济超10元的任务。想方设法，牵线搭桥。多方联系多家厂企，招聘工人，为具备劳动力的贫困户提供就近打工和可以到外面打工的就业机会。结合实际，开展活动。在江村举办社会综合治理宣传月暨志愿服务月活动，并请来法律、卫生专业人士进行咨询，为村民、外来工现场量血压，派发法律法规、科学育儿、卫生宣传资料约500份，派发礼品约200份，并上门慰问5户贫困户，与农户问寒嘘暖，并送慰问金1000元，慰问品一批。结合“六一”组织慰问活动。邀请江村贫困户的小朋友参加庆祝六一国际儿童节专场表演并上门慰问4户贫困户小朋友，送上慰问金和慰问品。七一期间与江村支部一起开展“城乡支部共建·红心向党”活动，参观中共三大遗址、陈家祠、荔枝湾涌，学习历史，铭记历史，并慰问江村4户特困党员。整合资源，关爱困难群体。争取“创新广东”和广州市妇联爱心帮扶单亲特困母亲行动与江村7户单亲特困母亲及孤儿进行结对和帮扶。市妇联为江村一贫困户筹措解决手术费5000元，使其及时得到治疗。

（市妇联供稿，林惠群执笔）

市 文 联

【管理机构】 市文联是参照《公务员法》管理的群团机构，办公地址在街口街河滨北路74号一楼。定编2名，2011年末，在职4人，有主席1人、副主席2人。下属协（学）会有：市作家协会、市书法家协会、市美术家系会、市音乐家协会、市戏曲家协会、市舞蹈家协会、市摄影家协会、市山歌协会、市摇滚音乐协会、市楹联学会、市兰花协会、市笼鸟协会、市奇石协会、市温泉滴翠印社、市收藏家协会、市硬笔书法协会、市管弦乐协会、市棋文化学会、市醒狮协会共19个协会。会员1600人。

【搭建文化平台】 全年举办两次“全市各界文艺工作者茶话会”，近百名文艺工作者参加，会议邀请市委宣传部领导到场讲话，激励广大文艺工作者顺应时代的发展，多出成果、多出精品。5月，从化市文联与市文明办、市创建办、团市委、市文广新局联合主办“五月花’从化青年歌唱大赛，邀请广东省音乐家协会主席、著名艺术家刘长安等文化名流担任评委，鼓舞参赛选手，提升大赛水平。市文联还通过各种途径，邀请著名作家鲍十，书法家党禺、萧鸣，国画大师张松坡等，与从化市广大文艺工作者切磋交流，长见识，促进提高。

【协会活动】 市文联以纪念建党九十周年和辛亥革命100周年活动为契机，为各个协会开展活动提供服务。其中配合良口镇做好全省综合文化站评优定级，市文联组织各协会的骨干到现场进行交流和采风创作活动，参观文化广场、文化站和具有地方特色的村落，与良口镇文艺工作者举行交流座谈。通过活动，市作家协会会员撰写宣传良口旅游文化和景区风光的作品20多篇；市楹联协会会员挖掘良口的文化底蕴，创作出与良口有关的文学艺术作品，对联诗词等30多篇；市摄影协会拍摄出多幅反映良口风貌的照片；市书法协会创作出书法作品5件；市美术协会创作出大规格的美术作品3件，工作得到肯定。

4月10日，从化市文联、广播电视台、新闻中心以及从化宝趣玫瑰世界在“万花园”举办“玫瑰情缘”摄影大赛开镜仪式

从化市摄影协会全年举办摄影大赛3次，其中举办“大金峰杯”摄影比赛中，郭佳的作品《繁花似锦大金峰》获一等奖，李晓彤的《晨韵》和廖海清的《百花金峰游人乐》获二等奖，廖海清、陈伟坚、邝建华的作品获三等奖；举办“绿色渔业、生态从化”书法摄影大赛，通过摄影作品，展现从化市生态渔业的发展成果和渔家文化的魅力，为广大水产养殖企业搭建宣传展示的交流平台，促进市绿色渔业的发展，更好地宣传“生态从化、宜居城市”这一名片；市摄影协会与市广播电视台、市新闻中心联合举办“玫瑰情缘”摄影大赛，收到摄影作品700多幅，其中有来自珠三角各地摄影爱好者的投稿。

从化市书法家协会开展“绿色渔业、生态从化”书法摄影大赛，会员们用不同的字体书写法治楹联格言，其中获奖作品在市博物馆展览，获群众好评。

从化市楹联协会、市美术家协会配合市文联与市委宣传部、市依法治市办联合举办《法治楹联格言与法制宣传漫画作品展览》，收到来自党政机关干部、群众、高校师生的作品300多幅，精选展出其中的100多幅作品。市文联与黑龙江省齐齐哈尔市文联联合举办“中国画作品展”，艺术家南北交融，相互学习，共同提高。

从化市作协新出版欧东林先生阐释从化市红色旅游文化的新书——《北回归线上的星火》，刘迪生、谢连波、朱华勇、刘向阳、叶卫国、刘付云等作家，在省市级各种报刊上发布文艺作品多篇。其中刘迪生创作的长篇报告文学《点亮生命——赵广军和他的志愿事业》列入广州市道德模范教育读本、“《京华时报》年度名家阅读重点”，是2010年度（全国）全行业优秀畅销品种、第二届全国百种优秀青春读物。

（市文联供稿，刘迪生执笔）

市 残 联

【管理机构】 市残联属群团组织，为局级事业单位，办公地址在街口街广场路122号，定编6人。2011年末，在职9人，有理事长1人、副理事长1人。内设机构有：办公室、康复宣文科、教育组联科。直属机构有：市残疾人劳动服务所、市残疾人康复中心、市康晖职业技能培训中心、市康园工疗站服务中心。

【残疾人社会保障】 从2011年7月1日开始，贫困残疾人专项补助金发放标准提高25%。经过核定，全市最低生活保障线以下的一、二级重度贫困残疾人有3398名；三、四级贫困残疾人有2227名。在低收入残疾人中，本人无经济收入的一级重度残疾人有900名；一、二级低收入残疾人有1999名；三、四级低收入残疾人有2691名。全年发放专项补助金1385万元。继续推进全市农村残疾人危破房改造工作，全年审核农村残疾人危破房改造困难户276户。

【残疾人就业】 全年对647个单位进行就业年审，安排残疾人就业436名，收缴残疾人就业保障金1600多万元。接受残疾人求职登记178人次，推荐就业269人次，有效就业98人。举办物业管理培训2期，参加培训160人。举办社区残疾人专职委员培训班、残疾人种养培训班和残疾人机动车驾驶员培训班，参加培训760多人。

【组织建设和联络】 残联为加强和规范残疾人组织建设，制定《关于进一步加强和规范残疾人组织建设的实施方案》。邀请广州市残疾人职业培训中心的教师，对在市残联系统工作的人员进行中国手语培训，提高与残疾人沟通的能力。全年接待来信来访365件，其中来信5封。办理残疾人证2024个，办理残疾人乘车优惠卡144张。

【残疾人康复】 11月10日，通过省“人人享有康复服务”工作的初步验收，全市残疾人康复服务工作得到进一步提升。全年为聋人配助听器140人；推荐申报人工耳蜗植入手术1人；安装普及型大腿8人、小腿假肢21人；盲人向导培训1人；残疾人用品用具供应884件；白内障复明手术658例（其中免费手术165人）；申办慢病“救助卡”161人；申办新型农村社会养老保险3933人。

【扶残助学】 全年有580名贫困残疾学生和贫困残疾人家庭子女得到扶助，扶助金额27万元。有2名残疾考生考上大专院校，1名考上中等职业技术学校。

【协会活动】 “六一”儿童节期间，市肢残协会和市盲人协会组织残疾人火炬手到市启智学校开展慰问活动。组织聋人协会会员参加2011年广东首届残疾人文化节广州地区启动仪式。组织盲人协会会员与广州地区盲人按摩技师开展联谊活动。组织肢残人开展第二个“肢残人活动日”活动。

【康园工疗站】 市属街口康园工疗站，招收精神病康复者和智力残疾人27人。街口、鳌头、太平、良口四镇（街）相继建成4间镇（街）属工疗站，新增工疗人员100多人，其他镇（街）工疗站均在筹办建设中。

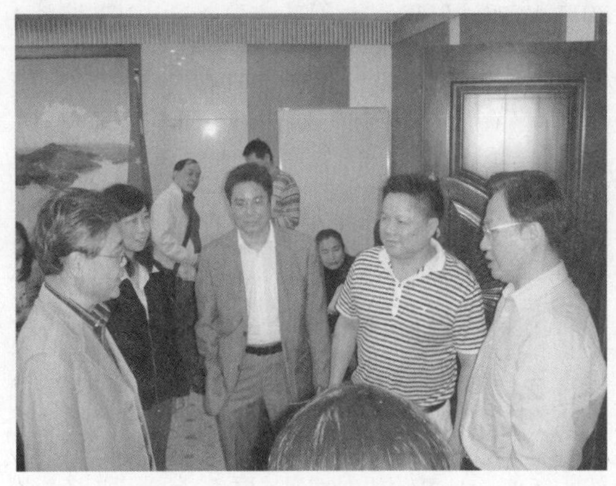

11月10日，市长郭清和（右一）与残疾人“人人享有康复服务”验收组成员交谈

【宣传和文体活动】 在“全国爱耳日”、“全国助残日”、“肢残人活动日”、“国际盲人节”等节日期间，开展宣传活动。组织残疾人参加省、广州市“全国助残日”活动；组织参加广

州市残疾人文艺比赛，并获音乐类一等奖；组织参加广州市残疾人田径锦标赛，获金牌10枚、银牌4枚、铜牌1枚，并获团体总分第三名。

【残疾人机动轮椅车管理】 制定《从化市残疾人专用机动车管理办法》、《从化市残联整治交通秩序专项行动工作方案》、《从化市残疾人机动轮椅车驾驶员安置方案》，成立管理整治工作小组，加强残疾人机动轮椅车驾驶员的安置工作，安置就业154人。

（市残联供稿，梁志忠执笔）

市侨联

【管理机构】 市归国华侨联合会属群团组织，办公地址在街口街新城中路39号，定编2名。2011年末，在职2人，有主席1人，副主席2人（不驻会），副秘书长1人。街口街、江浦街、城郊街、太平镇、鳌头镇、温泉镇设基层侨联组织。

【为侨服务】 市侨联依法为侨办实事、好事，全年接来信7件，来访10宗。解答龙潭镇侨眷吴女士土地咨询；联同鳌头镇侨联、综治信访部门，解决香港同胞郭女士祖屋回收。对每宗的来人来访，市侨联均通过联系有关部门解决每件来访来信，做到件件有回复，依法维护归侨侨眷的合法权益，化解矛盾，促进侨界内外的和谐稳定。

【对外文化联谊】 籍新中国建立90周年之际，广泛开展对外文化联谊工作，组织美国侨眷周女士参加广州市侨联“辛亥百年祭，一心跟党走”文艺汇演。选送美国华侨严某“新栋力超声电子设备”参加市侨联“第二届新侨创业杰出贡献奖”展览；选送归侨黄某的《古风十首》诗歌参加中国侨联庆党成立90周年诗歌比赛，叶卫国在从化市纪念中国共产党成立90周年征文比赛中荣获一等奖。

【参政议政】 侨联组的政协委员积极切实履行政治协商、民主监督、参政议政职能，向党和政府反映侨界呼声，积极撰写提案，2011年，侨联组委员提交提案6件，侨联组与工青妇联合提交提案1件，在民生、教育和城建等方面提出个人的意见和建议，如实反映社情民意。

【自身建设】 加强侨联班子建设，开展深入学习科学发展观活动，各基层侨联学习十七届五中全会精神，省侨代会、市侨代会会议文件。以举行茶话会、座谈会等形式组织专题学习会。4月，侨联干部及城郊街侨联干部参加广州市侨联举办的侨务干部培训班；7月，到鳌头镇、街口街侨联进行调研；分别推荐2名侨界人大代表，4名政协委员。加强基层组织建设，夯实组织基层和群众基层。继续推进侨联组织“五有”（有组织、有队伍、有经费、有阵地、有活动）建设。

（市侨联供稿，张丽莹执笔）

市科协

【管理机构】 市科学技术协会属群众团体组织，办公地址在街口街河滨北路科技馆四楼。市科协机关定编3人。2011年，在职5人。驻会领导有主席1人（不占编）、副主席2人。内设机构有：科普部。下属机构有：从化市青少年科技活动中心、市退休科技工作者协会。协调机构有：市农学会、市林学会、市水利学会、市医学会（市中医医学会）、市气象学会、市畜牧兽医学会、市教育学会、市果业协会、市建筑业协会共9个，属下及协调学协会共有会员约2600人。

【实施全民科学素质行动】　从化市委、市政府把贯彻实施《全民科学素质行动计划纲要实施方案（2011—2015）》，提升全民科学素质纳入从化市民生幸福工程之中。在8月成立全民科学素质工作领导小组，下设办公室在市科协，按照"政府推动、全民参与、提升素质、促进和谐"的指导方针，撰写《从化市全民科学素质行动"十二五"实施方案》（征求意见稿），明确"十二五"期间从化市全民科学素质工作的阶段目标、重点任务和保障措施。

【科普活动】　*开展主题科普活动*　围绕"科技引领未来，建设幸福从化"、"节约能源资源、保护生态环境、保障安全健康、建设幸福从化"等主题和从化"两型社会"和宜居低碳城市建设，发挥科协的特色和组织优势，借助科技活动周和全国科普日两个平台，对"五大重点人群"（未成年人、农民、城镇劳动人口、领导干部和公务员、社区居民）开展科普活动，促进市民科学素质的提高。利用移动短信平台，每月编写"科普微博"和"科普小贴士"发送到全市副局以上干部和科协委员的手机。举办"科学健康文明生活，宜居生态幸福从化"2011年全国科普日活动启动仪式暨大型科普咨询互动与文艺表演活动。在广东从化北回归线标志园举办夏至两岸四地（粤桂滇台）"夸父追日"科普活动。举办"健康时尚新生活，低碳环保新社区"科普大家谈——厨房中的环保小技巧活动。加强青少年科普教育基地的建设，从化市青少年科技活动中心投入运作。开展科普进校园活动，把科普大篷车开进城乡五所中学。开展校外科普，丰富学生暑期生活，举办首次青少年"科技夏令营"活动。参加"科普给力、温暖同行"大型科普活动，推动农民科学素质教育。

各级科普示范　贯彻落实《中华人民共和国科学技术普及法》，根据广州市科协和广州市文明办《关于组织开展广州市科普示范镇创建活动的通知》的要求，结合科普示范镇的标准，市科协与市文明办联合发文《关于组织开展从化市科普示范村创建活动的通知》，加强农村科普"四个一"（即一网，一栏，一站，一报，一网是农村科技信息村村通科普网，一栏是科普宣传栏，一站是大学生科普志愿者服务站，一报是科普画报、挂图）工程内涵建设，打造持续有效开展农村科普工作的实体，2011年，经广东省科协、省文明办等单位组成的专家组评定，街口街碧溪居委被命名为第三批广东省科普示范社区。经广州市创建办专家组评定，温泉镇被批准为广州市第一批创建科普示范镇。

基层科普活动　各学（协）会提高自主活动和发展能力，学术活动日趋活跃：街口街道办事处科协举行"科学在身边，共创文明城"活动。开发区科协开展"知识产权培训讲座"；组织亨龙公司到四会相关厂家参观学习，取长补短，提高产品质量；举办从化高技术产业园第二届工业设计大赛。市气象局、气象学会举办纪念"3·23世界气象日"开放日活动。明珠工业园区在明珠广场路举办以"科普进园区、幸福你我他"为主题的科普日宣传活动。市农业局、吕田镇农办、农业技术中心、科委工作人员组织并带领21条村的农技员及部分种养大

户共50多人，前往广州水果世界九佛基地参观学习新的种植技术及水肥一体化技术。林学会会同良口林业工作站，在良口林业站毛竹基地现场举办“马拉竹、巨龙竹等品种引进推广种植”活动。市退休科技工作者协会举办主题为“安全生产，健康生活”的科普活动，组织退休老专家进行义诊，为150多名群众进行义诊并赠送药品、卫生保健资料。市卫生局、医学会、中医药学会、市疾控中心和街口街医院联合组织内外与皮肤科、结核病科医师开展免费为村民和流动人口诊疗疾病、健康咨询等活动。市建筑学会举办从化建筑施工特种作业人员培训班。

9月18日，从化市2011年全国科普日活动启动仪式暨大型科普咨询互动与文艺表演在新世纪广场举行。图为机器人表演

【加强与基层联系】　先后组织各镇街、园区学（协）会参加2011年从化市科协系统迎新春联谊会、从化市科协工作会议、科协六届四次常委会议、全国科普日活动，开展华东四市科普考察，和“爱从化，宜居生态城市绿道骑行体验”纪念“五四”青年节活动等，加强与学（协）会的联系，引导各学（协）会自主开展工作。

【动员社会各界参与科普】　*招募科普志愿者*　为动员社会力量参与科普，增强科协活力，更好地开展专项科普活动，市科协在《今日从化》和从化市政府网上发布《从化市农技专家服务队招募启事》和《从化市青少年科技活动中心科普志愿者招募启事》，收到应聘资料20多封，经审核和面谈，初步挑选出符合工作要求的志愿者8名，并对志愿者授予证书，个别志愿者已参与市科协组织的青少年科技夏令营、科普进社区等工作中。

2010年调研课题结题　2011年征集的《从化市农业科技人才现状调研》和《从化市中小企业人才现状调研》两个课题已经完成，其中广州医学院从化学院宋宇宏博士的《从化市农业科技人才现状调研报告》已提交市委、市政府供参考。

启动2012年调研课题申报　市科协通过从化市政府网启动《从化市青少年科学素质教育和科技创新能力培育现状调研》课题。至年末，已收到申报书3份。

【青少年科技素质教育】　参与广州市第27届青少年科技创新大赛活动。按广州市教育局科研处及广州市青少年科技教育协会的工作要求，发动全市中小学生参与科技创新活动。10月，收集各类科技创新作品，经评选上送广州市青科教协。经广州市教育局科研处及青科教协评选，其中参展的发明作品和科学论文获得一等奖的有2名（中、小学各1名）。

开展科技教育竞赛活动　在从化三中举办“中共一大会址”、“我爱祖国海疆”、“飞向北京—飞向太空”三类模型科技教育竞赛活动，参赛学生188人。

（市科协供稿，李淅洲执笔）

市工商联

【管理机构】 市工商联（同时挂从化市总商会牌子）属人民团体组织，办公地址在街口街河滨北路科技大楼三楼。定编4名，其中机关行政编制3名，工勤编制1名。2011年末，在职6人，有党组书记（第一副主席）1人、专职副主席1人（主席不驻会）。内设机构有：办公室、会员部。下属机构有：街口、江埔、城郊街分会，鳌头、太平、温泉、良口、吕田镇分会。全市有会员980人。

【换届选举】 根据中共广州市委办公厅转发《市委统战部关于市、区（县级市）工商联（总商会）2011年换届工作的意见》的通知精神，于2011年6月成立从化市工商联（总商会）换届工作领导小组，全面铺开换届的筹备工作。10月19日，从化市工商业联合会（总商会）第十四届会员代表大会在市中心会堂召开，大会审议通过第十三届执行委员会工作报告，选举产生十四届执行委员会委员78名，其中主席、会长1名，副主席、副会长19名，秘书长1名，常委17名，执委40名。

【组织建设】 根据不同行业、不同特点、不同区域等因素，把一批思想政治素质好、有代表性、有经济实力、有活力、有社会责任感、参政议政能力强、热心工商联事业的民营经济人士发展为会员，壮大会员队伍。按照六有标准（有场所、有专人、有经费、有章程、有办公设备、有牌子）规范镇街分会（商会）建设，在镇街领导、分会（商会）班子和会员的大力支持和配合下，各镇街分会（商会）都安排办公场所、购置办公设备、配备兼职人员，挂起牌子和筹集一定的办公经费，使分会工作正常化、规范化、制度化。坚持执行镇街分会（商会）季度联谊例会制度，每个季度都组织镇街分管领导、分会（商会）会长、秘书长等开展有主题、有特色的会务工作交流联谊会，通过交流经验、沟通信息，相互学习，取长补短，促进镇街分会（商会）各项工作的发展。

【参政议政】 充分发挥参政议政职能，开展调查研究，经常性地根据会员企业在生产、经营中遇到的困难和问题，及时会同有关部门一起深入会员企业了解情况，为会员企业排忧解难，尽力为会员解决实际问题。根据会员对市“三旧”（旧城镇、旧厂房、旧村庄）改造工作提出的相关问题，与市政府分管该项工作的副市长一起，组织有关部门负责人和企业负责人召开座谈会，共同探讨从化市在“三旧”改造中遇到的问题，为市委、市政府制定“三旧”改造政策提供宝贵的意见和建议。充分发挥会员中人大代表和政协委员参政议政的职能作用，会员中的人大代表和政协委员在“两会”期间撰写《遵循“大旅游”战略，打造流溪河观光游项目》、《继续发挥后亚运马术品牌优势的建议》等提案、议案共42件，为市委、市政府制定各项决策提供宝贵的意见和建议，得到市委、市政府的高度重视。

【为会员服务】 及时向会员传达贯彻上级的有关文件精神和落实有关政策，组织会员学习《中共中央国务院关于加强和改进新形势下工商联工作的意见》、《国务院办公厅关于鼓励和引导民间投资健康发展若干意见》及省、市相关文件精神，重点贯彻《中共广州市委、广州市人民政府关于加快发展民营经济的实施意见》

以及相关职能部门下发的10个配套政策文件，并将相关文件及政策印发到会员手中。配合市委、市政府及相关职能部门做好推进协调工作，鼓励会员企业努力调整产业结构，转变经济发展方式，提升企业水平，为实施“大交通、大旅游、大产业”三大战略，作出更大的贡献。做好引导教育工作，教育会员“爱国、敬业、守法、诚信、贡献”。组织会员贯彻落实《劳动法》和“开展关爱农民工”活动，引导会员加强人文关怀，改善用工环境，建立和谐劳动关系，实现企业与员工双赢，会员企业的员工待遇，用工环境，生产、生活条件，体育、文化、娱乐设施等不断得到改善。充分发挥工商企业互助协会的作用，为会员企业解决资金周转，帮助会员企业解决过桥资金21宗，金额6610万元，同时与创富担保公司一起邀请镇街商会负责人，举办“携手创富，共同致富”联谊座谈会，为会员企业的发展搭建融资平台。邀请市长、市政协主席和市委、市政府分管工商联工作的领导与本会主席一起召开座谈会，共同分析市民营企业的现状及其在发展中存在的问题，探讨促进市民营企业发展的新思路。编印出版《工商联会员风采》画册，并发送到市有关领导、相关职能部门、兄弟单位及会员手中，宣传工商联的组织、活动、宗旨，展示会员企业的风采，从而提高本会和会员企业的知名度。建立工商联网站，利用网站宣传本会的会务工作、会务活动，介绍会员企业，推介企业产品，发布会员企业的用工需求及企业的产品供求信息，为会员企业寻找商机，打造工商联视窗。举办从化市工商联“温泉商会杯”男子篮球联谊赛。

【扶贫开发】　参与农村扶贫开发工作，本会领导及机关工作人员经常性地深入到帮扶挂钩联系村—江埔街高峰村进行调研，了解该村的基本情况，与街、村领导一起共同研究扶贫开发项目和落实相关政策，为村委和村民脱贫致富出谋划策，并发动会员向该村捐资5万元用于扶贫开发项目，有效地推进扶贫开发工作。

10月19日，从化市工商业联合会第十四届委员代表大会在市中心会堂召开

【机关建设】　开展“创先争优”、“效能建设年”活动，进一步强化党员干部的理想、信念、责任和为民意识、公仆意识，提高机关人员的综合素质、服务能力和服务效率，机关工作人员的工作作风明显好转、服务意识明显增强、办事效率明显提高、工作效能明显提升；开展纪律教育学习，进一步对党员干部开展理想信念教育、政治纪律教育、党性党风党纪教育，增强党员干部执政为民的意识，提高党员干部遵守纪律的自觉性和拒腐防变、干净干事的能力；加强制度建设，坚持党组每月例会制度，完善岗位职责和各项管理制度，促进各项工作的顺利开展。

（市工商联供稿，刘志机执笔）

市个体私营协会

【管理机构】 市个体劳动者协会、私营企业协会（下简称“个私协会”）办公地址在街口街西宁中路三多镇2号三楼。定编5人。2011年末，在职5人，有会长1人、副会长13人（其中1人驻会）。个私协会各有分会8个。

【基本情况】 2011年末，全市有个体工商户1.87万户，从业人员2.63万人，注册资金4.83亿元；私营企业3127户，从业人员2.88万人，注册资金61.59亿元。

【履职服务】 发挥会员参政议政作用，3月和10月，组织和联系参政议政能力较强的个体私企代表，参加市第十四届人大七次和第十五届人大一次会议的旁听。开展会员教育，组织企业到广州珠江宾馆参加“广州市个体私营企业2011年普法骨干培训班”，征订大批量普法教材书免费派发给各分会会员，并且通过理事例会等形式进行普法宣传教育活动。4月，组织市上规模的个体私企会员参加从化市国税局举办的“税务知识开放日”和“税务知识培训班”活动，提高会员对税务知识和税务公开的认识。免费向会员赠阅供资讯及其他服务，为会员征订《光彩》杂志、《老板周刊》报纸等指导性读物，为会员提供准确、及时的政策信息、生产经营信息和市场资讯。订购一批营业执照框架和印制一批新型粘贴式台账免费供全市会员使用，促使会员亮照经营和食品安全工作的深入开展等。推优评先，加强会员队伍精神文明建设。协助搞好三方协商工作，参加从化市劳动保障局有关会议，结合协会实际情况，反映会员对三方劳动关系的意见和建议，同时协助劳动局做好“和谐工业园”评选的推荐和宣传工作。协助工商从化分局开展“守合同重信用”、“消费者满意商店”的评选工作。

【完善服务机制】 扎实开展“会员服务年”活动，根据中个协、广州市个私协会统一部署，从化个私协会研究制定活动实施方案，有步骤、有计划、有针对性地抓好该项工作的落实。召开各分会“服务年”动员会议，要求通过走访会员的基础上，做好提炼服务需求、搭建服务平台、改善服务手段、培训干事队伍，动员会议明确服务职责和做好“服务年”活动记录等工作，使“会员服务年”活动务求取得实效，提高协会在会员中的影响力和凝聚力。建立会员服务体系，根据中个协和广州市个私协会《关于在全市个私协会系统开展会员服务年的通知》有关要求，结合从化个私协的实际，对现行服务项目进行分析梳理，制作服务指南，开通从化个私协会网站，分会设立服务窗口配合工商部门为会员提供检照等服务。努力用“完善的服务体系，特色的服务项目，规范的服务流程”做好会员服务工作。开展“光彩服务日”活动，根据广州个私协《关于组织开展“光彩服务日”活动的通知》精神，从化个私协组织会员在良口镇集贸市场开展法规咨询、家电维修、理发、义诊和派发由个私协理事会员赞助的环保便利袋、水杯等光彩免费服务项目。带上慰问品慰问当地多户残疾单亲贫困家庭。

【开展公益和联谊活动】 心怀社会，开展温暖服务。春节期间，组织各分会慰问各辖区残疾、患病和困难会员50多户。3月，个私协团委组织永亨隆团总支开展慰问特困学生家庭活动，关心和支持特困家庭学生的学习和生活情况。2011年广东扶贫济困日活动，从化市个私协组织理事、会员募捐21万元。开展丰富多彩的活动，组织会员企业参加广州市协会举办的新春团拜会、联谊会。各分会组织会员登山、篮球友谊赛、相互到企业间考察交流学习等多种健康有益的活动，丰富个体私企会员的文娱生活，增强协会的活力。

【队伍建设】　加强协会理事会建设，根据广州市个（私）协会《关于进一步加强和改进全市个私协会工作的指导意见》文件要求和工作部署，结合协会实际情况，5月从化协会在全市8个基层分会推行会员当任会长机制，即选举出政治素质好、会员评价高、热爱协会工作的企业老板担任分会会长，实行由企业老板担任分会会长，这样的工作机制，激发基层分会的活力，会员意识从被动管理向当家做主转变。企业家担任分会会长后，增强对协会组织的责任感。规范会费的管理和使用，按照中央的部署和要求，在上半年从化个私协“小金库”治理工作严格按照全面复查、督导抽查、整改落实、机制建设和总结验收的步骤开展，根据市工商局和从化市民政局关于“小金库”治理工作必须进行公示的要求，5月底前，协会已完成对各分会的全面复查工作，没有发现存在“小金库”问题。

（市个体私营企业协会供稿，黄秀妍执笔）

中国国际贸易促进委员会从化市支会

【管理机构】　2011年12月28日，中国国际贸易促进委员会从化市支会更名为中国国际贸易促进委员会从化市委员会。中国国际贸易促进委员会从化市委员会（中国国际商会从化商会）是参照《公务员法》管理的群团机关。办公地址在街口街口岸路2幢5楼。定编5名，其中行政编制4名、工勤编制1名。2011年末，在职5人，有主任1人、副主任1人。内设机构有：办公室、会员部、出证认证部。

【招商引资】　根据广州市委、市政府的部署，做好“新广州·新商机”系列招商推介活动。3月，组织民企、央企、外企共17家、35名企业高层负责人参加“新广州·新商机”北京推介会；4月，组织参加“新广州·新商机”上海推介会，并与上海杰事杰新材料（集团）股份有限公司、上海欣荣宏投资有限公司、高扬投资控股（集团）有限公司、广州台州商会4个企业签订投资意向书，投资总额共446.5亿元，签约项目以战略性新兴产业和第三产业为主，签约投资规模是各区（市）最大的；4月，组织参加“新广州·新商机—广州—美国（洛杉矶）经贸合作推介会”；11月，组织参加“新广州·新商机”香港澳门推介会，引进一批低碳、高端、效益高的项目，包括杰事杰新材料、太阳能光伏等33个项目，这些项目投资规模大，总投资达1700多亿元。通过“新广州·新商机”系列招商活动，大力宣传从化市“大交通、大旅游、大产业”以及良好的投资环境，扩大影响，向外界展示从化后亚运崭新形象和巨大商机，取得“四个好”（即引进项目好、对外宣传好、锻炼队伍好、党政重视好）的成绩。2月14日，组团参加亚太经济合作组织工商咨询理事会，此次活动较好地展示亚运后从化的新形象，推动从化服务业企业与亚太区服务企业在金融、文化创意等高端服务业方面的交流合作。4月14日，贸促会参加在香港会展中心举办“穗港科技创新与动漫产业合作发展交流会”，此次活动吸引香港无线发展中心和世纪利臻娱乐有限公司等多家企业有意到从化考察投资。

【经贸交流】　组织企业参加广交会，第110届广交会于10月14日至11月4日在广州举办，从化市有19家企业参展，设展位55个，涉及摩托车、汽车配件、礼品等从化主导产业，产品品牌数达12个。参展企业累计出口成交（包括意向成交）达4060万美元，比上届广交会增长7.7%。一期、二期、三期分别成交3202万美元、759万美元、99万美元。广州天马集团天马摩托车有限公司签订总金额1400万美元的意向订单，广州松铃工业有限公司签订总金额600万美元的意向订单。参加广州市外经贸局和广州市科信局在香港举行的“穗港科技创新与动漫产业合作发展交流会”活动。协助从化市外商投资企业拓展国内市场，增加内销额，组织动员三奇石矿、富敏城、乾茂盛3家企业往东莞参加第三届外博会。参展企业签订内销合同额达4700万元。会上，广州三奇石矿有限公司的展位设计新颖、独特，被广州市外经贸局推选为省长黄华华等省、广州市领导巡视广州展区时展位之一。协调做好申报广州市扶持资金的相关工作，协助财政部门做好企业2010年所获批扶持资金的划拨工作，以及加强对获取扶持资金额较大的企业的监管；协调企业做好申报2011年中小企业国际市场开拓资金的相关工作。市贸促会组织市经贸局等政府部门及15家相关企业参加由中国贸促会主办，广州市贸促会承办的“第二届中国广州国际低碳产品和技术展示洽谈会”。

【出证认证】　2011年，市贸促会出证认证业务量增长较快，全年办理原产地证超1141份，比上年增长119%，新增新注册会员20家。有计划、有组织业务科室负责人到市内主要外向型企业进行调研，向其宣传各项优惠性政策和原产地证书政策，协助企业解决各类问题，特别在企业大通关方面给予企业有力的支持；找准定位，扬长避短，开拓创新，更好地发挥桥梁和纽带作用，确立把工作重心放到“国际”、着力点落到“民间”上的发展战略，在服务外经贸工作方面与经贸局协同发展；以发展新企业为突破点，做强做大出证认证业务，发动全会力量，通过走访沟通联系重点企业、与经贸局共享资源，向企业宣传贸促会优质高效的服务等措施发展新注册出证认证会员企业；进一步提升服务质量，为企业提供周到、高效的服务，组织市内企业参加广州市2011年出证认证、ATA业务培训，出证认证业务由1人增加到2人，避免因人手不足影响出证认证业务的工作，保障出证认证业务正常地运作；热情地为企业解决办证疑难，急企业所急，及时为企业办好出证认证；加强对企业的注册、年审和下厂核查工作，通过年审及时掌握企业登记注册的变更情况；到企业实地检查含进口成分的产品的加工程序，出口货物的原产地标记等，对不符合中国原产地证规则的情况及时予以纠正。

【为会员企业服务】　强化服务意识，切实为企业服务。着力加强政企沟通，及时向企业宣讲新政策、法规。市经贸局联合市贸促会于8月19日上午组织市内75家企业召开中小企业国际市场开拓资金2011年度工作会议，并邀请广州市外经贸局规财处有关领导进行指导。组织企业参加国内重大展览会。8月11日，市贸促会、市台办和经贸局共同发动市内350家企业参加2011广东（广州）台湾名品博览会观展活动，其中从化市华盈外贸企业有限公司参加与台湾企业的面对面对接洽谈会，华盈外贸企业有限公司与数家台湾电子厂商洽谈对接，并达成初步合作意向。11月3日至5日，市贸促会组织市经贸局等政府部门及15家相关企业参加由中国贸促会主办，广州市贸促会承办的“第二届中国广州国际低碳产品和技术展示洽谈会”，广州（从化）亨龙机电制造实业有限公司和三幸（广州）塑胶制品有限公司一起参加企业洽谈会，市内的广州市金浪星非织造布有限公司等其他15家企业负责人参加低碳展示活动，及向企业派出参观券两百张，让企业参加观洽会活动。

（贸促会从化市支会供稿，梁杰贤执笔）

市民营企业协会

【管理机构】 市民营企业协会属群众团体组织，办公地址在街口街东成路17号。2011年末，有会员（企业）85人（家），主席1人、会长1人、副会长17人（其中常务副会长2人），日常工作由秘书处主持。协会的顾问单位有相关职能部门和各镇街的经济办35个。

【基本情况】 全市工商登记私营企业注册资金累计53.28亿元；完成民间投资54.86亿元，比上年增长68%，占全市固定资产投资的63.5%；全市民营企业完成工业产值125.14亿元，增长9.75%，占全市工业总产值的37.46%。

【开展公益活动】 从化永大针织制衣有限公司、从化市新创展地产有限公司、广州从化南海食街饮食实业有限公司、广州云星房地产开发集团有限公司、从化市亨发企业有限公司等民营企业代表，分别到从化市部分镇街学校，开展“阳光关爱下的快乐孩子”主题活动，向孤儿学生赠送一批学习用品，每人发放生活费津贴800元。广州三雅摩托有限公司对上塘小学进行捐资助学，为上塘小学制作一批宣传挂画，送去一批“六一”儿童节礼物。广州从化顺意床垫家具有限公司向吕田镇吕中村荷一社，捐资20万元进行危房改造。为改善流溪河水域生态环境，恢复渔业资源，保护生物多样性和促进可持续发展。协会组织广州天马集团有限公司、广州市宏都房地产开发有限公司、广州云星房地产开发集团有限公司、广州庆福摩托车有限公司等7家企业参加放生活动，放生鱼苗2万多尾。根据市政府工作部署，协会组织广州华林企业集团有限公司、广州亨龙机电制造实业有限公司、广州市清香农产有限公司、广州市金浪星非织造布有限公司等10家民营企业赴新疆疏附县考察产业对口援建。

【扶持企业】 协会组织10家符合条件的企业，申报2011年市财政扶持中小企业信用担保体系建设担保费补助专项资金，开展中小企业上市培育工程工作，指导迪彩、先强药业、珍奇味、亨龙机电、聚赛龙、宏晟光电等6家企业完成相关信息录入工作，成功进入广州市上市培育储备库；引导广州从化工商企业互助会发展，有效帮助企业避免资金链断裂风险。至年末，互助会入资会员企业33家，认投资金1000万元，帮扶企业解决应急过桥资金41笔（累计达88笔），帮扶资金金额1.27亿元（累计达5.1亿元）；会同市金融办定期组织银企担融资对接和新型金融产品推介会，并组织企业参加全市资金问题专题对接会，加强企业和银行的沟通和互信。加强对成长型中小企业的培育力度，增强为中小企业提供公共服务水平。组织符合条件的企业申报广州市扶持中小企业发展专项资金项目，推荐聚赛龙、先强药业、亨龙机电等15家民营中小企业申报“中小企业成长工程奖励项目”

【为会员服务】　指导天马、三雅、林叶、保赐利、松铃、雅特建材6家企业申报“省级出口品牌”和上级有关品牌发展专项扶持资金，不断创新产品，提高产品质量。“天马”、“三雅”、“华林”三个摩托车品牌不但成为联合国采购指定供应商，而且分别在83个国家注册，备受国际市场认可。协调从化市远达实业有限公司，筹办美时家居广场的盛大开业，作为从化市首家以建材、装饰、家具为主题的大型专业市场的美时家居广场对于树立从化市城市形象、提升城市品位、增强中心城市的辐射能力等方面都具有重要意义。协调广州市宏都房地产开发有限公司，筹办欣荣宏国际商贸城的落成剪彩，作为从化市最大的商业项目，对完善城市功能、方便广大群众、带动就业具有重要作用。协会精心打造人才培训服务平台，结合产业结构调整政策及面向广大民营企业需求，开展不同主题和多层面的培训工作。继续做好中小企业档案管理培训、技术人才培训、统计人员培训、酒类产销人员专业知识培训和节能降耗知识培训等工作。为紧贴时政，协会还专门邀请有关职能部门为企业宣讲省、广州市扶持中小和民营企业加快发展的最新政策措施，就企业家们关心的“三旧”改造、经贸扶持资金等问题进行详细宣讲。

【自身建设】　协会秘书处在全体会员企业信息员的支持配合下，编印《从化市民营企业协会大事记》4期，及时传递，反馈市民营企业的信息给市领导班子，顾问单位和各会员企业。

（市民营企业协会供稿，陈沛锋执笔）

档案　地方志　党史

档　案

【管理机构】　市档案局（馆）是依照公务员法管理、赋予行政职能的局级事业单位，对外挂从化市档案局、从化市国家档案馆、从化市地方志编纂委员办公室、中共从化市委党史研究室4个牌子。2011年3月28日，市档案局（馆）从街口街新城东路99号临迁至街口街青云路16号教工活动中心二楼办公。定编14名，其中事业编制12名，工勤编制2名。2011年末，在编14人，有局长1人、副局长2人。内设机构有：办公室、管理科、监督指导科、史志科。

【新档案馆建设】　新档案馆以“五位一体”（档案安全保管基地、爱国主义教育基地、档案利用中心、政府信息查阅中心、电子文件中心）为建设目标，设计定位突出“公共服务、智能高效、安全环保、节能低耗”的理念，主要建设亮点有：智能馆库系统把门禁、监控、安防、消防、密集架装具、广播系统等通过物联网技术进行智能化的整合；档案装具全部采用智能档案密集架，库房安装防盗安全监控和温湿度智能调控系统；库区与公共区域分设通风制冷设备，公共区域使用变频通风系统，供水使用无负压供水设备，节能环保；库区与公共区域分设消防系统，库区采用先进的高压细水雾消防设备，最大限度保护档案的安全；馆库功能用房设计，全部按照国家档案馆建设规范标准建设，库房建筑采用墙体保温结构，节能降耗；新馆配备现代化的公共设施，有可容纳200人的展览厅、116人的报告厅，设有政府信息查阅中心、电子文档中心以及语音电教室，均配备先进的电脑和影音设备，公共服务区域设置有电子大屏幕、电子导示系统、手机充电站、饮水处、休息区、园艺绿化景观、公共广播系统等；档案利用服务设置有专家阅览室、音像阅览室、艺术档案工作室、特藏室等，并配置有残疾人专用设施；具备爱国主义教育基地功能，新馆二楼403平方米的展览厅，可长年举办各种展览，一至四楼走廊设置主题展览，为市民展示不同层面的档案文化产品；新馆设有志鉴编纂室、志鉴资料室、党史研究室、党史资料室，实现档案、志鉴、党史资源的整合利用。至2011年末，新馆室内装修已基本完成，土建工程和设备安装进入收尾阶段。完成政府采购项目有：主题展览、导示系统、功能用房办公家具等。公共服务用房设备、办公设备、室内园艺绿化景观工程，卫洁用品和饮水设备也进入政府采购程序；市政道路、室外停车场正在施工；还有室外绿化、路灯安装等工程等待施工；高低压配电工程等待办理邀请招标。

【档案资源建设】 档案接收征集 全市档案工作坚持以机关团体和企事业单位档案部门为基础，市国家档案馆为主体，其他档案所有者为补充的国家档案资源建设基本思路，依法加强和规范文件归档、档案接收征集工作。按照《从化市国家档案馆2011年接收档案计划》，除人口普查办因归档材料还在整理中，要求暂缓进馆外，其他22个全宗单位全部完成接收工作，其中接收档案门类10种，新增林政档案、投资评审档案、勘界档案3个专门档案。全年接收进馆档案总数共5.3万卷（件），接收现行文件129份；依法完成应鉴定开放全宗，完成开放鉴定21个全宗，共114卷1258条目，811件，开放条目全部在从化档案地情信息网公布。跟踪落实后亚运时期档案收集管理工作，按时完成亚运从化马术赛事档案工作的督导和档案接收移交任务，从化市亚运档案工作事迹在广州市档案系统组织的广州亚运精神暨先进事迹宣讲会上演讲。

6月1日，省档案局局长徐大章（左四）、广州市档案局局长何伍爱（左三）到从化新档案馆调研，市委常委李艳阳（右二）、市政府党组成员谢焕扬（左二）陪同

馆库基础建设 完成2010—2011年上半年从化市重大活动照片和捐赠照片的归档工作，以及亚组会从化赛区指挥办的亚运文件材料整理归档工作。开展市委办、市府办“两办”文件材料整理归档工作，完成2007—2010年市政府和2008—2010年市委全宗的文件材料整理归档工作。做好档案安全保管和日常库房的管理工作，贯彻落实防火安全责任制，坚持每天对库房档案安全检查和做好库房温湿度的登记和调控。做好档案的利用服务工作，全年接待利用来访者查阅档案资料2667人次，来电查询227人次。做好档案馆信息化管理，完善馆藏档案目录数据库的建立以及电子文件的接收工作，并向广州市档案局移交馆藏档案目录数据。做好各种台账的统计、登记及自评报告等材料的上报工作；每季度完成档案利用事例两篇上报广州市档案局。进一步加强馆库管理，落实“八防”（防尘、防火、防盗、防潮、防高温、防光、防虫、防霉）措施，馆库全部装具更换防虫药物，做好库房温湿度的登记和调控；贯彻落实防火安全责任制，坚持日常库房安全检查与每个季度对库房及重点部位进行两次以上消防安全巡查，对到期的手提灭火器材进行更换。库房安装防盗报警控制设备，增设安保人员，确保档案的安全。对全市76个机关综合档案室开展档案安全督查，深入贯彻落实《广东省档案条例》和《广州市档案管理规定》，加强全市档案安全保障体系和档案资源体系建设。

【拓展档案公共服务功能】 完成城乡一体化档案工作示范点创建工作 2011年，从化市社会主义新农村建设城乡一体化档案工作被列为从化市第十二届人大七次会议督办建议办理，社会主义新农村建设城乡一体化档案工作示范点（温泉镇和太平镇的邓村、良口镇的赤树村、城郊街的大夫田村、温泉镇的宣星村）顺利通过广州市档案局、民政局、农业局联合的新农村建设城乡一体化档案工作示范点验收组的验收并获证书。

档案编研水平显著提高　从化市国家档案馆报送的《历史足迹——从化的昨天　今天　明天》（纪念从化改革开放三十年档案图片专辑）和《从化革命史迹通览》分别获广东省档案编研优秀成果第二次评选三等奖和优秀奖。

举办档案展览　10月，市国家档案馆与广州市国家档案馆在广州市政务中心联合举办“珠三角最宜居城市——从化”生态文明展，围绕从化市委、市政府提出的“大交通、大旅游、大产业、大平台”战略部署，图片展分五大板块展出图片200多张，档案馆编研作品30多本（种）。

林权制度改革档案管理　参与从化市林权制度改革工作领导小组工作，配合市林业局、市林改办加强对林改档案材料的调研，完成林改档案监督并指导其整理工作，通过上级部门的验收。

配合市扶贫开发工作做好档案工作　与市扶贫办联合出台农村扶贫开发档案规范性文件，在全市推行建立扶贫开发档案，并纳入从化市委扶贫开发工作考核内容。7月下旬，与市扶贫办联合举办从化市农村扶贫开发档案工作培训班，广州市、从化市两级扶贫派驻干部和专责资料员共300多人参加培训。组织开展从化市扶贫开发档案工作征文活动，收到征文稿7篇。

【档案业务指导】　继续贯彻落实《机关文件材料归档范围和文书档案保管期限规定》（国家档案局8号令），做好机构改革中设并单位的《归档范围和文件档案保管期限表》审核工作，完成15个单位《文件归档范围和文书保管期限表》的审核及批复工作。加强机关档案综合管理监督指导工作，先后到市扶贫办、民政局、太平镇等30多个单位开展业务指导工作。办理答复市人大代表提出的《关于深入推进我市社会主义新农村档案工作建议》工作。继续抓好民生档案服务民生工作，协助市出租屋办做好出租屋年检的档案工作；完成对市科信局、温泉镇申报晋升省特级，市直属机关党委、信访局省二级达标评审工作；抓好档案法规宣传学习，把档案法规纳入市“六五”普法工作计划，作为全市干部职工的普法学习内容；指导市旅游局“旅游创强”档案归档材料整理工作；配合和参与指导市委组织部对全市村、社区“两委”换届归档材料的收集、整理工作；联合市扶贫办对扶贫开发档案整理工作进行指导；联合市人大办规范对市、镇人大换届选举文件材料收集、归档和整理工作。

【市档案学会工作】　基本情况　市档案学会有团体会员21个，个人会员60人。有理事长1人、副理事长4人、秘书长1人。办公地址在市档案局内。

学会活动　7月，邀请中山大学陈永生教授作题为《从科学发展的角度认识档案和档案工作》讲座，全市各单位分管领导和档案工作人员近200人参加。10月，配合从化市国家档案馆与广州市国家档案馆在广州市政务中心联合举办“珠三角最宜居城市——从化”生态文明图片展。贯彻落实广州和从化市委、市政府关于加强农村扶贫开发工作的实施意见精神，推动全市扶贫开发建档工作与各项工作同步开展，8月下旬，学会与市扶贫办联合开展“从化市扶贫开发档案工作征文活动”。

学会交流　派员参加广州市档案学会举办的2010年度档案学术年会，增进交流，拓展视野。组织全市会员单位和档案人员，开展“幸福档案”等专题研讨活动，撰写相关文章，为中心工作做好服务。参加广州市档案学会举办的以“幸福档案”和“幸福广州”为内容的征文活动，有2篇论文入选。与市档案局工会和妇委会联合组织部分会员，到广东绿道2号线从化温泉卫东驿站段和从化水上绿道开展图片采集活动。编印学会会刊《从化兰台之友》2期，为会员提供最新的档案工作信息、行业规范、工作经验及各地的工作动态，拓展宣传平台。

地　方　志

【编纂出版《从化年鉴》】　在《从化年鉴》(2009）荣获广东省第一届年鉴编纂质量奖三等奖的基础上，根据事以类从的原则，参照2009年从化市政府机构改革，对《从化年鉴》(2011）的篇目作适当调整。原组织人事类目改为党委机关，法制司法类目改为政法，城乡建设环境保护类目改为城市规划建设管理，设环境保护、气象事业类目，农业、林业、水利、养殖业类目改为农业、林业、水务、养殖业，宣传文化新闻类目改为文化新闻，经济管理改为经济监管。该书由广东人民出版社出版，全书入编单位120多个，内文印刷采用双色套印，约67万字，收录图片80多幅，表格30多个。其中设专辑6个，记述2011年从化市大事要事，主要有从化作为省开展纪律教育学习月示范点的主要做法和经验，承办第16届亚运马术项目比赛，创建全国文明城市，“创先争优”活动，建成国内首个无规定马属动物疫病区，从化市革命遗址普查工作等。并以图文并茂的方式，回顾“十一五”期间从化的经济、社会、民生保障、城乡建设、工业园区等方面的历史和现状。

【全面铺开从化市地方志资料年报工作】　贯彻落实国务院颁发的《地方志工作条例》、广东省政府颁布的《广东省地方志工作规定》和广州市政府颁布的《广州市地方志工作规定》，制订《从化市地方志资料年报制度》，并在2010年底由市政府办公室转发全市承报单位执行，全市有120个单位落实地方志资料年报工作机构，促进全市地方志资料收集、整理、积累工作的制度化、规范化。市地方志办先后制订《从化市地方志资料年报收集内容及编写要求》、《从化市地方志资料年报编写行文规范（试行)》和《从化市地方志资料年报》模板，对稳步推进全市地方志资料年报工作起到较好的指导作用。7月22日，在新图书馆报告厅举办从化市地方志资料年报业务培训班，邀请广州市地方志办主任王林生，副主任胡巧利授课，学习地方志资料年报的编写与审查验收要求，参加培训的编写责任人有130多人。年报工作纳入全市年度工作考核内容。至年末，全市承报年报单位120个中，已报送电子版的单位有80多个，已通过验收的有80个。

【开通从化市地情网】　根据广东省人民政府地方志办公室《关于广东省三级地情资源网站建设的通知》要求，2月，建成开通从化市地情网（http://www. gd-info. gov. cn/shtml/chs/)；5月，该网在从化市政府网建立链接。从化市地情网上传的内容有：从化地情、民俗风情、生态从化、志书年鉴、历史掌故、历史人物、史志动态、党史专栏等，并不断丰富栏目的内容，为社会各界人士了解和研究从化提供地方志资料服务。其中已上传的地情资料有《从化县志》、《从化年鉴》，以及获广东省档案编研优秀成果优秀奖的《从化革命史迹通览》和纪念中国共产党成立90周年从化革命史迹教育读本系列丛书等。

【地情资料编纂利用工作】 根据广州市政府办公厅《广州亚运会志亚运城市行动篇编纂工作方案》的要求，经从化市政府同意，成立广州亚运会志亚运城市行动篇（从化部分）编纂工作领导小组，组长由副市长担任，具体工作由市地方志办组织开展。《广州亚运会志》（从化部分）围绕上级要求编制篇目，设8章28节，约7万字，较系统、真实地反映从化市参与第16届亚运会筹备、亚运保障的全过程。编辑第16届亚运会广州马术场团队图片专辑《再现精彩，永载史册》，收录图片160多幅，于2月印刷出版。由专人负责收集月度大事要事媒体资料，做好每月《从化大事记》编写审定工作，并及时上传到从化市档案地情信息网和从化市地情网。参与全市性的重大活动、重大会议的摄影工作30多次，及时整理照片移交从化市国家档案馆归档。

党　史

【开展地方党史基本著作编写】 根据广东省委办公厅《关于加强〈中国共产党广东省地方史（第二卷）〉编写工作的通知》精神，继续开展编写《中国共产党从化县历史》（1949—1978）工作。编写中共从化县地方史，是广东省、广州市党史工作的统一部署和要求，是党建工作的重要组成部分，该项工作经收集资料、书稿编写、总纂修改等阶段工作，形成书稿5章23节，约20万字，图片15幅。10月，经广州市委党史研究室初审，并根据有关党史专家学者的反馈意见，对书稿作进一步的补充和修改。

【开展纪念中国共产党成立90周年宣传活动】 充分利用市内的媒体平台，开展纪念中国共产党成立90周年宣传活动。在《今日从化》专栏连载“纪念中国共产党成立90周年从化革命史迹”；提供党史资料给市广播电视台、电台，开展纪念中国共产党成立90周年宣传活动；利用电信信息平台，从6月1日开始，把1938年至2000年期间的“历史上的今天”中共党史纪事，以短信的形式发至全市副局以上领导的手机，以市国家档案馆、市地方志编纂委员会办公室、中共从化市委党史研究室名义，编印纪念中国共产党成立90周年从化革命史迹教育读本系列丛书。组织采访中共从化县第一个党小组的三位成员之一骆翠琼同志，收集到一些珍贵的口述历史和珍贵的历史照片。

（市档案局供稿，杨小玲、巫丽玲执笔）

法制 司法

政法综合治理

【管理机构】 中共从化市委政法委员会（市社会治安综合治理委员会办公室、市委维护社会稳定领导小组办公室、市防范和处理邪教问题领导小组办公室与其合署办公）属市委序列行政单位，办公地址在街口街新城东路99号。定编22名，其中行政编21名，工勤编1名。2011年末，在职23人，有书记（市委常委）1人、副书记3人（其中兼职1人，专职2人）。内设机构有：办公室、维稳科、综治科、业务科、禁毒办。业务指导、协调单位有：市公安局、市检察院、市法院、市司法局、市民政局。

【维护社会稳定】 *介入重大事项社会稳定风险评估工作* 贯彻落实《从化市重大事项社会稳定风险评估办法（试行）》，参与增从高速等重大项目的社会稳定风险评估和征地拆迁等问题的协调处理，从源头上控制群众信访问题发生。积极化解经济建设进程的各种不稳定因素。妥善处置明珠工业园王某逃匿后引发的材料供应商闹事事件、神岗巴厘天地、灌村石海工业区村民聚众堵路等事件。

矛盾纠纷排查化解专项行动 重点围绕征地拆迁、劳资纠纷、医患纠纷等领域，外来务工人员、军队退役人员等群体和社会热点、群众反映强烈的敏感问题，深入开展矛盾纠纷“大排查、大调处”等一系列活动。全年排查各类矛盾纠纷267宗，成功调处198宗，调处成功率74%；全年发生群体性事件78宗，比上年下降1.26%，妥善解决“10·2”太平水南村民阻挠电网建设等群体性事件。综治信访维稳三级平台共受理各类矛盾纠纷4574宗，成功化解3152宗，化解率92.5%。

协调处理重大疑难案件 市委政法委先后牵头组织政法部门和有关职能部门召开案件协调会20次，研究处理重大疑难案件17宗，如成功协调化解“5·1”原味林温泉山庄因发生安全事故受行政处罚等案件。

涉法涉诉信访案件的协调督查督办 2011年，涉法涉诉信访工作受到广州市委政法委的通报表扬。政法委机关受理涉法涉诉信访案件17宗，转办交办15宗，直接办理2宗，妥善化解一大批重大疑难案件，如李某因儿子交通事故死亡引起涉法涉诉信访案件、广州市居民邱某因不满法院拍卖执行引起的涉法涉诉信访案等。

打击非法采矿 协调组织公安、国土、各镇街等单位对非法采矿行为加强监管，开展多次专项打击非法采矿行动。全年立案查处违规开发矿产资源案件26宗，查封作案钩机28台、

运输车辆8台、摩托车8辆。

加强应急处置　全面梳理全市应急处置突发事件的工作预案，及时制定《从化市处置群体性事件和大规模暴力犯罪事件应急预案》，提升全市应急处置工作能力。

确保换届选举稳定　为维护市镇（街）村（社）三级换届选举工作期间的社会稳定，市委政法委分别成立专项维稳小组，与市委、市人大、市政府、市纪委、市委组织部、各镇街（园区场）等有关单位共同努力，紧密配合，深入基层，采取多项措施，圆满完成市镇（街）村（社）三级换届选举工作。

建立完善诉前联调机制　2011年，从化市建立"党委领导、政府支持、政法委牵头、综治办协调、法院为主、多方参与"的诉前联调工作机制，综合运用人民调解、行政调解、司法调解的手段和资源，力争把矛盾纠纷化解在诉讼前。全年各诉前联调工作室受理案件934宗，标的金额达986.62万元，调解成功863件，成功率92.4%。

4月11日，从化市综治信访维稳出租屋暨应急管理工作会议在市中心会堂召开

【社会综合治理】　社会面整体防控　全市社会面整体防控工作投入防控力量32万人次（其中社会义务力量25.2万人次），检查可疑人员39.5万人次，可疑车辆9.5万辆次，抓获各类犯罪嫌疑人146人；查获仿制手枪2把，子弹6发；缴获毒品1685克、赃款15万元；查获被盗抢及涉案车辆18辆；管制刀具、盗窃工具等违禁物品162件。

道路交通秩序专项整治　严厉打击非法营运行为，专项行动出动执法人员1.63万人次，组织开展联合执法行动14次，查处非法营运和违法上路车辆9989辆。公安交警部门查处违法上路车辆8341辆，其中"五类车"［电动车、摩托车、三轮车、残疾人机动轮椅车、改装（拼装报废）车］3460辆，其他车辆4881辆，较好地达到改善、规范道路运输经营行为和维护社会稳定的整治目标。

"春雷"重点整治专项行动　出动警力758人次，工商执法力量468人次，文广新执法力量67人次，出租屋执法力量122人次，其他部门力量79人次，排查出存在问题的重点行业60间；查处涉案有证照废旧金属收购站点6间、游艺场所1间、旅馆1间，查处无证照网吧1间、违规经营发廊9间；取缔无证照发廊1间、酒吧1间、旅馆2间。

治安重点地区和突出问题整治　经整治，重点地区街口街的刑事治安案件有所下降，其中刑事案件比上年下降4.1%，达到刑事案件下降3%的要求，三类侵财型案件为716宗，比上年1241宗下降42%，超过三类案件下降10%的整治要求，社会治安突出问题得到有效整治。

公共服务场所专项治理　组织市公安局、市文化局、市工商局对金满堂、新JJ俱乐部、福都KTV俱乐部等市内主要娱乐场所开展专项检查行动，及时纠正违法违规行为。

创建平安社区　推进平安企业、平安校园、

平安社区、无邪教社区、无毒社区等创建工作，构建平安和谐从化。市综治委对街口街育宁社区等34个社区（村）进行检查验收，30个社区（村）评分达85分以上，符合从化市平安社区（村）评分标准要求。

强化综治考核责任书履行情况定期通报机制 每季度，市综治委对37个签约成员单位的维稳综治责任书履行情况进行考核，并在全市综治委全会上通报考核结果，加强各单位责任意识，对存在的问题，及时提醒、及时整改。年底，市综治委对37个签约成员单位进行检查考核，37个签约成员单位均被评为优秀。

【反邪教】 以“创无邪社区、建宜居城市”为主题，采取形式多样的宣传教育活动，使全市上下形成良好的反邪教氛围。对全市“法轮功”人员、“实际神”人员、重点场所部位、防插播敏感部位进行深入排查和社会危险评估，逐一建立工作台账。进一步健全回访帮教机制，与解决实际困难相结合，使被帮教人员迅速融入回归社会。

【禁毒工作】 严厉打击毒品犯罪活动 全年全市破获各类毒品案件216宗，抓获犯罪嫌疑人131人；累计缴获毒品海洛因180.96克、冰毒535.36克、氯胺酮1508.68克、咖啡因3329.83克、大麻1.13克，强制隔离收戒吸毒人员305人（其中本市户籍202人，外地户籍103人）；检察院全年累计批准逮捕的涉毒案件56宗，70人，提起公诉涉毒案件43宗，48人；法院全年审结涉毒案件55宗，63人。

社区戒毒和社区康复 利用市美沙酮治疗门诊，推进社区戒毒和社区康复工作。全市有社会面吸毒人员665人，其中正在社区戒毒45人，正在社区康复97人。全市参加社区戒毒累计152人次，参加社区康复累计521人次。

【案件评查】 为加强执法办案水平，市从公、检、法、司抽取100宗群众反映强烈、影响较大、争议较多的案件进行评查，经过政法各部门自评和越秀区政法委交叉评查，评查结果全部为合格以上，不存在问题案件。提高案件管理和办案的质量，达到法律效果、社会效果和政治效果的有机统一。

【扶贫开发】 派出基层工作经验丰富的业务骨干进驻结对帮扶的江埔街凤一村开展扶贫攻坚工作。经过一个多月的逐户走访、调查摸底，确定低保户和低收入户36户，由委机关副局级以上领导干部每人联系2户，实行“规划到户、责任到人”，针对具体情况进行结对帮扶。

【政法队伍建设】 组织学习教育活动，在政法系统中深入开展“发扬传统、坚定信念、执法为民”主题教育实践活动，着力解决政法干警在理想信念、宗旨意识、执法司法等方面存在的突出问题，努力打造一支政法坚定、业务精通、作风优良、执法公正的政法队伍。深入开展“以人为本，执政为民”纪律教育学习月、效能建设年等活动，切实转变工作作风、提高工作效能，强化公正廉洁、为民服务意识。完善民主决策议事制度，规定委机关、包括政法系统重大事项均需经书记办公会议或副主任以上会议研究决定。加强政法委机关干部的日常管理，完善干部日常管理制度，如干部请销假制度、财务管理制度等。特别加强公车使用管理制度，建立健全车辆派遣、审批、使用登记制度。严格执行节假日使用公车、非公务用车审批核销制度，因私事用车按照实际情况缴纳费用。狠抓保密工作学习教育，严格按照保密规定办文办会办事，与机关中层以上干部签订保密承诺书。

（市委政法委供稿，李慧执笔）

公　安

【管理机构】　市公安局属政府序列行政单位，办公地址在街口街从城大道233号。2011年，在职1161人，有局长1人、政委1人、纪委书记1人、副局长4人。内设综合管理机构有：政工办、监督室、法制室、警务保障室、训练大队。执法勤务机构有：指挥中心、国内安全保卫大队、治安管理大队、刑事侦查大队、交通警察大队、便衣侦查大队、人口管理大队、看守所、治安拘留所、强制隔离戒毒所、预审大队。派出机构有19个：河西、河东、新城、城内、小杉、吕田、良口、温泉、灌村、江埔、神岗、太平、城郊、棋杆、明珠、鳌头、龙潭、经济技术开发区、流溪河林场派出所。

【基本情况】　全年破获刑事案件2626宗，刑事拘留犯罪嫌疑人1589人；其中破“两抢”（抢劫、抢夺）案件339宗、“两盗”（入室盗窃、盗窃机动车）案件1373宗；成功打掉江某抢劫汽车团伙、何某、谢某重大入室盗窃团伙、朱某特大盗窃汽车团伙等各类犯罪团伙118个，抓获团伙成员402人，其中打掉“两抢”、“两盗”犯罪团伙54个、抓获团伙成员154人。

【维护社会稳定】　在全国公安机关“清网行动”中，从化市公安机关全警动员，全力保障，成立专项追逃工作小组，落实任务和责任，以超常的工作力度和措施开展追逃工作。实行市局领导班子成员具体包案制，亲自带队分赴各地开展追逃，各任务单位充分运用情报信息战、政策攻心战、阵地控制战等战法和广泛深入发动群众，取得显著战果。在“清网行动”中，全局抓获网上逃犯191人，下降率达85%，完成广东省公安厅和广州市局下达的“清网行动”工作目标任务，并荣立集体二等功。

【打击毒品犯罪和经济犯罪】　全年抓获毒品犯罪嫌疑人119人，成功打掉王某跨市运输毒品团伙、邓某制贩毒团伙等两个特大毒品团伙，破获吴某特大运输毒品案等毒品案件209宗，缴获海洛因、冰毒、麻古、k粉、咖啡因等毒品共5580多克，涉案毒资40多万元。组织开展“亮剑行动”、“天网行动”等各项打击经济犯罪专项行动，侦破经济犯罪案件35宗，刑事拘留犯罪嫌疑人58人，挽回经济损失200多万元。

3月13—14日晚，市公安局在流溪影剧院举办《盾闪烁写忠诚》亚运安保表彰暨慰问文艺晚会。图为表彰2010年广州亚运会安保先进个人

【治安重点整治】　深入开展“红棉11”、“剑锋11”、“飓风11”、“三电”等系列专项重点整治行动，强势整治各类突出治安问题和治安重点地区、重点部位，取得显著成效。2011

年，全市盗窃破坏“三电”（电力、电信、广播电视设施）设施案件比上年下降25.5%；被列为广州市重点整治地区的街口街和从化重点整治地区的鳌头派出所辖区也实现整治工作目标。其中街口街全年刑事立案比上年下降7.4%；鳌头派出所辖区全年刑事立案比上年下降3.8%。坚持不懈大力打击查处“黄赌毒”和深入开展“大收戒”行动。全年查处“黄赌毒”治安案件787宗2227人；共收戒吸毒人员305人，比上年上升23%。

【公安行政管理】 交通管理 交警部门围绕创建全国文明城市迎检工作目标要求，全力以赴做好全市道路交通秩序整治工作，开展对酒后驾驶等突出交通违法行为专项整治行动。全年查处各种交通违法行为13.62宗（其中电子警察9.65宗），暂扣机动车辆9072辆，行政拘留交通违法人员218人，刑事拘留56人，有力维护全市道路安全畅通有序。2011年发生道路交通事故6255宗、死亡105人、受伤2975人，与上年相比，全市道路交通一般事故宗数下降30%，重大事故宗数下降2%，死亡人数下降8%。

消防监督管理 消防部门扎实推进“清剿火患”战役，落实消防安全责任，全面深入排查消除各类火灾隐患，有效确保全市消防安全。全年没有发生造成人员伤亡的重大火灾事故，发生火灾事故5宗，比上年下降45.5%。

办证管理 进一步完善落实各项便民利民措施，在全市户政窗口开通人口信息查询、对患重病重残的人员以及行动不便的老人实行上门服务等。全年公安办证窗口部门接受群众咨询9万多人次，受（办）理出境业务材料6.57万份；审核群众申请入户材料6990份，审批3781份；审核居住证2.499万条。

【基层基础建设】 推进“五个一网”（视频监管一网控、办案办公一网通、信息情报一网综、服务措施一网办、工作执法一网考）建设，推进“三考合一”（是指工作绩效、执法质量全程考、督察监察全面考）、“三挂钩”（考核结果与经济奖励、评优评先、提拔晋升挂钩）工作，进一步优化提高“工作执法一网考”系统应用水平。全局各派出所“工作执法一网考”新系统考核方案配置率达100%，全部落实百分制及“631”考核模式。配合市视频办加快社会治安视频监控系统网络建设，进一步完善视频监控系统的日常应用和管理维护工作机制。不断深化“办案办公一网通”工作，全面普及网上办公和案件审批，全局办案单位通过“警综系统”全部实现案件网上审批，全局非密级公文全部通过网上流转；移动警务应用逐步推广，全局各派出所、交警中队及窗口部门都配备验证通和移动警务通。完善大情报平台建设和促进全警应用工作。不断完善提高“服务措施一网办”水平，局在加大对警务信息化建设的同时，更加注重推广应用工作，年内，先后举办“新OA办公自动化系统”、“警综系统”、“大情报系统”、“工作执法一网考系统”、“警用地理系统”、“治安卡口查稽布控管理系统”、“视频监控系统”、“警用地理系统”等警务信息系统推广应用专题培训班18期，培训500多人次。通过加强警务信息化建设和应用工作，充分发挥警务信息化系统作用。2011年，全局“大情报平台”接受各类预警有效指令1.22万条，管控重点人员3877人，抓获各类嫌疑人员90人；利用监控系统和治安卡口系统获取有价值线索1861条，协助破案363宗，抓获违法犯罪嫌疑人499人。

【队伍建设】 局以构建新时期和谐警民关系

为主线，以创新队伍管理机制为抓手，以塑造警营文化品牌为助推，全面优化人力资源配置、增强民警职业能力水平，促进队伍管理科学化和正规化，提升团队整体战斗力。健全制度，强化措施，做好党员民警廉洁自律工作和反腐倡廉宣传教育活动，加强对权力运行和执法工作的监督。党委下辖38个党支部，有党员751人，其中当年新发展党员10人。8人被广州市公安局授予“个人二等功”称号；市公安局“清网行动”战斗集体、刑事侦查大队、良口派出所被广州市公安局授予“集体二等功”称号。

（市公安局供稿，曾庆清执笔）

检　察

【管理机构】　市检察院办公地址在街口街西宁西路53号。定编98名，其中行政编制85名，事业编制13名。2011年末，全院有干警职工87人。内设机构有：办公室、政工办公室、监察室、反贪污贿赂局（设综合预防科、侦查科）、反渎职侵权局、侦查监督科、公诉科、监所检察科、民事行政检察科、控告申诉检察科（与举报中心合署办公）、检察技术科、案件管理中心；下属事业单位有机关服务中心；直属行政单位有司法警察大队。

【打击刑事犯罪】　市检察院坚持“立检为公、执法为民”的思想，践行“强化法律监督，维护公平正义”的工作主题和“加大工作力度，提高执法水平和办案质量”的总体要求，全面贯彻宽严相济的刑事政策，充分运用批捕职能、公诉职能，重点打击各类刑事犯罪，坚决依法惩治各种捣乱破坏和暴力恐怖活动。全年受理侦查机关移送审查批捕各类刑事案件633件997人，比上年件数和人数分别下降13.9%和11.4%，经审查，批准、决定逮捕562件866人；受理移送审查起诉各类刑事案件679件1052人，比上年件数和人数分别下降1.6%和4.2%，经审查，决定起诉604件929人，决定不起诉20件28人；依法追诉5人。退回补充侦查139件271人。上调广州市检察院或移送其他区院20件47人。集中力量严厉打击带黑社会性质组织犯罪和暴力性犯罪，以及“两抢一盗”（抢劫、抢夺、盗窃）、“黄赌毒”（卖淫嫖娼，贩卖或传播黄色信息，赌博，种植、买卖或吸食毒品）等严重影响群众安全感和妨害社会管理秩序的犯罪。全年审查盗窃、抢劫、抢夺等“两抢一盗”犯罪案件207件316人，赌博、毒品类犯罪案件98件221人，故意杀人、故意伤害、绑架、强奸、聚众斗殴等暴力性犯罪案件163件225人。

12月2日，从化市检察院2011年“检察开放日”隆重举行。图为市委书记黄河鸿（左三）等出席活动

【预防职务犯罪】　继续开展预防职务犯罪进机关、进国企、进高（党）校、进社区、进农村等“五进”活动，深入畜牧兽医渔业局、卫

生局等行政机关及镇街农村和社区，开展预防职务犯罪法制宣传和法律咨询等系列活动，使职务犯罪预防深入人心。关注民生，针对当前食品安全面临的严峻形势，立足检察职能，采取预防调研、法制教育、检察建议等方式不间断地督促职能部门加强食品安全监管，如结合相关管理制度，向畜牧局发出关于防治“瘦肉精”的检察建议后，畜牧局及时查获一宗“瘦肉精”案件，避免一起重大食品安全事故的发生。针对年初的村、居“两委”换届选举和下半年的镇局换届选举，提前预防，营造良好氛围。市检察院通过发出检察长公开信、手机短信、电视宣传、送法上门、案例剖析、析法说理等多种方式加强预防，努力营造风清气正的选举氛围。按照省检《关于在“三旧”改造过程中加强预防职务犯罪工作的通知》要求，加强与三旧办的联系沟通，紧盯“三旧”（旧城镇、旧厂房、旧村庄）改造规划编制、国有建设用地权协议出让、征地补偿、资金使用等重要环节，适时进行预防警示教育。到案发单位召开案例剖析会，以身边的人和事教育与会者，提醒案发单位完善相关制度，查漏补缺，堵塞漏洞。推动行贿档案查询制度，2011 年 8 月底，根据市检察院的建议，市政府批准在全市实施行贿档案查询工作，使行贿档案查询工作制度化、规范化。全年市检察院接受查询行贿档案 300 多次，开具查询证明 1600 多份，及时把有行贿记录的单位和个人排除招投标之外，把预防职务犯罪的关口前移。建议市委把职务犯罪预防工作纳入全市社会治安综合治理工作目标体系进行考核。要求各街镇、市直各单位加强职务犯罪预防工作，努力从源头上遏止和减少职务犯罪。

【查办职务犯罪】　牢固树立“理性、平和、文明、规范”执法理念，不断改进执法办案的方式方法，立案侦查贪污贿赂案件 9 件 11 人，其中受贿案 4 件 4 人，贪污案 2 件 4 人，行贿案 1 件 1 人，挪用公款案 2 件 2 人，追缴赃款人民币 100 多万元。其中结合行业整治，一举查获从化市中医院杨某和鳌头镇中心医院傅某受贿案。探索侦查一体化新路子，邀请广州市检察院反贪部门、从化市委等相关领导到市检察院研讨侦查一体化措施，在查处卫生系统受贿案过程中发挥上级检察机关和从化市纪委的工作优势，实现侦查一体化，极大提高侦查工作效率。围绕影响社会和谐稳定的突出问题，深入查办涉农问题的职务犯罪案件，为维护农村基层和谐稳定提供司法保障。继续坚持“早动员、早摸查、集中力量查办渎职侵权案件”的工作要求，在分管检察长的带领下，全局干警认真总结以往工作经验，多次深入到易发、多发渎职案件的有关单位、部门进行调查研究，排查分析手头线索，进行案件初查工作，主动出面协调有关方面的关系，克服反渎干警人员较少的困难，成功立查渎职侵权案件 5 件 5 人。其中滥用职权案 1 件 1 人，玩忽职守案 4 件 4 人；受理其他部门移交、来信来访等渎职侵权案件线索 7 条，范围涉及公安局、法院、国土局以及镇、街政府等领域，已查结全部受理线索。

【反贪污贿赂】　反贪局按照广州市检察院反贪办案要求，结合工作实际，集中力量开展案件侦查工作。克服线索来源少、成案率低的困境，加大对案件线索的挖掘和扩线侦查，收到举报中心转来线索 21 条，自行发现线索 2 条。立案 9 件、11 人，其中受贿案 4 件 4 人，贪污案 2 件 4 人，行贿案 1 件 1 人，挪用公款案 2 件 2 人，立案案值 15 万元以下的 5 件 5 人，案值30万元以上2件2人，追缴赃款人民币100多万元。深入查办涉及民权和民生问题的职务犯罪案件，维护社会稳定与发展。与时俱进，突出重点。围绕影响社会和谐稳定的突出问题，结合从化市实际，把查办涉农职务犯罪摆在突出位置，促进反腐倡廉建设，为维护农村和谐稳定提供有力司法保障。立案查处农村职务犯罪案3件5人，占全年立案数37.5%，有力打击危害农村、侵害农民利益的职务犯罪行为，切实维护广大农民的合法权益，为新农村建设提供和谐稳定的法治环境。

6月13日，从化市检察院举行办案用房和专业技术用房主体工程封顶仪式

【诉讼监督】　加强立案监督工作，发现侦查机关应该立案而没有立案线索11件13人，经发出《要求说明不立案理由通知书》后，侦查机关均已立案；注重加强对不应当立案而立案的监督，如侦查机关立案侦查的李某等4人涉嫌寻衅滋事一案，经调查，不应当追究其刑事责任，建议撤销该案，建议被采纳。开展侦查活动监督工作，针对侦查机关违法侦查现象，及时发出纠正通知和检察建议，共发出《纠正违法通知书》16份，《检察建议书》8份，均督促侦查机关回复整改。进一步推进刑事审判监督工作，为进一步规范量刑建议机制，严格依照刑法规定对量刑幅度进行建议，凡适用简易程序提起公诉的刑事案件，均需向法院提出量刑建议。共提出量刑建议200件、268人，已采纳143件188人。进一步规范量刑建议机制，严格依照刑法规定对量刑幅度进行计算，凡适用简易程序提起公诉的刑事案件，均需向法院提出量刑建议。至年末，累计提出量刑建议196件264人，已采纳139件181人，使法官的自由裁量权得到有效的监督和制约。

【刑罚执行监督】　全年检察收押犯罪嫌疑人1395人，检察释放1388人，其中投送监狱246人，刑满释放459人，未发现有违法释放的行为。共审查减刑裁定37份，纠正减刑不当22件，纠正暂予监外执行不当2件，审查留所服刑材料7份，发出检察建议188份，发出纠正违法通知书2份，纠正错误的判决书22份。全年跟踪案件羁押期限2343人次，向办案单位发提示函121份，其中提请广州市检察院协助催办案件167人次，向从化法院提示案件457人次，向公安预审大队提示案件438人次，向本院公诉提示案件883人次，发出退查、延期告知书398份，有效地防止超期羁押，保持检察环节本辖区内“零超期”的记录。把刑罚执行作为监督的重点，开展对刑罚执行活动的法律监督工作，依法履行职责，坚持事前参与和事后监督相结合的原则，保证刑罚的正确执行，维护国家法律严肃性。

【民事行政检察】　全年受理民事行政申诉案件立案23件，比上年上升130%；审查案件23件（含上年积存2件），认为法院生效的民事行政裁判确有错误，向广州市检察院提请抗诉1件，获得广州市检察院支持；建议广州市检察院向广东省检察院提请抗诉8件，获得广东省检察院支持的6件；认为法院生效民事判决、裁定正确，做好申诉人息诉服判工作14件；督促起诉、支持起诉案件共3件。在办案中注意发挥集体智慧，攻克疑难案件。如申诉人省轻工进出口股份有限公司一案，由于申诉人是省重点国有企业，而涉案标的额巨大且标的物存在复杂性。因此在办理此案过程中，多次进行科室集体讨论及请示上级检察机关，最后统一意见，向广州市检察院提请抗诉。而对不具备提出抗诉条件的案件，积极化解矛盾，予以息诉。

【控告申诉检察】　全年受理举报线索45件47人，来信来访12件14人，提供法律咨询86件，受理国家赔偿申请3件，刑事申诉4件。开展巡访下访，着重对村居“两委”换届选举后的调研，排查涉法涉诉信访隐患和苗头，积极维护群众合法权益，维护社会和谐稳定。完善信访信息联络员工作机制，加强与全市信访信息联络员联络，拓展信访信息网络，及时掌握基层信访动态。加强排查，明确接访重点对象。按照首办责任的要求，把排查出来的重点对象、把有信访苗头隐患的信访案件，以《涉检信访风险评估报告表》的形式，告知相关业务部门，进一步提高信访风险防范能力。全面排查涉检信访积案，经排查，市检察院发现涉检信访积案1宗，经过多方努力，把嫌疑人抓获归案。做好来访人的息诉工作，及时把问题解决。着力贯彻国家赔偿法，强化刑事申诉案件办理。认真办理国家赔偿案件，市检察院首宗国家赔偿案依法成功办结，收到“办理一案，平息一方”的效果，提高检察机关的执法公信力。

【检察法律服务】　定期开展“送服务下乡”活动，宣传检察职能，预防违法犯罪，为群众提供法律答疑、维权咨询，使群众得到实质的法律帮助。主动配合村、居“两委”换届选举工作，在全市范围内所有村、经济社发出检察长致村（居）换届选举选民的公开信达3000多封，为全市新一届的村（居）换届选举打预防针，确保换届选举顺利进行。并做好换届期间和换届后的监督、预防工作，确保全市两委换届选举工作顺利开展。做社区矫正检察工作，举行社区矫正检察官聘任仪式，聘任社区矫正检察官16名。协助农村基层组织开展工作，对村社组织换届不交账、不交款、随意挪用等问题进行一次集中核查治理，通过加强教育，提出检察建议等方式，解决多个社不交账等问题。认真处理群众的来信来访，各检察法律服务室落实首办制、检察官负责制，切实把群众的问题妥善解决。

【案管中心业务】　2010年12月，成立案管中心，按照广州市院部署，把侦查监督科、公诉科、民事行政检察科三个部门的业务纳入案管中心的办案系统管理。全年受理、移送案件1326宗，其中受理、移送呈捕案件633宗997人，受理、移送公诉案件679宗1052人，受理、移送民行案件22宗；制作、填发法律文书1041份；送案到法院240余次，送案到公安300余次，送上调、请示、民行案件到广州市70多次，送《委托辩护人告知书》202份，接待律师阅卷55人次，接受电话法律咨询350次以上。做到收、送案迅速，信息录入准确，卷宗扫描正确，各岗位紧密配合，系统操作正常。纳入管理的案件无错漏。

【“两房”工程建设】　2011年6月，位于流溪河边图书馆侧的检察院新“两房”（办案用房、专业技术用房）主体工程封顶，进入室内装修装饰阶段。

【队伍建设】　开展为期一年的“发扬传统、坚定信念、执法为民”主题教育实践活动，结合“恪守检察职业道德、促进公正廉洁执法”主题实践活动和广州市人民检察院关于在全市检察机关开展的“五零五高”创建活动，全院干警层层签订廉政责任状，进一步加强廉政建设，提高制度执行力。加强检察文化建设，坚持周五学习日活动，结合建党90周年纪念活动，发动全体党员干部开展一次发扬党的优良传统，服务幸福从化为主题的征文比赛，收到文章40多篇，评出优秀作品15篇，并汇编成册。开展调研宣传信息工作，全院有227篇文章被有关报刊、媒体等采用，其中被国家级采用的4篇，省级采用152篇。通过收集大家意见，确定“敏学、躬行、求实、清廉”为院训。派出干警参加上级检察机关组织的培训696人次，并邀请省检的专家进行新《赔偿法》的讲座培训，组织部分干警到兰州大学进行检察实务培训；组织学习本院干部郭桂忠院荣获全国百位“中国好人”事迹。2011年，获得广州市检察机关“无违法违纪”和“依法办案零投诉”单位荣誉称号。

（市检察院供稿，胡冰执笔）

审　判

【管理机构】　市法院办公地址在街口街青云路70号，定编158人，其中行政编制137人、事业编制20人、离退休干部服务编制1人。2011年末，在职行政人员121人，事业人员8人，政府雇员5人，聘任制书记员、法警38人；有院长1人、副院长3人、纪检组组长1人、政工办主任1人、执行局局长1人，正科级审判员1人。内设机构共14个：立案庭、刑事审判庭、民事审判一庭、民事审判二庭、执行局（内设执行一庭、执行二庭）、行政审判庭、审判监督庭、少年审判庭、政工办公室、监察室（与纪检组合署办公）、办公室、司法行政装备科、书记员科、司法委托管理科（2010年6月3日成立）。人民法庭4个：吕田、太平、鳌头、良口（2011年6月27日成立）。直属行政单位1个：法警大队。巡回法庭2个：良口巡回法庭、东明巡回办案点。内部协调机构：“三位一体”调解工作协调办公室、审判管理办公室（2010年4月8成立）。

【基本情况】　全年新收各类案件5165件，连同2010年旧存109件，共有案件5274件，审结案件5001件，存案273件。2011年是全省法院为期三年的排头兵达标竞赛活动的收官之年、决胜之年，从9月至年底，市法院均实现15项考核指标全部达标，是广州市基层法院中第一个全部达标的法院，竞赛总得分位居广州市基层法院第一名，其中调解率70.90%、上诉发改率2.12%、服判息诉率90.91%、实际执行率97.07%，这四项指标均位居广州市基层法院第一名；结案均衡度65.68%、法定审限内结案率99.68%、简易程序适用率78.84%、再审审查率0.30%，这四项指标均位居广州市基层法院第三名。2011年2月，市院被评为“全省法院调解工作先进集体”；4月，被评为“广州市依法治市工作先进单位”；6月，被广州市委、市政府评为“广州市文明单位”；8月，被省高院授予“2010年度无执行积案先进法院”，并被最高人民法院评为“2011年度在司法宣传工作中做出突出成绩的人民法院”；11 月，被授予“首批全省学习型法院示范单位”；12 月，被最高人民法院确定为“全国模范法院”候选单位，并已公示完毕。

【刑事审判】　全年审结刑事案件 635 件 981 人，其中依法审结“两抢两盗”（抢夺、抢劫，入室盗窃、盗窃机动车）案件 208 件 324 人，故意伤害案件 106 件 154 人，毒品犯罪案件 53 件 58 人，赌博犯罪案件 39 件 114 人，诈骗犯罪案件 16 件 22 人。配合公安机关在全国范围内开展的网上追逃专项督察“清网行动”，在从化市委政法委领导下，联合市公安局召开“从化市敦促在逃犯罪嫌疑人投案自首宣判大会”，公开宣判 15 案 17 人，为推进社会治安状况根本好转发挥积极作用。根据社会治安形势需要，深入社区、学校进行公开开庭、公开宣判 12 次，造就强大声势，震慑犯罪。开展刑事附带民事调解工作，努力克服刑事附带民事赔偿“执行难”问题，切实保护受害人合法权益。刑事附带民事调解率达 72.13%，位居广州市基层法院前列。

【民商事审判】　全年审结各类民商事案件 2960 件，涉及标的金额 1.04 亿元。其中依法审结农村土地承包合同、山林权属等涉农纠纷案件 18 件，维护农民的合法权益，支持市社会主义新农村建设；依法审结商品房预售、房屋买卖、房屋租赁、物业管理等案件 301 件，运用法律手段规范房地产市场，保护房地产业健康发展；妥善审理道路交通事故人身损害赔偿纠纷等案件 1237 件，依法保护公民的生命权、健康权和财产权；妥善审理买卖合同、民间借贷、保险合同、金融借款等经济纠纷案件 521 件，维护公平有序的市场秩序。

【行政审判】　全年审结涉及城市房屋拆迁、土地、规划、劳动和社会保障、环境保护等行政诉讼案件 25 件，执结涉及违法用地、环境保护、安全生产等非诉行政执行案件 6 件，为从化市“大建设、大转型、大发展”提供有力的司法保障。加强与行政机关的沟通和联系，探索建立司法与行政良性互动机制，实现司法审判与行政执法的相互促进、相互监督，共同推进依法治市进程。

3 月 14 日，市法院召开 2011 年反腐倡廉和党风廉政建设工作会议。图为进行廉政宣誓

【执行工作】　全年办结执行案件 1293 件，执结标的金额 5.43 亿元。加强主动执行机制与执行资源统一调配、执行财产集中查控、执行申诉信访、法官绩效考核等其他工作机制的有机结合，进一步丰富主动执行机制，发挥其最大化功效，取得良好成效。2011 年，全院审结具有执行内容的民事案件 1225 件，当事人同意主动执行的 1123 件，占 91.67%。在裁判文书生效并过履行期后，主动执行立案 577 件，连同 2010 年旧存 13 件，共有案件 590 件，执结 579 件，结案率为 98.14%，执结到位率 79%，执行和解率 78.58%。2011 年初，市法院在广州市基层法院中第一个申报全国法院“无执行积案先进法院”，已经省高院审核并送最高人民法

院审批。

【诉前调解】 基本情况 坚持“调解优先、调判结合”的工作原则，始终把调解作为社会矛盾化解的首选手段，不断完善多元化矛盾纠纷解决机制，尽量以和谐方式把矛盾纠纷化解在萌芽状态、化解在基层。全年调解结案民商事案件2040件，民事调撤率达71.03%，连续六年位居广州市基层法院第一名，连续两年被评为“全省法院调解工作先进集体”。

推动建立诉前联调工作机制 市法院根据上级工作要求，向市委、市政府提请建立从化市诉前联调工作机制，进一步推进“三位一体”调解机制在诉前环节的改革和深化，得到市委、市政府的高度重视和大力支持。市法院配合市委综治委开展诉前联调筹备工作，起草实施办法，制作《诉前联调工作流程图》、《诉前联调受理纠纷登记表》、《诉前调解建议书》等文书样式。5月17日，从化市诉前联调工作室在市法院挂牌成立，设在立案庭。市法院在人、财、物等方面给予大力支持，精心挑选政治觉悟高、责任心强、善于做群众工作的业务骨干作为调解员，为工作室配备电脑、打印机、传真机、复印机等必备办公设备，在工作室明显位置悬挂和放置诉前联调流程图和操作规程，方便人民群众查询、阅览。在此基础上，市法院在3个中心人民法庭相继设立诉前联调工作室，开展诉前联调工作。7月，市诉前联调筹备工作全面开展，做到“三个到位”：领导和组织到位，软、硬件到位，工作机制到位，制定《从化市诉前联调工作实施办法》。7月20日，市委、市政府召集政法委、综治委、各综治成员单位、各镇街综治信访维稳中心和工会、妇联、工商联等40个单位的负责人和调解员，在市法院召开从化市诉前联调工作会议，全面推动诉前联调工作的开展。

探索打造“诉前联调+司法确认+主动执行”纠纷化解快车道 市法院与市委综治委共同探索诉前调解的发展新方向，结合实际，建立具有从化特色的“诉前联调+司法确认+主动执行”的纠纷化解快车道，为当事人提供“一条龙”的司法服务。即联调单位促成当事人达成调解协议后，主动引导当事人向法院申请司法确认，法院依法及时作出司法确认，义务方逾期不履行的，法院启动主动执行程序，直接办理执行立案，并主动采取有效执行措施，确保调解协议的兑现。经过近一年实施，这一纠纷化解快车道取得“调解成功率高、司法确认率高、自动履行率高”的良好成效。各诉前联调工作室受理案件934件，标的额986.62万元，调解成功863件，成功率92.4%；司法确认案件686件，确认率为79.5%；当事人自动履行679件，履行率为98.9%，初步构建起人民调解、行政调解、司法调解三种资源有效整合，诉前联调、司法确认、主动执行三种机制有效衔接，把矛盾纠纷平息在诉讼之前的多元化解矛盾机制，为人民群众提供便捷、高效的司法服务。

【司法为民】 司法救助 全年为28件案件经济确有困难的当事人缓交诉讼费6.8万元，依法为5件刑事案件符合救助条件的被告人免费指定辩护人，对15件特殊执行案件因客观原因无法执行到位而经济极度困难的申请执行人给予司法救助，对涉及老年人、残疾人及其他弱势群体案件实行“三优先”，即优先立案、优先审理、优先执行，努力解决弱势群众打官司难的问题。

完善便民措施 设立诉讼材料收转中心，为当事人提供一站式材料收转服务。开设立案专线电话，实行中午立案和电话预约节假日立案，在“广州审判网”上开通“网上立案审查”栏目，方便当事人在网上提交诉讼材料和办理立案，尽可能减轻当事人的诉累。深入开展巡回办案，充分利用良口巡回法庭和东明巡回办案点定期巡回办案，尽力方便市北部山区群众诉讼。

加强民意沟通　深入开展大接访活动，每周安排1名院领导、每天安排2名庭室领导进行接访，虚心听取群众意见，畅通民意沟通渠道。参与从化市党政网“政民互动”栏目答复工作，对栏目内市长信箱和市民热线反映的事项，及时进行解答，确保群众反映的问题“事事有回音，件件有着落”。开展法制宣传教育活动和“六五”普法教育，通过巡回审判、法律咨询等方式，进乡村入农户、进企业到学校，以案说法，全方位进行法制宣传。参与跟踪帮教、回访教育等工作，召开缓刑未成年罪犯回访帮教座谈会，有效预防和减少再次犯罪，取得良好的法律效果和社会效果。市法院少年审判庭被广州市妇联授予“广州市巾帼文明岗”称号。

【廉政建设】　3月14日下午，市法院召开2011年反腐倡廉和党风廉政建设工作会议。全体干警身着法袍或制服，在院党组书记、院长邬耀广的领誓下，面向庄严的国徽，进行廉政宣誓。院长邬耀广作《防微杜渐警钟长鸣》的党风廉政课。广州中院党组成员、纪检组组长杨勇到会监誓并作重要讲话。参加听课的干警一致认为，授课内容贴近审判执行工作实际和思想实际，具有很强的针对性和操作性，是一场难得的党性教育和法治理念教育。从化市法院在廉政建设上连续13年保持违法违纪“有效零投诉”，审判工作出现“三高三低”，即“结案率高、调解率高、实际执行率高、存案量低、上诉率低、上诉发改率低”的良好态势，提出2011年党风廉政建设务必努力完成“120工程”：“1”为一个目标，即平平安安工作，平平安安生活；“2”即少应酬，少打牌；“0”即零容忍。

【创建“无执行积案先进法院”】　2010年12月28日，市法院召开开展创建“无执行积案先进法院”活动动员会。3月15日，省法院“无执行积案先进法院”考核验收小组王静处长一行，在广州市中级人民法院党组成员、执行局局长刘跃南的陪同下，到市法院开展创建“无执行积案先进法院”考核验收工作。考核小组听取创建情况汇报后，随机检查部分执行案件，以全面了解该院执行工作的整体情况。省法院考核小组认为，从化市法院对创建工作高度重视，措施扎实、创新，以深入推进主动执行试点工作为抓手，推动执行工作全面发展。2011年，市法院全面达到上级法院创建活动方案中“无执行积案先进法院”应当达到的各项指标标准，其中执行案件结案率达98.09%，高出8.09个百分点；实际执结率达80.31%，高出5.31个百分点；执结标的到位率达65.94%，高出0.94个百分点；当事人自动履行率达到56.41%，高出1.41个百分点；涉执行信访案件息访率达90.32%，高出0.32个百分点。

【企业法律服务】　市法院成立“企业法律服务小组”，建立“直通式”沟通渠道，为企业提供法律咨询，开设法律讲座和进行法律指导。5月25日，市法院组织法官前往广州市吉声琴业有限公司开展“能动司法服务企业”法律宣传活动，与该公司员工就经济纠纷、维权等问题进行交流。结合近年来审理的市内企业发生的商事案件，通过典型案例以案说法的形式，把经济合同在签订中应注意的要素以及在履行中遇到的问题逐一进行讲解，指导公司员工在实际工作中学会运用法律武器保护自身合法利益，进一步提高企业经济效益。

11月8日，姜耀庭（右一）在从化市第十五届人大会议上全票当选市法院院长。图为市委书记黄河鸿（左一）向其颁发当选证书

【省法院司法巡查活动】 8月22日至26日，省法院第二巡查小组到市法院开展为期一周的司法巡查工作。巡查的内容包括司法方向、司法质量、司法效率、司法效果、司法行为、司法管理、司法队伍和司法保障八个方面。为“查到实情、听到真话”，巡查小组通过发放民意测评表，广泛收集从化法院全院干警的意见和建议；采取个别谈话的方式，与部分干警进行一对一的谈心，仔细听取他们的真实想法；走访从化市人大、市组织部、市纪委、政法委、检察院和司法局，并召开座谈会，听取他们对从化法院各项工作的意见和建议。巡查小组还旁听案件庭审、列席党组会议、查阅有关会议记录、走访中心法庭、进行明察暗访和个案案卷检查，全面、详细的巡查从化法院的各项工作。9月20日，省法院巡查组向该院反馈司法巡查工作的意见，认为该院能坚持正确的司法方向，认真执行上级法院工作部署，加强审判执行工作，强化队伍管理，重视党风廉政建设，做好法院各项工作，近3年法院工作报告在人大会上通过率均达到100%，连续4年获得广州市基层法院年度综合考评第一名，连续4年获得从化市市直部门目标责任制考评一等奖，连续13年保持违法违纪“有效零投诉”。先后获得“全国优秀法院”、“全国法院指导人民调解工作先进集体”、“全国在调解工作中做出突出成绩的人民法院”、“广东省人民满意的公务员集体”、“集体一等功”等多项国家级、省级荣誉。巡查组对市法院进一步提高裁判文书论理、档案装订规范、干警福利待遇、法院安全保卫等方面提出改进建议。

【创建“全国模范法院”】 “全国模范法院”是在“全国优秀法院”基础上评选的法院系统最高级别的荣誉，标准更高，要求更严格。市法院在2008年获得“全国优秀法院”的基础上，提出争创“全国模范法院”的目标，全力以赴做好各项创建工作。2011年7月，市法院顺利通过省高院的检查验收。9月18—19日，最高人民法院“全国模范法院”考察组在广东省高级人民法院政治部副主任周玲、广州市中级人民法院党组书记、院长吴树坚等领导的陪同下，对从化市法院是否符合“全国模范法院”标准向全院干警进行无记名民主测评，实地参观市法院宣传走廊、调解室、法警大队办公区、廉政文化廊，并听取市法院党组书记、代院长姜耀庭的创建情况汇报，随后分别走访市人大、纪委、政法委、检察院等部门全面了解领导班子、队伍建设、审判工作和法院管理等方面的情况。最高法院考察组认为，从化市法院作为广州市条件最艰苦的基层法院，立足本职，扎实工作，在四个方面成绩明显：班子团结，队伍有战斗力；审判执行工作成绩突，调解率高；改革创新措施多，主动执行试点工作成效明显；服务大局意识强，人民群众满意度高。12月，从化市法院被最高人民法院确定为“全国模范法院”候选对象，予以公示。至年末，公示期已过，最高人民法院于2012年初进行表彰。

【成立青年志愿者法律咨询服务队】　10月，市法院成立青年志愿者法律咨询服务队，并接受团市委的授旗。在筹备阶段，分管团工作的领导高度重视，多次召开动员会，号召全院青年干警用自身所学，加入以“奉献、友爱、互助、进步”精神为指导的青年志愿者行列。全院干警积极响应，踊跃报名，纷纷表示，参与志愿者工作，既是“助人”，也是“助己”，既是“乐人”，也是“乐己”，既是在帮助他人、服务社会，也是在传递爱心和传播文明。

【开通网上立案系统】　11月，市法院开通网上立案系统。当事人只需在网上提交诉讼资料，经法院审核通过后到法院办理确认手续，网上缴交诉讼费后即可完成立案手续。此举不仅方便外地的当事人，还解决过去由于起诉材料不齐或不符合法律规定，需要当事人往返法院多次的问题。该系统目前只对企事业单位和律师事务所开放，下一步将逐渐向个人开放。

【召开敦促在逃犯罪嫌疑人投案自首宣判大会】

为配合公安机关在全国范围内开展网上追逃专项督察“清网行动”，贯彻落实“宽严相济”刑事政策，11月29日，市政法委联合市公安局、市法院在法院召开“从化市敦促在逃犯罪嫌疑人投案自首宣判处理大会”，公开宣判各类案件共15件17人，涉及故意伤害7件、抢劫2件、抢夺2件、绑架、开设赌场、强制猥亵、侮辱妇女各1件。依照法律和有关规定，对拒不投案自首的5名犯罪嫌疑人，经抓获后，依法从严惩处。对投案自首后，如实供述自己的犯罪事实的12名犯罪嫌疑人，依法从轻处罚，其中10人在侦查、起诉、审判阶段被采取取保候审，并依法被判处缓刑。

【新审判大楼建设】　大楼建设建项目于2008年3月16日经从化市发改局批复同意立项建设，工程总建设面积19997平方米，其中地上15947平方米，地下4050平方米。新审判大楼在2009年2月奠基举行仪式。2011年5月，工程动工兴建，至2011年末，已完成主体大楼地下停车场和一、二层的建造。

【队伍建设】　*开展主题教育活动*　开展“发扬传统、坚定信念、执法为民”等主题教育实践活动，以上党课、观看教育片、集中学习文件、交流学习心得等方式，增强干警的大局意识、服务意识和责任意识。广泛开展“群众观点大讨论”主题教育活动，以部门为单位组织主题讨论，深化对群众观点理论内涵和实践要求的理解，查找宗旨意识、群众感情、司法作风方面存在的突出问题，有针对性地进行整改。院领导深入结对帮扶村进行慰问，赠送慰问金以及电脑等办公设备；驻村干部深入开展调研，帮助所驻村解决实际问题和困难；法官深入威露士公司、吉声琴行等企业座谈，了解企业在发展过程中存在的困难和司法需求，提供有针对性的司法服务。

建设“学习型法院”　把建设“学习型法院”作为推动法院科学发展的全局性、前瞻性、战略性工作，全面掀起学习热潮。院领导带头

学习政治理论和审判业务知识，带头开展调查研究，带头撰写理论文章。选派干警参加上级组织的各种教育培训活动，举行“从法论坛”、案件质量研讨会等学术活动，加强干警思想政治素质，提高法官正确适用法律、化解社会矛盾的能力。2011年市法院报送的论文分别获得全国法院系统学术讨论会二等奖、三等奖，荣获“广东法院第22届学术讨论会论文组织工作先进奖”，并被评为“首批全省学习型法院示范单位”。

加强党风廉政建设　逐级签订党风廉政责任状，形成党风廉政建设院长主抓、中层联动、全院干警参与的工作格局；以纪律教育学习月活动为契机，在全院干警中推行“五个严禁”，即严禁接受案件当事人及相关人员的请客送礼，严禁违反规定与律师进行不正当交往，严禁插手过问他人办理的案件，严禁在委托评估、拍卖等活动中徇私舞弊，严禁泄漏审判工作秘密；人民法院工作人员凡违反上述规定，依纪依法追究纪律责任直至刑事责任。从事审判执行工作的，一律调离审判、执行岗位。开展廉政宣誓活动，观看廉政教育警示片，上廉政教育课，加强廉政理论修养；适时开展岗前廉政教育、任前谈话、提醒谈话、诫勉谈话，筑牢干警拒腐防变的防线；设立24小时自动接听的举报录音电话和举报电子邮箱，加强对干警8小时之外的有效监督；制定《关于推进司法公开的实施意见》、《办公联络电话管理规定》等规定，落实公开审判、公开执行、判后答疑等举措，以司法公开为平台推进司法作风和党风廉政建设。

自觉接受监督　开展邀请人大代表、政协委员参与“百案释法答疑”、“百场征求意见”活动，院领导、法官上门走访人大代表、政协委员46人次，邀请人大代表、政协委员旁听案件开庭审理、视察执行和法院建设25人次，及时把23期法院简报寄送到人大代表手中，让其了解和监督法院工作。3月，省高院在从化市法院召开广州地区联络督查工作经验交流暨“双百”活动动员会，市法院在会上作经验介绍。主动接受检察院的监督，召开加强工作协调联席会议，邀请检察长列席审委会会议，邀请检察院对庭审、拍卖会、听证会进行现场监督。

法院文化建设　以庆祝建党90周年活动为契机，通过组织干警参加广州市法院庆祝建党90周年文艺汇演，组织党员重温入党誓词、开展红色之旅等活动，激发干警忠于党、忠于人民、忠于法律的满腔豪情，坚定法院干警永远跟党走的崇高信念。坚持以人为本，鼓励青年干警踊跃参加各单位举办的演讲、辩论等比赛，展现新时期法官昂扬向上的良好风貌。开展丰富多彩、健康活泼的文体活动，利用羽毛球、篮球、游泳、舞蹈等文体协会，每周组织体育活动，增强干警身体素质，活跃干警文娱生活，有效缓解干警工作压力，营造团结、活泼、进取的良好氛围。

（市法院供稿，严天雄执笔）

司法行政

【管理机构】　市司法局属政府序列行政单位，办公地址在街口街城中路58号。定编84名，其中行政编制66名（局机关19名，基层司法所47名），机关工勤编制4名，事业编制14名（其中依照公务员管理事业编制8名）。2011年末，在职83人，有局长1人、党工委书记1人、副书记1人、副局长2人。内设机构：办公室、政工办公室、法制宣传科、基层调解科、律师公证管理科、安置帮教科、社区矫正科。下属单位：从化市法律援助处、从化市公职律师事务所、从化市公证处。派出机构：太平、鳌头、温泉、吕田、良口5镇和街口、江埔、城郊3街司法所。

【人民调解】 *人民内部矛盾纠纷排查* 针对人大、政协“两会”、清明节、端午节、深圳大运会、中秋节、国庆节等纠纷易发期和敏感期，组织人民内部矛盾纠纷大排查活动7次，对排查出来的纠纷苗头和不稳定因素及时作出处理，保证矛盾纠纷得到及时有效的化解。同时做好深圳“大学生运动会”举行期间的人员值班和“零报告”工作，确保信息畅通。

预防突发群体性事件 针对后亚运时期突发群体事件不断增多的情况，市司法局按照突发群体性事件严重性和危害性程度，重新修订和制定《从化市司法行政系统重大突发性事件应急处置工作制度》与《从化市司法局处置群体性事件和大规模暴力犯罪事件应急预案》，落实并明确相关的工作程序和制度，确保在发生突发事件时能及时对事件进行研究，开展有效的调处和法制宣传，并为市重大社会矛盾纠纷调处工作领导小组处理事件提供法律措施和建议。

人民调解队伍培训 2011年是换届选举年，市司法局分别组织各镇（街）在任村、居调解主任进行培训，帮助新任调解员熟悉业务，尽快投入到调解工作中。组织全市各镇（街）司法所所长及相关人员参加广州市司法局举办的人民调解业务学习班，提高业务知识水平和调解能力。

扩大人民调解工作的社会影响力 市司法局先后开展“社会治安综合治理宣传月”、“人民调解宣传月”和“人民调解排查调处法律咨询日”等大型宣传活动，通过开展法律咨询、制作法制宣传栏、张贴人民调解宣传月挂图及标语、派发宣传资料等形式，扩大人民调解工作的社会影响力。组织人员参加广州市司法局举办的广州市各区（县级市）《人民调解法》知识竞赛并获得全广州地区第三名的好成绩。全年全市各级人民调解组织调解各类矛盾纠纷3111件，调解成功3046件，成功率97.9%。调处重大矛盾纠纷56件，调解成功48件。其中温泉镇卫东村高氏宗族与江埔街高峰村杨村社祖坟纠纷，涉及两个镇街约7000多名群众，市司法局在纠纷发生前及时发现、密切跟踪防控，在纠纷发生后能及时疏导和调处，从而成功化解这起延续多年的山坟纠纷。

【法制宣传】 *加强对各类重点对象普法宣传力度* 市司法局结合“效能建设年”活动和换届选举工作，对公职人员进行相关政纪法纪教育和廉政教育，重点提升公职人员的责任意识、服务意识、廉洁意识，组织全市正副局级干部法律知识培训班，邀请法学教授授课，以提高全市领导干部的法律知识和依法行政的水平。开展“法律进乡村”活动，结合全市农村换届选举工作，开展有针对性的法制宣传教育活动，印制《人民调解促和谐、化解矛盾保平安》等宣传手册派发给村民，邀请普法讲师到各镇（街）为人民调解员上法制课。不断加大对青少年的法制宣传教育工作，把法官、检察官、公安干警、公职律师充实到普法讲师队伍中，为青少年学生上法制课；通过举办“六五”普法征文比赛、演讲比赛、主题班会等形式，提高中小学生自觉学法积极性，培养自觉守法观念。按照“谁主管、谁负责，谁用工、谁负责”的原则，把法制宣传工作落实到企业和单位，同时把法制宣传教育与加强流动人口管理服务结合起来，协同市公安局、国土局、人力资源和社会保障局、总工会等单位，以节假日、法制宣传日为契机，通过现场法律咨询、法制图片展览、派发法制宣传资料、放映法制录像等方式在外来人员比较集中的镇（街）开展宣传活动，提供安全生产、权益保障、劳动纠纷处理等方面的法律咨询和服务。加强对企业管理人员法制知识培训工作，促进企业规范用工，构建良好劳资关系。还注重对军人的普法宣传，通过开展“送法进军营”活动，组织普法讲师到空军驻从化基地举办法制讲堂，进一步提高部队官兵的法律知识水平。

运用媒体扩大普法覆盖面　与市电视台紧密合作，做好《法治与政务》电视专栏节目（后改版为《生活与法》），通过案例分析、法条解读、律师采访、法制漫画等形式，制作、宣传《村民委员会组织法》、《工会法》、《继承法》、《人民调解法》、《婚姻法司法解释三》、《劳动合同法》等专题节目。创新开展法制宣传电影片头播放工作，以文广新局“2000场电影下乡”活动为契机，在电影放映之前播放法制宣传短片，寓教于乐。不断开创法制宣传新平台，加大对新型媒介的利用。不断完善普法网站建设，充分发挥普法彩信的作用，同时分别在局大堂、金瓯广场、太平镇和鳌头镇等地方安装普法公益电子屏，每月循环播放各类法律法规资讯、宣传创文以及效能建设、政务等信息。

主题法制宣传　分别组织开展和参与“3·15消费者权益保护日”、“人民调解宣传月”、“法律进社区暨法律援助宣传月主题活动”、“法治从化宣传教育周”和“12·4”全国法制宣传日主题宣传等活动，通过派发各类法律知识读本、普法宣传简章、普法漫画系列丛书、提供法律咨询等形式进行法律宣传。2011年，市司法局重点宣传《中华人民共和国刑法修正案（八）》、《中华人民共和国人民调解法》、《中华人民共和国统计法》、《中华人民共和国工会法》、《国有土地上房屋征收与补偿条例》等11部法律法规。印制《看漫画，来学法（三）》系列普法漫画、书籍2万本，印制法制宣传挂图4万张，制作宣传橱窗、宣传栏4800多期，开展法律咨询服务活动40场次。

1月19日，省司法厅厅长陈伟雄（左一）到从化市司法局开展慰问活动

【安置帮教】　刑释解教人员排查　市司法局对2010年度回归社会的刑释解教人员进行排查，对2006年至2010年全市刑释解教人员现状进行调研，确保新回归人员底数清、情况明，清楚掌握动向，最大限度减少重新犯罪；及时了解这类人员工作、生活等情况；主动配合做好人大代表选民资格登记工作，对全市仍被剥夺政治权利的刑满释放和解除劳动教养人员进行排查，共排查出不具有资格的人员24人。至年末，全市在册刑释解教人员788人，其中刑满释放674人、解除劳动教养114人，帮教率100%，重新犯罪2人，重新犯罪率为0.29%，没有脱管、漏管现象出现。

启用刑释解教人员信息管理系统　为了使基层司法所人员能够迅速掌握系统的使用，市司法局及时组织人员到各司法所进行指导，全面启用该系统，并通过该系统对在全国各地监狱、劳教场所服刑的从化籍在教服刑人员基本信息进行核实查询，实现刑释解教人员的预报、衔接、安置、帮教、统计、分析、查询信息化。通过该系统核实从化籍在教服刑人员基本信息993人，全部分解到各司法所进行摸查核实。

开展“献爱心、送温暖”慰问活动　各司法所通过上门探望、走访、赠送慰问品等形式，把党和政府的关怀以及社会的关爱送到每一个特困刑释解教人员家庭。深入开展“亲情呼唤”帮教活动，到广州市第二劳教（强戒）所和广东省未成年犯管教所对89名从化籍强制隔离戒毒人员和28名从化籍未成年服刑人员进行帮教和慰问。

【社区矫正】　社区服刑人员监督管理　按照“应收尽收”原则把符合条件的社区服刑人员全部纳入监管，并实行严格管理。在监管过程中，注重加强与市检察院、法院和公安机关的沟通和协作。1月，在市司法局开展的社区矫正服刑人员矫正效果考核显示，情况良好。市司法局还联合市检察院，组织温泉镇全体社区服刑人员及其担保人举办一堂社区矫正警示教育课，让社区服刑人员了解相关法律知识，自觉接受改造，提升社区矫正的效果。

提高社区矫正工作信息化管理水平　组织全市各司法所社区矫正工作人员参加广州市社区矫正电子监管信息化管理系统培训班，全面掌握管理系统各板块的功能和操作。及时与各镇（街）党委政府沟通，落实经费，按时按质完成社区矫正严管类人员的GPS（跟踪）定位手机发放工作，并对30名严管服刑人员实施手机定位管理。

规范社区矫正工作程序　定期到各街（镇）社区矫正办督促和指导各办严格按照司法部、广东省、广州市出台的社区矫正规章制度做好接收、衔接、突发事件处置、教育管理、考核奖罚和档案管理等各项工作。经过指导督查，各社区矫正办的社区矫正服刑人员档案管理水平有明显提高，能严格按照一类三卷、三卷一盒、一盒一号的规范立卷；同时设立专门的宣告仪式室，全面规范实行社区服刑人员接收（解矫）仪式。全年全市累计接收社区服刑人员346人，累计解除矫正96人，在册管理250人，没有重新违法犯罪发生。

【法律服务】　律师公证管理　顺利完成辖区内5间律师事务所的2010年度检查考核初审工作，并对存在问题的2间律师所发出《整改通知书》，要求其限期整改。走访辖区内所有律师，加强对律所的日常监管。办理1宗成立个人律师所申请和2间律师事务所改制申请初审工作。完成对从化市公证处2010年工作的年度考核，做好2010年法律职业资格证的颁证工作，依法处理2宗对律师的投诉案件。配合广州市司法局完成对辖区内司法鉴定机构的2011年规范执业专项检查活动。选派一名公职律师和一名社会律师担任从化市人民法院立案信访窗口监督员。2011年，全市公证业务量不断增长，公证质量不断提高，全年办结各类公证2249件，其中国内民事公证1619件，国内经济公证197件，涉外民事公证433件，没有错证、假证以及违法、违纪等现象出现。社会律师所共办理刑事诉讼代理27件；民事诉讼代理228件；行政诉讼代理29件；担任常年法律顾问47家。

扩大法律援助覆盖面　不断拓宽法律援助

覆盖面，降低法律援助门槛，为困难群众提供优质的法律援助。为提高法律援助从业人员的业务水平，组织全市法律援助从业人员 52 人，举办 1 期法律援助工作者业务培训班，重点学习法律援助申请范围、条件、程序等业务知识和其他有关的法律法规，以提高全市法律援助工作者的法律知识水平和工作效能。还充分发挥法律优势，派出公职律师到广州南洋理工大学等高校开展“知法守法、远离犯罪”的专题讲座。全年全局受理各类法律援助案件 587 件，其中刑事诉讼案件 19 件，民事案件 568 件，接待来电来访咨询 6000 多人次。“12348”法律服务热线受理群众来电来访咨询 1223 人次，主要涉及婚姻家庭、合同债务、劳动关系等。

发挥公职律师参谋助手的作用　公职律师通过参与市重点项目协商谈判、合同审查、可行性建议等方式，顺利实现服务侧重点的转变，把过去以解决纠纷为主的滞后性法律服务方式，转变为以预防纠纷为主的前瞻性法律服务，先后为明珠工业园广州杰事杰华南国际新材料产业基地项目、太平开发区开发集成电路产业园发展中心项目等重点招商引资项目提供法律服务。为项目合作协议及具体分项协议严把法律关，为合作各方分歧提供可行性意见和建议。已办结的 6 件政府诉讼案件，全部获得胜诉，为政府避免及挽回经济损失约 9 亿元。其中代理中国东方资产管理公司广州办事处诉从化市政府担保纠纷一案，为政府避免 4000 多万元的连带保证责任。全年公职律师所代理政府诉讼案件 11 件，代理政府民商事仲裁 1 件，审查规范性文件 12 件，草拟审查修改合同 20 件，出具信访复查意见 5 件，出具其他类型法律意见或建议 22 件，协助市领导接访 49 次，参与信访处理 19 件，参与矛盾纠纷调处 10 件。

（市司法局供稿，骆沛林执笔）

地方军事

人民武装

【管理机构】 市人民武装部办公地址在街口街东成路53号。定编22名，其中行政编制8名、事业编制14名。2011年末，在职22人，有部长1人、政治委员1人、副部长兼军事科长1人。内设机构有：军事科、政工科、后勤科。下属机构有：民兵武器装备仓库和招待所。

【军事能力建设】 *修订完善战备方案* 根据从化市可能担负的任务，与警备区的方案进行对接和修订完善，并组织各基层武装部、国防动员委员会各办公室修订完善配套计划和重点目标守卫计划；对基层武装部的民兵支前保障、快速动员等预案进行统一规范；加强各类方案的研究，进一步细化、量化重要目标防卫计划，并与市公安局、综治办进行方案计划的协同对接，完成应付突发事件各类预案的制定。

开展针对性训练 指导各基层武装部组织新入队的基干民兵进行共同科目训练，对作战队伍、勤务保障分队进行培训。

【政治教育】 *组织学习教育* 在开展经常性教育的基础上，全年组织干部职工参加警备区组织的5个专题理论学习，特别是扎实开展“讲政治、顾大局、守纪律”以及“赞颂科学发展成就、忠实履行历史使命”这两项重大教育活动。

民兵预备役政治教育 结合作战方案和演习演练，修订完善政治动员方案预案，着重加强民兵预备役心理战队伍、民兵应急分队和各种保障分队人员的选拔、配备、考核和管理教育。

开展“创先争优”活动 人武部党委把创先争优活动作为加强党建的基础性工作，召开专项党委会进行研究部署，成立活动领导小组，制定《深入开展创先争优活动实施办法》，依据创先争优活动的指导思想和创建标准，结合单位实际，细化活动措施，明确时间、范围、对象、方法、步骤等，使标准要求规范化、具体化。在党员大会上，党支部和党员对干部职工进行公开承诺，并把承诺张榜公布，真诚接受群众监督。

民兵营和民兵分队建设 继续在全市236个村（居）民兵营、21个民兵分队中开展“四个基本”（基本教育、基本队伍、基本制度、基本设施）建设。由市人武部统一制作18册登统计本1万多本；制作民兵营职责牌240多套共1700多块、购置资料盒2900多个、采购姓名牌500多个，发至各个村民兵营、民兵分队。全年参建单位达标率87.6%。

国防动员　根据有关局（办）人员变动情况，先后对市国防动员委员会和武装、经济、人防、交战和政治动员办公室成员进行相应调整，落实人员机构和各项工作。做好国防动员潜力调查，对经济、交通战备、人防动员潜力进行调查核对。建立和完善退伍军人预备役登记、地方与军事专业对口技术人员预备役登记管理数据库。

【后勤业务】　先后投入20多万元对办公楼部分场所、民兵武器装备仓库的围墙电网、避雷设施和监视系统等安全设施进行维修改造。围绕应急防卫作战的后勤保障需要，修订医疗救护、油料、运输、工程抢修动员方案，完善平战体制转换预案。重点加强民兵武器装备仓库看管人员的培训和教育、业务知识学习，并定期进行政治考察。全年出车900多台次，行程8万多公里，没有发生交通安全事故。

7月21日，市委书记黄河鸿（左三）带领慰问团慰问广州军区联勤部官兵

【征兵审查】　2011年，全市适龄青年兵役登记1.47万人，应征报名5367人，经镇（街）初检后，11月8—18日，全市有1036名青年参加市组织的体检、政审，符合应征入伍条件有200多人，其中女兵4名，完成广州市人民政府征兵办赋予从化市征兵工作任务。

【“双拥”共建】　干部职工全年捐款1.7万元，资助遭受水灾、旱灾地区恢复生产，重建家园；帮建帮扶太平镇钱岗村困难家庭5户，资助其子女上学；开展军训活动，全年组织中学学生、企业员工参加军训7000多人次，派出校外辅导员上国防教育课20多次。

【驻军情况】　至2011年末，在从化的驻军有市人民武装部、消防大队、市武警中队、广州军区联勤部通信站、广州军区从化接待处、武警广东总队从化招待所、广东省消防总队从化接待站、中国人民解放军体育学院从化训练基地、广州军区空军95316部队。

（市人民武装部供稿，马楚湖执笔）

民　　防

【管理机构】　从化市民防办公室加挂从化市人民防空办公室牌子，是市政府赋予行政职能的局级事业单位，为市国防动员委员会的常设办事机构，是从化市政府人民防空工作的主管部门，办公地址在街口街从城大道459号。定编13名，其中行政编制5名，事业编制6名，工勤编制2名。2011年末，在职13人，有主任1人、副主任1人。内设机构有：综合科。下设机构有：从化市人民防空通信站。

【召开从化市首次人防工作会议】　7月15日，市国防动员委员会在市人民防空应急指挥中心组织召开从化市首次人民防空工作会议，市长郭清和，市政府、市国动委、市人武部有关领导，各镇（街）主要负责人，各有关部门负责人及市、镇（街）两级民防办全体干部职工参加会议，会议总结“十一五”期间从化人防工作，表彰从化市人民防空先进单位13个，从化市人民防空先进个人28名，谋划“十二五”期间人防工作发展蓝图。

【指挥系统建设】 101工程建设和管理 对已竣工的101工程进行升级改造，完成地下指挥大厅显示系统的改造，进一步丰富作战指挥平台的信息显示功能，并且将无线集群通信信号引入基本指挥所，完成800兆无线集群通信系统无缝覆盖。对101工程地下指挥所实施严格的军事化管理，使101工程日常运行与维护工作规范化。

机动指挥所工程建设 完成机动指挥所无线图传通信系统升级改造和机动指挥所无线图传信号基站建设工作，对机动指挥所移动音视频及450兆集群通信系统性能进行改造提升，稳步推进集群通信系统整合工作，人防应急能力得到进一步提升。

防空演习 10月27日，在市人民防空应急指挥中心举行“羊城天盾——2011”城市人民防空演习，副市长王谭文标为演习指挥长，市府办、人武部、宣传部、民防办等20多个单位参加人防指挥所开设、指挥平台互联互通和发放防空警报等演习科目。15时56分，全市66台防空警报器和2台机动警报车同时在5镇3街进行防空警报信号试鸣，鸣响率达100%，全市生产、生活秩序正常，达到预期效果。10月31日，在东富广场成功举行从化市首个社区居民防空应急疏散演练以及民防宣传教育活动，全面检验市人防组织指挥能力、警报通信能力、快速反应能力、综合协调能力、人口疏散能力，促进全市人防准备工作的落实。

通信警报设施建设与管理 完成警报器信息采集工作，制作《从化市防空警报器图册》，初步建立从化市警报设施档案。结合“三级管理”，完成广州市下达的警报器选点任务，并且根据警报器建设和管理规定，顺利完成市经济技术开发区、良口中学、从化三中3处警报器迁移工作，为警报器管理积累宝贵经验。10月21日，举办警报试鸣培训班，对全市66个警报点所在单位负责人和维护管理人员共130多人进行警报试鸣培训。

7月15日，市长郭清和（左二），副市长谭文标（左三）视察从化市民防宣传教育展览室

【人防工程规划和建设】 4月，对已建的15项人防工程进行普查，并形成完整的普查报告。开始全市人防工程规划的编制工作，通过招标确定广东省人防设计院为人防工程规划设计单位，经过系统的调查分析和研究，于年底完成从化市人防工程规划（2011—2020年）初稿，该规划的制定将为从化市今后十年人防工程的发展提供依据。全年办理人防工程报建16项，建筑面积143269.74平方米；办理人防工程竣工验收备案5项，面积24777平方米。办理工业厂房报建审批44项，总建筑面积约68.5万平方米；办理人防易地建设报建项目76项，总建筑面积约56万平方米。收取人防易地建设费

2680万元。

【人口疏散基地建设】 对广州市防空防灾人口疏散基地道路路口乱开、果树和农作物抢种、供水电设施残旧出现的安全隐患等问题进行及时处理，得到当地群众的理解和支持，并将平时应急与战时应战相结合，充分利用基地资源优势，创造一定的经济效益和社会效益。从化市两个人口疏散基地“广州越秀从化田心人口疏散基地”和“广州市防空防灾人口疏散基地”工作有序进行。

【人防队伍建设】 4月，对全市800名人防专业队队员进行重新整组，编订2011年从化市市、镇（街）两级的人防专业队队员花名册。6月10日，与市教育局联合举办全市人防教育师资骨干培训班1期，参加培训80多人，通过人防知识专题课和互动教学演示，进一步加强人防教育工作。12月13日，举办人防专业队员培训班1期，参加培训的有排水抢修、建筑工程抢修和供水抢修人防专业队员共80多人。

【民防宣传教育】 积极报道从化民防工作动态和建设成果，在各大报纸杂志上发表宣传稿件近50篇。利用建成的从化市民防宣传教育展览室和人防应急指挥中心，邀请全市机关单位和大中小学校开展民防宣传教育活动。编印民防宣传资料一批，其中民防应急知识宣传册子6万册、民防宣传书签1万张、民防宣传展板20幅、民防宣传标语50幅。组织开展国防宣传日、应急知识宣讲活动等大型宣传活动；与报纸杂志合作刊登与老百姓密切相关的防空防灾知识。2011年，市民防办被广州市民防办评为“2011年度广州市民防系统宣传工作先进单位”称号。

10月31日，在街口街东富广场举行从化市首个社区居民防空应急疏散演练

【扶贫开发】 按照市委、市政府的统一部署，市民防办把扶贫开发工作列入重要议事日程，积极研究解决工作中的重点和难点问题，安排专职驻村干部，开展一系列扶贫开发工作。做好村级调查摸底和入户调查摸底工作；积极帮助村“两委”开展工作，并就如何开展村级经济出谋献策。大力推进该村富余劳动力人员就业及帮扶特困户工作，其中已解决该村富余劳动力人员就业3名。搞好村容村貌建设工作，通过实现村道乡道硬底化、出资建设垃圾池、建设村道路灯、建设农田（鱼塘）标准化等措施，改善锦二村的人居环境；启动综合厂房大楼前期开发工作。

（市民防办公室供稿，唐捷执笔）

基础设施建设

交　通

【管理机构】　市交通局挂市公路管理局牌子。市交通局属政府序列行政单位，办公地址在从化市街口街青云路289号。定编56名，其中机关行政编制11名，行政执法专项编制40名，机关后勤服务编制5名。2011年末，在职51人，有局长1人，党委副书记2人，纪检组组长、纪委书记1人，副局长3人。内设机构有：办公室（机关党委办公室与其合署）、规划建设科、运输和安全管理科、执法监督科（加挂从化市交通局综合行政执法局牌子）、法规监察科（纪检监察室与其合署）、计划财务科。协调管理机构有：从化市国防动员委员会交通战备办公室。下属机构有：交通管理总站、地方公路管理站、地方公路路政管理所、彩虹桥收费站。下属机构有在职人员298人。负责协管的运输企业有：广州二汽从化分公司、广州顺途公共汽车有限公司、从化中旅旅游运输有限公司、从化金晖出租汽车有限公司和广州从化凯旋宫出租汽车有限公司，有从业人员1537人。

【公共交通网络】　从化境内没有铁路、水路运输，交通运输依靠公路。市境内有国道2条（G105、G106），省道5条（S118、S256、S353、S354、S355），县道10条（X262、X285、X286、X287、X301、X308、X934、X935、X937、X938），乡道338条。市内所辖221条行政村通水泥路。京珠高速公路在市的西部经过，并在鳌头镇设置一个出入口。街口至北兴高速公路已建成通车，由从化市街口街至花都区的北兴镇，与机场高速北延线、京珠高速连接，全长21.11公里，双向四车道，设计时速100公里/小时。

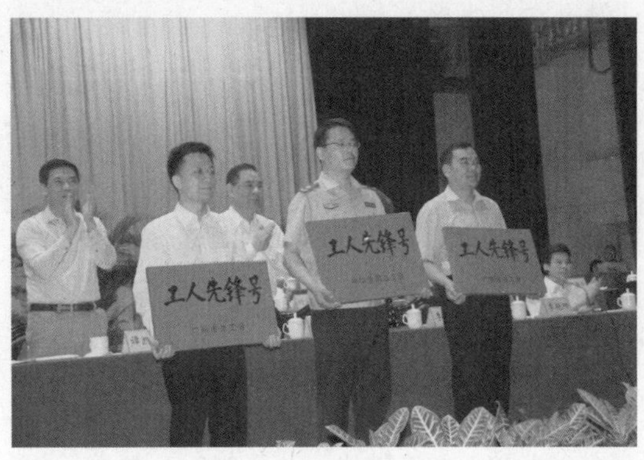

4月25日，从化市庆祝“五一”国际劳动节暨表彰大会在市流溪影剧院举行。图为获全国“工人先锋号”和广东省“工人先锋号”代表上台领奖

【公共交通建设】　高速路网建设　增从高速公路（从化段）：长26.2公里，主线双向6车道，支线双向4车道，投资约25.8亿元。至

2011年末，增从高速的隧道已全部贯通，主体工程建设全部完成，将继续完善交通工程、站场等辅助设施建设，完成监督、验收等工作后通车运营。大广高速公路（从化段）：长78.2公里，双向6车道，投资约85亿元，该项目设计等前期工作已基本完成，年初项目已上报国家发改委，2011年底经国家发改委核准，于2012年动工建设。佛清从高速公路（从化段）：长28.5公里，双向6车道，投资约35亿元。正进行施工图设计，将于2012年动工建设。广州北三环高速公路（从化段）：长7.96公里，双向6车道，投资约10.5亿元。已完成初步设计评审工作，正进行设计修编，项目已上报国家发改委，等候核准批复。

地方公路建设　广州街北高速公路凤凰城立交连接线工程项目，该项目全长2.942公里，双向6车道，总投资约2.8425亿元。已完成施工图设计，正办理水务审批事项，并已开展征地拆迁工作，将于2012年动工建设。万亩鲜切花基地至国道105连接线新建工程项目，该工程长1.9公里，双向两车道，其中大桥段为双向4车道，总投资约1.4亿元，分为城郊街麻村段、花卉大道大桥段、温泉镇云星村段；其中城郊街麻村段正在施工建设中、花卉大道大桥段将于2012年1月动工、温泉镇云星村段招标等前期工作已完成，待提供施工走廊后即可动工建设。国道105线良口至吕田段、省道355线旺城路口至鳌头镇段绿化景观综合整治工程，该工程主要对沿线的绿化升级改造及完善墟镇段的配套设施，其中国道105路线全长46.058公里，省道355路线全长18.038公里，于2011年6月7日动工，省道355线旺城路口至鳌头镇段绿化景观综合整治工程已完成80%，国道105线良口至吕田段完成95%。珠江温泉大桥项目，该项目路线全长1.680公里，其中桥梁长746.58米。其所有的前期工作已完成，将于2012年1月动工建设。完成人工湖桥修复工程，该工程对1号桥墩、有病害的梁体进行加固，对墩台梁体灌浆防腐，并修复桥面及围栏，已完工，于2011年6月28日放小汽车通行。完成县道830路面改善工程、县道285神棋线路面大修及改善工程。完成太平乌土桥、温泉镇石头桥、温泉南星桥改造工程。支援吕田、良口革命老区建设，无偿为老区设计桥梁19座，吕田镇已完成其中15座桥梁的施工招标工作。乌石村至龙星村道路连接线工程，全长11.199公里，双向两车道，路基宽18米，已完成施工图设计等前期工作，将于2012年动工。县道286线民乐至人和段公路扩宽工程，全长6.527公里，双向6车道，已基本完成前期工作，项目正进行财政评审和招投标工作，2011年12月开工建设。温泉镇东西埔道路工程，全长约2.5公里，双向4车道，正在方案研讨阶段，将于2012年完成前期工作。温泉镇至大岭山道路改造工程、鳌头龙星村至鳌头镇区主干道路工程，已完成工程可行性研究报告工作，将于2012年完成前期工作。左村道路改造工程正在筹备中。吉兴桥、何家埔桥完成设计工作，协助市交委完成横江一、二桥的设计和财评工作。2011年，地方公路管理站被省总工会授予“工人先锋号”称号，并在“广东省公路与管理劳动竞赛”中连续十三届评为“先进公路站”。

自然村道建设　至2011年末，全市已完成农村公路总里程1068.0公里，其中第二批自然村道已完成178.5公里，投资约6063.0万元。从化市委、市政府为在2012年完成余下的421.5公里自然村道建设计划，决定加大补助投入，全面完成自然村道硬底化建设。

【干线公路迎国检】 *规范内业资料整理* 规范化管理工作是迎国检的一项主要工作，这次的内业资料整理涉及道班6项表、局机关20项表、收费站12项表。规范化管理工作累计整理资料125盒，共582册。编印《从化彩虹桥征费管理所概况》、《G105线大奋岭路段整治安保工程简介》等3本图文并茂的小册子。

保障公共交通畅通 在迎“国检”工作期间，出动公安、交通、运政等联合执法人员5471人次，打非行动查扣各类违规违章车辆2906辆，治理工作成绩卓越，有效维护路产路权，确保迎检工作顺利进行。

路政工作 在迎“国检”工作期间，出动路政人员1319人次，清拆公路及公路建筑控制区内违法广告、招牌3550平方米，依法拆除违法建筑和乱搭乱建250多平方米，清理各类路障500立方米。内业人员整理各类路政档案1000多份，录入电子路政许可档案30多份。补设公里牌、百米桩、补齐路口警示桩及各种标志，更新标志标线27700多平方米，修复边沟和砼路缘石累计8500米。

公路绿化 对全市公路绿化树木补植、防虫、刷白和管护，对干线公路新铺路肩绿化草皮4.28万平方米，补种路树4671棵。

工作措施 在迎国检工作中，市交通局坚持统筹谋划，突出重点，兼顾一般，全面发展的原则，采取“四抓、四保”，即一抓重点“准”、二抓关键“细”、三抓质量“高”、四抓标准“严”，一保资料规范、二保设施标准、三保路况通畅、四保路容美观的有效措施和方法，确保工作的优质高效。迎检期间，全局上下抢时间、赶进度、抓质量，做到全线路况稳定、路面平整、行车舒适、线性美观、路肩干净、水沟畅通，公路两边视觉良好，全面完成各项迎检工作任务，为省、市迎检项目争取得到10分的额外加分，受到省交通厅主要领导的高度赞扬，交通部检查组对从化市迎国检的各项工作，给予充分肯定和较高评价。

【公路管养】 *基本情况* 全局管养公路通车里程为1989.092公里，其中国道114.441公里、省道84.419公里、县道184.646公里、乡道1001.435公里。其中一级公路99.659公里、二级公路168.937公里、四级公路1519.92公里；水泥混凝土路面1831.588公里、沥青路面18.883公里、沙土路面220.711公里。永久性桥梁426座，共12044.9米，其中大桥23座，共3821.7米；中桥79座，共4388.1米；小桥324座，共4898.6米。

公路养护 以路面完好为中心，做好公路维修保养工作。市交通局组织力量，狠抓工程质量，严格现场施工和安全管理，加快工程进度，确保养护维修工程的顺利实施。严格技术标准和养护规范，投入80多万元修复路面病害；加强汛前桥涵安全检查和道路养护管理，提高桥涵承载能力；及时抢修水毁，保证道路安全畅通。开展国、省、县道路况应急治理工程，采取应急和预防性养护或路面大中修的措施，对公路进行一次集中整治。对桥涵和排水沟进行疏通清淤，对高边坡内弯处筑堤，对辖内道路的砼路面的接养缝进行沥青灌缝处理。各道班在管养路段的排水系统、深挖高填路段、桥涵、护坡等各构造物进行全面的检查。加强路容路貌的管理，对路面保洁、边沟疏通、公路树修剪刷白、标志整修、标线漆划、安全防护设施等进行一次应急养护；对公路路面、桥涵结构技术状况、标志标线和安全设施情况进行全面排查，整治城乡结合部的脏、乱、差现象。做好公路绿化美化工作，按照公路养护标准要求，对新改建的路段及时进行路树、草皮

新植补植，共新种各种路树2.5万棵、种植草皮2.5万平方米。对老路树加强抚育管理，精心修剪路树、花草，保持公路环境美观、行车视线良好。加强对国省道的细化养护管理，各项养护指标均达到“畅、净、绿、美、安”的标准。

路政管理　路政工作以日常巡查为基础，加强对建筑控制区的监控，依法查处各类侵害公路产权的违法行为。全年实施不间断巡查，出动巡查车辆2900多台次、巡查1600多人次，里程约15万公里。全年处理交通事故路产赔偿案件63宗，发现路产侵害案件28宗，拆除违章建筑8处，清理各类路上障碍物284.75立方米。拆除沿线非公路标志牌936块，制止违规占用绿化草地摆卖1500多宗次，及时制止建筑控制区内违法建筑9宗。按新标准增设百尺桩、示警桩及各类标志牌一批。路政工作在路政执法、许可、行政审批过程中能熟练运用法律、法规，路政案件办结率100%；按标准归档档案卷宗30份，归档率100%。

提高应急抢险能力　市交通局制定防洪抢险应急预案，成立抗洪抢险应急指挥小组和应急抢险队伍，定期组织抢险演练。要求全体应急抢险人员在汛期间随时待命，在养护基地准备应急抢险的机械和物资。抢险机械设备、工程车辆由应急指挥小组统一调配。各道班准备充足的防洪抢险的抢险工具，指派专人到三、四类桥梁和易塌方地段进行值班，发现问题及时报告，及时组织抢险。每季度初、汛期前对公路和桥梁进行全面检查。组织工程技术人员、养护人员对全市329座桥梁、公路易水毁塌方路段、高边坡、往年已修复的水毁塌方公路和公路危险路段进行一次全面检查。投入860万元对检查中发现有安全隐患的桥梁、危险路段进行及时的整治，通过增设安全警示、警告标志，特别对三、四类桥梁和以前下陷过的公路进行动态监控，确保公路桥梁安全度汛。5月12日，从化市普降特大暴雨，致使多段国省县道路桥、路树受损严重，市交通局启动应急预案，组织140多人的抢险队伍第一时间赶赴受灾线路组织抢险，用最短时间恢复交通。积极推动国防动员交通战备建设和发展工作，组织交通战备应急演练，成绩显著，2011年，市交通局被广州市交通战备办公室评为“广州市地区国防交通先进单位”，钟继阳、邹才等同志被评为“先进个人”。

【行业管理】　打非治超　主要做法有发动群众举报、加强日夜巡查、便衣便车执法、跟踪拦截等；利用和平、龙潭2个固定治超站，并加强流动巡查，实施固定检测、不定期开展联合统一行动相结合等多种查处手段，长期保持严查重罚态势；加大对辖区内国省道沿线分支路交接口的守候和巡查力度；派驻执法队员长期驻点“彩虹桥收费站”，实施源头查堵；继续加大对全市主要路段、站场、外来人员集中地区、旅游风景区、各大学校区非法营运和客运包车活动的打击力度。治超执法工作全年出动交通、公安执法人员7418人次，查扣超限超载货车、罐式车等各类车辆328辆，卸载总重11363.6吨。联合公安交警等相关部门，在全市范围内参与专项整治“五类车”［电动车、摩托车、三轮车、残疾人机动轮椅车、改装（拼装、报废）车］执法行动，暂扣“五类车”1506辆，其他车辆109辆。联合相关部门打掉一伙以地域籍贯聚集长期从事非法营运、超限超载团伙，交通综合执法行动共发生阻挠执法和暴力抗法事件3宗，向公安部门移送阻挠执法和暴力抗法人员2人，按程序实施刑事拘留1人，行政拘留1人，向公安交警部门移交查扣违法违章车辆一批。打非治超工作实现案件宗数、查处车辆数、卸载吨位数全面下降，无发生行政复议和行政诉讼案件，从化市交通局治超执法工作经验在全省治超工作会议上作介绍；2011年，综合行政执法局被全国总工会授予“全国工人先锋号”称号。

出租车和非法包车专项整治　坚持开展对出租车专项整治稽查执法行动，重点对不打表、拒载、异地营运、不服从管理等行为教育纠正、流动稽查、现场执法，全年查处违规经营出租车28辆。节假日期间专项整治在市辖区各高校区及周边从事非法包车的客车，查处非法包车23辆，打掉一伙以私自售票、散客组团形式从事高校学生非法包车团伙。

处罚案件办理　全年办理各类交通违法案件3097宗。其中改装货车1698宗，非法营运（无营运证）货车172宗，普通货车从事危险品运输39宗，非法客运包车23宗，非法营运蓝牌车6宗，违规经营出租车31宗，非法营运二轮、三轮摩托车502宗，货车二级维护过期273宗，其他交通运输违章案件353宗，全年处罚案件与金额数量与上年相比增长10.3%。实现案件宗数、查处车辆数、处罚金额全面增加，案件的处理数量改写历史新高，所有行政处罚案件实现零错案、零复议、零诉讼。

窗口业务　通过转变服务理念，提高办事效率，提供优质和人性化服务。办证窗口全年办理客货运车辆年度审验3825辆，新增及换发IC卡道路运输证1322个；办理摩托客运年审970辆；新增二类汽车维修经营许可2户，三类汽车专项维修经营许可42户；三类汽车专项维修经营许可证27户；停车场经营许可新增8户。完成客货营运车辆二级维护检测8591辆次，已备案7944辆次，完成驾驶员培训结业审核31995人次。窗口业务受理、业务办理、个案处理量比上年有所增长，群众满意度有较大幅度的提升。

节日客运保障　节假日期间，全年发放春运证163个，临时加班证252个。节日公路客运累计发出班车1.4万班次，运送旅客15.5万人次，组织包车4869班次，运送旅客2.2万人次。节假日客运没有发生安全事故，没有出现旅客滞留、拥堵、混乱现象，实现“安全、顺畅、有序、优质”的目标，市交通局被广州地方道路春运指挥部评为“广州地区道路春运工作先进单位”。

综治维稳和信访　全年接到群众来信、来访、来电21件，接待较大型上访3例，承办人大建议18件、政协提案33件，以及各级领导、部门的转办件，及时处理、解决反映的问题，较好地化解矛盾，提高群众的满意度。市交通局分别被评为市维稳及综治、信访工作、办理人大代表议案和政协提案先进单位，以及“2009—2010年度广州市社会治安综合治理工作先进集体”。

【安全生产】　基本情况　2011年，市交通局所辖行业没有发生群死群伤、火灾等安全生产责任事故，各项安全生产指标全面下降，安全生产监管工作逐步向常态化、制度化、规范化转变。

行业监管工作常态化　把“三把关一监督”（严把审核关、规范关、质量关，完善监督管理）工作贯穿于日常管理和服务工作，监督企业贯彻落实安全生产法律法规和执行相关行业安全规范标准，定期研究分析行业安全生产形势，查找存在问题，组织检查人员深入各运输企业、维修企业、驾培企业、站场现场检查，及时发现和消除隐患。指导监督企业建立和落实安全生产例会、安全操作、风险防范教育等各种制度措施。对客运、危运、机动车维修等高危和事故易发行业增加专项检查次数。

创新安全监管手段　全年对通过 GPS 监控和路巡路检发现开车冲红灯、打手机、超速等违章实施处罚 77 宗。对现场实施车辆外廓查验中发现 98 辆不按规定安装防护装置、外廓超长超宽、擅自改装车厢等危及安全行车的营运货车，责令恢复车辆原貌复检，限期按规安装 GPS 行车记录仪车辆 35 辆，从创新监管手段上保障行业安全生产。

机动车行业整治　加强机动车维修、驾培市场、停车场管理，全年检查排查、跟踪回访维修店档 455 户次，发出警示通知书 150 份，对 29 家无证照经营且屡教不改的业户实施联合执法行动。逐步建立起机动车驾驶员培训质量信誉考核等级与业务受理监管体系，促进驾驶行业守法经营。延续“人屋车场”专项整治行动，全力推进城区经营性停车场“三统一二规范”（统一标志、统一标识、统一服装；规范有序停放、分类停放）工作，检查经营性停车场 125 户次，对无证经营业户发出警示通知书 18 份，督促引导办证 18 户。

规范车辆二级维护作业　全年出动 264 人次，对辖区内 6 家经营性二级维护企业，3 家自保性维护企业开展专项检查。严格按照“一车一档”建立台账，确保车辆性能良好，防止车辆因故障发生事故，促进定保企业提高一次性维修合格率。

完成行业质量信誉考核　采取交叉考核、审核材料、听取汇报、实地查看等方式，对全市 2 家客运、1 家包车、3 家货运、13 家维修企业进行年度质量信誉考核。其中 4 家企业考核等级为 AAA，2 家企业考核等级为 AA。

节能减排和车辆冒黑烟整治　监督各运输企业与有资质的维修企业签订车辆维修委托合同，规定定期对营运车辆进行综合性能检测和二级维护。联合环保部门贯彻落实营运车辆尾气排放治理工作，建立工作台账，检测共 122 车次，合格率为 95.6%。针对上级部门通报每批次群众举报冒黑烟车辆情况，进行专项查处整治，并把处理结果反馈广州市交委车技处，节能减排和车辆冒黑烟整治工作实现开门红，为下阶段更好地推进各项工作打好基础。

【企业经营】　2011 年，全市有市客运汽车站场 1 家、客运企业 3 家、危险货物运输企业 3 家、客运出租企业 2 家、一、二类机动车维修企业 9 家、三、四类维修店档 250 多家，机动车驾驶员培训学校 7 家；省、广州市际客运班线 59 条，公交客运线路 7 条；客运车辆 400 辆。其中广州二汽从化分公司拥有运输车辆 110 辆，广州顺途公共汽车有限公司拥有运输车辆 211 辆，从化中旅旅游运输有限公司拥有运输车辆 79 辆，从化金晖出租汽车有限公司拥有出租车 100 辆，广州从化凯旋宫出租汽车有限公司拥有出租车 100 辆；全市营运摩托车 1084 辆。

【城区公共交通】　至年末，从化城区有公交线路 9 条，1 路线由从化中心医院至江埔街凤凰村委，2 路线由从化汽车总站至广州工程技术职业学院，3 路线由明珠工业园区至从化市汽车站，4 路线由明月山溪至从化市汽车站，5 路线由太平公交总站至新图书馆，6 路线由从化汽车站至城郊街城康村，6A 路线由从化汽车站至民乐；第 7、第 8 路为公交接驳线，其中第 7 路接驳水利学院至托斯卡纳，第 8 路接驳城建学院至从化七中。15—20 分钟间隔班次，无人售票，自动投币，也可使用羊城通公交车刷卡交易系统，票价 2—3 元。投入运营的公交车

104 辆，主要由广州市从化公共汽车有限公司、广州顺途公共汽车有限公司进行运营。

【农村客运】 全市有农村客运班线 28 条，其中市到镇、街 7 条；市到村 21 条。至年末，开通农村客运线路的公司有广州顺途公共汽车有限公司、广州市从化公共汽车有限公司；全市已建成镇墟客运站 5 个，分别有：从化汽车站、温泉旅游客运站、吕田客运站、良口客运站、鳌头客运站；建成农村客运候车亭 365 个。

【参与创建全国文明城市】 围绕“双创”（创建国家文明城市、创建国家卫生城市）和效能建设主题活动，在行业创建上，通过组织公交公司、出租车公司、从化汽车站等企业单位，开展“微笑服务月”、“友爱在车厢”、“争当文明驾驶员，争创文明示范车”、“大拇指行动”和“公交车文明督导”行动；定期组织对公交客运行业服务质量、车容车貌、从业人员职业操守等开展暗查暗访，对公交客运车辆进行路查路检及定点检查累计 248 次，检查客运车辆 3126 台次；落实上级“创文”督办事项，不断提升群众满意度；通过不断完善交通网络，实行老人残疾人免费乘坐公交车等便民惠民措施，促进全市人居环境和出行环境的改善，为从化市创建文明城市活动起到积极的推动作用。通过一系列的努力，公交站点单项测评在全广州各区县中连续 19 个月获得第 1 名或并列第 1 名。市交通局被评为“广州市交通行业创建全国文明城市工作先进单位”，钟继阳局长分别被评为广州市以及市交通行业的创建工作先进个人。

【队伍建设】 领导班子建设 通过开展党委中心组学习、民主生活会等活动，进一步提高领导班子的理论水平、决策水平和自身的综合素质。胜利召开局党代会，选举出席市党代会代表。进一步推进党务公开工作，坚持民主集中制，坚持走群众路线，重大事项通过集体讨论决定。市交通局中心组学习工作成效显著，被市纪委、市组织部考核评定为优秀等次。

基层组织建设 加强局机关、交管总站、公路站、道班、彩虹桥和企业党支部的建设，不断提高党支部的战斗力和凝聚力。做好发展党员工作，严把党员“入口”关，全年发展党员 5 名。开展“创先争优”、“扶贫双到”和局机关干部驻村等活动，为农村办好事实事。

群团组织建设 局工会、团总支和妇委会等群众组织能够明确自身的职责，充分发挥桥梁纽带作用，积极为开拓交通工作新局面服务，其中交管总站办证大厅被广州市妇联授予“巾帼文明岗”荣誉称号，局计生工作考评定为市“人口与计划生育优秀单位”，局工会在工作目标考核中评为“模范单位”。

党员教育 通过开展科学发展观实践活动、机关服务年、效能建设和“七一”培训活动，不断提高党员的思想素质和为人民服务的宗旨意识，提高干部职工的工作效能。2011 年，市交通局被评为“从化市效能建设先进单位”，钟继阳、杨炳坚、钟东林等同志被评为“优秀共产党员”。

行业文明建设和反腐倡廉 以开展机关服务年活动和民主评议政风行风活动为契机，进一步落实政务公开制度和公共服务行为规范；贯彻市纪委全会精神，开展纪律教育学习月活动，加强对党员的遵纪守法教育和对党员领导干部行使权力的监督。全年有 13 项建设工程依法实行公开招标，18 项工程依法实行邀请招标，并与各施工单位签订廉政合同和反商业贿赂承诺书。

执法队伍培训　全年组织治超执法培训学习班7期，参加培训的执法人员40多人次。8月，组织执法局全体执法人员参加“如何应对处置突发事件”讲座。分别邀请广东颐和律师事务所、华南理工大学法律系教授、广州市交委法规处、运输管理局讲师、广州市维稳办领导及市法院法官进行执法授课。

信息宣传　加强热点宣传，不断提高把握正确的舆论导向的能力，编印《从化交通》11期，供系统干部职工内部工作交流，主动向《从化信息》、《从府简报》、《综治动态》等提供信息，积极与《今日从化》、从化电视台等传媒沟通，对交通基础设施建设、公交车服务、创文工作、运输安全监管、公路超限超载运输治理等社会关注度高的热、难点和敏感问题进行宣传追踪报道。市交通局先后被评为从化市“文明单位”、“精神文明建设先进单位”和“政府系统信息工作成绩突出单位”。

（市交通局供稿，巢阳灿执笔）

电　力

【管理机构】　广东电网公司广州从化供电局办公地址在从化市街口街府前路40号。2011年，全局共有员工362人，其中省编职工114人，县职工19人，临时工56人，劳务工23人，农村电工150人；高级职称2人，中级职称17人；硕士研究生8人，本科学历65人，大专学历83人。内设综合部、配电部、营业部、计划建设部、安全监察部及党群工作部6个职能部门，设鳌头、城郊、太平、温泉、良口、吕田6个供电所。

【生产指标完成情况】　全年全局没有发生任何安全责任考核事故，全部完成广州局下达的安全生产目标和主要指标，至2011年12月31日，连续安全生产天数为3069天；10kV馈线故障跳闸率1.40次/百公里·年，比上年（下同）下降94.21%；配网可转供电率达80%，增长2%；城市用户年平均停电时间大幅降低到1.692小时，减少2.747小时；全口径用户年平均停电时间5.871小时，减少2.782小时；最高供电负荷达36万千瓦，创历史新高，售电量16.67亿千瓦时，增长12.3%；累计“一站妥”服务平均比例为94.42%，上升2.97%；当年电费回收率达100%，非现金缴费率99.59%，增长0.24%；综合线损率4.98%，下降0.82个百分点。

6月13日，从化供电局良口供电所生产营业大楼举行奠基典礼

【电网运行与电力供应】　加强综合停电管理，坚持“先算后用，事前评估，事中控制，事后分析”、“大兵团”模式的原则进行停电计划的制定与审批，严格控制停电范围和时间。原则上不审批单项作业的停电申请，可以使用带电作业的项目必须申请带电作业处理。2011年停电检修154次，与2010年185次相比下降16.76%。严格执行带电作业管理机制，完善带电作业工作流程。全年开展10kV带电作业253

次，增长40.6%，其中218次局内运行维护、33次业扩工程接火，2次基建大修技改，减少停电8643时·户，多供电量30.54万千瓦时，提高供电可靠性0.25%。截至2011年12月31日，从化局线路累计跳闸（不包括用户专线和重复跳闸）393次，较上年降低25.85%，其中重合不成功29次，较上年降低9.38%；全局10kV馈线故障跳闸率为1.40次/百公里1年（不包括重合闸成功），较上年的1.57次/百公里＊年，下降10.82%。供电量持续增长，全年从化局完成总供电量175461.3799万千瓦时，增长11.32%，其中网电完成161886.68万千瓦时，增长18.28%，地方小水电累计完成11402.6758万千瓦时，下降51.02%。最高日负荷36.00MW（兆瓦），增长25.44%。最大日电量644.3万千瓦时，增长8.10%。通过各方面的努力，获得上级单位对从化市供电量增加100MW的指标，使从化市用电供需问题得到解决，供用电需求基本达到平衡。全年从化局共发布错峰信号162天，红色错峰信号62天，黄色错峰信号100天。总计错峰负荷5190.3MW（兆瓦），最大日错峰负荷84MW（兆瓦），最大强制错峰19MW（兆瓦）。

【电网建设】　在主网工程建设方面，于2011年11月3日完成110kV水南输变电工程，新增主变容量2×4MVA（兆伏安），线路9.14公里。在配网工程建设方面，2011年配网基建工程分为配网第一批城网16项、配网第二批城网14项、配网第三批城网4项工程，及配网大修计划立项18项，共完成52项配网建设任务，特别是完成东明地区九村一居委的农村电网改造工作。完成从化高压电网规划，并提交从化市政府加入城市规划中，为从化电网日后的规划建设工作打下良好的基础。编制完成《从化供电局2011年滚动规划》，规划从化2012年的电网建设项目。

1月20日，110kV水南输变电工程竣工投产

【安全管理】　从化供电局全局上下安全生产目标明确，层层落实，级级把关，步调一致，认真落实年初制定的安全措施，确保安全局面保持长期稳定，生产、经营工作有序进行。加强作业现场安全监察工作，重点检查“十个规定动作”（凭票工作、凭票操作、穿工作服、戴安全帽、系安全带、停电、验电、接地、挂牌装遮拦、现场交底）以及各项安全规章制度在现场的执行情况，及时发现和纠正违章行为，消除安全隐患，全年作业现场安全监察覆盖率达100%。加强设备运行管理，加强值班和提高配网突发事件的处理能力，确保设备安全。继续全力推进安全生产风险管理体系建设，按照要求使用作业指导书取代原来的危险点控制卡，逐步推进体系建设成果的应用工作，完善应急系统的相关数据录入，加强应急管理工作。加强安全培训和专项安全活动，通过对系统内近期发生的事故案例开展分析、讨论，同时通过开展形式多样的专项安全活动，查找身边的安全隐患，提高人员的安全意识和安全基础。2011年未发生任何安全责任考核事故，全部完成广州局下达的安全生产目标和主要指标，统

计到2011年12月31日连续安全生产天数为3069天，安全生产局面平稳，设备及线路运行情况良好，没有发生各类事故和一类障碍事件，二类障碍19宗；检查作业现场共1448处，发现违章3起，违章率0.2%。

【电力设施管理】　以构建“和谐从化”为总目标，抓住影响电网安全稳定运行的问题，联合各职能部门深入开展打击盗窃破坏电力设施和窃电违法犯罪活动、整治线下三违章（违章植树、违章建筑和违章施工作业）、整顿违法违规收购废旧金属行业等各项工作，确保从化地区电网安全稳定运行，确保电力设施被盗窃破坏案件发案数及设备直接经济损失分别下降5%。充分利用当地派出所和群防群治队，加大巡查伏击力度，全力做好电力设施防盗工作。特别是鳌头供电所，配合该镇18个村委开展夜间巡查活动，对其辖区内容易发生被盗案件的村庄、社区进行定时或不定时的巡查，并在各区点进行伏击巡查活动。根据2011年广州市打击盗窃破坏电力电信广播电视设施违法犯罪专项斗争，以与公安局、工商局、城管局等相关职能部门重点对辖区内所有废品收购站进行彻底清查整治，并在全市各镇级中学开展“携手共建平安电网，科学用电进校园”宣传活动。引导其安全用电、支持电网建设，保护电力设施，形成良好的互动氛围。2011年，从化局电力设施被盗案件下降68.08%，损失率下降69.08%。

【东明农网改造】　从化东明地区属小水电自发自供区域，电力由东明电厂负责提供和维护，辖区的高、低压线路线径小且有老化现象，电杆残旧，线路、设备安全性低，供电半径长，电压不稳定，线损大，电费贵。由于地处山区，线路故障多，停电多，村民对国家改造电网的需求及其迫切。从化局于2011年，立项11项，投资4000多万元，对整个东明地区的农网进行改造，更换残旧设备，新建配变台区，极大提升该地区的电能质量和供电可靠性。改造后，实行抄表到户，用电电价按国家规定电价政策执行。

【开展“六走进”活动】　局开展“六走进”（走进农村服务三农；走进社区心系居民；走进学校关爱校园；走进医院真诚服务；走进企业惠及客户；走进困难家庭帮扶群众）活动，成立6个走进企业工作小组，分别走访辖内33家大宗工业、商业用电大客户。成立“走进农村服务三农”小分队，开展走进农村争先创优活动，让广大农村用户充分感受到供电局“关注民生，服务三农”的热情。走进医院现场办公，切实解决医院用电问题。走进贫困家庭，帮助扶贫村特困户免费装表送电、安装门窗，铺设地砖。活动中开展“平安电网进校园”活动8场，举办“优质服务进社区”大型宣讲活动8场。

【供电所长进农村专题活动】　局以“提高电力供应能力，保障农村用电”为目标，组织开展“供电所长进农村，供电稳定送温暖”专题活动。完善和规范电压监测点设置，开展配变分接头调整工作；加快低压供电线路改造，改善电压质量硬件条件；加强电压监测装置维护和消缺，检查、维修低压无功补偿设备，提高无功补偿的可用率。6个供电所8个所长共走访208条行政村283人；参与走访的工作人员共38人，走访1571人次。2011年，农村电压合格率为98.75%，比2010年上升0.3%；农村电压合格率为98.75%，比2010年上升0.3%。

【组织建设】 加强中心组学习，切实提高领导干部的科学发展观水平及决策能力，及时制定下发《从化局党总支2011年中心组理论学习计划》组织学习，坚持每月组织一次集中学习，2011年中心组集中学习11次。贯彻落实先进性建设的各项工作，重点抓好党支部建设。抓好党员发展和队伍建设工作，组织开展党内评先评优活动。根据广州局《关于做好农电体制改革中党、团管理工作的通知》要求，在3月完成农电人员党员组织关系转接工作。根据广州局政工部工作要求，及时做好填报《关于开展中管企业基层党支部建设工作调研的提纲》。根据中国南方电网公司“实施发展战略建设幸福南网”大家谈活动方案的通知要求，组织各部门、供电所全体员工开展大家谈活动。各支部组织党员召开“加快转型升级、建设幸福广州”专题组织生活会和“密切联系群众为民服务”为主题的2011年度党员领导干部民主生活会。党建干部积极参加上级党委举办政工干部培训班、组织各党支部支委参加广州局举办第二期党小组培训班、组织13名入党积极分子参加从化经贸局党委举办的党前培训班。为进一步推进创先争优活动的深入开展，不断加强党员队伍先进性建设，各基层党支部组织在职131名党员做好党员先进性测评和民主评议党员工作。

（广东电网公司广州从化供电局供稿，武永森执笔）

邮　　政

【管理机构】 市邮政局属广州市邮政局垂直管理单位，办公地址在街口街河滨南路182号。2011年末，在职员工152人，其中研究生1人，本科22人，专科47人，中专（技）28人；中级职称2人，初级职称11人。有局长1人、副局长2人。内设机构有：综合办公室、市场经营部、金融业务中心，下辖支局4个，邮政网点9个，其中金融网点5个。

【业务情况】 全年累计业务收入1596万元，完成进度100%，比上年增长13%。其中储蓄余额增长6913万元，完成全年任务115%，代理保险额2150万元，比上年增长77%。

【重点经营活动】 全面落实金融网点销售化转型，大堂营销能力大提高。从网点销售人员配置、岗位职责分工销售联动、营销氛围营造宣传、晨会白板、表格工具包到位及使用，强化网点销售目标管理及市场开发工作等方面认真落实，及时对网点进行督导，明确理财经理产品积累、客户积累、案例积累和“厅堂营销”标准动作的规范要求。结合区域特点，开展多项策划营销活动。开展“走千家，访万户”活动，盘活客户资源，让更多的客户了解中国邮政，了解邮政业务。强攻征地款项目，市邮政局注重征地款发放的后续跟进维护工作，由窗口进行把关维护，做好服务宣传。开展VIP客户升级营销及小型理财沙龙，市邮政局比较注重对VIP客户的维护，要求下辖各单位主动邀约客户进行维护，并做好后续的跟进，全年开展小型理财沙龙活动共107场次，产生保费550万元。拓展市场，加快函件品牌业务的发展；乘势发力，自邮一族再上台阶；组织好个性化邮票业务拓展，开发三个客户个性化邮票，创收22万元。加快发展函件业务，实现规模效益。重点做好2011年邮政贺卡项目，以坚定的信心、持久的恒心、必胜的决心战胜各种困难，迎来贺卡攻坚战的胜利，完成141万元收入，超额11万元。抓住重大节日强力推进，做好同心圆业务。成功举办主题为“建设幸福从化，打造珠三角最宜居生态城市”从化市第六届书信节，着力营造中小学生书信写作氛围，推动全市中小学生书信写作水平的提高，并动员广大青少年积极参与建设幸福从化，进一步加深社会影响力。突破传统，创新策划异型招生邮简，成为广州地区第一个开发此产品的单位。在报刊业务方面，创新性地开展专项营销工作，抓住建造“村委文化书屋”的契机，结合“企业形象期刊”征订服务方式，以《家庭》为主题，以“关怀到家，情暖万家”作为宣传口号制作信封，成功开发“企业形象期刊”。包裹业务实现收入20万元，同比增长17%。包裹业务主要是积极拓展校园、部队市场，开展部队收寄退伍兵、校园毕业生包裹，共收寄1200多件，创收5万元。

【人力资源管理】　提升人力资源效能。根据“双定”（对岗位定员定额）结果，通过作业流程优化和“动态排班法”，实现作业组织优化，按照用邮业务量和忙闲规律，压缩邮务类窗口，将部分座席调整撤并，并调整对外营业时间，共盘活邮政营业员2名。根据网点损益核算结果，对业务量收少、成本支出大的吕田、神岗邮所进行经营转制，实行委代办，共盘活6人。

制定激励机制。在激励机制的优化方面，根据不同时期具体金融业务的发展情况和效益，配合转型工作要求，制定针对网点、网点负责人、柜员和邮政营业人员等多种形式的营销激励措施，分阶段在各网点推行网点绩效积分办法。在强化绩效考核方面，制定《从化市邮政局绩效考核办法》及《关于调整从化市邮政局薪酬办法的通知》，增加每月KPI考核内容，加强支局长、所长、营销经理对日常工作及绩效管理方面考核，在管理干部中大力推行KPI考核，每月实行干部绩效、积分的考核机制。

【通信能力建设】　加大网点设备的更新和基础设施的能力建设。安排资金214万元用于营业网点维修整，加大对代理金融网点的建设力度；安排资金45万元购置网点摄像枪、复印机、捆钞机、金融网点座席设备、金融网点办公家具等安防和生产设备，全年为业务发展提供宣传费21.2万元。网点整治后，储蓄余额得到提高，太平网点实现余额增长700万元，鳌头网点实现余额增长1200万元。

【安全生产管理】　开展安全生产宣传教育工作，普及安全生产法律法规和安全知识，提高全员安全素质，提升安全生产管理水平。加大安防设施的投入，对太平、鳌头、良口等网点更新110报警设备系统及监控主机，更新监控摄像枪共计60支。全年没有发生重大安全责任事故，没有发生重大内控问题，负向积分10份，在积分警戒线分值64分以内。

【提升服务质量】　为提高员工服务水平，局组织邮政服务礼仪专项培训、《电话约访》、《团队建设》、《晨夕会经营》等营销管理技巧培训，参加集团公司、省公司的远程培训，员工的业务知识水平进一步提高，远程培训学习能力有所提升。开展“创建用户满意服务明星”活动。2011年，局的服务质量、服务水平、服务形象都得到稳步提升，服务质量满意度为95分，没有发生媒体负面曝光。河东邮所获得广州市“创建用户满意服务明星班组”，棋杆、吕田投递站提升为一星级投递站。

【队伍建设】　局开展好四项活动，即党员一面旗帜、全员创业、党员干部下基层和四好班子创建活动。在各项经营发展和全员创业活动中，为充分调动党员的工作积极性和主动性，继续贯彻执行《从化市邮政局党员（团员）比贡献积分试行办法》，充分发挥党员、团员表率作用，完成各项任务都走在前面，在基层和一线中得到了锻炼和增长才干，为党组织注入新鲜血液，2011 年发展新党员 1 名，确定入党对象 2 名。2011 年，于法磊同志被从化市委评为“从化市百名优秀共产党员”称号。参与广州市邮政党建、思想政治工作研究论文比赛，有 3 篇征文获得二等、三等及优秀奖。抓好党风廉政建设工作，成立合规经营专项检查领导小组和工作小组，制定自查工作方案，全年没有发生违规经营及各类经济违法案件，为从化邮政各项业务全面协调发展提供坚强有力的政治与组织保证。

（市邮政局供稿，马腾升执笔）

电　信

【管理机构】　中国电信从化分公司属中国电信广州分公司垂直管理单位，办公地址在街口街青云路 282 号。2011 年末，从业人员 207 人。本科以上学历 52 人，专科 61 人，中专 25 人。从化分公司有总经理 1 人、副总经理 2 人。内设机构有：综合部、销售部、客响维护部，下设政企客户服务中心、校园和行业应用营销服务中心、实体渠道运营中心，以及 5 镇 3 街 8 个营销服务中心。

【经营收入】　2011 年，区域总收入 1.67 亿元，完成率 100.02%，超预算指标；移动收入 3652 万元，比 2010 年增长 15.9%，对收入拉动持续上升；宽带收入 5921 万元，超指标完成宽带年度指标，达 12.78%，比 2010 年增长 26.5%，成为拉动业务收入的主要因素；收入结构进一步优化，移动收入占比明显提升。

【市场份额】　2011 年，从化移动业务到达数占广州分公司份额从 2.8% 上升至 3.0%，通过 E6－11 及校园翼起来发力，将移动业务放号扭负为正；宽带业务在主流宽带保存及校园放号的拉动下，其到达数占广州分公司份额增长也是非常明显，从年初 2.9% 上升至 3.2%。

【移动业务】　以新装融合促进移动高质量发展，实体渠道新装融合渗透率从年初的 64% 提升到 86%；直销渠道则从年初的 54% 提升到 72%；新装融合套餐拉动移动放号近 2 万户。以存量叠加快速形成移动客户规模，着力营销 E6－11 融合套餐，从上半年每月不足 50 户，到下半年月均近千户。抢夺校园市场拉动移动放号，四所院校共放号完成率达 127%。校园放号质量管控到位，一机一卡匹配达 91%，在 12 月放号计列为 89%。不断加强产能提升，直销渠道人员产能得到明显提升，移动人均销售产能较第一季度翻一番。至年末，从化地区移动用户累计达 9 万户。

【宽带业务】　持续优化宽带业务结构，多元化地拓展宽带业务，全年宽带入网 24256 户，其中：主流宽带入网率占比 51.56%、校园宽带占比 29.7%、互联网视听占比 7%，主流宽带及校园宽带占比达 80% 以上，结构得到优化，较好地完成分公司的业务指标，全年宽带用户完成率 159%。至年末，从化地区宽带用户累计达7.8万户。

【提升服务水平】 坚持“用户至上，用心服务”理念，服务质量管控能力逐步提升。2011年投诉工单总量6012宗，比上年增长2%，平均每月处理10000号投诉600宗，信产部投诉15宗，从化市消费者委员会转来投诉6宗，基本上能得到合理解决，全年没有出现重大服务质量扣分事件。开展“学海尔”装维服务提升专项行动，装维“非常满意率”从上半年的48%提升至年底的56.33%，环比上升17.35%；装移机指标、重障率指标、修障及时率指标均实现全面达标。

【网络运营支撑】 强化“金三角”工作机制，提升市场响应速度和资源投放效率。共立项配线工程354项，清理待装用户清理率97.6%；强化政企“金三角”体系，加强协同营销。优化通信工程及网络建设，室外基站数达209个，室分系统站点数达46个；建设57个wifi（是一种可以将个人电脑、手持设备等终端以无线方式互相连接的技术）热点，在网热点AP（无线接入点）总数达到430个；3G（指支持高速数据传输的蜂窝移动通讯技术）网络整体覆盖良好，覆盖率为99.5%；“天翼光动力”项目快速启动，支撑政企专线平移87项；打造光网络城市，“光覆盖”项目共74项。建立“电三角”工作机制，开展节能减排工作，完成广州分公司下达的节能减排指标。加快资源体系建设，盘活资源，提高资源利用率。合计盘活交换端口近万线，完成ADSL（非对称数字用户环路）资源板卡调拨共1728线。

【文化建设】 加强营销服务中心建设，创建星级营服中心。开设江埔营销服务中心小食堂；对鳌头等3个营服中心的小食堂购置厨具和电器，完善小食堂建设。开展员工集体生日会及各类型的员工休闲活动。组织开展各项劳动竞赛和练兵比赛。协助省、广州市公司做好各项劳动竞赛的组织和实施工作，通过“员工价值创造积分”附加正面激励，以提高员工的参与率和竞赛成绩，为企业生产做出贡献。李忠平、朱小慧、周碧贤等员工获得竞赛奖项。开展“精神加油站”活动，开展“每月业务发展标兵”评选活动；坚持执行“员工价值创造积分”活动。开展党员先进性活动，彰显全体党员先锋模范作用，深化创先争优活动，组织全体党员开展“五个一”（读一本红书、看一场红色电影、做一次义务劳动、唱一首红歌、参观一次展览）活动。安全运营保障不断加强，加强线路防盗，装置报警器62台、仿真摄像头60支，全年发案34宗，直接经济损失57万元，抓获犯罪嫌疑人7名（其中刑事拘留5人），破获案件8宗，有效地控制线路案件的发生；各级直线经理签订安全责任书，落实安全生产责任。

（中国电信股份有限公司从化分公司供稿，朱其虎执笔）

中国移动通信集团广东有限公司从化分公司

【管理机构】 中国移动通信集团广东有限公司从化分公司是中国移动（香港）有限公司全资子公司广东移动通信有限责任公司广州分公司下属分公司，办公地址在从化市街口街广场路121号。2011年末，有员工161人，有总经理1人、副总经理1人。内设机构有：综合管理部、市场部和网络部，以及城区、太平、吕河3个微区域，下管辖沟通100服务厅12间。

【发展客户】 *客户情况* 至2011年末，新增客户67万户，净增客户7.2万户，主动通信客户规模达68万户，比上年增长12%。累计折前收入达5.25亿元，增长27%。

优化社会渠道网络布局 重点帮助网点进行营销分析，并通过强化首推、排他宣传、促销辅导以进一步提升社会渠道营销效能。设置星级网点销售达标标准，优化网点销售达标率和渠道经理业绩挂钩机制。建立社会渠道战略地图，收集和分析各网点的营销效能信息和附近区域市场发展潜力信息，加强星级网点整体规划和调整布局，实现对社会渠道网络的深度运营和掌控。

确保新增市场优势 抓住政府实施“大交通、大产业、大旅游”战略建设的契机，与政府部门签订协助合作协议，全面收集流动或新增人口信息并拓展新增网点。通过交通局拓展“广从轻轨、曾从高速、街东高速”交通工地市场，确保春节期间外来工回流时的新增市场占有率达到90%以上。通过旅游局拓展旅游市场，2011年该行业增加新聘员工10%以上。通过教育局、国土房管局和工业园区管委会做好高校、房地产和工业园企业的WLAN（无线局域网络）规划建设，利用WLAN发展新客户、反向捆绑手机号码。

扩大优势渠道服务范围 联合工商银行，开展重点目标客户的宣传和销售，利用理财讲座、联合路演活动等措施进行G3（中国移动服务品牌）产品推广；联合地产中介公司，拓宽G3信息机产品的销售渠道；发挥了外部合作资源，有效提升销售量。

完善竞争对手客户数据库 对已捆绑的部门或集团中的竞争对手号码信息进行全面收集和分析，并对竞争对手号码进行收集和分析，加强集团内竞争对手号码收集，通过关键联系人激励、宣传标杆等形式形成连转效应。

【实施“五有”捆绑策略】 围绕广州公司“141”工作策略，建立中高端客户流失和预警机制，提炼出中高端捆绑的“五有”（有统筹、有执行、有考核、有监控、有激励）捆绑策略。有统筹：设置项目总负责人，捆绑成效与绩效挂钩，要求精细化做好数据的分析，给予区域明确的指引。有执行：微区域根据市场部的部署开展“我上客门”，客户经理、渠道经理和服务厅联动拓展；有考核：通过考核导向，区域的日常工作均围绕中高端捆绑工作开展，加大人力和资源投入，直接影响捆绑成效；有监控：不仅监控捆绑的成效，更需监控分析数据的来源，发现数据的问题，提出整改方法；有激励：制定专项激励政策，给予区域资源，全力做好客户捆绑。全年捆绑中高端客户7.5万人次，从化分公司中高端长捆绑率达115%，排名大广州第一。

【高校迎新市场拓展】 2011年，面对行业管制更严格、对手争抢更激烈的状况，采取实施“高校早部署”、“重点市场深耕计划”等，开拓校园市场。整个项目，开展促销126场，比上年增长40%，办理充值送礼4.3万笔，覆盖率55%，高校新增市场占有率94.06%，增长2.06%，是大广州地区唯一增长的分公司。

【推进“智慧广州、生态从化”无线城市建设】

“智慧广州、生态从化”无线城市建设是响应省、广州市的号召，立足于从化市政府“大交通、大产业、大旅游、大平台”发展战略，基于无线宽带技术（WLAN+TD）和其他无线接入技术（GSM、EDGE），通过无线城市基础网络建设，以及无线政务、无线产业、无线应急和无线家庭等一系列信息化应用的部署、实施，把从化市打造成“广州地区最适宜居住的低碳城市”的系列工程之一。2011年7月，中国移动从化分公司成功与从化市科技和信息化局签署含“政府办事大厅”、“单位办事大厅”、“市属医院”、“市属公园”、“旅游景点”、“公共场所”等重要热点建设项目共120个，在同行竞争政府无线建设投资项目中抢占份额70%。同年12月，中国移动从化分公司与从化市政府签订《从化无线城市重点区域无线宽带网络服务采购合同》，预计信息化收入每年58万元，同时启动无线城市示范区应用研究与规划，建立长期战略合作伙伴关系，推进政务、商务、生产、生活等领域的信息化应用，促进信息产业、信息技术、信息资源和信息环境全面发展，持续提升信息化发展水平。

【搭建从化旅游信息平台】　2011年11月，中国移动从化分公司参与由从化市旅游局发起的“从化旅游局信息宣传发布平台项目”竞标，中国移动从化分公司代表作“塑造3G时代旅游新生活，实施从化大旅游发展战略”的应标演讲，并成功中标。该项目是从化市政府实行大旅游战略以来首个信息化大型项目，合作内容有集团彩信、12580生活播报、手机网站、WLAN、动力100数据卡等，并由从化市旅游局立项申请资金运作。同年12月，从化市旅游局提供第一期运作资金57.73万元，由分公司提供MAS信息机业务、集团手机报和企业建站业务，助力从化旅游大发展，通过以世界珍稀温泉和森林生态资源为特色，充分整合品牌优势，打造两个平台（一个旅游宣传媒介平台、一个旅游电子服务平台）、两个窗口（旅游资讯窗口WEB、旅游信息窗口WAP）、三个保障（景点安全监控保障、旅游车辆定位导航、实时交通路况更新）的旅游信息化平台，有力促进与从化市委、市政府及相关职能部门的深度合作，进一步推动从化旅游业的发展，提升旅游服务能力，改善城市旅游环境，提升旅游生活品位。

【完成专业建设任务在区域排名首位】　WLAN第三季度、第四季度的AP开通率均居各分公司第一；汇聚机房选址工作及建设进度排名第一；城中村整治专项进度排名第一；室外基站选址完成比例97%；专线建设时长大幅压缩，从2010年的35天大幅压缩至2011年的19天，并多次刷新专线开通时长记录；在文明施工方面也有较大改善，有效支撑业务拓展和用户感知。

6月20日，由公司捐建的西山村文体广场启动仪式在从化市鳌头镇西山村举行

【网络运营】　围绕提升客户感知的工作主线，以“网络全优化工程”为重点，在网络管理效能、整体网络质量方面均有较大提升。汛期保障有力，汛期前做好对传输线路、基站设备的检查及准备工作，及时处理各类隐患，实现传

输线路“零”中断，基站机房“零”水浸，汛期万人投诉比从上年的5.4大幅下降至4.0，汛期基站设备故障平均处理历时由上年3.78小时下降到2.87小时，确保汛期通信畅通，用户感知提升。完成高校迎新通信保障及技术支撑工作，在进行优化扩容的同时，推动工程建设，高校迎新期间从化高校投诉数量由上年的177单减少至51单，下降71%，居各区域之首。完成各类大型活动的通信保障工作，包括“国际青少年航空教育交流会暨广东从化绿道旅游文化节”、“中澳经贸友好交流会议”等，实现“零”故障、“零”投诉，得到主办方及从化市委、市政府的肯定。实施直放站专项整治行动，令从化分公司直放站完好率指标由上年的61.43%提升到99.13%，直放站轮询成功率由上年的98.25%提升至99.65%，实现从不达标到优秀的跨越。开展多项技术创新试验，针对从化山区特点，大胆尝试各项创新技术，包括“远程供电模式”及“数字飞地系统”，改善局部无线环境，有效提升用户感知。

（中国移动通信集团广东有限公司从化分公司供稿，郭海英执笔）

城乡规划　建设　管理

城乡规划

【管理机构】　从化市规划局属政府序列行政单位，办公地址在街口街河滨北路128号。定编22名。其中行政在职在编20名，工勤编制5名。2011年末，在职19人，有局长1人，副局长2人。内设机构有：办公室、用地规划管理科、工程规划报建科、规划监察科、村镇规划管理科。下属机构有：规划建筑设计室、规划勘察测绘队、市规划编制研究中心、市建设档案馆，下属机构在职18人。

【规划编制】　大交通战略性基础设施规划　2011年初，市规划局指定分管领导和工作人员，对每条筹建中的高速公路、城区道路、乡村公路等进行跟踪负责，协调沟通，加快推进各条道路的筹建工作。先后完成凤凰大道、温泉大岭山旅游大道、温泉旅游大道、北星大道、迎宾大道东延段等交通线路选址规划设计，完成中心城区江湾路、滨江大道选址与方案审批等工作。

制定和完善旅游规划　从化市规划局会同市旅游局，邀请中山大学编制完成《从化市旅游发展规划》，为从化市拓展旅游内容的广度与深度，优化旅游产品的结构，保护旅游赖以发展的生态环境，促进社会经济的发展提供指导性作用。市规划局还先后完成温泉养生谷控制性规划调整方案的论证、规划公示等工作。

重点工业项目规划　先后完成多个大型的工业项目的选址、规划审批、规划设计等工作。其中主要包括上海杰事杰华南新材料基地4000亩规划选址及概念性规划方案，珠江健康城、华南塑料交易中心、华工科技产业园、云星村爱晚工程以及太阳岛、金光伏等太阳能开发利用工程的规划选址等工作。

城乡规划　组织编制“三旧”（旧城镇、旧厂房、旧村庄）控制性详细规划、从化市户外广告专项规划、广东从化经济开发区园区整合规划等。完成良口镇、鳌头镇、吕田镇、温泉镇扶贫专项工作总体规划。完成良口名镇、吕田镇狮象村名村的规划修编工作，狮象村的建设全面推进。

【规划管理】　规划报建　全年办理建设工程规划报建146宗，建筑总面积250万平方米。收缴城市基础设施配套费1.41亿元。其中房地产项目80宗，工业项目28宗，学校项目11宗，其他项目27宗。办理建筑设计方案审查80宗。

规划审批业务　全年办理规划选址意见、用地规划许可、规划方案审批等业务案件共

1062宗。其中选址意见178宗，选址意见书37宗，规划条件73宗，用地规划许可证155宗，规划方案审查456宗，规划审批114宗，其他49宗。

规划监察验收　市规划局推行执法监察的快速反应机制，对违法建设做到快速响应，及时制止，依法处置。全年完成规划验收97宗，面积114万平发米。作出处罚22宗，处罚金额60多万元。全年完成规划验收测量工作90多宗，完成建筑面积复核近150多万平方米，完成规划放线956宗。

村民建房规划报建　市规划局对农村村民建房的规划报建手续，采用备案形式予以确认，有效地缩短报建的时间，解决农民报建难的问题。全年共办理农村村民规划报建案件2100宗。

【完成市政府重点工作任务】　根据《关于印发2011年市政府重点工作责任分工的通知》（从府办〔2011〕61号）要求，从化保利低碳生态城项目由市规划局牵头负责。从化保利低碳生态城项目选址在从化市中心城区城北新区东片范围内，《从化市城北新区东片控制性详细规划》已经市政府批准实施，市规划局已具备出具该项目选址意见和规划条件的条件，并上报项目实施方案，报市政府批准实施。

【扶贫开发】　政策帮扶　3月，制定《规划局关于对我市扶贫开发建设项目实行“绿色通道”的办法》，对有关建设项目的立项、报建、验收等手续和流程实施“绿色通道”。各科室指定专人作为“绿色通道”的责任人。局办公室指派专人负责对扶贫开发项目的案件进行跟踪追件工作，对不能在承诺时限内完成的案件进行登记，与各项目业主进行沟通协调，督办科室办案人员尽快完成有关案件，保障“绿色通道”专项工作贯彻落实到位，有效提高扶贫项目的审批效率。

项目帮扶　市规划局深入挂钩帮扶的城郊街茂新村调查，贯彻落实帮扶措施。4月，局驻村干部与村干部一起对茂新村的201户人家展开入户调查工作，做好台账，全面摸清该村的情况。在此基础上，制定详细的帮扶计划，选定24户家庭作为重点的帮扶对象。通过就业帮扶、资金帮扶、技能帮扶、思想帮扶等手段全面开展新一轮的帮扶脱贫工作。并筹集资金45万元，于7月上旬动工建设村委办公楼和文化娱乐中心，成为城郊街第一个开工建设的扶贫双到项目。至年末，该项目投入使用。

【行政审批改革】　2011年，按照广州市行政审批制度改革要求，结合市规划局工作实际，依法对行政审批事项进行清查、梳理。根据市电子监察与行政审批系统建设的要求，对局行政审批事项进行流程再造，优化行政审批程序，提高行政审批效率。经梳理确认，全局有行政许可事项6项，非许可审批事项1项，广州市下放的非许可事项1项，其他行政执法行为7项。并在局实施“限时办结制”，在遵守法律、法规和有关规定的基础上，向各建设单位和个人对象作出服务质量和服务时限的承诺，全面缩短行政审批的时限，并通过门户网站等媒介向社会公开，接受公众监督。

【队伍建设】　2011年支部有党员29人，其中当年新发展党员2人。党支部成立反腐倡廉工作小组和廉政监察工作组，狠抓反腐倡廉工作。加强工会组织自身建设，参与市总工会和系统工会组织的“维权”和“维稳”培训学习。开展送温暖活动，参与“慈善日”献爱心捐款活动，全体干部职工捐款8380元。局被从化市人民政府授予“从化市2010—2011年度道路交通安全先进单位”和“从化市2010—2011年度消防安全先进单位”称号。

（市规划局供稿，黄海涛执笔）

城乡建设

【管理机构】　从化市城乡建设局属政府序列行政单位，办公地址在街口街河滨南路36号，局机关定编24名，其中行政编制21名，工勤编制3名。2011年末，在职45人，有局长1人、副局长3人、纪委书记1人、总工程师1人。内设机构有：办公室、房地产开发与村镇建设管理科、建筑业监督管理科、市政建设科、公用设施建设科、计划财务科。下属事业机构有：广州市从化水质净化厂、从化市路灯管理所、从化市建筑工程质量监督检测室、从化市市政工程建设管理中心、从化市市政园林管理所、从化市建设工程质量安全监督站、从化市建设工程造价管理站、从化市市政排水管理所。下属国企有：从化市自来水公司。托管机构有：从化市建设工程招标投标办公室、从化市建设工程交易中心。

【市政府重点项目工作情况】　2011年，市城乡建设局被市政府列入重点项目督办的项目共22个，均为基础设施类项目。其中在建（续建）项目2个，可开工项目12个，具备开工条件项目1个，在谈项目7个。已动工9个，占可动工项目75%；已完工4个，占已动工项目44%。

【市政和公用基础设施建设】　市政工程建设　2011年，5项可动工市政工程项目全部动工。河东南路、镇南路、镇北路改造工程以及沿江路（七星西路至省道355线）工程按计划顺利完成，城区交通拥堵问题得到有效缓解。投入资金1400万元，完成彩云小区、新城居委小区、西宁居委小区的升级改造工作，府前居委小区改造工程正抓紧进行中，城市人居环境得到进一步提升。投入资金600万元，维修小区路面4.5万平方米，人行道3.25万平方米，车行道1.16万平方米，交通出行环境不断改善。开展南部、西部供水管网工程，进一步改善从化市南部片区与西部片区的市民生活与工业生产的用水条件和供水安全，推动战略性基础设施平台建设，助力大旅游、大产业发展。南部供水管网工程已全面完工，西部供水管网工程正按计划推进。完成河东南、彩云花园、育宁社区、新城花园、红荔新村二期及2011年中心城区消防栓工程等市政消防栓改造，以及镇南、镇北路的供水井盖改造。完成中心城区2567座供水井盖编号及井盖标识铭牌制作工作。

交通设施建设　累计组织各类交通设施维护67次，确保城区交通设施完好。对4个社区、5间学校周边的交通标志标线进行完善。在河滨南路、青云路、新城东路、府前路增设人行道护栏1577米，在从化七中校门前、新城东路（邮局门前）增设道路中间分隔护栏74米。新设置路名牌97个，巷牌360个。配合镇南路、镇北路改造工程，重新施划道路交通标线，适当减少路边临时停车位，有效缓解镇南路、镇北路的交通堵塞问题。

完善路灯设施　全年新建、改造路灯、景观灯1935盏，线路1.07万米。完成县道286街人线路灯建设工程。对市民较为关注的城南新村、新城东一二巷、仪滨路、彩云花园等地段安装路灯108套，线路4600米。安装城区路灯自动化监控系统，加强路灯巡查和维护维修工作，确保城区路灯亮灯率长期保持在98%以上。城市夜景更具规模，市民夜间出行更加安全。2011年11月，市路灯所被评为广东省城市道路照明系统2011年度先进单位。

排水设施维护 抓好排水设施的日常清疏、维护管理工作，确保排水管道畅通。对堵塞严重的明沟、管渠和沙井进行彻底清疏，基本解决青云路、开源路、向阳大道、河滨南路、塱仔新村、红荔新村等地段逢雨必浸的现象。重新铺设、增设、维修更换一批排水设施，完成城区主要路段8429个沙井号牌和5804个沙井安全网的安装工作，确保市政排水设施的完整性和安全性，为市民创造良好的居住环境。

污水处理 协调广州市污水公司加快对从化市中心城区、太平镇、温泉镇和良口镇四间污水处理厂的运营工作，确保前三季度累计完成广州市下达给从化市2011年污水处理任务的74%。水质净化厂出水水质平均值COD（化学耗氧量）18.67mg/L、BOD（生化需氧量）7.93mg/L、SS（悬浮物）12mg/L、NH3-N（氨氮）3.5mg/L、TP（总磷）0.76mg/L，达到城镇污水处理一级排放标准。2011年5月，水质净化厂被广东省环保厅评为2008年—2010年度环保诚信企业（三星）绿色标志单位。并获国家环保部颁发的生活污水甲级运营资质证书。

丰富城市绿化 全面完成城区绿化补种和新种工作，确保绿地不存在缺株、死株情况。加大城区鲜花种植力度，增加绿化表现形式。完成城区各出入口花坛、广场以及小区绿化种植，提升城市绿化档次。加强日常绿化养护工作，美化城市环境。城区绿化率增至34.53%，全市人均绿地面积达到48.77平方米。市政园林所被广州市林业和园林局评为2011年“优胜杯”绿化养护先进单位。

【建筑业监管和房地产开发管理】 严格执行施工许可制度，全年核发建设工程施工许可证115个，比上年减少0.86%，总建筑面积约289万平方米、总工程造价约46亿元，分别比上年增长25%、24%。切实规范和完善工程建设项目招标投标制度，加强对有形建筑市场的管理。配合广州建设工程交易中心接管从化市建设工程交易服务的工作，妥善做好过渡期的移交事宜。全年完成招投标项目453项，总工程造价53亿元，分别比上年增长9%、6%。建筑工地安全生产和文明施工管理水平稳步提高，通过强化安全教育培训、开展安全事故专项检查、推进建筑工地安全生产标准化建设、完善建设工程平安卡制度、抓好建筑工地农民工业余学校的创建工作等一系列有力措施，有效遏制建筑施工重特大安全事故的发生，全年没有发生安全生产责任事故。抓好工地文明施工管理，工地文明施工管理水平明显提高。2011年，由深圳市鹏城建筑集团有限公司承建的翠荔花园高层住宅楼、广州市建筑机械施工有限公司承建的广州市第16届亚运马术比赛场项目（标段二）被评为2010年度广州市安全文明施工样板工地。抓好工程质量监督工作，全年没有发生重大质量事故。在广州市建委对所有区（县级市）的上半年安全生产考核中，被评为A等级（优秀）。抓好施工图设计文件审查和竣工验收备案工作，全年办理96项建设工程施工图设计文件审查备案和75项竣工验收备案。做好墙材革新与建筑节能工作，可再生能源应用取得新的突破，已有15万平方米建筑应用太阳能光热一体化技术。全市新建建筑新型墙体材料应用比例达100%，新建民用建筑执行建筑节能强制性标准达100%。抓好散装水泥推广应用工作，全市在建工程共使用预拌砂浆9万吨，比上年增长100%。从化市散装水泥管理办公室、蔡健明同志分别被广东省散装水泥管理办公室评为“十一五”期间全省发展散装水泥先进单位和先进个人。抓好建设工程造价管理工作，共对140名造价员进行继续教育培训，印发关于2012年第一至四季度《建设工程结算及有关问题的通知》。做好建设工程检测工作，连续几年在广州市建筑材料检测结果对比中取得检测结果准确性全合格单位。按照《房地产开发企业资质管理规定》等相关法规规定，严把审核关。全年发出房地产开发资质暂定7件，办理房地产开发资质由暂定转四级的6件、由四级晋升三级的3件，通过资质年检的45件，资质年检条件不符合的由资质三级降为四级的2件，注销房地产开发资质的有9家。项目手册年检57件，项目手册申领28件，项目手册注销10件，变更注册资金2件，为全市房地产行业健康有序发展提供有力保障。

【供水行业管理】 强化全市14家水厂水质检测及行业管理工作，确保自来水供给安全。全年对全市14家水厂开展5次水质检测工作，其中市自来水公司水质综合合格率、出厂水综合合格率、管网水综合合格率均达99.9%以上。向各供水企业发出《关于加强二次供水企业管理制度的通知》和关于执行《二次供水设施清洗保洁技术规范》的通知，确保二次供水安全。编制完成《从化市供水专项规划（2010—2020）》并送政府审定，为积极稳妥地推进水资源整合工作提供科学依据。及时抢修供水漏点，确保正常供水。全年中心城区共修漏点147宗，其中DN100管径以上76宗，修复制井103座，维修市政消防栓38座，全年处理完成1578项市政管网（供水、消防）维护工作。

【幸福农村建设】 *农村污水治理* 全面完成农村污水治理工程，涉及33条村（社），惠及人口5万人。制定《从化市农村生活污水治理设施运行维护管理方案》，组织召开专题会议并举办岗前培训，规范农村生活污水治理设施的运行维护管理工作，保障污水设施正常运行，切实改善农村水环境。推进鳌头镇污水管网工程，比2011年计划投资额超出约1500万元，其中棋杆片区污水管网（约6.1公里）实施段已完工。中心城区污水支管网工程、太平镇污水管网工程已先后开工，正按计划推进。顺利完成鳌头镇、吕田镇污水厂建设工程前期工作，待征地工作完成后即可全面开工。明珠管委会泵站及污水管网工程已完成招投标工作，正抓紧协调落实用地指标。

农村路灯建设 做好农村路灯建设的摸底调查工作，确保全市农村路灯建设能全面、合理覆盖。从化市建设农村路灯总数为3.62万盏，覆盖村道、社道共1345.28公里。已联系9家扶贫企业完成捐建12条村688盏太阳能LED路灯和6盏LED挂墙灯，全面推进吕田镇和鳌头镇路灯建设，完成建设农村路灯1万盏，超额完成今年建设农村路灯8000盏的工作任务。

创建名镇名村 确定从化市吕田镇的狮象村为广州市名村，良口镇为从化市名镇。从化把创建工作与中心镇建设、危破房改造工作和农村扶贫开发工作等结合起来，通过资源整合助推创建工作。良口镇的环境不断美化，设施日渐完备，生活更加优质，民生更有保障，生态旅游更有特色，高端旅游业得到有效推进。名村创建中，按照狮象村村民的实际情况进行迁村并点，形成上、中、下片三个集居点，并分别配套完善集居点内部的公共服务及市政配套设施。

8月30日，举行太平镇银林村太阳能路灯竣工仪式

【扶贫开发】 开展扶贫“双到”工作，为市城乡建设局挂钩帮扶对象太平镇银林村送去电脑、打印复印设备等办公用品一批，结束该村村委无电脑办公的历史，提高村委办公自动化和信息化水平。投入21万元为银林村小学修建250米围墙，修缮校园宣传橱窗和文化走廊。争取广州市建委协调扶贫企业投资100万元，为银林村捐建村道3公里、太阳能路灯86盏，并已全部投入使用，使银林村成为太平镇第一个安装使用路灯的行政村。积极联系用工企业为贫困户提供就业机会，为有养殖意愿的困难家庭提供家畜家禽、饲料及技术指导，切实增强银林村困难家庭自我“造血”能力。为市扶贫开发项目建设提供支持，为扶贫项目制订施工许可办事指南，开通“绿色通道”；对扶贫项目施工许可实行分段审批；在不违背法律法规、保证程序合法的前提下，采取“特事特办”，尽可能缩短扶贫项目的招投标活动周期；对扶贫项目建设工程的质量安全监督做到关口前移。有效加快扶贫项目的开发建设进度，又保证项目工程的质量和安全生产。

【机关效能建设】 局成立效能建设领导小组，统筹效能建设工作的全面开展。实行每周例会制度，通报工作进度，按时、按质推进重点工程。简化行政审批申报手续，减少审批环节。对办理施工许可手续的审批，由原来15个工作日，缩短为8个工作日。按照市委市政府的要求，对重点项目，特别是扶贫建设项目的审批、服务工作开通“绿色通道”。指定专职人员跟踪重点建设项目，通过主动服务、提前预约、特事特办、协同办结、跟踪落实五项服务措施及时对重点建设项目进行服务、审批。对重点建设项目申请施工许可实行分段审批措施，在收到建设单位提交的国土、规划部门、施工合同、监理合同、质量安全监督申报表、施工图审查合格书等资料后，3个工作日出具《临时施工复函》，准许工程先行施工，再核发《建筑工程施工许可证》。严格实行服务承诺制、限时办结制、一次性书面告知制和首问责任制等服务制度，确保机关办事效率的提高。在个别条件成熟的部门，试行资料齐全的随到随办，确保重点建设项目有序推进。推进信息化建设，全面更新局对外门户网站，启用短信平台，逐步推进电子政务，提高机关对内对外办公效率。

（市城乡建设局供稿，黄向荣执笔）

自来水工程建设

【管理机构】 市自来水公司隶属市城乡建设局管理，办公地址在城郊街河滨北路408号。2011年末，在职138人，有经理1人、副经理3人。内设机构有：办公室、财务科、第三水厂、给排水工程业务管理科、违章用水监察科、河东供水管理所、河西供水管理所。下属机构有：广州新泉自来水有限公司。

【基本情况】 公司有自来水厂3间，其中街口城区自来水厂2间，分别是第三水厂和河东水厂，设计日供水能力12万立方米，供水覆盖面积40平方公里，供水人口25万人；位于良口镇的新泉自来水公司水厂1间，水厂负责良口中心圩和新温泉旅游开发区供水，设计日供水能力4万立方米，供水覆盖面积12平方公里，供水人口1.5万人。2011年完成供水量3225.09万立方米，完成计划任务105.27%，比上年（下同）增长9.48%；售水量2694.35万立方米，完成计划任务103.66%，增长7.81%；完成工业总产值3011.37万元，完成计划任务103.22%，增长7.35%；经营利润110万元；上缴税收248万元；出厂水水质、管网水水质综合合格率均达到99.9%以上。

1月，供水抢险人员昼夜抢修位于人盛地产旁路段DN1000主输水管

【供水管网建设】　南部、西部供水管网工程项目是从化市水资源整合工作其中的一项政府重点项目。由于从化市各供水企业存在地域性、资源性及制水工艺的差异和管理上的良莠不齐，因而在供水量、供水水质、系统管理等方面已无法满足城市发展需求，不仅存在较大的供水安全隐患，而且处置突发事件的应急供水能力较弱。因此为满足从化市南部、西部用水需要，保障中心城区应急供水，确保饮用水安全。根据市委、市政府的工作部署，启动从化市南部、西部供水管网工程项目。南部由太平开发区水厂敷设一条长度为4900米的DN600mm至800mm的管道连接太平镇现有供水管网，取代太祥水厂的供水，确保南部地区供水的质量。西部由明珠工业园路口为起点沿省道355线铺设一条DN800mm至DN400mm总长约30000米的输水管道至万宝工业园、人和工业园、龙星工业园及鳌头镇行政区域。以改善西部的饮用水环境，促进地方经济跨越式发展。

【城区第三水厂三期扩容工程】

城区第三水厂建于1995年，首期日供水能力为5万立方米，在2005年水厂进行二次扩容后日供水能力达到10万立方米。由于从化市用水需求量急剧增加，用水量平均以每年15%以上幅度递增，2011年用水高峰期的供水量已突破11万立方米，自来水的供需矛盾逐步显现，为确保供水，水厂的第三期日产10万立方米扩容已刻不容缓。至年末，水厂扩容项目前期工作正在有条不紊地展开，第三水厂产能计划扩容至20万m^3/日。

【供水管理】　*加强供水制井管理*　强化城区供水制井日常巡查工作管理，并进行登记造册、编号、挂网、查漏补缺、喷杀蚊虫等，确保井盖的完好率达99%以上。

市政管网日常维护　全年处理完成市政管网维护工作1578项。其中包括修复DN100以上管径漏水76宗，修复制井103座，维修市政消防栓93座，比上年增长1.5%。同时按照上级创文办的要求，对各街道、社区反映的问题及时处理，发现表前、表后漏水及时抢修，全年完成创文工作任务147项。完成河东南、彩云花园、育宁社区、红荔新村二期等市政消防栓改造，以及镇南、镇北路的供水井盖改造。正在施工的市政消防设施配套工程项目有新城居委、府前社区、西宁居委以及沿江路等。

发展新用户　完成新装水表2572个，其中

一户一表改造楼房65幢，合计1224户，商贸城新装水表770个，发展经营性用水户169户，行政用水户13户，工业用水户16户，比上年增长2.3%。新装供水管道6.7万米，其中DN100以上管道26000米，DN100以下管径管道4.1万米，增长1.1%。

规范用水市场　针对用水市场存在的混合用水问题，公司违章用水监察科采取分步分片进行清查，发出违章用水通知书35份，办理水表变更619户，办理截水留表、销户、纠正用水性质50户、维护水表765个、追收欠水费43372元，追收因施工损坏管网抢修费用共16宗，金额40620元。

节能降耗管理　加强管网查漏工作，除日常巡查管网外，还进行管网区域性测漏工作，全年测出漏点109个，其中DN100以上管径管道漏点46个，DN100以下管径管道漏点63个。全部及时修复，减少漏耗的损失。水厂根据水源的水质变化情况，在确保出厂水质达标的情况下，合理调节投放净水剂及消毒剂，并且在保证出厂水压的同时，科学合理调节机组的运行，达到节能降耗目的，有效地降低生产成本。

水质监测管理　公司化验室强化对出厂水、管网末梢水常规项目日常取样监测，确保水质安全。并按规定定期送水样到卫生监督部门和广州市水质检测中心进行检测，检测结果均达到国家106项的饮用水检验标准。

加强水厂保安　严格做好出入厂登记，对外来人员、车辆未经批准一律禁止进入水厂。要求保安人员必须做到每小时巡查水厂一次，重点部位半小时巡查一次，并做好安防的记录。保持水厂周围的安防、视频监控系统正常使用，确保水厂的安全。

【农村改水】　累计投入资金1300多万元，铺设管道7万多米，接入公司管网供水共53个行政村，受惠人口达9.6万人。公司按照市水改办的要求，完成街口街5个城中村的二次改水方案，重点解决城中村管网老化爆漏，管径小而造成长期水压偏低的问题。至年末，街口村的二次改水已完成工程的招标工作，进入施工阶段。

【新泉自来水公司】　新泉自来水有限公司经过一年多的磨合整改，建章立制、规范经营，各项管理工作已逐步走入正轨。全年共计完成供水量229.25万立方米，售水量224.8万立方米，完成工业总产值259.13万元，收费率达97.25%，出厂水、管网水水质综合合格率均达99.9%以上。

【完善管理制度】　根据公司的实际工作情况，在原有规章制度的基础上，完善和健全《供水井盖汛期值班制度》、《收费员监督管理制度》等。在严格执行财经制度的同时，进一步制定《收费员监督管理制度》等一系列规章制度，严把财经关，并且建立工程数据管理系统，由财务科派专人跟踪工程的预收、材料结转、工程结算等工作，使管理工作更加规范化、精细化。通过不断完善管理制度，规范企业的管理工作，促进员工的工作责任感。

（市自来水公司供稿，黄浩光执笔）

城市管理

【管理机构】　从化市城市管理局属正局级行政单位，办公地址在从化市街口街开源路29号。定编10人，行政编制8人，工勤2人。三定方案设的内设机构办公室、市容景观管理科、环境卫生管理科（挂市爱国卫生运动委员会办公室牌子，简称市爱卫办）、公用事业监督管理科尚在完善中。下属机构有从化市爱国卫生服务站和从化市市容环境卫生管理所。

【建立城市管理工作协调机制】 2011年5月，成立从化市城市管理工作领导小组，组长由市长郭清和担任，副组长由王建新担任，成员单位有市纪委、市府办、市组织部、市宣传部、市文明办、市创建办、市财政局、市人社局、市发改委、市经贸局、市城乡建设局、市规划局、市国土房管局、市城管局、市交通局、市环保局、市教育局、市卫生局、市民政局、市水务局、市农业局、市文广新局、市旅游局、市工商从化分局、共青团市委、市公安局、市城监大队、街口街、城郊街、江浦街、太平镇、鳌头镇、良口镇、吕田镇、市经济技术开发区管委会主任、明珠工业园管委会、市流溪温泉管委会，领导小组下设办公室在市城市管理局。该领导小组的成立，提高了城市管理的统筹协调能力，各职能单位能在领导小组的统筹协调下开展工作，减少工作互相推诿的情况；提高主动发现和及时处理城市管理中的存在问题；提高城市管理的综合处理能力，对涉及多部门职能的城市管理问题，通过协调统筹联动处理，有效提升管理水平；提高城市管理工作的监督力，对城市管理投诉案件实行按职能交办制，保证城市管理投诉案件及时处理到位。全年通过领导小组办公室统筹协调处理的案件有28宗。

【城乡环境卫生建设】 *提升城区环境卫生水平* 落实环卫保洁制，城区主要街道实行20小时保洁制，内街小区实行16小时保洁制，国道省道城区段和城中村实行8小时保洁制，全面加强城区清洁工作，提高道路洁净度，共清洗街道360多条次、广场50多个次，清洗面积543多万平方米。启用河西堤广场、贝月湾、西街市场三星级公厕，规范公厕管理。强化环卫设备设施清洗保洁及维护管养，安装和维修果皮箱2990多个次。加强城区化粪池巡查监控，完善台账管理，修缮化粪池93个，清疏粪便约3200吨。加强余泥渣土排放管理，查处余泥渣土无证运输147车次、洒漏污染路面223宗、违规排放500多宗，及时纠正乱倒、乱排放散体物料行为655宗，口头教育警告887人次。实现生活垃圾无害化处理，推行上门收集垃圾服务，确保生活垃圾处理率100%，填埋处理垃圾13.45万多吨，处理垃圾污水8.46万立方米。狠抓市容执法工作，签订《门前卫生责任书》5600多份，查处乱倒乱丢行为309宗，清理乱张贴16.1万张，纠正随地吐痰行为270多宗。通过开展综合整理，城区环境卫生水平逐步提高，市民满意度不断提升。

推进城乡清洁工程 为进一步深入推进城乡清洁工作，局制订年度计划，推动完善组织机构、环卫队伍、管理制度和基础设施建设等工作。组织督查考核，通过明检和暗检相结合的方式，对群众投诉的问题进行核实处理，发现存在问题865处，处理市民投诉8宗，发出整改通知书145份。健全环卫保洁队伍，2011年，全市环卫人员有1147人，经费投入850.07万元。加大环卫设备设施的投入，投入资金1111.52万元，用于完善各类环卫设备设施。全面落实垃圾清运处理工作，清运处理垃圾16万吨，投入资金703.77万元。加紧垃圾压缩站建设，温泉镇、太平镇垃圾压缩站已启用，良口镇、鳌头镇、明珠工业园区垃圾压缩

站已进入安装设备阶段，太平开发区垃圾压缩中转站建设完成过半，累计投入资金1783.98万元。强化余泥渣土管理，清理乱排放余泥渣土约1900吨，投入资金25.41万元。加大清洁工程宣传力度，4月，市城乡清洁工程办在电视媒体制作工程专题报道的专辑；5月，印发“人人齐动手，共建好家园”的宣传单张5万份。

开展环境卫生专项整治行动　6—7月，牵头开展“城乡清洁工程全民行动月”专项整治行动；8—9月，牵头开展创建全国文明城市“卫生清洁月”专项整治行动。全市城乡环境面貌不断改善，环卫保洁水平逐步提升，“六乱”（乱摆卖、乱搭建、乱张贴涂写、乱堆放、乱拉挂、乱扔吐）整治工作常抓不懈，基础设施管理到位，整治成效日渐彰显。

9月28日，市城管局对江埔街锦二村卫生村创建工作进行督导检查

推广生活垃圾分类　2011年8月，制订全市的垃圾分类实施工作方案。组建督导队伍，强化培训学习，做好台账管理。深入开展宣传活动，提高生活垃圾分类的知晓率、参与率。抓好垃圾一级分类、收集清运、资源回收三个环节，健全生活垃圾处理体系。按照先易后难、循序渐进、分步实施原则，扩大垃圾分类试点区域，首期以时代名苑、美景家园、岭南首府3个小区为试点，逐步向全市推广。共派发宣传单张、海报1.43万多份，悬挂横额50多条，设置分类垃圾桶1100多个，分类收集可回收物17.4万公斤、餐厨垃圾59.9万公斤、其他垃圾66.4万公斤、有害垃圾830多公斤，为实现生活垃圾处理无害化、资源化、减量化打下坚实基础。

【爱国卫生运动】　创建国家卫生城市　着力推动城区实现灭蚊达标工作，印发《从化市城区灭蚊达标工作实施方案》，确保责任落实到位。切实消除蚊虫孳生地，每日对城区公共外环境和下水道进行药物喷洒和烟熏灭蚊，有效降低“四害”（蚊、苍蝇、蟑螂、老鼠）密度。全力推进卫生基础设施的建设，在城区沙井口安装防蚊闸1.4万多个。做好宣传和培训工作，先后举办蚊虫孳生地调查处理培训班12期。11月，顺利通过广东省对从化市灭蚊达标工作考核鉴定，为从化市创建国家卫生城市打下坚实的基础。

城乡环境卫生整洁行动　根据广州市爱卫会《关于印发广州市2010—2012年城乡环境卫生整洁行动实施方案的通知》精神，印发《从化市2010—2011年城乡环境卫生整洁行动实施方案》，对全市城乡环境卫生整洁行动工作进行全面部署。7月，广东省爱卫会组织的督查组对从化市城乡环境卫生整洁行动进行中期督查，对从化市工作情况给予高度评价。

农村卫生创建活动　组织农村卫生创建工作培训班，提高镇（街）爱卫工作人员的认识和业务水平，加强对村卫生创建工作的指导力度。2011年全市有6个村获得“广东省卫生村”称号（见附表1），11个村获得“广州市卫生村”称号（见附表2）。

附表1　2011年获评广东省卫生村一览表

所在镇街	所在村社
吕田镇	坪地村吉兴社
温泉镇	龙岗村石桥社
城郊街	水坑村一社
太平镇	上塘村谭庄社
太平镇	银林村叶宅社
太平镇	井岗村新安社

附表2　2011年获评广州市卫生村一览表

所在镇街	所在村社
江埔街	锦二村梦渔里社
江埔街	钓里村北一至北二社
城郊街	水坑村三社
太平镇	上塘村米田社
太平镇	上塘村瓦窑社
太平镇	神岗村高庄四至五社
温泉镇	南星村新围仔社
温泉镇	南平村大窝社
温泉镇	龙岗钟屋社
温泉镇	石坑村沈屋社
温泉镇	密石村二社

农村改厕　为进一步改善农村环境卫生状况，保障农村居民身体健康，开展农村改厕工作理论与实践课题调研，结合社会主义新农村建设和各镇（街）的危破房改造推进改厕工作，配合广州市城管委高标准完成对口扶贫村（良口镇磻溪村）整村户厕改造工作。

落实控烟考核和督查责任　强化指导、协调和督导作用，组织11个控烟执法单位开展联合行动，发出整改通知书50多份，成功创建广州市无烟单位37个，派发禁烟标志8万多份，宣传海报3000多份。

11月9日，从化市灭蚊达标工作通过省考核验收。图为省爱卫会主任徐立凡（右一）向市委常委、副市长蔡澍（左一）颁发灭蚊先进城区考核鉴定意见书

【开展人人参与城市管理大讨论活动】　6月至9月，围绕构建人民满意新城管品牌的目标，以打造干净、整洁、优美、舒适、安全、文明的生产和生活环境为共同愿望，进一步加大社会动员工作力度，开展人人参与城市管理的大动员、大讨论活动，发动城区三个街的社区市民参与动员讨论活动，营造大家来当城市的管家和主人的氛围。

【燃气行业管理】　2011年，从化市管道天然气用户约1.8万户，瓶装液化石油气用户约15万户，液化石油气普及率约为86.9%。明确局系统安全生产的工作责任，实行一级抓一级，层层抓落实。狠抓燃气管理、消防安全、交通安全等工作，确保全年安全生产事故为零。联合相关部门开展20多次突击性燃气安全生产检查，查获违法经营13宗，强制报废销毁气瓶30多个；联合市质监局召开液化石油气安全计量管理工作会议，现场通报6起案件及处罚情况。加强宣传教育，邀请新闻媒体、气站、门市负责人及市民参加现场销毁螺丝瓶、报废瓶活动，增强市民安全正确用气意识。严格按照《广州市燃气经营许可证管理办法》，采取实地考察与资料审核相结合的方式，逐条逐项对各家燃气企业进行考核，至年末，全市有3家企业通过审核并取得经营许可证，还有1家企业仍在办理过程中。

（市城市管理局供稿，李颖方执笔）

城市监察管理

【管理机构】　2011年11月，从化市机构编制委员会同意撤销从化市城市管理监察大队，组建从化市城市管理综合执法局。从化市城市管理综合执法局（简称市城管执法局）为从化市人民政府负责城市管理综合执法工作的行政执法机构，机构级别为乡镇正科级，配备行政执法专项编制192名。办公地址在街口街小海路段自编1号。2011年末，在编53人，政府雇员10人，城市管理协管员60人；有政委1人、副政委1人、副大队长2人（镇街园区人员不统计在内）。内设机构有：办公室、行政执法科、监察督办科、机动中队，直属一、二、三、四中队。派出机构有：五镇三街、三个园（区）城监中队和市政市容环卫中队，共12个，其人、财、物均实行属地管理，业务上接受执法局指导。

【整治“六乱”行为】　围绕市“创文”中心工作，采取措施确保城市管理长效化，建立“五定”机制，即“定人、定岗、定责、定时、定点”，确保每块区域每个社区每条街有人巡查执勤。强化守巡结合，对已纳入严禁乱摆卖区域的主要道路和重点地区实行高压管治，攻坚克难，依法取缔长期占道乱摆卖、影响群众通行、经多次宣传教育仍不整改的无证摊贩。组织开展“春季市容市貌整治行动”、“城乡清洁工程全民行动月”、“卫生清洁月”等行动，扎实做好创建全国文明城市检查、中国内地—香港—澳门突发重大动物疫情联合应急演练等重大活动保障服务任务，实行实效管理与长效管理模式，确保整治“不反弹”。强化督导落实，局主要领导深入一线，现场办公，加大督查力度，杜绝管理盲区。全年组织开展各类整治行动230多次，出动1.7万人次，整治“六乱”（乱搭建、乱堆放、乱摆卖、乱拉挂、乱张贴、乱扔乱吐）违章行为5.7万宗，其中占道经营2.5万宗，乱摆卖1.9万宗。

【查处违法违章建筑】　完善制度　贯彻广州市城管综合执法局《转发〈关于强化查控违法建设工作责任制的实施意见〉》和从化市委办公室《关于印发〈从化市查控违法用地和违法建设实施意见〉的通知》精神，严格执行《中华人民共和国城乡规划法》和城市管理的有关法律法规，坚守查控违建一线，高态势严控违法建设，坚持集中整治与日常巡查监控相结合，建立18小时巡查制度、每日一报、部门联动、宣传监督和强制拆除“五大”工作机制，有效遏制违法建设的蔓延。全年制止各类违法（构）筑物165宗6.1万平方米，拆除各类违法建（构）筑物562宗2.66万平方米。

查处专项行动　2011年11月，成立从化市查控违法建设工作办公室（简称市查控办），在全市开展集中查处违法建设专项行动暨清拆违法建设行动月专项行动。专项行动期间，全市清拆违法建设46宗，面积1.42万平方米。期间组织7次大型联合清拆行动，分别为：11月15日，组织强拆太平镇钟村搅拌站违章建筑1宗，面积1600平方米；11月19日，组织强拆街口街城郊村从新街1号左侧违章建筑1宗，面积97平方米；11月24日，组织强拆鳌头镇五丰村106国道边山坡上违章建筑，面积3000平方米；11月30日，组织强拆良口镇溪头村违章建筑3宗，面积570.91平方米；12月1日，组织强拆温泉镇卫东村违章建筑1宗、新瑞加油站1宗，面积1179平方米；12月7日，组织强拆温泉镇南星村、温泉村违章建筑3宗，面积260平方米；12月21日，组织强拆明珠工业园明珠大道中路即明园宾馆侧违章建筑1宗，面积100平方米。全年全市制止各类违法建（构）筑物689宗，面积9.77万平方米，拆除各类违法建（构）筑物436宗，面积约5.5万平方米。

【建筑工程安全生产管理执法】　严格执行建设法规，加大在建工程管理执法工作力度，坚决制止和从严查处建筑材料堆放混乱、积水、电线乱拉挂及施工人员不按要求佩戴安全帽、穿拖鞋等不文明施工和夜间超时施工行为。全年对城区总体规划内及已经规划部门审批的在建工程，发出整改通知书57份，对17个无证施工的工程依法进行处罚，对2个无证施工单位发出《行政权利告知书》，责令，17个无证施工单位限期补办手续。

【户外广告整治】　坚决查处利用建筑物楼顶设置户外广告的违章行为，协调有关部门尽快完成户外广告设置规划编制工作，逐步实现公共资源有偿使用和规范管理。全年规范户外广告招牌设置18块，面积1126平方米；组织拆除各类违章户外广告及破损招牌500宗，面积8514平方米。

【处理群众来访投诉】　坚持每周开展“接访日”活动，及时妥善处理群众投诉，着重解决重复投诉和疑难案件。全年受理各类投诉219宗，其中上级交办、职能部门转办和人民群众各类信访投诉72宗，人民群众来电120宗，网上投诉25宗，市政协提案承办2宗，交办率100%，办结率98%。

【专项整治行动】　参与市综治办牵头的“三电”（电力，电信，广播电视设施）专项行动，有效打击盗窃、破坏“三电”设施违法经营行为，确保“三电”设施安全运行。开展流动人员和出租屋综合治理行动，拆除乱搭建的简易房屋和窝棚等15宗共1230平方米，全市拆除违建出租屋约1.2万平方米。配合民政部门开展社会救助管理工作，配合收容救助各类人员32人。参与由环保局牵头的高考噪音控制联合执法队，为考生提供一个安静、干净的考场周边环境。参与高考期间食品安全工作，出动执法人员67人次，整治乱摆卖35宗，取缔占道经营18宗。

【城管法律法规宣传】　运用电视、广播、报刊、网络、信息等多种形式，开展对“查控违法建设”、“城市‘六乱’整治”等的系列报道，全年纸质、广播媒体、网络报道城管执法材料68篇。派出女子执法队员深入基层，加强对广场、公园等重点场所的日常管理和创文宣传。继续编印《城管动态》，全年出版5期，印发1300多份。在巡查和纠正各类违章行为的执法过程中，坚持以“教育为主，处罚为辅”的执法方式，持续做好城管法律、法规的宣传和违章行为当事人的教育工作。

【队伍建设】　为牢固掌握《广州市城市管理综合执法条例》、《广州市城市管理综合执法细则》等执法知识，局举办各类城管执法业务培训班，及时更新执法知识及理念，提升队伍规范执法水平和依法行政能力。定期召开“三会一课”（支部党员大会、支部委员会、党小组会，党课）和每周中队班务会。落实工作目标管理岗位责任制，把执法职责分解到中队，做到“定人、定岗、定责、定时、定点”。严格执行执法工作责任人和责任过错倒查追究制度。执行每月对中队的目标管理岗位考核，实施目标岗位责任制。实行监察督办制度，由监察督办科对巡查发现和群众投诉的问题负责及时督办落实。2011 年 6 月，选举市城监大队第二届工会委员会，有正式会员 66 人。组织职工参加广州市职工住院医疗互助保障计划和广州市职工非因工伤病残互助保障计划等保障计划，合计购买 112 份保障协议。开展农村扶贫开发工作，选派一名中层正职常驻元洲岗村落实帮扶措施并确定 22 名结对干部。开展慈善捐款活动，为病危越战退伍军人捐款 5300 元，在“慈善帮扶日”、“救助贫困母亲”和“姐妹情深 10 元捐”等活动中筹得善款 4476 元。组织 20 多名青年团员参加献血活动。

（市城市管理综合执法局供稿，陆展东、黄燕斌执笔）

城市房屋拆迁管理

【管理机构】　从化市城市房屋拆迁管理办公室（下简称市拆迁办）属市政府直属管理的正局级事业单位，加挂市城乡更新改造工作办公室牌子，办公地址在街口街建设路 168 号。定编 23 名，其中依照公务员管理事业编制 20 名、工勤编制 3 名。2011 年末，在职 27 人，有主任 1 人、副主任 1 人。内设机构有：综合科、用地规划科、拆迁安置科、建设管理科、计财科。

【“三旧”项目申报】　结合市的城乡规划、土地利用总体规划和“三旧”（旧城镇、旧厂房、旧村庄）政策要求，充分挖掘市内“三旧”资源，争取省国土厅和广州市“三旧”办的支持，已有 3.12 万亩土地纳入标图建库范围，可以享受“三旧”改造的优惠政策。省国土厅出台政策明确在每年的 6 月和 12 月两次调整标图建库成果，从化市已经把生命健康城、温泉龙岗片区、吕田镇狮象村等 4000 多亩的重点项目和扶贫双到项目地块整理上报。

10 月 18 日，从化市首个“三旧”改造项目——欣荣宏·松铃项目动工

【开展用地摸查】　根据市“三旧”改造工作领导小组的部署和要求，7 月，市拆迁办组织各镇（街、园区）对全市纳入“三旧”标图建库的 3.12 万亩用地进行全面摸查，初步掌握全市“三旧”地块的具体情况，将为科学编制“三旧”改造规划和年度实施计划提供重要依据。摸查结果显示，在 3.12 万亩“三旧”用地中，已经办理国有土地使用证的有近 9000 亩，没有合法用地手续的为 2.23 万亩，可以在 2012 年底前利用“三旧”改造完善历史用地手续。

【效能建设和政务公开】　根据市人大的视察

建议和市政府的工作部署，按照效能建设和政务公开的要求，重新制定“三旧”改造的审批办法报请市政府审定，邀请市规划、国土、经贸、发改等部门对“三旧”项目进行共同会审，确保项目的改造成效。根据“效能建设年”活动要求，制定完善单位内部的办公会议、财经、信访、党务、政务公开、办理服务承诺等方面的规章制度，进一步加强效能建设和作风建设，党风廉政建设责任制，优化办事流程，改进工作作风，提高工作效率，确保实现市委、市政府提出的“五个明显”（服务意识明显加强，办事效率明显提高，发展环境明显优化，实事好事明显增多，企业群众满意度明显上升）效能建设要求。

【“三旧”改造】 旧厂房改造 针对旧厂房改造涉及的产权相对完善、产权人相对单一、改造主动性高等特点，市拆迁办按照“先行先试、大胆实践、结果可控”的原则，把旧厂房改造作为突破口，顺利启动全市的“三旧”改造工作。至年末，已有广州松铃工业有限公司、广州意浓实业有限公司、从化玮思工业园区3个旧厂房项目、面积710亩的土地通过政府收回、公开出让、收益支持的方式成功挂牌出让。还有60家企业递交改造申请，涉及面积1788亩。市拆迁办已将项目进行分类整理并书面征求规划、国土、经贸、发改、投资服务中心和属地镇（街、园区）的意见，将提交市“三旧”改造领导小组审议后，由市拆迁办重新制订“三旧”改造实施计划，科学有序推进改造工作。

旧城镇改造 根据市政府的工作部署，市拆迁办把陈屋片区旧城改造作为旧城镇改造的启动项目和全办重点工作，顺利完成改造片区内业主的第一轮意见征询工作和土地房屋情况调查工作。数据显示，该片区共涉及建筑面积约7.68万平方米，住户约763户，其中商铺6700多平方米，住宅5.57万平方，办公1.2万平方米。至年末，已有超过90%的产权人同意实施改造，按照政策规定可以制定项目的拆迁安置补偿方案并启动相关安置补偿协商工作。并报请市政府同意，成立由市人大常委会副主任胡少民担任总指挥的项目指挥部。根据国家新出台的《国有土地上房屋征收与补偿条例》等相关政策法规，研究制定项目的土地和房屋征收补偿方案，并多次征求街口街道办等单位的意见，待指挥部研究通过并报请市政府批准后即可启动拆迁安置补偿的协商和协议签订等工作。

旧村庄改造试点 由于从化市的旧村庄均未纳入广州市52个全面改造城中村和138个在册城中村范围，实施改造前必须按照政策规定报批完善国有或集体建设用地手续。因此，市拆迁办在指导有关村社和意向合作单位编制改造片区规划，开展村民改造意见征询和控制违法建设工作的同时，将旧村庄改造与正在推进的完善历史用地手续工作相结合，优先报批完善有意向实施旧村庄改造的历史用地手续，并提请市政府下发《关于进一步加强“三旧”改造涉及相关社会管理工作的通知》，进一步规范旧村庄改造中的村企合作，遏制违法建设，为下一步依法有序推动改造工作打下坚实基础。至年末，江埔街新明村和温泉镇南平村、石南村、石坑村已经通过街道办向市拆迁办申请实施旧村庄改造工作，太平镇神岗村、江埔街南方村和鳌头镇上西村正在开展旧村庄改造的前期工作。

【完善用地手续】 广州市“三旧”办把完善用地手续工作列为2011年的重点工作，根据广州市“三旧”办的工作部署，市拆迁办根据前期的"三旧"用地摸查结果，初步确定需要完善手续历史用地的面积（共2.23万亩）、范围和界线，组织测量机构全面开展勘测定界工作，研究制定《从化市"三旧"改造涉及完善历史用地手续工作方案》报请市政府审定并印发，以广州新动力塑胶公司等14个愿意自主完善征收手续的地块为试点，先期组织开展申请规划成果、违法用地处罚、土地权属确认等工作。其中已完成5800多亩的勘测定界和其中300多亩的违法用地处罚工作。

【房屋征收管理】　继续做好城市房屋拆迁管理工作，建立项目台账，加强对在建拆迁和安置项目的管理，着手把已完成的拆迁安置工程移交，并落实物业管理巡查制度，确保物业安全正常使用。多方协调请示市政府，使小海安置区二期维修改造工程恢复施工，并委托有资质工程造价咨询机构，核算工程因前期停工所涉及的补偿问题，使该工程如期施工，累计完成总工程量的35%，切实解决被征收户回迁问题。根据105国道和省道355线改造项目指控部专题会议指示，市拆迁办负责大理石安置区A区工程建设，并做好水、电安装协调工作，该工程于9月顺利封顶，进入室内水、电安装阶段。至年末，由市拆迁办管理的安置房屋共194间（套），总建筑面积14469.27平方米，非机动车停车场1处，面积401.76平方米，在建的大理石安置区A区工程共有30套安置房，移交市拆迁办管理的土地共5处，总面积51383.20平方米，约77.07亩。为加强对在建拆迁和安置项目的管理，市拆迁办建立健全物业管理巡查等制度，以确保物业的安全和公共设施的正常使用。

【扶贫开发】　市拆迁办挂钩帮扶城郊街麻二村，该村有常住人口1267人，其中低保户26户，低收入户14户，特困户4户，共134人。市拆迁办制定切实可行的扶贫实施方案报送市扶贫办审核，并多方面多措施地开展扶贫开发工作，分别开展"六一"送温暖——关爱困难儿童行动、"走访慰问优秀党员和贫困党员活动"、"扶贫助学慰问活动"等活动，投入扶贫资金3万多元。

（市城市房屋拆迁管理办公室供稿，
赖锦棉执笔）

新城区开发建设

【管理机构】　从化市新城区开发建设办公室，是市政府下属的正局级事业单位，办公地址在从城大道459号民防大楼二楼。定编22名，其中事业编制19名，合同制工勤人员3名。2011年末，在职20人，有主任1人、副主任2人。内设机构有：综合科、计财科、规划建设科、土地开发科。

【制定重点项目和绿色通道的保障机制】　建立重点项目相应对策，认真学习重点建设工程项目审批和招投标的制度，对经申请确定进入"绿色通道"范围的，优先进行协调办理。落实重点工作跟踪制度，对每项重点工作安排一名分管领导和牵头科室进行落实，并由科室落实专人负责。对重点项目的一些前期工作适度提前，包括规划审批、可研、立项、勘测设计、环评、预算评审等多个环节。加快推进重点项目建设，顺利推进从化七中西侧的拆迁安置和保障性住房建设项目以及制定《北星路与街人线平交口工程项目征收与补偿实施方案》。

【土地报批】　为加快启动城北新区开发建设，协助国土房管局，联合城郊街和街口街道办整理收集用地报批资料。基本完成用地报批资料共4353亩（其中东风村约2303亩，向阳村约1813亩，北星路西段约237亩），相关资料已整理完毕并移交市国土房管局申请用地指标。

【土地征收与补偿】　跟踪落实旧气象局地块原址安置旧气象局原居民和国营高步果场职工集资楼的事宜，与市气象局及旧址原居民代表进行多次协调，听取民意制定工作方案，基本达成安置共识。为加快北星路的开通，与街口街、城郊街及国土局沟通协调，至年末，两街道办已签订委托征地调查协议书。街口街已开展预征地调查工作；城郊街成立工作小组，但预征地调查工作尚未推进。为推进北星路与街人线平交口工程项目征收与补偿工作，成立工作领导小组。联合城郊街、街口街及市国土房管局、农业局、高步果场等，对征收范围进行前期摸底调查工作，掌握征收补偿安置范围内的基础数据。制定的《从化市城北新区北星路与街人线平交口工程项目征收与补偿方案》，经市政府批复同意实施。

【拆迁安置和保障性住房建设】　2011年2月，市政府同意把镇北路（从化七中西侧）的政府储备地块使用权划拨给市新城办，该项目经规划调整分为拆迁安置房项目和保障性住房项目，其中先进行保障性住房项目的建设。市新城办积极推进该项目的各项前期工作，制定工程项目报建流程图，明确每个审批手续的预计完结时间，责任到人跟踪落实。通过时间倒排的方法制定相应的工作进度表。主动接触与该建设项目审批相关的各个单位，提早咨询需要的审批条件和材料，使各项工作都做到无缝连接。申请办理项目（保障性住房）的《建设项目选址意见书》、《建设项目用地预审意见》、《建设用地规划许可证》、《国有土地使用权证》、《施工许可证》和完成项目修建性详细规划方案调整工作；项目（保障性住房）的可行性研究报告、水土保持方案报告、环境影响报告的编制工作已完成，成果已得到相关职能部门审批，项目的施工图通过最终审核；完成项目的勘察设计公开招标工作，确定中标单位为广东省轻纺建筑设计院；完成项目施工总承包监理公开招标工作，确定中标单位为广东粤能工程管理有限公司；完成项目施工总承包公开招标工作，确定中标单位为瑞华建设集团有限公司，11月25日举行拆迁安置房和公租房项目的奠基仪式。完成项目前期工作，进入施工阶段。

11月，由市新城办负责的拆迁安置房和公租房建设项目奠基仪式在镇北路（从化七中西侧）举行

【扶贫开发】　市新城办挂钩帮扶城郊街东风村，通过入户调查，确定该村有贫困户71户。针对致贫原因，提出提高各项补助等级、特殊帮扶、联系企业实施节日慰问等帮扶思路，对贫困户进行扶持。多次到村商讨集中项目的发展计划，整理出农业种植项目、建设临时市场

项目、托管政府用地建设美食广场项目、发展古村落文化旅游项目、返还地作价入股发展建设项目的可行性研究。

（市新城区开发建设办公室供稿，李建平执笔）

国土资源和房屋管理

【管理机构】　市国土资源和房屋管理局属政府序列行政单位，办公地址在街口街河滨南路63号。定编99名，其中行政编制43名，执法编制50名，工勤编制6名。2011年末，在职290人，有局长1人、党组书记1人、副局长4人、执法监察大队长1人。内设机构有办公室（挂信访办公室牌子）、计划财务科、规划用地科、产权地籍科、房地产市场管理科、房屋管理科、地质矿产管理科（挂“从化市矿产资源管理委员会办公室”牌子）、执法监察科（挂“从化市国土资源和房屋管理局执法监察大队”牌子），以及吕田、良口、温泉、太平、鳌头、街口、城郊和江埔8个国土资源管理所。下属机构有市土地开发整理中心、市土地纠纷调处办（加挂闲置办牌子）、市房屋租赁管理所、市房屋安全鉴定所（加挂房屋安全管理所）、市土地房产交易管理所、市测绘队、市土地房产评估所。市政府委托管理的单位有：市住房制度改革办公室（市住房保障办）、从化市土地储备开发中心。

【土地管理】　*土地和矿产执法监察*　市政府与各镇（街）签订《2011年度从化市土地管理工作目标责任书》，落实土地管理共同责任制。2011年立案查处违法用地455宗、面积488.4亩，非法采矿14宗，立案和查处率达100%，结案率达98%；拆除违法用地建筑3.59万平方米，没收违法建（构）筑物3.58万平方米，罚款1905.6万元，完成复耕复绿657.3亩；补办用地手续54宗，其中补办农村“一户一宅”宅基地41宗、设施农用地（经确认此名称无误）11宗、国家和省重点项目用地（西气东输工程）各1宗。查封非法采矿作案挖掘机22台、运输车辆5台、摩托车8辆，行政罚款30.69万元；移送公安机关处理2宗，带回调查25人、刑拘15人、逮捕9人。2011年违法用地面积比2010年（下同）下降51.7%；违法占用耕地占新增建设用地占用耕地的比例（经确认此名称无误）为8.48%，下降18.4%，是广州市违法用地面积和违法用地占用耕地面积均下降的地区。非法采矿宗数下降30%。

建设用地指标挖潜　通过多番协调和争取，广州流溪河房地产开发公司等11个用地单位已同意把原国有土地使用权收回并将原建设用地指标腾挪出来交给市政府统筹安排，涉及建设用地15宗，面积802亩。制定《从化市城乡建设用地增减挂钩项目拆旧区清查工作方案》，清查全市范围内可用作城乡建设用地增减挂钩试点项目拆旧区的现状、数量、权属、分布等情况，并建立全市“增减挂钩”试点项目拆旧区“一张图”动态监管系统。拟定《从化市城乡建设用地增减挂钩工作实施方案》（征求意见稿），该方案已征求广州市国土房管局和各镇（街）及相关部门的意见，进入市政府审核阶段。推进吕田狮象村、城郊西和村、太平镇、吕田镇联丰等村4个项目区的城乡建设用地增减挂钩试点工作，面积共1330亩。其中吕田狮象村项目区已上报广州市国土房管局审核，其他项目区正在开展测量、民意调查、听证、论证等前期工作。

建设用地报批　完成建设用地报批3689.39亩，获批新增建设用地2549.52亩。已上报的有25个批次和3个单独选址项目，面积3689.39亩，涉及杰事杰新材料、天然气管网、溪洛渡和西气东输等重点项目；已批回的有8个批次14宗地和2个单独选址，面积2549.52亩，涉及动漫、明珠、省监狱建设、新材料、民兵训练基地等重点项目；正在国务院、省、广州市审核中的建设用地共26个批次和3个单独选址项目，面积5134.81亩；已上市用地会的报批项目有29个批次和3个单独选址项目，面积3286.75亩。

征地及土地储备　纳入2011年征地计划的项目有237宗，面积59269.41亩。完成征地项目结案6宗（含增从高速和污水处理厂等单独选址项目），面积2991.24亩，比上年宗数减少75%、面积增加54%；草拟《从化市统筹解决历史“留用地”办法》，待市政府审批后执行。完成土地储备21宗，面积1274.18亩；比上年宗数增加75%、面积减少33.73%。

供地工作　完成土地出让52宗，面积3858.48亩，基本保证从化市经济和各项事业发展用地需要。

建设用地批后监管和查处闲置土地　对158宗，面积9833.95亩的供而未用土地进行处置。其中已有37宗、面积2229.53亩已动工建设；2宗、面积12.71亩已建成；余下119宗、面积7591.71亩正在正常监管中。对14宗用地开展闲置土地调查，依法处置闲置土地822.84亩，收取土地闲置费363.32万元。

土地开发整理　完成10宗，面积16641.49亩的土地开发整理项目，比上年增长20%，新增耕地2271.55亩。

探索解决“留用地”问题　为解决“留用地”欠账历史遗留问题，拟出解决办法的初稿，并征求各镇（街）的意见，作进一步修改完善中。为摸清“留用地”历史欠账情况，从局属相关部门（单位）抽调工作人员和海维公司专业技术人员，成立“留用地”清查工作小组，对各镇（街）的历史“留用地”情况进行清查。

产权地籍管理　把好房地产交易与权属登记的审核关，做好基础测绘数据的管理与利用工作，完成基准地价更新工作，做好农村宅基地登记发证的培训和协调工作。按计划开展农村集体土地确权登记发证的相关准备工作，成立机构、拟订方案，确定试点村，相关工作稳步推进。

【房屋管理】　保障性住房建设　通过实物配租、租金核减或租赁补贴的方式，解决35户廉租住房保障家庭的住房困难，其中实物配租10户，租金核减1户，租赁补贴24户。超额完成从化市与广州市签订的《2011年度住房保障工作目标责任状》的1000套任务，实际建设保障性住房1360套。研究制订公共租赁住房制度。

农村危破房改造工程　基本完成广州市下达给从化市的农村危破房改造9442户任务，审批资金11083.46万元。有3558户完成改造工作并入住新建楼房；有3330户农户正在建设中；余下2554户即将动工建设。

房屋租赁管理　对全市2.43万套，面积165.41万平方米的出租屋进行管理，办理出租屋租赁登记备案2.38万套，其中住宅1.2万套、非住宅1.18万套，备案率达97.67%，顺利通过上级部门的检查验收。制订《从化市房屋租金参考价》，编制《2011年从化市房地产租赁市场分析报告》，为房地产租赁市场提供优质服务。规范房地产中介机构行为，举办房地产经纪员培训班4期，提高从业人员的思想素质和业务水平。

评估管理　对全市评估行业进行管理，完成房屋继承、赠与、课税计价审核书3620份，土地使用权收回、“招拍挂”评估报告40份，转让土地评估报告160份，增加容积率、土地用途变更评估报告12份，“三旧”（旧城镇、旧厂房、旧村庄）改造土地评估9份。

测绘管理　开展规范测绘市场管理工作，全年完成土地测绘172宗，面积38417.3亩，拨地放桩2974个；完成房地产预售和确权测绘75宗，面积256.3万平方米，其中确权104.41万平方米、预售151.89万平方米。

房屋安全鉴定　发出房屋安全鉴定书（报告）45份，鉴定面积1.1万平方米。完成农村危破房改造房屋鉴定3125户，鉴定面积18万平方米。完成突发性事件房屋鉴定1宗，鉴定面积4200平方米。协助市属部门（单位）房屋鉴定3宗，鉴定面积6200平方米。

房地产市场调控　代市政府起草《关于进一步做好房地产市场调控工作的实施意见》，市政府以从府办〔2011〕40号文颁布实施。在该意见的基础上，制定《从化市国土资源和房屋管理局关于进一步做好房地产市场调控工作的通知》。从化市一手住宅销售网签套数7371套，比上年增长56.36%；销售网签面积89.88万平方米，增长63.24%；销售网签金额64.43亿元，增长72.10%；销售网签均价每平方米7167.94元，上升5.44%。房价上涨幅度控制在10%以内，达到预期调控目的。

土地房产交易登记　受理房地产交易、登记、抵押收件2.1万宗；办理国有土地使用权设定登记271宗，面积8423.4亩；办理商品房登记8019宗，建筑面积83.92万平方米；完成房地产抵押登记8096宗；公开出让国有建设用地使用权28宗，面积1091.1亩，成交总价8.3亿元，超出底价3098万元。及时掌握房地产市场行情，一手商品房销售总面积89.88万平方米，比上年（54.76万平方米）增长64.14%；宗数8655宗，比上年（4632宗）增长87%；售房总金额64.43亿元，比上年（35.68亿元）增长79.77%；销售均价为每平方米7167.94元，比上年上升5.44%。二手商品房交易总面积44.49万平方米，比上年（33.98万平方米）增长31%；宗数3711宗，比上年（3045宗）增长22%；交易总金额12.4亿元，比上年（8.47亿元）增长46%；交易均价为每平方米2786元，比上年（每平方米2492元）上升12%，其中普通住宅均价为每平方米2582元，比上年（每平方米2048元）上升26%，联排住宅均价为每平方米6066元，比上年（每平方米5586元）上升9%。

解决历史遗留办理房地产权证问题　通过对问题楼盘的深入了解、分析、整理，查找问题症状，协调相关部门研究制订解决办法，全年受理历史遗留房地产登记申请270宗，并全部发证，建筑面积2.92万平方米。

【地质和矿产管理】　逐级签订地质灾害防治责任书，健全属地为主、层级负责的管理机制，发布预警预报10次，核查确认并监控管理隐患点209个。提前完成地质灾害群测群防“十有县”创建工作，完成地质灾害治理工程1宗和地质灾害勘查设计项目3个。与非煤矿山企业签订《安全责任书》，牵头组织对全市8个非煤矿山的安全生产情况进行定期或不定期的检查，发现问题督促企业及时整改。从化市连续5年实现非煤矿山安全生产零死亡事故。全年妥善处置突发性地质灾害和房屋安全事故3宗。

【信息化建设】　做好土地综合管理信息应用

系统的设计研发工作，窗口收件、用地报批、土地储备管理、土地市场“招拍挂”、产权登记发证等各项功能模块已经研发完成，“土规”、“现状”、影像图件已经入库完毕。启动土地房产档案扫描工作，确定广州合壹招标代理有限公司为采购代理机构，拟定招标文件，定于2012年1月12日在广州市招投标中心网站发布并公开招标。做好网站建设，顺利通过2011年度国土资源政务信息网上公开检查整改以及从化市政务公开考评的检查验收工作。做好局门户网站信息发布以及对局属部门（单位）的信息化维护工作，全年发布新闻信息721条。根据上级要求，上报新闻稿27篇；完成行政审批电子监察数据录入1.46万笔，办结业务1.41万笔。完成从化市政府网有关土地和房产相关栏目的内容更新，及时发布相关政策法规22条，办事指南90条，提供表格下载65份。

【档案管理】 收集、整理、归档、录入房地产档案9436卷，土地档案695卷；整理文书档案1794卷，会计档案1112卷，声像档案296张，实物档案40件，基建档案2卷。编制《机构沿革汇编》、《大事记》、《基础数字汇编》、《建设用地发文汇编》等编研材料。接待利用及咨询2.32万人次，提供档案、资料6634多卷（件），复印档案资料8545份，出具证明6610份。落实档案库房的“八防”（防盗、防光、防高温、防火、防潮、防尘、防腐、防虫）措施，确保档案无霉变、褪色、破损、被盗等现象的发生。

【窗口办文业务厅建设】 投入50多万元对窗口办文业务厅进行升级改造：增设办文窗口12个，扩充服务功能；安装轮候叫号系统，并在每个服务窗口增设效能监督服务器，让群众对工作人员的作风进行监督评分。新招聘一批合同职工充实窗口服务人员力量，加快办文、办证速度；每周增加星期六为窗口对外办公服务日，交易所、档案室、评估所等相关对外办事部门均派出人员值班。做好导办工作，更好地引导和协调相关职能部门为群众办事。与建设银行协商，开设星期六对公账户业务窗口，方面群众缴费；与市地税局协商，将市地税局的征收契税窗口搬到国土房管局新增设的窗口办公，避免群众在两个单位之间“两头跑”。

6月6日起，市国土局办文大厅增设地税局征收契税窗口

【扶贫开发】 争取广州市国土房管局为鳌头、温泉、良口、吕田4个北部山区镇安排扶贫建设用地指标500多亩。全部扶贫项目的建设用地报批资料全部上报给广州市国土房管局。支持太平镇何家埔村公益事业的建设，处理历史“留用地”等问题，促进村发展壮大集体经济；对贫困户进行“结对”帮扶，开展慰问活动和帮助解决劳动力就业等问题。

【代政府收取税费】 完成行政事业收费1047.41万元（其中耕地开垦费103.96万元），经营服务性收费0.063万元，租金收入729.93万元，罚没收入1982.55万元；收取土地税费18.69亿元（其中出让金16.58亿元，耕地占用税 6782.96 万元，契税 14323.11 万元），其他非税收（土地闲置费）407.82 万元，矿产资源补偿费 326.09 万元，其他收入（耕地占补平衡指标费用）285 万元，合计 19.17 亿元，全部收费均按规定上缴入库。

【信访维稳】　做好市领导、局领导接访日活动以及落实包案制度等信访维稳工作，全年收到信访件 268 宗，其中市信访局转来 116 宗，广州市国土房管局转来 15 宗，本局自收 42 宗，网络信访 95 宗；结案 204 宗，结案率 76.12%，其他案件正在办理中；全年没有发生越级上访和群体性事件。做好调处土地纠纷工作，全年受理土地纠纷案 37 宗，调处成功 28 宗，还有 9 宗正在调处中；接待群众咨询 98 批次。受理土地纠纷诉讼案 6 宗，已结案 4 宗，正在法院诉讼 1 宗，申请法院强制执行 1 宗。

【党风廉政建设和精神文明建设】　在人力、物力、财力上大力支持配合相关部门做好“创文”工作，对局管理范围内的办公楼、直管公房等场所、地段的供电、排水系统和防鼠、防蚊以及清洁卫生等进行整治。通过“效能建设”活动，进一步增强服务意识，减少办事环节，缩短办事时间，提高工作效率，处理一批历史遗留问题。通过“创先争优”以及“两整治一改革”等活动，有效防治不正之风和腐败现象的发生。

（市国土资源和房屋管理局供稿，
郑雅韵执笔）

环境保护　气象事业

环 境 保 护

【管理机构】　市环保局属政府序列行政单位，办公地址在街口街河滨北路128号，定编12名，其中行政编制10名、工勤编制2名。2011年末，在职12人，有局长1人、副局长2人。内设机构有：办公室、科技建设规划科、监督管理科、辐射与固废污染控制科。参照公务员法管理下属机构有：市环境监理二所（含环境科学研究所）、市环境监察大队，下属机构有在职人员21人。

6月3日，市环保局联合市委宣传部在新世纪广场开展“六五”世界环境日宣传活动

【空气污染综合整治】　巩固和提升亚运“治气”工作成果，继续开展新一轮的空气综合整治工作。加强治气项目后督察工作，全面完成3家除尘企业，65家加油站，56家重点饮食服务业等亚运空气整治项目的验收工作。落实小锅炉淘汰任务，全面完成广州市环保局下达的10蒸吨/小时以上燃煤、燃木柴、燃重油的锅炉整改任务，并对亚运前淘汰的58台燃煤小锅炉进行全面复核。完成挥发性有机物排放整改工作。重点抓好誉桦木业等5家省、市控挥发性有机物重点污染企业的治理工作。加大机动车排气污染防治整治力度，从化市环城汽车综合性能有限公司和广州市从化河东南汽车检测有限公司均已完成工况法检测线建设，并顺利通过验收；完成城区空气自动监测系统的建设。

【环境监督】　建设项目审批　完成市“十二五”环境保护规划编制工作。开辟绿色通道，完成吕田、良口、温泉、鳌头等多个扶贫项目的环评审批；跟进协调珠江健康生命城、水上绿道、三学苑、天适有机悠乐园等市重点项目的环评工作；完成环保验收128宗。严格执行环境影响评价制度、专家评审制度，控制审批质量，全年审批各类建设项目473宗，其中环境影响报告书12宗，环境影响报告表187宗，环境影响登记表274宗。对选址不合理、环境容量达不到要求、总量控制指标不能完成的项目从严控制，对不符合环保准入标准和选址要求被否决有项目16个，保证全市新上建设项目的质量，从源头上控制新污染源的产生。进一步规范验收流程，强化建设单位对环保验收工作重要性的认识。全年验收建设项目环保设施竣工87宗，验收合格率和“三同时”（建设项目中防治污染的措施，必须与主体工程同时设计、同时施工、同时投产使用）执行率均达到100%。

排污费征收　全年核发排污许可证70个，征收入库排污费250万元。

环境监测　完成常规的环境监测、重点污染源监测、环境统计企业监测、环境工程验收监测、污染事故应急监测和配合信访等工作，编制《环境质量季报》、《环境监测年鉴》，为环保指标考核、环境管理提供科学可靠的数据依据。巩固烟尘控制区、环境噪声达标区等创建成果的复测工作，2011年烟尘控区和环境噪声达标区覆盖率均达100%。以饮用水源整治专项行动为主线，开展地表水监测。对全市13间自来水厂采用增加监测频次、规范监测点位和项目、定时报送监测结果等方式加强监控；对农村饮用水源地开展重点监测，制定饮用水源监测方案，全年完成各类型地表水监测209个次。全力推进污染源监测，重点加强全市污水处理厂、铅蓄电池行业、电镀行业等废水重金属污染物监督性监测和重点流域执法监测，开展农村污水治理设施委托监测，全年完成各类型污染源废水监测813个次、废气监测353个次、噪声监测422次。完成机动车排气检测工作。与市公安交警大队、市交通局等部门建立机动车排气路抽检联合执法机制，全年完成机动车遥感检测31391辆次，路检935辆次，全年首发、换发环保标志共20341个。加强自动化监测能力建设，在流溪河水质自动监测站、2个空气自动监测站的基础上，进一步落实国控、省控和重点污染源企业的在线监控系统建设，先后建成电镀、漂染和大型饮食业油烟在线监控系统。

环境执法　先后开展后亚运空气综合治理、流溪河饮用水源保护、全国环境安全大检查专项行动等多项执法行动，开展饮用水源污染、城区烟尘污染、农村畜禽养殖污染、饮食服务业污染及印染、化工、电镀、铅蓄电池等重点行业污染专项整治。全年开展各类专项行动、检查、排查中出动人员3137人次，检查单位1223家次，对环境违法企业作出行政处罚43宗，罚款90多万元，对存在环境问题的企业作出责令整改67宗，对拒不履行行政处罚决定的4家企业，依法向从化市人民法院申请强制执行，并已全部执行到位。

固体废物与辐射管理　全年安全转移和处置固体废物9100吨，其中危险废物1135吨、医疗废物285吨，处置利用达到100%。在全市范围内开展辐射安全监督检查专项行动，对全市各涉源单位进行检查和规范化管理培训，各涉源单位均能按照相关法律法规要求办理《辐射安全许可证》和签订安全责任书。

【流溪河饮用水源保护】　加大巡查频率，在定期和不定期巡查的基础上，增加夜间巡查。责令重点企业和敏感单位自查自纠，严防死守，整治重点行业和重点排污企业，尤其是位于饮用水源准保护区和涉亚重点区域内的重点排污企业的环境安全隐患，严查违法排污行为，圆满完成2011年环保挂牌督办任务，2家涉铅企业均已停产整治。

【主要污染物总量减排】　围绕污染物总量削减这个中心，狠抓各项减排措施的落实，在治理工程减排、结构调整减排和监督管理减排等各个方面取得成绩。突出工程减排，以水投集团承建的4座污水处理厂和明珠污水处理厂为突破口，充分发挥污水厂的减排效益；强化结构减排，着力调整产业结构，淘汰落后产能，全市有耀华建材有限公司和富隆纸厂两家企业，因产业技术落后，能耗和环境污染较大而关闭；实施监管减排，全面推行企业清洁生产和深度治理工作，全市有70家企业自愿开展清洁生产审核工作；全面推进监测体系建设，建成全市电镀、漂染等重点污染源自动监控系统网络。2011年，落实化学需氧量减排量498.1吨、氨氮减排量23.45吨、二氧化硫减排量5.1吨、氮氧化物减排量3.06吨，圆满完成广州市下达的年度污染物减排目标任务。

【生态文明建设】　新农村建设　为巩固从化市市直相关职能部门、镇（街）、村党的建设“三级联创”活动成果，“三级联创”的团星村、桥头村、大夫田村、和睦村、宣星村、赤树村、新联村7条村的生态项目工程已进入工程竣工验收阶段；邓村、荷村、水坑村的生态项目示范工程已竣工；中塘村、龙角村、光辉村、合群村已进入工程设计阶段；市环保局的帮扶村太平镇西湖村生态示范村项目已完成建设规划和实施方案的评审工作。

创建“绿色社区”和“绿色学校”　推进中小学环境教育，全市环境教育普及率达100%；指导街道和社区开展“绿色社区”创建工作，经广州市“绿色社区”考核组专家现场考察、群众座谈和查阅资料三个环节的评审，评定城郊街旺城东社区、良口镇碧水新邨社区为“广州市绿色社区”。

【环保应急能力建设】　为增强应对突发环境污染事故的能力，应对各类型突发环境事件，修订完善《从化市突发环境事件应急预案及操作手册》、《从化市核与辐射事故应急预案及操作手册》。组织环境应急人员参加广州市和从化市的各类突发环境事件应急监测演习。妥善处理温泉镇石海村垃圾焚烧事件，以及安全生产和交通事故等原因引起的汉普公司爆炸和风云岭路段氢氟酸罐车泄露、龙潭段高溴树脂槽罐车翻车等事件，防止造成对环境的二次污染。加大对应急管理的投入，不断完善自动监控平台，提高环境监察、监测应急反应能力和预警水平。全市93家环境统计企业已全部编制环境污染事故应急预案，并形成应急体系。

【环境保护信访】　市环保局妥善答复人大建议1件、政协提案5件；处理来电、来信、来访、网上投诉以及信访局转办投诉333宗，投诉涉及的问题主要有水、气、声、渣等各种污染问题，办复率100%。

【宣传教育】　以环保行动月、“6·5”世界环境日为契机，联合市委宣传部和企业开展环保宣传活动，在宣传活动期间，发放环保布袋300多个，发放宣传资料1000多册（张），制作宣传图板10多块，横幅2条。接待咨询群众60多人，现场受理多宗群众环境咨询和投诉。通过开展主题为“构筑生态屏障、发展生态产业、打造生态品牌，建设珠三角最宜居生态城市”的纪念“六·五”世界环境日宣传咨询活动，进一步提高公众的环境意识，倡导生态文明理念，推动环保事业发展，在全市营造人人关心环保、人人支持环保、人人参与环保的良好氛围。

（市环保局供稿，徐小婷执笔）

气 象 事 业

【管理机构】　从化市气象局属广州市局和从化市人民政府双重管理单位，办公地址从化市环市东路323号（江埔街江村105国道旁），有编制16名，其中地方编制7名。2011年末，在职27人，有局长1人、副局长2人。内设机构有：办公室、业务科、防雷所。

7月1日，市气象局开通从化天气语音查询热线“62160121”

【气候概况】　2011年总体气候特征雨量偏少，气温变化幅度大，初雷日、开汛日偏迟，暴雨日数、雷暴日数和日照时数少，多项气象数据创新纪录。年降水量1307毫米，比近30年平均值（1952毫米）偏少3成；开汛时间比历史平均值迟近1个月；暴雨日数仅为3天，比历史平均值（8.4天）少；年雷暴日数64天，比上年少9天；年日照时数1785.6小时，比历史平均值偏少2成；年平均气温为20.9℃，最高气温37.5℃，最低气温0.7℃；1月、2月、3月、5月、10月气温均比累年平均值偏低1℃以上，其中1月平均气温9.0℃，比平均值偏低3.8℃；4月、6月、8月、9月平均气温与累年平均值持平，但6月、8月高温日数偏多，共有28天；11月平均气温为20.5℃，比累年平均值偏高2℃。

【气象灾害】　旱情　自2010年10月至2011年4月以来，从化市降雨量比常年同期偏少约7成，降水严重偏少，导致从化市于2011年4月出现旱情，受旱总面积74708亩，其中水稻50594亩，蔬菜12207亩，花生11907亩。

雷电灾害　从化市属雷暴高发地区，全年全市雷电灾害发生11宗，直接经济损失113.2万元。

【业务质量】　地面测报：台站平均错情率0.0‰，台站个人平均错情率0.0‰，报表错情率0.0条/月。农气质量报表错情率0.0‰。天气预报：一般天气24小时晴雨预报准确率为93%；低温预报准确率为78%；高温预报准确率为94%；暴雨24小时预报准确率为52%；暴雨过程预报准确率为74%。

【气象服务】　基本情况　及时向当地政府和有关部门发出书面天气报告，其中《从化气象信息快报》48期，《从化气象信息专报》20期，天气报告急件2期，电视新闻稿件23份，报刊新闻报道4篇，专项天气预报523期，中长期天气预报38期，农情旬月报36期，各种专题天气预报38份，预报预警短信395条。发布预警信号53次：暴雨预警信号12次；雷雨大风预警信号4次；寒冷预警信号16次；高温预警信号10次；森林火险预警信号11次。

特色气象服务　无偿为全市200多户畜牧水产养殖户提供3—5天天气预报和灾害天气预警信息；11月起为温泉、鳌头两镇的贫困农民发展冬种马铃薯扶贫开发项目免费提供专题气象服务；无偿为“广州市驻从化扶贫工作组”

176名工作人员提供手机短信服务；7月1日开始，开通“从化天气语音查询热线”，查询热线：62160121。

秋冬春连旱预报服务　及时报准2011年第一场透雨，降低抗旱成本。多次通过《从化气象信息快报》、《从化气象信息专报》、手机短信、电话等形式向市委、市政府、三防办、应急办、各镇街等相关单位及有关领导汇报情况；通过报社和电台、电视台、从化气象信息网等新闻媒体对外发布气象信息。至2011年4月，发布《从化气象信息快报》35期，《从化气象信息专报》12期，新闻稿件30篇，决策服务短信约64.4万人次。

强降水预报服务　2011年首次发布暴雨橙色预警，提前预警，服务及时，效果显著，全市没有出现灾情。受季风低槽影响，6月28—30日，从化市各地出现一次大雨到暴雨，局部大暴雨的降水过程，降雨主要集中在28日下午至29日夜间，过程累计雨量在38—161毫米之间，江埔钓里自动站录得全市过程最大雨量161.4毫米。在这次过程中，市气象局领导和业务人员一起加强值（守），密切观测雷达回波动向和自动站雨情，及时地以短信或电话方式向市委、市政府、三防、镇街领导汇报，并提出有效的防御建议。整个过程发布暴雨黄色预警信号2次、暴雨橙色预警信号1次和雷雨大风预警信号1次。

高温过程天气预报服务　8月，从化市先后受大陆高压脊、热带气旋“梅花”和“南玛都”外围下沉气流的影响，出现3次高温炎热天气过程，出现高温14天。8月除上旬末中旬初降小到中雨外，其余大部分时间无雨或零星小雨，月雨量比常年同期偏少约9成。市气象局多次以天气快报、天气报告、显示屏和新闻稿件等多种形式，发布高温天气过程，提醒各有关方面注意做好防暑降温工作，并特别提醒户外或者高温条件下的作业人员做好防高温措施。并将快报等文字材料传真到市委、市政府、三防办、市应急办、市水务局、各镇（街）等相关部门，以及各专业用户、畜牧水产养殖户和各大型建设工地。全年发布高温黄色预警信号累积时间为547小时，约23天。

气象保障服务　做好各种大型户外活动、重大社会政治经济活动和重要节假日的气象保障服务工作，准确的预报和热情的服务受到相关部门领导和群众的一致好评。包括春运、两会、高考和中考期间气象保障服务；春节、清明、五一、端午节、国庆、重阳节等重大节日天气预报服务；6月22日为从化市政府北回归线“夸父追日”活动提供现场预报服务；出色完成7月30日“中国从化2011国际青少年航空教育交流会暨广东从化绿道旅游文化节的开幕式”的气象保障服务工作，被授予“从化旅游发展突出贡献奖”；森林火险天气预报与服务工作得到市委市政府的充分肯定，连续三年被评为从化市“森林防火先进单位”；9月19日，做好广州市加快北部山区发展工作检查现场会暨“百企助百村”扶贫开发项目签约仪式短时临近预报服务，按照广州市局要求，从10时开始至14时以短信方式每两小时一次发至市政府办公厅秘书处和当地政府有关人员；10月25日，副局长但建茹接受从化电视台专访，对2011年前期天气进行总结，并就冬春天气形势进行分析，并提出相关气象灾害防御建议。

【防雷减灾】　防雷减灾工作执行国家防雷规范，贯彻落实“预防为主、防治结合”的方针，通过2011年计量认证现场评审。2011年，市气象局开展气象防雷法律法规和安全知识大宣讲活动，落实防雷减灾安全制度、签订防雷安全责任书、与监管企业建立防雷安全台账、加强施放气球的管理，对全市16所中、高考考场进行防雷安全专项检查。全年共对325个单位进行防雷设施的年度检测，其中易燃易爆场所192个，其他建构筑物141个，发出整改意见18份；新建报建单位72个，发出审查意见72份；进行雷击风险评估单位24个；为从化市扶贫开发项目设立审批绿色通道，优先加快办理，限期2日内办结，边备边办，主动跟进，全程服务。

附表1　2011年从化市预警信号发布情况

单位：次

森林火险			暴雨		高温		雷雨大风
黄色	橙色	红色	黄色	橙色	黄色	橙色	蓝色
1	2	1	10	1	9	1	4

（市气象局供稿，李林执笔）

经济监管

发展改革

【管理机构】 市发展和改革局（加挂从化市粮食局、从化市物价局牌子）属政府序列行政单位，办公地址在从化市街口街河滨北路32号1—6楼。定编47名，其中行政编制38名（含记账行政编制13名）、工勤编制5名、事业编制4名。2011年末，在职48人，有局长1人、党委书记1人、党委副书记1人、副局长5人。内设机构有8个：办公室（党委办公室、监察室与其合署）、综合规划科、投资管理科、重点项目科、粮食调控管理科、经济体制改革办公室、物价管理科、金融服务办公室；副科级直属行政单位有：从化市经济动员办公室、从化市物价检查所（挂从化市价格举报中心牌子）；下属机构有：正股级事业单位从化市价格认证中心（下设鉴证科）；市重点项目督查办公室设在该局；市轻轨办、市上市办、市医改办工作职能由该局承担；社会民间团体从化市价格协会由该局主管。下属粮食企业有：街口粮所、太平粮所、城郊粮所、鳌头粮所、龙潭粮所、棋杆粮所、民乐粮所、吕田粮所、灌村粮所、桃园粮所。党委属下党支部有9个：市财政局、统计局、审计局、平安保险公司、街口粮所、物资总公司、市发改局机关、市发改局老干、市发改局物价党支部。

【2011年国民经济和社会发展计划执行情况】

总体情况　2011年，全市深入实施“大交通、大旅游、大产业、大平台”发展战略，以建设珠三角最宜居生态城市为总目标，以“三个重大突破”为总抓手，以保障和改善民生为总任务，经济社会发展呈现出“发展提速、转型加快、效益趋好、民生改善、后劲增强、态势良好”的势头。2011年，全市地区生产总值首次突破200亿元，达到223.81亿元，比上年（下同）增长13.2%，在广州市区、县级市中排名第二。其中一、二、三次产业增加值分别为19.72亿元、104.77亿元和99.33亿元，分别增长5.0%、14.7%和13.4%，对生产总值（GDP）增长的贡献率分别为3.7%、51.5%和44.8%，三产比重由2010年的9.71∶46.18∶44.11调整为2011年的8.81∶46.81∶44.38，二产、三产比重稳步提高。经济综合发展实力位居全省67个县（市）前列。

第一产业　全年实现农业总产值33.89亿元，增长5.3%，现代都市农业的特色和基础作用得到加强。年种植粮食、水果、蔬菜、花卉98.5万亩，流转土地4.8万亩，培育发展各级龙头企业50家、农民专业合作社169个。“一村一品”发展到20个品种、40条村，获评省名牌农产品12个。建成无公害农（畜）产品基地135个，完成无公害农产品产地认定15.49万亩、无公害农产品认证57个、绿色产品和有机产品认证6个。国家绿色农业示范区创建工作全面启动，10大绿色农业工程进展顺利。圆满完成194万亩集体林权主体改革任务，林地所有权证、使用权证和股权证发证率均达99.0%，从化市获“广东省集体林权制度改革先进集体”称号。

12月31日，从化市首家平价超市鳌头镇万福源超市举行挂牌剪彩仪式

第二产业　全年完成工业总产值（现行价）421.43亿元，比上年增长14.3%。工业企业效益持续改善，全年规模以上工业企业利润达到9.38亿元，增长41.5%。民营经济增加值102亿元，增长12.0%，占全市生产总值比重45.6%。“天马”、“三雅”、“华林”3个摩托车品牌在83个国家注册，成为联合国采购指定供应商。成功引进杰士杰新材料、金光伏新能源等一批投资超百亿元的战略性新兴产业重大项目，广汽日野汽车、丰力轮胎、广东动漫产业园、珠江生命健康城及科技CBD、广州市珍奇味食品有限公司5个“广东省现代产业500强”项目增资扩产，汽车及零部件、家用电器、机电设备等79个工业项目全面开工。规模以上高新技术产品产值82.1亿元，占规模以上工业总产值比重20.6%。

第三产业　全年旅游业总收入43.02亿元、接待游客1220.84万人次，分别增长22.0%和19.7%，县域旅游综合竞争力居全省十强首位。社会需求继续扩大，实现社会消费品零售总额78.32亿元，增长18.1%，增幅居广州市第3位。房地产业健康发展，房价调控目标如期实现。实现商品进出口总值31.04亿美元，增长29.8%，其中出口18.85亿美元，增长28.6%，增幅跃居广州市第1位。国际会议中心（一期）、国际商贸城、家居广场等一批现代服务业项目建成。

社会各项事业　全市规范化学校比例达80.7%，校舍安全工程开工率100%，普通高考5项指标创历史新高。市中心医院扩建工程投入使用，10所镇级医院升级改造工程全面启动。创建文明城市工作扎实开展，市民文明素质和城市文明程度进一步提升。8个镇（街）文化站和265个村（居）文化室、农家书屋功能设施逐步完善。新增4个项目成功入选广州市非物质文化遗产保护名录。《今日从化》成功改版扩面，新闻广电事业加快发展。七星体育公园、云岭湖公园等建成开放，参加广州市第十五届运动会夺得金牌49.5枚。档案新馆主体工程基本完成。人口计生工作水平进一步提高。新建生态文明村（社）52条、省（广州市）卫生村28条。建成垃圾压缩中转站5个，有序推进10个垃圾分类试点，无害化处理率100%。城乡居民收入迅速提高，城镇居民人均可支配收入21755元，农村居民人均纯收入9856元，分别增长11.9%和16.9%。城乡居民收入差距进一步缩小，城乡收入比降至2.2∶1，低于广州市2.33∶1的整体水平，农村居民人均纯收入增幅连续四年高于城镇居民人均可支配收入。社保体系更加健全，保障标准持续提高。全年发放低保金4999.47万元，城镇低保标准由原来的355元/月提高到415元/月。医药卫生体制改革成效明显，基本药物种类和覆盖范围不断扩大。城乡医疗保障体系更加完善，城乡居民基本医疗保险参保44.3万人，基金征缴率99.8%。转移农村劳动力1.1万人，登记失业率控制在3.5%以内。教育资金投入力度不断加大，义务教育巩固率达99%以上。1360套保障房开工建设，完成农村危破房改造9442户。新建五保村12个，老人供养率100%。建成基层工疗站5个，6730名残疾人得到康复服务和医疗救助。

固定资产投资和重大项目建设　2011年固定资产投资继续保持较快增长，全年完成投资总额111.30亿元，增长22.1%，增速在广州各区（县级市）中排名第四。招商引资取得新突破，借力“新广州·新商机”系列招商活动，签约重大产业项目34个，投资总额1800亿元。吸收利用外资规模扩大，全年实际利用外资2.09亿美元，增长34.1%，增幅为广州市第1位。全年安排重大产业项目62个，总投资约1580亿元，其中纳入省现代产业500强项目5个、纳入广州市重点建设项目9个。其中钻石轮胎、永新包装等19个工业项目竣工投产。从都国际商务会议中心（一期）、欣荣宏国际商贸城、美时家居广场等一批现代服务业项目建成。大津电器、先强药业、亨龙机电及广州赛马场等一批增资扩产项目加快推进。规划建设面积146平方公里的广东从化经济开发区、29.28平方公里的流溪温泉旅游度假区和约10平方公里的万花园三大战略性发展平台定位更加明确，设施日渐完善，经济发展的引擎作用明显增强。全面梳理并建立全市建设项目库，其中在建、续建项目259个，总投资394亿元；可开工建设项目183个，总投资618亿元；具备及部分具备动工条件项目46个，总投资324亿元；在谈项目117个，总投资1972亿元。加强重点建设项目的督促检查，推动项目加快落实进度，全市各重点项目总体进展较为迅速，全年完成投资59.15亿元，占全市固定资产投资完成额的54.2%。

全市经济社会发展存在的问题和困难　全市经济规模总量还不够大，产业发展水平和质量还不够高，转型升级任务仍然艰巨，特别是工业转型面临更大压力；从化市经济为大投资主导拉动型，要加快实现增长动力从要素投入为主向创新驱动为主转变；土地、资金、人才等制约发展的因素仍未得到根本性解决；交通等瓶颈制约还没有得到根本解决，城乡一体化和城市精细管理水平还有待提高；区域发展还不够平衡，改善民生和扶贫开发任务仍然繁重；思想观念还不够解放，危机意识、责任意识、大局意识还不够强，创新力、突破力、执行力还有待进一步提高。

【经济社会发展规划】　加强对全市重点工作、重大问题的研究，谋划新对策、新建议；组织开展统筹城乡一体化建设、加快推动产业转型升级、加快经济发展方式转变等研究活动，形成一批有力度、有深度、有高度的调研报告，发挥建言献策作用。围绕大局抓规划，谋划长远发展，完成“十二五”规划重大课题的研究及规划纲要的撰写，并经市第十四届人大第七次会议批准通过；协调推进市“十二五”规划各项专项规划的编制工作；2011年末，市“十二五”规划汇总编制工作全面完成；完成“从化市实施《珠江三角洲地区改革发展规划纲要（2008—2020年）》实现‘四年大发展’工作方案”的编制任务。做好经济运行监测，及时掌握全市月度经济运行情况、做好季度经济分析和综合性对比分析，编印《每月经济分析》专刊。做好节能减排工作，提出从化市“十二五”节能目标拟定值和分析材料，拟出“从化市低碳试点示范区建设工作方案”；2011年单位生产总值（GDP）综合能耗比上年下降4.1%，二氧化硫和化学需氧量排放量削减完成年初目标。重点治理工业企业等七大类污染源，环境空气质量优良率100%。

【投资管理审批】 科学合理安排年度投资计划，加强投资项目管理，提高行政服务效能；加强对从化工程建设领域项目检查监督；严格项目审批程序，提高对开发选址、土地使用、企业资质、建设资金等方面的准入门槛，确保建设项目符合城市总体规划和土地利用规划。2011年，办理企业、外商投资项目核准10次，政府投资项目审批855次，基建工程及特许经营项目招标方式和招标范围核准48次，企业投资项目（含商品房屋建设项目）备案86个，建立重点建设项目“绿色通道”服务制度，项目办结率100%。争取上级资金支持，加强市退二园区、自然村道、教育基础设施、中心镇医院、政法基层建设等项目资金扶助申报工作，全年共争取国家、省、广州市发改委补助资金2亿多元。

【三个重大突破】 重大战略性基础设施建设 综合交通网建设加快推进，增从高速从化段完成主体工程，广从轻轨已通过国家专家组评审，大广、北三环、佛清从高速等重大交通设施项目前期工作进展顺利。沿江路、江湾路及海塱东路等重点市政道路改造提前完成，第二批自然村道建设进展加快。能源供应网进一步健全，110千伏绿洲送电工程和水南输变电站建设进入尾声。社会配套网络全方位覆盖，城乡污水处理二期工程全面推进，市自来水扩容工程启动，基础资源保障能力进一步增强，保障性住房工程、农村危破房改造工程、中小学校安工程顺利推进；黎塘河一河两岸整治工程一期、市体育活动中心建设接近尾声。

重大战略性主导产业建设 永新包装、亨龙机电首期、广汽日野汽车项目（首期）、广州家用电器（从化）制造基地冰箱等先进制造业重大建设项目试产。战略性新兴产业培育取得新突破，华南国际新材料产业基地、杰事杰新材料、华南光伏产业基地等重大新兴产业项目相继落户并稳步推进。现代服务业发展迅猛，从都国际商务会议中心、欣荣宏国际商贸城、美时家居广场等大型高端项目建成并开始招商试营业，珠江医疗城项目前期工作进展顺利，广东动漫产业园、广州国际贸易城等项目加速推进。旅游业档次不断提升，建成国家3A和4A级景区6个、三星和四星级酒店12家、五钻级酒家5家。

重大战略性发展平台建设 广东从化经济开发区加快建设，道路交通等配套设施进一步完善，经济规模和产业竞争力进一步壮大，2011年实现工业总产值223.82亿元，实现税收9.5亿元，工业总产值占全市的半壁江山。温泉养生谷建设开发顺利，从都国际商务会议中心开始试营业，红树林度假酒店群首期全面推进。万花园现代农业示范区顺利推进，已落户企业31家，流转土地1.1万亩，被纳入国家农业部、广东省合作共建的“珠三角国家级现代农业园区”。

【粮食管理】 市粮食储备工作承储广州市本级储备粮2.5万吨、从化市本级储备粮1.4万吨、从化市本级储备食用植物油200吨。抓好储备粮“一符、三专、四落实”［一符即账实相符；三专即对所存储粮油（料）做到专仓储存、专人保管、专账记载；四落实即“品种、地点、数量、质量”落实。］及“四无”（无害虫、无变质、无鼠雀、无事故粮仓）标准的制度落实；完成全国食用油库存大检查及春秋两季粮油安全普查，实现仓储工作连续保持29年

"四无"粮仓称号。粮食库存到位，完成粮食轮换任务。2011年广州市、从化市两级储备粮轮换共14767吨、食用油轮换200吨；全市储存粮食安全，储备考核规模达标。加强粮食流通监督检查，全年检查涉粮企业15间，发放"粮食收购许可证"1个，取消两个（撤并企业）；开展粮情固定调查农户30户，完成稻谷早晚造原粮卫生、质量品质测报专项调查；做好涉粮社会流通统计、粮油供应市场信息及价格测报工作，确保粮油市场稳价保供。粮食应急工作预案得到有效保障。粮食安全应急体系、应急处置能力得到完善和不断提高，落实应急网点12间，建立应急合作伙伴1家。完成军需粮油供应任务，粮油质量实行"一批一检"制，做到"不断供"、送货上门。粮食流通基础设施建设得到进一步加强。仓储设施取得新成效，完成"十二五"仓储设施建设编制计划，全年争取从化市本级及上级财政部门财力支持565万元，对太平（在建1新仓）、棋杆、吕田（各竣工1新仓）等粮仓进行改造，增加仓容量3000吨，并完成太平、龙潭粮所挡土墙维修；各粮所利用自有资金约30万元，先后对仓库、道路等设备设施进行维修。

【经济体制改革】　发挥综合协调全市改革的职能，参与上级布置的重大改革和从化市重点领域的体制改革工作。医药卫生体制改革工作取得新的突破，牵头制定并实施《市委、市政府关于深化医药卫生体制改革的实施意见》、《从化市基层医疗卫生机构综合改革实施方案》等一系列政策文件；全市医改工作按上级要求稳步推进，全市医药卫生五项重点改革工作成效显著；2011年9月30日全面完成基层医疗卫生机构综合改革工作。全市供水资源整合工作有力推进，制定《太平镇太祥自来水有限公司、从化市经济技术开发区自来水有限公司整合方案》和《从化市鳌头自来水有限公司实施体制改革相关问题的情况汇报和工作建议》，全市供水企业整合改革工作有条不紊推进。加强对全市各项改革的总体指导，参与制定《简政强区改革方案》、《我市社会管理服务体制改革工作方案》和《关于推进农村综合改革实施意见》等政策性文件，并根据综合协调统筹各项工作的推进。

【金融服务】　全市金融形势稳步发展，年末金融机构存贷款余额为251.40亿元和144.04亿元，分别比上年增长14.8%和31.5%。拓展金融服务能力进一步加强，完成从化市首家小额贷款公司——广州市从化神州小额贷款有限责任公司的设立并开展营业，2011年累计贷款总额超过1亿元，贷款余额近8000万元，对中小企业与"三农"（农村、农业、农民）提供的优质融资服务成效明显；推进全市第一家村镇银行（柳州银行）筹建工作，并已通过省银监核准筹建。推进企业上市工作有序进行，2011年全市拟上市企业有广州市迪彩化妆品有限公司、广州（从化）亨龙机电制造实业公司等7家企业，并进入不同程度的上市实操程序；逐步分类建立企业上市梯队和上市资源库，全市有上市潜质并在未来3年内有上市计划的企业有3家，全市符合上市基本条件的企业有23家。进一步推进投融资体制改革，草拟《从化市搭建五大平台、健全政银合作机制》对接沟通平台，围绕扩大民间投资，研究制定鼓励和促进民间投资健康发展的政策措施，支持民间投资投向公用事业、社会事业等经济社会发展薄弱环节。开展政策性保险业务工作，加强与农业、保险等单位的沟通合作，协调推进政策性农村住房保险、水稻保险等城乡政策性保险业务的健康发展，落实支农惠农政策。

【物价管理】 价格调控监测 加强对市场20多种主要食品价格的实时监测，做好宣传引导，消除群众的涨价心理预期；开展农超对接平价商店建设的认定工作，从化鳌头万福源超市、从化圭曙农产品经营部、利亨百货、街口粮所4家单位已认定为从化首批平价商店；保障低收入群众基本生活，协助做好发放动态生活价格临时补贴等工作；做好从玉菜场、东升菜场等企业向广东省物价局申报价格调节基金，共争取并到位扶持资金190万元。配合民政等有关部门做好低收入群体的基本生活保障工作，协助做好发放动态生活价格临时补贴、提高低保对象生活补贴标准等。

价格和收费行政管理 进一步推进清费治乱工作，在2011年3—5月，组织开展2010年度全市收费综合年审工作，审查收费项目137项，审查金额2亿多元，指出各类违规收费5项，收费秩序得到进一步规范；审核换发行政事业性收费许可证97个、经营服务性收费许可证56个、教育收费许可证61个；加强收费的日常监督管理，加强收费备案，规范企业自主定价行为；贯彻落实省、市相关价格政策，减轻企业、群众涉费负担，营造良好的经济发展环境；坚持依法行政，2011年7—9月，与政府法制办开展全市行政事业性收费和经营服务性收费清理工作，审核35个单位120个收费许可证、101项行事收费，审核17个单位60个收费许可证、76项经营服务性收费，经清理，对其中的12项手续不健全的收费予以整改。

价格监督检查 坚持查处案件与事前预防相结合，价格和收费行为进一步规范。强化明码标价，着力规范市场交易行为和推动农村明码标价工作；继续加强对商贸流通企业的价格监管，打击价格欺诈行为；规范涉房价格和收费行为，7月出动30多人次，在全市开展商品房销售明码标价专项整治行动；加大价格执法力度，组织开展药品和医疗服务价格检查，加强对涉农价格和收费的监督检查，实施全市中小学校教育收费的监管检查，查处教育乱收费3宗，退还学生家长4.1万元；加强节假日市场价格监督检查力度，对群众基本生活必需品、紧缺消费品的市场价格检查，以及交通运输价格、旅游行业（景点）的监督检查；迅速应对3月17日的全市食盐价格异动风波工作，及时启动价格异动应急预案，成立4个检查组分赴5镇3街，深入市场、超市、购销部、小卖部开展食盐市场价格大检查，加强市场食盐价格监测，密切注意食盐价格的变动；加强食盐价格政策宣传，公布当地食盐零售价格水平，加大舆论和社会监督力度，通过多措并举，抑制食用盐抢购风潮蔓延，维护群众利益；进一步抓好价格举报工作，全年受理各种价格举报31件，其中来电8件、来访4件、上级交办19件，已办结31件，办结率100%。

价格认证 全年办理各类涉案财产价格鉴定案件业务435宗，鉴定金额1906万元。价格认证呈现服务政府工作有新提高、涉农价格鉴证工作由新成效、涉纪财物价格鉴定工作有新作为等特色。在配合市纪委和市政府处理公挂私牌违规车辆工作处理中，累计鉴定车辆320多辆，鉴定金额1400多万元。做好政府定价项目成本审核、成本监审监测、农产品成本调查等价格服务工作。

【市价格协会会务】 至年末，协会有个人会员32人，集体会员70家，其中2011年新发展5家；全年各会员单位缴纳会费总额14万元。加强协会日常业务工作管理，参与由市物价局牵头的价费调研、监测工作；加强社会物价监管员的业务知识培训，在1月组织召开座谈会，提高社会物价监管员的业务水平；组织全市社会物价监管员参加省、广州市举办的业务培训；及时组织和加大信息宣传报道力度，在媒体上报道全市的价格形势等信息，正确宣传价格政策，开展价格法律法规宣传，扩大价格工作影响面；为企事业单位提供价格服务；落实从化市小水电电价，明确从2011年2月1日开始，从化市的小水电上网收购价不再执行丰枯峰谷电价，统一按照每千瓦时45.25分（不含税）结算；承担价格管理的辅助性、事务性工作；协助物价局做好政府定价项目成本审核工作，对市建设局、中心医院、从化太平兴富农副产品批发市场停车场、部分镇街的环卫收费、体育局河滨泳场、口岸报关公司车检场、石门国家森林公园等政府定价、指导价项目进行综合调研和评估，为他们开展正常收费做好咨询参考；配合开展“价格诚信”工作和“价格服务进万家”系列活动；协助办好《从化物价》；为协会理事、常务理事征订《粤港澳市场与价格》杂志，及时传递市场价格信息。

附表1　2011年从化市在建项目目录表

单位：万元

项目类型	建设项目		建设规模及内容	建设起止年限	总投资	2011年计划投资额	项目业主	资金来源	负责部门
	序号	项目名称							
总计	202				3890677	826428			
一、工业类	小计	42			905187	175369			
	1	广州万宝集团冰箱有限公司项目	项目占地约1100亩，建成后年生产能力将达到冰箱250万台、冷柜50万台、冰箱压缩机1000万台、商用空调3000套、空调压缩机80万台、电机1000万台、启动器保护器4000万套、漆包线10000吨。	2008—2014	200000	43000	广州万宝集团冰箱有限公司	企业自筹	明珠工业园
	2	丰力公司扩建年产400万条载重子午线轮胎首期200万条项目（增资扩产）	在现有厂区地块内进行扩建，占地面积约150亩，首期年产200万条载重子午线轮胎。	2010.03—2015	179400	39300	丰力公司	企业自筹	明珠工业园

续上表

项目类型	建设项目		建设规模及内容	建设起止年限	总投资	2011年计划投资额	项目业主	资金来源	负责部门
	序号	项目名称							
一、工业类	3	广汽日野汽车项目(首期)	建设总装、涂装、焊装、冲压四大工艺车间及车架车间、办公楼、食堂、污水处理站等建构筑物，总建筑面积80179m2，建成后形成重卡20000辆、轻卡30000辆的产能。	2008—2013	239906	16087	广汽日野汽车	企业自筹	明珠工业园
	4	美都化妆品基地项目	园区基础建设及厂房建设	2007—2012	74400	15000	美都化妆品基地	企业自筹	城郊街
	5	钻石轮胎项目	项目用地75亩，年产摩托车外胎1000万条，内胎1600万条。	2009.01—2011.06	22300	7500	丰力公司	企业自筹	明珠工业园
	6	广州咏全家具工艺有限公司项目	工业基地	2011—2012	9500	7000	广州咏全家具工艺有限公司	企业自筹	温泉镇
	7	广州永新包装有限公司项目	厂房建设	2010—2011.10	20000	4870	广州永新包装有限公司	企业自筹	经济技术开发区
	8	广州市沧州肉食制品有限公司项目	厂房建设	2010.02—2011.10	9000	4386	广州市沧州肉食制品有限公司	企业自筹	经济技术开发区

续上表

项目类型	建设项目		建设规模及内容	建设起止年限	总投资	2011年计划投资额	项目业主	资金来源	负责部门
	序号	项目名称							
一、工业类	9	广州雨润食品有限公司（二期）项目	厂房建设（24203平方米）年产值约3000万元	2011.01—2011.12	5000	4000	广州雨润食品有限公司	企业自筹	鳌头镇
	10	广州昊星机电有限公司项目	项目用地42.6亩	2010.10—2012.05	5000	4000	广州昊星机电有限公司	企业自筹	明珠工业园
	11	广州万博钢业有限公司项目	项目用地34.02亩，厂房建设	2011.04—2012.12	5000	2500	广州万博钢业有限公司	企业自筹	明珠工业园
	12	广州诗兰服饰有限公司项目	厂房建设	2009—2011	5000	2000	广州诗兰服饰有限公司	企业自筹	城郊街
	13	广州永泰和汽车用品有限公司项目	厂房建设	2009.12—2011.08	5000	2000	广州永泰和汽车用品有限公司	企业自筹	经济技术开发区
	14	广州中盈置业有限公司项目		2009.06—2011.08	5438	2000	开发区	企业自筹	经济技术开发区
	15	邦特汽车零部件项目项目	厂房建设，年产值约1500万元	2011.01—2012.06	3000	1800	邦特汽车零部件项目	企业自筹	鳌头镇
	16	广州富美奥涂料有限公司项目	厂房建设，年产值约800万元	2010.01—2011.06	1800	1800	广州富美奥涂料有限公司	企业自筹	鳌头镇

续上表

项目类型	建设项目		建设规模及内容	建设起止年限	总投资	2011年计划投资额	项目业主	资金来源	负责部门
	序号	项目名称							
一、工业类	17	宝生园从化分公司项目蜂产品厂房建设	占地约15亩，建筑面积约10000㎡	2008.04—2011.03	4500	1500	广州市宝生园有限公司从化分公司	企业自筹	太平镇
	18	广州创源五金塑料有限公司项目	厂房建设	2009.12—2011.03	5000	1500	广州创源五金塑料有限公司	企业自筹	经济技术开发区
	19	广州市格菱国际钢构有限公司项目	厂房建筑面积9000㎡	2010.08—2011.12	1532	1200	广州市格菱国际钢构有限公司	企业自筹	太平镇
	20	广州（从化）亨龙机电制造实业有限公司项目	厂房建设	2010.07—2011.09	20000	1200	广州（从化）亨龙机电制造实业有限公司	企业自筹	经济技术开发区
	21	广州市壁神新型建材有限公司项目	厂房建筑面积15000m^2	2010.08—2011.12	2574	1000	广州市壁神新型建材有限公司	企业自筹	太平镇
	22	广州市易接通电力五金有限公司项目	厂房建筑面积8000m^2	2010.08—2011.12	1483	1000	广州市易接通电力五金有限公司	企业自筹	太平镇

续上表

项目类型	建设项目		建设规模及内容	建设起止年限	总投资	2011年计划投资额	项目业主	资金来源	负责部门
	序号	项目名称							
一、工业类	23	广州真柔美化工有限公司项目	厂房\办公楼4000平方米	2010—2012	1200	1000	广州真柔美化工有限公司	企业自筹	温泉镇
	24	广州佳得塑料有限公司项目	厂房建设	2010.04—2011.09	5000	1000	广州佳得塑料有限公司	企业自筹	经济技术开发区
	25	广州高坤电子有限公司项目	厂房建设	2009.07—2011.10	2000	1000	广州高坤电子有限公司	企业自筹	经济技术开发区
	26	拜奇（广州）日用品有限公司项目	厂房建设	2010.08—2011.04	2500	1000	拜奇（广州）日用品有限公司	企业自筹	经济技术开发区
	27	广州百仕高实业有限公司项目	项目用地171.5亩，厂房、办公楼建设	2007.04—2011.05	20000	1000	广州百仕高实业有限公司	企业自筹	明珠工业园
	28	广州市德讯电子制造有限公司项目	项目用地45.32亩	2011.06—2012.05	20000	1000	广州市德讯电子制造有限公司	企业自筹	明珠工业园
	29	广州市荣亚塑胶科技有限公司项目	项目用地49.2亩	2004.09—2011.05	2000	800	广州市荣亚塑胶科技有限公司	企业自筹	明珠工业园

续上表

项目类型	建设项目		建设规模及内容	建设起止年限	总投资	2011年计划投资额	项目业主	资金来源	负责部门
	序号	项目名称							
一、工业类	30	马贝建筑材料（广州）有限公司项目（增资扩产）	厂房建设	2010.06—2011.03	1600	721	马贝建筑材料（广州）有限公司	企业自筹	经济技术开发区
	31	利建项目二期	建设宿舍楼。	2010—2011.10	9393	500	利建集团	企业自筹	明珠工业园
	32	广州市飞奔汽车配件厂项目	项目用地13.3亩	2010.10—2011.05	1000	500	广州市飞奔汽车配件厂	企业自筹	明珠工业园
	33	从化金百合陈列设计有限公司项目	厂房建设	2010.9—2011.10	530	400	从化金百合陈列设计有限公司	企业自筹	经济技术开发区
	34	广州卫富科技开发有限公司项目	厂房建设	2010.06—2011.04	2500	385	广州卫富科技开发有限公司	企业自筹	经济技术开发区
	35	广州永富家具实业有限公司项目	宿舍楼车间厂房8389平方米	2011—2013	671	300	广州永富家具实业有限公司	企业自筹	温泉镇
	36	从化市兴华电镀厂项目	厂房建设，试产	2009.09—2011.04	2000	300	从化市兴华电镀厂	企业自筹	鳌头镇
	37	广州天琪实业有限公司项目	项目用地23.6亩	2009.1—2011.7	1000	250	广州天琪实业有限公司	企业自筹	明珠工业园

续上表

项目类型	建设项目		建设规模及内容	建设起止年限	总投资	2011年计划投资额	项目业主	资金来源	负责部门
	序号	项目名称							
一、工业类	38	从化市华胜塑料制品有限公司项目（增资扩产）	厂房建设	2009.12—2011.03	1000	210	从化市华胜塑料制品有限公司	企业自筹	经济技术开发区
	39	广州迦莱日用品有限公司项目	项目用地25亩	2010.01—2011.05	2200	200	广州迦莱日用品有限公司	企业自筹	明珠工业园
	40	广州奥太制冷设备有限公司项目	项目用地40亩	2009.10—2011.05	2000	100	广州奥太制冷设备有限公司	企业自筹	明珠工业园
	41	广州市江丰生物科技有限公司项目	厂房建设，试产	2010—2011	2000	50	广州市江丰生物科技有限公司	企业自筹	鳌头镇
	42	广州思飞化学品有限公司项目	厂房建设	2009.12—2011.03	1760	10	广州思飞化学品有限公司	企业自筹	经济技术开发区

续上表

项目类型		建设项目		建设规模及内容	建设起止年限	总投资	2011年计划投资额	项目业主	资金来源	负责部门
		序号	项目名称							
二、基础设施类		小计	51			342386	173411			
	交通	交通小计	3			286860	150.990			
		1	广州增城至从化高速公路从化段	路基、路面、桥涵及沿线附属设施从化段长26.2公里主线双向6车道附线4车道	2009—2011	258000	137000	交通局	政府投资	交通局
		2	第二批自然村村道硬底化改造	路面路基改造	2010—2012	24360	10.990	交通局	政府投资	交通局
		3	从化市国道105线和省道355线城区段升级改造项目一期土建和路面沥青铺设工程省道355线一标段（从化大道隧道）	市政道路工程和配套设施建设长约400米宽60米。	2010.01—2011.10	4500	3000	城乡建设局	政府投资	城乡建设局

续上表

项目类型		建设项目		建设规模及内容	建设起止年限	总投资	2011年计划投资额	项目业主	资金来源	负责部门
		序号	项目名称							
二、基础设施类	其他基础设施	其他小计	48			55526	22421			
		1	鳌头镇污水管网工程	配套污水管网约37.5公里	2011.05—2012.12	27270	10000	城乡建设局	政府投资	城乡建设局
		2	明珠工业园职工安置小区、汽车零部件方向及兴园南路方向10KV线路和配电工程	明珠工业园职工安置小区10KV线路和配电工程（包含首期农民拆迁安置小区配电工程；汽车零部件方向10KV线路和配电工程（包含首期自建厂房配电房配电工程）；兴园南路方向10KV线路和配电工程	2011.04—2011.12	2800	2800	明珠工业园	政府投资	工业园
		3	从化市黎塘河一河两岸整治第一期工程	整治黎塘河风云岭灌溉渡槽至蓝田桥段提防2.069公里拓挖河道1.335公里护岸3.769公里新建挡水建筑（橡胶坝）1座管理区建筑面积301平方米除险加固挡水陂1座	2009.12—2011.12	4448	2669	水务局	政府投资	水务局
		4	从化市流溪河河堤（街口大桥至迎宾大桥）景观工程	街口大桥至迎宾大桥段总长3.5公里园林绿化、亲水平台、观景亭建设共有桥头广场、河岛公园等18个建设节点	2010.08—2011.09	3336	1835	水务局	政府投资	水务局

续上表

项目类型		建设项目		建设规模及内容	建设起止年限	总投资	2011年计划投资额	项目业主	资金来源	负责部门
		序号	项目名称							
二、基础设施类	其他基础设施	5	明珠工业园市政供水管网及市政消防系统首期工程	包括汽车零部件基地、明安路和南组团市政供水管网及市政消防系统工程、职工安置小区首期室外供水工程、农民安置小区首期市政供水管网及市政消防系统工程管网总长度约13KM管径为DN100 ~ DN600不等	2011.04—2011.12	1500	1500	明珠工业园	政府投资	工业园
		6	110千伏绿洲送电工程	新建110千伏绿太、绿岗输电线路	2010—2011	7641	1200	供电局	企业自筹	供电局
		7	鳌头镇垃圾压缩站建设工程	压缩车间、办公室及停车场及相关设备	2010.09—2011.09	390	390	鳌头镇	政府投资	鳌头镇
		8	从化市旅游标识牌制作安装工程	在从化市境内G105、G106、S355、S118、S256、S254等国、省道主干道及X285、X286等县道、部分村道规划设置旅游标识牌在从化辖区涉及的路段约350公里长在此基础上推进在进入从化的京珠、街北等高速公路规划设置旅游标识。	2010.06—2011.12	658	328	旅游局	政府投资	旅游局

续上表

项目类型		建设项目		建设规模及内容	建设起止年限	总投资	2011 年计划投资额	项目业主	资金来源	负责部门
		序号	项目名称							
二、基础设施类	其他基础设施	9	广州从化良口供电所生产营业综合大楼	新建良口供电所生产营业综合大楼	2009—2011	900	200	供电局	企业自筹	供电局
		10	桃莲站 F5 新增温泉根竹山、新桃红配变解决桃红配变供电半径过长	新增温泉根竹山、新桃红台区	2010—2011	139	139	供电局	企业自筹	供电局
		11	白兔站 F11 新增伙东配变解决象新村委配变重载及供电半径	新增伙东台区	2010—2011	123	123	供电局	企业自筹	供电局
		12	太平站 F11 兴华支#10 杆新增二级站#2 配变解决#1 配变重载	新增二级站#2 台区	2010—2011	79	79	供电局	企业自筹	供电局
		13	新增沙莹配变 S11－250kVA 解决原沙莹新围配变过载	新增沙莹台区	2010—2011	57	57	供电局	企业自筹	供电局

续上表

项目类型		建设项目		建设规模及内容	建设起止年限	总投资	2011年计划投资额	项目业主	资金来源	负责部门
		序号	项目名称							
二、基础设施类	其他基础设施	14	太平站F20干线#24塔新增莫庄配变解决康乐东配变重载	新增莫庄台区	2010—2011	55	55	供电局	企业自筹	供电局
		15	从化站F5新增岭南市场配变解决岭南村委配变重载	新增岭南市场台区	2010—2011	55	55	供电局	企业自筹	供电局
		16	太平站F10谢冠华支线#6杆新增下大埔#2配变解决#1配变供电半径远	新增下大埔#2台区	2010—2011	51	51	供电局	企业自筹	供电局
		17	110千伏水南输变电工程	新建110千伏水南站及110千伏绿水输电线路	2010—2011	5132	50	供电局	企业自筹	供电局
		18	新增罗洞新村配变解决罗洞配变供电半径过长	新增罗洞新村台区	2010—2011	48	48	供电局	企业自筹	供电局
		19	白兔站F4新增三源旧围配变解决白石三员配变重载	新增三源旧围台区	2010—2011	45	45	供电局	企业自筹	供电局

续上表

项目类型		建设项目		建设规模及内容	建设起止年限	总投资	2011年计划投资额	项目业主	资金来源	负责部门
		序号	项目名称							
二、基础设施类	其他基础设施	20	明珠站F16新增横坑小学配变解决大围配变供电半径过长	新增横坑小学台区	2010—2011	44	44	供电局	企业自筹	供电局
		21	明珠站F14干线#02杆一中公变原S9－200kVA配变重载换大变压器	一中改造	2010—2011	44	44	供电局	企业自筹	供电局
		22	新增龙桥草圹配变解决草圹公变供电半径过长	新增龙桥草圹台区	2010—2011	38	38	供电局	企业自筹	供电局
		23	灌村站F4新增信洞新村配变解决信洞配变供电半径过长	新增信洞新村台区	2010—2011	36	36	供电局	企业自筹	供电局
		24	新增城郊街新开村五队配变S11－160kVA解决原配变重载	新增城郊街新开村台区	2010—2011	35	35	供电局	企业自筹	供电局

续上表

项目类型		建设项目		建设规模及内容	建设起止年限	总投资	2011年计划投资额	项目业主	资金来源	负责部门
		序号	项目名称							
二、基础设施类	其他基础设施	25	神岗站F1艾园支#22杆木棉艾园台区更换残旧低压线工程	木棉艾园台区改造	2010—2011	35	35	供电局	企业自筹	供电局
		26	桃莲站F3龙岗市场公变台区改造	龙岗市场公变台区改造	2010—2011	35	35	供电局	企业自筹	供电局
		27	凤一村金钱山原S9－80kVA配变重载换大变压器	凤一村金钱山台区改造	2010—2011	34	34	供电局	企业自筹	供电局
		28	太平站F15罗洞庄支#06杆新增元埔山配变解决罗洞庄配变供电半径远	新增元埔山台区	2010—2011	32	32	供电局	企业自筹	供电局
		29	太平站F20干线#15杆新增美华侧公变解决三鸟市场公变重载	新增美华侧公变台区	2010—2011	32	32	供电局	企业自筹	供电局

续上表

项目类型		建设项目		建设规模及内容	建设起止年限	总投资	2011年计划投资额	项目业主	资金来源	负责部门
		序号	项目名称							
二、基础设施类	其他基础设施	30	新增锦三村辣塘配变解决原配变重载	新增锦三村辣塘台区	2010—2011	31	31	供电局	企业自筹	供电局
		31	太平站F12环球华大支#5杆新增工业大道东公变解决管委会公变供电半径远	新增工业大道东台区	2010—2011	30	30	供电局	企业自筹	供电局
		32	新增从化站F1关围#2配变S11－630kVA解决#1配变重载	新增从化站F1关围#2台区	2010—2011	29	29	供电局	企业自筹	供电局
		33	新增延庆配变解决江办配变供电半径过长	新增延庆台区	2010—2011	29	29	供电局	企业自筹	供电局
		34	新增单竹#2配变S11－100kVA解决单竹配变供电半径过长	新增单竹#2台区	2010—2011	28	28	供电局	企业自筹	供电局

续上表

项目类型		建设项目		建设规模及内容	建设起止年限	总投资	2011年计划投资额	项目业主	资金来源	负责部门
		序号	项目名称							
二、基础设施类	其他基础设施	35	聚宝站F10新增泥沙岭配变解决龙聚石西配变重载	新增泥沙岭台区	2010—2011	28	28	供电局	企业自筹	供电局
		36	街口站F7干线高潭、东方残旧配变更换	高潭、东方台区改造	2010—2011	25	25	供电局	企业自筹	供电局
		37	新增城郊街红旗村郑屋配变S11－100kVA解决原配变重载	新增城郊街红旗村郑屋台区	2010—2011	24	24	供电局	企业自筹	供电局
		38	桃莲站F5禾丰台区更换残旧低压线	禾丰台区改造	2010—2011	23	23	供电局	企业自筹	供电局
		39	河东北台区新出低压线工程	河东北台区新出低压线改造	2010—2011	22	22	供电局	企业自筹	供电局
		40	白兔站F5新增大岭配变解决南楼#1配变供电半径远	新增大岭台区	2010—2011	22	22	供电局	企业自筹	供电局

续上表

项目类型		建设项目		建设规模及内容	建设起止年限	总投资	2011年计划投资额	项目业主	资金来源	负责部门
		序号	项目名称							
二、基础设施类	其他基础设施	41	新增从化站F19向阳支#46杆配变S11－100kVA解决原配变重载方案	新增从化站F19向阳支#46杆台区	2010—2011	21	21	供电局	企业自筹	供电局
		42	桃莲站F2新平岗台区残旧低压线更换	桃莲站F2新平岗台区残旧低压线更换	2010—2011	21	21	供电局	企业自筹	供电局
		43	白兔站F5新增连塘配变解决楼星杉田配变供重载	新增连塘台区	2010—2011	19	19	供电局	企业自筹	供电局
		44	温泉站F2乌石大围台区残旧低压线更换	温泉站F2乌石大围台区残旧低压线更换	2010—2011	19	19	供电局	企业自筹	供电局
		45	新增江村#2配变S11－100kVA解决江村配变重载	新增江村#2台区	2010—2011	17	17	供电局	企业自筹	供电局
		46	灌村站F8南埔台区更换残旧低压线	灌村站F8南埔台区更换残旧低压线	2010—2011	16	16	供电局	企业自筹	供电局

续上表

项目类型		建设项目		建设规模及内容	建设起止年限	总投资	2011年计划投资额	项目业主	资金来源	负责部门
		序号	项目名称							
二、基础设施类	其他基础设施	47	锦三村单竹原S11－30kVA 换大变压器解决原配变重载	锦三村单竹台区改造	2010—2011	16	16	供电局	企业自筹	供电局
		48	温泉站F14新园台区残旧低压线更换	温泉站F14新园台区残旧低压线更换	2010—2011	14	14	供电局	企业自筹	供电局
三、服务业类		小计	10			1476300	213580			
		1	从都国际会议中心	总建设用地规模约1900亩，总建设面积17万平方米，将打造成为集商务会议、旅游度假、高尔夫、健身、疗养等于一体的国际化商务会议区。	2008—2013	500000	65000	侨鑫集团	企业自筹	流溪温泉
		2	广州从化动漫产业园	占地约2500亩，已建面积约120000㎡	2010—2015	600000	55000	广州从化动漫产业园发展有限公司	企业自筹	太平镇
		3	欣荣宏国际商贸城	商贸城；200000平方米	2010.07—2011.01	60000	30000	广州市宏都房地产有限公司	企业自筹	江埔街
		4	珠光云岭湖假日酒店	酒店	2010—2014	70000	30000	广州从化珠光投资有限公司	企业自筹	街口街

续上表

项目类型	建设项目		建设规模及内容	建设起止年限	总投资	2011年计划投资额	项目业主	资金来源	负责部门
	序号	项目名称							
三、服务业类	5	从化温泉土地储备开发项目	项目规划面积2928公顷，可出让土地面积317.5公顷，建设安置区面积24.03万平方米，市政配套面积3.68玩平方米，度假村道路及绿化17672米，桥梁4座，温泉供水管线10.42公里，路灯工程17.67公里，电力工程15.63公里	2005—2013	195100	23300	流溪温泉	政府投资	流溪温泉
	6	华熙温泉度假村建设	建设五星级标准酒店，包括600间客房	2009—2012	30000	4000	广州华熙有限公司	企业自筹	流溪温泉
	7	蜜蜂文化科学博览园	蜜蜂博览园	2011.02—2012	5600	2500	广州市谭山蜂业有限公司	企业自筹	江埔街
	8	美时居家居广场	家居装饰市场；40000平方米	2010.06—2011.04	7000	1960	从化市远达实业有限公司	企业自筹	江埔街
	9	崴格斯温泉庄园三期工程	宴会中心、客房	2010—2011	2600	1000	广州崴格斯有限公司	企业自筹	良口镇
	10	广州外婆家农业生态旅游有限公司（兰花世界）	兰花生态旅游区	2008.07—2018	6000	820	广州外婆家农业生态旅游有限公司	企业自筹	江埔街

续上表

项目类型	建设项目		建设规模及内容	建设起止年限	总投资	2011年计划投资额	项目业主	资金来源	负责部门
	序号	项目名称							
四、农业类	小计	65			112549	24520			
	1	万花园示范基地	打造2.7万亩集生产、科研、示范、深加工、休闲观光旅游于一体的鲜切花基地	2005—2015	50000	12000	农业局	政府投资	城郊街
	2	共星村苗树种植基地	租地250亩	2011—2015	1000	1000	农业局	企业自筹	太平镇
	3	分水村兰花基地	租地200亩	2011—2015	2000	1000	农业局	企业自筹	太平镇
	4	木棉村茶油树基地	租地1000亩	2011—2015	1000	800	农业局	企业自筹	太平镇
	5	土地整理开发项目（城郊街光联村）	城郊街光联村土地开发整理补充耕地项目，建设规模496亩	2011.01—2011.12	719	719	国土局	政府投资	国土局
	6	土地整理开发项目（鳌头镇黄茅村）	鳌头镇黄茅村土地开发整理补充耕地项目，建设规模373亩	2011.01—2011.12	541	541	国土局	政府投资	国土局
	7	现代化全天候花卉生产温室建设	温室大棚	2011	530	530	农业局	企业自筹	农业局
	8	“从化市太平镇中心坑（下游段）改造工程”与“太平污水处理厂管网（下游段）建设工程”	改造2.692km排洪渠两岸堤围，其中中心坑段长1.55km，支流紫泉坑段长0.4km，城区污水坑段长0.742km；新建、重建机耕桥3座，人行桥4座，水陂4座	2010.01—2011.12	1150	517	水务局	政府投资	水务局

续上表

项目类型	建设项目		建设规模及内容	建设起止年限	总投资	2011年计划投资额	项目业主	资金来源	负责部门
	序号	项目名称							
四、农业类	9	鳌头镇五丰—西湖灌渠改造工程	按灌溉设计保证率85%改造灌渠4860米，新建机耕桥26座，行人桥40座，泄洪口25座	2011.01—2011.05	320	320	水务局	政府投资	水务局
	10	从化市潖江（二）河支堤洞口水河堤安全达标工程	按20年一遇防洪标准整治堤围2.35公里，重建水闸1座，新建穿堤排水涵管4座	2010.09—2012.03	525	315	水务局	政府投资	水务局
	11	从化市龙潭水库安全达标工程	主要建设内容为坝面混凝土护面、坝顶路面硬化处理、坝体灌浆、新建管理用房、改造溢洪道、完善安全观测设施和防汛公路改造等	2011.01—2012.05	386	309	水务局	政府投资	水务局
	12	绿昇农业公司10万吨/年绿生牧草及种植示范基地项目	500亩、年产牧草10万吨	2009—2035	12959	275	广州市绿昇农业公司	企业自筹	鳌头镇
	13	从化乡土苗木示范基地基础设施建设	路、排灌等	2011.05—	264	264	农业局	政府投资	农业局
	14	从化市鳌头镇新坑支堤两岸防洪整治工程	按10年一遇洪水标准设计，整治堤防2036米，需重建水1座和新建穿堤涵管1座	2011.01—2012.06	394	236	水务局	政府投资	水务局

续上表

项目类型	建设项目		建设规模及内容	建设起止年限	总投资	2011年计划投资额	项目业主	资金来源	负责部门
	序号	项目名称							
四、农业类	15	从化市太平镇南窿水库达标工程	上游坝面混凝土护面、坝体灌浆、重建放水涵管控制塔，管房，加固溢洪道出水口，改造防汛公路，完善安全观测设施，储备防汛抢险物资等	2011.01—2012.05	294	236	水务局	政府投资	水务局
	16	鳌头镇凤岐村陂头重建工程	重建陂头一座，设计断面：1.5＊1.2＊32（宽＊高＊长，m），受益面积2200亩	2011.01—2011.05	231	231	水务局	政府投资	水务局
	17	从化市太平镇邓村、元洲岗花卉生产基地基础设施建设	路、排灌等	2011.5	225	225	农业局	政府投资	农业局
	18	从化市潖江（二）河支堤响水河堤安全达标工程	按20年一遇防洪标准整治堤围1.9公里，重建水闸1座，新建和重建穿堤排水涵管4座	2010.08—2011.12	373	224	水务局	政府投资	水务局
	19	鳌头珍稀植物种植庄园	种植500亩	2010—2040	33000	200	广州市裕丰农业发展有限公司	企业自筹	鳌头镇
	20	鳌头镇黄茅村陂头、渠道改造工程	改造陂头一座，整治渠道3公里受益面积1200亩	2011.01—2011.05	195	195	水务局	政府投资	水务局

续上表

项目类型	建设项目		建设规模及内容	建设起止年限	总投资	2011年计划投资额	项目业主	资金来源	负责部门
	序号	项目名称							
四、农业类	21	从化市麻村水库安全达标工程	主要建设内容为坝面混凝土护面、坝体灌浆、重建启闭机房、建设溢洪道边及底板、坝体背水坡铺草皮、新建管理用房和完善安全观测设施等	2011.01—2012.05	247	185	水务局	政府投资	水务局
	22	从化市鳌头镇桥头村排洪渠整治工程	从化市鳌头镇桥头村排洪渠整治工程主要任务是：对鳌头镇桥头村2条排洪渠1条支渠，共1530米渠道进行整治	2011.01—2011.06	197	177	水务局	政府投资	水务局
	23	从化市太平镇石联村苗木示范基地建设	路、排灌等	2011	250	175	农业局	政府投资	农业局
	24	从化市温泉镇围下水库安全达标工程	本工程为小（二）型水库，工程建设内容包括大坝培厚加固、重建输水设施、整治溢洪道、修整防汛公路、新建防汛物资仓、完善安全观测设施和管理用房等。	2010.01—2011.12	211	169	水务局	政府投资	水务局

续上表

项目类型	建设项目		建设规模及内容	建设起止年限	总投资	2011年计划投资额	项目业主	资金来源	负责部门
	序号	项目名称							
四、农业类	25	从化市温泉镇平岗村联社农田标准化建设工程	标准化建设1000亩：整治排灌渠850米，新设4米宽机耕路4条，总长1500米；新设主灌渠4条，总长1500米、主排渠4条，总长1500米；支排渠6条，总长2399米；支灌渠7条，总长2099米，机耕桥4座	2010.12—2011.12	208	167	水务局	政府投资	水务局
	26	从化市鳌头镇桥头村农田水利标准化建设工程	标准化建设1300亩：整治排灌渠2条，总长2600米，新设4米宽机耕路2条，总长1560米；新设支排渠8条，总长4910米、支灌渠18条，总长5420米；项目标牌2座	2010.11—2011.06	267	160	水务局	政府投资	水务局
	27	从化市城郊街大夫田村农田水利标准化建设工程	标准化建设1300亩：整治排灌渠1100米，新设4米宽机耕路4条，总长2790米；主排渠2条，总长600米；支排渠5条，总长2650米；支灌渠13条，总长6410米	2011.01—2012.05	266	160	水务局	政府投资	水务局
	28	加工基地扩建二期项目	晒场建设	2011—2012	156	156	农业局	企业自筹	农业局

续上表

项目类型	建设项目		建设规模及内容	建设起止年限	总投资	2011年计划投资额	项目业主	资金来源	负责部门
	序号	项目名称							
四、农业类	29	从化市鳌头镇高平联社农田水利标准化建设工程	标准化建设1100亩：整治主灌渠6条总长2140米，整治4米宽机耕路5条，总长1150米；新设排灌渠2条，总长2000米、支灌渠1条，总长1200米；支排渠18条，总长4229米；反排渠8条总长2337米，机耕桥1座	2010.11—2011.06	239	143	水务局	政府投资	水务局
	30	从化市鳌头镇西湖村农田水利标准化建设工程	标准化建设1000亩：整治排灌渠6条，总长3590米，新设主排渠3条，总长1700米、支灌渠21条，总长5370米；支排渠10条，总长1900米；新设4米宽机耕路3条，总长1700米；项目标牌1座	2010.11—2011.05	208	135	水务局	政府投资	水务局
	31	从化市温泉镇新田村农田标准化建设工程	标准化建设800亩：整治排灌渠8条，总长3440米，新设主排渠2条，总长750米、整治排灌渠1条长150米，排洪渠2条总长580米，新设支灌渠24条，总长5551米；新设4米宽机耕路3条，总长1030米；机耕桥1座，渡4座	2010.12—2011.06	168	135	水务局	政府投资	水务局

续上表

项目类型	建设项目		建设规模及内容	建设起止年限	总投资	2011年计划投资额	项目业主	资金来源	负责部门
	序号	项目名称							
四、农业类	32	从化市鳌头镇新村南田农田水利标准化建设工程	标准化建设1000亩：4米宽机耕路3条，总长940米；主灌渠6条，总长1880米、支灌渠2条，总长1490米	2010.11—2011.06	209	125	水务局	政府投资	水务局
	33	从化市江埔街汉田村农田水利标准化建设工程	标准化建设1000亩：4米宽机耕路6条3.78公里，总引水渠1条1.47公里，主排灌渠7条9.6公里，支排灌渠10条6.52公里，跨渠板桥13座、圆涵17座，设项目标牌1座	2009.12—2011.12	199	119	水务局	政府投资	水务局
	34	鳌头镇横岭村灌渠整治工程	整治灌渠4110米。	2011.01—2011.05	117	117	水务局	政府投资	水务局
	35	从化市温泉镇平岗村小村落整治工程	采取渠道防渗、建筑物配套等工程及非工程措施，对温泉平岗村金鸡排洪和芦荻角排洪渠共1816米渠道进行改造，工程等级为V等，永久建筑物级别为5级，次要建筑物为5级	2010.12—2011.05	131	112	水务局	政府投资	水务局

续上表

项目类型	建设项目		建设规模及内容	建设起止年限	总投资	2011年计划投资额	项目业主	资金来源	负责部门
	序号	项目名称							
四、农业类	36	从化市吕田镇新联村小河堤整治工程	从化市吕田镇新联村小河堤整治工程内容为大坝河长1410米，沙坝河长310米，按照12米石坝，8米沙观坝控制河宽原则对河道进行清障拓宽，两河堤两岸均采用M7.5浆砌筑护岸挡墙，挡墙高出设计河底1.2米，附属建筑物包括新建机耕桥4座以及重建陂头1座等	2011.02—2012.12	223	112	水务局	政府投资	水务局
	37	鳌头镇月荣村陂头重建工程（改造加固）	重建陂头一座，设计断面：1.7*1.4*28，受益面积1200亩。	2011.01—2011.05	109	109	水务局	政府投资	水务局
	38	鳌头镇丁坑村灌渠整治工程	整治灌渠3650米	2011.01—2011.05	107	107	水务局	政府投资	水务局
	39	从化市良口镇少沙村农田水利标准化建设工程	标准化建设800亩：整治排灌渠8条总长3098米，整治4米宽机耕路5条，总长772米；新设排灌渠11条，总长2344米、支灌渠19条，总长4065米；支排渠3条，总长1396米；机耕桥3座	2010.11—2011.06	167	100	水务局	政府投资	水务局

续上表

项目类型	建设项目		建设规模及内容	建设起止年限	总投资	2011年计划投资额	项目业主	资金来源	负责部门
	序号	项目名称							
四、农业类	40	从化市鳌头镇帝田村农田水利标准化建设工程	标准化建设800亩：整治排灌渠300米，新设6米宽机耕路4条，总长1440米，新建主灌渠7条，总长2170米；新设支排渠7条，总长1965米、支灌渠10条，总长1763米；3米宽机耕路板桥3座，下田耕作入口25座，穿机耕路圆涵5座	2010.11—2011.05	167	100	水务局	政府投资	水务局
	41	万吨鲜果加工基地建设	烘干设备及车间	2011—	280	100	农业局	企业自筹	农业局
	42	粮食贮存冷库	粮食贮存冷库	2011—	245	100	农业局	企业自筹	农业局
	43	鳌头镇白兔村陂头引水渠整治工程	整治村内4条排灌渠（排灌渠A、B、C、D），总长2910m，另整治1条支渠，长80m。	2011.01—2011.05	93	93	水务局	政府投资	水务局
	44	鳌头镇鳌山村陂头重建工程（改造加固）	重建陂头一座，设计断面：1.5＊1.2＊19（宽＊高＊长，m），受益面积1200亩	2011.01—2011.05	90	90	水务局	政府投资	水务局

续上表

项目类型	建设项目		建设规模及内容	建设起止年限	总投资	2011年计划投资额	项目业主	资金来源	负责部门
	序号	项目名称							
四、农业类	45	从化市鳌头镇沙迳村联社农田水利标准化建设工程	标准化建设700亩：整治主灌渠5条2740米，整治4米宽机耕路2条，总长410米；新设主灌渠2条，总长410米、排洪渠5条，总长1740米；支灌渠19条，总长3110米，机耕桥3座，渡桥3座	2010.11—2011.06	149	90	水务局	政府投资	水务局
	46	从化市鳌头镇石联村农田水利标准化建设工程	标准化建设800亩：4米宽机耕路1条，总长240米；水渠1条，总长430米、主排渠2条，总长480米；支排渠6条，总长1430米；	2010.11—2011.06	169	85	水务局	政府投资	水务局
	47	鳌头镇楼星村陂头重建工程（改造加固）	重建陂头一座，设计断面1.6＊1.3＊25（宽＊高＊长，m），受益面积1200亩。	2011.01—2011.05	84	84	水务局	政府投资	水务局
	48	从化市吕田镇安山村白围农田水利标准化建设工程	标准化建设650亩：4米宽机耕路5条，总长2220米；水灌渠1条，总长2080米、主排渠7条，总长6410米；支排渠11条，总长4470米；	2010.11—2011.06	129	84	水务局	政府投资	水务局

续上表

项目类型	建设项目		建设规模及内容	建设起止年限	总投资	2011年计划投资额	项目业主	资金来源	负责部门
	序号	项目名称							
四、农业类	49	从化市吕田镇三村农田水利标准化建设工程	标准化建设600亩：整治水渠3条，2080米，新设3米宽机耕路4条，总长897米；主灌渠4条，总长897米、主排渠4条，总长897米；支排渠3条，总长726米；支灌渠4条，总长615米	2010.11—2011.06	124	74	水务局	政府投资	水务局
	50	从化市鳌头镇元眼窿水库安全达标工程	1. 对大坝进行全面加固整治，防渗除险，2. 新建溢洪道，确保雨季大坝安全3. 拆除重建梯级放水涵4. 整修进库公路5. 建设防汛抢险物资仓，满足防汛抢险需要6. 建设水库房、配套大坝安全监测和水文监测系统，改善工程管理设施和通讯设备	2011.01—2012.05	92	73	水务局	政府投资	水务局
	51	鳌头镇水西村排灌渠整治工程	整治排灌渠750米，新建支灌渠50米，设计断面：0.6 * 0.32（宽 * 高，m），设计流量0.084m^3/s，受益面积600亩。	2011.01—2011.05	69	69	水务局	政府投资	水务局

续上表

项目类型	建设项目		建设规模及内容	建设起止年限	总投资	2011年计划投资额	项目业主	资金来源	负责部门
	序号	项目名称							
四、农业类	52	鳌头镇月荣排涝站维修工程	站房加固，维修，重新配置变压器，电气设备，受益面积1000亩	2011.01—2011.05	68	68	水务局	政府投资	水务局
	53	从化市城郊街光辉村田心社农田标准化建设工程	标准化建设500亩：5米宽机耕路1条，总长520米；1.5米宽机耕路2条，总长735米，水渠2条，总长735米；排灌渠2条，总长1520米，主灌渠1条520米，机耕桥26座	2010.11—2011.06	99	64	水务局	政府投资	水务局
	54	从化市良口镇达溪村农田水利标准化建设工程	标准化建设550亩：4米宽机耕路5条，总长0.82公里；水渠1条，总长1850米、主排灌渠7条，总长4030米；支排渠8条，总长2050米；	2010.12—2012.05	110	60	水务局	政府投资	水务局
	55	鳌头镇大岭村抗旱抽水泵站建设工程	新建水渠道80米，泵站一座，渡槽190米，受益面积1000亩	2011.01—2011.05	60	60	水务局	政府投资	水务局
	56	广州外婆家兰花世界观光农业基地农田标准化建设	路、排灌等	2010.06—	250	57	农业局	政府投资	农业局

续上表

项目类型	建设项目		建设规模及内容	建设起止年限	总投资	2011年计划投资额	项目业主	资金来源	负责部门
	序号	项目名称							
四、农业类	57	鳌头镇务丰村灌渠改造工程	改造4条灌渠总长1.785公里，新建机耕路350米，行人交通桥、过路涵等。	2011.01—2011.05	53	53	水务局	政府投资	水务局
	58	从化市鳌头镇金鸡群水库安全达标工程	坝顶路面浇筑混凝土，上游坝面浇筑混凝土护面，坝体灌浆，整治溢洪道，新建反滤棱体，改造防汛公路，管理用房，完善安全观测设施，新建防汛物资仓	2011.01—2012.05	104	52	水务局	政府投资	水务局
	59	从化市温泉镇云星村新农村云星村新农村水利建设工程	本次工程整治的主要任务是：对温泉镇云星村4条排灌渠共长1.411km渠道	2010.01—2011.05	104	52	水务局	政府投资	水务局
	60	从化市良口镇赤树村小村落（排洪沟护脚）工程	从化市良口镇赤树村小村落（排沟护脚）工程内容A段排洪沟左岸护脚整治总长548.3米；B段排洪沟整治总长176.8米，渠底宽6米；C段排洪沟左岸护脚整治总长179.5米，右岸护脚整治总长182.3米，附属建筑物包括拆除重建机耕桥1座。	2011.01—2011.12	60	48	水务局	政府投资	水务局

续上表

项目类型	建设项目		建设规模及内容	建设起止年限	总投资	2011年计划投资额	项目业主	资金来源	负责部门
	序号	项目名称							
四、农业类	61	鳌头镇潭口村高陂灌渠整治工程	改造灌渠1370米，建设行人交通桥，沉沙池、陡槽等附属建筑物	2011.01—2011.05	46	46	水务局	政府投资	水务局
	62	鳌头镇歧田村灌渠改造工程	改造灌渠1.25公里，新建机耕桥1座，行人交通桥8座、渡槽3座	2011.01—2011.05	39	39	水务局	政府投资	水务局
	63	鳌头镇西湖村三丫松排灌渠整治工程	整治排洪渠170米，灌渠280米，支灌渠511米，新建行人桥2座，受益面积500亩	2011.01—2011.05	37	37	水务局	政府投资	水务局
	64	鳌头镇乌石村抗旱抽水泵站建设工程	新建进水池1座，钢筋混凝土渡槽200米，安装抽水泵一台0.069m³/s，受益面积250亩	2011.01—2011.05	25	25	水务局	政府投资	水务局
	65	鳌头镇横江村抗旱抽水泵站建设工程	新建进水池1座，钢筋混凝土捣虹吸管17米，安装抽水泵一台0.069m³/s，受益面积250亩	2011.01—2011.05	16	16	水务局	政府投资	水务局

续上表

项目类型	建设项目		建设规模及内容	建设起止年限	总投资	2011年计划投资额	项目业主	资金来源	负责部门
	序号	项目名称							
五、社会公益类	小计	23			172506	61880			
	1	广东省坪石监狱迁建项目	监房、厂房、办公楼、武警营房等	2011—2013.06	41808	29000	鳌头镇	政府投资	鳌头镇
	2	农村危破房改造	完成9442户农村危破房改造	2009.09—2011.12	24549	8661	国土局	政府投资	国土局
	3	城建学院（宿舍楼建设）	建宿舍楼；200000平方米	2011.03—2011.12	49529	7200	广州天马集团	企业自筹	江埔街
	4	从化市体育活动中心	集健身、休闲的多功能配套公共健身体育活动中心（占地76亩）	2008—2011	13000	5400	体育局	政府投资	体育局
	5	从化市人民检察院办案用房、专业技术用房建设	框架、室内装修	2010—2012	4800	3799	城郊街	政府投资	城郊街
	6	太平城市商业广场	总占地约110亩	2011.05—2013.05	11198	1300	太平镇政府	政府投资	太平镇
	7	广东水利电力职业技术学院（校区宿舍）	宿舍楼；10000平方米	2009.10—2011	997	997	广东水利电力职业技术学院	企业自筹	江埔街
	8	广州南洋理工职业学院（宿舍楼建设）	宿舍楼；40000平方米	2011.06—	14964	900	广州南洋理工职业学院	企业自筹	江埔街

续上表

项目类型	建设项目		建设规模及内容	建设起止年限	总投资	2011年计划投资额	项目业主	资金来源	负责部门
	序号	项目名称							
五、社会公益类	9	太平镇翔宇小学	占地约63亩，建筑面积约19238㎡	2011.05—2013.12	5000	610	太平镇	政府投资	太平镇
	10	14条五保村建设	楼房建设14条村×10套房×32平方米（含卫生间、厨房）	2010—2011	602	602	民政局	政府投资	民政局
	11	从化市流溪小学拆除重建1号教学楼4000㎡	从化市流溪小学拆除重建1号教学楼4000㎡	2011.04—2012.07	800	500	教育局	政府投资	教育局
	12	从化市第七中学教学楼、综合实验楼9850㎡及附属工程	从化市第七中学教学楼、综合实验楼9850㎡及附属工程	2010.01—2011.07	1756	500	教育局	政府投资	教育局
	13	从化市吕田中学体育馆1750㎡	从化市吕田中学体育馆1750㎡	2010.12—2011.07	409	409	教育局	政府投资	教育局
	14	鳌头派出所办公楼	办公场所	2011.03—2011.12	313	313	鳌头镇	政府投资	鳌头镇
	15	良口镇共青路口改造工程	105国道至安置区8号路段和共青路口进行改造，全场594M	2009—2011	333	300	良口镇	政府投资	良口镇
	16	镇区大道（石榴花山路段）	建设连接镇区与安置区道路，全场1.6KM	2010—2011	450	270	良口镇	政府投资	良口镇

续上表

项目类型	建设项目		建设规模及内容	建设起止年限	总投资	2011年计划投资额	项目业主	资金来源	负责部门
	序号	项目名称							
五、社会公益类	17	良口镇垃圾压缩站	建设一座垃圾压缩中转站，占地面积约7亩	2010—2011	530	270	良口镇	政府投资	良口镇
	18	太平镇上塘小学综合楼1800㎡	太平镇上塘小学综合楼1800㎡	2010.12—2011.07	199	199	教育局	政府投资	教育局
	19	太平镇第二中心小学学生宿舍楼1200㎡	太平镇第二中心小学学生宿舍楼1200㎡	2010.03—2011.08	190	190	教育局	政府投资	教育局
	20	溪头村旅游基础建设项目	商业街立面改造；建设简易码头；蔡家堡修正工程	2010—2011	275	175	良口镇	政府投资	良口镇
	21	镇区功能环境整治工程	对镇区内的支细管网建设；道路沥青路面建设（农行至黄龙带路口段）	2009—2010	525	105	良口镇	政府投资	良口镇
	22	良口镇旧城区亮化工程	镇区道路建设太阳能路灯113支，景观灯折点3个	2010—2011	200	100	良口镇	政府投资	良口镇
	23	从化市第二中学拆除综合楼2680㎡	从化市第二中学拆除综合楼2680㎡	2011.04—2011.07	80	80	教育局	政府投资	教育局

续上表

项目类型	建设项目		建设规模及内容	建设起止年限	总投资	2011年计划投资额	项目业主	资金来源	负责部门
	序号	项目名称							
六、房地产类	小计	10			876749	176008			
	1	珠光流溪御景项目	住宅小区	2008—2013	300000	40000	珠光投资发展有限公司	企业自筹	街口街
	2	广州君源置业有限公司商品房建设	商品房	2009.08—2012	30000	30000	广州君源置业有限公司	企业自筹	江埔街
	3	方圆明月山溪项目	别墅及洋房，总建面积33万平方米	2007—2014	157749	30000	广州方圆房地产有限公司	企业自筹	温泉镇
	4	从化兴利房地产开发有限公司商品房建设	商品房	2008.01—2013	50000	20000	从化兴利房地产开发有限公司	企业自筹	江埔街
	5	富力泉天下（原广州德和投资发展有限公司）	占地963亩总建约60万平方米	2008—2015	200000	16000	富力地产	企业自筹	温泉镇
	6	广州君之源投资管理有限公司商品房建设	商品房	2010.09—2012	38000	15000	广州君之源投资管理有限公司	企业自筹	江埔街

续上表

项目类型	建设项目		建设规模及内容	建设起止年限	总投资	2011年计划投资额	项目业主	资金来源	负责部门
	序号	项目名称							
	7	广东省水利厅从化疗养院二期项目	疗养建筑3.2万平方米	2010—2013	16000	10000	广东省水利厅从化疗养院	企业自筹	温泉镇
	8	翡翠城（房地产）	一、二期17栋60000平方米	2010—2012	15000	7000		企业自筹	鳌头镇
	9	望谷.御泉项目	住宅（低密度）8855平方米	2010—2015	40000	5598		企业自筹	温泉镇
	10	从化市兴业房地产公司商品房建设	商品房	2009.01—2012	30000	2410	从化市兴业房地产公司	企业自筹	江埔街
七、扶贫开发类	小计	1			5000	1660			
	1	鳌头镇中心医院	建设医技楼、防保楼（5500平方米）	2011—	5000	1660	鳌头镇	扶贫资金	鳌头镇

（市发展和改革局供稿，黄文彪执笔）

统　计

【管理机构】　市统计局属政府序列行政单位，2011 年 5 月办公地址从街口街新城东路 99 号迁至街口街蓝田西路 29 号。定编 20 名，其中行政编制 8 名、事业编制 11 名、工勤编制 1 名。2011 年末，在职 20 人（含政府雇员 1 人），有局长 1 人、副局长 1 人。内设机构有：办公室、综合统计科、工业统计科、农业统计科。直属事业机构有：市统计普查中心、市社会经济调查队、市服务业统计调查中心。

12 月 4 日，市统计局在新世纪广场开展统计法宣传活动

【开展统计“四大工程”建设试点】　从 2011 年年报和 2012 年定期报表开始，在全市范围内实施统计“四大工程”（即基本单位名录库、企业一套表制度、数据采集软件系统和联网直报系统）建设试点工作。该项工作是提高统计数据质量的关键性技术建设，市统计局高度重视，采取有力措施扎实做好试点各环节工作。组建工作队伍，成立试点工作领导小组及办公室，抽调各科室业务能手组建最具战斗力的工作团队。做好宣传培训，举办 8 期大规模的业务培训班，共培训镇街统计员和企业统计员 600 多人次。组织数据报送，在网上直报期间，督促企业按时报送数据，并及时做好在线审核、验收和催报工作，直报率超过全省平均水平，位居广州市前茅。

【完成人口普查数据处理】　从化市第六次全国人口普查数据处理工作在广州市人口普查办公室直接指导及部署下，经全市普查人员的共同努力、密切配合，有条不紊、高质量地完成任务。抓好工作筹备，制订数据处理方案、制度，确定人员及职责分工，并在市政府和上级普查办的支持下购置高配置计算机 6 台、借用上级激光打印扫描一体机 1 台、光电扫描机 1 台、服务器 1 台及一批网络设备，并调用局里计算机设备 4 套，为该项工作的有序开展提供了保障。确保处理环境稳定安全，要求全体人员在数据处理期间计算机设备必须服从管理员的管理，每天备份数据并做到数据处理期间严禁处理外来数据介质和上互联网，确保数据处理环境的稳定和安全。有效控制数据质量，数据处理的全过程秉着“环环紧抓，质量第一”原则，注重抓住每一个环节，确保按规定审好表。经快速汇总显示：全市常住人口为 593415 人，与第五次全国人口普查（2000 年 11 月 1 日零时）的人口相比，十年间共增加 75863 人，增长 14．66%，年平均增长率为 1．38%。数据处理工作及质量获得广州市统计局和人普办的肯定。

【完善统计制度和方法】　开展在地统计　根据《统计法》和省、广州市统计管理条例的有关规定，对镇（街）、园区统计调查方法进行规范，建立健全以周期性普查为基础，以经常性抽样调查为主体，同时辅以重点调查和科学推算等多种方法综合运用的方法体系，进一步明确各行业企业和个体户的调查范围和方法，并落实批发和零售业、住宿餐饮业、其他服务业等统计专业的镇级在地统计工作。

初步建立全市重点工业企业统计数据监测制度　按照2011年从化市工业经济运行分析会议精神，进一步做好全市规模以上工业企业的数据统计工作，提高统计数据质量、及时掌握企业发展状况，结合实际建立规模以上工业企业数据监测制度，实行月度汇总分析和季度监测报告。

【统计咨询和服务】　做好各阶段经济形势预测分析，及早准备，要求各专业科室重点监测本专业的行业发展、单位数量、经济总量的变化，结合掌握的情况进行重点分析，及早反映。深入调研，各科室与镇（街）统计办形成联动机制，有针对性地开展调研，就固定资产投资、工业产值、城乡居民收入、旅游消费情况等主要指标的趋势进行调查分析。强化分析，按时召开业务科长月度工作会议，由各科室按照前期工作要求调研收集相关数据，对调研情况详细分析、突出重点、找准问题，纵向看发展趋势，横向找差距。加强交流，参加广州市统计局举办的各区（县级市）局长联席会议，交流学习兄弟区县在经济运行态势分析预测工作上的先进经验和做法，不断完善数据预测评估机制。通过上述措施对全市经济发展情况进行实时预测和分析，做到既有专业分析又有综合分析，重点做好季度经济运行综合分析，从不同角度对经济发展中的成绩和存在的问题进行分析，为领导决策做好参谋。还注重做好统计资料编印，充分发挥统计工作的服务功能。及时为市委、市人大常委会、市政府和有关领导提供《从化统计月报》、《统计年鉴》、《国民经济和社会发展公报》以及每季度国民经济运行分析等各种经济运行监测资料，较好地发挥统计的“晴雨表”作用。2011年以来，共编发《从化统计月报小册子》、《统计年鉴》等资料1600多册，编发《统计分析》26篇，向市委办、市府办及有关职能部门报送信息68条，面向各级领导、有关部门和社会各界提供数据咨询服务180多次。

【统计基层基础建设】　基层统计机构建设　根据市政府办公室《转发广东省人民政府办公厅关于加强乡镇街道统计基础建设意见的通知》精神，在市政府的高度重视和相关职能部门的密切配合下，扎实推进统计基层基础建设工作。为确保该项工作取得实效，市政府分管副市长主持召开现场办公会议，召集各单位领导对镇（街）级统计机构建设工作进行深入动员，明确工作目标和任务。市统计局还巡回各镇（街）、园区进行指导和督促，取得各级领导的配合支持，在镇（街）级统计机构和人员无固定编制的情况下，仍然在广州地区率先实现所有镇（街）、园区设有统计专用办公室、配备3—4名专（兼）职统计员，并做到“有牌子、有制度、有设备、有经费”。各镇（街）、园区统计工作规范有序，运转良好。

完善镇（街）级统计信息网络　在已建成的镇级统计网络基础上，对原有网络进行升级优化，进一步健全统计系统网络建设，全市11个镇（街）、园区基本实现网上直报。

基层统计台账建设　结合广州市统计局关于统计业务基础工作规范化的标准要求，对全市各单位的统计基础工作进行抽查，农业、工业、投资统计等各专业的基层台账得到进一步规范和完善。

基层统计报表归档　确保统计工作及统计

数据的连贯性，各镇（街）、园区均按要求配备档案柜，及时对基层报表进行整理、装订和分类归档。

【统计法制建设】　把统计法制建设和法制宣传教育工作纳入统计工作重要内容，并组建机构，制定统计普法规划，针对不同的统计普法对象，采取形式多样的普法宣传教育方式，扩大统计法律法规宣传面。充分利用年报会、培训会等机会，重点突出对全市统计人员的《统计法》宣传和培训，借国家、省统计局开展“三上”（即：规模以上工业企业、限额以上批发零售和住宿餐饮业企业、资质以上建筑业企业）企业核查工作之际，对各镇（街）、园区及相关单位统计工作进行抽查，重点检查相关指标数据、统计原始记录台账、资料归档及相关经济指标的计算方法，对存在的问题及时提出整改意见，对屡次不改的单位或个人进行批评教育，从而使依法统计的观念意识渐入人心。创新工作思路，实现统计执法“三大转变”，即：由综合科专业人员执法向全员统计执法转变，由局部抽样执法向抓统计报表报送率和数据真实性的转变，由集中一次性执法向经常性执法转变。进一步完善“送、收、催、查”制度。每月对个别企业不能按时上报统计报表的给予送达、签收、催报、查询等统计执法文书进行严格的跟踪管理，以确保统计数据及时、准确。全年累计发出《统计法律事务告知书》418份，《统计报表催报书》14份，《统计检查查询书》2份。

【统计业务培训教育】　培训社会统计人员　在广州市统计局有关专业处室的指导下，举办面向全市各镇街（园区）、村（居）委统计员和有关企事业单位统计人员的专题业务培训，提供师资、场地和会务保障等方面的服务，先后召开培训会议18期，累计培训836人。内容涉及农业、工业、建筑业、商贸旅游业、房地产业、其他服务业和城镇（农村）居民收入调查、劳动情况、能源消费等10多个统计专业。

从业资格认定考试培训　组织全市统计从业资格考试培训和统计专业技术资格考试培训工作。在整个过程中，始终坚持为基层着想，与有关单位联系，开办从业人员资格考试培训班，培训学员121人。

统计人员继续教育　通过宣传动员，使参加统计继续教育的人数不断增加，推动基层统计人员业务水平的提高。在培训中做到方便灵活、服务到位，如通知用电话、手机信息等多种手段做到不遗漏，一切以方便考生为出发点。在老师的选择上尽量选择有经验的院校老师和统计部门业务骨干，并且每年对他们进行集中培训。通过抓师资培训确保培训质量，全市2011年继续教育人数达800人。

【机关效能建设年活动】　教育宣传　在干部职工中，以统计职业道德规范为标准，倡导廉洁、高效的工作作风。严格执行各项规章制度，以制度建设促队伍建设，从源头上杜绝不正之风的发生。通过学习教育，引导广大干部职工牢固树立科学的发展观和正确的政绩观。结合统计工作实际，组织全局党员干部经常性地、系统地学习与工作相关的专业知识、法律法规，不断提高干部职工的思想政治素质、业务水平和工作本领，全面提升机关整体工作的质量与效果。

专项治理　按照机关效能建设的有关要求，整顿会风、文风和清理“文山会海”及不当的会议安排和过度的公务接待，建立严格的会务审批制度，少开会、开短会、提高会务效率。

进一步抓好首问负责制、限时办结制、责任追究制等制度的落实，提高机关效能，提升统计形象。

规范行政行为 贯彻执行《行政许可法》，坚持严格执法、优化环境、服务大局的指导思想，重点抓法制建设和统计行政执法工作，以提高统计数据质量为中心，加大《统计法》的宣传力度，努力构建良好的统计法制环境，提高依法行政和依法统计的能力。坚持依法行政，正确处理优质服务与规范执法的关系，以创优质服务为主题，建立健全岗位责任制、全程服务等各项制度。

（市统计局供稿，陆俊杰执笔）

审　计

【管理机构】 市审计局属政府序列行政单位，办公地址在街口街府前路42号。定编18名，其中行政编制15名、工勤编制3名。2011年末，在职19人，有局长1人、局党支部书记1人、副局长2人。内设机构有：办公室、财政基建审计科、行政事业审计科、经济责任审计管理科、整改执法监督科（挂法规审理科牌子）。下属社团：市内部审计协会。2003年开始，市经济责任审计联席会议办公室（无编制）在市审计局内办公。

【概况】 围绕市委、市政府工作中心，坚持“依法审计、服务大局、围绕中心、突出重点、求真务实”的审计工作方针，坚持解放思想和创新工作相结合，把推进法治、维护民生、推动改革、促进发展作为审计工作的出发点和落脚点，重点抓好财政预算执行情况审计、领导干部经济责任审计、涉及人民群众利益的重要专项资金的审计调查以及上级审计机关统一组织及授权审计的项目，审计工作取得一定的成绩。全年完成审计项目26个，查出违规金额2260万元，管理不规范金额22084万元，应交财政金额1065万元，应归还原渠道资金1195万元，应调账处理金额8467万元。

11月22日，从化市2011年第二次经济责任审计工作联席会议在市审计局召开

【本级预算执行情况审计】 审计工作的重点是审查预算编制是否完整、细化并科学合理，预算审批程序是否规范；审查预算执行是否与预算编制相结合；审查预算收入的征缴是否及时、预算资金的拨付是否规范、预算收支结算是否准确；审查财政专项资金分配是否科学、合理，资金使用效果是否达到预期目标。2011年，对市财政局具体组织的本级预算执行和其他财政收支情况、地税系统2010年度税收征管情况进行审计。对市林业局、市人口和计划生育局的部门预算执行情况进行审计。通过审计，追缴财政收入756万元，纠正虚增预算收入861万元、少记国库存款8000万元，指出市内存在部分项目预算执行率低、预算编制未能科学化、合理化等问题，并就相关问题提出有效、可行

的意见和建议，使从化市财政预算更趋合理和科学。

【乡镇财政审计】 根据上级审计机关“各区、县级市按10%比例安排乡镇财政审计，规范财政收支管理，促进乡镇政府依法办事”的要求，对市吕田镇2010年度财政决算进行审计，对该镇政府及其部门的会计资料和其他有关资料实施检查。通过审计，纠正该镇政府债权、债务清理不及时，往来款长期挂账等问题，进一步规范乡镇财政管理工作。

【经济责任审计】 贯彻落实中共中央办公厅、国务院办公厅《党政主要领导干部和国有企业领导人员经济责任审计规定》，开展领导干部经济责任审计工作。2011年，完成11名领导干部的经济责任审计工作，审计查出违规金额72万元，管理不规范金额525万元，应上缴财政金额65万元。通过审计，明晰领导干部的经济责任，并对任期内的经济责任情况作客观的审计评价，为组织人事部门使用干部提供可靠依据。促进领导干部依法理财，依法行政，增加自觉遵守财经法规的意识。

【专项资金审计】 根据上级审计机关和市政府的工作部署，2011年分别完成专项资金审计或审计调查项目7项，主要包括：市新口岸建设资金专项审计、甘肃舟曲救灾资金物资审计、2010年广东扶贫济困捐赠款物专项跟踪审计、公立医院收费项目审计调查、农村义务教育学校债务专项审计调查、国道105线迎宾大道至流溪温泉广场段沿线环境整治及升级改造工程专项资金审计、高中债务调查。通过审计，促进政府和有关部门加强对专项资金的管理，提高专项资金使用效益，提出合理审计建议。

【内部审计】 依托市内部审计协会平台，开展“管理、服务、宣传和交流”活动，健全体制，拓展服务，切实加大内审指导力度，进一步提高内审人员的业务素质，促进内审工作的规范化建设，推动全市内审工作不断发展。市内审协会根据《章程》的有关规定，对市太平经济技术开发区、市教育局等单位进行了业务指导和内部审计的咨询服务，指导所在单位的内审人员进行内审工作，指出存在的问题，纠正财务票据不规范的地方，提出建账中应该注意的事项等。还组织1期内审人员培训班，参加培训的内审人员47人，通过培训学习，不断提高内审人员的审计技能和水平，开拓工作视野。

（市审计局供稿，邓杰锋执笔）

工商行政

【管理机构】 广州市工商行政管理局从化分局归口广州市工商行政管理局垂直管理，办公地址在街口街中田东路41号。定编283名，其中行政编制181名，行政执法专项编制44名，工勤编制33名，事业编制15名，依照公务员法管理编制10名。2011年末，在职247人，有党委书记1人、局长1人、副局长3人。内设机构有11个：办公室、党委办公室（和人事教育科、监察科合署办公）、注册科、企业监督管理科（和个体私营经济管理科合署办公）、市场规范管理科（和牲畜屠宰管理科合署办公）、商标广告管理科、合同管理科、法规科、经济检查科、消费者权益保护科、食品流通监督管理科。派出机构有：街口、城郊、江埔、太平（和神岗工商所合署办公）、鳌头（和龙潭、民乐、棋杆工商所合署办公）、温泉（和灌村、桃园工商所合署办公）、良口、吕田8个工商所和经检大队、牲畜屠宰管理执法大队。参照公务员法管理单位有：12315消费者申诉举报中心。事业单位有：经济信息室、从化市消费者委员会办公室。社团组织有：从化市个体劳动者协会。

3月15日，隆重纪念3·15国际消费者权益日活动在新世纪广场举行。图为表彰获广州市著名商标认定的企业和获2010年度广州市放心消费商店的企业

【基本情况】 2011年，全市有内资企业759户，比上年减少1.3%，注册资本68亿元；其中新核准登记3户，注销登记13户。全市有私营企业3127户，比上年增长25.4%，注册资本61.59亿元；其中新核准登记761户，注销登记128户。全市有个体工商户1.8690万户，比上年减少0.6%，资金数额4.83亿元；其中新核准登记2477户，注销登记992户，吊销登记1595户。全市有外资企业388户，比上年增长5.7%，其中新核准登记37户。全市有农民专业合作社167户，比上年增长45.2%，其中新核准登记55户。全市有农贸肉菜等各类市场23个。全年立案查处无证照经营等各类经济违法案件345宗。

【整顿和规范市场经济秩序】 食品安全监管 重点对消费者或部门反映存在问题的食品和散装裸装食品进行抽检。食品检测车共抽检1346批次，合格1319批次，合格率96.5%。工商所快速监测4862批次，合格4857批次，合格率99%。根据检测结果，依法做好下架、召回、销毁、立案查处等后续处理工作，防止不合格食品再次流入市场。严厉打击流通环节食品违法添加和滥用食品添加剂行为，开展拉网式检查，摸清底数，通过专家授课、印发5000份宣传资料等途径，使宣传普及到所有食品经营业户并直接延伸至普通群众。加强抽检，开展专项检查，发现问题及时通报有关部门，追溯源头，查办食品添加剂案件2宗。加强对包点等散装即食食品的监管。有针对性地开展一系列食品专项整治：开展乳制品质量安全专项行动并做好食品流通许可证办理指导以及乳制品换证工作；开展流通环节食用油、地沟油、碱水湿面、进口水果、米面制品、燕窝等专项整治，捣毁制售地沟油窝点1个。加大打击私宰力度，立案4宗，查获私宰肉116公斤。协助处理从化市肉联厂发现“瘦肉精”生猪事件，继续做好定点屠宰场监管工作，加大流通领域猪肉及其制品瘦肉精项目的检测。牵头开展牲畜屠宰属地考核工作，逐级签订牲畜屠宰管理责任书，层层抓落实。全年全市牲畜屠宰量日均585头，“放心肉”日均上市600头；城区屠宰量日均247头，“放心肉”日均上市262头，肉品供应稳定。

清理无照经营 全年引导办照342户，依法取缔无照经营331户。

商标广告管理 协助商标查询200多次，协助企业申请注册商标50件；申报省著名商标5件，延续申请3件；申报市著名商标5件，延续申请9件；口头责令商场、超市粘贴禁烟标志、改正摆放烟灰缸等违规行为60户次；责令电视台停止发布违规广告1个。

合同管理　办理动产抵押登记15宗，涉及金额5.6亿元。办理拍卖备案登记249宗，备案登记金额2.6亿元。累计评出广州市“守合同重信用”单位107家，其中企业94家，个体工商户13家。

消费维权　12315消费者申诉举报中心接待群众来电来访474宗，受理并到期反馈申诉案件69宗，反馈案件的调解成功率、真实率和回访群众满意率均达100%，为群众挽回经济损失23万元；受理举报案件183宗，其中立案11宗，立案率0.6%，100%回复群众。加快12315消费维权服务“五进”（即消费维权服务进商场、进超市、进市场、进企业、进景区）工作建设，在从化广百商贸有限责任公司等建立“消费维权服务站”46个，尽力把消费纠纷解决在基层和萌芽状态。消委会共接到来电来访咨询463人次，受理消费者投诉343宗，解决321宗，为消费者挽回经济损失42万元。

【参与创建文明城市】　制订工作方案，重新调整组织机构；明确分局和科所两级创文工作联络员；抽调人员组成综合、督导和资料整理3个小组，细化创文工作，责任到人；成立机关和工商所两级创文应急机动队，做好监管工作并随时应对可能出现的突发事件，建立健全自上而下的创文工作网络，为创建全国文明城市工作打下坚实的基础。抓好创文日常信息的收集和报送工作。科所各单位上下联动，各工商所通过网格化服务监管体系，把创建工作中工商部门负责的净化校园周边和社会环境、打击“黑网吧”、创文广告宣传、户外广告规范、农贸市场监管、食品安全、禁烟、亮照经营等工作细分到具体片区、明确段管员，使创建工作常态化、规范化。还与从化市创建全国文明城市办公室联手，组织开展从化市“诚信教育月”主题实践活动，进一步营造诚信的社会氛围，做好创文各个主题实践活动的落实，有力推动创文工作的深入开展。班子领导和机关有关科室与工商所实行相互捆绑、责任包干。班子领导带队深入创建一线，人人分工抓督促；不定期开展创文督察，连同上级督察发现的问题及时反馈，指导工商所对照检查整改。创文迎国检期间，全面抽调机关人员充实基层工商所，增强创文一线力量，全体人员统一放弃休假，连续作战，全力投入创文迎国检攻坚战。

9月10日，从化市重点产品打假、整治无证照经营暨牲畜屠宰属地管理工作会议在广州市工商局从化分局召开。图为从化市各镇街及有关职能部门代表向副市长孙石康（左一）递交“从化市牲畜屠宰管理工作责任书”

【队伍建设】　自主举办和参加广州市工商局等上级部门举办的各类培训班44班次，受训人员1358人次，加强督促公务员参加网络大学堂必修课程学习。特别组织开展全员培训考核，有针对性地对各岗位所需的计算机和业务系统操作、OA文件处理等进行考核，有效促进人员业务技能的提升。

（广州市工商行政管理局从化分局供稿，冯春健执笔）

质量技术监督

【管理机构】 广州市从化质量技术监督局属归口广州市局管理处级单位，办公地址在江埔街环市东路826号，定编52名，其中行政编制45名，工勤编制7名。2011年末，在编49人，其中局长1人，副局长3人，编外聘用人员7人，另有离退休干部7人。内设办公室、质量标准计量监管科、法制科、食品生产监管科、特种设备安全监察科、稽查一科、稽查二科、稽查三科。下属机构有从化质量技术监督检测所，是广东省质监局授权的法定计量检定机构，内设办公室、业务室、质保室、质检室、计量室、咨询部、代码站7个部门，2011年末在职36人（在编17人，非在编聘用19人）。

【食品生产监管】 继续落实食品安全主体责任，组织辖区41家食用油生产和使用企业签订质量诚信承诺书，约谈存在违法违规现象的企业主要负责人，强化企业作为食品安全第一责任人的主体意识。着力提高企业检验人员素质，依托从化质检所力量，对企业检验人员不定期举办各类培训班，有效改善辖区企业检验人员检验水平不高的现状。重点抓好添加剂专项整治工作，加强食品安全应急处置工作。全年巡查企业491家次，完成企业的年审工作63家和广州市局布置的专项检查30多项。

【特种设备安全监察】 全年对使用单位现场安全监察1532家次、施工安装现场巡查118家次、监察制造设备单位4家，整改设备201台，拆除不合格设备30台，整改率达100%，全年没有发生特种设备安全事故。大力整治非法安装、非法使用隐患设备。联合机电院和协会开展电梯维保单位专项整治，严厉打击电梯“不称职保姆”，整治经验在广州市局系统内作经验介绍。加强液化石油气充装站监管，会同城管局开展联合执法，销毁螺丝瓶600多只，打掉地下充装窝点1个。加强工业锅炉质量安全节能工作，配合环保部门淘汰燃煤锅炉，并把新办锅炉情况书面告知环保局。开展树立标杆企业工作，引导设备单位规范管理。

【质量监管】 深入开展重点行业、重点产品的专项整治，没有发现违法违规行为。加强证后监管，全年对35家生产许可证企业、38家3C获证企业、10家管理体系认证企业、3家食品农产品认证企业开展现场巡查工作，落实监管责任。开展电线电缆专项整治，加强对4家企业监管，重点检查企业的原材料仓库、成品仓库和生产现场。继续加强家电下乡产品监督工作，对从化家电下乡中标企业加大巡查频率，严格进货验收、出厂检验制度，从源头上保障产品质量。开展对电瓶车、摩托车（包括二轮、三轮摩托车、机动三轮车）、残疾人机动轮椅车、电动自行车（含人力三轮车、黄包车）、拼（改）装报废车等“五类车”生产企业监督检查，重点检查是否存在无证生产、非法拼装报废车及其他产品质量违法行为。

【标准化监管】 推动工业标准化工作，27个产品采标，13项企业专利转化为企业标准，4家企业开展“标良”（标准化良好行为）创建工作，新培训企业标准实施监督员49名，5名专家进入广州市标准化专家库。推动农业标准化工作，组织研制发布省地方标准1项、市级农业技术规范2项，申报制标项目3项；成功验收示范区两处，新申报3处，示范区数量继续居广州各区（市）前列；把标准化生产、规范农产品标识等要素纳入2011年度从化市观光农园评选细则，新增观光农园10处；从化市成为省内唯一的国家级绿色农业示范区建设单位。推动旅游标准化工作，申报乡村旅游标准化试点和温泉旅游服务规范标准示范推广两项省级服务业标准化项目，通过项目建设提升从化乡村游和温泉旅游行业的整体发展水平；鼓励引导有条件的旅游企业对标开展提质升级活动，新评选四星级酒店2家和三星级酒店2家、AAA级景区4处，新增四星级旅游厕所1处。

【计量监管】 推进民生计量工作，营造诚信计量环境。开展液化石油气行业专项整治，通过健全制度、会同城管部门共同管理、加大执法力度等手段，严厉打击短斤缺两行为，辖区液化石油气计量失准投诉显著下降；重点围绕大米、食用油等食品，开展定量包装检查，全年开展检查53批次，立案查处企业9家，有效遏止定量包装商品净含量计量违法行为；把机动车安全检查列为每季度例行巡查，确保受检合格机动车质量安全；继续推行计量器具免费检定工作，在免费检定集贸市场在用衡器的基础上，着手乡镇及以下计生服务单位、卫生医疗站（所、院）免费检定工作，对辖区262家医疗卫生机构累计514台计量器具建立信息完整、内容准确的数据库，全年免费检定计量器具2774台件。

【稽查执法】 稽查执法工作注重加强与工商、卫生、整规办等部门的外部协作和局内科、所、站的内部联动，努力形成执法打假一盘棋的工作格局。以开展“双打”（打击侵犯知识产权和制售假冒伪劣商品专项行动）及“打非添”（打击食品非法添加和滥用食品添加剂）两项专项行动为重点，全面铺开乳制品、大米定量包装、工业锅炉等60多个专项执法检查，全年立案61宗，撤案3宗，已结案42宗，罚没款到位82.24万元，比上年翻一番，超额完成年度任务17%。全面推进依法行政，深化完善行政执法责任制，开展规范性文件清理工作（共清理出16件），对本局实施的行政许可、审批、处罚、征收及强制等事项进行自由裁量权细化并向社会公开。健全举报投诉机制，以“一点两线”（12365，87933365专线）模式完善举报投诉和信息咨询综合性平台，畅通投诉渠道，对投诉热点问题开展针对性专项整治，全年受理举报投诉46宗，其中有效投诉21宗，做到件件有落实、有回音。在从化市依法治市工作大会和广州市局12365典型案例分析会上，从化局作主题发言，法治质监建设成效得到各级的肯定。

【质量强市】 初步建立大质量工作格局，按时完成广州市局“三个一”（出台一个质量强市工作文件，成立一个质量强市工作领导小组，召开一次质量强市工作动员大会）规定动作，提前出台相关奖励政策，首次把产品质量、工程质量、环境质量、服务质量纳入大质量范畴，形成政府主抓、人大、政协监督、合力推进质量强市的工作格局，初步建立起大质量工作机制。名牌战略持续深化，制订《从化市名牌产品培育工作方案》，广泛发动企业参与名牌培育活动，推荐11类产品12家企业开展省名牌申报工作；以辖区传统优势产业无纺布及其制品行业为重点，开展质量兴业专题调研活动，帮扶企业规范管理，争创名牌，引导其走质量效益型道路；围绕提升从化山区特色农产品质量，组织农业、食品、质监、经贸、科技等部门结合各自职能从产品包装、宣传、认证等方面给予帮扶，做强做大从化特色农产品品牌。企业计量基础不断加强。先后完成对3家企业的三级计量保证体系确认工作，新培训51名计量保证体系内审员，企业自身计量管理水平不断提升；成立节能降耗工作领导小组，抓好节能降耗工作实施方案的落实，推进辖区20家重点耗能企业能源计量精细化管理，树立广州天马集团天马摩托车有限公司为标杆管理企业。

【质监工作站建设】 基层工作站建设不断完善，在工作站2年实践运作和磨合基础上，会同镇（街）从三个方面继续探索基层工作站建设。进一步厘清职责分工，建立和完善质监站各项管理制度，出台关于明确各职能科室和工作站职能责任分工的通知，加强与镇（街）沟通协调，推动当地政府切实担负起质量安全属地管理的责任。进一步健全工作运行机制，以镇村换届为契机，调整、充实、稳定质监协管员队伍，注重与镇（街）、村、职能部门协调联动，建立信息定期通报机制，形成质量安全监管工作齐抓共管的工作格局。加强业务范围的延伸和扩大，充分发挥紧贴基层和企业的优势，在食品、特设巡查业务的基础上，探索将稽查执法、企业名牌服务、节能减排等更多质监业务下沉，“巡”、“查”并重，增强服务镇（街）经济发展的能力和水平。

【检测所】 全年检测所检定计量器具15670台次，食品监督检验509批次，完成5家QS新厂认证咨询、5家QS证增项及年审咨询，新办代码证1106个、换证1465个、变更719个，全年检测所实现经济收入402万元，同比增加104万元。

【队伍建设】 按照“坚持以人为本执政为民理念，继续发扬密切联系群众作风”的要求，加强领导班子组织建设、思想建设和党风廉政建设，积极开展批评和自我批评，主动接受群众监督，群众普遍反映我局领导班子是一个政治坚定、团结一心、务实肯干、进取奋进、廉洁自律的班子。以贯彻落实新“三定”方案为契机，坚持崇尚实干的用人导向和公正、公平、公开的原则，提拔了8名科级干部，整体队伍的活力和能力大大提升。围绕“提速、提质、提效”，切实加强干部基本素质、基本能力和基础知识培训，每月定期由各科轮流开展专题辅导讲座，内容涵括业务知识、党建工作、廉政建设等内容，努力提升干部队伍整体综合素质。围绕“暖人心、聚人心、得人心”，组织开展体育比赛、参观学习等丰富多彩的工会活动，增强干部队伍的凝聚力、向心力和战斗力，坚定扎根地方干事业的信心和决心。以“提升学习能力、提高服务水平”为核心，以纪念建党90周年系列活动为平台，积极参与市局党委和地方党委开展的一系列党建活动，巩固和提高“党员先锋模范岗”和“学习型党组织”创建成果，坚定广大干部群众“永远跟党走”的理想信念，激发干事创业的热情。坚持构建体系与落实党风廉政建设责任制相结合，认真开展纪律教育学习月活动，坚持日常教育与专题教育结合，统筹推进教育、制度、监督、改革、纠风、惩治等各项工作，不断增强防治腐败的综合效能。围绕从化市效能建设年活动，开展以“四力”为内容的主题活动，即加强组织领导提高执行力、落实措施增强策动力、健全8项效能制度催生保障力、干部职工作承诺提升软实力。围绕民主评议政风行风活动，以评促改、以评促建设，围绕依法行政、政务公开、服务态度、窗口建设等方面评议内容，认真抓好局机关和检测所、代码站行评工作，强化责任落实措施到位，取得了较好的成效。在从化市政府纠风办2011年组织的10个行政执法职能部门政风行风综合评议中，我局总成绩名列第一，检测所和代码站在从化市民主评议基层站所政风行风中均被评为满意档次。

（广州市从化质量技术监督局供稿，丁良田、马莉苗执笔）

食品药品监督管理

【管理机构】　从化市食品药品监督管理局（下简称“市食品药品监管局”）属市政府组成部门，办公地址在从化市街口街河滨北路32号7—10楼。2011年6月，市食品药品监管局从市卫生局划出重新独立设置。新组建的市食品药品监管局定编53人，其中行政编制46人、工勤编制7人。2011年末，在职24人，有局长1人、副局长2人。内设机构有：办公室、食品安全协调科、餐饮服务监管科、药品医疗器械监管科、保健品化妆品监管科、稽查一科、稽查二科。下属机构有：从化市食品药品检验所，在职人员5人。驻局政府协调机构有：从化市食品安全委员会办公室。

【市食品药品监管局独立设置】　2011年6月，从化市人民政府办公室印发《关于印发从化市食品药品监督管理局主要职责内设机构和人员编制规定的通知》，独立设置从化市食品药品监督管理局，把原市卫生局承担的餐饮业、食堂等消费环节的食品安全监督管理职责划入市食品药品监管局。2011年12月27日，市卫生局和市食品药品监管局举行餐饮服务食品安全监管职责移交仪式，双方签署《从化市餐饮业、食堂等消费环节食品安全监管职责交接备忘录》，从2012年1月1日起餐饮服务食品安全监管职能由市卫生局移交市食品药品监管局。

【基本情况】　“三品一械”　至2011年末，全市有14家药品生产企业（含3家厂外车间）、217家药品经营企业（含4家批发企业）、5家医疗器械生产企业、39家医疗器械经营企业。全年继续实施药品和医疗器械生产、经营情况电子监管工作，全年督促97家药品经营企业、2家药品生产企业、2家医疗器械生产企业、5家医疗器械经营企业成功上传生产、经营数据。全年抽检药品311批、保健食品22批、化妆品43批、医疗器械17批。举办药品经营企业初级营业员培训班，培训95人次；举办药师继续教育培训班，培训285人次。

餐饮服务　全市有持证餐饮服务单位2189家（含集体食堂293家），其中A级11家，B级78家，C级1850家，未量化250家。2011年12月31日前，餐饮服务食品安全监管职责仍由市卫生局履行。

【“三品一械”行政许可】　药品监管　全年受理“药品经营许可证”（零售）筹建申请41家，“药品经营许可证”（零售）申请39家、“药品经营许可证”变更申请38家、“药品经营许可证”（零售）注销申请9家，发放“药品经营许可证”（零售）96个。受理GSP（即《药品经营质量管理规范》）认证申请27家，并组织逾期不提出认证申请的企业举办培训班，推动GSP认证。对辖区内通过GSP认证的72

家药品零售企业（含连锁门店）实施跟踪检查，于8月中旬完成GSP跟踪检查任务。开展药品质量安全信用等价评价，共评价药品经营企业113家，其中被评价为A级的10家，B级的117家，C级的6家。

医疗器械监管　自2011年10月5日起负责“医疗器械经营企业许可证”（零售门店）核发、换证、变更、补发、注销等事项，全年受理“医疗器械经营企业许可证”（零售门店）行政许可15家，现场验收9家，发放“医疗器械经营企业许可证”（零售门店）3个。

化妆品监管　2011年新增4家化妆品生产企业备案国产非特殊用途化妆品。全年备案454个品种国产非特殊用途化妆品，累计3054个品种。对12家化妆品生产企业开展信用等级评定工作，10家企业被评为A级守信企业，2家被评为B级基本守信企业。

【专项整治行动】　开展食品药品专项整治工作，全年开展专项整治（检查）72项，其中由市食品药品监管局单独完成或配合相关部门完成的“三品一械”专项行动32项，共出动执法人员995人次，检查企业1196家（次），立案11宗，结案26宗；由市食品药品监管局牵头组织的食品安全专项整治40项。主要包括：药品方面的“打击侵犯知识产权和制售假冒伪劣商品”、“非药品冒充药品第三阶段整治”和“药品流通领域非法渠道购进药品”，医疗器械方面的“剑锋行动”、“双打行动”，化妆品方面的生产企业原料、违规标识，保健食品方面的非法添加、“塑化剂”等多项专项整治。

【食品安全综合监管】　落实食品安全工作属地管理责任制。按照《2010年度各镇政府（街道办）、园（区）管委会食品药品安全工作综合评价实施方案》要求，协调职能部门，开展对各镇政府（街道办）、园（区）管委会食品药品安全工作综合评价工作。组织职能部门开展动员培训、环节监管、媒体宣传、舆论和群众监督等全方位打击违法添加非食用物质和滥用食品添加剂专项整治工作。组织职能部门开展塑化剂、米面制品、黑粉条、辣椒粉及制品、麻辣火锅汤料、农家乐等小型餐饮店使用食用油脂、餐饮单位使用腐死田鸡、餐饮服务食品包装材料和一次性餐具安全、哈尔滨乳多宝问题乳粉、葡萄酒和白酒质量安全专项检查和牛羊肉膏等产品、食品添加染色剂专项检测、罗丹明B相关食品的清查行动。全年全市没有发生一起类似事故。协调各职能部门开展创建全国文明城市食品药品迎评工作，收集整理创建全国文明城市食品药品迎评工作台账资料。

（市食品药品监督管理局供稿，何碧金执笔）

安全生产监督管理

【管理机构】　市安全生产监督管理局属政府序列行政单位，办公地址在街口街河滨北路128号城晖大厦5楼。定编16名，其中行政编制5名、行政执法专项编制9名、工勤事业编制2名。2011年末，在职17人，有局长1人、副局长3人。内设机构有：办公室（挂综合法规科牌子）、监督管理科（挂市安全生产应急救援指挥中心牌子）、执法监察分局（挂执法监察大队牌子）。下设事业单位：从化市安全生产宣传教育中心。

【安全事故情况】　全年全市发生各类安全事故169宗、死亡108人、受伤167人、直接经济损失约645.22万元，事故宗数、死亡人数、受伤人数与2010年相比分别下降16.34%、8.47%、34.77%，直接经济损失与2010年相比上升185%。其中，工矿商贸企业（含建筑）方面：发生3起生产安全事故、死亡3人、受伤4人，直接经济损失约586.99万元；道路交通方面：发生一般以上道路交通安全事故160起、死亡105人、受伤163人、直接经济损失27.26万元；消防方面：发生建档等级火灾事故6起、无人死伤、直接经济损失约30.97万元。

5月2日，从化市2011年第二季度防范重特大安全事故工作会议在市中心会堂召开

【安全生产】 落实安全生产责任制 根据“安全生产年”的总体部署，年初制定全年安全生产工作计划，细化和完善各项安全生产责任制，并将亿元GDP死亡率（各类安全事故死亡人数/GDP亿元）、工矿商贸10万人死亡率、道路交通万车死亡率等指标列入全市统计公告，逐级分解安全生产控制指标。市政府与各镇（街）、园区和有关单位签订安全生产责任书，进一步明确各镇（街）、园区和有关单位安全生产监管职责；各镇（街）、园区与属地村（居）委、企业，有关签约单位与下属企业也多层次签订安全生产责任书，切实落实全年安全生产的各项工作，建立一级抓一级，层层抓落实的安全生产责任制，并把安全生产责任制考核结果纳入各类评先评优、干部政绩考核等方面的重要依据，进一步强化各级干部落实安全生产的责任意识。

重点行业和领域事故隐患排查治理 协调、联合有关部门突出检查建筑施工、道路交通、非煤矿山、危险化学品、冶金有色、民爆物品和烟花爆竹、水利、电力、农业机械、特种设备、旅游、人员密集场所、“三合一”（住宿、仓库和营业场所合为一体）场所等重点行业和领域安全生产，全面排查治理事故隐患。在重大节假日期间和汛期前夕，由市政府领导带队，组织开展全市安全生产大检查，及时消除事故隐患。全年监督监察生产经营单位9225个、12149次，查处一般事故隐患6758条；使用各类安全生产执法文书6768份，实施各类安全生产行政处罚74次，实施经济处罚罚款63.31万元。

安全生产联合大检查 联合有关部门，全年全市出动人员34385（次）、检查生产经营单位25444家（次），排查一般事故隐患4864条，已落实整改4615条，正在整改291条（其中：正在整改的火灾隐患89条、交通事故隐患112条、建筑施工事故隐患90条）；责令停产停业整顿7家，关闭取缔21家；打击非法生产64个、已取缔58个，打击非法经营122个、已取缔118个，打击非法建设864个、已取缔783个。其中：全市安监系统（含镇街安监中队）共监督监察生产经营单位9225个、12149次，查处一般事故隐患6758条。

企业落实安全生产主体责任和安全生产标准化 年初制定全市安全生产标准化工作规划，重点在非煤矿山、危险化学品、机械制造、家具制造、烟花爆竹、陶瓷等行业规模以上企业开展安全生产标准化工作，已有106家企业通过安全生产标准化工作验收达标，超额完成广州市下达的工作任务。

安全生产应急能力建设 联合广州市安全监管局，组织有关部门编制全市重大危险源场外区域应急救援演练方案，并于12月2日在广州欧亚气雾剂与日化用品制造有限公司开展现场演练，进一步完善全市生产安全事故应急救援预案和危险化学品重特大事故应急救援演练，切实提高应急管理水平。督促重点企业开展安全生产应急预案备案工作，重点督促辖区内非煤矿山、建筑施工、机械制造、道路交通、危险物品等行业127家企业开展应急救援预案编制及备案工作，指导有关企业定期开展应急救援演练。

生产安全事故调查处理 根据国务院令493号《生产安全事故报告和调查处理条例》的规定，按照事故处理“四不放过”（事故原因未查清不放过；事故责任人未受到处理不放过；事故责任人和相关人员没有受到教育不放过；未采取防范措施不放过）原则，对2011年工矿商贸（含建筑）领域发生的3宗生产安全事故认真开展调查处理，依法严肃追究事故有关责任单位及其负责人的法律责任，切实加大责任追究和行政处罚力度，对发生生产安全事故的镇（街）、园区和有关部门（单位），按相关规定发出《预警通知书》、《问责通知书》。

【专项整治】 *危险化学品和烟花爆竹专项整治* 联合公安、环保、工商等相关职能部门对辖区内80家危险化学品生产经营企业进行执法监察，共监督监察生产经营单位1327次，查出事故隐患599条，已整改599条，监督监察覆盖和整改率均达到100%；对烟花爆竹储存、运输、销售、燃放等环节的安全管理进行联合执法，依法取缔各类非法经营销售网点，坚决打击、取缔非法生产、销售、运输烟花爆竹行为，对全市107家烟花爆竹经营单位实行监督监察1523次，查出事故隐患188条，已整改188条，监督监察覆盖和整改率均为100%。

非煤矿山专项整治 联合有关部门加大非煤矿山专项整治力度，强化对全市非煤矿山安全监管力度，全年对4个非煤矿山企业实行监督监察100次，查出事故隐患67条，已整改67条，监督监察覆盖和整改率均达100%。联合市建设、质监等部门多次开展建筑工程施工安全检查，全年监督监察建筑施工企业516家次，查出隐患447条，按期整改447条，责令停产停业36家。

【宣传教育和培训】 围绕“安全责任，重在落实”主题，组织开展2011年“安全生产月”系列活动，成立以市政府分管领导为组长的“安全生产月”活动领导小组，市长郭清和在《今日从化》报上发表致辞，号召广大市民积极参与“安全生产月”活动。充分运用宣传媒体作用，广泛宣传安全生产法律法规和安全生产知识。加大对企业负责人、安全管理人员、企业班组长和从业人员安全培训力度。全年培训新增安全主任178人、安全主任再教育1099人、新增生产经营单位主要负责人149人、生产经营单位主要负责人再教育631人，督促全市企业开展班组长培训1808人，超额完成广州市下达的安全生产各项培训任务。为提升企业负责人、安全管理人员和从业人员安全技能，市安全监管局还联合市气象局开展防雷知识培训班2期，参加培训333人。

【队伍建设】 继续在所有镇（街）全面开展

安全生产委托执法工作，切实解决镇（街）、园区安监机构“无权管”的问题。加强职业危害监管和应急管理队伍建设。进一步理顺职业危害监管职责，明确市职业卫生监督执法工作从市卫生局移交给市安全监管局，并从卫生系统调借调1名工作人员，专职从事全市职业卫生监督管理工作；进一步加大安全生产应急管理队伍建设力度，增加2名机关雇员专职从事安全生产应急管理工作。

（市安全生产监督管理局供稿，邱达文执笔）

经 济 贸 易

经 济 工 作

【管理机构】 从化市经济贸易局对外加挂从化市对外贸易经济合作局牌子，属政府序列行政单位，办公地址在街口街东成路30号。定编53名，其中行政编制22名、行政执法专项编制6名、事业机构编制20名、工勤编制5名。2011年末，在职73人，有局长1人、党委书记1人、党委副书记2人、副局长3人、纪委书记1人。内设机构有：办公室、招商协作科、经济综合管理科、外商投资管理科、对外贸易管理科、工业运行科（从化市乡镇企业管理办公室）、商业流通管理科、中小企业管理科（民营经济管理科）、食盐酒类专卖管理科（从化市酒类专卖管理局、从化市商务综合行政执法队）。下属机构有：从化市经济协作办公室。协调机构有：市整规办。

【工业经济】 全市完成工业总产值421.43亿元，比上年增加63.31亿元，增长14.3%（现行价比上年增长21.15%），完成年计划103.62%。全市规模以上工业企业累计完成工业总产值398.18亿元，增长14.8%，占工业总量94.48%。全市工业实现税收12.73亿元，增长13.97%。全年全市工业用电量达12.1亿千瓦时，比上年增长9.71%。

【商业经济】 全市实现社会消费品零售总额78.32亿元，比上年增长18.1%。实现商品销售总额191.15亿元，增长30.38%；实现商品销售批发业122.64亿元，增长37.19%，完成年计划115.15%；商品销售零售业68.51亿元，增长19.74%，完成年计划102.41%；实现住宿餐饮业营业额18.5亿元，增长28.39%，完成年计划105.71%。全市商业实现税收3.56亿元，增长36.92%。

12月16日，2011年从化市美食文化节在从城大道89号美时家居广场开幕

【对外经济贸易】 全年全市新批准外资项目41个；合同利用外资2.85亿美元，完成年计

划141.91%；实际利用外资2.09亿美元，完成年计划123%。全市实现进出口总值31.04亿美元，比上年增长29.82%，其中出口总值18.85亿美元，增长28.64%，完成年计划116.88%；进口总值12.18亿美元，增长31.70%，顺差6.67亿美元。全市累计办理境外投资项目10个，总投资额达1550万美元，超额完成了广州市下达的年度目标任务。

【民营经济】　全市工商登记私营企业注册资金累计达61.28亿元；完成民间投资61.74亿元，比上年增长60.4%，占全市固定资产投资的62.8%；全市民营企业完成工业产值142.49亿元，增长17.03%，占全市工业总产值的37.77%；民营企业实现出口额3.4亿美元，增长24.5%。

【工业经济运行管理】　工业项目监督协调和落实　加强对重大工业项目建设进展等情况开展监督检查，切实抓好存在问题的整改，保证在建项目顺利实施。在年初把全市在建的工业企业和拟动工企业列表，每月跟进项目的投资、进度、存在问题等情况，并把报表及时报送给相关领导，促进解决项目的存在问题，促使企业尽早投产达效。2011年全市新建及增资扩产工业项目共79个，投资总额112.3亿元。全年全市完成工业投资22.01亿元，比上年增长51.6%。至12月底，已实现投产的有创源五金等19个项目，仍在建的有沧州食品等60个工业项目。全市具备动工和部分动工项目有15个，投资总额达291.86亿元，竣工达产后可实现产值374.17亿元、税收34.58亿元。需进一步加强协调服务，督促其尽快动工建设。

实施工业经济目标责任制　在年初把全年406.69亿元产值任务分解到各镇（街、园区），并不断加强任务进度督查。加紧跟进各类临界达规企业，全力增大全市规模以上企业总量。全年新增思飞化学品、洛民塑料、永新包装3家规模以上企业，全市规模以上（指年主营业务收入在2000万元及以上的法人工业企业）企业达165家。

对企业台账实行精细化动态管理　每月提前收集汇总54家亿元企业的生产情况，科学预测和研判全市工业运行态势。重点监测产值波动大的企业，摸准其产值下降原因，加强协调服务。会同供电局对全市规模以上工业企业建立每月用电量的台账工作，指导各镇（街、园区）开展用电倒查，并对异常的企业进行帮助、纠正，查漏补缺，促其产值应统尽统、应报尽报。针对企业产值下滑等突出问题，深入基层调研，分析查找企业产值下滑的原因，并提出改进意见，保证经济运行质量。如在3月日本强震后迅速深入有关企业调查摸底，加强与海关、检验检疫、工商等部门的联系沟通，及时协调解决企业在生产经营和进出口等过程中遇到的困难，指导企业将从日本进口的电子件等部分原材料及时改由国产替代或从其他国家进口解决，确保企业实现正常生产。

【招商引资】　组织市内51家企业参加“新广州，新商机”系列招商引资活动，向外界展示从化后亚运崭新形象和巨大商机，并成功签约华南国际新材料产业基地项目等一批战略性新兴产业和第三产业项目，签订项目合作协议27个，投资总额达1700亿元。注重不断强化招商引资各项基础性工作，会同市国土局对全市35宗已供地但没有动工建设的工业项目进行调查，并把调查情况上报市政府。对从化市新增工商业项目用地情况进行调研，梳理出已供地工业项目99宗，其中已完工14宗，已动工8宗，拟2011年动工17宗，没有计划动工60宗；已供地商业项目32宗，其中已动工3宗，没有计划动工29宗。对已签意向未供地的工业项目和在谈工业项目进行调研摸查，并按照项目的税收、产值、投资强度等指标优劣，在征求相关单位的意见基础上，分类排序并筛选三全食品等46个优质项目向市政府提出优先供地的建议。这46个优质产业项目总投资额960.72亿元，竣工达产后可实现年工业产值或营业收入2384.14亿元，年税收84.34亿元，需安排用地面积22759.52亩。制定招商引资的准入办法和规范投资合同文本。对拟到从化市投资项目进行分类排序，严格把关，提出用地意见。草拟工业项目的准入办法，建立专家评审及职能部门评审机制，为优质项目进入从化市投资把关。

【用电管理】 科学平安有序用电 针对上半年的紧张供电形势，会同供电部门优化调度全市用电，出台和启动四级、五级错峰用电预警，并深入企业开展用电引导和督查工作，争取企业的理解配合，切实保障优质企业的用电供应，提高工业经济运行质量。争取上级供电部门的用电支持，增加用电负荷指标，切实解决电源性瓶颈。

电网建设 协调太平镇、市开发区、国土局做好22万伏绿洲输变电站、11万伏配套线路工程建设。绿水线的工程建设已在10月14日全面竣工，并在10月20日投入送电运行。全年为城郊骏坚塑料制品等18家企业开通用电报装绿色通道。

【专项资金扶持】 根据每年省、广州市联合发文公布当年专项资金支持的重点，在全市范围内开展项目公开征集。对符合申报条件的企业进行初审，并按有关要求严格把关后推荐上报。建立项目检查和绩效评价制度，对专项资金项目的实施情况进行跟踪监督和绩效评价。2010年，市经贸局组织推荐市内企业申报省、广州市财政资金扶持项目16个，2011年年获批资金742.5万元，进一步强化对企业的技术改造和产品升级，推动传统块状经济向现代产业集群发展。

【节能减排】 第一批70家开展清洁生产企业中，已有63家与市经贸局签订清洁生产工作承诺书，有50家进行网上注册登记启动工作，其中42家和清洁生产技术依托单位签订技术合同。至年末，已有6家全面完成清洁生产审核工作。并明确“十二五”期间从化市大津电器制造有限公司等18家重点用能企业要求节能指标单位产值能耗下降率为25%，节能量为2.91万吨。

【商贸流通体系建设】 “十二五”商业规划 已编制完成《从化市餐饮业发展规划(2011—2015)》和《从化市再生资源回收网点规划（2011—2015)》的初稿并上报市政府审批。

重点商贸项目建设。 重点跟进欣荣宏国际商贸城、美时家居广场等大型商业项目的建设，及时协调相关部门解决项目建设中遇到的问题。全面铺开农超对接平价商店建设和创建社区商业示范社区工作，万汇园农产品超市等平价商店已建成并投入使用。组织企业申报各级各类商业网点建设扶持项目资金，组织广州市万汇园农业发展有限公司等7个项目申报2011年市商贸流通业发展资金扶持，项目总投资6.26亿元。

家电下乡管理 全年全市销售家电下乡产品12782台（件），销售额3057万元，已补贴金额328万元。销售家电以旧换新产品31688台（件），销售额10330万元。

从化市石材市场扩建 向市政府请示落实用地指标和搬迁工作方案，以承接街口、江埔、城郊3街尚未搬迁的26家石材店档。并大力取缔亚运后出现的无证照石材加工店档。

提升餐饮业发展水平 组织广州双湖酒店、广州望谷度假村2家酒家参加评审并获得国家特级五钻级荣誉称号，至年末，全市共有5家酒家获此殊荣。加强与市旅游局等部门的合作，在美时家居广场成功举办2011年从化市美食文化节，进一步提升从化市的美食品牌。

【构建政企沟通平台】 *加强协调服务* 不定期召开全市民营企业座谈会，收集汇总企业的意见和建议，并大力协调解决企业反映的困难。先后解决聚赛龙公司的用水问题、威莱公司的环保问题以及宏晟光电公司的技术人才入户等难题。市经贸局开通链接市委书记信箱，收集反映一系列企业的生产经营问题并提出建议，并得到市委、市政府主要领导的重视和协调解决。

协助企业缓解融资难问题 组织亨龙机电等8家企业申报2011年市财政扶持中小企业信用担保体系建设担保费补助专项资金，并获得担保费补助财政资金扶持；指导迪彩等6家企业完成相关信息录入工作，成功进入广州市上市培育储备库；引导广州从化工商企业互助会发展，至年末该互助会入资会员企业33家，认投资金1000万元，全年帮扶企业解决应急过桥资金41笔（累计达88笔），帮扶资金金额1.27亿元（累计达5.1亿元）。

组织优质企业申报中小企业发展专项资金 其中先强药业等7家民营中小企业通过“中小企业成长工程奖励项目”评审获得财政资金扶持；广东动漫产业园被认定为“广州市中小企业创业示范基地”，广州汉方现代中药研究开发有限公司被认定为“广州市中小企业公共服务示范平台项目”，并获得财政资金扶持。

【投资管理】 *外资企业审批管理* 通过全力服务企业、走访客户，并采取督促外资企业尽快履行合同，按时入资，加快项目建设进度等措施，促使广州香港马会赛马训练有限公司、广州梦芭莎电子商务有限公司等项目按时入资，外资企业签约项目履约率达100%。

促进企业增资扩产 全市有广州香港马会赛马训练有限公司增资1亿美元、新批的广州天晔太阳能科技有限公司0.95亿美元和广东梦芭莎电子商务有限公司0.5亿美元的合同吸收外商直接投资手续已办理完毕，全年累计合同利用外资2.84亿美元，超额完成2亿美元的年计划。在实际吸收外商直接投资方面，广州香港马会赛马训练有限公司增资约1亿美元全部入资完毕，全年累计实际吸收外商直接投资达2.09亿美元，实际吸收外商直接投资1.7亿美元的全年任务也已超额完成。

【对外贸易管理】 *对外贸易企业监管* 动员东麟钻石等出口大户企业抓机遇、抓订单，力促出口贸易稳步增长。确定9家加工贸易企业为出口重点监测企业，并对2011年22家超千万美元出口企业实行动态管理。

推进加工贸易转型升级 先后推动广州雅芳制造有限公司等4家企业从加工贸易过渡到一般贸易。2011年，全市加工贸易海关E账册管理企业加入广州市加工贸易联网监管企业5家，完成进度100%；委托设计（ODM）和自主品牌（OBM）混合生产方式占比达38.13%（目标任务为25%）；促进外商投资企业设立研

发机构1家（已完成目标任务）。组织企业参加“穗港科技创新与动漫产业合作发展交流会”等活动，动员企业拓展服务外包业务。2011年全市新增服务外包注册企业有5家（累计9家），新增培训机构1家（累计2家）。

协调外经贸企业做好有关专项扶持资金的申报与拨付　全年获批加工贸易转型升级自主品牌项目资金等26项专项资金，拨付总额911.23万元，惠及企业78家。上报申请中小企业国际市场开拓资金等8项专项资金扶持，申报资金总额737.58万元，涉及企业43家。

出口品牌建设　鼓励企业开展研发创新，指导天马摩托等6家企业申报“省级出口品牌”和上级有关品牌发展专项扶持资金，推荐丰力轮胎等5家企业申报“2011—2013年度广东省外经贸厅重点培育和发展的自主国际知名品牌”的认定。其中“天马”、“三雅”、“华林”三个摩托车品牌不但成为联合国采购指定供应商，而且分别在83个国家注册，备受国际市场认可。

【规范行政行为】　规范行政执法行为　对行政执法、行政审批以及办事依据、办事程序、办事时限、办事结果、办事纪律和服务承诺等七项政务公开内容的执行情况进行全面的修订清理，把市经贸局的行政审批、备案类事项整合为24项，比2010年减少16项，精简率达40%。组织8家酒类生产企业和1635个零售企业（店）参加年检，引导酒类经营企业依法办证182个，签订诚信规范经营酒类商品承诺书80多份。审批加工贸易企业经营状况及生产能力证明64家，审核加工贸易业务合同244宗，批准内销业务额207.5万美元，新开展加工贸易业务的企业3家。在盐酒专项执法检查中，查处酒类违法案件5宗，查获货值14万元的假酒93瓶，参加广东省酒类专卖管理局举行的“广东省酒类专卖管理系统2011年‘3·15’假酒销毁活动”，现场销毁价值18万元的假劣酒一批。充分发挥市整规、打假办的工作职能，严格落实整规打假工作责任制，组织协调全市各行政执法部门开展一系列专项整治行动，进一步规范和整顿市场经济秩序。

规范政务公开　充分利用从化经贸信息网和从化市经贸招商网，对外公开机关政务工作，接受社会监督。

规范内部管理　从“用制度管权、管事、管人”入手，制定《从化市经济贸易局管理制度汇编》，形成管理规范的内部管理制度，提高机关效能。

【机关建设】　按照市委、市政府关于机构改革工作的部署要求，实施“人员、制度、程序”三整合，并在年初完成中层干部竞争上岗工作。局中层干部中，本科以上学历占70%，四十岁以下占60%，干部结构得到进一步优化。在经贸系统各基层党组织分步推进“创先争优”活动，有效增强基层党组织战斗力。围绕“坚持以人为本执政为民理念，发扬密切联系群众优良作风”的主题，开好专题民主生活会，进一步加强领导班子思想、作风建设。开展2011年纪律教育学习月活动，扎实做好每季度的反腐倡廉教育工作，不断推进党风廉政建设。落实系统的综治、计生、依法治理、精神文明、人大代表和党代表选举、干部培训、普法学习、发展新党员、共青团、老干、工会、妇女以及安全生产等工作，与系统各单位签订相应的责任书，并加大信访维稳工作力度，建立矛盾排查调处机制，确保经贸系统社会稳定。

（市经济贸易局供稿，钟志强执笔）

政府政务服务

【管理机构】　2011 年 12 月 30 日，原从化市人民政府投资服务中心调整为从化市人民政府政务管理办公室，加挂从化市人民政府投资服务中心牌子。从化市人民政府政务管理办公室是市政府派出单位，为单列设置的正局级单位，办公地址在街口街河滨北路 128 号二楼，定编 13 人，其中行政编制 4 人、事业编制 9 人。2011 年末，在职 13 人，有主任 1 人、副主任 4 人。内设机构有：综合科、政务服务科、督办科、企业服务科。2011 年末，驻市政府政务服务中心窗口单位有 17 个，分别为：发展和改革局、经济贸易局（外经贸局）、规划局、城乡建设局、国土资源和房屋管理局、环保局、财政局、从化市质监局、卫生局、气象局（避雷所）、文广新局、国税局、地税局、公安局（消防、公安办证）、自来水公司、民防办、食品药品监督管理局。

【招商引资情况】　新签和增资扩建项目　2011 年全市新签和增资扩建投资项目 82 个（新签项目 75 个，增资扩建项目 7 个），比上年增长 41%，其中工业项目 39 个、农业 11 个、旅游 4 个、房地产 5 个、其他 23 个。新签项目合同投资额 311.19 亿元，实际投入资金 23.4 亿元，分别增长 871% 和 165%。项目建成后预计产值 408 亿元，税收 5.7 亿元。在新签（扩建）的 82 个投资项目中，已竣工并投产的 23 项，正在动工建设 35 项，其余 24 个因其他原因尚未动工建设。引进项目的主要特点有：引入的项目投资较大，效益较好；工业项目成为投资发展的主要产业；增资扩产项目增多，投资者对从化市的投资环境充满信心；新签（扩建）的投资项目中，尚未动工建设比较大，达到 24 个，占新签（扩建）项目的 29.2%。

总部经济　全市引入总部经济项目 24 个，均已办理税务登记，其中已纳税的 15 个，纳税总额 336 亿元。

9 月 26 日，从化·城乡一体化示范项目在从化市举行签约仪式。图为市投资服务中心代表市政府与湖南伟大集团投资控股股份有限公司签定合作框架协议

【政务服务情况】　政务“窗口”单位受理投资业务 1.5 万宗，办结率为 100%，群众满意率 100%，接受和解答投资者各类咨询 1.13 万宗（包括网上回复）。全年审核办理投资项目规费减免和财政奖励 22 宗。办理旅游企业认定 3 家，星级奖励 6 家，并为 11 名符合条件的项目引荐申请人发放引资奖共计 15.45 万元。

【招商引资】　创新招商模式　通过盘活闲置用地和工业厂房，引入优质企业，并利用中介公司将闲置用地和闲置厂房等信息在网站发布，为客商提供便捷的信息服务。

重点项目跟踪服务　为确保投资项目早日投产，为其提供贴身、优质服务，并实行重点企业帮扶制度，按照“绿色通道”有关规定办理相关证照。

化解投资企业融资难问题　为缓解企业资金方面的困难，组织金融部门、融资机构为 27 家企业解决担保金额近 3 亿元。并按照从化市全面开展村镇银行新型农村金融机构试点的规划安排，推进村镇银行各项组建工作，促其早日开业。

帮扶企业解困　为切实解决从化市投资企业在建设和生产经营过程中遇到的用地、资金、用工等问题，拟写《关于帮扶企业解困的工作意见》并以市政府文件印发。并召开全市项目审批及协调专题对接会，为企业解决难题。

制定投资优惠政策　为更好地向企业和投资者提供政策优惠，拟写《关于调整从化市投资优惠政策的调研报告》，具体优惠办法正在征求意见中。

【政务服务】　加强硬件建设和行政审批软件改造　扩大办事和服务场地，开辟档案区，配套信息发布大屏、排队叫号机、信息广播、咨询服务台、休息区、办事指南等，各办事窗口配套监控摄像、语音记录和广州市统一的服务评价器。通过改造行政审批软件，实现网上审批、并联审批、绿色通道和短信告知等功能。制定《关于加强行政审批服务效能建设的意见》，确保市行政审批行为更规范、更优化、更高效。

推行“两集中两到位”　通过推行“两集中、两到位”，即把本单位涉及审批的职能集中到一个科室（小组），科室（小组）成建制集中到市政务服务中心（下简称中心）；进驻中心的行政审批服务事项到位，单位对窗口开展行政审批服务工作充分授权到位，整合归并单位内部行政审批服务职能，集中对外办理行政审批和服务业务，做到“一站式服务”、“一个窗口受理”。为充分利用现有条件，对进驻市政务服务中心的审批单位和事项进行优化和明确，因条件限制未进驻的审批单位，指定科室（小组）集中受理所有审批事项，负责内部协调、督办和发证，严禁“体外循环”，杜绝办事人“多头跑”的现象。

构建政务运行管理机制　推进政务服务管理机制的改革和建设，主要实行一门受理制，即凡纳入市政务服务中心集中受理的行政许可和相关配套服务事项，相关职能部门不得在单位本部或部门服务大厅及其他场所受理；实行行政公开制，即所有进驻事项的办理主体、办理依据、办理条件、办理程序、承诺时间、收费依据、收费标准、办事结果和监督渠道都予以公开；实行绩效考评制，即对窗口部门的服务质量进行月度和年度等级考评，定期向全市通报；将考评成绩列入单位和个人的年度考核，对考评好的部门及人员进行奖励等。

强化政务服务监督　各驻窗单位的“六公开”（即服务内容公开、办事程序公开、审批依据公开、审批条件公开、承诺时间公开、收费标准公开）、审批服务事项“一纸清”（即在一张纸内办理公布审批事项的清单，包括审批法律依据、核准条件、申报材料、申报表格、受理机关、决定机关、核准程序、核准时限、收费依据、受理地址及电话等）等在投资服务网中对公众公开，并设立服务咨询热线电话、督办投诉电话、投诉信箱和邮箱，为企业、群众、客商解答疑难，提供服务指南。

【效能建设】　组建政务服务中心　围绕市委、市政府推进“大交通、大旅游、大产业、大平台”等重大战略部署，通过做好调查研究，着力在完善设施、拓展功能、强化管理、便民利民上狠下功夫，组建集中统一、高效运行的集招商、审批、效能监察、重大项目推进及便民服务五位一体的政务服务中心。

构建政务服务体系　着力实现行政审批项目和流程的标准化、政务服务类型和模式的标准化、场地建设和审批软件的标准化，全面推进政务服务中心标准化建设。积极打造从化市投资服务高地和政策洼地，做到主动服务、优质服务。

提高招商引资水平　收集、整理、精编重点招商项目和专题性招商项目，加强全市招商引资统筹管理。实现笼统招商向产业招商转变，提高招商引资针对性。加大对投资环境的宣传力度，营造招商引资良好氛围。

健全机制　通过完善首问责任制、限时办结制、责任追究制等窗口管理机制，健全重点项目优先保障落实制度、重点项目“绿色通道”服务制度等招商引资工作制度，实行效能监察制，确保效能建设制度化、常态化。

【政务调研】　围绕投资环境的改善，做好调研、策划、协调和组织等相关工作，形成多项调研报告和工作意见，为市政府决策提供参考依据。赴乐昌市、南雄市和佛冈市行政服务中心进行调研时强调，借鉴和学习三地精简、干练、效能高，行政能力强的行政服务与招商引资精神；进一步加强与三地的产业交流与合作，深入研究探讨如何突破目前经济发展过程中遇到的土地、融资、人才等瓶颈问题；并结合自身实际，以高标准为要求，以提高行政服务效能为目标，努力打造从化市“高效化、一体化、便捷化”政府服务机构。为加快已供未动工项目进度，对已地的商业项目开发建设情况进行调研，并拟写《我市已供地未动工建设项目（商业）的情况报告》。对全市摩托车产业发展及摩托车产业基地的情况进行调研，拟写《关于解决从化市摩托车产业转型升级中用地问题的意见》，解决三雅等摩托车企业技改转型中遇到用地不足的问题。会同有关部门赴湖南长沙参观考察中国电子科技集团公司第四十八研究所及其子公司湖南红太阳电科技有限公司。通过对光伏太阳能发展过程、趋势，以及中国发展光伏太阳优势和市场需求进行了解，并就生产过程耗能情况、废水处理和其他技术问题交换意见，为从化市新能源项目的引进和发展开拓思路。开展广东从化经济开发区体制改革调研工作，并完成调研报告拟写工作，实施意见正在征求意见中。为更好地宣传从化市投资环境，完成《从化投资指南》拟写工作。

【队伍建设】　市政务管理办公室“三定”方案经市编委审定通过并印发，把从化市人民政府投资服务中心调整为从化市人民政府政务管理办公室，加挂从化市人民政府投资服务中心牌子。12 月 30 日，市政务服务中心挂牌。面向社会公开招聘 5 名机关雇员，经过短期的学习和岗前培训，已全部上岗工作。拟写市政务服务中心新办公楼选址方案报市委、市政府审定，加快新办公楼建设并跟踪推进。为缓解过渡时期中心办公场所严重不足的问题，制定改善（扩大）驻政务服务中心单位办公场所方案，着手按照市政府的批示精神落实相关工作。进一步优化中心软件、硬件设施，制定市政务服务中心行政审批软件改造方案，实现网上审批、并联审批、绿色通道和短信告知等功能。根据广州市政务办的要求，安装并调试统一的评价器，并投入使用。明确第一批进驻市政务服务中心的部门及审批业务，逐步推行“两集中，两到位”。

（市人民政府政务管理办公室供稿，周辉翔执笔）

旅游　商业

旅　　游

【管理机构】　市旅游局属赋予行政管理职能事业单位，办公地址在街口街东成路20号。定编19名，政府雇员4名。2011年末，在职27人，有局长1人、党总支书记1人、副局长2人。内设机构有：办公室、行业管理科。直属事业单位有：从化市旅游质量监督管理所、从化市旅游问询中心、从化市旅游执法大队、从化市温泉风景区管理中心。

7月30日，中国从化2011国际青少年航空教育交流会暨广东从化绿道旅游文化节开幕式在良口赛马场举行

【基本情况】　从化市先后荣获“广东省旅游强市”、“全国休闲农业与乡村旅游示范市”、“全国最具魅力乡村旅游目的地”、“国际绿色生态旅游目的地”称号，从化市举办的广东从化绿道旅游文化节也被授予“中国最具魅力文化旅游节庆奖”荣誉称号，宝趣玫瑰世界、大丘园、田心农家乐、溪头旅游村顺利通过国家3A级景区验收，望谷温泉度假村和双湖酒店获得“国家五钻级酒家”称号。2011年，全市接待游客1220.84万人次，旅游总收入43.02亿元，比上年增长19.68%和21.97%。在2011年9月25日发布的广东省首份县域旅游综合竞争力调研报告中，从化旅游综合竞争力在2010年全省67个县（市）中位居第一。从化旅游业呈现出持续、健康、快速发展的态势，旅游经济成为全市国民经济的重要组成部分。

【2011国际青少年航空教育交流会暨广东从化绿道旅游文化节】　2011年7月30日，“2011国际青少年航空教育交流会暨广东从化绿道旅游文化节”开幕式在广州赛马场（从化良口）举行。活动由从化市委、市政府、中国国际体育旅游公司、广东省青少年科技教育协会共同主办，由广州圣运体育器材有限公司、香港航空青年团、北京中胜博赛文化发展有限公司承办。来自美、英、意、日、法等15个国家和地区的青少年航空团60多名代表参加活动，中央、省、市媒体记者，港、澳、台旅游专家、

各类专业协会人员及从化市的青少年学生代表约2300人参加开幕式。活动主要议程有广东从化“香港马会杯”绿道旅游摄影大赛的开镜仪式；畅游从化流溪河水上绿道授舵、授旗仪式；“从化绿道旅游合作推广协议”的签约；“从化绿道游”首发团授旗仪式；启动“翱翔从化空中绿道试飞仪式”；启动“骑游从化流溪绿道仪式”等；在全国率先开启同游“水、陆、空”三维绿道的先河。

【夯实旅游基础】 推进从化旅游“十二五”规划的编制，转化旅游资源普查成果，委托中山大学地理规划学院编写从化旅游发展规划并加快推进重点镇（街）旅游规划的编制工作。推进旅游标识工程建设，进一步完善旅游交通环境，完成109公里流溪绿道户外解说系统的踩点和施工方案制定。统筹协调全市旅游厕所的规划建设工作，重点指导景区旅游厕所的升级改造，田心社农家乐获评四星级旅游厕所。完善旅游统计工作，开发使用从化黄金周旅游统计系统，提升黄金周旅游统计的水平。

【旅游标准化建设】 按照旅游强市、国家A级景区和星级酒店的标准，对照标准化要求开展工作，通过不懈的努力，城市旅游环境建设、旅游产品建设和旅游管理服务水平明显提升，景区、酒店、餐饮的规模不断扩大、接待能力不断提升。1月，从化市成功通过省旅游局创建省旅游强市的检查验收。2月底，宝趣玫瑰世界等4家景区顺利通过国家3A级景区验收。在酒店评星工作方面，温泉毅华假日酒店申报评审三星和望谷温泉度假村申报评审四星已通过市旅游局试打分，并按要求整改。鼓励逸泉大酒店和崴格诗温泉庄园启动四星级酒店评定。在星级农家乐评选工作方面，组织从化市23家星级农家乐参评广州市首批星级农家乐的评选，其中田心农家乐获评广州市四星级农家乐，碧水园等4家获评三星级，先步鱼庄等13家获评二星级，水厅农庄等5家获评一星级。从化市第二批星级农家乐评选工作已启动，有待工作方案的进一步细化完善。

【重点旅游项目建设】 要协助推进重点旅游项目的突破性进展，包括从都国际会议中心的开业和五指山景区的签约动工。统筹协调流溪河水上绿道项目建设，经前期的协调沟通和全力推进，水上绿道北段两个码头已建成，两艘游船于8月上旬相继下水，9月下旬启动试运营，在“十一”黄金周对外营业。协调推进高端酒店设施建设，加快推进崴格诗（二期）、从都国际会议中心（二期）、雅居乐酒店、华熙（花园）酒店、广州斯博瑞温泉度假酒店、文轩苑 、碧水湾、红树林度假酒店、云岭湖假日酒店等在建或升级改造的五星级项目建设，着力提升高端化、国际化水平。跟踪配合广州市林业和园林局推动流溪河、石门两个国家级森林公园保护性开发总体规划编制工作，其中流溪河国家森林公园五指山登步径完成初始杂草清理，进行小道基础砌石；桃花岛一期林相改造基础完成；石门国家森林公园上下天池绿道建设进入施工阶段；公园综合服务区“三旧”改造，包括绿化广场、住宿、餐饮、办公等配套设施建设处于资料上报、审批的过程。流溪河国家森林公园、太平镇三百洞度假区、石门国家森林公园已按创A整改意见启动整改工作；加快推进城郊田心农家乐修建性规划设计工作启动，并已报城郊街呈报相关部门。以广州市加快北部发展工作为契机，加快名镇名村建设步伐。推进良口溪头村各项建设，标识系统基本完成扫尾工作。

【旅游宣传推介】 探索创新旅游宣传的方式和途径，提升旅游知名度、美誉度和吸引力。在7月底成功举办“中国从化2011国际青少年航空教育交流会暨广东从化绿道旅游文化节”，以国际大型活动深度营销从化旅游，提升从化旅游知名度，并创新提出水、陆、空三维绿道新概念，打造从化市绿道旅游新亮点。依托中国电信、中国移动、卫星导航等新技术优势，打造中国移动手机网络平台、中国电信旅游百事通网络平台和从化市车载导航旅游信息系统，升级改造从化市旅游门户网站，为旅游企业打造更广阔、更有效的宣传推介平台。组织旅游企业参加以“世界珍稀温泉”为主题的珠三角旅游巡回展和广州国际旅游展，提升从化市在旅游市场上的品牌和形象。加强与宣传媒体合作，利用主流媒体的成熟平台优势，策划制作播放专题片《非一般的从化游》5集、亚视《漫游岭南绿道》专题片以及借助“扶贫双到”的契机，与广州电视台合作开展一系列的宣传拍摄工作。启动《从化名片》第2次印刷前期工作，重调结构，校订内容，完成旅游企业资料的收集整理，提出基本框架方案。

【旅游行业管理】 加大旅游行业管理力度，提高旅游经营水平和服务质量。组织开展旅游行业服务技能大赛，增进旅游企业间的交流学习，促使旅游企业重视员工岗前培训和技能提升。争取广州市教育局的支持，与从化市职业技术学校签订“旅游职业教育培训框架协议”，并举办首期旅游企业中层管理人员培训班。组织召开全市旅游行业安全生产工作会议，通报全年工作重点，与各旅游企业签订2011年度安全生产目标管理责任书。加强旅游安全生产的巡查督导，重点做好违法经营行为查处、假日旅游安全、全国安全生产月工作的开展。妥善处理旅游投诉案件，全年接到旅游投诉案件12宗，投诉处理率100%，所有案件安排专人负责跟踪处理。顺利完成旅游协会换届选举工作，完善优化协会发展机制，充分发挥协会在沟通政企、整合资源、行业自律等方面的重要作用。

【支部建设】 旅游局党总支在上级组织的支持和安排下，配备一名专职党总支书记，完善党总支班子。推进旅游局党工委成立，强化领导管理职能。加强领导班子建设，坚持组织理论中心组学习，召开领导干部民主生活会，听取党员、干部、群众对班子成员的意见和建议，健全组织、工作制度，规范内部管人、管事和管物。组织开展丰富多彩的党员活动，保持党员先进性。如“七一”吕田塘基村重温入党誓词活动、石门森林公园新老党员联欢活动等。做好党员发展工作，全年发展新党员3人，为预备期满党员办理转正手续1人。以效能建设年活动的开展为契机，促进旅游工作提速、提质、提效。组织旅游企业代表召开专题研讨会、向有关职能部门发送《关于加强机关效能建设征求意见的函》，广泛征求收集职能部门和旅游企业关于加快推进“大旅游”战略的意见和建议，有针对性地制定工作计划、抓好工作整改。

旅游　餐饮

表1　从化市旅游景点一览表

镇（街）	名称	简介	地址	电话	备注
温泉镇	从化温泉风景区	省级风景区，以世界珍稀含氡小苏打温泉著称，区内山清水秀，风光旖旎，旅游配套设施齐全。周恩来、朱德、邓小平等党和国家领导人以及尼克松、胡志明等外国元首曾到此疗养、度假。	从化市温泉镇	87832392 87832305	
	宣星运动谷	是我市“运动型”农家乐的代表，建设自行车休闲运动车道、登山运动路径、爱国主义教育基地、乐趣钓鱼鱼塘、古村文化祠堂、古村农家乐饮食及旅客服务中心等项目。目前，已建有8公里长的乡间自行车道，10公里长的登山路径等，同时，旧村改造、祠堂文化室、东华古庙修复、鱼塘改造等工作也基本完成，一个具有乡间特色的运动新村初具规模。解放广州最后一场战役也是在云台山打响，该村刘氏祠堂就是当时解放军的指挥部。登临云台山，是站在从化中部观赏从化的最佳瞭望台。	从化市温泉镇宣星村	13926116010	
	石门国家森林公园	国家级森林公园，拥有华南地区仅存的1.4万亩原始次生林和全国第一家国际森林浴场，有“南粤九寨沟”之称；春夏看红花荷、禾雀花，秋冬赏漫山红叶，是一年四季观赏林木花草、放松身心的旅游胜地。	从化温泉大岭山林场	87850738 87133835	
	天湖旅游度假区	天湖有如碧玉翡翠镶嵌在群山中，湖光山色，区内有华南地区最大的自然瀑布“百丈飞瀑”以及飞虹瀑、香粉瀑，气势如虹。	从化市温泉镇	87838507	
	仙沐园氡温泉乐园	园内有近30个特色温泉池，还拥有广东省内最大的温泉冲浪池，其负离子香薰水雾温泉和针刺型温泉水柱按摩治疗椅（简称“水疗吧”）更是全国首创。	从化市温泉镇温泉东路80号	87839318	
	仙沐园瀑布谷漂流	漂流位于一个幽谷，两岸有美丽壮观的瀑布，谷内树藤交错，神秘刺激。	从化市温泉天湖风景区	87839318	

续上表

镇（街）	名称	简介	地址	电话	备注
良口镇	流溪温泉旅游度假区	由广州市重金打造的国际旅游度假区，以世界珍稀含氡小苏打温泉闻名，度假区规划分为商务会议区、温泉养生区和大众休闲区。碧水湾温泉度假村、文轩苑度假中心等旅游知名企业已开业。	从化市良口镇	87832056	
	碧水湾温泉度假村	广州从化碧水湾温泉度假村位于从化流溪河畔，四周层峦叠嶂，绿树葱郁，绿水环绕。总占地240亩，建筑面积4万多平方米，是一家按五星级标准建造的以大型露天苏打型温泉为特色，集住宿、餐饮、休闲娱乐、会议、商务等功能为一体的综合性豪华温泉度假村。	从化良口流溪温泉旅游度假区	87842888	国家AAAA级景区
	溪头旅游村	旧式建筑、袅袅炊烟、淡淡溪水、黄茶杜鹃、花香鸟鸣、鸡犬相闻，最适合一杯清茶一本书，一分闲适品桃源的心情。真所谓“鸢飞戾天者，望峰息心，经纶世务者，窥谷忘返”的“静心村”。	从化良口镇溪头村	13710986289	国家AAA级景区
	中国从都国际峰会	中国从都国际峰会坐落于广东从化“凤凰山”脚下，怀抱在群山、森林、河流和天然温泉水之中，是东西方建筑大智慧的完美结合。中国从都国际峰会拥有从都国际峰会会展中心、从都国际峰会酒店、从都国际峰会高尔夫球汇、侨鑫博物馆及世界顶级的奢华配套设施，为举办国际政要高端小型战略对话，提供了独家平台。	从化市温泉镇从都大道1号	31088888	
	流溪河国家森林公园	国家级森林公园，有“第二庐山”之美誉，游览项目有：游船、瑶族风情表演、五指山观景、森林彩弹野战等，深秋观红叶，冬来赏梅花，“流溪香雪”美景美不胜收。	从化良口流溪河林场	87843288	
	三椏塘幽谷	幽谷之中，满目翠竹欲滴、古木参天、怪石苍藤、小溪潺潺，恍如进入一个清凉的世界，瘦身石、通天岩、飞流仙桥，各种各样的热带雨林奇观应有尽有。	从化市流溪河国家森林公园	87843288	

续上表

镇（街）	名称	简介	地址	电话	备注
良口镇	流溪明珠度假村	村内有流溪河水库、流溪河水电站、流溪古河峡谷等著名景点。朱德和周恩来均来视察过水库的建设。在寻找伟人足迹的同时更可在千年古河床中穿越时空，感悟生命。	从化良口镇黄竹塱	87843191	
	碧水峡漂流	漂流河道源于号称“广州第一峰”的天堂顶山脉，由百瀑千泉汇聚成河，在海拔高达1285米的险峻山谷之中顺着千沟万壑急流直下。置身于其中，峡谷幽深，大气磅礴，沿途风光诱人。让人体验超越自我、成就挑战的至高激情！	从化市良口镇良平村	87845888	
	东锦千鲤百花园	集锦鲤文化和花果观赏于一体，是一个独具特色的农业旅游观光点。	从化市良口镇	15913136094	
吕田镇	广州抽水蓄能电厂旅游度假区	国家AAA级旅游景区，首批“全国工业旅游示范点”之一，是一个集高新科技和休闲度假于一体的旅游景区。该电厂是目前世界上规模最大、科技含量最高的抽水蓄能电厂；度假区内风光秀丽，上下水库犹如两颗硕大明珠互相辉映，景色迷人。	从化市吕田镇小杉	87858998	国家AAA级景区
	响水峡生态漂流度假区	集叠翠峡谷、缤纷花海、天然栈道、如练瀑布、古河谷漂流为一体的纯生态峡谷乐园。	从化吕田镇塘田路段	87847666	
太平镇	三百洞生态度假区	全国第一个定向运动主题公园，可开展丰富多彩的定向越野、山野攀爬、帐篷野营、野外拓展等活动。	从化市太平神岗三百洞	87804747	
	北回归线标志塔公园	世界地理标志最高的北回归线标志塔，如同点火飞天的宇宙火箭，每年夏至日在此可看到“立竿不见影”的天文奇象。	从化市太平经济技术开发区	87815610	

续上表

镇（街）	名称	简介	地址	电话	备注
太平镇	东方夏湾拿花园	广州首个拉丁风情小镇，洋溢着浓厚拉丁文化韵味，热情奔放色彩的小镇，让人仿如置身于古巴的异国他乡之中。	从化市太平镇	61701188	
	钱岗古村、广裕祠	岭南特色古村，村道交错，犹如一个巨大的迷宫。广裕祠位于村中心，是南宋左丞相陆秀夫后裔的宗祠，国家级文物保护单位，2003 年被联合国教科文组织评为亚太地区文化遗产保护奖第一名杰出项目奖。	从化市太平镇钱岗村	87815610	
	荔枝皇、孝行牌坊	名列上海大世界基尼斯纪录的荔枝皇，树龄 400 多年，占地一亩多，年产 1.5 吨以上。	从化市太平镇神岗木棉村	87815610	
鳌头镇	仙居农庄	火龙果和番石榴的世界，还有天然健康的农家美食。	从化市鳌头镇棋杆小坑村	87861034	
江埔街	外婆家农业生态旅游度假区	以外婆文化为主题，将建设外婆家文化艺术博物馆、外婆家兰花世界、外婆家山水温矿泉、民族风情街等项目，是一处集农业生态观光、旅游度假于一体的综合性生态旅游度假村。	从化市江埔街锦一村		
	大金峰百花果公园	大金峰百花果公园规划面积 2 万亩，首期开发约 6000 亩。四面环山，遍布奇花异草，配套设施齐全，是集观赏植物、品尝水果、享受农家美食、商务会议、疗养度假、娱乐为一体的大型农业观光生态景区。	从化市江埔锦三村尖峰山	37987888	

续上表

镇（街）	名称	简介	地址	电话	备注
城郊街	宝趣玫瑰世界	景区占地一千多亩，是国内首个以玫瑰文化为特色的主题公园，也是一个集生产、销售、展示、科普、休闲观光为一体的多功能综合性玫瑰主题公园。	从化城郊街西和村	87907777	国家AAA级景区
	田心农家乐	都市人的生态菜园。在这里可以品农家菜、住农家屋，甚至可以荷锄伺果蔬，亲手采瓜果，享尽田园生活之趣。	从化城郊街田心村	37916888	国家AAA级景区
	大丘园生态农庄	300亩的绿色生态果园里种有特别甜美的台湾良种火龙果和各种各样台湾宝岛才有的珍奇植物。	从化市城郊街光辉村	87906368	国家AAA级景区
	喜乐登乐园	青少年素质拓展训练基地，以服务青少年为宗旨，以“熔练高效团队，锻造精英人才”为理念，集科普教育、户外拓展于一体的青少年运动乐园。	从化城郊街红旗村	87904218	
太平—良口	水陆绿道	省2号流溪绿道在从化境内全长65公里，起于太平镇与花都交界，沿着广州的母亲河流溪河一路向北，直到良口大江里，途经村庄24个，串联主要旅游景点50多个。绿道沿线空气清新，青山绿水，宁静恬然，可步行，可骑行，尽览流溪河两岸无限风光。 水上绿道规划全长11公里，分为郊野风情和都市风光两段，目前已完成温泉至良口6.3公里郊野风情段的建设，是广东省首条水上绿道。水上绿道与流溪绿道相互接驳，游客可享受到骑车和乘船的双重乐趣。纯电力环保游船设计古典优雅，充满岭南特色，让您欣赏到“一江碧水绿，两岸荔枝红”的同时，体验到一种悠闲的水上岭南风情韵味。	流溪绿道：太平至良口流溪河沿岸驿站 水上绿道：温泉广场码头或卫东电站码头	37956996 37933827	

表2　从化市旅游宾馆（饭店）、酒楼一览表

序号	名称	星级	地址	电话
1	碧水湾温泉度假村	四星	从化市流溪温泉旅游度假区	87842888
2	夏湾拿豪生酒店	四星	从化市太平东方夏湾拿花园	61701188
3	锦廷酒店	三星	从化市街口街新城东路2号	87959999
4	清音酒店	三星	从化市温泉镇河西路38号	87837188
5	广东温泉宾馆	三星	从化市温泉镇温泉东路80号	87830888
6	双湖酒店	三星	从化吕田广州抽水蓄能电厂旅游度假区	87858998
7	湖光度假山庄	三星	从化市良口镇流溪河国家森林公园旁	87843388
8	正大度假村	三星	从化市温泉镇温泉东路106号	87836868
9	广蓄专家村酒店	三星	从化市温泉镇康复路17号	87838699
10	翠岛水电度假村	三星	从化市温泉镇温泉西路20号	87838632
11	华辉度假村	三星	从化市温泉镇云星大道	87832009
12	新天伦大酒店	三星	从化市街口街河滨南路	87966198
13	毅华酒店	三星	从化市温泉镇碧泉路一横街二巷5号	87839668
14	三百洞雄鹰楼	二星	从化市太平神岗三百洞生态度假区	87804747
15	流溪河国家森林公园松涛餐厅		流溪河国家森林公园	87843288
16	崴格诗温泉庄园		从化市良口镇米埔入口直入	87851888
17	文轩苑度假会议中心		从化市流溪温泉旅游度假区	87841888
18	碧泉大酒店		从化市温泉镇温泉东路73号	87838938
19	凯旋假日酒店		从化市环市东路168号	87989883
20	滴翠山庄		从化市流溪温泉旅游度假区	87841868
21	流溪明珠度假村		从化市良口镇黄竹塱流溪河水电厂	87843191
22	荔圃温泉度假村		从化市温泉镇温泉西路108号	87838689
23	圣泉大酒店		从化市温泉镇温泉东路58号	87837888
24	锦泉酒店		从化市温泉镇河西路63号	87838168
25	省干部疗养院		从化市温泉镇温泉东路86号	87838922
26	荔景园会所		从化市街口街青云路385号	87972818
27	凤凰山温泉疗养院		从化市流溪温泉旅游度假区	87841889
28	境秀宾馆		从化市温泉镇河西天湖路29号	87838218
29	福田酒店		从化市吕田镇吕东路	87858822
30	白天鹅培训中心		从化市流溪河林场新群工区	87843183
31	北溪度假村		从化市温泉镇河东康复路8号	87838427
32	竹溪村酒店		从化市温泉镇温泉西路46号	87838886
33	万丰温泉酒店		从化市温泉镇温泉西路47号	87839088
34	竹庄别墅		从化市温泉镇河西128号	87839828
35	亿慧宾馆		从化市温泉镇温泉东路72号	87838706
36	景悦酒店		从化市街口街城中路D5区3栋	87966998
37	逸泉国际大酒店	国家五钻级酒家	从化市街口街逸泉山庄亲泉路1号	87808888
38	南海食街	国家五钻级酒家	从化市江埔街小海桥	87981548
39	凯旋宫大酒楼	国家五钻级酒家	从化市环市东路168号	87989883
40	华景大酒楼		从化市江埔街小海桥	87980633
41	怡景酒店		从化市街口街河滨北路	87957311
42	在田小馆		从化市江埔街河东龙井59号	87982790

表3　从化市星级农家乐一览表

序号	名称	星级	地址	电话
1	从化市江埔亮点美食村	三星	从化市江埔街上罗村下洞四队	87974888
2	从化田心农家乐专业合作社城郊分社	三星	从化市城郊街光辉村	37916888
3	“幸福莲塘”农家乐	三星	从化市太平镇莲塘村佛梓岭	13926189800
4	从化市良口良明碧水园农家菜馆	三星	从化市良口镇良明村	87842188
5	从化市良口农家庄园酒店	三星	从化市良口镇高沙村热水社	87842818
6	从化市街口乐韵美食店	二星	从化市街口街赤草村凤凰聚队杉冚	13602217922
7	从化市街口逸悦农庄	二星	从化市街口街大坳村424号	88400623
8	六三市美食村	二星	从化市良口镇良明村	87842111
9	从化市良口镇良明华伦美食	二星	从化市良口镇良明村	87842228
10	广州市从化好景田山庄	二星	从化市江埔街下罗村	87980948
11	广州市从化温泉林泉居果庄	二星	从化市温泉镇温泉村变电站侧	87836428
12	广州市从化温泉运动谷农庄	二星	从化市温泉镇宣星村委楼下	13726809780
13	广州市从化良口金味美食庄园	二星	从化市良口镇塘尾村大洞社5号	13926132263
14	从化市良口乡下人家饮食店	二星	从化市良口镇良明村	87842664
15	广州大丘有机农产有限公司农家菜馆	二星	从化市城郊街光辉村	87906368
16	广州市从化吕田响水农家菜馆	二星	从化市吕田镇塘田村105国道旁	13710983138
17	从化市吕田香蜜山生态果庄	二星	从化市吕田镇安山村	37959268
18	从化市鳌头镇先步鱼庄	二星	从化市鳌头镇神棋公路11公里处	87800140
19	从化市江埔水厅农庄	一星	江浦街白田岗新明村	87975998
20	从化市温泉贺谊农家庄	一星	从化市温泉镇灌村南星村横泥田山上	13922744211
21	丰园农家菜	一星	温泉镇卫东村黄围社105国道边	87838518
22	乡村美食广场	一星	温泉镇卫东村黄围社105国道边	87830828
23	活然农家食馆	一星	从化市良口镇塘尾村	87852218

表4　从化市内旅行社（门市部）一览表

序号	名称	地址	电话
1	华夏国际旅行社	从化市街口街河滨南路35号之一	87931493
2	梦旅旅行社	从化市街口街蓝田路39号	87926698
3	康城旅行社	从化市街口街河滨北路18－22号	37930011
4	中宇旅行社	从化市街口街西宁东路1栋2—3号	87927888
5	豪旅旅行社	从化市街口街广场路23号	87967383
6	易欢游旅行社	广州从化街口河滨北路科技楼一楼	61700676
7	中山阳光假期国际旅行社广州分公司	从化市街口街河滨北路372－374号	87922275
8	广东中妇旅国际旅行社有限公司从化分公司	从化市街口街建云东路33号之二	87963053
9	省职旅门市部	从化市街口街新城东路18号	87932019
10	广州青之旅国际旅行社从化分社	从化市城郊街向阳大道城市印象花园103号	37931559
11	广州大都市国际旅行社从化分社	从化市城郊街向阳大道城市印象花园105号	87959820
12	广东四通旅行社从化分公司	从化市府前路214号	37938666
13	广之旅门市部	从化市街口街凤仪东路74号	37938686
14	南湖国旅从化门市部	从化市江浦街环市东路138	37981365
15	和平国旅门市部	从化市街口街东成路20号	37931177
16	羊城之旅门市部	从化市街口街建云东路86号	87972698
17	广东亚洲国际旅行社有限公司太平营业部	从化市太平镇新平路步行街尾	37922877
18	粤侨国旅从化温泉门市部	从化市温泉镇温泉东路56号	87839091
19	广东国旅国际旅行社股份有限公司从化门市部	从化市街口街中田东路22号	61702034

表5　从化市旅游购物点、交通一览表

序号	名称	地址	电话
1	清香特产超市	从化市江埔小海开发区	87980398
2	顺昌源酒厂	从化市城郊新开工业区	87863003
3	珍奇味名优特产	从化市江埔小海开发区	87979111
4	大山特产超市	从化市街口街环市东路395号	37989923
5	流溪香雪特产专卖	从化市流溪温泉旅游度假区	37951138
6	国强蜂唛养蜂场	从化市温泉镇荔园路10号	87830262
7	谭山蜂业	从化市江埔街小海开发区	87981308
8	优鲜生活农产超市	从化市江埔街商贸城隆兴路七号	37980128
9	万汇园	从化江埔街从城大道18号	37989168
10	中旅运输公司	从化市街口街青云路385号	87969873

表6　从化市旅游节庆活动一览表

序号	名称	主要内容	时间	地点
1	温泉节	泡世界名泉、观烟火、赏花灯，品乡村美食	农历大年初一至初七	碧水湾温泉度假村
2	李花节	观赏万亩李花	2月	良口镇联溪
3	红花荷节	观赏鲜艳的红花荷	1月下旬至3月下旬	石门国家森林公园
4	禾雀花节	观赏形状奇特的禾雀花	3月下旬至4月下旬	石门国家森林公园
5	竹笋节	观竹笋、品竹笋宴	4月至5月	流溪河国家森林公园
6	杨梅节	采摘、品尝水果珍品——杨梅	5月下旬至6月下旬	黄龙带水库
7	三华李节	品尝从化特产三华李	6月	良口镇联溪
8	荔枝节	采摘、品尝岭南佳果	6月28日至7月28日	从化市
9	泼水节	感受清凉水世界	7月	流溪河国家森林公园
10	高山番薯节	品尝高山番薯、番薯宴	11月	良口镇达溪
11	吕田美食节	品尝豆腐宴、高山腊味、山村美食	12月底	从化吕田镇
12	红叶节	观赏漫山遍野的红叶	12月中旬至次年1月中旬	石门国家森林公园
13	梅花节	观赏华南地区最大面积的连片白梅	12月中旬至次年1月中旬	流溪河国家森林公园

（市旅游局供稿，区小劲、陈莉、吴乐婵执笔）

供销商业

【管理机构】　市供销合作社联合社（以下简称市供销社）按照事业单位管理，办公地址在街口街东成路28号，编制17名。2011年末，在职19人，其中硕士生挂职干部1人，有主任1人、副主任2人。内设机构有：党政办公室、人事保卫科、财会审计科、计统业务科。下属机构有：从化市第六建筑公司、从化市绿鑫园林有限公司、从化市再发废旧物资回收有限公司、广州市从安烟花爆竹有限公司、从化市果菜副食公司、广州市果兴农产品有限公司、从化市供销综合服务公司、广州市帮民从化供销社农资配送中心、从化市日用杂品公司、从化市花木园林公司、从化市金顺有限公司11个公司；有城郊、江埔、太平、神岗、吕田、良口、温泉、鳌头、龙潭、民乐、棋杆11个基层供销社。

12月30日，市供销社果兴公司与华南师范大学饮食服务中心“农校对接”项目合作意向签约仪式在华景酒店举行

【基本情况】　市供销社经营总额为3.47亿元，其中商品总销售3.33亿元，比上年增长13.8%；商品总购进2.91亿元，增长14.2%；缴纳税金1691.9万元，增长69%。

【为农服务】　*农资商品供应和农资市场管理*　抓好农资储备，确保供应充足，供销社按照“保质保供、稳定价格、优质服务”的要求，全年购进各种化肥21547吨、农药1424吨，满足广大农民的生产需求，其中，城郊供销社的农资配送直营店全年经营农药化肥600多吨，配送额近200万元，有效地恢复和巩固供销社的农资供应主渠道的地位；加强行业自律，要求农资经营门店严格执行价格政策，落实各项管理制度及责任追溯制度，继续推进农资诚信经营活动，配合工商、质监等部门加强对农资门店的督促检查，严厉打击“假、冒、伪、劣”违法行为，确保农民用上“放心药、放心肥、放心种”，维护农民合法权益。

构建农副农产品购销网络　供销社依托属下果兴公司、专业合作社为载体，拓展为农服务功能，实施“农超对接”（指农户和商家签订意向性协议书，由农户向超市、菜市场和便民店直供农产品的新型流通方式，主要是为优质农产品进入超市搭建平台）和平价商店建设工作。建设农产品采摘基地和配送中心，在城郊街城康村、高步村、江埔街锦一村、太平高田村、鳌头镇岐田村租赁蔬菜生产基地200多亩，11月果兴公司在鳌头镇拓展120亩冬种马铃薯种植示范基地，依托农产品生产基地、农民经纪人和零售终端网络，建设直采收购及分拣整理工作站，实现田间田头直采收购，建立区域内农产品冷链物流，壮大果兴公司农产品配送能力。通过“公司＋专业合作社＋基地”的农产品供应模式，先后对广州萝岗开发区企业饭堂、广州地铁9个饭堂、广州东新高速公路饭堂、广州市社“小鲜驿站”连锁超市实行

蔬菜等农产品配送，每月的配送金额达70多万元，初步实现“机团对接”、“农超对接”，为“农超对接”平价商场的建设探索道路。

平价商店建设　根据《从化市农超对接平价商店建设实施方案》，供销社结合实际和任务，充分发挥农产品经营的主渠道作用和网络优势，把鳌头家家福商场改造为鳌头万福源平价超市，于2011年6月28日开业。

【供销类农民专业合作社】　组建各类农民专业合作社43家，占从化地区农民专业合作社总数33%。供销社注重提升专业合作社的质量，特别是黄茅甜笋专业合作社，通过不断发展壮大，入社农民由20多户发展到108户，种植面积由2000多亩增加到6000多亩，每年收购社员甜竹笋近100万公斤；2011年投资近50多万元升级改造近2000平方米的加工厂房，规模不断扩大，生产设备不断更新。白榄、芥菜、腊味、大米、莲藕、番薯、粉葛、马铃薯等专业合作社也通过供销社的带动、重点帮扶等方式，推进产加销一体化经营。供销社充分发挥在农产品的流通作用，整合系统资源，收购近5万公斤糯米糍荔枝进行加工烘焙；以高于市场价为蜂农收购近100吨蜂蜜；收购社员及农户白榄10多万公斤，全年系统销售各类农副产品4238万元，其中农民专业合作社的农副产品1743万元，培植一批特色农产品品牌，增强市场竞争力，稳步发展，有效解决农产品的销售，农产品价格有所提高，农民得到经济效益和实惠。

【农业科技化服务】　供销社积极开展农村科技信息化工作，以贴近农业，适应农村，服务农民为宗旨，从高等院校和农业部门请来高级农艺师、技术员，通过农民专业合作社、农村集市等途径为农民举办多期“服务‘菜篮子’，保障‘菜篮子’”蔬菜栽培技术培训班等活动12场，受益群众8000多户。通过举办农业科技化服务活动，促进农资企业诚信经营，提高农民识别真假农药的能力，引导农民科学安全使用农药，提高农民科学种植技术。

【再生资源回收管理】　供销社按照《从化市再生资源行业管理规定的通知》的要求，继续加强社区回收站建设与推进“六统一、四规范”（“六统一”指统一培训、统一服装、统一计量具、统一收购车辆、统一收购范围、统一标识；“四规范”指规范服务项目、规范服务标准、规范服务用语、规范服务地点）管理工作。配合市政府和有关部门抓好专项整治行动及再生资源社区便民回收点建设工作，使再生资源管理工作沿着制度化、规范化发展。充分发挥市再生资源行业协会的作用，加强行业守法自律。8月中旬，举办再生资源业务培训班，邀请广州市再生资源行业协会、从化市经贸局、公安局治安大队等职能部门的领导对《再生资源回收管理办法》、《关于进一步做好从化市再生资源回收利用管理工作的通知》、《2011—2015再生资源网点规划》等相关政策、法规和业务知识进行详细的讲解，并要求各再生资源回收站点对经营场所环境卫生、安全与防火、违规收购和占道经营等问题进行严格规范，做到规范经营、诚信经营。

【烟花爆竹行业管理】　供销社坚持“以人为本、安全第一、预防为主、综合治理”的工作方针，履行烟花爆竹安全经营职责。通过生产许可、经营许可、运输许可、车辆许可、品种许可，确保全市烟花爆竹运输、经营、批发、零售的安全，保障市场烟花爆竹的安全供应；

配合安监、公安等部门对各基层社和个体经营户进行安全经营检查，营造让政府放心的安全经营局面；定期组织干部职工、烟花爆竹销售网点从业人员学习贯彻《烟花爆竹管理条例》等安全生产法律、法规，有效提升从业人员素质和安全防范意识；在下半年投入30多万元对烟花爆竹仓库进行升级改造，有效提高安全系数。

【基层建设】　深化企业改革　对已改制的原供销企业继续下功夫化解历史债务，着力解决历史遗留问题；加强社有资产监管，完善现代企业法人治理结构，发挥董、监事会的作用，建立科学的社有资产管理、监督和运营体系；继续做好欠债企业的物业处置工作，保留更多的物业，使企业有生存发展的空间。

加强基层供销社建设　创新基层社经营体制机制；加强基层社资产管理；加强基层社领导班子队伍建设；完善和调整基层社组织架构，结合中心镇建设组建服务能力强的中心社，弱小社实行归并管理。

（市供销社供稿，李东执笔）

烟草专卖

【管理机构】　广州市烟草专卖局从化分局属广州市烟草专卖局（公司）派出机构，受广州市烟草专卖行政部门和从化市政府双重领导，以行业垂直管理为主，主要履行卷烟和卷烟市场管理职责，办公地址在街口街城中路97号。2011年末，在职员工55人，有局长1人，副局长1人，内设机构有：综合办公室、专卖管理办公室（含专卖内部管理监督办公室）、卷烟营销部。

【基本情况】　卷烟销售网络经济运行情况　全年实现销售卷烟2.51万箱；单箱销售额（含税）为2.33万元，比上年增加2804.87万元，增长13.68%；实现卷烟销售毛利额13373.67万元，比上年增加1841.63万元，增长15.97%。

市场专卖管理及卷烟打假　全年分局专卖市场管理出动2570人次，检查店铺10306户次，立案查处零售市场案件66宗，联合工商部门开展“无证户”专项整治行动28次，清理无证户50户，立案查处无证户违法经营案件14宗；开展货运站场巡查专项行动5次，走访排查货运站场42户次。查获非法运输案件7宗，查获卷烟合计175.12万支。破获卷烟制假窝点案件1宗，查获卷接烟机1台套，半成品卷烟36万支，原辅料一批。

12月6日，从化市下半年卷烟打假和市场管理工作联席会议在广州市烟草专卖局从化分局召开

【专卖管理】　卷烟打假专项整治　2011年，“着力抓好‘卷烟打假专项工程’，力争实现市场监管和净化水平取得新突破”是专卖管理工作的中心任务。采取政府主导，协同各职能部门，进一步健全以落实打假工作责任制和建立

打假信息联动制度为主要内容的卷烟打假成效机制，从整治打假重点区域出发，持续保持高压强打态势。深入开展“利剑2号”、“利剑3号”、“百日行动”等一系列卷烟打假专项整治行动。破获太平镇“7·22”卷烟制假窝点案件。协同配合公、检、法部门，充分发挥行政执法与刑事司法相衔接工作的效用，强化刑事打击效果，进一步彰显法律威慑力和卷烟打假决心。在专项整治行动期间，对18名涉及卷烟制假案件的违法犯罪人判处有期徒刑，其中通过情报收集，成功追逃2009、2010年卷烟制假窝点出租屋主2人，并依据“两高”司法解释将其判处刑罚，为有效解决出租方追责追刑问题积累成功经验。加强落实错时检查制度和“无证户”专项整治，灵活打击市场违法经营活动。针对辖区市场售假行为灵活多变、常规手段难以监管的特点，分局进一步完善和落实错时检查和交叉检查制度，对违规经营户给予措手不及的打击。

发挥联席会议制度的作用和优势　分局转变工作思维和方式，实施和强化对“会前、会中、会后”的效能管理。会前，及时向各与会部门和人员通报会议主题，便于调查收集相关情况；会上，汇总各方信息展开深入分析研讨，制订工作措施；会后，紧密配合，大力落实工作措施，及时通报工作进展情况。通过开展联席会议的效能管理，针对出租屋主的涉刑取证定罪和日常监管、成立联合执法工作站、打假情报收集、部门联合检查、联络员信息互通、零售市场案件移送、合理布局等一些难点和重点问题，都得到妥善解决和取得良好成效。

烟草运输环节监管　对非法中转、分销烟草专品，组织相关职能部门联合组成督导组，加强对重点镇（街）、村（居）的督导检查，把打假责任落实到镇街基层，分局采取全面清查辖区货运站场，规范货运站场管理，完善案件移送和线索收集工作，开展“无证户”专项整治行动28次，清理无证户50户，立案查处无证户违法经营案件14宗；开展货运站场巡查专项行动5次，走访排查货运站场42户次。查获非法运输案件7宗，查获卷烟合计175.12万支。破获卷烟制假窝点案件1宗，查获卷接烟机1台套，半成品卷烟36万支，原辅料一批。

【卷烟营销】　按照“着力抓好‘重点品牌培育工程’，力争实现经济运行质量和水平取得新突破”的工作要求，分局卷烟营销工作深刻领会把握国家局提出的“卷烟上水平”工作目标，为客户提供优质贴心的服务。2011年主要以抓好客户服务为中心，切实抓好卷烟明码标价、客户等级分类管理和电子商务建设等终端建设工作。卷烟明码标价工作关系到卷烟经营秩序和零售价格的稳定，更关系到公平健康卷烟市场环境的建立，为此，分局把这项工作作为客户服务工作的重要内容之一，制定和执行相关日常管理工作制度，全面推广卷烟标准化、生动化陈列模式，并列入员工月度绩效考核。2011年辖区卷烟持证零售户明码标价普及率达99%，准确率达100%，其中城区实施明码标价的客户达到100%。实施客户等级分类个性管理，确保货源科学合理供应，按照市局（公司）提出的“控制大户、培育中户、扶持小户”的客户管理工作要求，分局在全面分析辖区卷烟市场的基础上，不断做细、做实、做精大中小型零售客户培育提升工作，进一步优化客户结构体系。加快电子商务建设，增强精准营销能力。贯彻落实广州市局（公司）网建新要求，扎实推进电子商务，真正实现网上营销，提升卷烟销售网络建设水平，分局一方面组织全体营销人员就新网上订货的系统概述、操作流程、操作方法、常见问题等内容参加培训；另一方面客户经理采取上门授课的方式对卷烟零售户进行相关内容的指导培训，确保每一个网订零售户都能熟悉操作新网上订货系统。从化辖区通过合理规划、加强宣传、周到细致的服务，有效推动网上订货工作的顺利开展。2011 年辖区实施网上订（配）货零售客户达到 795 户，占客户总数 36.43%。根据广州市局（公司）“金叶通”零售终端客户管理与服务系统推广工作方案要求，分局把卷烟市场信息采集作为网建工作的重要基础，通过实地考察，在辖区推广应用“金叶通”市场信息采集网络，能正常使用广州“金叶通”管理系统软件的零售客户共 48 户，分布在辖区的 5 个商圈内，覆盖各种经营规模、业态，市场信息数据的采集、分析和应用得到加强，把握市场和调控市场的能力和水平得到提高，为制定卷烟营销策略提供科学有效地依据。

【内部监督管理】　*内管内控*　为把“着力抓好‘严格规范工程’，力争实现内部监督管理建设取得新突破”的工作要求落到实处，分局采取一手抓内管内控，一手抓督查考核，两手硬的齐抓共管措施，强化对日常工作的全方位监管，及时发现和纠正不规范行为，严格确保各项工作规范有序。2011 年按照《非烟定期分析通报制度》、《内管与市场监管工作衔接制度》规定，《广州市局（公司）卷烟规范经营内控机制框架文件》的要求，开展内控工作，内控达标率为 100%，实现“内管促内控，内控促自律”的工作目标。2011 年处理内管信息系统预警 14499 条，预警处理率达 100%，没有发现不规范经营行为。

督查考核　分局按照用工分配制度改革的要求，开展全面绩效考核，把员工的绩效工资和其工作行为表现及业绩全额挂钩。为实现客观公正的考核评价和提高员工的工作责任心和工作质量，在督查考核工作过程中，分局注重细节的把握和证据收集的同时，分局将绩效考核结果充分运用到涉及利益分配和与员工利益攸关的具体工作中，取得良好的效果。

【职业安全管理】　分局按照市局（公司）职业健康安全管理体系的要求，坚定“安全发展”理念，坚持“安全第一、预防为主、综合管理”的方针，始终坚持抓住安全管理工作不放松的工作思路，结合分局实际，制定分局工作计划，在落实过程中，强调各岗位安全工作职责，严格追责问责；注重查找存在的隐患和薄弱环节，进行有所侧重的检查整改；应急演练和学习培训相结合，进一步强化员工安全意识；把痕迹管理贯穿工作始终，确保安全监管有迹可查，有条不紊的开展各项安全管理工作。

（烟草专卖局从化分局供稿，陆雪清执笔）

农业　林业　水务　养殖业

农　　业

【管理机构】　市农业局属政府序列行政单位，办公地址在街口街河东北路54号。定编35名，其中行政编制29名、工勤编制6名。2011年末，在职34人，有局长1人、党委书记1人、市派驻纪检组长1人、副局长3人。3月，机构改革后内设机构有：办公室、财务科、农产品质量安全监督科（加挂市场信息科牌子）、农村建设指导科、种植业管理科（加挂花卉办牌子）、农业发展与综合开发科、农村经济体制与经营管理科、科技与政策法规科。下属事业机构有：植保测报站、土肥站、种子管理站、市农产品质量安全监督检测中心。下属企业有：市九里埗果场、市太平果场、市高埗果场。协调机构有：市农业技术推广中心、农业机械化服务中心。

【基本情况】　农村经济收入　农业总产值33.75亿元，比上年（下同）增长5%；全年农民现金纯收入9568元，增长13.5%。连续五年农民人均收入增长两位数，连续四农民人均收入增长高于城镇人均收入增幅。

主要粮食作物　全年粮食生产面积34.66万亩，总产量11.75万吨，分别比上年增长

7月13日，广州市首批星级农家乐授牌仪式在增城正果镇举办，从化市23家农家乐被授予广州市星级农家乐

0.44%和7.77%。其中水稻生产面积31.43万亩，产量10.6万吨，分别增长0.1%和5.3%；玉米生产面积0.89万亩，总产0.31吨，分别减少12.4%和增长11.6%；大豆生产面积0.31万亩，总产0.07万吨，分别减少22%和增长16.4%；番薯生产面积1.56万亩，总产0.61吨，分别增长52.2%和92.2%；马铃薯生产面积0.31万亩，总产0.13吨，分别减少35.9%和16.2%。

水果生产　水果种植面积38.21万亩，总产量7.75万吨，分别增长0.33%和3.75%。其中荔枝种植面积20.75万亩，产量2.87万吨，分别增长1.45%和1%；龙眼种植面积3.1万亩，产量0.77万吨，分别增长0.45%和

12.75；其他水果种植面积14.36万亩，产量4.1万吨。

蔬菜生产　全年蔬菜播种面积22.49万亩（常年种植面积约9.5万亩），年总产量31.61万吨，蔬菜总产值5.2791亿元，蔬菜出口量28130万吨，分别比上年减少2%、增长1.15%、增长0.55%、增长1.78%。

花卉及其他经济作物　花卉种植面积2.26万亩，总产值2760万元，分别比上年增长7.98%和29.5%；甘蔗种植面积0.13万亩，产量0.4万吨，增长76.7%和69.9%；花生种植面积4.88万亩，产量0.84万吨，分别增长1.8%和3%。

8月26日，市农业局组织8家农业龙头企业参展广州市第19届农业博览会。图为市领导谭凯平（左四）、孙石康（右三）在从化展位

【启动国家绿色农业示范区创建工作】　从化市现代农业“十二五”发展规划确定创建国家绿色农业示范区，经过努力，2011年8月，得到中国绿色食品协会的批复，同意从化市建设绿色农业示范区，从化市成为广东省唯一一个建设国家绿色农业示范区的市县。2010年10月23日，市成立创建国家绿色农业示范区工作领导小组，组长由谭凯平担任，副组长由刘宗静担任，下设办公室在市农业局，负责具体创建工作。推进十大建设工程，即农田水利基础设施强农惠民工程、青山绿地生态环境建设工程、农村环境保护工程、绿色农业先进技术应用工程、绿色农产品品牌建设工程、休闲农业与乡村旅游富民强村工程、沃土工程、绿色农业服务与管理体系建设工程、现代农业园区规划建设工程、绿色农产品质量安全建设工程。全年完成农田标准化建设2000多亩（全市累计农田标准化建设10.5万亩）；完成农村“五小”（小水池、小沟渠、小塘坝、小堰闸、小泵站）水利整治工程39项；完成流溪绿道建设65公里，万花园郊野绿道建设14公里；进一步完善“市专营、镇配送、村直供”三级农资配送体系；建立农业标准化示范区2处（华隆果菜保鲜有限公司的荔枝生产及保鲜加工农业标准化示范区、清香农产公司承建的清香无公害蔬菜农业标准化示范区）；完成无公害、绿色、有机“三品”申报认证面积4500亩（全市累计通过无公害农产品产品认证53个，面积154428亩；绿色食品产品认证3个，面积4855亩；有机食品产品认证4个，面积8778.8亩）；建立绿色农产品流通服务平台，新增名优农产品直销专营店5个；新增国家3A农业景区4个，农业旅游示范基地6个，观光农园示范点10个，23家农家乐被评为广州市星级农家乐；冬种生产13万亩，完成测土配方施肥推广14万亩；加强农民专业合作社规范化管理，新增农民专业合作社45家，各级示范性合作社7个（全市累计有农民专业合作社143家）。开展“三品一标一名牌”（规范无公害农产品、绿色食品、有机农产品、地理标志农产品和名牌农产品）专项整治行动，制定专项整治工作实施方案，召开会议部署专项整治行动，加强监管力度，强化监控能力，完善认证制度，加强证

后监管，促进全市“三品一标一名牌”持续健康发展，进一步推进绿色农业示范区建设。加大资金投入，积极争取各级财政资金12254万元，整合政府部门17个项目的资金和吸引民间资本参与绿色农业项目建设，以项目建设促进示范区发展。

【提高农机装备和农机作业水平】　全市农机总动力达19.45万千瓦，比上年增长5.3%。其中农用拖拉机保有量2902台，增长2.3%；联合收割机103台，增长1%；水稻插秧机123台，增加91台，增长284.38%；抗旱机具新增448台（套）；耕整机械、机（电）动植保、节水灌溉、农田基本建设及畜牧水产养殖、农产品加工等先进适用的农业机械均有较快增长，农机装备结构明显改善。11月，申报成功“农业机械化示范县建设”项目。全年全市农作物耕、种、收机械化水平分别是：89.54%、2.99%、32.89%，农作物综合化机械化水平达46.58%，比上年增长1.9%；其中水稻机耕、机插和机收水平分别达到：92.7%、6.42%、65.3%，水稻综合化机械化水平达58.6%，比上年增长4.57%。主要农作物的生产机械化发展迅速，有效提升农业综合生产能力。

【推进农业产业化经营】　*农业龙头企业辐射带动能力不断提高*　市农业龙头企业广州市珍奇味食品有限公司被国家农业部等八部委认定为“国家重点龙头企业”。2011年度荔泉公司的妃子笑“七丝软粘米”、清香公司清香“白菜干”获2011年广东省名牌产品。全年各企业生产、收购、加工、销售农产品12.9万吨，实现年销售总收入12.31亿元，创利税10913万元，出口创汇4850万美元，带动当地农户6.7万户，辐射带动面积23万亩，增加农民经济总收入30106万元，招收当地农民工3823人，增加农民工资性收入6881万元。

加快农村土地流转　市农业局召开土地流转工作会议，布置从化市农村土地经营权流转的工作任务，指导土地流转的书面合同备案、登记及建档工作，规范土地流转相关手续和基础性工作，保护农民合法权益。增加鳌头镇为土地流转工作试点镇。全市新增土地流转6229亩（全市累计土地流转48499亩）。

农民专业合作社示范社建设　至2011年末，全市有农民专业合作社143家，其中当年新增45家，涉及水果、蔬菜、花卉、养蜂、经作、水产、加工流通等7大类产业，拥有社员6836人，带动农户3.9万户，占农户总数的40%。全年为农户直接销售和代理销售农产品约1.05亿元，有力促进农业增效、农民增收。

【农产品质量安全监管】　抓好市一级农产品质量安全监督检测中心建设，投入200多万元，改建“中心实验室”，办公面积达630平方米，检测仪器价值200万元，具备22种农药残留检测能力。加强网络建设，在农业生产基地、农业龙头企业、专业合作社、农贸批发市场等共设立基层检测站16个。加强“例行监测”和“专项监测”工作，全市完成网上实时监控检测2.98万份，合格率98.22%；完成田间速测4517份，合格率100%。完成定性定量分析610份，合格率98.93%。加强领导，落实监管，完成深圳大运会农产品供应和质量安全保障，在8月12—23日第26届世界大学生夏季运动会期间，从化市共供应蔬菜和水果154吨，品种30多个，农产品供给配送质量安全100%。做好无公害农产品产地认定和产品认证的年审工作。加强农产品质量安全监督管理，建立农产品质量安全监管巡查制度，启用《从化市农业局农产品质量安全监督巡查记录表》。年内实现辖区内农产品质量安全事故和事件零发生的目标。

【发展观光休闲农业】　落实政策，营造良好发展条件，加强与国土、城建规划等部门的沟通协调，落实加快发展现代农业、观光农业的相关政策，协助观光休闲农业办理生产基地及配套设施建设的用地备案手续。与旅游等相关部门合作，组织23家星级农家乐参加广州市级星级农家乐评定和从化市第二批观光农园示范点评审工作，打造从化市观光休闲农业品牌，促进全市休闲农业和乡村游的发展。落实资金，改善观光休闲农业基础设施。争取广州市专项资金215万元，对8家农家乐和旅游乡村的基础设施进行改善。2011年2月和4月，从化市分别荣获"全国休闲农业与乡村旅游示范县"和"中国最具魅力乡村旅游目的地"的称号，有23家农家乐获得"广州市星级农家乐"的评定授牌，有10家观光农园被评为从化市第二批观光农园示范点号。全年旅游业接待游客1215万人次，其中休闲农业与乡村旅游约占50%，旅游总收入42亿元，休闲农业与乡村旅游约占30%，与2010年相比，两者均增长19%。

【山区镇建设】　把握全市全面开展扶贫开发"双到"工作的有利时机，抓好农村及小城镇基础设施和生态环境建设，促进山区镇经济社会全面协调可持续发展。2011年，广州市级财政安排山区镇建设资金1000万元，从化市财政配套落实1000万元，总数比2010年的1000万元增加一倍。建设项目具体由各镇组织实施，其中吕田、温泉两个山区镇基础设施建设得到明显改善，经济社会保持良好发展，人民生活水平显著提高。2011年温泉镇实现工农业总产值28.15亿元，比上年增长12%，一般财政收入1.13亿元，增长13.5%，农民人均纯收入8956元，增长17.3%；吕田镇实现工农业总产值2.54亿元，比上年减少12.3%，其中农业产值2.24亿元，增长12%，一般财政收入3150万元，减少1.7%，农民人均纯收入8690元，增长14%。

【新农村建设】　督促指导各镇街抓紧组织实施2010年、2011年广州市社会主义新农村建设项目建设。已组织实施的2010年34个新农村建设项目中，有18个项目完成建设并通过验收，总投入225万元；2010年16个和2011年32个项目正在组织实施之中。抓好广州市2012年社会主义新农村建设项目申报工作，2011年从化市申报广州市2012年社会主义新农村建设项目有26条扶持村和26条重点扶持村。通过组织实施新农村建设项目，建设点的村容村貌变得整洁卫生，村民的居住环境得到有效改善，得到农民群众的拥护。

【农业综合服务】　农业科技培训　全年举办各类农民科技培训28期，获得农民技术绿色证书人数2261人，完成2011年广州市农业局下达从化市新型农民培训1400人和水果、蔬菜种植户850人培训任务。举办大型农业科技下乡活动3场次，免费派发化肥10吨、宣传资料5000多份，咨询人数4000多人次。

农资管理　全年开展农业执法检查16次，出动执法人员435人次，检查农药批发、零售店382间次，立案查处农药违法案件6宗，结案6宗，处罚金额6372元。有效净化农药市场，维护农民合法权益。

涉农案件处理　全年协助有关部门处理涉

农案件23宗，涉及农户550多户，为农户挽回经济损失50多万元。

病虫害测报 全年发出病虫测报12期，共1200份，其中水稻5期、荔枝5期、主要作物病虫害发生趋势2期，短期预报准确率达95%以上。全年全市水稻主要病虫害发生面积136.65万亩次，防治面积191.42万亩次，挽回损失约4.63万吨。加强红火蚁疫情防控工作，全年施用扑杀药剂红蚁净、灭蚁净等共1070公斤，较好地控制红火蚁疫情的扩散和蔓延。

测土配方施肥和“沃土工程” 建设测土配方施肥土壤实验室，11月中旬通过省的抽查。全市采集土壤样本800个，印发配方施肥卡4.5万份。全市冬种紫云英1.9万亩，油菜花2000亩。

【现代农业园区建设】 以科技创新带动农业产业升级，以工业园区理念建设现代农业园区，发展技术密集型的设施农业、精致农业、观光农业。在抓好从玉、农艺和东升蔬菜基地及鳌头优质稻广州市级都市型现代农业示范区建设的同时，高起点、高标准推进广州从化万花园生产与旅游综合示范区建设，努力打造国家农业部、广东、广州、从化共建的国家级现代农业园区。园区的基础设施不断完善，园区综合生产能力得到进一步提升，落户企业和种植面积不断增加，花卉产业化水平不断提高。园区已进驻广州市花卉研究中心、深圳市绿宝轩园艺有限公司、广州市园林所、广东天适集团等33家企业和种植场（其中当年新增2家），初步形成以西和村、红旗村、光辉村为核心区域的集约连片经营，租地面积约1.1万亩（其中当年新增退果还田500亩），种植规模达8500多亩。园区由单一生产型向生产、观光休闲型转变，有力促进当地农业结构调整和农村经济转型。

【扶贫开发】 协调和指导各级农业龙头企业开展农业产业帮扶。全市50家农业龙头企业结对挂钩帮扶58条贫困村，涉及扶贫投资项目2934万元。落实项目帮扶，按照初步摸查情况，共有农业产业帮扶需求项目37个，估算需投入1.33亿元，其中计划申请财政投入6702万元。推进项目建设，2011年市农业局承接项目建设共22项（其中重点项目1项），其中可开工项目10项，在建项目8项，在谈项目4项。至年底，可开工项目已完成7个、在建项目已完成8个，完成总投资9000多万元。

附表1　2011年从化市各级农业龙头企业一览表

序号	企业名称	企业主要产品	所在地	评定单位	获评农业龙头企业时间
1	广州从玉菜业发展有限公司	蔬菜种植	从化市街口街	国家农业部	2002年12月
2	广州市从化顺昌源绿色食品有限公司	果酒	从化市鳌头镇	广东省农业厅	2011年12月
3	广州市珍奇味食品有限公司	悠闲食品	从化市太平镇	国家农业部	2007年9月18日
4	广州市从化龙丰园果子食品厂	青梅	从化市鳌头镇	广州市农业局	2008年12月
5	广州农艺食品发展有限公司	蔬菜种植	从化市鳌头镇	广州市农业局	2009年12月

续上表

序号	企业名称	企业主要产品	所在地	评定单位	获评农业龙头企业时间
6	从化市友生园林有限公司	花卉	从化市城郊街	广东省农业厅	2007年1月18日
7	广州市从化华隆果菜保鲜有限公司	水果、蔬菜保鲜	从化市江埔街	广州市农业局	2007年1月18日
8	广州市清香农产有限公司	蔬菜脱水	从化市江埔街	广州市农业局	2007年1月18日
9	广州市先步农业发展有限公司	水产养殖	从化市太平镇	广东省农业厅	2007年1月18日
10	广州市佳荔干鲜果食品有限公司	水果（荔枝、龙眼）	从化市太平镇	广州市农业局	2007年1月18日
11	广州市谭山蜂业有限公司	蜂蜜	从化市江埔街	广州市农业局	2007年1月18日
12	从化达南农业发展有限公司	水果、养殖	从化市鳌头镇	广州市农业局	2007年1月18日
13	广州百木农业科技有限公司	苗木	从化市鳌头镇	从化市	2010年2月3日
14	广州市流溪香雪食品有限公司	青梅、番薯	从化市良口镇	广州市农业局	2010年2月3日
15	从化市旗杆仙居生态农业农庄	水果	从化市鳌头镇	从化市农业局	2007年1月18日
16	广州东升（吕田）有机种植有限公司	有机蔬菜	从化市吕田镇	从化市农业局	2007年1月18日
17	广州市从化西洋食品有限公司	粮食（大米）	从化市鳌头镇	从化市农业局	2007年1月18日
18	广州市荔泉食品有限公司	粮食（大米）	从化市江埔街	广州市农业局	2007年1月18日
19	从化市林欣绿化工程有限责任公司	苗木	从化市城郊街	从化市农业局	2007年1月18日
20	广州市名景园林绿化工程有限责任公司	苗木	从化市城郊街	从化市农业局	2007年1月18日
21	从化市旗杆家乐卫生咸蛋厂	咸蛋	从化市鳌头镇	从化市农业局	2007年1月18日
22	广州燕都果牧生态示范园有限公司	牛奶	从化市太平镇	从化市农业局	2008年12月2日
23	从化市吕田香密园果场	水果、养殖	从化市吕田镇	从化市农业局	2008年12月2日
24	从化市温泉国强蜂唛养蜂场	蜂蜜	从化市温泉镇	从化市农业局	2008年12月2日
25	从化鳌头顺民农副产品加工厂	马蹄	从化市鳌头镇	从化市农业局	2008年12月2日
26	广州市太平明欣孵化场	鸡苗	从化市太平镇	从化市农业局	2008年12月2日
27	广州大丘有机农产有限公司	水果	从化市城郊街	从化市农业局	2008年12月2日
28	广州市从化荣信养殖场	养殖	从化市江埔街	从化市农业局	2008年12月2日
29	广州市东锦种养有限公司	养殖	从化市良口镇	从化市农业局	2008年12月2日

续上表

序号	企业名称	企业主要产品	所在地	评定单位	获评农业龙头企业时间
30	广州市桑黄酒业有限公司	果酒	从化市太平镇	从化市农业局	2008年12月2日
31	从化市银河酒厂有限公司	果酒	从化市太平镇	从化市农业局	2008年12月2日
32	广州市维康佳饲料有限公司	养殖	从化市鳌头镇	从化市农业局	2008年12月2日
33	广州市雨润肉类食品有限公司	肉类	从化市鳌头镇	从化市农业局	2008年12月2日
34	广州市绿宝轩园艺有限公司	花卉	从化市城郊街	从化市农业局	2008年12月2日
35	广州从化太平兴富农副产品综合批发市场有限公司	牧畜	从化市太平镇	从化市农业局	2009年12月28日
36	从化市鳌头镇中唐村恒燊养鸽场	养殖	从化市鳌头镇	从化市农业局	2009年12月28日
37	广州市从化一村一品农家乐发展有限公司	蔬菜	从化市吕田镇	从化市农业局	2009年12月28日
38	广州市从化大金峰百花果公司	旅游景点	从化市江埔街	从化市农业局	2009年12月28日
39	广州缤纷园艺公司	花卉	从化市吕田镇	从化市农业局	2009年12月28日
40	广州市从化东明昊辉农副产品加工场	肉类	从化市吕田镇	从化市农业局	2009年12月28日
41	广州市锐意兔业有限公司	养殖	从化市城郊街	从化市农业局	2009年12月28日
42	广州从化润至园蜂业有限公司	蜂蜜	从化市鳌头镇	从化市农业局	2009年12月28日
43	广州市阳城花卉有限公司	苗木	从化市鳌头镇	从化市农业局	2009年12月28日
44	从化市鳌头镇光庄养殖场	养殖	从化市鳌头镇	从化市农业局	2009年12月28日
45	广州海霸王食品有限公司	食品	从化市江埔街	从化市农业局	2009年12月28日
46	广州市园林科学研究所从化苗圃基地	花卉	从化市城郊街	从化市农业局	2009年12月28日
47	广州市安业花卉有限公司	花卉、苗木	从化市鳌头镇	从化市农业局	2011年1月17日
48	广州市大山农产品有限公司	各类农产销售	从化市江埔街	从化市农业局	2011年1月17日
49	广州市奥巢农业科技有限公司	蔬菜	从化市温泉镇	从化市农业局	2011年1月17日
50	广州欧阁农业有限公司	蔬菜	从化市鳌头镇	从化市农业局	2011年1月17日

（市农业局供稿，陈涌湟执笔）

农业机械

【管理机构】　市农业机械化管理中心属赋予行政管理职能事业单位，办公地址在街口街城内路28号。定编13名。2011年末，在职13人，中心主任由市农业局党委书记兼任。内设机构有：办公室、农机发展管理科、农机安全监理科（挂农机安全监理站牌子）和农机检测科。下属机构有：市农机技术推广站。

4月2日，市农业机械化管理中心在鳌头镇石联村举办水稻机械化育插秧现场演示会

【基本情况】　装备水平　全市农机总动力19.45万千瓦，比上年增长5.3%。其中，农用拖拉机保有量2902台，增加2.3%；联合收割机103台，增长1%；水稻插秧机123台，增加91台，比上年增长284.38%；抗旱机具新增448台（套）；耕整机械、机（电）动植保、节水灌溉、农田基本建设及畜牧水产养殖、农产品加工等先进适用的农业机械均有较快增长，农机装备结构明显改善。

机械化程度　全市农作物播种面积67.46万亩，水稻播种面积31.43万亩。农作物耕、种、收机械化水平分别为89.54%、2.99%、32.89%，农作物综合化机械化水平达46.58%，比上年提高1.9%；其中水稻机耕、机插和机收水平分别为92.7%、6.42%、65.3%，水稻综合化机械化水平达58.6%，比上年提高4.57%。主要农作物的生产机械化发展迅速，有效地提升农业综合生产能力。大宗特色农作物生产关键环节机械化取得突破性进展，旱地耕整起垄、植保、节水灌溉、自动施肥和鱼塘增氧、投料及农产品加工等机械化水平明显提高。

农机社会化服务　全市从事农机服务人员4000多人，2011年新增农机专业合作社4家，其中1家已注册登记，另外3家正在办理注册登记手续。全年农业机械化经营服务收入达1.09亿元，比上年增长1.2%。

【农业机械购置补贴】　全年向省和广州市申请补贴资金500万元。引导农民、农业生产组织、农民专业合作社1084户投入资金417万元，享受各级补贴金额316万元。购置各类适用农业机械1281台（套）、建设节水灌溉系统450亩，购机额达811万元。

【农机项目实施】　组织实施省“水稻育插秧机械化示范县”及广州市“水稻育插秧机械化技术推广应用”、“水稻生产全程机械化示范建设”以及11月成功申报的“农业机械化示范县建设”项目。成立4个以推进水稻机插秧为主导的农机专业合作社。分别在市鳌头镇的官庄村、石联村、龙潭村、桥头村，街口街的团星村，江埔街的鹊塱村、山下村和城郊街的向阳村建立水稻育插秧机械化技术推广示范点，投入水稻插秧机123台，落实2个整村推进机插秧示范村，参与的农户有3229户。全面完成各级部门下达的任务，被省农业厅评为“2011年度水稻育插秧机械化示范县优秀单位”。

【农机推广示范和培训】　全年到市内各镇、村及各个农业企业等举办培训班20多期和推广培训及机插机收现场演示会13场（次），参加人员4875人次；对所有享受农机购置补贴者都进行使用、操作培训1850人次，印发宣传技术资料3.5万份，在省、广州市、从化市媒体宣传报道35篇次。推广先进适用农业机械1200多台（套）。

【农机安全监理】　健全机构，增设农机检测科，人员由中心内部调剂。在7—11月期间，中心派出业务人员到各镇（街）村对全市的农业机械进行摸底调查，全面掌握全市农业机械的分布状况、实际拥有量、办理牌证等情况，为开展农机检测工作做准备。继续做好农机安全村建设工作，在2011年鳌头镇车头村的安全村建设通过验收合格后，中心又申请在鳌头镇象新村和吕田镇草埔村建立“农机安全村”。结合农时季节组织农机监理人员深入田间场院开展农机安全生产大检查，全年监理人员下乡执法、巡查、宣传、教育出动巡查车辆60台次，出动监理人员200人次，纠正违章26宗，发出宣传资料3000份，协助广州市农机处执法人员执法3次，对没有办理注册登记的两台拖拉机机主发出责令办理注册登记通知书，促使两名机主主动到中心办理注册登记，有效地消除一批拖拉机、联合收割机的事故隐患。至年末，全市拖拉机注册登记600台，联合收割机注册登记59台；拖拉机驾驶（操作）人1773人，联合收割机驾驶（操作）人7人。其中2011年注册登记核发牌证的联合收割机1台、大中型拖拉机11台，手扶拖拉机3个（已安装三灯装置及反光贴标志）；办理年检换证的小型方向盘式拖拉机驾驶证（GHK）5个。全市全年没有发生农机安全事故。

【机务组织管理】　在春耕、夏收、夏耕、秋收冬种等重要农时季节，全市投入作业农机具2800多台（套），完成机耕面积51.361万亩。在抗旱救灾工作中，做好“三防”（防汛、防旱、防风）农机物资的采购和管理，组织农机技术人员深入到各镇村，指导农民使用抗旱机具，投入抗旱机具1758多台套，抗旱浇地面积43562亩。

（市农业机械化管理中心供稿，张艳芬执笔）

农业技术推广

【管理机构】　从化市农业技术推广中心为副局级事业单位，隶属从化市农业局管理，办公地址在从化市城郊街旺城大道323号，定编30名。2011年末，在职45人，有主任1人，副主任2人，内设机构有：行政综合科（办公室）、蔬菜科（挂从化市蔬菜科学研究所牌子）、粮油作物科、技术规划科、果树科、花卉科（挂从化市花卉研究中心牌子）。

【科研基地建设】　继续完善高禾科研基地基础设施建设，已完成6000多平方米蔬菜育苗大棚，安装农田喷灌、滴灌等节水自动化系统的工程建设，771米主干机耕路及排灌系统建设已基本完成，至年末，建成一个较具现代化科研示范基地。充分发挥该基地在农作物新品种、新技术的引进、试验、示范和推广应用作用。

【新品种引进繁育和推广】　粮油作物类：全

年引进水稻新品种32个，其中主导品种3个、示范表证品种18个，全年选出苗头品种3个，确定繁育推广品种5个。全年推广水稻杂优种1万公斤，优良常规种1.5万公斤。引进花生品种7个、甘薯品种6个。蔬菜类：全年引种蔬菜新品种98个、玉米新品种20个，选出苗头品种15个。采用定向栽培技术示范种植台湾白淮山、桂淮2号、阳山淮山和红淮山4个淮山新品种。在广州市农业技术推广中心的大力支持下，成功实施2011年广州市第七届农业新品种（芥蓝）擂台赛的种植工作，选出芥蓝主导品种3个。水果类：新引进菠萝品种1个。按照《广东省从化市现代特色水果产业带》项目要求，进行筛选、提纯、复壮、繁育从化市优质水果种苗20多万株，其中无病毒柑桔苗10万株。全年培育和推广沙糖桔、从城甜黄皮、枇杷等优质果苗1万多株。继续试种的水果新优品种有天草杂柑、红肉脐橙和粤脆菠萝等13个。

【科技推广服务和培训】　继续推广沃土工程项目——冬种紫云英种植技术、农作物标准化生产技术规程应用技术、水稻三控施肥技术和测土配方施肥技术，建立测土配方施肥技术展示区。组织与实施农民培训工作。采取科技下乡咨询活动、到各镇（街）、村举办各种实用技术培训班和新型农民科技培训班、现场技术指导、现场解答农民在实际工作中遇到的疑难问题等多种形式向农民传递农业信息和传授农业科技知识。全年完成专业村农民培训851名和新型农民培训403名。在农村实用技术的培训工作中，分别在吕田镇五和村、鳌头镇横江村等15个村开展水果、粮油、蔬菜和花卉实用技术培训班15期，受训农民1500多人。利用网络、电视、报刊、科技下乡等媒介途径，完成“从化市春耕生产现场会”、“从化市春旱改种工作”、“科技活动下乡系列活动”、“2011年冬春季农业防寒技术指导意见”等宣传推广工作23项，报刊宣传报道12条，其他途径的宣传报道6条。发挥从化市农业技术推广中心网站的平台作用，及时发送从化市的农技状态、良种信息、农科技术等。

【农业标准化】　市农业技术推广中心自成立以来共制订广州市和从化市农业技术地方标准26项。其中2011年，制订吕田大芥菜生产技术规程和火龙果生产技术规程2项（从化市农业技术规范），制订吕田大芥菜生产技术规程和青瓜生产技术规程2项（广州市农业技术地方标准）。

【农作物鉴定评估】　协助市农业局有关科室完成各种农作物鉴定评估16项，为协调、解决农业生产矛盾提供有效可行的参考性技术依据。

【救灾复产】　2011年1月至4月，从化市累计降雨量对比常年同期平均值减少一半以上，导致市内部分地区出现较为严重的旱情，严重影响市内大部分地区的水稻春播春插工作。根据市委、市政府、上级部门的抗灾减灾的指示精神，市农业技术推广中心及时成立工作领导小组，组织技术人员分批深入到各镇（街）了解灾情，制定农业技术指导意见，并把《从化市春旱农业生产技术指导意见》发放到各镇（街）。7月，从化市出现“早两优336”水稻灾害，市农业技术推广中心于8月15日、16日在受灾较严重的城郊街黄场村、吕田镇坪地村举办送肥料送科技下乡活动。活动邀请广州市农业环境与植保保护总站及市农业技术推广中心等单位有关专家讲授水稻优质高产栽培关键技术、病虫害防治技术及适种品种正确选择等方面的知识，提高广大农民对水稻种植技术的科技知识。12 月，不断有强冷空气影响从化市，为做好农业防寒工作，确保越冬农作物的安全生产，中心迅速制订《从化市冬季农业防寒技术指导意见》分发给各镇（街），要求镇（街）根据生产实际，做好农业防寒工作。

【队伍建设】　市农业技术推广中心拨出专项经费安排科技人员参加省、广州市等有关部门举办的继续教育工程培训班，鼓励科技人员在全国发行的书刊上发表技术论文和积极参与有关的科研试验，不断提高自身的业务知识，为晋升职称创造条件。至 2011 年末，中心有农业科技人员 17 名，其中高级职称以上人员 1 名，中级职称人员 10 名。

（市农业技术推广中心供稿，范永江执笔）

林　业

【管理机构】　市林业局属政府序列行政单位，办公地址在江埔街河东北路 20 号，定编 20 名，其中行政编制 17 名，机关后勤服务人员 3 名。2011 年末，在职 20 人，有局长 1 人、副局长 2 人、党委副书记 1 人。内设机构有：办公室、计财科、营林科、林政科。下属机构有公安森林分局、吕田森林派出所、林业科学研究所、木材检查站、广州温泉自然保护区管理站、广东从化陈禾洞省级自然保护区管理处、风云岭森林公园管理所、森林消防大队以及东明、吕田、良口、温泉、江埔、街口（风云岭森林公园管理所）、城郊、鳌头、太平林业工作站。市政府委托管理的机构有：森林防火办、山林纠纷调处办。

【基本情况】　全市有林业用地面积 193. 81 万亩，活立木蓄积量 463. 93 万立方米，比上年净增率 6. 6%；其中生态公益林 91. 55 万亩、用材林 165. 11 万亩、防护林 79. 32 万亩、特用林 11. 95 万亩、经济林 18. 68 万亩、竹林 4. 57 万亩，森林覆盖率 67. 54%，比上年增长 0. 24%。全市有野生维管植物 207 科，790 属，1597 种。

6 月 30 日，广州市林业和园林局与区县级市事权移交签字仪式在广州举行。图为副市长温洁夫（左）代表从化市人民政府与广州市林业和园林局签订《关于移交广州市温泉木材检查站及广州市从化温泉自然保护区、广东从化陈禾洞省级自然保护管理的协议书》

【绿道建设】　绿道建设是省委、省政府提出的重点建设项目，是建设幸福广东的一个新举措。2011 年绿道建设始终围绕“山水绿道、低碳绿道、百景绿道、活力绿道”十六字要点，全年投入 3030 万元，完成万花园至麻村段城市绿道；木棉村、大坳村、西湖村、莲塘村和市机关大院的社区绿道；坪地公园绿道的建设工作，新建绿道 85. 4 公里，完成广州市下达建设任务 170%，全面完善覆盖从化的绿道网络建设。并完成西湖驿站和新温泉广场驿站的建设工作；全面完善驿站的自行车租赁、休闲娱乐健身设施、停车场、医疗保险设施设备等服务项目。至年末，全市累计建成绿道272.4公里（其中社区绿道68.7公里），有绿道驿站8个。

【集体林权制度改革】 从化市集体林权制度改革工作围绕“农民得实惠、生态得保护、林业得发展”的目标，于2010年3月开始全面铺开，市委、市政府对集体林权制度改革始终坚持高位推动，实行市、镇（街）、村三级书记抓林改。2011年12月28日至31日，省检查组对从化市的林改工作进行全面验收，通过采取召开会议听取情况汇报、查阅内业档案材料、外业宗地现场勘查、走村入户访问林农等9个方面25个指标方式进行验收，认定为从化市林改省级检查验收综合得分达到优秀等级。全市列入集体林权制度改革范围的林地面积187.04万亩，林地所有权已发证186.17万亩，发证率99%；林地使用权发证185.18亩，发证率99%；集体经营林地股权发证156.28亩，发证率99%。

【造林绿化】 开展义务植树活动，植树节期间，在市四套班子领导、市直属单位干部、团市委带领下，全市掀起植树造林、爱绿护绿热潮，共义务植树10万棵。高质量开展造林绿化工作，完成工程林建设及面上植树造林1.3万亩，其中迹地更新1万亩；工程林分改造3000亩，其中林分改造松材线虫部分2625亩、江埔170亩、风云岭205亩。根据省委书记汪洋同志游绿道后的指示精神，高质量完成绿道绿化建设工程2项，绿化面积160平方米；建设市的重点项目105国道（流溪河林场—吕田新丰交界）景观林带建设项目1101亩，省道355线（城郊—鳌头）、106国道（鳌头—佛冈）景观林带建设项目792亩在建中。配合推进新农村绿色家园建设。结合省万村绿行动、广州市的绿色家园建设工作，完成太平镇西湖村、钱岗村，吕田镇小杉村东坑村、联丰村、街口街团星村、江埔街锦一村，城郊街红旗村，鳌头镇棋杆第二小学等村社的绿化建设项目。

【森林资源管护】 *林业宣传* 在森林防火宣传方面，出动森林防火知识宣传车1200多车次，派发防火戒严令2000多份，在林区树立森林防火宣传牌80块，张贴防火标语1200多条。在春节、元宵、清明、中秋、重阳等重要节日期间在电视台流动播放森林防火警示标语，派出流动宣传车20辆次；在野生动物宣传工作中，派发宣传单张、宣传图片8000多份，张贴在酒楼、饭店显眼处，全年先后出动执法人员约1000多人次，检查宾馆、饭店、酒楼、集贸市场、路边摊贩以及风景旅游区200多家次，清除非法捕鸟网200米；在林改工作中，印发公开信8万份，横幅标语168条，编印《从化市林改技术操作指南》1万多本，《从化市林改工作情况通报》24期，分送到市领导小组领导及成员单位。在从化电视台、《今日从化》以及网络媒体报道林改信息和新闻稿件80多篇（条），刊登《林改公告》，使广大群众及时了解林改、参与林改、支持林改，真正使林改工作家喻户晓、深入人心。结合实际工作需要，派发薇甘菊危害和防治方法宣传单张300多份。由于宣传工作，到镇、到村、到社、到人，形成大家理解、支持、积极参与森林资源保护和管理的良好局面。

森林病虫害和有害植物防治 从化市森林病虫害主要是松材线虫，而有害植物主要是薇甘菊。松材线虫防治方面，及时把森林病虫害防治管理目标分解到各镇街，由各镇街林业工

作站采取定期测报和组织防治等措施，做好防治方案，全年投入资金273万元，完成2.8万亩松材线虫防治工作，清理病死树7750株，完成松材线虫病疫区林分改造2625亩。对薇甘菊防治方面，清理薇甘菊3020亩，防治率达100%，达到有害不成灾的预期目标。

生态公益林管护　至2011年末，全市生态公益林面积91.55万亩，占用林地面积46.9%，生态公益林面积保存率为100%。生态公益林损失性补偿金继续提高，一般区位的生态公益林补偿金是每亩33元，重点区位的生态公益林补偿金为每亩36元，全市总的补偿金额为3110.08万元。对符合规划条件的全市新增加22.5万亩生态公益林，已上报省、广州市审批。生态公益林的基础档案建设完善齐全，地理信息系统健全，资源数据更新及时。生态公益林的建设和效益补偿金能按国家和省规定及时足额落实到位和使用，生态公益林区内没有发生较严重的盗伐、滥伐、采脂等现象，管护成效显著。

森林防火　对森林消防大队宿舍进行修葺改造，在森林消防大队训练基地出入口道路铺设混凝土路面，并在消防通道侧划定停车位、树立警示牌，确保森林消防通道畅通。不断完善、更新扑火装备，在原有装备基础上，市、镇两级均增加扑火物资储备，保证各种设备和扑火工具齐全配套。对2009年建设的生物防火林带进行维护和对重点林区的生物防火林带进行维修。维护好森林消防蓄水池，保证森林防火蓄水池水量，为森林消防提供水源，达到就近取水，“以水灭火，科学灭火”的要求。2011年上半年，从化市发生森林火灾59宗，受害森林面积4795.69亩，改写从化市在非防火期发生森林火灾最多纪录。下半年，由于上级林业主管部门、从化市委、市政府高度重视，森林防火工作取得显著成效，发生森林火灾2宗，环比下降96.61%，受害森林面积67亩，环比下降98.6%。

维护林区秩序　在各相关职能部门的配合下，通过加强巡查、加大执法力度，在全市林区积极进行综合治理，严厉打击各类破坏森林资源的违法犯罪活动，有力维护林区稳定。全年处置警情122宗、受理各类森林案件53宗；破获各类森林案件34宗，其中侦破森林刑事案件9宗，查处林业行政案件25宗；处理违法人员56人次，其中刑事拘留31人，行政处罚25人次。

【山林纠纷调处】　全市原有山林纠纷394宗，随着林改工作的全面铺开，新出现纠纷223宗。调处人员从维护稳定大局出发，对所有的山林纠纷案件进行梳理、分类、排查，按照轻缓重急，有的放矢进行调处。2011年，成功调解处理林改期间引发的山林权属纠纷案190宗，涉及山林面积1.8万多亩；尚存已立案的各类山林权属纠纷案87宗，其中跨市7宗、跨县12宗、国营林场21宗、镇内47宗，均在积极调处中；山林纠纷调处办公室被广东省山林权属争议调处办评为“2009—2010年全省林权争议调处工作先进单位”。

【行政审批】林业行政审批项目逐步简化，行政审批项目由2010年的20项减少到19项。完善行政审批监控系统，进一步规范行政审批程序、审批时间和审批要求，同时为从化市重大、重点工程项目开通“绿色审批通道”，提高行政审批的质量和效率。2011年共完成行政审批73宗，其中核发林木采伐许可证114宗，消耗林木蓄积7.98万立方米，生产木材5.63万立方米；审核征占用林地10宗，面积77.58公顷，缴纳森林植被费903.56万元；核发木材经营许可证7宗。

【机关作风建设】　结合开展“效能建设年”活动，局认真梳理和编制审批流程，提高审批效率，对19项审批事项的审批依据、审批内容、审批条件、申请材料、审批程序、审批时限以及是否收费等作全面整理，并制作一纸清办事指南。制定《从化市林业局行政许可监督管理办法》，实行许可责任制。对行政执法事项进行全面梳理，制定《从化市林业行政处罚自由裁量权适用办法》，规范执法行为。局原委托各基层单位实施林业行政执法，由于委托依据不够充分，根据市法制办的意见，局从2011年起取消委托执法，由局统一立案和直接实施执法。完善《林业局机关及公务员公共服务六项制度》，进一步明确“首问首办责任制”、“一次性告知制”、“限时办结制”、“服务承诺制”等。修订《从化市森林消防大队仓库管理制度》、《从化市森林消防大队机动中队队员职责》、《巡山护林制度》。修改《从化市林业局机关工作人员行为规范》、《接待来访文明用语和忌语》、《接听来电文明用语和忌语》。落实“四清理、四公开”工作要求，在林业局网站和局机关办公楼一、二层的醒目位置设置机关各科室职责、党务公示栏、政务公示栏、党委领导班子分工及职责公示栏、林业局行政执法职责等，并由专人负责定期进行更换公示内容，方便群众办事，便于群众监督，使行政审批、执法更加公开透明。推行网上办公。建立从化市林业局办公自动化系统，不断完善网上行政办公、审批，促使制度、工作事务更加公开透明，基本上实现机关工作无纸化办公。

【队伍建设】　切实加强党风廉政建设，局全体干部职工严格遵守廉洁自律的相关规定，没有出现违规、违法的事件。开展基层站所民主评议政风行风活动，基层站所政风行风被市行评团评为优秀。做好综治维稳和安全生产工作，及时处理群众反映和关心的热点、难点问题，有效防止矛盾激化，消除不安定因素。全年收到来信来访案件25件，办结率100%，无越级上访事件发生。加强林业宣传和信息报送工作，向有关部门上报林业信息100多条。

（市林业局供稿，罗小蕾执笔）

水　务

【管理机构】　市水务局属政府序列行政单位，办公地址在江浦街河东北路18号。公务员编制18人，工勤编制3人。2011年末，在职24人，有局长1人、党委书记1人、党委副书记1人、副局长3人、主任科员1人、副主任科员2人。内设机构有：党政办公室、计划财务科、水政水资源管理科、工程管理科、科教规划科、水土保持科；代市政府管理市防汛防旱防风指挥部办公室，市水库移民工作领导小组办公室。下属机构：市水政监察大队、市水利水电建设管理中心、河东水利管理所、新庄水利管理所、茂墩水库管理所、天湖管理区、农电管理总站、市水利水电勘测设计室。

【基本情况】　2011年，市水务局管辖部分蓄水工程90项，其中小一型24项、小二型64项、中型2项（见附表1）；市水务局管辖部分水电站148座（见附表2）。

【防汛防旱防风】　汛前准备　市“三防”指

挥部于2月20日至22日，派出工作组8个到各镇街、工业园区以及广州市流溪河林场、大岭山林场，对全市三防工作的准备情况，涉水工程运行情况，危房、山洪地质灾害的防御准备情况，在建工程的安全度汛措施，地下空间的安全度汛措施，重点企业、厂矿度汛措施，进行全面的检查；对全市防汛非工程措施，市三防指挥系统平台等进行全面检查。对存在安全隐患的19宗水库、堤围、电排站、水闸工程，安排资金126万元进行应急修复；个别水库腾空库容确保安全度汛。至4月底，应急修复工程全部完成。

6月10日，市水务局举行防汛抢险水上救援应急演练

雨情水情风情　全年全市平均降雨量1396毫米，为历年平均的7成左右。局部强降雨和台风给全市造成的影响较为轻微，尚未造成灾害。

灾情　（1）旱情。4月，由于降雨量偏少，从化市遭遇春旱，受旱总面积7.47万亩，其中水稻5.06万亩，蔬菜1.22万亩，花生1.19万亩。通过采取拦河截水、挖井取水、机械抽水、人工挑水等多种办法引、提水抗旱，至5月上旬，旱情缓解。全年全市投入抗旱机具4千多台次，出动人员5.7万多人次，各级投入抗旱资金约250万元。（2）汛情。全年全市没有发生洪灾。市三防指挥部启动防御暴雨内涝应急响应8次，其中三级响应7次、二级响应1次。在“10.13”大暴雨过程中，受浸农田510亩（其中水稻300亩、蔬菜210亩）；国道105线太平段公路塌方11处，国道106及省道354线路树倒塌11棵；小水闸损坏1座，小陂头冲毁1座，渠道塌方24处，1座电排站电气设备因雷击损坏。该暴雨造成直接经济损失约60万元，其中水利工程损失58万元。在2011年汛期期间，局部强降雨损毁部分水利设施，损失约123万元。

【水利工程建设】　2011年在建工程60项，工程建设建安费总投资1.78亿元，已完成1.55亿元，其中包括小农水项目18项，农田水利标准化建设17项，水库安全达标12项，堤防工程5项，渠道及小村落整治工程6项，其他工程2项。工程的建设，进一步提高农业的综合生产能力和防御自然灾害的能力。

【农村改水】　农村改水工作经过2月中旬至5月共3个半月时间的努力，把群众意见最大、用水最缺乏的村社做好调查核实、规划设计、初步设计批复和送审工作。广州市水务局安排2011年从化市农村改水资金2760万元，优先解决从化温泉镇、良口镇、吕田镇和鳌头镇4个山区镇及流溪河林场的农村改水问题，惠及人口7.69万人。落实建设资金的改水项目已完成财评、招投标程序，10—11月分别进场建设施工。

【水利普查】　从化市第一次全国水利普查的实施方案编制、经费测算（评估）资金申请等前期工作基本完成，并做好从化市农村水利数据的采集前期及培训工作和从化市第一次全国水利普查的清查、校对复核等实质工作。至11月，水利普查清查登记工作第一阶段已顺利通过广州市普查办的验收并上报省普查办，水利普查工作进入第二阶段台账建设及各项普查对象（共2899宗）普查阶段。

【水政执法】 按照《水政监察工作章程》及相关法律法规工作，严厉打击河道非法采砂，开展定期执法巡查和节假日巡查，做到及时发现，及时报告并及时制止。2011年，共出动巡查执法1000多人次，发出《责令停止违法行为通知书》48份，《责令限期改正通知书》6份。其中组织公安、城监、卫生、自来水公司等部门联合执法5次，立案1宗，结案1宗，行政罚款1000元，有效遏制水事违法行为，水事秩序得到进一步增强。

【水资源管理】 严格执行取水许可和水资源费征收管理相关条例及有关文件精神，明确水资源费征收标准的原则和程序，按规定实行“收支两条线”纳入财政专户管理。2011年，共征收行政规费348万元，其中水资源费151万元，水土保持补偿费179万元，河道管理范围占用费18万元，有效加强水资源管理，促进水资源的合理开发利用与保护。

【水土保持建设】 围绕全国第一批水土保持监督管理能力建设全面开展工作，设置专门机构，完善硬件设施和配套法规体系，在已有的开发建设项目水土保持法律、法规的基础上，进一步健全市水土保持方案审批、设施验收、监督检查和水土保持补偿费征收使用管理等方面的配套性文件，规范监督管理工作，有效增强法规的针对性和操作性。7月，从化市水土保持监督管理能力建设通过广东省水利厅的初验和水利部珠江水利委员会流域复验，并于11月通过水利部验收。

【水库移民村建设】 落实水库移民专项资金1660万元，致力建设移民村基础设施。其中包括太平镇太平村高田社等14个社公屋改造；鳌头镇象新村前江社等6个村（社）文明村建设；城郊街光辉村田心社等7个村（社）农田水利建设；太平镇红石村等4个村（社）饮水工程及其他工程建设。

【机关建设】 深入开展“创先争优”主题实践活动，切实提高各党支部在推进科学发展中的执行力。成立效能建设工作领导小组和效能办，对水利建设工程项目实施监督，狠抓工作落实，以促进工程建设提质提效。强化作风建设，培养作风过硬的党员干部队伍，结合规划到户、责任到人“双到”扶贫开发工作，为群众办实事、办好事。10月12—13日，召开基层站所政风行风建设情况集中评议会，获评议团100%好评。把党风廉政建设与创先争优活动相结合，切实加强廉政风险防控工作，确保工作取得实效。8月18日，水务局召开纪律教育学习月活动动员会，通过动员讲话，观看专题片和听取专题辅导报告，提高全体党员的纪律教育意识。

附表2　2011年从化市蓄水工程情况表（市水务局管辖部分）

名称	总库容（万立方米）	有效库容（万立方米）	蓄水工程类型（大型、中型、小一型、小二型等）	所在地	水库大坝		集雨面积（平方公里）	改善灌溉农田（亩）	建成时间
					坝高（米）	坝顶长（米）			
联溪水库	280	150	小一型	良口镇溪头村	26	32	27.78	0.205	1993年
小沙水库	178	92.4	小一型	良口镇小沙村	15.3	55	3.25	0.2	1972年
达溪水库	275.1	220	小一型	良口镇达溪村	25	103	14.5	0.5	1997年
白水带电站水库	141.56	0	小一型	良口镇良平村	26	97	4.12	–	–
铜锣湾水库	382	218	小一型	良口镇石明村	29	110	6.22	0.2	1996年
龙潭水库	634	595	小一型	城郊街城康村	28.4	400	8.6	–	1955年
麻村水库	303	252	小一型	城郊街麻村村	29.79	217	6	0.41	1958年
棋杆水库	317	297	小一型	鳌头镇高禾村	17.3	67	2.7	0.5	1958年
响水窿水库	203	175.58	小一型	鳌头镇高平村	14	115	1.77	0.26	1958年
大塘水库	468	286.6	小一型	鳌头镇上西村	12.64	87	4.73	0.37	1956年
民联水库	123.34	77.7	小一型	鳌头镇民联村	27.85	84.5	1.7	0.5	1996年（2002年扩容）

续上表

名称	总库容（万立方米）	有效库容（万立方米）	蓄水工程类型（大型、中型、小一型、小二型等）	所在地	水库大坝		集雨面积（平方公里）	改善灌溉农田（亩）	建成时间
					坝高（米）	坝顶长（米）			
沙溪水库	771	536.56	小一型	太平镇红石村	31	270	8.26	0.5	1958年
银林水库	330	218	小一型	太平镇银林村	16.7	105	2.74	0.18	1966年
大坑水库	203	169	小一型	太平镇大坑村	19	116.5	1.59	0.4	1974年
南窿水库	142.4	99	小一型	太平镇上塘村	19.7	140	1.18	0.25	1973年
凤凰水库	335	246	小一型	江埔街凤二村	32.84	110	5.3	0.58	1968年
南大水库	440	360	小一型	温泉镇桃莲村	31.5	127	33.2	0.7	1973年
大岭山水库	270	264	小一型	大岭山林场	35	60	5.71	–	1992年
白茫潭水库	197	165	小一型	大岭山林场	30	80	21.49	0.6	1983年
石灶水库	155	147.9	小一型	大岭山林场	16	89	3.61	0.6	1994年
渔公洞水库	205.8	156.65	小一型	吕田镇联丰村	26	78	1.34	0.68	1973年
东源峡大段水库	137.3	83	小一型	吕田镇东源峡	19.8	63	9.51	0.6	1997年

续上表

名称	总库容（万立方米）	有效库容（万立方米）	蓄水工程类型（大型、中型、小一型、小二型等）	所在地	水库大坝		集雨面积（平方公里）	改善灌溉农田（亩）	建成时间
					坝高（米）	坝顶长（米）			
东源峡下石水库	195	165	小一型	吕田镇东源峡	29	80	8.8	0.6	2003年
灰山下水库	148	105	小一型	吕田镇渔洞村	29	88	8.75	3000	1998年
秋风水库	63	59.5	小二型	太平镇秋风村	23	136	0.7	0.1	1972年
何家埔水库	38.8	32.3	小二型	太平镇何星村	21	80	0.36	0.55	1979年
横坑水库	10	7.8	小二型	太平镇屈洞村	8	49	0.2	0.04	1962年
百公凹水库	12.42	9.646	小二型	太平镇秋风村	7.9	46	0.08	0.03	1968年
禾塘仔水库	11	9.9	小二型	太平镇牛心岭村	17	37	0.3	0.02	1962年
牛角窿水库	23.99	16.45	小二型	太平镇石联村	8.53	83	0.37	0.15	1957年
石坑水库	70	37.8	小二型	温泉镇石坑村	12.8	450	1.93	0.18	1960年
围下水库	41.58	31.97	小二型	温泉镇石坑村	21	85	0.58	0.12	1988年

续上表

名称	总库容（万立方米）	有效库容（万立方米）	蓄水工程类型（大型、中型、小一型、小二型等）	所在地	水库大坝		集雨面积（平方公里）	改善灌溉农田（亩）	建成时间
					坝高（米）	坝顶长（米）			
陆里水库	12	9.9	小二型	温泉镇南星村	12	60	0.3	0.07	1957年
茶窿水库	59.18	47.81	小二型	温泉镇龙岗村	20	48.5	0.496	0.06	1964年
老虎形水库	27	2.4	小二型	温泉镇乌土村	14	80	2.2	0.04	1964年
果仔园水库	10	7.8	小二型	温泉镇卫东村	10	38	0.5	0.03	-
黄竹田水库	25.63	19.88	小二型	温泉镇头甲村	21.42	100	0.66	0.012	1968年
桂峰水库	13.86	10.52	小二型	吕田镇桂峰村	18.2	165	0.3	0.05	1983年
苏坑水库	60	53.8	小二型	吕田镇吕中村	18.84	78	1	0.1	1967年
峡山水库	45	35	小二型	良口镇北溪村	19	58	113.23	0.03	1991年
和丰水库	15	11.5	小二型	良口镇和丰村	15	60	1.2	0.005	1986年
五指山水库	80	64	小二型	良口镇	16	70	5	0.025	1970年
塘料水库	10	7	小二型	良口镇塘料村	15	-	0.55	0.025	1958年
大岭水库	10.06	4.59	小二型	良口镇良新村	6.6	40	0.367	0.02	1958年

续上表

名称	总库容（万立方米）	有效库容（万立方米）	蓄水工程类型（大型、中型、小一型、小二型等）	所在地	水库大坝		集雨面积（平方公里）	改善灌溉农田（亩）	建成时间
					坝高（米）	坝顶长（米）			
高沙水库	10	7	小二型	良口镇高沙村	6	30	0.2	0.01	1970年
乐明水库	78.8	60	小二型	良口镇乐明村	21.4	63	2.23	–	2004年
苏坑水库	–	70	小二型	良口镇石岭村	–	60	1.6	0.15	1966年
赤树电站水库	23.1	0	小二型	良口镇赤树村	–	–	3.98	–	–
大水坑电站水库	6.1	0	小二型	良口镇良平村	13	112.8	5.9	–	–
大坑电站水库	27.95	0	小二型	良口镇锦村	21.5	39.5	4.88	–	–
锦村一级电站水库	3.72	0	小二型	良口镇锦村	12.23	80.2	3.69	–	–
三丫松水库	20.264	16.73	小二型	鳌头镇西湖村	12	105	0.14	0.1	1992年
大岭山水库	16	13	小二型	鳌头镇水西村	7	40	0.2	0.05	1957年
庙窿水库	15	12	小二型	鳌头镇丁坑村	7	45	0.2	0.04	1957年

续上表

名称	总库容（万立方米）	有效库容（万立方米）	蓄水工程类型（大型、中型、小一型、小二型等）	所在地	水库大坝		集雨面积（平方公里）	改善灌溉农田（亩）	建成时间
					坝高（米）	坝顶长（米）			
老虎窿水库	12	12	小二型	鳌头镇龙角村	7	70	0.2	0.05	1955年
猪古窿水库	12	12	小二型	鳌头镇白兔村	7	50	0.25	0.03	1958年
老虎核水库	10	8	小二型	鳌头镇务丰村	7	50	0.2	0.05	1958年
南蛇形水库	86.8	47.2	小二型	鳌头镇黄罗村	10	110	1.44	0.2	1957年
梯横田水库	52	48	小二型	鳌头镇中塘村	10	100	0.84	0.15	–
虾形水库	76.056	63.624	小二型	鳌头镇官庄村	10.56	80	0.46	–	–
金鸡群水库	67.2	47.5	小二型	鳌头镇西山村	14.36	82	0.51	0.43	1992年
狗仔窿水库	52	43	小二型	鳌头镇龙聚村	10	116.5	0.43	0.13	1959年
共和水库	50	42	小二型	鳌头镇共和村	20	85	0.3	0.07	1974年
飞鹅窿水库	14.8	10.9	小二型	鳌头镇帝田村	9	40	0.2	0.26	1958年

续上表

名称	总库容（万立方米）	有效库容（万立方米）	蓄水工程类型（大型、中型、小一型、小二型等）	所在地	水库大坝		集雨面积（平方公里）	改善灌溉农田（亩）	建成时间
					坝高（米）	坝顶长（米）			
横江水库	14	11	小二型	鳌头镇横江村	7	37.5	0.74	0.04	1957年
潮光水库	76.04	68.82	小二型	鳌头镇横江村	10	93	0.31	0.11	1968年
木茶迳水库	12	9	小二型	鳌头镇西向村	9	56	0.2	0.08	1957年
大窝水库	10	8	小二型	鳌头镇松园村	11	77	0.4	0.07	1957年
高埔水库	10	8	小二型	鳌头镇西山村	7	30	0.4	0.04	1968年
元眼窿水库	10	8	小二型	鳌头镇新村村	7	65	0.2	0.06	1968年
石龙水库	93.4	61.9	小二型	鳌头镇月荣村	9	127	0.01	0.085	1957年
长[illegible]浪水库	83	76	小二型	鳌头镇车头村	10.8	116	0.73	0.26	1968年
背底窿水库	12	10	小二型	鳌头镇龙星村	13.5	70	0.3	0.55	1960年
沙龙水库	75	50	小二型	鳌头镇横岭村	14.8	150	1.5	0.035	1958年
大磨水库	12	9	小二型	鳌头镇大凼村	8	80	0.7	0.1	1960年

续上表

名称	总库容（万立方米）	有效库容（万立方米）	蓄水工程类型（大型、中型、小一型、小二型等）	所在地	水库大坝		集雨面积（平方公里）	改善灌溉农田（亩）	建成时间
					坝高（米）	坝顶长（米）			
大石古水库	29.92	25.95	小二型	鳌头镇小坑村	8.96	140	0.2	0.02	1954年
汾水水库	15	12	小二型	鳌头镇大凼村	8.5	140	1.3	0.1	1961年
大窝浪水库	12	9	小二型	鳌头镇汾水村	7	87	0.5	0.6	1961年
狐狸窿水库	15.35	10.78	小二型	鳌头镇西塘村	5.45	70	0.217	0.03	1961年
稔仔窝水库	79.46	64.53	小二型	鳌头镇小坑村	10.1	150	0.515	0.06	1960年
大凼水库	14	11	小二型	鳌头镇大凼村	6	135	0.3	0.06	1991年
三将军水库	4.7	3.25	小二型	城郊街三将军村	10	64	0.136	0.035	1992年
大光水库	-	80	小二型	城郊街左村	15	88	1.5	0.053	1957年
青矛窿水库	18.37	12.62	小二型	江埔街和睦村	8.14	105	0.43	0.1	1958年
大沙塘水库	-	0	小二型	江埔街钓鲤村	-	-	-	-	-

续上表

名称	总库容（万立方米）	有效库容（万立方米）	蓄水工程类型（大型、中型、小一型、小二型等）	所在地	水库大坝		集雨面积（平方公里）	改善灌溉农田（亩）	建成时间
					坝高（米）	坝顶长（米）			
莲塘水库	12	10	小二型	江埔街山下村	50.1	72	0.25	0.1	1960年
三椏塘水库	36	29	小二型	流溪河林场	27	56	0.5	0.02	1987年
南山水库	45	38	小二型	流溪河林场	15	55	3	-	1980年
天湖水库	1060	872	中型	温泉镇头甲村	38.2	131.5	10.2	0.34	1974年
茂墩水库	1414	1054	中型	鳌头镇茂墩村	29	135	12.9	1.11	1966年

注：部分缺项用“-”表示

附表3　2011年从化市水电站情况表（市水务局管辖部分）

名称	装机台数（台）	总装机容量（千瓦）	年发电量（万千瓦时）	总投资（万元）	所在水系	所在地	辖属（省、广州市、从化市、镇、村、民营等）	建成时间
狮头寨水电站	1	125	25	100	流溪河	吕田镇东联村	民营	2002.11
东源峡一级水电站	1	500	125	450	流溪河	吕田镇五和村	村	1998.1
东源峡二级水电站	2	2500	65	650	流溪河	吕田镇五和村	村	1973.1
东源峡三级水电站	2	650	160	300	流溪河	吕田镇五和村	村	1973.1

续上表

名称	装机台数（台）	总装机容量（千瓦）	年发电量（万千瓦时）	总投资（万元）	所在水系	所在地	辖属（省、广州市、从化市、镇、村、民营等）	建成时间
龙江水电站	2	640	120	310	流溪河	吕田镇东坑村	民营	1998.3
东明温社水电站	2	325	105	106	流溪河	吕田镇五和村	民营	1998.1
进盈水电站	1	180	40	–	流溪河	吕田镇五和村	民营	–
三桥水电站	2	525	–	–	流溪河	吕田镇坪地村	民营	–
诚信志水电站	1	55	15	40	流溪河	吕田镇份田村	民营	1969.3
东南二级水电站	2	200	60	80	流溪河	吕田镇竹坑村	民营	1991.4
吕田东南一级水电站	2	200	60	60	流溪河	吕田镇竹坑村	民营	1991.4
上围水电站	1	75	15	40	流溪河	吕田镇狮象村	民营	2002.4
原上水电站	1	55	40	70	流溪河	吕田镇水埔村	民营	1959.3
下松庙水电站	2	320	50	200	流溪河	吕田镇水埔村	民营	1978.7
狮象高石顶水电站	2	250	80	100	流溪河	吕田镇狮象村	民营	1980.1
水口水电站	2	250	80	250	流溪河	吕田镇狮象村	民营	1985.4
良口坝水电站	3	3000	750	470	流溪河	良口镇良新村	民营	1981.4
胜利水电站	3	3000	570	1100	流溪河	良口镇塘料村	民营	1973.4
卫东水电站	3	3000	650	650	流溪河	温泉镇卫东村	民营	1978.2
人工湖水电站	4	1600	470	404	流溪河	温泉镇温泉村	民营	1973.1
牛心岭水电站	3	3000	700	2500	流溪河	太平镇牛心岭村	民营	2009.1
汉祯水电站	2	150	3	200	莲麻河	吕田镇连麻村	民营	1981.1
顺风水电站	1	75	15	15	莲麻河	吕田镇连麻村	民营	1971.1
永兴水电站	2	150	30	30	莲麻河	吕田镇连麻村	民营	1981.12
三联水电站	2	420	100	160	莲麻河	吕田镇三村村	民营	1978.1
三群水电站	1	55	25	25	莲麻河	吕田镇三村村	民营	1978.3
忠顺水电站	3	500	70	–	莲麻河	吕田镇三村村	民营	1973.5
群胜水电站	1	100	25	60	莲麻河	吕田镇三村村	民营	1997.5

续上表

名称	装机台数（台）	总装机容量（千瓦）	年发电量（万千瓦时）	总投资（万元）	所在水系	所在地	辖属（省、广州市、从化市、镇、村、民营等）	建成时间
孺子田水电站	1	100	30.4	77.04	莲麻河	吕田镇三村村	民营	2005.5
忠义水电站	0	0	0	0	莲麻河	吕田镇三村村	民营	–
华桂水电站	2	200	38	70	莲麻河	吕田镇三村村	民营	1976.4
大坪水电站	1	125	39.7	54.21	莲麻河	吕田镇三村村	民营	–
鱼公洞水电站	4	1000	200	600	莲麻河	吕田镇联丰村	村	1976.1
横溪水电站	2	320	60	150	流溪河	吕田镇联丰村	村	1976.1
青年水电站	2	500	35	500	流溪河	吕田镇吕中村	村	1972.3
银开水电站	2	150	20	70	流溪河	吕田镇新联村	民营	1979.12
洪胜水电站	2	350	60	130	流溪河	吕田镇鱼洞村	民营	1997.5
龙门鱼洞水电站	5	3150	500	1800	流溪河	吕田镇鱼洞村	民营	1998.5
安山一级水电站	2	360	59.6	169.27	流溪河	吕田镇安山村	民营	1999.2
安山二级水电站	2	285	50	120	流溪河	吕田镇安山村	民营	1980.3
安山三级水电站	1	125	25	100	流溪河	吕田镇安山村	民营	1993.3
古田水电站	2	1600	200	800	流溪河	吕田镇塘田村	民营	2002.6
长滩水电站	5	2730	450	–	流溪河	吕田镇塘田村	村	1982.4
黄草岗水电站	2	600	180	300	流溪河	吕田镇塘田村	民营	1984.5
南方一级水电站	2	300	50	124.7	流溪河	良口镇良平村	民营	2002.4
南方二级水电站	2	410	50	124.7	流溪河	良口镇良平村	民营	2002.4
三坑水电站	2	200	60	160	流溪河	吕田镇良平村	民营	1998.1
良平长潭水电站	1	75	18	80	流溪河	吕田镇良平村	民营	1976.1
大水坑水电站	2	375	82	195	流溪河	良口镇良平村	民营	2006.4
拓能水电站	2	500	108	312.6	流溪河	良口镇良平村	民营	1999.7

续上表

名称	装机台数（台）	总装机容量（千瓦）	年发电量（万千瓦时）	总投资（万元）	所在水系	所在地	辖属（省、广州市、从化市、镇、村、民营等）	建成时间
三合水电站	2	400	50	200	流溪河	良口镇良平村	民营	2006.8
马骝水电站	2	450	105	216	流溪河	良口镇良平村	民营	–
塘口水电站	2	450	105	216	流溪河	良口镇良平村	民营	–
塘尾水电站	2	70	20	30	流溪河	良口镇塘尾村	民营	1978.8
白水带水电站	4	2520	300	2000	流溪河	良口镇良平村	民营	2000.5
麦塘水电站	2	480	96	250	流溪河	良口镇塘尾村	民营	2007.5
下龙潭水电站	2	325	72	152	流溪河	良口镇达溪村	民营	2001.3
达溪水库水电站	1	250	30	95	流溪河	良口镇达溪村	民营	–
合群水电站	3	910	150	300	流溪河	良口镇合群村	民营	1984.7
达溪水电站	3	1000	180	350	流溪河	良口镇达溪村	民营	1984.3
瓦田寮水电站	3	450	60	173.7	流溪河	良口镇赤树村	民营	2002.1
少沙水电站	1	130	15	80	流溪河	良口镇少沙村	民营	–
高沙水电站	2	139	180	200	流溪河	良口镇高沙村	民营	1997.3
良新水电站	3	960	150	300	流溪河	良口镇良新村	民营	1984.1
夹水口水电站	4	1360	380	–	流溪河	良口镇良新村	民营	1984.3
米埔步水电站	1	155	30	160	流溪河	良口镇米步村	民营	1976.1
和丰一级水电站	2	250	44	125	流溪河	良口镇和丰村	民营	2000.4
和丰二级水电站	2	250	36.26	100	流溪河	良口镇和丰村	民营	1989.12
青年水电站	7	875	35	500	流溪河	良口镇良新村	村	1972.3
北斗水电站	3	600	150	150	流溪河	良口镇和丰村	民营	1983.2
五指山水电站	3	1890	380	750	流溪河	良口镇良新村	村	2003.7
佰公湾水电站	2	350	60	210	流溪河	良口镇溪头村	民营	2003.3
锦村一级水电站	2	450	80	200	流溪河	良口镇锦村	民营	1999.7
瑶社水电站	1	125	17.22	32.02	流溪河	良口镇锦村	民营	2004.12
洪水坑水电站	2	480	70	250	流溪河	良口镇下溪村	民营	2006.4

续上表

名称	装机台数（台）	总装机容量（千瓦）	年发电量（万千瓦时）	总投资（万元）	所在水系	所在地	辖属（省、广州市、从化市、镇、村、民营等）	建成时间
大坑水电站	3	1500	337	346.22	流溪河	良口镇下溪村	民营	2001.3
联溪二级水电站	2	720	340	–	流溪河	良口镇下溪村	村	1994.1
联溪水电站	2	1720	340	1600	流溪河	良口镇下溪村	村	1994.1
锦泉水电站	2	410	85.6	206	流溪河	良口镇下溪村	民营	1998.5
坪山水电站	2	600	115	180	流溪河	吕田镇塘田村	民营	2006.4
铜锣湾一级水电站	1	125	–	100	流溪河	良口镇石明村	民营	1905.6
铜锣湾二级水电站	1	500	–	–	流溪河	良口镇石明村	民营	–
铜锣湾三级水电站	3	960	186	500	流溪河	良口镇石明村	民营	2002.8
龙坑水电站	2	225	30	130	流溪河	良口镇北溪村	民营	1997.6
大汞头水电站	4	1400	350	500	流溪河	良口镇北溪村	村	1994.5
峡山水电站	3	1650	525	750	流溪河	良口镇北溪村	民营	1990.8
仙溪二级水电站	1	200	20	120	流溪河	良口镇仙溪村	村	1995.1
仙溪一级水电站	1	200	400	68	流溪河	良口镇仙溪村	村	1992.1
京坑水电站	1	320	–	–	流溪河	良口镇北溪村	民营	–
仙乐水电站	1	200	–	–	流溪河	良口镇乐明村	村	–
长流小源水电站	2	200	–	130	流溪河	良口镇长流村	民营	2006.11
三椏塘水电站	2	1260	344.77	458	流溪河	流溪河林场	国有	2002.4
大山水电站	1	250	40	260	流溪河	良口镇长流村	民营	1998.8
长发水电站	1	200	30	90	流溪河	良口镇长流村	民营	1998.12
青梅坑水电站	2	570	163	–	流溪河	良口镇梅树村	村	1994.12
枫木塱水电站	3	700	150	150	流溪河	良口镇长流村	村	1982.7
梅树水电站	1	200	35	185	流溪河	良口镇梅树村	民营	2003.1

续上表

名称	装机台数（台）	总装机容量（千瓦）	年发电量（万千瓦时）	总投资（万元）	所在水系	所在地	辖属（省、广州市、从化市、镇、村、民营等）	建成时间
六潭水电站	2	560	–	–	流溪河	温泉镇石海村	民营	2001.5
锦莲水电站	2	250	–	60	流溪河	温泉镇龙岗村	民营	1982.2
锦辉水电站	2	640	35	–	流溪河	温泉镇桃莲村	民营	1983.6
莲辉水电站	2	1320	250	–	流溪河	温泉镇桃莲村	民营	1983.6
莲顺水电站	1	125	20	70	流溪河	温泉镇桃莲村	民营	1994.3
银山水电站	2	750	60	500	流溪河	温泉镇桃莲村	民营	2000.7
大岭山水电站	4	1890	250	206	流溪河	大岭山林场	国有	2001.5
金鸡水电站	2	360	135	258	流溪河	温泉镇桃莲村	民营	1995.7
南大水库一级电站	2	570	108	62	流溪河	温泉镇桃莲村	国有	1973.2
桃源电站	4	1100	360	–	流溪河	温泉镇桃莲村	村	1999.1
南山水电站	2	1000	200	390	流溪河	流溪河林场	国有	2001.4
东星水电站	2	215	30	215	流溪河	流溪河林场东星村	民营	1978.11
三棵松水电站	3	650	60	150	流溪河	流溪河林场	国有	1982.9
飞涛水电站	3	960	–	–	流溪河	温泉镇天湖村	村	1975.5
大指背水电站	2	640	180	350	流溪河	大岭山林场	民营	1993.9
大岭山石门水电站	2	845	250	206	流溪河	大岭山林场	国有	2001.5
桃枝岭水电站	2	480	140	300	流溪河	温泉镇平岗村	民营	1996.5
黄山电站	2	410	30	150	流溪河	温泉镇桃莲村	民营	2002.6
公坑水电站	2	650	50	400	流溪河	温泉镇桃莲村	民营	–
宣溪水电站	2	200	30	150	流溪河	温泉镇宣星村	民营	2004.7
三托石水电站	2	720	36	80	流溪河	流溪河林场	民营	1998.12
红岭水电站	2	320	58	–	流溪河	流溪河林场	国有	1981.3
谷星水电站	2	445	950	180	流溪河	流溪河林场	村	1980.2
城康水电站	2	650	90	350	流溪河	城郊街城康村	民营	2002.1
龙潭庙水电站	2	560	62.28	280	流溪河	城郊街城康村	民营	2007.4
天湖水电站	2	400	60	225	流溪河	温泉镇天湖村	国有	1974.12

续上表

名称	装机台数（台）	总装机容量（千瓦）	年发电量（万千瓦时）	总投资（万元）	所在水系	所在地	辖属（省、广州市、从化市、镇、村、民营等）	建成时间
天湖村移民水电站	1	150	33.5	–	流溪河	温泉镇天湖村	村	–
东田水电站	2	640	70	200	流溪河	温泉镇卫东村	民营	2004.4
三夫田水电站	2	300	40	100	流溪河	温泉镇卫东村	民营	2004.4
田罗潭水电站	2	325	35	230	流溪河	温泉镇卫东村	民营	2003.4
乌石水电站	1	75	–	–	流溪河	温泉镇乌石村	国有	–
中炉仔水电站	1	160	32	70	流溪河	流溪河林场	国有	1987.8
鸡枕山水电站	3	450	64	180	流溪河	流溪河林场东星村	民营	2009.3
龙潭口二级电站	2	640	–	300	流溪河	城郊街城康村	民营	–
石坑村水电站	1	125	17	30	流溪河	温泉镇石坑村	民营	1973.3
路下水电站	1	160	52	74.28	流溪河	城郊街大夫田村	民营	2004.8
龙潭口三级电站	2	600	–	–	流溪河	城郊街城康村	民营	2001.12
麻村水库水电站	3	750	120	250	流溪河	城郊镇西和村	国有	2005.6
龙潭水库水电站	1	200	30	100	流溪河	城郊镇城康村	国有	2009.5
浚源水电站	3	525	33	150	流溪河	江浦街凤二村	民营	2002.3
从业水库水电站	1	100	30	30	流溪河	江浦街凤二村	民营	1978.11
锦一水电站	2	230	32	80	流溪河	江浦街锦一村	民营	1973.1
红花潭水电站	5	1345	250	60	[illegible]江二河	鳌头镇沙迳村	民营	1975.4
石龙水电站	1	160	10	45	潖江二河	鳌头镇黄茅村	民营	2002.7
茂墩一级水电站	1	160	85	60	潖江二河	鳌头镇茂墩村	国有	1969.1

续上表

名称	装机台数（台）	总装机容量（千瓦）	年发电量（万千瓦时）	总投资（万元）	所在水系	所在地	辖属（省、广州市、从化市、镇、村、民营等）	建成时间
茂墩二级水电站	2	325	85	60	湛江二河	鳌头镇茂墩村	民营	1988.11
龙潭爱群水电站	1	55	20	30	湛江二河	鳌头镇爱群村	村	1978.5
三百洞水电站	1	100	13	40	流溪河	太平镇三百洞村	民营	1971.1
沙溪水库水电站	1	125	15	22	流溪河	太平镇红石村	村	-
龙新水电站	2	260	-	-	流溪河	温泉镇龙新村	村	1977.8
团丰水电站	0	0	0	-	流溪河	良口镇团丰村	民营	-

注：部分缺项用“-”表示

（市水务局供稿，王嘉振执笔）

养　殖　业

【管理机构】　市畜牧兽医渔业局属政府序列行政单位，办公地址在江埔街河东北路46号。定编47名，其中畜牧兽医渔业局24名、广东省渔政总队从化大队9名、动物防疫监督所14名。2011年末，在职44人，有局长1人、副局长3人。内设机构有：办公室、畜牧科（蜂管科）、兽医科、渔业科、科教法规科。下属机构有：广东省渔政总队从化大队、市动物卫生监督所、市禽畜水产技术推广中心、镇级畜牧兽医站8个，以及2011年8月新成立的从化市唐鱼自然保护区管理站。

【基本情况】　全市养殖业产值9.71亿元，比上年（下同）增长5.31%，其中畜牧产值8.35亿元，增长6.59%，渔业产值1.36亿元，增长5.39%。

12月6日，中国内地—香港—澳门突发重大动物疫情联合应急演练在良口赛马场举行

畜牧生产　全市生猪饲养量61.44万头，存栏24.75万头，出栏36.69万头，分别增长

4.18%、4.96%和3.65%；能繁母猪存栏3.37万头，增长18.79%。“三鸟”饲养量953.11万只，存栏236.46万只，出栏716.65万只，分别增长5.46%、5.33%和5.5%。鸽存栏17.07万只，出栏105.93万只，分别减少21.5%和增长15.24%。牛存栏4616头（其中奶牛2211头），减少7.9%。年产奶4868吨，减少1.53%。全市饲养蜜蜂4万群，外地蜜蜂3万群，蜂蜜总产量1300吨，比上年增长60%。其中荔枝蜜和龙眼蜜产量约600吨，乌桕蜜产量约600吨，冬蜜100吨。

水产养殖　全市水产养殖总面积2.58万亩，渔业总产量0.93万吨，总产值1.36亿元，比上年增长3.5%和4.96%，连续三年实现渔业的增产增收。

【无疫区管理】　管理成效　无疫区是从化的一张名片，国家的一个品牌。维护管理好从化无疫区，是促进中国马业和马术运动国际化、提高畜牧兽医国际地位的需要，更是从化市打造世界一流马术运动基地，做大做强马产业，发展低碳生态的马场经济的需要。2011年，从化市按照有关要求，成立领导小组，完善管理机构，全市各级齐心协力，共同奋斗，使无疫区顺利通过农业部兽医局专家组复评。市畜牧兽医渔业局被国家人力资源和社会保障部等6个单位授予“广州亚运会、亚残运会先进集体”，市动物卫生监督所被授予“广州市工人先锋号”称号。

马属动物疫病免疫和效果监测　对全市23万头生猪进行日本脑炎免疫注射，免疫率100%；抽取各类动物样品5808份，进行马属动物疫病监测；走访307个养殖场（户）进行动物疫病普查及养殖情况调查，全面及时掌握马属动物疫病的免疫状况及免疫效果，消除疫情隐患。

动物及动物产品移动控制　加强太平、温泉、良口、石岭4个检查站监督检查，把好动物及动物产品输入关，全年检查运输动物及动物产品1191车次，易感动物（猪、牛、羊）7399头、家禽100多万羽、动物产品1153吨。立案查处未经检疫向无疫区输入动物及其产品的违法案件3宗，迁出马属动物39匹，猪188只。严格执行《关于加强输入到从化市猪、牛、羊及其产品的管理意见》，严把审批关，受理输入动物及动物产品申请2125宗，核准输入1122宗，占申请宗数52.8%；组织专家对无疫区规定马属动物疫病传入和发生的风险进行评估。

无疫区核心区虫媒治理　按照无疫区疫病防治技术要求，聘请广东省昆虫研究所对核心区的虫媒治理工作进行监测评估，根据监测评估结果，制定虫媒治理和野生动物防范方案，招聘专业公司负责实施，有效降低虫媒传播规定马属动物疫病的风险。

人工屏障体系建设　建设太平临时动物隔离检疫场；增加兽医实验室仪器配备，继续开展兽医实验室计量认证工作；修订完善《从化无疫区公路动物防疫监督检查站工作人员管理制度》。

宣传培训　张贴市政府《关于加强从化无规定马属动物疫病区管理的通告》2000份，制作动物防疫制度宣传牌400多个，印刷《动物检疫规程汇编》500册，派发《从化无疫区管理和畜禽水产品质量安全手册》2000本，组织无疫区管理人员培训学习16次。

【重大动物疫病防控】　集中强制免疫　做好畜禽春秋两季集中强制免疫注射工作，免疫生猪口蹄疫50万头、高致病性蓝耳病39万头、猪瘟50万头、牛口蹄疫免疫0.86万头，禽流感900万羽、狂犬病5.04万头，及时对新进栏畜禽开展免疫补针工作，确保免疫率达到100%。

免疫效果监测　抽取猪、牛、鸡、鸭等样品3960份，检测禽流感、鸡新城疫、猪瘟、猪流感、口蹄疫等免疫效果，既查验免疫注射工作落实情况，也为制定重大动物疫病防控工作提供科学依据。

完善突发重大动物疫情应急机制　全面落实重大动物疫病防控政府负责制，实施动物防疫网格化管理，构建覆盖全市的防控体系。修订完善《从化市重大动物疫情应急预案》、《广东省从化无规定马属动物疫病区马属动物疫情应急预案》，制定《重大动物疫情应急操作手册》，举办应急人员培训学习，成功承办首次中国内地—香港—澳门突发重大动物疫情联合应急演练。

【畜禽水产品质量安全】　畜禽水产品质量安全监管　加强对饲料、兽（渔）药等养殖业投入品的市场监管；全面实施养殖档案、免疫档案和二维码耳标追溯制度；张贴《告广大养殖场（户）严禁使用“瘦肉精”书》5800份，签订各种承诺书1720份；突出抓好“瘦肉精”专项整治，果断处置“3·21”外地生猪含“瘦肉精”事件；到养殖场抽取畜禽水产样品2266份进行盐酸克伦特罗、莱克多巴胺等违禁药物检测，从源头上切断各类违禁药物和违法添加物传入。

屠宰检疫　局向全市11个屠宰场（点）派驻官方兽医32名，实施检疫检测工作，共检疫生猪22.43万头，牛0.115万头，违禁药物抽样检测3.32万份，无害化处理病害肉2.6万公斤、病猪150头，杜绝不合格肉品进入流通环节，确保市民吃上安全肉。

产地检疫　继续推进镇（街）检疫申报点建设，全面实施畜禽产地检疫，全年产地检疫生猪26.3万头，三鸟829.5万羽，牛339头。

【畜禽水产品专项执法】　推进行政综合执法工作，成立从化市畜牧兽医渔业综合执法大队，制定实施《从化市畜牧兽医渔业局规范行政许可自由裁量权规定》及适用标准。坚持开展养殖场、兽（渔）药、饲料、畜禽水产品等专项整治行动，立案查处案件21宗，结案20宗，移送涉刑案件1宗，无害化处理检疫不合格动物产品4913公斤，收缴电鱼工具一批。

【落实能繁母猪饲养补贴和后备母牛补贴制度】　贯彻落实各级精神，发放能繁母猪饲养补贴3.09万头，补贴资金309.94万元，优质后备母牛饲养补贴649头，补贴资金32.45万元。

【发展生态养殖业】　5家观赏鱼养殖龙头企业落户从化市，广州市牛奶公司从化青龙现代牧场顺利建设，“零排放”养猪技术推广面积扩大至6000平方米，13个养猪场完成污水处理设施建设，21个养殖场通过环保部门验收。促进全市养殖业由传统养殖模式向生态养殖模式发展。

【渔业基础设施建设和渔业资源保护】　完成鱼塘标准化建设1750亩；从化唐鱼自然保护区升级为首个广州市级海洋渔业自然保护区，填补广州市没有市级水生生物自然保护区的空白；开展流溪河光倒刺耙资源调查和原种增殖放流活动；全年组织渔业放生活动4次，投放各种鱼苗380多万尾；流溪河鱼类生命通道建设实施方案初步完成。

【扶贫开发】 贯彻落实农村扶贫开发战备部署，与各镇（街）扶贫办联系，主动与上级有关部门沟通申报扶贫项目，落实扶贫项目8个，资金852.9万元，其中鳌头、温泉、良口、吕田4个山区镇鱼塘整治面积1375亩，资金412.5万元；局领导多次到挂钩扶贫的太平镇分水村进行调研，了解情况，确定扶贫工作思路和扶贫项目，想方设法解决困难户实际问题，帮助他们发展生产，早日脱贫致富。

【队伍建设】 *以活动促发展* 开展创先争优、民主评议政风行风、效能建设年活动，按照市委、市政府要求，在广泛征求各镇（街）政府、村（居）委会、企业（养殖场）代表意见和建议的基础上，查摆出创先争优、民主评议政风行风、效能建设等方面存在的突出问题，并针对问题，结合工作实际，制定措施，落实整改责任单位和责任人，取得较好效果，市畜牧兽医渔业局被市委评为“先进基层党组织”。

完善机制 深化事业单位机构改革，完成局属事业单位人员聘用制和岗位设置工作；注重依法行政，完善政务公开制度建设，实施行政审批电子监察系统；加强制度建设，制定并实施《从化市畜牧兽医渔业局防疫检疫工作人员年度目标考核办法》、《从化市畜牧兽医渔业局公务用车使用管理规定》等制度；建设学习型单位，聘请专家、检察官对全系统人员进行畜牧兽医渔业法律法规、食品安全和预防职务犯罪等专题学习培训4次。

（市畜牧兽医渔业局供稿，许新执笔）

财　税

财　政

【管理机构】　市财政局属政府序列行政单位，办公地址街口街府前路98号。定编62名，其中行政22名、事业37名、工勤3名。2011年末，在职68人，有局长1人、副局长2人。内设机构有：办公室（法规科）、综合规划科、农业科、预算科（税政科）、行政事业科、会计社保科、财政监督科、企业经建科、国库科、政府采购科、国有资产管理科。下设机构有：国库支付中心、农业税收征收管理办公室、市基金收费管理办公室、市财政投资评审中心、市公共资产管理中心、市中华会计成人中等专业学校从化分校。

【财政决算】　一般预算收支执行　按现行财政体制口径计算，全市一般预算收入23.6亿元（见附表1），比上年增收5.5亿元，增长30.4%；全市一般预算支出37.3亿元，比上年增支11.7亿元，增长45.9%。一般预算收入加上上级补助收入及上年结余，减去一般预算支出、上解支出及增设预算周转金等，全年预算实现收支平衡，略有结余。

基金预算收支执行　全市基金预算收入18.2亿元（见附表2），比上年增收2.4亿元，增长14.9%；基金预算支出19.84亿元（见附表3），比上年增支6.4亿元，增长47.9%，全年基金预算实现收支平衡，略有节余。

【财政收入】　强化征管　加强与国税、地税等各部门沟通协调，完善税源监控、纳税评估、税务稽查和综合治税机制，落实职能部门综合治税和镇街、园区收入目标管理责任制，确保财政收入应收尽收。

进一步理顺总部经济政策　支持镇街、园区招商引资工作，实行“一站式”服务，提升总部商务服务质量。全市总部经济企业实现地方税收收入1.30亿元，占全年一般预算收入的5.5%。

拓宽非税收入渠道　强化“收支两条线”管理，扩展征管工作的深度和广度，开展“阳光招租”行动，规范行政事业单位出租物业的管理，整合、盘活公共资产，使国有资源（资产）有偿使用收入大幅增长。

争取上级补助资金　把握广州市促进从化发展的历史机遇，充分调动各部门积极性，及时反映从化市财政难点、困境，以减轻全市自有发展资金不足的压力。全市争取上级专项补助资金1.539亿元，比上年增加4.19亿元，增长37.5%。

【财政支出】 支持战略性新兴产业和总部优质企业发展 落实企业投资优惠政策，投入2.45亿元，加快培育和发展战略性新兴产业以及帮扶企业舒难解困问题；进一步完善《从化市扶持总部及优质企业发展实施办法》，投入4735万元，着力吸引有发展潜力、地区竞争优势的国内外企业总部落户从化，增强地区经济实力和发展后劲。

加大技术研发投入与应用推广 投入4643万元，比上年增长60.3%，用于鼓励创新型企业产业技术研发推广及农副产品电子商务平台应用等。

加大力度扶持旅游业发展 投入1.01亿元，用于绿道建设（含水上绿道）、新温泉旅游基础设施建设和旅游市场推广等，推进生态建设。

维持经济平稳发展 投入1.77亿元，比上年增长37.9%，用于保障粮油、农资、化肥、药品、食品等重点商品储备支出，营造公平、健康和良性竞争的市场环境。

加快推进产业园区建设 投入1.15亿元，用于园区基础设施建设，改善投资环境。

加大土地储备开发投入 投入1.85亿元，用于土地储备开发、“三旧”改造补偿等支出，促进城市土地经营，推动城乡建设以及促进经济社会可持续发展。

促进教育均衡发展 投入9.82亿元，比上年增加2.50亿元，增长34%，用于落实“两相当”（即县域内中小学教师平均工资水平与当地公务员平均工资水平大体相当，县域内农村中小学教师平均工资水平与城镇中小学教师平均工资水平大体相当。）工作、“两免一补”（即对义务教育阶段家庭经济困难学生免费提供教科书、免杂费和补助寄宿生生活费）政策及校舍安全工程、规范化学校建设等。

加强社会保障和就业 投入4.15亿元，比上年增加3401万元，增长8.9%，用于行政事业单位离退休经费、临时物价补贴、医疗保险补助、特殊群体亚运补助金、城乡最低生活保障及分类救济、残疾人专项补助，扩大社会保险覆盖面，推进就业和再就业。

推进公共卫生医疗和计划生育事业发展 投入2.73亿元，比上年增加4140万元，增长17.8%，用于落实城市社区和农村基层公共卫生建设、提升城乡居民基层医疗卫生水平以及推进基层医疗卫生机构改革、保障行政事业单位公费医疗支出、城镇及农村计生家庭奖励和流动人口计划生育管理等。

支持文化体育传媒事业发展 投入7103万元，用于公共文化服务体系建设、创建文明城市工作和体育活动中心建设等。

加大住房保障力度 投入2.07亿元，比上年增加1.48亿元，增长251%，用于开展城乡危破房改造工程，推进保障性住房建设，解决群众“住房难”问题。

维护社会稳定和公共安全 投入3.65亿元，比上年增加3033万元，增长9.1%，用于强化道路监控、城市社区及农村安保联防体系建设、解决亚运安保后续资金需求、完善政法、消防、民防设施建设等，进一步加强社会治安保障能力。

加大三农和扶贫开发力度 投入10.76亿元，比上年增长192.5%，用于扶贫“双到”专项配套、农业综合开发、农民补贴，农村饮水安全、农民自主创业和农产品流通、集体林权制度改革和农田水利基础设施建设以及河涌综合整治工作等。

强化镇（街）基层政权财力保障机制 投入镇（街）基层运作经费2.97亿元，促进基本公共服务均等化，增强基层政府提供基本服务能力，加快形成城乡经济社会一体化新格局。

优先发展公共交通　支持扩大公共交通覆盖范围，投入1.94亿元，比上年增长390%，用于城乡公共交通基础设施建设与维护，农村道路客运及亚运公共交通补贴，为城乡居民提供更为便利的出行条件。

推进城乡社区基础设施建设　投入2.69亿元，比上年增长323%，用于城乡道路建设、水质净化与维护、广场、公园、道路等公共场所以及市政设施的日常维护与保洁等。

推进环境保护改善人居环境　投入1.17亿元，用于加强空气污染的监控和整治，推进城乡污水处理配套管网和生态建设，提升垃圾废物处理效率和再利用率等，改善城乡居住环境，建设宜居从化。

【财政改革】　推进部门预算改革，统一预算编制方式，完善标准定额体系，严格预算执行，制订《从化市本级财政预算追加暂行管理办法》。深化国库管理制度改革，加强集中支付管理，健全国库单一账户体系，推行财政信息一体化管理平台，资金运行更加安全。深化非税收入征管改革，规范国有资产管理。以“挖潜增收”为重点，着力挖掘国资增收潜力，实行“阳光招租、拍卖”工作，积极整合、盘活公共资产，规范行政事业单位物业出租和资产处置的管理。全年实现国有资源（资产）有偿使用收入2.64亿元，比上年增长71%。积极探索BT融资模式，吸引更多的社会资金参与公益事业和公共基础设施建设，破解资金瓶颈，确定了新的BT建设模式。

【财政监督】　继续强化财政监督、会计管理和农村财务管理工作。配合纪委、监察部门深入开展工程建设突出领域、加快转变发展方式、“小金库”、三公经费等专项治理工作。推行财政绩效评价管理，建立完善财政绩效管理机制，组织全市行政事业单位进行绩效评价业务培训，全面推行从化市财政绩效自评工作。进一步完善财政投资评审管理，出台《从化市财政性投资项目工程变更管理办法》，加大对委托评审中介审核质量和效率的管理力度。完成投资评审项目1047项，送审金额21.88亿元，审定额18.79亿元，核减额3.09亿元，核减率14.13%。强化政府采购管理，开展政府采购业务宣传培训，完善采管分离的相关制度，规范简化采购办事流程。政府采购项目3070宗，采购金额5872万元，比预算采购金额6394万元节约523万元，节约率为8.1%。

【队伍建设】　加强机关作风建设　制定绩效管理考评试行办法，重新规范内部财政管理制度，优化服务流程，开通市重点项目评审和资金划拨绿色通道，及建立一次性告知的财政办事机制。实行一周一检查、一月一考评、一年一结账的效能建设考评办法，机关作风、办事效能得以大幅度提升。

加强干部教育培训和组织建设　制订《从化市财政局中层干部竞岗方案》，组织开展所有科室中层以上领导职位的竞争上岗，干部职工轮岗率在92%以上，及时调整和优化人员配置，加强局机关的高效运转。在日常工作中，注意加强党支部、团支部和工会、妇委会等组织的建设工作，经常不定期组织干部职工参加相关的讲座培训、专题学习、参观等活动，提高干部的责任意识、廉政意识、创新意识、服务意识。

继续深化财政文化建设　把财政文化建设、创先争优活动和效能建设有机结合。围绕财政文化建设，搭建财政文化建设活动和学习交流平台，开展一系列的主题教育活动和各类文体活动。

推进财政信息公开　通过政府门户网站、广州财政、从化信息、从府简报、今日从化等媒体平台发布财政信息55篇，促进局依法理财、民主理财进程。

附表1　2011年从化市一般预算收支情况表

单位：万元

收支项目	收支金额	比2010年增减情况	
		+－额	+－%
一、一般预算收入	236285	55062	30.4%
其中：税收收入	156208	24150	18.3%
非税收入	80077	30912	62.9%
二、一般预算支出	372639	117312	45.9%
一般公共服务	63179	808	1.3%
国防	1226	138	12.7%
公共安全	33033	7041	27.1%
教育	88230	29177	49.4%
科学技术	4643	1746	60.3%
文化体育与传媒	3662	673	22.5%
社会保障和就业	40149	2910	7.8%
医疗卫生	20937	3194	18.0%
环境保护	1065	－698	－39.6%
城乡社区事务	9782	3441	54.3%
农林水事务	59035	36952	167.3%
交通运输	10484	6482	162.0%
资源勘探电力信息等事务	2663	－1003	－27.4%
商业服务业等事务	3070	294	10.6%
国土资源气象等事务	6045	3150	108.8%
住房保障支出	20711	20711	/
粮油物资储备等管理事务	1089	－806	－42.5%
储备事务支出	266	266	/
其他支出	3370	2836	531.1%

附表 2 2011 年从化市政府性基金预算收入情况表

单位：万元

项目名称	金额	2010 年数	比 2010 年 + - 额	比 2010 年 + - %
一、政府性基金收入	182000	158463	23537	14.9%
(一) 散装水泥专项资金收入	223	197	26	13.2%
(二) 残疾人就业保障金收入	1649	1035	614	59.3%
(三) 城市公用事业附加收入	1934	1718	216	12.6%
(四) 育林基金收入	246	237	9	3.8%
(五) 农业土地开发资金收入	4371	8345	-3974	-47.6%
(六) 城市基础设施配套费收入	15838	8370	7468	89.2%
(七) 新型墙体材料专项基金收入	2525	2592	-67	-2.6%
(八) 地方水利建设基金收入	-5974	/	-5974	/
(九) 国有土地使用权出让金收入	158321	135748	22573	16.6%
(十) 文化事业建设收入	325	219	106	48.4%
(十一) 新菜地开发建设基金收入	324	0	324	/
(十二) 政府住房基金收入	2	0	2	/
(十三) 地方教育附加收入	2216	0	2216	/
(十四) 森林植被恢复费	/	2	-2	-100.0%
二、上级补助收入	33012	12630	20382	161.4%
三、上年结余	179071	142150	36921	26.0%
四、调入资金	119	/	119	/
收入总计	394202	313243	80959	25.8%

附表 3 2011 年从化市政府性基金预算支出情况表

单位：万元

项目名称	金额	2010 年数	比 2010 年 + - 额	比 2010 年 + - %
一、政府性基金支出	198355	134151	64204	47.9%
(一) 散装水泥专项资金支出	93	409	-316	-77.3%
(二) 残疾人就业保障金支出	1120	645	475	73.6%
(三) 城市公用事业附加支出	1902	1888	14	0.7%
(四) 育林基金支出	178	141	37	26.2%
(五) 农业土地开发资金支出	2483	6540	-4057	-62.0%
(六) 城市基础设施配套费支出	9179	5467	3712	67.9%

续上表

项目名称	金额	2010 年数	比 2010 年 + - 额	比 2010 年 + - %
（七）新型墙体材料专项基金支出	33	20	13	65.0%
（八）地方水利建设基金支出	6391	7819	-1428	-18.3%
（九）国有土地使用权出让金支出	171974	102529	69445	67.7%
（十）文化事业建设支出	350	1402	-1052	-75.0%
（十一）新菜地开发建设基金支出	287	342	-55	-16.1%
（十二）大中型水库移民后期扶持基金支出	210	196	14	7.1%
（十三）新增建设用地有偿使用费安排的支出	1556	3707	-2151	-58.0%
（十四）彩票公益金安排的支出	2219	2545	-326	-12.8%
（十五）森林植被恢复费安排的支出	390	419	-29	-6.9%
（十六）其他政府性基金支出	-10	82	-92	-112.2%
二、政府性基金上解上级支出	208	21	187	890.5%
三、政府性基金年终结余	195639	179071	16568	9.3%
支出总计	394202	313243	80959	25.8%

（市财政局供稿，李素芳执笔）

国家税务

【管理机构】　市国家税务局归口广州市国家税务局垂直管理，办公地址在街口街广场路 50 号。2011 年末，在职 140 人，有党组书记、局长 1 人，副局长 1 人，纪检组长 1 人，总经济师 1 人，调研员 1 人，副调研员 1 人。内设机构有：办公室、人事教育科（与离退休干部科合署办公）、监察室、收入核算科（与财务管理科合署办公）、信息中心、进出口税收管理科、税收政策管理科、征收管理科（与纳税服务科、票证中心合署办公）、政策法规科、机关服务中心、机关党委办公室。下属机构有第一至第六税务分局。

【税收收入】　全年组织国内税收收入 15.07 亿元，比上年增长 13.34%，增收 1.77 亿元，完成年度税收任务 14.68 亿元的 102.67%。区县级收入 3.23 亿元，增长 11.97%，增收 3450 万元，完成区县级收入任务 3.2 亿元的 100.86%。

【税收征管】　深入推进税源专业化管理工作，搭建税源专业化管理框架，把专业化管理和分类管理、属地管理相结合，合理配置人力资源，进一步优化专业化管理模式。按照“方便征管、适度集中”的原则，对市国税局跨分局集中的行业进行适度、合理的调整。在指引验证工作方面，完成广州市局指定的农产品收购行业、造纸和纸制品行业、木制品行业的税收管理指引及简易评估模板验证工作，通过验证，为广州市局提供多条合理的建议。推进税收管理无纸化工作，通过开展有针对性、分层级的培训以及多渠道、多途径的宣传工作，使企业纳税人签订服务协议书的比例达到99%，纳税人查收电子税务文书的比例达到94%，市民邮箱设置比例达到97%，接收短信手机号码设置比例达到98%，均达到广州市局考核要求的“优秀”档次。在各征管分局设置资料处理中心，每个资料处理中心配置3名以上资料处理人员，分别为AB角，保证扫描工作有条不紊地进行。推进纳税评估工作，按照广州市局重点验证行业类型的工作要求，从化国税局试行纳税评估主、协办工作模式，完成广州市局指定的木制品、农产品收购、纸制品行业共52户纳税人的简易评估工作，补税金额36.57万元，有6户纳税人因疑点较大被列入重点评估对象开展一般程序评估。

9月6日，市国税局第二税务分局新办公楼举行封顶仪式

【依法治税】　健全和完善税收执法风险管理机制，制定《从化市国家税务局2011年税收执法风险管理实施意见》，从制度层面确立2011年税收执法风险管理组织机构、工作原则、工作机制、基本工作流程、成效评价办法等。各相关部门分头根据预定计划，围绕意见确定的10个风险事项和4户风险企业，按照提出风险隐患提示、制定风险管理措施、挖掘风险数据、提出风险处理要求、总结风险处置成果等5个步骤，积极推进该项工作。整顿商贸企业行业，拟定《从化市国家税务局2011年商贸企业专项核查工作方案》，在全局范围内组织开展辖区内商贸企业的全面核查整顿行动，以联查、自查两种方式对全部在管、已有票种核定的商贸企业开展日常检查，经彻查，商贸纳税人税法遵从度大幅提高，税收执法风险得以有效防范。局进一步加强与中区稽查局的沟通，并根据中区稽查局的工作安排，采取案前做好“分析会”、案中抓好“进度会”、案后召开“总结会”等措施方法，开展办理税务稽查案件，主要对汽修及汽配、建材、广告传媒、商贸等行业中具典型性的企业进行检查。全年查结各类涉税违法案件11宗，查补税款98万元，罚款49.5万元，加收滞纳金12.7万元。

【纳税服务】　提高办税服务厅标准化建设水平，按照上级要求，结合各办税服务厅的实际情况，一方面积极、主动加强与上级单位的沟通联系，另一方面做好各方面的协调工作，保证局属下4个办税服务厅标准化建设升级与改造如期进行。进一步优化电子设备的配置，提升办税大厅服务功能。切实改正存在问题提升服务能力，根据广州市局公布的纳税服务满意度调查数据，一方面组织各征管分局召开专门的分析会议，要求各分局针对各项指标的优劣，对照自身的实际情况，找出短板，制定改进措施；另一方面加强各岗位人员的思想教育工作，要求各岗位人员牢固树立服务意识，为纳税人提供高效、优质的服务。加强人员素质培训，组织前台人员、管理员和科室的有关人员参加广州市国税系统风险防范和危机处理知识培训，并在8－11月开展纳税服务岗位练兵活动，组织各征管分局前台人员开展“每日一练”，组织人员参加广州市局的纳税服务技能竞赛。开展多渠道的税法宣传，在4月，开展全国第20个税收宣传月活动。落实和推行纳税服务接待日和税收宣讲日制度。还充分利用国税网站、媒体报道、税收宣传栏、对外电子邮箱、电子显示屏等工具，宣传税收政策，及时发布相关的税收信息，最大限度地服务于纳税人。

【队伍建设】　深入开展创先争优活动，以总结表彰会的形式，全面回顾局“两个作用发挥”（党员先锋模范作用、党支部战斗堡垒作用）活动，对成绩突出、党员群众普遍满意的党支部和党员进行表彰；推进公开承诺活动，自觉接受广大群众和纳税人的监督；开展民主评议党员活动。从参评的115名党员中，评选出优秀党员18名，合格党员97名，没有不合格党员。深入开展党风廉政建设工作，制定《从化市国家税务局内控机制建设实施办法（试行）》，完善内控机制，建立起“预防监督”工作格局。加强政风行风建设，2011年的从化市政风行风评议，市国税局获得97.6分。在纪律教育学习月活动中，突出“以人为本，执政为民”的主题，全年有17人次退回无法拒收的红包、礼品、礼金、礼券等，合计1.8万元。深入开展税务文化建设，相继举办稻草人乐队成长故事音乐会、“迎中秋、铸团队”青年干部户外拓展、法律服务志愿者训练营、从化国税活力论坛、“我健康、我快乐”趣味运动会等活动，营造积极主动、活力向上的文化氛围。对生病住院的在职干部职工及家属、离退休老干部进行慰问，共探望109人次，发放慰问金3.2万元。

附表4　2011年从化国税纳税大户名录（年缴国税50万元以上）

企业名称	所属行业
广东电网公司广州从化供电局	电力、热力的生产和供应业
广州从化良湖水电经济发展有限公司	电力、热力的生产和供应业
香港抽水蓄能发展有限公司广州公司	电力、热力的生产和供应业
广东蓄能发电有限公司	电力、热力的生产和供应业
广东粤电流溪河发电有限责任公司	电力、热力的生产和供应业
广州蓄能水电厂	电力、热力的生产和供应业
阿尔斯通（广东）高压电气有限公司	电气机械及器材制造业
广州亦高电气设备有限公司	电气机械及器材制造业
广州市迈克林电力有限公司	电气机械及器材制造业
广州市明兴电缆有限公司	电气机械及器材制造业
广东从化北方光通信实业有限公司	电气机械及器材制造业
广州大津电器制造有限公司	电气机械及器材制造业
广州长达实业有限公司	电气机械及器材制造业

续上表

企业名称	所属行业
广州恒量机电工程有限公司	建筑安装业
广州富力装饰工程有限公司	建筑装饰业
广州市天浩实业有限公司	房地产业
广州中盈置业有限公司	房地产业
广州紫泉房地产开发有限公司	房地产业
广州从化方圆房地产发展有限公司	房地产业
广州德和投资发展有限公司	房地产业
广州从化合景房地产开发有限公司	房地产业
从化兴利房地产开发有限公司	房地产业
广州城建开发景城房地产有限公司	房地产业
广州流溪河房地产开发有限公司	房地产业
广州雍晟房地产开发有限公司	房地产业
从化市兴丰贸易有限公司	房地产业
广州市俊嘉贸易有限公司	房地产业
广州市人盛实业有限公司	房地产业
从化市惠中实业有限公司	房地产业
广州从化雅居乐房地产开发有限公司	房地产业
广州市从化丰帆房地产开发有限公司	房地产业
广州市伟腾建筑工程有限公司	房屋和土木工程建筑业
从化市嘉隆针织服装有限公司	纺织服装、鞋、帽制造业
广州市永骏纺织制衣有限公司	纺织服装、鞋、帽制造业
广州从化雅迪斯时装厂	纺织服装、鞋、帽制造业
广州从化明基印花有限公司	纺织业
从化永大针织制衣有限公司	纺织业
广州市金浪星非织造布有限公司	纺织业
广州鹏龙无纺布有限公司	纺织业
广州市顺兴石场有限公司	非金属矿采选业
广州市东浦混凝土有限公司从化分公司	非金属矿物制品业
广州市强盛水泥粉磨有限公司	非金属矿物制品业
广州市从化粤海水泥粉磨有限公司	非金属矿物制品业
广州市东浦混凝土有限公司	非金属矿物制品业
广州凯晖预拌混凝土有限公司	非金属矿物制品业

续上表

企业名称	所属行业
广州市番捷隔板有限公司	非金属矿物制品业
广州同盈陶瓷原料有限公司	非金属矿物制品业
广州从化骏龙企业有限公司	废弃资源和废旧材料回收加工业
从化市雨新金属制品有限公司	废弃资源和废旧材料回收加工业
从化市天水废旧金属加工有限公司	废弃资源和废旧材料回收加工业
镇泰（广州）实业有限公司	工艺品及其他制造业
广州昶基陶瓷材料科技有限公司	工艺品及其他制造业
广州市龙潭电梯导轨厂	工艺品及其他制造业
从化东麟钻石有限公司	工艺品及其他制造业
威莱（广州）日用品有限公司	化学原料及化学制品制造业
广州陆昌化工有限公司	化学原料及化学制品制造业
广州妈妈壹选日用消费品有限公司	化学原料及化学制品制造业
广州思飞化学品有限公司	化学原料及化学制品制造业
广州保赐利化工有限公司	化学原料及化学制品制造业
广州雅芳制造有限公司	化学原料及化学制品制造业
广州朗腾聚氨酯有限公司	化学原料及化学制品制造业
拜尔斯道夫日化（广州）有限公司	化学原料及化学制品制造业
广州市神岗精细化工有限公司	化学原料及化学制品制造业
广州市天吻娇颜化妆品有限公司	化学原料及化学制品制造业
广州宏聿涂料有限公司	化学原料及化学制品制造业
马贝建筑材料（广州）有限公司	化学原料及化学制品制造业
广州市从化制漆有限公司	化学原料及化学制品制造业
广州欧亚气雾剂与日化用品制造有限公司	化学原料及化学制品制造业
广州智涛家具制品有限公司	家具制造业
广州百利文仪家具有限公司	家具制造业
广汽日野汽车有限公司	交通运输设备制造业
广州从化新自强摩托车配件有限公司	交通运输设备制造业
广州从化科昂诗汽车配件有限公司	交通运输设备制造业
广州晔昕车辆配件有限公司	交通运输设备制造业
广州吉羽塑胶科技有限公司	交通运输设备制造业
广州帕卡汽车零部件有限公司	交通运输设备制造业

续上表

企业名称	所属行业
广东广本机电有限公司	交通运输设备制造业
广州三雅摩托车有限公司	交通运输设备制造业
广州盛奥摩托车有限公司	交通运输设备制造业
南方宇航科技股份有限公司广州分公司	交通运输设备制造业
广州庆福摩托车有限公司	交通运输设备制造业
广州松铃工业有限公司	交通运输设备制造业
广州林叶机电科技有限公司	交通运输设备制造业
重庆隆鑫机车有限公司广东分公司	交通运输设备制造业
广州市川化减震器有限公司	交通运输设备制造业
广州天马动力机械有限公司	交通运输设备制造业
从化市骏豪车辆部件有限公司	交通运输设备制造业
广州市松峰机械有限公司	交通运输设备制造业
广州天马集团天马摩托车有限公司	交通运输设备制造业
广州从化市华林企业发展有限公司	交通运输设备制造业
广州市从化新兴金属（脚轮）制品有限公司	金属制品业
广州从化精密钣金制造有限公司	金属制品业
广州韦格机电有限公司	金属制品业
广州青莲精密科技有限公司	金属制品业
广州从化华顺钢结构设备安装有限公司	金属制品业
广州市金百合陈列用品有限公司	金属制品业
广州市金纳电机有限公司	金属制品业
广州宇鑫铜业科技有限公司	金属制品业
从化市华恩制品厂	金属制品业
从化市俊晖五金精饰有限公司	金属制品业
广州潘柏塑料五金有限公司	金属制品业
广州市从化鳌头兴华电镀厂	金属制品业
广州市和合民用爆破器材有限公司从化分公司	零售业
广州市贵泉加油站有限公司	零售业
从化广百商贸有限责任公司	零售业
广州卫富科技开发有限公司	零售业
广东传奇置业有限公司	零售业
广州天马集团天马摩托车销售有限公司	零售业
广州市从化鸿运加油有限公司	零售业
广东聚源药业有限公司	批发业
广州重成机器物资贸易有限公司从化分公司	批发业

续上表

企业名称	所属行业
广州深亚贸易发展有限公司	批发业
广州中马机械有限公司	批发业
广东丽峰药业有限公司	批发业
广州市华生油漆颜料有限公司	批发业
中国石油化工股份有限公司广东广州从化石油分公司	批发业
广州市康宁药业有限公司	批发业
从化市恒基贸易有限公司	批发业
广东烟草广州市有限公司从化分拣场	批发业
广州万特生物科技有限公司	批发业
广州市迪彩化妆品有限公司	批发业
索芙特股份有限公司广州分公司	批发业
福达（中国）投资有限公司	批发业
广州影达影像设备有限公司	批发业
海霸王（汕头）食品有限公司广州营业处	批发业
广州万力轮胎商贸有限公司	批发业
广州市升庆物流有限公司	批发业
三全食品（苏州）有限公司广州分公司	农副食品加工业
广州雨润肉类食品有限公司	农副食品加工业
广州三全食品有限公司	食品制造业
广州市仟壹生物技术有限公司从化分公司	食品制造业
广东江大和风香精香料有限公司	食品制造业
广州市珍奇味食品有限公司	食品制造业
联合利华（中国）有限公司从化分公司	食品制造业
广州海霸王食品有限公司	食品制造业
广东雅诺健日用保健品有限公司	食品制造业
广州真巧食品有限公司	食品制造业
广州三荣包装材料有限公司	塑料制品业
广州德旺塑料制品有限公司	塑料制品业
广州永新包装有限公司	塑料制品业
广州洛民塑料有限公司	塑料制品业
广州永益有限公司	塑料制品业
广州开瑞化工有限公司	塑料制品业
广州奥佳塑料制品有限公司	塑料制品业
广州家亮化工有限公司	塑料制品业
从化五维塑料制品有限公司	塑料制品业
广州市聚赛龙工程塑料有限公司	塑料制品业
广州长弘饰品有限公司	塑料制品业
从化市广来塑料制品有限公司	塑料制品业

续上表

企业名称	所属行业
广州市仁安包装有限公司	塑料制品业
广州中宇冷气科技发展有限公司	通用设备制造业
广州天鹿锅炉有限公司	通用设备制造业
广州奥太制冷设备有限公司	通用设备制造业
广州利集通信技术有限公司	通用设备制造业
广州日立冷机有限公司	通用设备制造业
广州日立压缩机有限公司	通用设备制造业
广州凯茵橡胶有限公司	橡胶制品业
广州刚辉橡塑五金制品有限公司	橡胶制品业
广州丰力橡胶轮胎有限公司	橡胶制品业
广州嘉禾制药有限公司	医药制造业
广州市邦意医疗器械有限公司	医药制造业
广东心宝制药有限公司	医药制造业
广州莱泰制药有限公司	医药制造业
广东先强药业有限公司	医药制造业
广州雅芳保健品制造有限公司	医药制造业
广州市汉普医药有限公司	医药制造业
广州从化珠江啤酒分装有限公司	饮料制造业
广州鹰金钱从化三花酒厂	饮料制造业
广州震雄装饰工程有限公司	有色金属冶炼及压延加工业
广州铜材厂有限公司	有色金属冶炼及压延加工业
从化钽铌冶炼厂	有色金属冶炼及压延加工业
广州建丰五矿稀土有限公司	有色金属冶炼及压延加工业
广州市启泰模具工业有限公司	专用设备制造业
广州（从化）亨龙机电制造实业有限公司	专用设备制造业
从化华景饮食娱乐有限公司	餐饮业
广州市太龙公路发展有限公司	公共设施管理业
广州从化碧水湾温泉度假村有限公司	住宿业
广州影龙电影器材有限公司	仪器仪表及文化、办公用机械制造业
从化市自来水公司	水的生产和供应业
广州从化中燃城市燃气发展有限公司	燃气生产和供应业
广州誉桦木业有限公司	木材加工及木、竹、藤、棕、草制品业
广东从化华夏永久陵园有限公司	居民服务业

（市国家税务局供稿，卢从涯执笔）

地方税务

【管理机构】 从化市地方税务局是省级垂直单位，办公地址在街口街凤仪西一巷10栋。定编185名。2011年末，在职198人，有局长1人，副局长3人，纪检组长1人，总经济师1人，总会计师1人。内设机构有：办公室、税政科、征收管理科、计划财务科、人事教育科、监察室、规费管理科、信息管理科、纳税服务科。下属行政机构有：稽查局、街口税务分局、鳌头税务分局、太平税务分局、温泉税务分局、良口税务分局、吕田税务分局7个基层单位。直属事业单位有：规费服务中心。

【基本情况】 从化地税主要负责全市1.5万户纳税人的地方税费征管工作，包括营业税、企业所得税、个人所得税、印花税、房产税、耕地占用税、契税、土地使用税、资源税、车船税、土地增值税、城市维护建设税12个地方税种，社会保险费全责征收以及教育费附加、地方教育附加、文化事业建设费、堤围防护费、残疾人就业保障金、价格调节基金。

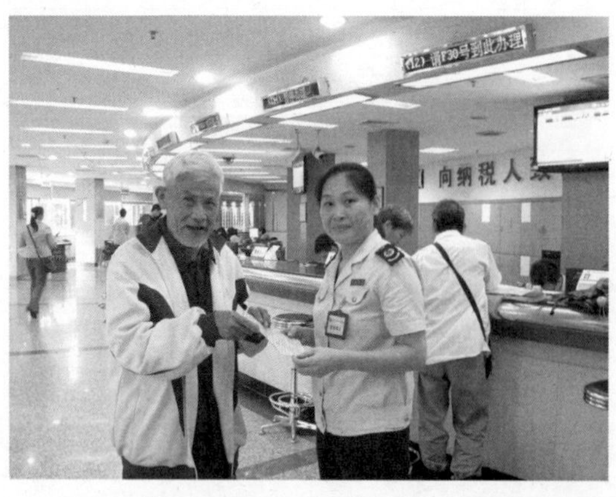

2011年11月9日，市地税局街口分局收到纳税人表扬信

【税费收入】 2011年组织各项税费收入38.76亿元，比上年增长50.51%，增收13.01亿元。其中税收收入21.08亿元（不含契、耕税），首次突破20亿元大关，增长33.26%，增收5.26亿元；完成省级收入6.96亿元，比上年增长65.78%，可比增长（同比和可比的区别在于口径不同，即国家、省级、地区税收入库的占比不同）32.49%，比广州市局下达的目标超收2400万元；完成区县库收入10.28亿元（不含契、耕税），比上年增长17.05%，可比增长32.90%，增收1.50亿元；组织规费收入15.57亿元，比上年增长56.75%，增收5.64亿元。

【税收征管】 完善税收监控机制，不断细化税种行业管理，突出重点税种、重点企业和重点行业税收管理，充分发挥协税护税网络作用，积极转变税收发展方式。2011年营业税、企业所得税、个人所得税、土地增值税等重点税种增收贡献率高达84%，平均增幅为33%，其中企业所得税增长78%，增幅为各税种之首，从化市企业发展稳定增长；年纳税额50万元以上的重点税源户全年贡献地方税收18亿元，占税收收入的85%，比上年增长40%，增收5.15亿元；圆满完成契税、耕地占用税接管工作，实现上述“两税”分别入库1.43亿元、0.68亿元；进一步深化个体委托代征工作，首创以代征站为平台开展国、地税联合办税的工作模式，完成6大项、24小项业务向代征站前移，全年代征税费2770.09万元，比上年增长18.96%，对堵漏增收、公平税负、双向减压发挥积极作用。建立健全征管资料管理体系，历时7个月清理历史征管资料共2002箱，355.5万页，全面建成设备齐全、存放有序、分类科学、标识统一的现代化、规范化档案室。

【纳税服务】　落实各项税费优惠政策，2011年落实优惠政策223户次，减免税额1135万元，保障纳税人合法权益。完善全责征收，采取有力措施在短时间内清理涉及10万人的32万条缴费明细数据，进一步促进民生和谐。在窗口单位开展“为民服务创先争优”活动，着力提升纳税人满意度。试点推行“前置审核”专区，清晰指引纳税缴费人办理各项税费业务，显著提高前台办税效率。增加一个12366－2热线咨询坐席（不是代号，12366－2是地税的统一热线咨询号码，纳税人在拨打该号码后，系统会根据其所在区域自动接入相应地区的地税咨询台），全年受理咨询3937宗。组织1037名学员参加13期纳税（缴费）人培训班，在全市举办政策宣讲会10场，进一步送税法进企业、下乡镇、入社区。在温泉镇打造全程3公里的“税费宣传示范旅游区”，形成具有从化特色的税务宣传新名片。积极参与行评活动，进一步推进税风建设，在从化市民主评议政风行风评比中蝉联第一，得到从化市行评办的高度赞誉和广州市局领导的批示表扬。

【队伍建设】　坚持“以人为本”理念，着力强化队伍建设，营造领导班子团结有为、干部职工积极进取、全局上下融洽和谐的团队氛围。建立全局学习日和领导班子定期学习制度，进一步构建学习型组织。通过举办党务知识培训班、落实“三会一课”（定期召开支部党员大会、支部委员会、党小组会，按时上好党课）制度、深入开展关于优秀共产党员标准的大讨论、党员民主评议和建党90周年系列活动等措施，深入开展“创先争优”活动，加强组织建设。以“幸福驿站”品牌对话栏目为平台，进一步构建完善谈心对话机制，密切党群干群关系。编发廉政专刊、强化税检联席机制、廉政专题辅导教育讲座，积极做好风险防范。组织开展各项文体活动，发挥“三队一室一社”（足球队、篮球队、羽毛球队、培训室、悦读社）的文化阵地作用。2011年，从化地税局党委、2个党组织和7名党员获得上级党组织的表彰。

（市地方税务局供稿，王慧执笔）

金　融

概　况

从化市内有各类银行8家，分别是中国人民银行从化市支行、中国工商银行股份有限公司广州从化支行、中国农业银行股份有限公司从化市支行、中国银行股份有限公司广州从化支行、中国建设银行股份有限公司从化支行、中国农业发展银行从化市支行、广州农村商业银行股份有限公司从化支行、中国邮政储蓄银行从化市支行。

2011年，全市本外币存款余额251.40亿元，比上年增长14.80%，全年增加32.40亿元，其中人民币各项存款余额250.05亿元。储蓄存款余额144.85亿元，增长16.40%。全市本外币贷款余额144.04亿元，增长31.47%，全年增加34.47亿元，其中人民币贷款余额143.64亿元。全市银行机构实现本外币利润5.79亿元，增长26.42%。辖区银行结汇5.83亿美元，增长0.95%；售汇0.63亿美元，增长0.82%，结售汇顺差5.2亿美元，增长0.96%。（注：县级现金收入及支出数从2011年开始已不作统计）

中国人民银行从化市支行

【管理机构】　中国人民银行从化市支行是中国人民银行的派出机构，根据中国人民银行的授权，维护本辖区的金融稳定，承办有关业务。办公地址在街口街开源路31号。2011年末，在职员工18人，有行长1人，由人行增城市支行行长兼任，行政干部1人。内设机构有：综合业务科（会计国库组、外汇管理组）和办公室。

【会计国库】　全年报解预算收入58.55亿元，其中中央级预算收入8.27亿元，省级预算收入8.33亿元，地（广州市）级预算收入0.12亿元，地方级预算收入41.83亿元，办理业务68.20万笔。

【会计国库核算规范化管理】　账务核对制度化、标准化。坚持按日、旬、月、年对账，按预算科目与财政、征收机关对账，坚持国库部门负责人每月对财政存款会计账户进行实地对账。对国库经收处进行执法检查，督促辖区内国库经收处严格按照《国家金库条例》办理税款入库。坚持柜面监督，严格审核各类收入、拨款、退库凭证，对不合规的更正和退库凭证坚决予以拒办；加强预留印鉴卡的管理，按要求认真核对印鉴；严格执行会计资料交接手续，并登记《会计资料交接登记簿》。2011 年全年通过柜面监督审核税票，退回 206 笔不合规税票，合计金额 6690.87 万元。

【外汇管理】 全年辖区国际收支收入 6.60 亿美元，比上年增长 14.13%；支出 0.87 亿美元，减少 50.55%；顺差 5.72 亿美元，增长 42.58%。

【货币金银管理】 做好货币真伪鉴定和假币收缴（没收）工作，2011 年进行人民币真伪鉴定 9 笔、面额 900 元，进行港币真伪鉴定 1 笔，面额 3000 元。加强人民币银行结算账户的监督和管理，做好专用账户体现的审查和批复工作，全年批复可提现的专用账户 5 户。加强人民币的流通管理，在 9 月至 10 月期间对辖内 10 家金融机构的 13 个营业网点的人民币收付业务情况进行现场检查。做好现金管理非现场监管的数据统计和分析工作。组织辖区金融机构参加反假货币技术培训班。

【反洗钱】 按规定接收辖区金融机构报送的大额可疑交易报告、非现场监督报表及有关信息。按时完成 2010 年辖区金融机构反洗钱工作绩效评估有关工作。组织辖区金融机构参加 2011 年反洗钱工作研讨会议。参加反洗钱现场检查工作，于 5—6 月、10—11 月期间分别对中国人民保险股份有限公司从化支公司和中国银行股份有限公司广州从化支行进行反洗钱专项检查。

【服务与监管】 直接投资外汇管理 制定《国家外汇管理局从化市支局直投系统日常业务监测制度》，加强对直投系统数据质量和事后监测分析，每周对辖内上周所发生的直投系统数据进行核查，编制“资本项目监测分析月度报告”，切实提高辖内直投系统数据质量。对 2010 年、2011 年应参加外汇年检而未参检 52 家企业在直接投资系统进行外汇暂停。

进出口外汇业务管理 做好出口收汇网上核销系统运行工作，及时为新企业做好培训和开户工作，2011 年新开户企业 7 家，培训企业 7 家，网上核销出口额 18.84 亿美元。做好逾期催核工作，2011 年对企业发出出口收汇逾期催核通知书 39 份，开展出口已收汇未核销清理工作，发出已收汇未核销催核通知书 4 份。开展进口付汇现场核查工作，依托贸易收付汇核查系统对进口单位进口付汇数据和进口货物数据或进口项目收汇数据进行总量比对，2011 年对辖内 20 家企业实施现场核查工作。开展货物贸易进口付汇企业考核分类管理工作，2011 年把 6 家企业列入为 B 类进口单位。开展贸易顺收顺差分析工作，按照外汇管理省分局制定的贸易顺收顺差分析模板，从顺收顺差基本情况、构成以及跨境人民币结算、人民币贸易融资、贸易信贷、外汇贷款等变化情况和对贸易顺收顺差差额缺口的影响程度，开展贸易顺收顺差分析工作，建立重点企业监测制度，确定 15 家重点企业作为本年度差额重点监测企业，把本地区差额缺口压减任务落实到重点企业。

服务贸易外汇管理 开展个人结售汇系统非现场监测工作，及时做好个人外汇业务非现场监管系统升级工作，加强对个人结售汇大额及异常情况的非现场监测工作。开展服务贸易数据监测工作，利用服务贸易外汇业务非现场监管系统，设立单笔大额、高频累计、总额异常波动等多项预警指标，对辖内企业跨境收入、支出等业务开展监测预警。

跨境人民币结算　2011 年辖区跨境人民币结算业务发生 90 笔，金额 1.36 亿元；为贯彻落实国家扩大试点有关政策，满足从化市出口企业参与试点愿望，结合辖区出口企业的经营状况，经咨询有关单位后确定 27 家企业为第四批跨境贸易试点企业名单并上报有关单位。

【综合管理】　加强货币信贷政策的窗口指导　2011 年 7 月 26 日，组织召开从化市辖区金融系统联席会议，通报从化 2011 上半年金融运行情况，分析上半年经济金融形势，解读下半年将实施的主要金融政策。2011 年 12 月 21 日，组织召开从化市金融机构负责人年终座谈会，从化市副市长方纪章，市府办、市委办、发改局、财政局、经贸局等相关单位负责人应邀出席此次会议，会议通报 2011 年从化金融运行情况及应关注的问题，会上各金融机构汇报年度工作开展情况及对政府的期望，会议的召开为政银合作提供一个直接、有效的平台。

提高金融统计工作质量　提高金融统计报表和分析质量，使之更加准确、全面地反映辖区金融运行及发展情况。做好月度、季度、年度辖区金融运行分析及报告撰写工作。根据人总行《中国人民银行关于开展 2011 年金融统计检查的通知》文件精神，开展金融统计执法检查，组织辖区金融机构开展统计执法自查，并于 6 月对工行从化支行、邮储银行从化支行进行现场检查工作。通过检查，进一步加强统计工作管理，提高统计工作质量，保证各项统计数据的真实性，更好地发挥统计对货币政策的支持作用。

征信管理　全年受理个人信用信息查询 194 笔。做好贷款卡的办理和年审工作，为辖区企业提供优质服务。全年办理企业贷款卡年审 530 户，新开贷款卡 121 户。

（中国人民银行从化市支行供稿，曾莹莹执笔）

中国工商银行股份有限公司广州从化支行

【管理机构】　中国工商银行股份有限公司广州从化支行属中国工商银行广东省分行营业部垂直管理单位，办公地址在街口街中华路 6 号、8 号。2011 年末，在职员工 162 人，其中本科学历 84 人，大专学历 67 人，中专及以下 11 人，取得中级以上职称 17 人。有行长 1 人、副行长 2 人；内设机构有：行长室、综合管理部、运行管理部、个人金融业务部、公司业务部、市场发展部、小企业金融业务分中心；下设 7 个二级支行；14 个 24 小时自助银行间，拥有柜员机 56 台，以及各类自助设备一批。

【主要经营指标】　2011 年末，支行本外币各项存款余额 46.74 亿元，比上年增加 3.2 亿元；各项贷款余额 23.07 亿元，比上年减少 2.42 亿元。

【服务地方经济发展和居民金融服务需求】2011 年，支行以传统短期贷款为基础，推广创新融资产品网贷通、专业市场贷款、小额便利贷等，同时积极引导客户基于贸易背景下办理贸易融资业务。到年末，支行小企业贷款余额为 6.22 亿元。在货币政策持续紧缩，企业面临原材料上涨、用工工资提高、用电紧张、本币升值等诸多不利因素的情况下，有效满足客户的资金需求，支持地方经济发展。为给广大市民提供更优质便捷的金融服务，支行继续着力加快服务渠道建设：持续加强网点渠道建设；

对营业网点进行升级改造，完善网点服务功能，提升网点服务能力；加快自助设备的建设，自助设备投放量处于从化地区同业领先水平。

【风险防范管理】 支行坚持高质量发展与高要求管理相结合，着力加强风险防范工作。加强信贷风险防控，确保资产业务稳定发展；强化内控管理，完善风险监控机制，切实做好结算业务的风险监控，提高全行业务风险防范能力；加强案防和应急预案管理，确保各项业务安全稳定运行；明确反洗钱工作职责，加大反洗钱工作力度，切实做好反洗钱工作；坚持防范与教育相结合，开展员工思想动态管理，教育员工树立合规意识，确保员工队伍不出问题。

【党组织建设】 支行党委坚持以党建工作带动业务发展，贯彻落实科学发展观，不断加强基层党组织建设，党员队伍不断长大。至2011年末，全行党员人数达到48人，党员人数占比达到29.63%，在经营发展中党组织发挥重要的作用。根据上级党委要求，该行制订支行党总支中心组学习计划，组织学习党的十七届五中、六中全会精神，组织党员干部开展专题学习和开展党员公开承诺活动。坚持以科学发展观引领全行业务发展，实现各项业务健康发展。

（中国工商银行股份有限公司广州从化支行供稿，赵志利执笔）

中国农业银行股份有限公司从化市支行

【管理机构】 中国农业银行股份有限公司从化市支行属中国农业银行股份有限公司广东省分行营业部垂直管理单位，办公地址在街口街河滨南路23号。2011年末，在职员工216人；有行长1人、副行长3人。内设机构有：公司业务部、个人金融部、电子银行部、财会运营部、综合管理部；下辖营业网点12个。

【经营数据】 全行本外币各项存款余额69亿元，比上年增加11.95亿元；各项贷款余额42亿元，比上年增加20.81亿元；不良贷款占比0.24%。全年实现中间业务收入4602万元。

【金融服务】 负债业务方面主要抓紧重点资源维护，对财政、医保、优质企业等系列对公存款资源进行定向跟踪，优先满足其业务需求；同时因势利导，在资本市场震荡调整期运用理财手段为个人客户提供资金管理服务，各项存款保持稳步增长，存款市场份额继续居同业首位。资产业务方面突出重点，在保证大项目资金到位的同时，积极为地区中小微企业发展提供适用产品组合和资金扶持，并不断为地区民众提供个人类信贷服务。三农业务方面不断扩充和强化惠农卡这一服务载体的功能，并顺利实现与地区农村医保业务的有效对接，为农村地区广大民众提供快捷、便利的金融服务平台。中间业务方面进一步加强对新产品的引导、推介和捆绑力度，并做好客户回访和一对一跟踪服务，银行卡开卡等传统业务保持良好增势，新业务拓展如网上银行、转账电话、投资银行等又出现较大亮点。在做好市场拓展的同时，着重加强服务渠道建设，通过硬件设施改造完善、规范化服务标准标杆导入等手段，服务环境得到改善，服务水平有所提高。

【内部控制】 组织开展以廉洁自律为主题的警示教育活动，强化干部员工政治、责任和自律意识。通过开展“基础管理提升年”、“三化三铁”创建、《员工违规处理办法》学习等专题活动，一方面围绕影响管理质量与效能的关键领域基础性、瓶颈性问题进行重点治理解决，基础管理和安全防范能力得到强化；另一方面从抓细节性问题完善着手，以教育、整改相结合的形式不断深化合规意识的渗透，本年度继续保持无违法违纪事件发生和干部队伍廉洁高效的良好局面。

【队伍建设】　不断根据业务经营发展方向和目标更新升级培训内容，为员工提升业务技能和综合素质创造良好条件。在定期组织全行性大型活动的同时，支行党委组织开展纪念建党九十周年系列活动，支行团委、各工会小组和兴趣活动小组也经常性开展小团队活动，以丰富多样的形式帮助员工扩充视野、舒缓压力、放松身心，构造和谐温馨的大家庭氛围。

（中国农业银行股份有限公司从化市支行供稿，李慧洁执笔）

中国银行股份有限公司广州从化支行

【管理机构】　中国银行从化支行属广州市白云支行垂直管理单位，办公地址在街口街新城东路74号。2011年末，在职员工54人，有行长1人、副行长3人。内设机构有：营业部、业务发展部、个人金融部，下设营业网点4个。从化辖区内有24小时自助银行2个，存款机、中银自助通等各类自助设备30多台。

【经营概况】　2011年，实现营业净收入1.01亿元，比上年增长47.44%，实现营业利润7595万元，增长61.52%，实现税后利润4955万元，增长40.07%。成本收入比22.06%，下降12.26%，业务成本率5.09%，下降34.83%。人民币各项存款余额28.33亿元，其中人民币企业存款余额10.96亿元，人民币储蓄存款余额16.58亿元。外币各项存款余额1269万美元，其中企业存款余额605万美元，外币储蓄存款余额664万美元。实现中间业务收入3714万元，增长113.22%。其中公司线收入1492万元，增长205.17%。个金线收入1104.55万元，增长40.53%。结算线收入1117.55万元，增长193%。国际贸易结算量5.64亿美元，增长66%。企业网银新开户389户，净增268户。个人网银新开户17672户；企业年金新增托管资金40万元；累计拓展白金卡270张；银行卡1723个；新拓展商户通19户。全辖代理保险业务2739万元，放大规模3199万元；销售基金9624万元（折算前），增长138.02%。

【业务情况】　负债业务全年稳步发展，本外币一般性存款、本外币企业存款、本外币储蓄存款全面完成必保任务和全年任务指标。辖内各机构发展均匀，除太平支行的人民币储蓄存款、广场路支行的外币储蓄存款外，其他机构均全面完成任务指标。抓住机遇发展中间业务，公司、结算和个金线均全面完成任务，辖内河东支行、支行本部在白云支行25个考核单位中排名第一、二位。零售贷款实现跨越式发展，在省行汽车分期付政策有所调整的情况下，大力拓展一手楼（含易居宝）、个投贷款、抵质押循环贷款业务，年累计投放零售贷款3.02亿元，增长64%，贷款余额比上年净增1.50亿元，提前完成全年新增任务，实现中间业务收入214万元，增长234.38%，产生零售贷款利息收入2402万元，比上年增加585万元，增长32%。跨区业务取得较大的突破，包括跨区争揽个投和抵质押循环贷款业务，累计投放贷款3573万元（增城一手楼553万元，白云区个投1820万元，花都区个投800万元，广州市区个投400万元等）。多项业务实现零的突破，实现“票据置换通”零的突破，叙做业务850万元。实现企业年金零的突破，拓展客户2个，个人账户5户、年托管资金40万元，占白云支行业务份额90%以上。同时还锁定目标客户一名，拓展个人账户40户，年托管资金超过10万元。在人行反洗钱进驻检查中，打破人行每查必罚的惯例，并受到人行的赞扬。因安全生产、综治维稳工作突出，受到广州市和从化市的表彰，获得先进单位的称号。

（中国银行股份有限公司广州从化支行供稿，邓宇东执笔）

中国建设银行股份有限公司从化支行

【管理机构】　中国建设银行股份有限公司从化支行属广东省分行垂直管理单位，办公地址在街口街府前路98号。2011年末，在职员工152人，其中大专以上学历117人，中级以上职称16人。有行长1人、副行长2人。内设机构有：综合管理部、财会部、公司客户部、个人客户部和营业室。下设网点5个。

【经营概况】　全年本外币存款余额53.27亿元，比上年增加6.71亿元；各项贷款余额29.69亿元，比上年增加10.67亿元，不良贷款率0.001%，实现税前利润9827万元。

【负债业务】　大力拓展机构类专户资金存款，密切银企双方合作，促进银企双方共赢。推出特色产品，为更好地帮助客户投资理财，带动个人存款增长。坚持高质量做好统发工资业务，保障财政供养人员工资按时录入和核发。大力营销企业代发工资客户，加深银企长期合作关系。做好征地款项目营销和市物业维修基金专户维护工作，年内完成全市物业维修资金归集计划。

【资产业务】　做好重点房地产客户和项目的授信工作，带动地方经济发展。年内完成祥荷、宏诚、雅居乐和珠江等房地产公司项目的评估、授信申报工作。扶持制造业、旅游业贷款，年内申报授信资金达1.3亿元，与多家企业达成授信意向。发展中小企业业务，全年发放中小企业贷款（含网络银行贷款）3.69亿元。继续做好个人住房贷款和个人消费贷款业务。全年发放个人住房贷款3.69亿元，发放消费贷款和助业贷款9035万元。

【中间业务】　积极向客户宣传基金，黄金，信用卡，电子银行，汽车、安居分期付款等产品，提高客户对建行产品的认知度。年内开展多次专项营销活动，通过产品销售PK赛、内部竞赛和实施常态化营销，推进各类产品销售。全年贷记卡客户净增4318户，基金定投客户累计新增1358户，代理保险6500万元，个人电子银行客户新增4.73万户。深入外资企业，在结算和融资方面为企业出谋划策，推进国际业务。全年国际结算量首次突破2亿美元大关，达到2.15亿美元，比上年新增4109万美元，增幅达23%；贸易融资发生额1.15亿元，比上年新增4994万元，增长76%。

【经营管理】　完善信贷管理机制，提升风险控制水平。加强贷前及贷中的风险控制，把握风险底线，夯实资产质量基础，严防出现不良贷款。规范柜面业务操作，提高会计风险防范能力。全面开展会计条线“抓整改 强内控 零违规”专项活动，加强柜面操作风险管理。深入开展“银行业内控和案防制度执行年”活动，加强和完善内控和案防机制建设，提高员工制度执行力，充分发挥业务条线监督检查作用，提高内控和案防工作水平。抓好治安综合治理工作，加强安全管理，把安全责任制落到实处，严防灾害事故。

【客户服务】　深入贯彻“以客户为中心”服务理念，完善服务机制，增强服务能力。按照《网点服务管理办法》有关要求，落实网点服务管理每季通报考核工作。通过神秘人外部检查、行内服务专项检查等方式，及时纠正和解决服务上的问题，促进全行服务质量的提高。加大自助设备投放力度，提高电子渠道使用率，有效分流客户，缩减客户排队时间。落实分层维护制度，建立客户走访台账，扎实做好客户维护工作，提升服务层次。

【队伍建设】　深入开展“主题教育”实践活动。先后开展四个主题教育讲座，增强党员干部廉洁自律意识，切实筑牢全体党员干部“立党为公、执政为民”的思想根基。建立健全员工考评的中长期评价机制，以考核和激励相结合的形式，增强员工的进取意识和责任意识。加大人才选拔和培养力度，建立后备人才梯队。通过竞争上岗，公平、公正、公开的原则选拔任用后备干部。重视和加强员工培训，提升员工队伍综合素质。抓好分层次、多渠道的人员培训工作，进一步拓展培训内容。全年组织培训班54期，参加培训有1616人次。

（中国建设银行股份有限公司从化支行供稿，肖锡林执笔）

中国农业发展银行从化市支行

【管理机构】　中国农业发展银行从化市支行（下简称农发行从化支行）属广州市行垂直管理单位，办公地址在街口街青云路238号，2011年末，在职17人，有行长1人、副行长1人。内设机构有：办公室、客户业务部、会计结算部。

【经营情况】　2011年，全年各项贷款余额4.22亿元，不良贷款占比为0。全行实际利润为615万元，资产月平均余额43778万元，资产利润率1.41%，与上年持平。净利息收入1081万元，各项考评费用支出319万元，收入成本率29.51%，上升0.06%。中间业务收入0.88万元。存款日均余额2475万元，在岗员工16人，人均存款154.69万元，增加4.13万元。

【信贷业务】　*确保粮油收购资金及时足额供应*　继续加强对各级储备粮库存的监管力度，及时做好粮食资金管理工作，督促企业及时上划销售货款。至2011年末，各项贷款余额4.22亿元，全部为政策性贷款，比年初减少1698万元，全年累计发放贷款2438万元，比上年少放1.39亿元，主要是减少中长期项目贷款投放；累收贷款4120万元，比上年少收1645万元，主要是上年收回商业性短期贷款；累计购进储备粮油1532万公斤，购进价值2731万元；累计销售粮油1523万公斤，销售收入2039万元，销售应收贷款2505万元，回笼销售贷款归行4192万元，收回贷款2505万元，累计由粮油贷款货币资金收回贷款46万元，月末结算日支行粮油贷款余额5731万元，库存粮油数量3920万公斤，库存值5731万元，库贷比例100%，没有发生挤占挪用或逾期贷款情况。

政策性项目中长期贷款　全年政策性项目中长期贷款3.55亿元，占贷款总额84.11%，比年初减少1500万元，其中非经营性农村基础设施建设中长期贷款余额3.38亿元，比年初减少900万元。非经营性农业综合开发中长期贷款余额为1700万元，比年初减少600万元。

项目贷款营销和政府融资平台贷款清理　加强与政府、财政局和项目公司沟通，按银监新规要求认真开展政府融资平台的整改工作，跟进平台各项整改措施工作落实，进一步做实平台，力争后续贷款继续发放。继续加强中长期贷款项目的营销，与财政和相关部门沟通，宣传支行信贷政策，促进支行信贷业务增长。

【信贷基础管理】　落实规章制度和严格操作流程管理，确保信贷投放合规合法。在贷款营销环节，严格贷款准入条件，合规营销项目和企业。在贷后管理环节，加大对物资流和现金流的检查力度，加强对贷款企业库存实物、应收应付账款、各类现金流变化情况等的调查和分析，确保信贷资金安全，并落实全程操作尽职记录。

【财务会计管理】　严格财务收支管理，控制成本费用，优化支出结构，确保每一分钱都用到实处。加强收支管理，在收入管理上，支行一方面把收息工作作为重点，深入挖掘收息潜力，多收息、早收息；另一方面，大力发展存款业务和中间业务，降低经营成本。在费用管理上，制定各项费用指标开支执行实施细则，进一步明确开支标准和列支范围，严格费用标准，控制费用支出，特别是严格控制非业务经营性支出，杜绝铺张浪费；加强固定资产管理，合理利用指标，把指标用于确实需要之处。支行有效贷款规模不断扩大，存款和中间业务不断拓展，综合盈利水平有所提高，全年各项费用支出控制在上级行核定的指标范围内，实现稳健盈利。全行实现各项财务收入2664万元，其中贷款利息收入2585万元，金融机构往来利息收入78万元，中间业务收入1万元；各项财务支出2048万元，其中借款利息支出1561万元，营业税金及附加145万元，业务管理费285万元，存款利息支出19万元，其他营业支出38万元。收支相抵实现账面赢利616万元。

【办公综合管理】　加强支行办公费用开支的监督管理，严格开支审查和完善实物领用登记制度，严格控制消费性支出，节约费用开支。做好信息电脑维护工作，主要做好数据备份和加强网络安全管理及计算机防病毒工作，保证信息电脑安全运行。警钟长鸣，狠抓安保工作，确保安全经营，支行从案防和保卫等方面强化安全意识，建立案件防控机制。落实消防演练、安全评估、车辆及营业设施的维护修理工作。对支行会计结算部二道门进行改造，同时对110报警联网和安全监控设施进行更新，不断对支行安全保卫薄弱环节进行积极整改。

【开展“合规管理年”活动】　根据中国农业发展银行广东省分行营业部关于印发《营业部开展“合规管理年”活动实施方案》的通知精

神，结合支行实际，在支行开展“合规管理年”活动，成立合规管理领导小组，制定支行“合规管理年”活动的实施方案，扎实有效地开展活动。开展“合规建设回头看”主题活动，与“合规管理年”活动有机结合、扎实开展。各部室分别进行规章制度集中学习3次。利用警言和事例教育等形式，宣传“尽职免责、失职追责”等文化理念，使之深入员工内心。通过合规建设使支行制度执行力得到进一步的提高，员工的工作效率得到明显提高。

（中国农业发展银行从化市支行供稿，李志斌执笔）

广州农村商业银行股份有限公司从化支行

【管理机构】　广州农村商业银行股份有限公司从化支行属广州农村商业银行垂直管理单位，办公地址在从化市城郊街河滨北路98号。2011年末，在职员工289人，其中大专以上学历113人、本科以上学历92人，有行长1人、副行长1人、行长助理1人，内设机构有：综合管理部、财务会计部、风险管理部、个人金融部、公司金融部、公司业务一部、公司业务二部、公司业务三部、公司业务四部、中小企业部、个人贷款营销中心。

【经营业务】　全年支行各项存款53.69亿元，各项贷款余额36.95亿元，中间业务收入2090万元，实现经营利润1.17亿元。

【营运管理】　严格执行财务会计运营管理的各项规章制度，加大经营核算和内控管理力度，

4月17日，农商行从化支行辖下良新支行喜迁新址并举行隆重的开业庆典

完善业务考核机制，提高风险防范能力。严格执行总行的各项财务资源管理制度，加强各项费用核算，准确核算各条线的业务收入和费用，提高支行财务核算的准确性和及时性。配合运营管理总部各项工作的开展，加强对营业网点及结算中心的业务风险排查，及时跟进总行运营管理部督导、事后监督中心、飞行审计检查网点存在的问题，不断提升得支行营业网点的会计业务质量。

【内控管理和风险防范】　进一步完善支行贷款审批的沟通机制，明确各部门的工作职责，提高审议决策水平。完善贷后管理工作，全面监控风险。定期对各单位的到期贷款和欠息进行提醒，督促做好贷款到期前的回收及处理工作，防止贷款逾期；引导各经营单位做好风险提示及预警工作，提高掌握风险信号的速度，增强风险处理的能力。扎实推进构建全方位贷后管理体系工作，在辖内做好推动宣传和二次培训工作，让各客户经理充分意识到该项工作的重要性，强化客户经理的贷后管理意识。

【人力资源管理】　响应总行扁平化管理的工

作号召，合理调整、优化营销部门组织架构，整合优化营销人员配置，进一步提升支行的整体营销力量。按照总行要求开展人力资源日常管理工作，做好定员定编和员工岗位轮换工作。严格按照科学、公平、合理的原则，建立科学的绩效考核激励机制，通过对员工的工作业绩进行公平、科学的考核，激发和保持员工工作的主动性和积极性。根据总行的工作部署，推动支行对公业务客户经理考核机制的建设，制定科学合理的考核评定工作，提高对公条线客户经理的工作效率和市场拓展意识。实施网点主办会计人员、网点 VIP 窗柜员选聘机制并制订实施相应的奖励和考核管理办法等措施，不断优化人员结构，提高网点整体服务水平和竞争力。

【党团建设】　召开中共广州农村商业银行从化支行第三届党员代表大会，会议通过公平、公正、公开的民主选举，产生新一届的党委委员和纪委委员，并通过召开第三届党委和纪委第一次会议，选举产生新一届的党委书记和纪委书记，进一步健全和完善支行的党组织架构。加强党建工作的力度，抓好党委中心组的学习，加强领导班子思想、能力、作风建设，提高党的建设科学化水平。组织各团员青年开展批评和自我批评，做好各项团组织考评、团员教育评议和团员推优工作。

【企业文化建设】　定期召开不同层面的员工座谈会、开展网点调研、“我为从化支行献言献策”等活动，建立多角度、开放式的沟通交流渠道，关心和倾听员工的心声，让每位员工对支行的发展充分发表自己的意见和建议，增强员工的认同感和责任意识。通过召开月度网点例会和季度全体员工大会等方式，不断加强对员工的思想教育，向员工深入分析内外部形势，引导员工正确对待竞争与考核的压力。深入开展“送温暖、献爱心”活动，关心、探望每位患病住院的职工，鼓励、帮助生活困难的职工家属渡过难关。定期组织员工开展趣味运动会、篮球比赛、登山活动、户外拓展、厨艺比赛等形式多样的员工文体活动，加强员工间的沟通、交流，培养员工集体协作的团队精神。

（广州农村商业银行股份有限公司从化支行供稿，邝劲雄执笔）

文化　新闻

文化事业

【管理机构】　市文化广电新闻出版局同时加挂市版权局牌子，属政府序列行政单位，办公地址在河滨北路城郊街新图书馆四楼。定编9人，其中行政编制6人、工勤编制2人。2011年末，在职9人，有局长1人、党委书记1人、副局长2人。内设机构有：办公室、文化市场管理科、社会文化科。下属执法机构：文化市场综合行政执法队，在职7人。下属事业机构有：文化馆、图书馆、博物馆，在职51人。下属文化企业有：广州市从化新华书店有限公司、从化市电影服务中心，有员工18人。驻局政府协调机构有：市文化市场管理工作领导小组办公室、市“扫黄打非”工作领导小组办公室、市文物管理委员会办公室。全市有镇、街文化站8个，村委文化室221个、居委文化室44个。

【文化活动】　*广场文化和社区文化活动*　充分发挥城区新世纪广场、金瓯广场、新城市广场等人群相对集聚的优势，开展系列“广场文化”活动。先后举办“春催流溪”春节系列活动、庆祝“三八”国际劳动节101周年文艺表演等近百场大型文艺演出，近20多万群众观看。首次举办“幸福从化”——从化市广场集体舞比赛，有19支代表队600多人报名参加，深受群众追捧。还在新城社区、青云社区等举办数十场各类贴近民众生活的群众活动，极大地丰富群众的文化生活。

文化“四送”服务和免费开放服务　扎实开展“四送”服务，全年完成送戏下乡100场（文化业务辅导人员人均下乡60天以上），送电影下乡2869场，送展下乡45次，送图书下乡100次（馆外图书借还11317册），分别比上年增长8.6%、2769%、25%、66.7%。根据《关于美术馆、公共图书馆、文化馆免费开放的实施意见》精神，属下图书馆、文化馆、博物馆等公益性文化事业单位实行全免费开放。

基层文化队伍建设　新组建中、老年合唱队和舞蹈队，队员均来自市内35支社区业余文艺团队。举办两届全市农村业余文艺宣传队文艺大汇演，参加演出有100多人次。深入开展基层文化人才培训工作，根据文化馆（站）评估定级的需要，在5—6月间先后举办文化站评估定级迎检培训班3次，参加培训50多人次。

【文艺创作】　实施文化精品策略，积极组织文艺创作人员到基层采风、到兄弟区（市）学习，文艺创作水平不断提高。局文艺创作获广州市级奖项13项（见附表1），其中从化市推送的《夸媳妇》节目获得"羊城有我更美丽"广州妇女形象展示大赛决赛三等奖，选送的鳌头镇桥头村醒狮队获得广州市首届传统形式表演赛优秀奖、选送的麒麟舞获广东省第三届麒麟舞大赛银奖、选送的良口合唱队获得"第二届共创文明城——万人同唱文明歌"暨"爱国歌曲大家唱活动"活动银奖。

【公共文化服务体系建设】 公共文化设施建设 对图书馆旧馆的部分室场进行重新调整，其中图书馆旧馆已成为市文化馆的"非遗"基地和群众培训基地。不断完善图书馆新馆建设，投入5万元，完善新馆的防蚊、消防、无障碍、风扇等设施建设；12月，牵头组织各职能部门完成对图书馆（新馆）工程的验收工作。图书馆（新馆）项目基本完成。文化馆（站）建设取得突破，市文化馆在2011年成功晋升国家一级文化馆，城区公共文化设施建设得到极大提升。在广州市"扶贫开发"资金的支持和全省文化站评估等级工作的双重推动下，市文化站建设不断推进，良口、吕田2个镇分别投入200万元和1700多万元以省一级站以上的标准新建文化站；其他6个镇（街）均对原有馆舍进行改、扩建。所有镇（街）文化站在站舍建设、设施设备、活动开展和档案整理等方面均较上次评估有明显的提升。村、居文化室建设初见成效，省、广州市多次组队对从化市的基层公共文化建设进行深入调研和检查，中央电视台国际频道等多家媒体对从化市的文化室建设成果进行大篇幅的广泛宣传报道。广州市与从化市按照7:3的比例配套资金258万元，落实全市265个村（社区）的文化室管理经费，有力地支持全市文化室的开放。广州市文广新局向市北部山区142个社区（村）文化室赠送图书5.52万册、电视19台、电脑127台，文化室的设施设备得到完善和充实。农家（社区）书屋资料档案逐步完善，全市所有书屋的基本情况、人员配备、图书更换等资料均已整合到广州市农家书屋管理平台中，书屋的管理日趋规范。

农村数字电影放映 年初，广州市文广新局赠送数字电影放映车10台和放映设备19套，局制订《从化市农村数字电影放映实施方案》，成立专项工作领导小组，广州市、从化市财政共投入105.24万元，采取政府招投标形式向社会购买数字电影放映服务，农村数字电影放映工作取得突破性进展。2011年，从化市农村数字电影放映2869场，是2010年全年的28.7倍，超额完成每月每村放映1场数字电影的任务，收看的观众超过60万人次。

【文物和非物质文化遗产普查与保护】 2011年，入编从化市非物质文化遗产名录项目有10项（见附表2），其中掷彩门、猫头狮、鳌头醒狮和麒麟舞4个项目成功入选广州市级非物质文化遗产保护名录。推进古村落保护工作，市内有16条古村落与"名村"建设结合起来，以文化引领推进古村落保护开发和利用。

【文化市场管理】 6月，协助组织召开2011年从化市"扫黄打非"工作会议，总结2010年的文化市场和"扫黄打非"工作，研究部署2011年的工作任务。深入开展"扫黄打非"专项斗争，相继开展"红棉剑锋2011"、"文化市场清理整治专项行动"、"清理检查教辅材料专项行动"等一系列专项整治行动，重点清缴"三物"（政治性非法出版物、侵权盗版物、淫秽色情出版物）和"三印"（复印、打印、影印）行业，有力地整治全市文化市场的经营秩序。配合创文迎"国检"工作，切实加强对游艺室、互联网服务等营业场所的管理与检查。

成立以局党政班子为正、副组长的未成年人思想道德建设“迎国检”督查小组，对从化市纳入“国检”考评的6间游戏机经营场所进行重点监管；规范全市游艺娱乐场所的“未成年人限入”、“禁烟”标识牌，动员各文化场所完善消防、禁烟等措施设备，为从化市“创文”工作的顺利开展做了大量的工作。组织召开网吧业主管理工作会议、电子游戏机室及游艺娱乐场所业主会议等，明确责任和要求，并在重要节假日期间，向相关场所印发《关于要求网吧加强管理的通知》、《关于“两会”期间进一步加强歌舞娱乐场所管理的通知》、《关于进一步加强文化娱乐场所控烟工作的通知》等共500多份。与文化各娱乐场所签订消防、禁毒等责任书，通过规范管理，切实提高市内娱乐场所和演出场所自管自律的能力。深入开展卫星电视广播地面接收设施整治行动。坚持每月组织开展对全市住宅小区、商住楼及娱乐休闲场所等场所进行检查，对2例私自安装卫星地面接收设施的予以拆除。据不完全统计，全市出动执法人员2300多人次，检查各类文化经营场所3100多间次，查处违规经营的网吧13间、书报刊店档21间、音像店13间、卡拉OK娱乐场所7间，取缔无证书报摊27个、无证音像制品摊档42个、无证电子出版物店铺4间、无证卡拉OK娱乐场所9间，收缴非法书报刊7900多册（份）、非法音像制品2.77万张、盗版电子出版物900多张，没收用于违法经营卡拉OK的设备一批。

【文化产业监管】　贯彻落实市文化产业发展和加快文化产业发展的相关政策，主动深入企业调研，进一步健全文化产业的监管机制，配合市政府做好文化产业的规划、布局等相关工作，做大做强文化产业。文化市场主体日益壮大，2011年新增音像经营单位1家，办理变更2家；书报刊经营单位新增2家，办理变更1家；复印打印新增7家，办理变更8家；网吧办理变更7家；游艺娱乐场所新增1家，办理变更1家；卡拉OK娱乐场所新增1家。至年末，全市有文化经营单位288家，其中歌舞娱乐场所34间、网络经营场所46家、音像销售经营场所28家、“三印”店档61家、图书（报刊）销售90间、电子游戏经营场所29家，初步形成多门类、多层次、多元化的文化娱乐市场。文化产业招商引资工作取得新突破，紧扣“打造动漫产业集群生态链、推进动漫产业集群化发展”的目标，先后引进新西兰HUHU动画公司、索尼电脑娱乐（亚洲）公司、卓美动漫产品发展有限公司、广州力通展览服务有限公司以及日本PA公司等100多间动漫、游戏、培训等国内外知名企业进驻广东动漫城。创新版权保护工作，进一步加大版权检查和宣传力度，8月，局组织召开全市党政机关的软件正版化工作会议，完成对全市党政机关正版化使用情况的摸查。

【文化体制改革及文化企业经营】　完成市图书馆、市文化馆、市博物馆3个文化事业单位的岗位聘用工作，按需设岗、竞聘上岗、按岗聘用，调动公益性文化事业单位各类人员的积极性、创造性。市电影服务中心的转企改制工作取得实质性进展，结合全省推进文化事业单位改革会议和从化市政府常务会议精神，局广泛听取中心退休人员的意见和建议，并与市财政、市发改、市人社等部门充分协调沟通，研究并制订解决市电影服务中心转企改制的实施方案。新华书店积极转变经营方式，经济效益得以提高。2011年该公司销售图书总额和拟上调财政的资金均比上年有所提升。实施事业单位分类改革工作，其改革方案已上报市编办。

【完善管理制度】　结合实际，不断提升文广新窗口的服务质量。推行“一纸清”（将行政审批事项、申报材料、方法和办事流程向群众公开，群众可从简化为囊括全部所需基本信息的纸张了解），编印《从化市申办文化娱乐、网吧、打印（复印）等场所的办事须知》。推行微笑服务，机关各科室、文化公益单位窗口提倡微笑服务，对群众的咨询、提出的意见和建议予以认真、有礼答复。推行政务公开，启用市文广新局的全新网站（http://www.chwgx.gov.cn），政务公开工作进一步得到完善。推行政务信息发布制度，在《从化信息》、《从府简报》、《今日从化》等发表政务信息20多篇次，数量和质量均比上年有明显的提升。机关各科室、各属下单位的办事流程、职责分工等均利用各种载体予以公开，方便群众了解。推行制度建设和规范行政审批工作。对文广新行政审批事项、自由裁量权等进行梳理，制定出台行政处罚自由裁量权细化标准、文化市场行政审批和备案事项实施方法，强化对行政执法的监督。不断规范局机关的党政工作，形成《机关制度汇编》。

【扶贫开发】　深入扶贫挂钩村城郊街麻一村、精神文明示范村温泉镇桃莲村调研，立足文广新的特色，以文化设施建设、文化服务帮扶为着力点，分别制订麻一村的《城郊街麻一村帮扶实施方案》、《扶贫开发帮扶项目》和《麻一村贫困户帮扶工作计划》、桃莲村的《精神文明示范村建设实施方案》。积极为麻一村增资创收出谋划策，投入2万多元为麻一村委添置空调设备改善办公环境；投入10多万元，高标准为麻一、桃莲两村建设村文化室，配备书屋、网园、文体设施等，提升两村的文化软环境。局干部职工还对贫困户进行有针对性的重点帮扶，促使贫困户经济收入有所增加，部分贫困户家庭已达到年人均5000元的标准。

【市博物馆】　承办《我们的旗帜——建党90周年图片展》、《光辉的历程——纪念建党90周年图片展》等22场展览，前来参观的群众有4万多人次。第三次全国文物普查阶段进入收尾阶段工作，认真做好普查数据的汇总修改、完善普查资料档案管理、建立数据库等工作。省博物馆向从化市博物馆赠送文物一批，共582件，馆藏文物进一步丰富。配合省、广州市的部署多次对市内多个重点文物保护点进行安全检查，全年没有发生安全事故。

【市图书馆】　全年入馆借阅图书15.84万人次，外借图书10.34万册，全年新增图书8150册，年末馆内图书总藏量33.15万册。2011年举办“精彩亚运摄影图片展”、“低碳科技图片展”、“建党90周年图片展”、“辛亥百年图片展”等图片展览4场；报告厅举办公益讲座、演出活动25场。开展“2011春节灯谜游园活动”、“423世界读书日暨阅读进军营”活动、“2011年图书馆服务宣传周”活动、“从化市图书馆第9届故事大王比赛”；配合市委宣传部开展“从化市全民阅读暨阅读进社区”活动、配合市科技宣传周开展了“低碳图片进校园”活动；暑假期间承办“纪念辛亥革命　振兴中华——童心爱广州”英雄故事演讲比赛活动从化赛区比赛（其中选送的两位选手参加广州比赛分获一等奖和三等奖）、从化市“爱在七夕·中华经典诵读”活动。全年配合市委宣传部等部门开展的全市性的全民阅读推广活动8场次。

附表1　2011年从化部分文艺作品获奖情况表

作品	获奖年月	颁奖单位	获奖名称和等级
音乐剧《夸媳妇》	2011年3月	广州市妇女联合会	羊城有我更美丽”广州妇女形象展示大赛决赛三等奖
选送的良口合唱队	2011年9月	中共广州市委宣传部	广州市“第二届共创文明城——万人同唱文明歌”暨“爱国歌曲大家唱活动”活动获银奖
选送的街口街金秋合唱队	2011年9月	中共广州市委宣传部	广州市“第二届共创文明城——万人同唱文明歌”暨“爱国歌曲大家唱活动”活动获表演奖奖
选送的吕田中学合唱团	2011年9月	中共广州市委宣传部	广州市“第二届共创文明城——万人同唱文明歌”暨“爱国歌曲大家唱活动”活动获表演奖奖
歌曲《生命之源》	2011年9月	广州市文化广电新闻出版局	2011年广州市群众音乐新作品评选活动一等奖
歌曲《我爱家乡，从化》	2011年9月	广州市文化广电新闻出版局	2011年广州市群众音乐新作品评选活动二等奖
歌曲《我是土地的儿子》	2011年9月	广州市文化广电新闻出版局	2011年广州市群众音乐新作品评选活动二等奖
歌曲《迎亚运，爱唱歌》	2011年9月	广州市文化广电新闻出版局	2011年广州市群众音乐新作品评选活动优秀奖
歌曲《彩霞飞扬》	2011年9月	广州市文化广电新闻出版局	2011年广州市群众音乐新作品评选活动优秀奖
歌曲《山歌一唱就精神》	2011年9月	广州市文化广电新闻出版局	2011年广州市群众音乐新作品评选活动优秀奖
歌曲《从化是个好地方》	2011年9月	广州市文化广电新闻出版局	2011年广州市群众音乐新作品评选活动优秀奖
辅导温泉镇文化站社区辅导员	2011年11月	广州市文化广电新闻出版局	广州市首届社区文化辅导员才艺大赛表演奖
辅导良口镇文化站社区辅导员	2011年11月	广州市文化广电新闻出版局	广州市首届社区文化辅导员才艺大赛表演奖

附表2　2011年从化市非物质文化遗产名录

序号	分类	编号	项目名称
1	民间音乐	Ⅱ-1	客家山歌
2	民间舞蹈	Ⅲ-1	水族舞
3	民间舞蹈	Ⅲ-2	猫头狮
4	民间舞蹈	Ⅲ-3	鳌头醒狮
5	民间舞蹈	Ⅲ-4	麒麟舞
6	传统手工技艺	Ⅷ-1	走马灯
7	传统手工技艺	Ⅷ-2	吕田大肉
8	民俗	Ⅹ-1	掷彩门
9	民俗	Ⅹ-2	洪圣诞
10	民间文学	Ⅰ-1	刘仙姑传说

（市文化广电新闻出版局供稿，林绮执笔）

广播电视

【管理机构】　从化市广播电视台为局级事业单位，归口市委宣传部管理，办公地址在城郊街河滨北路308号。定编105名，其中内设机构事业编制54名（含机关事业编制18名），直属机构事业编制共51名。2011年末，在职88人（含直属机构），台长1人、党委书记1人、副台长2人。内设机构有：办公室、计财科、事业管理科、技术工程科、总编室、新闻部、社教部、播音部、风云岭微波站。直属机构有城区、太平镇、鳌头镇、温泉镇、良口镇、吕田镇共6个广播电视站。

【基本情况】　2011年，市调频广播覆盖率73%，可接收从化电台、广州电台、南方生活台、股市财经台、交通之声、广东珠江经济电台、中国之声7个电台的节目。从化调频立体声广播电台频率99.8兆赫，全天候24小时播出。

全市有线电视覆盖率95%，可接收33套的电视节目。还有190个经济社、6225户没有覆盖有线电视信号。在市有线电视网的本港台、翡翠台和广东公共频道3个频道插播从化电视新闻和专栏节目，插播时间为：晚上18时45

7月1日，举行《检察998》开播仪式

分首播，21时30分、23时及次日中午12时45分重播；专栏节目在星期一至星期六的《从化新闻》后播出，分别为：《话说从化》、《走进从化》、《法治与政务》、《热点追踪》、《一周新闻综述》（2011年11月起播出）、《从化电视新闻》、《从化警讯》（与市公安局合办）、《日子》（2011年11月16日起播出），全年制播255期，累计首播时间2655分钟。

“从化电视资讯频道”每天24小时播出，播出内容有《从化新闻》、从化风光欣赏、《日子》、《警讯》、电视连续剧、动画片、电影及农业卫生科教片等。

从化电台的节目有《从化新闻》、《流溪资讯快报》、《如果有人帮》、《魅力从化》、《岁月留声》、《998音乐推介》以及法制专栏《110出动》、《检察998》共8个录播节目和《资讯早班车》、《流溪河畔》、《乐活好有营》、《音乐自由行》、《体坛自由人》、《潮叹生活》、《下一站幸福》等直播节目，把录播和直播节目有机穿插在17个小时的播音时间里面，较好地满足不同年龄段、不同行业收听人群的需求。

全年电台、电视台播出各类新闻稿件2100篇。

【广播电视工程建设】 电视网络工程 2011年，投入资金388万元，完成架（敷）设光（电）缆300公里，其中光缆架（敷）设皮长60公里，同轴电缆架（敷）设240公里。先后发展12个自然村（社）的有线电视网络，全市新增有线电视用户7608户。至年末，全市有线广播电视用户总数已超过12.5万户，人口覆盖53万人，占全市人口的95%。

风云岭发射塔光亮工程 按照市政府的部署和要求，广播电视台在高64米的风云发射塔装上LED第三代光源，并按时在国庆前交付使用，成为从化的又一亮丽景点。

三百洞发射台工程 从化三百洞发射台建设工程基本完成，是广州市文化广电新闻出版局根据国家、省关于做好新时期广播电视无线覆盖工作的精神及《广州市广播第一套节目和电视第一套节目无线覆盖项目可行性报告》的规划，结合“村村通”工程而提出建设的民生工程项目。工程总投资约1100万元。三百洞发射点平稳运行后，从化市良口以南区域的40多万群众将可直接接收广州市广播第一套节目和电视第一套节目，从化电台将迁移至该点发射，届时从化电台信号将可覆盖广州、东莞、惠州、清远、佛山等地区2000万—3000万人，宣传平台将得到进一步的拓展。

筹建从化北部发射台 按照广州市的规划，筹建从化北部发射台，该台选址吕田镇陈禾洞峨眉山，总投资约1000万元。

【安全播出和安全生产】 落实“人防、技防、物防”措施，做好“防邪”、“防火”、“防盗”工作，确保广播电视传输手段更加可靠安全，确保从化广播电视台差转中央、省、广州市台广播电视节目实现“零插播、零停播”，完成省、广州市各项广播电视安全播出任务，没有发生安全播出事故。全年接受广州市文广新局突击检查2次，督查组对从化广播电视台的安全播出工作给予肯定。坚持“安全第一，预防为主”，落实安全生产责任制，全年没有发生安全生产责任事故。

【宣传报道】 围绕中心服务大局 2011年，广播电视台对市第十二次党代会、市委十一届十次全会、人大政协“两会”进行全面的报道；推出“扶贫开发”、“效能建设”系列报道。11月人大、政协“两会”前，创新性地推出“迎两会、数亮点”标语式的政府政绩宣传系列节目。为全市中心工作提供宣传舆论保障，为建设“幸福从化”营造良好舆论氛围。

制作专题宣传节目　围绕庆祝建党90周年，摄制30多辑系列专题节目，包括《回首征程，岁月增辉》、《离休老党员专访》、《学习胡锦涛总书记“七一”重要讲话》以及《励精图治，十年蝶变》等大型系列报道，从多角度展现10年来从化人民取得的辉煌成就。

打造全新电视节目　2011年11月开始，推出改版的《日子》、《从化电视新闻》、《一周新闻综述》三大板块电视节目，其中《日子》栏目是在整合原有的《话说从化》、《走进从化》、《政务之窗》等几大栏目基础上精心打造推出，内容包括《百姓话题》、《从城365》、《流溪生活》三个小板块；每晚播出的《从化电视新闻》栏目经改版，节目内容更加注重资讯服务的报道，在文稿和镜头上更加关注社会、关注民生，贴近生活；《一周新闻综述》节目则完全替代原来每周日晚播出的《一周要闻》节目，以新闻回顾、新闻评述、杂志式的形式播出，回顾一周时政要闻，精彩点评社会热点，新闻含量更丰富、版面视角更新颖、播报风格更活泼，向人们传递更多的本地新闻和资讯。

开展“走基层、转作风、改文风”活动　按照上级宣传部门的要求，广播电视编辑记者深入全市各村镇、社区街道、中小学校、卫生院所、文化场馆、城乡家庭、厂矿车间等基层一线采访，掀起一股“走下去，沉进去”的基层采访热潮。以市民群众喜闻乐见的形式，发挥电视新闻的宣传作用，更好地宣传党和政府的中心工作，节目质量和宣传水平又上一个新台阶。2011年，广播电视作品获省二等奖2篇、省三等奖1篇、广州市一等奖2篇、广州市二等奖4篇、广州市三等奖17篇（见附表3）。

附表3　2011年从化市获广州以上奖项广播电视作品情况表

获奖年月	作品名称	颁奖单位	获奖等级	主创人
2011年4月	广州马术开创中国马术运动新历史	广东省广播电影电视局	2010年度广东省县级广播电视新闻电视新闻专题类二等奖	谢晓明、邬影红、黄健怡、李一美、李清沂、朱妍
2011年4月	城康“退果还田”：向荔枝林“要”耕地	广东省广播电影电视局	2010年度广东省县级广播电视新闻电视消息类二等奖	李一美、钟炫锋、朱妍
2011年4月	殷家庄麒麟舞的传承与发展	广东省广播电影电视局	2010年度广东省县级广播电视新闻广播新闻专题类三等奖	李广星、余伟红、利彩玲、陈治、黄健怡、黎志华
2011年5月	寻代历史的尘烟——殷家庄麒麟舞	广州市文化广电新闻出版局、广州市广播电视学会	2010年度广州市广播电视节目奖广播新闻类一等奖	余伟红、利彩玲、李广星、陈治、黄健怡、徐小薇

续上表

获奖年月	作品名称	颁奖单位	获奖等级	主创人
2011 年 5 月	踏雪寻梅	广州市文化广电新闻出版局、广州市广播电视学会	2010 年度广州市广播电视节目奖电视播音主持类一等奖	朱妍
2011 年 5 月	我市 13 万多农村居民踊跃参加新农保	广州市文化广电新闻出版局、广州市广播电视学会	2010 年度广州市广播电视节目奖广播新闻类二等奖	余伟红、罗素玲、利彩玲、曾国锋、利婉华、谢文荟
2011 年 5 月	粤剧泰斗罗品超	广州市文化广电新闻出版局、广州市广播电视学会	2010 年度广州市广播电视节目奖广播文艺类二等奖	黎志华、杜颖华、余伟东、利彩玲
2011 年 5 月	国外赛马安全离境中国大陆实现历史突破	广州市文化广电新闻出版局、广州市广播电视学会	2010 年度广州市广播电视节目奖电视新闻类二等奖	邓静西、朱妍、殷梓杨
2011 年 5 月	广州马术开创中国内地马术运动新历史	广州市文化广电新闻出版局、广州市广播电视学会	2010 年度广州市广播电视节目奖电视新闻类二等奖	谢晓明、邬影红、黄健怡、李一美、李清沂、朱妍
2011 年 5 月	从化温泉获中国首个“世界珍稀温泉”称号	广州市文化广电新闻出版局、广州市广播电视学会	2010 年度广州市广播电视节目奖广播新闻类三等奖	余伟东、杜颖华、李一美
2011 年 5 月	国外赛马安全离境　中国大陆实现历史突破	广州市文化广电新闻出版局、广州市广播电视学会	2010 年度广州市广播电视节目奖广播新闻类三等奖	余伟红、李广星、邓静西
2011 年 5 月	童心王国	广州市文化广电新闻出版局、广州市广播电视学会	2010 年度广州市广播电视节目奖广播新闻类三等奖	马丽珍、王翠薇、唐馨
2011 年 5 月	女骑手的执著：赛场上最闪亮的不是金牌	广州市文化广电新闻出版局、广州市广播电视学会	2010 年度广州市广播电视节目奖电视新闻类三等奖	李一美、邓静西、吴家彤
2011 年 5 月	清洁生产：小企业大节能	广州市文化广电新闻出版局、广州市广播电视学会	2010 年度广州市广播电视节目奖电视新闻类三等奖	徐国林、麦剑辉、黄敏宜

续上表

获奖年月	作品名称	颁奖单位	获奖等级	主创人
2011 年 5 月	新闻特写：李静敏——亚运马术场上从化骄傲	广州市文化广电新闻出版局、广州市广播电视学会	2010 年度广州市广播电视节目奖电视新闻类三等奖	李清沂、刘惠良、徐国林
2011 年 5 月	参加新农保　圆千年社会养老梦	广州市文化广电新闻出版局、广州市广播电视学会	2010 年度广州市广播电视节目奖电视新闻类三等奖	谢晓明、罗素玲、陈治、崔宏彬、余伟红
2011 年 5 月	亚运会：让中国马奔向世界	广州市文化广电新闻出版局、广州市广播电视学会	2010 年度广州市广播电视节目奖电视新闻类三等奖	邓静西、钟炫锋、余伟红
2011 年 5 月	缘来如此之纪念特辑约翰列侬	广州市文化广电新闻出版局、广州市广播电视学会	2010 年度广州市广播电视节目奖广播文艺类三等奖	温茵仪
2011 年 5 月	我的音乐日志	广州市文化广电新闻出版局、广州市广播电视学会	2010 年度广州市广播电视节目奖广播文艺类三等奖	温茵仪
2011 年 5 月	走进史铁生的世界	广州市文化广电新闻出版局、广州市广播电视学会	2010 年度广州市广播电视节目奖广播文艺类三等奖	利婉华、吴芳
2011 年 5 月	体坛自由人	广州市文化广电新闻出版局、广州市广播电视学会	2010 年度广州市广播电视节目奖广播播音主持类三等奖	谭健钊
2011 年 5 月	广州亚运马术赛进行三项赛越野赛	广州市文化广电新闻出版局、广州市广播电视学会	2010 年度广州市广播电视节目奖电视播音主持类三等奖	吴家彤
2011 年 5 月	建设流溪绿道　营造宜居从化	广州市文化广电新闻出版局、广州市广播电视学会	2010 年度广州市广播电视节目奖电视播音主持类三等奖	蔡根款
2011 年 5 月	浅淡如何让会议电视新闻报道形式“活”起来	广州市文化广电新闻出版局、广州市广播电视学会	2010 年度广州市广播电视节目奖论文类三等奖	徐国林

续上表

获奖年月	作品名称	颁奖单位	获奖等级	主创人
2011年5月	发挥基层优势　打造本土特色——以从化市广播电视台为例浅淡县级电视台节目发展	广州市文化广电新闻出版局、广州市广播电视学会	2010年度广州市广播电视节目奖论文类三等奖	黄健怡
2011年5月	浅淡播音主持艺术的创新	广州市文化广电新闻出版局、广州市广播电视学会	2010年度广州市广播电视节目奖论文类三等奖	吴家彤

（从化市广播电视台供稿，汤剑锋执笔）

新闻中心

【管理机构】　市新闻中心是正局级事业单位，办公地址在街口街河滨北路308号。定编30人。2011年末，在职23人，其中主任1人、副主任2人。内设机构有：办公室、记者部、策划部、专题部、电脑网络部、编辑部、副刊部。

【基本情况】　《今日从化》属市委、市政府内部刊物，2011年1月至7月每周出版两期，为四开八版（彩版），从8月1日开始改为对开四版（彩板），每周出版五期，宣传面更广，信息量更大，喉舌功能增强，内容更富有可读性，宣传平台更宽。设有《时政要闻》、《社会新闻》、《今日时评》、《综合新闻》、《时尚前沿》、《健康养生》、《荔乡文艺》、《经济动态》等十多个栏目。全年出版《今日从化》170期，每期印数2万份，免费派发至全市股级以上机关事业单位、主要旅游景区、各村（居）委及城区的沿街商铺、工业园区内大中型企业以及各镇（街）的中学和中心小学。“从化政府网·新闻栏目”是从化市政府在互联网上对外宣传的主要栏目，该栏目采用与《今日从化》、中国广州网、广州文联网一稿多用的形式发布网上新闻，全年发布新闻8000多条，没有出现网络信息错误。9月1日开始，承办原由市委宣传部文明办主办的《文明导报》，每周一期，印数11万份，每期四开八版，免费发放到全市各机关单位和中小学校。

2011年10月11日，从化市首届广场集体舞大赛在全瓯广场举行

【宣传报道】　市中心工作宣传报道　为把市委、市政府各时期中心工作的新闻报道做深做透，市新闻中心组织采编人员定期学习市委、市政府的政策文件，掌握市委、市政府各时期的中心工作要点，把准宣传重点，有侧重地安排人员围绕全市的中心工作组织采编。对每次重大活动提前介入，研究制定宣传方案，围绕“大交通、大旅游、大产业、大平台”发展战略、“交通建设年和效能建设年”、人大政协“两会”、“扶贫双到”、“新广州新商机”、村居“两委换届”、“创文”、“建党90周年纪念活动”、“市镇人大换届”、“党代会”以及市委、市政府其他重要工作等方面开展宣传报道工作。市的重要政闻，均安排在头版头条大标题、大图片、大篇幅报道。

“十件民生实事”宣传报道　根据《政府工作报告》提出的扶贫开发、就业、社保、医疗卫生、教育均衡发展、免费义务教育、保障性住房、社会救助、社区建设、农村路灯“十件民生实事”开展跟踪报道，特别是对扶贫开发工作、就业政策、社区建设管理、村道“亮化”工程等方面进行及时的报道。其中在社会保障宣传方面，宣传发动农村居民参加新农保，并收到很好效果。通过报道，给相关部门鼓气，同时也使广大群众看到市委、市政府在民生方面下大力气干实事，切身体会到市委市政府正在想方设法提高市民的幸福感，以媒体的力量引领更多的市民积极投身到幸福从化、和谐从化的建设中。

社情民意宣传报道　充分发挥各镇街各单位部门通讯员的作用，全面了解社会民生情况，刊登通讯员稿件，反映社会动态。采编人员时刻以新闻工作者的视角深入生活收集社会信息，及时捕捉社会动态，更好地反映社情民意。《今日从化》改版后，增加报道民生新闻的版面，采编人员紧跟时势，特别报道在各类节日中市民的动态，当新的法律法规出台时，对社会的反响作动态报道，以新闻报道的形式吸引市民认识或深入了解相关的法规，不断增加报纸的可读性，使宣传报道起到关注社会热点，反映市民心声的作用。

各部门信息宣传报道　建立记者联系部门制度，组建由全市各部门组成的通讯员队伍，及时获取部门的动态信息，开展部门的专题报道。还根据全市各类主题活动月的要求，主动与相关职能部门联办专刊，宣传各职能部门的工作动态，其中与市总工会合编“工会之窗”，与市依法治市办、司法局合编依法治市专题专版，与卫生局、市文联、地税局、科信局、环卫所、法院等单位开展长期合作，报道部门信息。

【专题宣传业务】　加大《今日从化》发行量　8月1日，《今日从化》改为对开4版后，每周出版（彩版）五期，每期印数从1万份增加到2万，免费派送到全市各机关单位、主要旅游景区、镇（街）、村（社区）及城区内沿街大店铺，市内的中学、镇的中心小学及到部分农村，让广大群众透过《今日从化》了解从化新闻信息。

为各界提供服务　加强与各部门、社会各界互动，为大众服务。在《今日从化》的新闻内容和版面安排上向群众倾斜，向有关部门、有关行业倾斜，加强与各部门、社会工商企业界互动，向社会提供更多的实用信息。如与市地税局合作开设地税之窗专栏，受到纳税人好评。

拓展专题宣传业务　抓住各个重大活动契机，拓展专题宣传业务思路，精心做好《今日从化》的广告策划，出版20多个专版，促进专题业务增长。

【扶贫开发】　中心对口帮扶太平镇莲塘村，根据扶贫办“一年见成效，两年实现目标”的要求，加强与莲塘村扶贫对接，派出办公室主任进驻莲塘村，协同村委干部开展扶贫开发工作。派驻人员在深入农户摸查和调研的基础上，与村委干部研究帮扶工作，其中已初步落实扶贫开发项目10个。6月，中心资助莲塘村3万元，解决村委运作的实际困难。

【队伍建设】　加强内部管理　进一步完善新闻中心采编工作激励机制，理顺和规范新闻采、写、编、出等一系列运作流程，实行岗位责任制，形成一套比较科学、符合实际的管理体制，确保《今日从化》每期正常出版。实施每月工作例会、每周预编和质量分析制度，每月召开中心全体人员工作例会、每周召开采编部门负责人会议、每周召开记者稿件质量分析会。实施记者工作制度，建立记者外出采访佩戴记者证制度，记者外出采访要准时，记者要24小时开机随时出访。采访稿件原则上要求上午的采访稿件下午2：30完成，下午的稿件在晚上8：00前完成并发到编辑部邮箱，大型的会议材料也要交到编辑部。为保证报纸出版质量，记者部、编辑部、策划部、中心领导层层把关，建立发报前审读机制，每天报纸发出前安排人员再次审读，以防在印刷过程中出差错。

提升业务水平　为使单位的新来的人员在短时间内熟悉业务，中心采取切实可行的措施，建立以老带新的帮扶制度，编辑部和电脑网络部实行一对一的上机培训；记者部以组为单位实行边实践边指导，并且要求所有新记者要多写，写后全部发给记者部主任修改和点评，力争一个月上手，两个月放手，三个月能独立采访。加强业务知识学习。邀请本市及广州日报的资深新闻工作者对采编人员进行全员培训，帮助新人快速成长。强化通讯员队伍，建立由全市各部门组成的通讯员队伍，及时获取部门的动态信息。

（市新闻中心供稿，刘汉文执笔）

《乡村语文》

【管理机构】　《乡村语文》属广东省教育类内部报刊，办公地址在从化市街口青云路74号永发大厦202室。2011年末，在职12人，有总编1人，副总编1人，内设机构有：总编室、电脑室、采编部、小记者培训部、《流溪山泉》编辑部。

【基本情况】　《乡村语文》报全年出版31期，设有相对固定的栏目，如《文峰塔下》、《习作星空》、《美文欣赏》、《百科之窗》、《校园新秀》、《教师论坛》等。

《流溪山泉》由现任中共广州市委副书记、广州市市长陈建华亲笔题名创办，为双月刊。全年出版4期，设立的固定栏目有《园丁之页》、《作家园地》、《心灵驿站》等，并出版《歌颂党恩》、《科技征文》及《河源览胜》等专栏。

全年举办小记者培训班5期，培训小记者400人。

【专题报道】　宣传报道教育信息　紧贴从化教育局信息，头版报道《从化市召开教育工作会议——2012年前基本完成规范化学校建设任务、2020年前实现教育现代化》等信息，并刊登《教育信息》专版，贯彻市教育教学工作会议精神，就如何提高教学质量问题，刊登《加强幼小衔接　提高教育质量——市教育局积极开展“幼小衔接”专题研讨活动》、《教研室举行“教学技能展评”活动》、《市举行青年教师形象大赛——何滔滔、何广标、苏颖获奖》等文章。8月，组织第二次河源之行相关报道。省市几位知名作家、市几名优秀教师与乡报全体编辑再次前往河源采风，在报纸的头版刊登《留在心灵深处的记忆——河源之行座谈会纪实》等。

举办征文比赛活动　3—6月，从化市科学技术协会和乡村语文报社联合举办总题目为《我身边的低碳生活》的征文比赛。分中小学2组，收到中学稿件117篇，合计约12万字；收到小学稿件57篇，合计约5万字。并在头版刊登各奖项的获奖名单。

宣传报道学校情况　刊登林场中学《一所特有的规范化学校——从流溪河林场获得的喜讯》、太平中学《立科研项目，创特色学校——太平中学采访记》、河东中学《春天，孕育着希望的果实——河东中学优秀科组采访记》、神岗二中《面对中考，初三老师怎么干？——神岗二中备考采访记》、城郊中学《春风化雨润万物，城中热土生机旺》；吕田中心小学《坚守山区的育花人——吕田中心小学采访记》、温泉第三中心小学《身参与　心飞翔　趣无穷——温泉第三中心小学乡村学校少年宫活动侧记》、北星小学《北星小学：小羽球　大世界》等文章。

宣传报道优秀师生　全年采访中学教师、学生共26人。在头版刊登《育人成才，她体现了教师的价值——记从化六中李燕坤老师》、《泼辣、拼搏、创新——吕田两位学生干部的故事》、《盛开的玫瑰，壮丽的青春——灌村中学何滔滔老师》、《在龙中校园领略的精彩——两位优秀师生的故事》等；全年采访小学教师、学生共28人。在头版刊登《优秀师生的故事——小记罗小薇老师和邓芷茵同学》、《用热泪和汗水，编织光荣的桂冠——记省小学数学第七届优质课一等奖李锦萍》、《耐心、爱心与诚心——记联星小学陈妙玲老师》等。

评论专栏　在中小学头版的“文锋塔下”评论专栏，刊登《领军人的素质和眼光》、《为〈螺号〉文学社喝彩》、《思路决定出路，态度决定高度》及在“作品评析”栏目刊登《鲜明·新颖·流畅——喜读龙潭中学专版》、《七篇文章，七种精彩——喜读凤凰小学专版有感》、《给力青春——读“青春舞动”专版有感》等。

专版报道　设置的专版有“小记佳作”、“财校之旅”、“科技征文”、“游记”、“水务知识”、“建党九十周年”、“母亲节”等。在《乡村语文》报出版专版的中学有桃园中学、龙潭中学、民乐中学、棋杆中学、从化七中、神岗二中、河东中学、城郊中学、吕田中学、从化六中、灌村中学等。小学有联星小学、街口小学、车头小学、凤凰小学、龙山中心小学等。

小记者培训　每期的培训班内容丰富多彩，如1月举办的寒假（第37期）小记者培训班，带领小记者们到广州市财经职业学校进行实地采访，写出不少佳作。8月举办的第38、39期小记者夏令营，组织小记者到喜乐登一日游，小记者热情高涨，学习与游玩相得益彰，得到学生及家长的好评。

（乡村语文报社供稿，庾俊然执笔）

教　育

综　述

【管理机构】　市教育局属政府序列行政单位，办公地址在街口街西宁东路25号，定编28人，其中行政编制24人、工勤编制4人。2011年末，在职25人，有局长1人、党委书记1人、副局长3人、纪委书记1人。内设机构有：办公室、基础教育科、组织人事科、财务基建科、职业与成人教育科、教育督导室（挂从化市人民政府教育督导室牌子）、安全保卫科、纪检监察室。下属机构有：教学研究室、教学仪器管理站、教育信息中心、教育财务结算中心和吕田、良口、温泉、太平、鳌头、城区6个教育指导中心，下属机构有在编在职人员74人。从化市招生考试委员会办公室参照公务员管理，挂靠市教育局，在编在职5人。

【基本情况】　全市有各级各类学校167所，其中托儿所5所、幼儿园53所、小学63所、普通中学25所、中等职业技术学校2所、市教师进修学校1所、镇（街）成人文化技术学校7所、特殊教育学校1所以及高等院校10所。全市各级各类学校在校学生186337人，其中在园（班）幼儿13003人，小学生40010人，普通中学学生（含高中）43017人，中等职业学校在校生8980人，高等院校在校生81327人。有广东省国家级示范性普通高中2所（从化中学、从化六中）；广东省一级学校11所，广州市一级学校26所，从化市一级学校35所；广州市义务教育规范化学校67所（见附表1）；省重点中等职业技术学校1所；广东省示范性乡镇成人文化技术学校3所，广州市示范性乡镇成人文化技术学校4所。全市在职中、小、幼、特教教职工7501人，其中中学教职工3189人、小学教职工3115人、幼儿园教职工1188人、特殊教育教职工9人。

9月9日，从化市庆祝2011年教师节暨表彰大会在市中心会堂召开

【教育经费投入】　2011年，全市教育经费总投入11.29亿元，比上年增加31.94%；其中财政拨入款9.65亿元（含教职工工资，其中本级

财政拨入款占7.97亿元、城市教育费附加拨款占11155.50万元）、事业性收费12770.20万元、社会捐资96.00万元、其他3515.80万元。

【教育评估】　按照“硬件从实，软件从严”的原则，继续开展义务教育规范化学校评估认定，全年有7所学校通过义务教育规范化学校评估认定。12月19日至20日，从化六中接受并顺利通过广东省国家级示范性普通高中终期督导验收，成为从化市继从化中学之后的第二所广东省国家级示范性普通高中。12月6日至8日，从化四中顺利通过广东省普通高中教学水平评估并获优秀等级；至此全市6所公办普通高中全部通过广东省普通高中教学水平评估并获优秀等级。12月26日至30日，太平镇、鳌头镇接受并顺利通过广东省教育强镇复评验收。

【义务教育】　加快推进义务教育规范化学校建设，全市有义务教育规范化学校67所，其中2011年新增7所，覆盖率80.7%。继续推进免费义务教育，全年财政投入3540.8万元，惠及学生7.2万人。统筹解决外来务工人员子女接受义务教育问题，全年财政投入209.9万元，对符合政策入学的4750名农民工子女进行专项补助。2011年，小学适龄儿童入学率100%，初中教育毛入学率（指某学年度某级教育在校生数占相应学龄人口总数比例，标志教育相对规模和教育机会，是衡量教育发展水平的重要指标）108.6%。

【校舍安全工程】　2010—2011年全市规划实施校舍安全工程项目52个，建设总资金1.73亿元，其中改造项目40个，总建筑面积8.22万平方米。为如期完成校舍安全工程任务，市委、市政府把校舍安全工程作为全市十件民生实事予以落实，由市政府与各镇（街）签订责任状，确保责任到人，项目落实到位。由市政府印发《关于加快推进从化市中小学校舍安全和义务教育规范化学校建设有关事项的通知》，对校舍安全工程实行优惠政策，开辟绿色通道，简化审批程序，减免相关收费。至年末，40个校舍安全工程改造项目已全部动工，竣工面积5.06万平方米，占建筑总面积61.15%，累计资金投入9223.3万元，占规划总投入的53.33%。

【教育扶贫开发】　按照广州市扶贫“双到”（规划到户，责任到人）工作部署，市教育局积极配合帮扶单位和企业做好项目实施工作。至年末，全市4个帮扶镇（吕田镇、良口镇、温泉镇、鳌头镇）已有12所学校及幼儿园落实帮扶资金1.51亿元，落实帮扶项目26个，其中已完工项目4个，完成招标进入施工项目8个，已投资金约2841万元。广州市教育局在落实“百校扶百校”行动计划的同时，组织越秀区、荔湾区、海珠区、天河区的学校分别与帮扶镇的学校开展对口帮扶，促使受援学校在2012年达到规范化学校标准。全市有33所中小学与广州市的优质学校建立结对帮扶关系，基本实现4个帮扶镇中小学与广州市优质学校结对帮扶全覆盖。

【教育教学质量】　大力开展有效教学策略研究，深入实施新课程改革，加大教育科研力度，加强教学常规管理，促进教育教学质量不断提升。尤其在2011年的高考备考工作中，认真总结2010年高考的经验，加强对新高考模式的研究，科学制定备考策略和备考措施，取得明显的成效。2011年高考，应届毕业生3464人，重点上线269人，上线率7.77%，其中文科重点上线率6.35%，两率分别排在广州12个区（市）第4位和第2位。其中本科以上上线人数1518人，上线率43.82%；专科以上上线人数2972人，上线率85.80%；重点上线人数和上线率、文科重点上线率排位、本科上线人数和上线率、体艺生上线人数、完成广州市和从化市预测目标人数共五项指标创历史新高。

【学校德育】　依托“创文”、迎亚运等平台，大力开展德育活动，不断提高德育工作实效性。继续深入开展“小手牵大手、文明一起走”等系列活动，组织开展“党旗飘扬我成长”书画摄影征文暨“童心向党”歌咏活动。巩固家长学校建设成果街口街新城小学、江埔街联星小学、吕田镇中心小学、温泉镇中心小学、太平镇中心小学创建成为广州市优秀家长学校。加强校外活动场所建设，建成鳌头镇中心小学乡村学校少年宫、良口镇善施学校乡村学校少年宫、太平镇中心小学乡村学校少年宫、温泉镇中心小学乡村学校少年宫、吕田镇中心小学乡村学校少年宫共5所乡村学校少年宫。完成对27所中小学德育绩效评估工作，其中从化市第四中学、吕田中学、河滨小学、街口街新城小学4所学校被评为“广州市德育示范学校”。

【学校体卫艺】　举办2011年从化市中学生田径运动会等多项全市性的体育比赛活动。切实做好学校卫生防疫工作，重点抓好水痘、腮腺炎、手足口病等防控措施的落实工作，有效防止各类传染病疫情在学校、托幼机构的传播和蔓延。角逐第五届中国童声合唱节，从化六中合唱团夺得金奖，成为广州地区唯一获金奖的合唱团。组织参加广州市26届青少年技术创新大赛等多项活动。太平中学黄纪莹同学以总分第二名的成绩当选为第八届羊城“小市长”，成为该活动开展15年来首位获此殊荣的从化籍学生。加强青少年科普环境教育，全市有8所中小学的9个科技特色项目申报广州市科技特色项目通过认定，良口镇善施学校、江埔联星小学顺利通过广州市绿色学校评估。

【队伍建设】　创新教师招聘内容与形式，择优招录80名本科师范院校毕业生、硕士研究生，并合理调配到城乡学校，进一步优化教师资源配置。先后开展师德建设主题教育月活动、师德评议和整改活动以及各类评先评优活动，共评选出从化市教育系统师德标兵20名，师德建设先进单位10个；评出广州市优秀教师65人，广州市优秀教育工作者7人，从化市教学新秀70人。创新教师继续教育模式，完善现代远程教育培训、校本培训、面授培训并举的教师继续教育体系。抓好教师全员培训，共培训中小学教师6080人次。大力扶持农村教师培训，开展农村中小学教师跟班学习活动2期，并通过置换农村骨干教师参加广州市级培训等方式，提高农村教师的教育教学能力。加强调研和指导，确保岗位设置管理和绩效工资改革稳步推进。是年，全市有中学高级教师335人，占中学教职工的10.5%；中学一级教师1326人，占中学教职工的41.7%；小学高级教师1756人，占小学教职工的57%；小学一级教师1372人，占小学教职工的44.5%。

附表1　2011年从化市等级学校和规范化学校一览表

广东省一级学校（11所）	从化市幼儿园、从化市第二幼儿园；流溪小学、西宁小学、街口街中心小学、太平镇中心小学；从化中学、从化二中、从化五中、从化六中、从化七中

续上表

广州市一级学校（26所）	温泉镇中心幼儿园、温泉镇灌村中心幼儿园、广州英豪幼儿园、鳌头镇中心幼儿园、鳌头镇廖奉灵幼儿园、太平镇圣宝幼儿园、良口镇中心幼儿园、吕田镇中心幼儿园；街口街新城小学、广州英豪学校小学部、良口镇善施学校、温泉镇第二中心小学、温泉镇第三中心小学、太平镇第二中心小学、鳌头镇中心小学、鳌头镇第二中心小学、鳌头镇同心小学；从化三中、吕田中学、民乐中学、龙潭中学、桃园中学、神岗中学、鳌头中学、棋杆中学、广州英豪学校初中部
从化市一级学校（35所）	街口街中心幼儿园、江埔街联星幼儿园、太平镇神岗中心幼儿园、太平开发区幼儿园、温泉镇桃园中心幼儿园、良口镇第二幼儿园、从化市镇泰幼儿园、鳌头镇东麟幼儿园、鳌头镇民乐幼儿园、从化市商业幼儿园；城郊街中心小学、城郊街北星小学、城郊街黄场靖安小学、鳌头镇第三中心小学、鳌头镇水西小学、鳌头镇高平镇泰小学、鳌头镇车头小学、太平镇飞鹅小学、太平镇钱岗八一小学、温泉镇第一中心小学、流溪河林场学校小学部、吕田镇中心小学、江埔街中心小学、江埔街禾仓小学、江埔街江埔小学、江埔街联星小学、太平镇屈洞小学、太平镇信诚木棉小学；太平中学、从化四中、河东中学、城郊中学、太平二中、灌村中学、神岗二中
广州市义务教育规范化学校（60所）	流溪小学、西宁小学、街口街中心小学、街口街新城小学、街口街团星小学、街口街沙贝小学、街口街城郊小学、吕田镇中心小学、吕田镇第二小学、吕田镇第三小学、吕田镇鞍山小学、良口镇善施学校、良口镇第二小学、良口镇石明小学、温泉镇中田小学、温泉镇第二中心小学、温泉镇第三中心小学、温泉镇石海小学、温泉镇龙新小学、鳌头镇第二中心小学、鳌头镇中心小学、鳌头镇龙潭同心小学、鳌头镇岭南小学、鳌头镇人和小学、鳌头镇高平小学、鳌头镇大氹小学、鳌头镇水西小学、鳌头镇车头小学、鳌头镇桥头小学、鳌头镇民乐小学、太平镇中心小学、太平镇第二中心小学、太平镇钱岗八一小学、太平镇菜地塱小学、太平镇银林小学、太平镇高平小学、太平镇信诚木棉小学、太平镇上塘小学、太平镇飞鹅小学、太平镇莲塘小学、明珠小学、城郊街北星小学、城郊街黄场小学、从化市希贤小学、城郊街东风小学、江埔街禾仓小学、江埔街下罗小学、江埔街锦联小学、江埔街中心小学；从化中学、从化二中、从化三中、从化六中、从化七中、吕田中学、桃园中学、神岗中学、神岗第二中学、太平第二中学、鳌头中学、棋杆中学、民乐中学、龙潭中学、太平中学、林场学校、河东中学、灌村中学

（市教育局供稿，王次精执笔）

学 前 教 育

【概述】 2011 年，全市有托幼园所 58 所，其中公立园 2 所，集体办、私立托幼园所 56 所，全市在园在班幼儿 13003 人，幼儿教育学前三年入园率为 92.89%，比上年增长 0.03%。有教职工 1188 人，其中专任教师 798 人。

（市教育局供稿，王次精执笔）

【从化市幼儿园】 基本情况 从化市幼儿园是省一级幼儿园，位于街口街教育路 6 号，占地 8648 平方米，校舍建筑面积 6166 平方米。2011 年末，有教学班 16 个，在读幼儿 520 人，其中小班 6 个班、中班 5 个班、大班 5 个班。有教职工 77 人，其中在编人员 56 人，有园长 1 人、副园长 2 人，专任教师 32 人，有幼儿园高级教师 35 人。

4 月 1 日，从化市幼儿园举办青年教师形象大赛

实施岗位聘用制 2011 年该园实施岗位聘用制，推进在职在编人员聘用制的工作，按照“按需设岗、精简效能、依法管理”的原则，设置教学、管理、教学辅助岗位，设置幼儿园内部机构和岗位，完善幼儿园内部管理机制，完成该园岗位设置工作，并于 2011 年 12 月 20 日与教师签订《事业单位聘用合同》。

家园社区共育 该园于 2011 年 5 月 19 日晚邀请团中央《知心姐姐》杂志社心理健康教育巡回报告团到幼儿园作“关注孩子的心灵成长”的报告会，有 500 多名家长参加；5 月 27、28、29 日，该园举行小、中、大班级庆祝六一儿童节文艺表演暨家长开放日活动，12 月 28、29、30 日举行幼儿元旦运动会暨“健康 快乐 迎新年”亲子游园活动，分别有 500 多位家长参加。6 月 16 日上午，组织大班级的孩子到街口街小学进行参观，让孩子们进一步了解小学的学习、生活环境；5 月 29 日上午，从化市在新世纪广场举行第二十一届少儿现场书画大赛，从化市幼儿园派出 15 名孩子参加比赛，其中 4 人获得绘画比赛一等奖，4 人获得绘画比赛二等奖，6 人获得绘画比赛三等奖，1 人获得书法比赛三等奖。还组织参加广东省群众文化学会、中国儿童创意美术大赛网举办的“成长的足迹.全国幼儿创意美术大赛活动，其中 4 幅作品获特金奖、11 幅作品获金奖、66 幅作品获银奖、12 幅作品获铜奖、2 幅作品获蓓蕾奖，幼儿园获全国幼儿创意美术教育成果三等奖。

示范与帮扶 2011 年，该园先后接待两批来园跟班学习各一个月的教师，其中第一批 13 人，第二批 4 人；2011 年 3 月至 6 月接待从化市职业技术学校 2009 级幼师生 60 人来园进行见习工作。全年接待各镇街幼儿园园长、骨干教师 500 多人次到该园参观学习，接待新疆地区 2 位园长到该园参观学习，先后派出园长、教师 27 人次到各镇街幼儿园支教、业务指导等。李素玲园长还到新疆喀什乡村幼儿园指导、帮扶，捐助价值 3 万元的教玩具，并为全乡幼儿园教师作专题讲座交流学习。

环境建设 2011 年，投入 23.8 万元改善办园条件：更换幼儿椅台、教师椅、窗纱等，添置工具柜、贮物箱、户外大型不锈钢挂衣架等，把环境育人的理念注入幼儿园的管理、幼儿园的建设和教育教学工作中，给师生创造一个优美、和谐的工作学习环境，扎实抓环保教育，坚持向孩子进行节约能源、减少污染、爱护花草树木等宣传教育，培养幼儿良好的环保行为习惯，鼓励孩子从小做“环保小卫士”，形成“种绿、爱绿、护绿和懂绿”的教育特色，创建高品位的优质“绿色幼儿园”。12月26日，幼儿园通过省创绿办组织的广东省绿色幼儿园复评。

队伍建设　全年教师在从化市以上获奖的论文和活动设计共23篇，多媒体课件11件，幼儿园荣获2011年从化市多媒体教育软件评奖活动最佳组织奖，李素玲同志被聘任为第三届广州市学前教育评估员；骆燕玲荣获广州市优秀教师称号。幼儿园被从化市教育局评为从化市教育系统师德建设先进单位；2010年度从化市教育系统维护稳定及社会治安综合治理优秀单位；2008—2011年度先进教职工之家。

（从化市幼儿园供稿，李素玲执笔）

普通教育

【小学教育】　2011年，全市有小学63所，在校生4万人，小学适龄儿童入学率为100%。有教职工3115人，其中专任教师2927人。

（市教育局供稿，王次精执笔）

【流溪小学】　基本情况　流溪小学是广东省一级学校，地址在街口街城内路84号，占地1.59万平方米，校舍建筑面积9659.1平方米。2011年末，学校有教学班30个，学生1458人，有教职工87人，其中小学高级教师69人，一级教师8人；本科学历的教师43人、大专学历的教师33人。

特色教育　构建感恩教育、生命教育和知识教育相结合的德育模式，结合“教师节”“十一国庆节”“中秋节”“元旦”“春节”等重大节庆日、纪念日，开展富有教育意义的主题活动，以弘扬中华民族的优秀传统文化，弘扬中华民族精神，培养学生懂关心、知感恩、会欣赏、善合作的优秀品质。在发挥课堂主渠道作用的同时，充分利用升旗仪式、主题班会、各种板报以及校园广播等多种宣传阵地，以感恩、诚信、安全为重点，开展丰富的主题教育活动，宣传感人事迹，弘扬校园正气。开展富有特色的建队日活动，出场要求各班队伍整齐、喊响口号，新队员入队后还让学生上台展示自己的特长，锻炼其胆量，培养其主人翁精神。通过开展读书活动，引导学生多读书，爱学习，使整个校园形成一种浓厚的学习风气。继续开展“先进班集体”评比活动，动员全校师生积极行动起来，做文明礼仪的先锋，推动文明利益主题宣传教育实践活动深入开展。开展“庆元旦，迎校庆”书画比赛。各班积极参与，板报主题明确、版面醒目、内容丰富，版面设计美观，抄写规范，构思精巧，色彩协调，通过比赛，扩大学生的艺术视野，增强学生的民族自豪感，极大地激发全校师生热爱社会主义祖国的热情。

提高教学质量　取长补短，深化提升。通过走出去和请进来的方式让老师们接受新的信息，开拓教师的视野，更新老师们的观念。加强教学常规管理，核心是加强质量管理，主要是要切实提高课堂教学和作业的有效性。坚持“减负增效”的方针，突出三个重点：提高课堂教学效率；加强作业管理；做好质量测评。重点是运用《学生学业质量评价标准》，细化学科教学常规工作上。各学科要在研究如何落实《评价标准》时，细化研读教材、教学用书和《评价标准》的要求，把握好教学的目标和重难点，指导好教师如何搜集和整合有效教学资源来优化课堂教学。开展教师专业化发展校本培训课题研究，更新教育理念。举行每人每学期上好一节研讨课活动，同级科的老师必须参与听、评课。每学科要开展学科示范课或公开研讨课活动。做好青年教师培养培训的管理工作。进一步规范和落实中青年骨干教师、学科带头人的各级各类培训工作；进一步继续进行科研、教育教学理论、计算机应用等培训；充分发挥骨干教师作用。推荐优秀学科教师作为学科教研会理事的候选人。组织教师参加市以上的各项教学竞赛。在学校教学计划中要认真做好安排，广泛发动老师报名参与，从早从快地选好人选，在赛前要认真组织集体备课，加强对赛前的指导。举办开放日，在提高学校和老师影响力的同时，加强学校、老师和家长、社会、兄弟学校教师之间的沟通和交流。继续做好百校扶百校工作，学校的教研工作计划中要明确互相参与对方教研活动的内容、形式，跟班、送教的时间与人员的落实。继续进行教学沙龙的活动，学校举行“教师自我发展规划”和“读书交流会”的教学沙龙。各学科也要定出一两个网络教研主题，让科组教师直接在学科组的网站发帖，进行交流探讨。

荣誉与成绩　学校获第二届全国百佳语文教师暨语文教改示范校；全国教育科学“十一五”规划重点课题——羊城儿童分级阅读实验学校；2009—2010年度广州市红十字工作先进集体；广州市“做一个有道德的人”主题活动联系点和“广州市红领巾成长小记者站”试点学校；第八届《现代中小学生报》百所读报用报标兵学校；2010年度从化市教育委员会先进基层党组织；2010年度从化市维护稳定及社会治安综合治理先进集体；2008—2011年度从化市模范教职工之家；2010年度从化市教育系统维护稳定及社会治安综合治理优秀单位；语文科组被评为2010年广州市小学语文学科优秀科组；语文、美术、音乐科组被评为2010年从化市优秀学科教研组；参加“广东省首届大中小学器乐比赛广州市选拔赛”获广州市三等奖；参加广州市第十一届学校合唱节获小学童声组三等奖；参加第十三届“飞向北京—飞向太空”航空航天模型、第十二届“我爱祖国海疆”全国青少年航海建筑模型（广州从化赛区）科技教育活动预选赛中获得小学组综合团体三等奖，广州市5号橡皮筋模型飞机现场制作竞赛中获小学组团体二等奖；参加广州市第三届中小学校艺术团展演从化赛区比赛荣获小学组舞蹈类、器乐类、声乐类一等奖，团体总分一等奖；参加从化市、广州市中小学第五届“24点”数学邀请赛获团体一等奖；参加广州市第三届中小学生诵读中华经典美文表演大赛获小学组三等奖；参加2011年广州市“市长杯”校园足球联赛（从化赛区）获小学男子组冠军；参加2011年科学系列图书课外阅读活动获优秀组织奖；学校学生合奏节目，在广州市第二届中小学生南腔粤调合唱比赛中荣获一等奖；参加广州市羊城书香校园活动之“阅 历史故事，传承中华文化”系列活动中荣获组织奖；参加广州市第十一届学校合唱节获小学童声组三等奖；参加广州市第十一届学校合唱节从化赛区比赛中，获小学A组二等奖；参加2011年“电大杯”从化市教育系统教职工篮球比赛，学校获优秀组织奖，男子队获小学男子季军，女子队获小学组第四名；参加“安隆杯”从化

市第二届小学生乒乓球团体赛，女子队获团体第一名、男子获团体第三名；参加2010年广州市“市长杯校园足球”从化赛区联赛获小学男子组冠军；参加从化市第三届全国亿万学生阳光体育冬季长跑活动一等奖；参加从化市中小学生“童心向党”歌咏展演活动荣获一等奖；参加2011年广州市中小学生百米定向比赛，荣获从化市小学男女子组团体第一名。三（2）班获2010学年优秀中队；师生个人参加从化市以上竞赛获奖的一大批。

（流溪小学供稿，何观真执笔）

【中学教育】　2011年，全市有普通中学25所，在校生4.3万人（含高中），初中学生入学率100%；高中阶段学生入学率91%，比上年增长0.18%。有教职工3189人，其中专任教师2599人

（市教育局供稿，王次精执笔）

【从化中学】　基本情况　从化中学是从化基础教育的“窗口”学校和重点中学、广东省一级学校、广东省普通高中教学水平优秀学校、广东省国家级示范性高中。学校地址在从化市街口街城内路239号，占地面积12.5万平方米，校舍建筑面积8万多平方米。2011年末，有初中班18个、学生991人；高中班54个、学生2945人；在职教职工282人，有校长1人、副校长4人；专任教师249人，其中，中学特级教师2人，中学高级教师131人，中学一级教师80人，教师学历达标率100%。学校有从化市学科带头人9人、广州市特约教研员或学科中心组成员8人、省级骨干教师6人。

教师队伍建设　制定学校3年教师队伍建设规划，继续推进名师建设工程。按照学校发

7月5日，来自美国纽约州的罗马市政府代表团一行到从化中学开展访问活动

展的要求，制订并通过《从化中学2011—2013年教师队伍建设规划》。学校以“广东省教师工作室”为阵地，培训从化市学科骨干教师20多人次。吴羽君副校长荣获广东省人民政府授予的“中学特级教师”称号。邱榕基校长被评为“广州市第二批基础教育系统名校长”，吴羽君副校长和杨仁宽主任均被评为“广州市第二批基础教育系统名教师”。邝武钊、张湟渭老师被评为广州市优秀教师。杨仁宽主任被从化市委市政府授予“从化市科技杰出专业技术人才”荣誉称号。邓瑜等18名教师被评为2010年从化市优秀教师。黄小斌等4名教师被评为2010年从化市优秀教育工作者。杨仁宽等9名老师被评为“第五届从化市中学学科带头人”。邱榕基等6位教师被聘为从化市中小学教师继续教育讲师团成员。张桂桐、杜慧诗老师被评为从化市教学新秀，吴羽君、杨仁宽、张湟渭、罗少萍、夏昶、钟秀芳、许佑柏、蒋晓辉、吴碧燕、王水根等10位老师荣获从化市高考突出贡献奖。

教育科研　课程教材研究所“十一五”规划重点课题《山区高中开设数学课程和学生选择数学课程的调查与研究》、省级立项课题

《广东省学生体能素质标准和体育教学相结合的研究》、广州市立项课题《思维导图在高中化学教学中的应用研究》、广州市立项课题《传统教学与基于教育技术环境下的教学在英语学科中优势互补的研究》、《教学案例研究在广州山区中学生心理健康教育中的应用》、全国教育科学“十一五”规划教育部规划课题的子课题《新课程背景下课堂教学有效交流的实践与思考》以及十项从化市“有效课堂教学策略研究”均已顺利结题。《中学数学微格式校本研训一体化的行动研究》和《新课标理念下农村初中数学分层作业的策略研究》等课题正进入实践研究阶段。组织老师参加广州市各学科教研会年会论文的评比，广州教育学会年会论文的评比，广州市推进素质教育阶段成果的论文评比以及广州市教育科研网年会论文等评比活动。

2011年高考情况　2011年，全校975人参加高考，其中重点240人，占本届毕业生的24.6%；本A以上627人，占本届毕业生的64.3%；本B以上835人，占本届毕业生的85.6%；专A以上928人，占本届毕业生的95.2%；专B以上962人，占本届毕业生的98.7%。所有批次上线数改写历史最高纪录。文科上重点线人数在广州市所有中学中排名第5，仅次于执信中学、广州二中、广雅中学和广东省实验中学。包揽从化市理科总分、文科总分、各单科的所有状元。理科总分前30名，文科总分前7名，语文前7名，英语前10名，理数前10名，文数前10名，理综前17名和文综前15名均出自从化中学。理科总分600分以上共25人，黄雪雨同学以648分获从化市理科总分状元，名列全省第486名；文科总分600分以上有46人，钟玉婷同学以654分获从化市文科总分状元，名列广东省第48名。李晓琳和李嘉美同学均以136分获从化市语文状元，语文130分以上13人，120分以上215人；李婉玲同学以144分获从化市英语状元，英语140分以上有4人，130分以上有76人；崔彤同学以123分获从化市理科数学状元，理科数学120分以上有8人；张莎同学以123分获从化市文科数学状元，文科数学120分以上有3人；黄雪雨同学以268分获从化市理科综合状元，理科综合260分以上有8人，250分以上有25人；禤可颖和万嘉雯同学均以265分获从化市文科综合状元，文科综合260分以上有10人，250分以上有46人。梁梓谦、程震同学通过空军飞行员体检且成绩达到了重点线；梁泽燊、李钧同学通过南航飞行员招生体检且成绩分别达到重点、本A线。

2011年中考情况　总分A等（647分以上）230人，663分以上201人；700分以上有112人，总平均分644分，名列从化市第一，各单科平均分均名列从化市第一。12人次获得从化市语文、数学、英语、物理、化学、政治单科第一名。包揽从化市个人总分第一名至十八名，其中李锦诗同学以762分荣获从化市个人总分第一名，陆蕴怡、陈君豪等两位同学分别以756分、752分获得从化市个人总分第二、第三名。

（从化中学供稿，梁苗执笔）

【从化市第六中学】　基本情况　从化六中是广东省国家级示范性高中，位于江埔街沿江南路300号。学校占地面积11.4万平方米，校舍建筑面积5.35万平方米。2011年末，有56年教学班，其中高中38个，初中18个，学生近3000人；教职工208人，其中高级教师34人，一级教师79人，专任教师189人，研究生学历

20人，本科学历174人，学历100%达标。邝敏虹、田汉东两位老师成为从化市首批名师工作室主持人。2011年学校获广东省安全文明校园称号，高中毕业班工作获广州市二等奖。

通过广东省国家级示范性高中终期督导验收　12月20日，从化六中顺利通过广东省国家级示范性高中终期督导验收，成为从化第二间示范性高中。广东省国家级示范性高中评估组专家对学校给予高度的评价，专家一致认为，从化市第六中学办学理念先进，办学目标明确，领导班子团结奉献，教师队伍素质优良，学校管理科学民主，课程改革真抓实干，办学质量连年攀升，社会声誉日益提高，是一所具有良好发展前景和一定的示范辐射作用的普通高中。戚锦明校长精辟地总结创建过程体现的“五个一”，即体现一支团结合作、不辱使命、奋发有为的教职工团队。体现师生一种“艰苦创业，追求优异”的六中人精神；呈现出一种勤奋自律、敬业乐业、校荣我荣的积极向上的风貌；形成各方联运、周密细致、职责分明的一种管理效能。展现一种创建国家级示范性高中、优化发展环境、快速发展的广阔前景。

教师队伍建设　学校制定《从化六中2010——2012学年教师专业化发展规划》，指导和帮助教师从师德与师能两方面提升专业素养；修订《从化六中教师学习制度》，完善校本培训制度；出台《从化六中外出参观学习指引》，要求每位外出参观学习的教师写出心得体会，并全校交流共享。学校189名专任教师中，35岁以下的青年教师有127人，占专任教师的67.3%，学校把青年教师的培养作为教师专业发展的重中之重。指路子、压担子，让青年教师担任研讨课、主题教研等活动的主要负责人，激发青年教师的潜能；重培训，强素质，通过开展教学比武、解题比赛、读书活动等，强化青年教师的基本功；成立“从化六中研究生协会”，给高学历的青年教师创造一个研究、交流的学术平台；成立“从化六中高级教师协会”和“从化六中名师工作室”，开展师徒结对活动，凝聚人心，汇聚教育智慧，引领教师的专业发展。加大培训力度，每年学校在教师培训方面投入经费达40多万元。学校多次组织教师到省内外知名学校参观学习，邀请云南大学曾健教授等多名教育教学专家来校作专题报告；开展“春色满园，幸福六中”为主题的六中教职工文艺表演活动，和谐校园氛围。

校园建设　自2010年7月以来，市政府累计投入1300多万元，用于学校硬件建设、环境美化及教学设施的升级换代，使学校的办学条件进一步完善。其中投入1000万元建设体育馆和改造运动场，主体工程已进入封顶阶段。投入100多万元改善学生的住宿条件与生活条件。其中投入60多万元完善宿舍热水供应系统；投入40多万元升级食堂硬件，改善用膳条件。投入50多万元完成新扩建校区的绿化美化工程。投入10多万元完成学校停车场扩建改造工程。在教学设施与硬件建设方面，学校投入99.68万元，新配置一批电脑和38个教学平台，为学校大部分课室配备电子白板，完成教学楼课室改造和教学楼照明改造工程。

2011年高考情况　2011年，全校526人参加高考，其中上重点线14人，本A以上128人，本B以上292人，专A以上467人，专B以上511人。涌现如黄旭梅、郭爱娣、邝梓文、谢鹏勇、何灿强等高考从化市总分或单科冠军。

2011年中考情况　总分A等（647分以上）110人，663分以上102人；700分以上有75人，总平均分623分。

（市第六中学供稿，黄房新执笔）

职业与成人教育

9月，从化市职业技术学校举行庆祝教师节活动

【概述】2011年，全市有中等职业技术学校2所（见附表2），共招生3707人，开设专业36个，在校学生8980人，专任教师307人，毕业生就业率达99%。全市有乡镇成人文化技术学校7所（见附表3），其中鳌头镇、太平镇、城郊街的成人文化技术学校为广东省示范性乡镇成人文化技术学校，江埔街、温泉镇、良口镇、吕田镇的成人文化技术学校为广州市示范性乡镇成人文化技术学校；在校教职工30人，其中专任教师16人；全年开展电脑、空调、酒店服务、蔬菜工、果树工等培训2.32万人次。

附表2　2011年从化市内中等职业技术学校基本情况表

学校名称	地址	学校占地面积（平方米）	学校建筑面积（平方米）	2011年招生人数	2011年末在校中专生	2011年末在校教职工		至2011年末已开设的专业	2011年毕业人数	2011年毕业生综合就业率（%）
						总人数	其中专任教师人数			
市职业技术学校	从化市街口旺城大道337号	118548	37620	1510	4268	190	129	16	759	98.5
市技工学校	从化市江埔街海塱村	96370	77558	2197	4712	242	178	20	1100	98.6
合计				3707	8980	432	307	36	1859	98.55

附表 3　2011 年从化市内乡镇成人文化技术学校基本情况表

学校名称	地址	学校占地面积（平方米）	学校建筑面积（平方米）	2011 年开设的培训项目	2011 年培训人数	2011 年末在校教职工	
						总人数	其中专任教师人数
鳌头镇成人文化技术学校	从化市鳌头镇棋杆墟中华路 2 号	11255	2670	电脑、空调、酒店服务，蔬菜工，果树工	6599	7	6
太平镇成人文化技术学校	从化市太平镇佛岗村	3330	2500		12135	4	2
城郊街成人文化技术学校	从化市城郊街新村北路	2064	1641		2076	3	2
江埔街成人文化技术学校	从化市江埔街政府内	2530	1961		360	3	1
温泉镇成人文化技术学校	从化市温泉镇源湖村	4192	1957		842	5	2
良口镇成人文化技术学校	从化市良口镇塘尾村	7992	2050		578	4	2
吕田镇成人文化技术学校	从化市吕田镇北街	3716	1606		398	3	1
流溪河林场成人文化技术学校	流溪河香雪大街 8 幢	150	390		230	1	0
合计					23218	30	16

（市教育局供稿，王次精执笔）

【广州市广播电视大学从化分校】　基本情况　广州市广播电视大学从化分校（加挂从化教师进修学校牌子）是从化市政府管辖的唯一一所地方性高等教育学校。2011 年，电大毕业生 1132 人，其中本科 279 人，专科 853 人；全年招电大生 1168 人。至年末，有在校生 3160 人，其中电大专科 2300 人、电大本科 860 人；在职教职工 48 人，离退休教工 64 人，合同工人 15 人，兼职教师 52 多人（其中电大 32 人，进修学校讲师团 20 人），有校长 1 人、副校长 2 人，专任教师 37 人，分为信息与管理组、人文学科组、财经学科组和教学支持服务组。专任教师高级职称的有 4 人，中级职称 26 人，研究生学历 2 人，硕士 1 人，完成研究生课程有 7 人，建立一支以专职为主，专兼职相结合的教师队伍，基本实现一个专业一个主干教师的要求。为弥补教学力量的不足，学校于 2011 年聘请一批外聘教师，绝大部分在硕士以上学历，尤其聘请的讲师团成员汇聚从化市的名校长、名教师和学科带头人，充实和增强学校的师资队伍力量。

11月20日，从化电大参加广州电大建校50周年活动

开展广州电大建校50周年大庆系列纪念活动 2011年广州电大迎来建校五十周年华诞。五十年来，广州电大为广州高等教育的发展和学习型城市建设做出重大贡献。学校积极参加广州电大建校五十周年系列活动，如“育人成才案例推选活动”、推选“感动电大人物”活动、开展广州电大“笑”庆50周年笑脸征集活动等。学校还开展专家讲课、征文演讲、先进表彰等。通过各种活动的开展，激励全体师生继承和发扬电大的光荣传统，解放思想、与时俱进、永葆先进性。

做好教育帮扶 2011年10月17日，从化市教育局在从化市职业技术学校召开职业与成人教育工作会议。对江埔、城郊、太平、吕田4间成人文化学校进行调研，为改善从化市的成人学校办学条件，学校根据4间成人学校的不同情况，开展全方位帮扶，其中在硬件建设上支持10.3万元。学校按照教育局要求，于2011年10月8日前购入实物展台6套，多媒体钢制讲台6套，合计2.68万元，支持麻村小学建设。石明小学是从化市北部山区小学，有寄宿学生112人，办学条件较差。为进一步丰富学生的课余生活，学校帮助石明小学添置电视机和DVD机各2台，合计17000元。

完善服务功能 利用招生服务中心，做好“一站式”服务和“首问负责制”，以便捷、满意、和谐为宗旨，为报读者提供" 一站式" 服务。学校不断加强门户网站建设和教学资源建设，实现学生一站式登陆，实现招生、教学、教务和学生信息共享。学校不断改善学习支持服务工作，如切实从学生的实际出发，整合网上资源，免费为学员提供学习辅导资料，全天开放网络教室，为学生提供上网资源，加强对教材征订管理，确保教材征订的准确、发放及时到位。进一步加强教学辅导员队伍建设，定期召开专业辅导员会议，定期组织培训，加强业务学习，提升团队集体管理的能力。

提升继续教育水平 整合资源，开拓创新，促进继续教育科学发展。成立从化市中小学教师继续教育讲师团。学校聘请20位由从化市名校长、名教师、学科带头人等组成的讲师团。通过成立讲师团，整合本区域最优秀的人才加入讲师团，进一步充实从化市教师继续教育教师队伍力量，为提高从化市中小学教师继续教育质量打下坚实的基础。成立广州师训从化工作站，通过讲座、办班、送教和刊发稿件等形式为从化山区教师专业化发展提供服务。

完成各项师资培训任务 校长远程培训卓有成效，开展由国家教育行政学院举办的中小学校长全员远程培训。此项工作被国家教育行政学院评为“2010—2011年度中小学远程培训优秀地方培训中心奖”。抓好专项培训，切实提高教师的教育教学教研能力。启动英特尔未来教育培训工作，培训小学教师20名，其中有街口小学有10人、联星小学有10人。举办1101期、1102期中小学教师远程培训，全市中小学

教师踊跃报名，1101 期有 2953 人次参训，1102 期有 2786 人（次）参训，参训教师热情高涨、反响强烈，深受参训教师的赞誉。举办学校信息员培训、建立和运行了进修 OA 办公系统。制定《从化市幼儿园园长和教师的三年培训计划》，并开展幼儿园骨干教师培训。举办Z+Z超级画板应用知识培训，组织全市各中小学共 171 人参加培训。抓好骨干培训，以点带面，全面提高教师专业化水平。举办中学教导主任、小学教导主任培训班。举办小学语文、数学和英语科组长培训。做好培训者培训，学校选送骨干培训者参加国家级和省级培训，提高培训者的综合素质，适应新时期的继续教育需要。

（从化电大供稿，巢伟泉执笔）

【从化市职业技术学校】 基本情况 从化市职业技术学校是一所由从化市政府主办、市教育局管理的全日制综合型中等职业学校。学校为国家农民科技培训“星火学校”、“省级示范学校”、“广东省重点中等职业学校”。校址在城郊街旺城大道 337 号的市职业教育园区内。学校占地面积 11.67 万平方米（174.99 亩），建筑面积 3.76 万平方米。2011 末，有教职工 202 人，其中专任教师 135 人；高级职称 7 人，中级职称 40 人，高级技师 1 人，技师 13 人。开设有数控技术应用、机电技术应用、制冷和空调设备运用与维修、汽车运用与维修、计算机及应用、园林设计、电子商务、会计、幼儿教育、旅游服务与管理、畜牧兽医、酒店服务与管理、农业机械使用与维护等 13 个专业，有全日制在校学生 4268 人。全年各专业招生 1510 人，推荐就业 1260 人，就业率 99%。

教学成效 学校本着“既重视目标管理，又重视过程管理”的教学管理思路，强化教改和教研。通过公开课、教学竞赛、常规检查、各种教学研讨活动等方式，促进教师的发展。在广州市中职学校教师技能大赛中，杨耀康、罗敏玲、曾彦斐和黎艳晶 4 位教师代表学校参加旅游服务与酒店管理教师技能大赛，荣获三等奖。叶进、付强等 30 多位教师的论文获得广东省教育学会第四届论文评选优秀奖。学生在广州市举办的技能竞赛中获得讲故事比赛三等奖 2 个，发动机总成拆装竞赛三等奖 2 个，图形图像竞赛三等奖 2 个，CAD 竞赛三等奖 2 个，钳工竞赛三等奖 1 个。

服务社会 学校以“服务从化经济”为宗旨，面向社会开展各种培训活动，为从化的各种技能型人才培养贡献自己的力量。与市人社局、旅游局等部门联系，开展各类培训。组织农民职业技能培训摩托车维修工初级 46 人，维修电工初级 54 人；新型农民科技培训 512 人；旅游行业职业技能培训 125 人。校内培训方面组织计算机图像制作员考证 34 人，计算机办公软件 33 人，计算机绘图员 33 人，电子商务员 39 人，餐厅服务员中级 26 人，维修电工中级 46 人，维修电工上岗证 104 人，制冷设备维修上岗证 37 人；组织会计班学生参加珠算普五考证 203 人。

道德教育 学校把德育贯穿于各类丰富多彩的活动中。先后组织学生篮球比赛、第 25 届学校运动会、元旦文艺汇演等大型文体活动。还开展以“校园预防”为重点的法制教育。组织学生学习未成年人保护法和预防未成年人犯罪法，通过法制教育讲座、观看法制教育片等形式，增强学生的法制观念；通过“珍爱生命、拒绝毒品”专题教育，提高学生对毒品危害的认识，自觉加强拒绝毒品的意识。12 月中旬市检察院在学校举办模拟庭审，通过对案件的剖析现身说法，以提高学生的法制观念和守法意识，丰富和活跃校园文化生活，促进校园文化建设和内涵建设。

党团工会　学校党支部组织开展学校党的十七届六中全会精神的学习贯彻活动。进一步加强党员队伍建设，吸收8名优秀师生加入党组织。团委还吸纳100多名优秀学生进入团组织。学校党团队伍不断发展壮大。学校工会工作也蓬勃开展，共组织生日、探病等各类慰问20多次，发放慰问金2.5万元。学校工会在参与学校管理、维护教职工权益、为教职工谋福利、关心教职工生活等方面的工作成效显著。

（市职业技术学校供稿，叶平执笔）

大学教育

【概述】　至2011年末，市内有高等院校10所（见附表4），主要为民办二级学院或公办独立学院。2011年，10所高等院校开设专业246个，招生23947万人，在校学生81327人；在校教职工总数4393人，专任教师2816人，教授79人，副教授553人。

2011年，市内自学考试大专开考的专业72个，本科开考的专业68个，报考自考大专及本科共34764科次；是年获自考大专毕业证131人，获自考本科毕业证152人。

附表4　2011年从化市内高等院校基本情况表

学校名称	学校性质	地址	学校占地面积（平方米）	学校建筑面积（平方米）	2011年招生人数	2011年末在校大学生		2011年末在校教职工		至2011年末已开设的专业（个）	2011年毕业人数	2011年毕业生综合就业率（%）
						总人数	其中本科生人数	总人数	其中专任教师人数			
广州大学华软软件学院	民办	从化市广从大道13号	328338	186296	2803	11343	9476	718	519	25	2703	97.5
广州南洋理工职业学院	民办	从化市太平镇神岗三百洞大道	205334	118568	2732	6432	0	455	238	26	1996	96.03

续上表

学校名称	学校性质	地址	学校占地面积（平方米）	学校建筑面积（平方米）	2011年招生人数	2011年末在校大学生		2011年末在校教职工		至2011年末已开设的专业（个）	2011年毕业人数	2011年毕业生综合就业率（%）
						总人数	其中本科生人数	总人数	其中专任教师人数			
华南农业大学珠江学院	民办	从化市江埔街白田岗	338994	110000	2900	9368	9368	534	358	14	2188	94.25
广州大学城建学院	民办	从化市环市东路166号	524142	209021	124	14453	0	935	639	51	3839	96.33
广州医学院从化学院	公办	从化市江埔街大江路	75258	27316	749	2457	0	109	65	7	624	97.12
广州工程技术职业学院	公办	从化市江埔街海朗村	241092	93045	3145	8071	0	485	336	27	1918	98.75
广东水利电力职业技术学院	公办	从化市江埔街江村	450882	210000	3663	7411	0	573	369	44	1405	99.36
中山大学南方学院	民办	从化市温泉镇乌土村	666000	145654	4948	15880	15880	310	169	19	1778	92.28
广州华夏学院	民办	从化市棋杆镇	171828	29200	1803	3902	0	229	100	18	0	—
广州电视大学从化市分校	公办	从化市街口街青云路	40020	9600	1080	2010	890	45	23	15	960	—
合计					23947	81327	35614	4393	2816	246	17411	—

（市教育局供稿，王次精执笔）

卫生　体育

卫 生 事 业

【管理机构】　市卫生局属政府序列行政单位，办公地址在从化市街口街河滨南路39号。定编18名，其中公务员编制16名，机关工勤编制2名。根据2011年1月25日《关于印发从化市食品药品监督管理局主要职责内设机构和人员编制规定的通知》文件，独立设置从化市食品药品监督管理局，内设机构及人员由从化市卫生局划出。1月27日，经市政府常务会议同意，决定整体收回从化明珠医院，医院回收后归属市卫生局管理。8月18日，作业场所职业卫生监督检查的职责划给市安全生产监督管理局。2011年末，在职16人，有局长1人、副书记1人（由派驻纪检组长兼任）、副局长1人。内设机构有：办公室、人事科、计财科、医政科、防保科。下属机构18个，分别为市中心医院、市中医医院、市疾病预防控制中心、市卫生监督所、广州血液中心从化血站、市“120”急救医疗指挥中心、街口街社区卫生服务中心、江埔街社区卫生服务中心、城郊街社区卫生服务中心、吕田镇卫生院、良口镇中心卫生院、太平镇中心卫生院、温泉镇卫生院、鳌头镇中心卫生院、太平镇神岗卫生院、温泉镇灌村卫生院、鳌头镇龙潭卫生院、鳌头镇明珠卫生院。驻局代管机构有：市红十字会办公室、市初级卫生保健委员会办公室（加挂从化市健康教育所）、卫生情报信息资料室。

【基本情况】　全市有各类医疗卫生机构304个，其中市属医疗卫生机构6个、镇卫生院9个、街社区卫生服务中心3个、社区卫生服务站7个，外驻单位医疗机构3个（分别为广东省干部疗养院、广东省工伤康复医院、广州市流溪河林场职工医院），门诊部6个，诊所、卫生所、医务室49个，农村卫生站221个。

全市有卫生工作人员4479人，其中专业卫生技术人员3392人，每千人口拥有卫技人员5.7人。在专业卫生技术人员中，有执业医师资格897人、执业助理医师资格249人、注册护士1335人、药剂182人、检验180人、其他549人。全市有病床2338张，平均每千人口拥有病床约4张。

全年全市公立医疗机构总诊疗人次205.13万人、住院人次6.95万人、业务收入5.01亿元，与2010年比分别增长7.62%、7.22%、9.15%。药品收入占业务收入的比例为39.52%。

【医药卫生体制改革】　实施基本药物制度　全市各基层医疗机构继续实施国家基本药物制

度，加大对医务人员的培训和宣传力度，完善基本药物制度补偿机制。至年末，全市基层医疗机构平均配置基本药物398种，基本药物平均占比85.06%，基本药物全部实行阳光采购和零差率销售，并纳入医保报销范围，报销比例明显高于非基本药物10%。实施国家基本药物后，群众用药负担减轻，群众就医次均药费27.36元，比上年下降12.47%；每床住院日均费用355.03元，下降1.33%。

基层医疗卫生机构综合改革　先后完成基层医疗卫生机构定性、定编、定岗、人事分配和多渠道补偿等综合改革。政府办基层医疗卫生机构全部认定为公益一类事业单位。核定事业编制1231名，其中社区卫生服务机构385名，镇卫生院846名。12家基层医疗卫生机构全面完成岗位设置和人员聘用工作，并从2011年10月起全面实施绩效工资制度。10月开始，基层医疗卫生机构全面实行“收支两条线”。

健全基层医疗卫生服务体系　加快推进基层卫生服务机构基础建设和标准化建设工作，加强机构内部管理和内涵建设，转变基层服务模式，推行收支两条线管理，实行一般诊疗费制度。启动以全科医生为重点的基层医疗卫生队伍建设，加强乡村医生队伍建设。启动市级医院对口帮扶基层医疗卫生机构工作。2011年，全市共有10家基层医疗机构和40间村卫生站启动迁建或扩建工作，基层医疗卫生网底服务能力显著提升。

基本公共卫生服务均等化　市政府把人均基本公共卫生服务补助经费由25元提高到30元。推进重大公共卫生服务，出色完成国家、省、广州市下达的各项任务指标，完成宫颈癌、乳腺癌检查国家试点县工作任务和15岁以下儿童乙肝疫苗补种省试点县工作任务。全年为4105名农村孕产妇提供住院分娩补助，补助资金126.81万元；为农村生育妇女补服叶酸7059人，农村妇女乳腺癌检查1.79万例，农村妇女宫颈癌检查1.76万例；免费为15岁以下儿童接种乙肝疫苗3.54万人。2011年开始，新增儿童六龄齿窝沟封闭项目，免费为622名适龄儿童进行六龄齿窝沟封闭。基本公共卫生服务工作有序推进。全年建立健康档案37.06万份，建档率62.9%。65岁以上老年人健康检查人数4.11万人，2.49万名高血压患者、6880名糖尿病人和1841名重性精神疾病患者纳入慢性病规范管理。

【农村卫生】　完善基层医疗服务网络建设，推进镇街医疗卫生机构基础设施建设，推行收支两条线管理，实行一般诊疗费制度。市中心医院三号住院楼于3月28日建成投入使用。至年末，鳌头镇中心卫生院新建住院大楼完成主体工程；城郊街社区卫生服务中心易地搬迁、江埔街社区卫生服务中心新建防保综合楼和良口镇中心卫生院扩建住院综合楼，完成建设工程相关手续。太平镇中心卫生院整体搬迁的用地指标待批。推进村卫生站建设。推进扩改建40间不足100平方米的卫生站工作，至年末完成摸底和立项工作，部分已动工建设。借助扶贫“双到”，改善基层卫生基础设施。2011年，广州市扶贫“双到”项目计划捐资约1.38亿元（扶贫项目全部是交钥匙工程，除温泉卫生院项目未动工建设外，其他项目在建设中），用于对口帮扶从化市山区镇医疗卫生事业建设，提高农村卫生服务条件和提高服务能力。吕田、温泉、神岗卫生院建设住院综合楼，鳌头镇中心卫生院建设医技门诊综合楼和改造原急诊楼，龙潭卫生院建设防保楼、行政后勤楼，灌村卫生院建设防保综合楼，良口镇中心卫生院建设碧水新村综合门诊部。至年末，鳌头镇中心卫生院建设医技门诊综合楼、灌村卫生院建设防保综合楼项目已封顶，其他项目正在办理相关报建手续。启动市级医院对口帮扶基层医疗卫生机构工作。

【医政管理】　继续推进“以病人为中心，以提高医疗质量为主题”的医院管理年活动督导工作。深入开展“三好一满意”活动，推进“优质护理服务示范工程”活动。开展消毒供应室评审，提高医院感染控制管理能力。继续实行护长例会制度，举办护理知识培训班，全市医疗服务水平和服务质量进一步提升。市中心医院、中医医院建立聘请广州三甲医院专家坐诊会诊制度，聘请21家医院29名专家。市中心医院成功创建广州医学院非直属附属医院。着力构建和谐医患关系，引入第三方调解机制，建立全省县级市首家广东和谐医疗纠纷人民调解委员会调解工作站，并购买广东省医疗责任保险，开创医疗纠纷调解工作的新途径。

【中医事业】　开展中医院的医院管理年活动检查评估工作，推进中医“治未病”健康工程建设，注重巩固中医龙头医院功能，完善社区卫生服务中心和基层卫生院中医药科室建设，提高中医药服务水平。加强基层中医人才培养，开展中医药基本知识、技能与适宜技术培训。开展“杏林丹青”书画活动，加大中医药宣传力度。

【疾病预防】　*免疫预防*　规范免疫预防接种管理和各项技术服务，抓好儿童入学验证和查漏补种等工作，落实疫苗副反应监测、接种率监测、麻疹和破伤风以及AFP监测，各计免门诊运转正常，接种工作扎实开展。全年，免疫规划内基础免疫累计应种9346人次，实接种9318人次，接种率99.7%。常规免疫接种六苗累计接种率分别为：卡介苗99.50%、脊髓灰质炎糖丸99.70%、百白破三联制剂99.78%、麻疹99.81%、乙肝疫苗99.80%、乙脑疫苗99.79%。

传染病防控　重点抓好登革热、霍乱、麻疹、手足口病、流感等重大疾病的防控工作，加强疫情监测和疫情调查处理。全年报告法定传染病3702例，总发病率623.84/十万，比2010年下降22.11%。全市没有发生甲类传染病，报告乙类传染病1241例。

慢性病防治　坚持以“预防为主、防治结合”的方针，加强肺结核、麻风病、性病、精神病的防治监测工作，重点抓好结控项目工作。推行精神病医院—社区一体化防治康复管理模式。探索社区艾滋病防治项目试点工作。启动梅毒防控项目，加强对性病就诊者干预和检测。全年确诊肺结核病人408例，管治麻风病现症病人5例，开展高危人群艾滋病干预2771人次，性病就诊者干预1839人次，管理精神疾病3254人。

【卫生应急管理】　完善各类突发公共卫生事件应急预案，应急队伍建设不断加强，监测和预警水平不断提高，卫生应急处置能力得到加强。贯彻落实《广州市社会急救医疗管理条例》，加强院前急救体系建设，开展急诊急救演练，卫生应急队伍得到锻炼。全年“120”指挥中心接听呼救电话3.54万次，出车5468辆次。组织开展全民急救技能知识培训，全年培训6000多人。全市全年报告突发公共卫生事件2宗，成功处置温泉镇第三中心小学暴发流行性腮腺炎疫情和中山大学南方学院登革热等突发公共卫生事件。

【妇幼卫生】　贯彻落实“一法两纲”（《中华人民共和国母婴保健法》、《中国妇女发展纲要》、《中国儿童发展纲要》）为中心，围绕提高出生人口素质和保护妇女儿童健康工作目标，落实母婴安全和出生缺陷干预措施。全年孕产妇死亡率14.04/十万，婴儿死亡率4.07‰，5岁以下儿童死亡率6.04‰。规范孕期保健工作，提高围产保健管理水平，普及孕产期保健服务。加强产前保健，产后访视、高危孕产妇管理工作。全年孕产妇保健管理率98.16%，孕产妇住院分娩率99.76%，农村高危孕产妇住院分娩率99.91%，非住院分娩中新法接生率100%。全面实施艾滋病母婴阻断项目，接受艾滋病病毒抗体检测孕产妇7983名。新生儿疾病筛查病种和覆盖面不断扩大。儿童保健管理率97.84%，全年为7463名新生儿进行疾病筛查，确诊甲状腺功能低下、G6PD缺乏等新生儿疾病共575例。开展免费婚前医学检查，全年为2596人进行婚前检查。建立出生缺陷产前筛查机制，开展地中海贫血、先天性心脏病和唐氏综合症产前筛查工作。全年筛查地贫5761人，确诊76例；筛查胎儿先天性心脏病4550人，确诊17例；筛查唐氏综合症4562例，出生缺陷发生率95.91/万。

【社区卫生】　不断完善社区卫生网络建设，城郊街社区卫生服务中心易地重建和江埔街社区卫生服务中心新建综合楼项目建设顺利推进。完成3间社区卫生服务站布局调整。三街社区卫生服务中心核定为公益一类医疗卫生服务事业单位。制定《从化市社区卫生服务绩效考评实施方案》，加强绩效考核工作。继续开展社区卫生服务中心和二级以上医院对口帮扶关系，实现大医院与社区卫生服务机构双向转诊的运行机制，提高社区卫生服务中心医疗水平。落实重大公共卫生服务项目，重点加强妇幼保健、老年人保健、慢性非传染性疾病预防控制、重性精神病人管理等项目，较好地完成全年的各项指标任务。建立社区卫生服务绩效考评机制，加强实施网格化服务管理，逐步建立居民健康管理社区医师责任制，为社区居民提供家庭出诊、家庭病床等主动上门服务。全年建立居民健康档案37.06万份；开设家庭病床86床次，上门巡诊2224人次，出诊1927人次。全科医学岗位培训工作稳步推进，全市258人参加全科医学岗位培训，145人通过全省统考获得《广东省全科医学岗位培训证书》。

【卫生监督】　深入开展食品中非法添加及滥用食品添加剂等专项整治行动，继续推进公共场所量化分级管理，强化食品安全、职业卫生、饮用水卫生、控烟执法以及医疗机构监督工作。全年共出动卫生监督人员9648人次，监督检查经营性公共场所1.21万间次；发放各种许可证820个，处理投诉案件45宗，行政处罚45宗，取缔无证经营餐饮单位和医疗场所112间次；完成2083间餐饮服务单位和855间公共场所卫生监督量化分级评定。完成控烟检查执法3925间次；完成对全市14间水厂监督检查，立案2宗；开展职业卫生监督37间，处理投诉2宗；查处非法行医诊所98间次。圆满完成广东从化国际温泉旅游节等重大活动卫生保障工作。全年无群体性职业中毒和重大食物中毒事件发生。

【无偿献血】　根据从化市医疗机构改革方案，市血站11月23日整体搬迁到原慢病中心，改善血站的基础设施条件。加强血站内涵建设和血液管理，推广成分输血，开展街头和固定点宣传献血活动，拓展献血队伍。全年开展无偿献血活动88次，9934人次参加无偿献血，献血总量达263.19万毫升，自愿无偿献血比例达到100%，临床用血234.68万毫升。

11月23日，举行广州市血液中心从化血站新办公楼落成揭牌仪式

【健康教育】 以社区、学校、医院等为重点抓好健康教育、控烟教育，提升全市人民健康教育意识。在《今日从化》开设“健康加油站”栏目，强化防病知识及健康信息宣传力度。全年开展健康教育活动128次，发放资料30种25万份。居民健康知识知晓率及健康行为形成率达80%以上。加强控烟工作，全市有37间医疗卫生机构达到无烟机构标准。

【红十字会】 2011年，市红十字会发扬“人道、博爱、奉献”的红十字精神，开展救灾、救助等服务。组织机构完成人员配备，组建从化市红十字会无偿献血志愿工作者服务队。组织开展“红十字博爱送万家”、“5·8世界红十字日”、“世界急救日”、“献血日”等大型活动，加大筹资力度，参与创建全国文明城市活动。全年募集款物17.85万元。开展博爱送万家活动，向良口镇、温泉镇、城郊街的低保户、残疾人、孤寡老人发放棉被、大米、食用油、热水袋、牙膏、衣物等慰问物资一批，价值10多万。组织开展“爱心助学”活动，全年共资助贫困学生11人次，资助金额26130元。做好社会急救医疗救助工作，全年救助因突发意外事件造成危及生命需紧急抢救、无经济支付能力的伤病员35名，救助金额24.02万元。

（市卫生局供稿，蔡松滨执笔）

疾病预防控制

【管理机构】 根据从化市人民政府《关于印发从化市加快医药卫生体制改革和发展实施方案的通知》（从府〔2010〕27号）文件精神，撤销市慢性病防治中心和赤草医院，整体并入从化市疾病预防控制中心。2011年5月16日，市疾控中心、市慢病中心和市赤草医院完成机构合并，办公地址在江埔街河东南路51号，为副局级事业单位，定编121名。2011年末，在职119人，有主任1人、书记1人、副主任4人，有副主任医师2人、主管医（护技）师36人、医（护技）师、医士32人。内设机构有：办公室、疾病预防控制科、卫生监测科、劳动卫生科、健康体检科、卫生检验科、健康教育科、质量控制管理科、结核病防治科、麻风病与性病防治科、精神病防治科、药物维持服务点、赤草服务点。

【传染病防控与管理】 疫情报告和统计 2011年1—12月报告法定传染病（按发病日期统计）3702例，总发病率623.84/十万（按常住总人口数593417进行统计），与去年（4508例，800.93/十万）相比，总发病率下降22.11%，；其中甲类为零；乙类1241例，发病率209.13/十万，甲乙类传染病与去年（1159例，205.92/十万）相比，发病率上升1.56%；

丙类2461例，发病率为414.72/十万，与去年（3349例，595.01/十万）相比，发病率下降30.30%。其中报告发病数居前五位的病种是：①手足口病1538例，②流行性腮腺炎767例，③肺结核643例，④梅毒337例，⑤病毒性肝炎185例，前五位病种发病数占法定传染病的93.73%（3470/3702）。

登革热防治　从化市每月对中心城区附近居民住户100户和非居民住户环境：包括2个机团单位、1个建筑工地、公园和特种行业（废品收购站）开展白纹伊蚊幼虫密度指数和诱蚊器指数监测，7—11月合计入户500户次，非居民住户环境1950个标准间，其中阳性户数27户，阳性标准间75个；诱蚊诱卵器累计放置200个，捕获白纹伊蚊3只，阳性诱卵器4个。10月22日，从化市报告一例输入性登革热病例。疾控中心联同当地温泉镇医院及时采取有关防控措施，对现场进行流行病学和卫生学、蚊媒密度调查，消毒杀虫处理、密接人群进行医学观察和健康教育等工作，对疫点疫区加强疾病的监测，经过最长潜伏期未发现二代病例。

霍乱监测　根据广州市疾病预防控制中心的要求，全年对流溪河水进行外环境的监测，选取流溪河城郊街麻村段、街口街街口大桥段、太平镇神岗大坳段3个取水点；2011年，从化市选取中心医院为广州市级监测点，要求腹泻病监测点按照规范开展腹泻病人监测工作。全年霍乱监测样品中河水144宗，污水48宗，送本中心检验室检测结果均为阴性。中心医院按要求在登记在册的腹泻病人3229例中采样检测样品84份，实验室结果均为阴性。

【艾滋病防控】　市艾滋病防控工作以乡镇及社区医院开展公共卫生服务包艾滋病防治项目为契机，以江埔医院为艾滋病社区综合防治项目试点，逐步把艾滋病防控工作重心下移，在完成上级下达的各项任务指标基础上，加强基层防疫人员对艾滋病防控能力和水平。为促进全市农村地区艾滋病防控能力建设，在11月由广州市CDC（疾病控制中心简称）艾滋病专家和从化市CDC业务人员对各医院的主管院长、医务科长和防疫科医务人员进行艾滋病知识及告知培训，32名医务人员参与这次培训，并要求其进行二级培训工作。全年全市报告HIV（人类免疫缺陷病毒）/AIDS（艾滋病）患者9例，均为HIV感染；中心医院报告5例，疾控中心报告4；9例患者中常住地址为鳌头镇和街口街各2例、良口与太平镇各1例、市外及省外2例；男性发病5例，占55.6%，女性发病4例，占44.4%；感染途径以性传播为主，共8例，占88.9%，吸毒传播1例，均占11.1%；全年报告死亡共5例。性传播病例逐年增加和家庭性病例出现，预示着从化市艾滋病的流行已开始从吸毒的高危人群逐渐转向一般人群传播，其中同性传播不容忽视，2008年在从化市首次发现同性传播的病例以来，至2011年末已发现7例。2011年全市登记在册的28患者中有27例患者接受随访关怀，随访率96.43%。

【地方病和寄生虫病防治与管理】　狂犬病防控　根据《广州市2011年狂犬病防治工作计划》的要求，开展狂犬病防治监测和暴犬伤暴露后的处置宣传工作。为提高伤口处理及时性，全市狂犬疫苗接种点增至10个，覆盖全市各乡镇。全年全市接诊犬伤及其他动物伤患者6733人，3小时内及时处理伤口2386人，伤口及时处理率35.44%；接种狂犬疫苗6733人，接种率100%。

碘缺乏病防治　继续落实以食盐加碘为主

的综合防治措施，继续进行碘盐以及开展各种宣传教育工作。通过监测结果的反馈，使盐政执法部门加强流通环节的巡查，增强打击力度，堵绝非碘盐的冲销，确保食盐加碘工作措施的落实，提高食用碘盐合格率，巩固碘缺乏病防治效果。开展居民户食用盐监测：全市选定9个点、36个行政村（居委）、288户居民进行监测工作，检测结果食用合格碘盐的居民有284户，居民合格碘盐食用率98.61%，不合格碘盐2份，分别在神岗、吕田监测点，非碘盐2份均在龙谭监测点发现，碘盐覆盖率99.31%。开展儿童尿碘、家中碘盐及学校水碘监测：全市按东、南、西、北、中5个乡镇各抽取1间小学抽取8—10岁共100名男女各半的儿童尿液、家中食盐样本及学校末梢水样进行碘含量检测。5间小学共抽查100份尿样，有效样本97份，尿碘中位数为151μg/l，尿碘<20μg/l的比例为2.06%，<50μg/l的比例为4.12%（详见附表2），达到国家碘缺乏病消除尿碘<50μg/l比率<20%的指标。家中碘盐：对100份学生家庭食用盐进行碘含量检测，其中合格碘盐98份，1份不合格，1份非碘盐。碘盐覆盖率为99.00%、碘盐合格率为98.99%。学校水碘，在每间学校采取2份末梢水样共10份，中位数为14.85μg/l。

疟疾防控　结合全球基金工作的开展，从化市采取以控制传染源为主的综合防治策略。主要对现症病人进行彻底的治疗，防止传播，落实病史调查、滞留喷洒、抗复发治疗等综合防治措施，并对疫点高危人群进行预防服药。全市全年共治疗现症、病史病人1人次，由广州市第八人民医院进行治疗，抗复发治疗0人次。根据患者实际活动情况，中心工作人员汇同该社区医院对病家进行调查处理，按患者家庭生活环境情况划定疫点，同时调查该栋楼住两户住户7人，没有发现可疑和正在发热的病人。消杀人员对划定的疫点进行消杀灭蚊，用杀虫剂滞留喷洒180平方米，浸泡蚊帐4顶，使用杀虫剂0.25千克。血检监测：全年全市的血检任务数为5580人次，实际开展血检人数5983人次，完成全年计划任务的107.22%，检出疟原虫阳性0例。

钩体病和流行性出血热防治　全年全市发生钩体病5例，流行性出血热6例，无爆发疫情，对每例病人进行个案调查，对每个疫点均进行调查处理，对病人隔离治疗，有效地防止疫情扩散。3－6月在鳌头镇、江埔街、太平镇、良口镇采用笼捕法，捕获鼠数206只，采集174宗鼠血标本送广州市CDC进行钩体及流行性出血热检测工作，检验结果有待反馈。

肠道寄生虫防治　2011年10月中心与江埔街社区卫生服务中心在江埔街联星幼儿园对500名托幼机构儿童进行蛲虫监测，感染蛲虫4人，感染率为0.8%。蛲虫病的感染率呈逐年下降趋势，维持在较低水平。主要由于人们生活水平提高，健康意识不断加强和卫生条件不断改善，托幼机构卫生环境的改善和合理的布局设计，减少感染蛲虫等土源性线虫的机会，但本次监测4名感染儿童中有3名儿童为同一班级儿童，存在在托幼机构内交叉感染的可能。

鼠疫防控　开展人间鼠疫监测，中心定期组织开展对辖区内各级各类医疗卫生机构人员进行以“三报”（报告自死鼠、报告疑似鼠疫病人、报告原因不明的急死病人）为主要内容的鼠防知识和鼠疫诊断、治疗、疫情报告、医院现场及感染控制等鼠防知识为主要内容的培训。开展鼠间鼠疫监测，3—6月，在鳌头镇、江埔街、太平镇、良口镇采用笼捕法，诱饵为油条或番薯，傍晚放置清晨收笼，连续3天布笼的方法完成监测工作。布笼3244只，有效笼数3183只，捕获鼠数206只，捕获率6.47%，其中生活环境布笼2554只，有效笼2522只，捕获鼠只181只；野外布笼690只，有效笼631只，捕获鼠数25只；共计检蚤鼠只数84只，染蚤只数45只，检获蚤数444匹，染蚤率53.57%；所检获蚤匹与174宗鼠血标本送广州市CDC进行鼠疫IHA法检测。

【中小学校晨检信息网络直报】　进一步提高全市学校晨检信息网络直报工作的参与率和晨报质量，2011年9月7日，中心联合教育局在从化市河东中学举办学生晨检信息网络直报培训班一期，内容包括2011年上半年学校晨报参与情况以及晨报工作存在问题，广州市晨检信息网络直报工作方案，晨报系统的操作介绍、上机操作。参加培训的有各中小学、托幼机构校医（或保健老师）共193人。为加强对学校晨检信息网络直报工作的督导检查及对预警信息的及时核实处理。中心于2011年8月30日对各乡镇医院进行全市中小学和托幼机构晨检信息网络直报情况的通报，对《从化市学校和托幼机构学生晨检作息网络直报工作方案》进行学习，对中心反馈的辖区内学校上报的预警信息及时核实，及时处理。并要求各乡镇医院对辖区内的学校开展晨检信息网络直报工作督导。通过卫生及教育部门的紧密联系，2011年的学校晨检信息网络直报参与率逐渐提升，2月参与率7.3%；3月份参与率21.8%；4月参与率19.5%；5月参与率18.2%；6月参与率31.8%；9月参与率62.6%；10月参与率56.6%；11月参与率57.1%；12月参与率54.3%。预警信息处理率达100%。

【计划免疫】　*常规免疫*　全市免疫规划工作能按预防接种规范要求开展计划免疫工作，免疫接种门诊正常运转，及时收集和整理资料，按时上报。全年八苗累计接种率分别为：卡介苗99.95%；脊髓灰质炎糖丸99.71%；百白破三联制剂99.79%；麻疹99.81%；乙肝疫苗99.80%；乙脑疫苗99.80%；A群流脑99.80%；甲肝99.78%。全市保持较高疫苗接种率，与上年相比无明显变化，但外来流动儿童的不断涌入和本地免疫空白儿童，给市计划免疫工作仍带来一定压力。

完成乙肝疫苗查漏补种　根据广州市卫生局《关于切实组织完成15岁以下儿童乙肝疫苗补种任务的通知》文件精神及从化市卫生局《关于继续做好15岁以下儿童乙肝疫苗补种工作的通知》要求，从化市利用“4·25”查漏补种周、新生入学入托验证、常规免疫门诊等措施进行查漏补种，全年累计接种乙肝疫苗108077人次，占省下达任务数100355剂次的107.7%，超额完成乙肝疫苗补种任务。

开展“4·25”计划免疫查漏补种宣传　根据广州市《2011年广州市“4·25”预防接种宣传周活动方案》文件精神，围绕“接种疫苗，宝宝健康”的宣传主题，于2011年4月25—30日在全市范围内开展为期一周的系列宣传咨询及查漏补种活动。4月25日市疾控中心联合街口街医院举办大型的计划免疫宣传咨询活动。这次活动共设宣传咨询点54个，宣传栏210个，横幅15条，广播263次，手机短信1322条，接受群众咨询3573人次，发放宣传资料17140份。

脊髓灰质炎疫苗强化免疫活动　从化市分别在2011年3、4月5—9日顺利完成两轮脊髓灰质炎疫苗强化免疫活动。活动期间，全市设立接种点165个。全市摸底登记儿童25085人，第一轮应种26097人，实种适龄儿童25366人，完成率为97.20%（25366/26097）；其中本地

儿童接种率为97.22%（21405/22016）；外地儿童接种率为97.06%（3961/4081）。第二轮应种26301人，实种适龄儿童25584人，完成率为97.27%（25584/26301）；其中本地儿童接种率为97.40%（21599/22175）；外地儿童接种率为96.58%（3985/4126）。未发现有异常接种副反应儿童。通过本次脊髓灰质炎疫苗强化免疫活动提高人群免疫水平，保护易感人群，阻止脊灰野病毒病例的发生和传播，巩固无脊灰成果。

做好迎接省级检查准备　5月16—25日，对全市各预防接种门诊扩大国家免疫规划实施、免疫规划信息化建设、疑似预防接种异常反应监测和处理、疫苗可预防疾病监测工作开展情况、免疫规划疫苗接种率评价、验证入学工作，以及接种单位疫苗管理情况进行自查。各方面的免疫规规划工作均能按上级部门的要求开展和完成，各项工作达标。

计划免疫监测　继续坚持做好接种率、AFP（急性弛缓性麻痹）、麻疹、新生儿破伤风、15岁以下儿童乙型肝炎、AEFI（疑似预防接种异常反应）监测工作。疾控中心定期派出人员到各医院进行督导，发现问题及时纠正。各镇场派出专业人员负责辖区内监测工作。经主动和被动监测，全年报告疑似麻疹病例20例，实验室确诊1例；1例AFP病例；15岁以下乙肝病例1例；乙脑病例2例；新生儿破伤风没有病例报告；AEFI病例18例。各项监测指标和样品合格率均达到广州要求。

规范开展预防接种异常反应调查诊断　市预防接种异常反应调查诊断工作科学、公正、有序进行，　全年报告AEFI病18例，其中一般反应17例，心因性反应1例，均按规范进行调查处理。对2010年受理的预防接种异常反应的2宗个案申请补偿，卫生局已及时按规定给予4万多元补偿。

开展免疫规划工作专项检查　为了解和掌握全市免疫规划工作现状以及贯彻落实卫生部《预防接种工作规范》和扩大免疫规划实施情况，进一步提高免疫规划管理水平，确保全市免疫规划工作深入开展。根据年度免疫规划工作要求，由市卫生局的领导下，于8月8日至8月15日组织一次全市免疫规划工作专项检查。

开展新生入学验证补种　落实新生儿入学查验接种证工作，从化市卫生局在9月7日与教育局联合举办2011年从化市儿童入园（托）、入学查验预防接种证及补种疫苗的工作培训班，各教育指导中心、局属各单位卫生专干及中小学校、托幼园所、民办小学、市职业技术学校的校医或保健老师等参加培训。内容有验证的程序、内容、职责和法律责任等。疾控中心在8月30日对全市各街镇（场）医院分管防疫工作院长、防疫（保）科长包括民乐分院和棋杆分院的防疫组长进行新生入学验证培训及工作部署，会后各街镇防疫（保）科长对本科室人员及辖区内各中小学校、托幼园所校医、保健老师进一步加强培训，从而使全市统一并规范查验证的做法。全年对全市67所小学，其中4所民办学校；幼儿园96所；中学23所所有学生进行入学验证及补种工作。

【突发公共卫生事件】　按照《广州市突发公共卫生事件应急预案预案》的要求加强学习，熟练掌握方案内容。做好应急物资的储备和管理。做好疫情预防与控制所需要的消、杀、灭药械及相关物品的储备，定期进行检查器械状态，以确保疫情处理的顺利进行。至年末，中心库存多飞克220瓶，可消杀面积220万平方米（超低容量喷雾法）；手提式常量喷雾器9台，手提式超低容量喷雾器4台，背负式超低容量喷雾器22台，车载式常量喷雾器1台，手推式常量喷雾器1台。抓好应急演练，组织队伍，参加国家农业部在12月6日在从化市举行的全国突发重大动物疫情应急演练，提高应对突发公共卫生事件的能力。2011年中心共报告4起突发公共卫生事件，分别是2011年4月26日从化市温泉镇第三中心小学流行性腮腺炎暴发疫情，2011年12月20日从化市流溪小学水痘暴发疫情，2011年12月22日从化市良口镇第二小学流行性腮腺炎暴发疫情，2011年12月28日从化市温泉镇第一中心小学流行性腮腺炎暴发疫情。事件已按疫情处理规程进行报告和防控，疫情得到有效的控制。

12月6日，从化市疾控中心派出16名业务骨干参加中国内地—香港—澳门突发重大动物疫情联合应急演练

【结核病防控】 *加大结核病的宣传力度* 通过悬挂宣传横额、张贴宣传画、摆设展板、派发小折页等多种形式进行宣传。据统计全年发放宣传资料4万多份、每季度派出专科人员和流动X光胸透车下乡义诊宣传并免费为群众免费胸透450人次，发现疑似肺结核患者10例（经确诊有3例）。并进行电视宣传，8月17日在市电视台新闻栏目播放肺结核病防治知识和在18日的热点追踪栏目播放免费治疗肺结核病是政府执政为民的一项具体措施。

顺利移交诊治职能 根据局《关于调整市慢性病防治中心临床诊治工作的通知》（从卫［2011］50号）的要求，市慢病中心临床诊治（结核病、精神病、皮肤病性病）工作于2011年5月16日上午8时顺利移交给市中心医院，并由中心派出专科骨干到结核门诊等慢性病诊室支援临床诊疗工作，具体工作的衔接正不断完善。

开展现症病人溯源性调查 6月中旬，选派专业人员分2个小组下乡家访、询问督导等方式对结控病人进行溯源性调查，了解结控项目在治36名病人从就诊到确诊和服药治疗整个过程的情况，分析梳理出上半年结核病人的发现率低原因，探讨改进建议，为卫生局出台加强结控项目工作措施提供依据。

检查督导 分别在2011年3月20—24日（5天）、5月31至6月8日（6天）、7月下旬至8月上旬（安排11天）、11月15—23日（5天），由卫生局和疾控中心领导带队，结合公共卫生服务绩效检查指导，结防科派专业人员对综合医院和三个街社区卫生服务中心进行督导检查。各医院基本能履行肺结核病人的发现和转诊两大职责，形成一把手负总责，分管院长具体对结控项目工作的领导、医务科（公共卫生管理科）负责该项工作的落实、接诊医生（兼职医生）负责可疑病人的登记、指定专（兼）职人员负责可疑肺结核病人的报告和转诊及追踪等工作，相应制订奖惩措施和分解任务到各临床科室、医生及村卫生站，并及时反馈和提出整改意见。

业务培训 7月中旬，举办全球基金结核病防治知识培训班，邀请市中心医院放射科李远章主任作肺结核的影像诊断、结防科作如何发现肺结核人等知识培训。各医院分管院长、医务科长、结控医生、放射科医生和市红十字

会（NGO），卫生局和疾控中心领导及相关科室专业人员共77人参加培训。

专题研究　7月召开半年工作会议，总结全市上半年结控工作和对下半年结控工作提出具体要求，印发《关于进一步强化我市结核病控制项目管理工作的通知》（从卫［2011］77号）。会上市卫生局莫金昇主任科员对结控作指示，指出结控项目工作是国家实施多年的公共卫生项目，这次会议亦作为加温会议，各单位要结合实际，细化奖惩措施，重点落实临床医生和X光医生的首诊负责制，加强对村卫生站的管理，切实做好对可疑肺结核病人的发现、登记、报告和转诊工作，结控办要加强督导，严格奖罚，想方设法完成各项指标任务。全年各项主要指标任务完成情况如下：本地户籍确诊肺结核病人390例。其中涂阳病人194例，完成（广州市结控办下达）全年任务的89.8%；涂阴病人196例，完成年度任务91.2%。流动人口确诊涂阳病人42例，完成年度任务100%；涂阴病人68例，完成年度任务121.4%。全市可疑肺结核病疫情报病1672例，病人到结核病门诊就诊的有1443例，到位率86.3%。登记涂阳肺结核病的亲属接触者357例，免费检查339例，检查率95%（超过上级要求85%指标）。

【精神病防控】　健全防治网络　市成立重性精神病筛查和规范治疗项目领导小组，并定期召开会议，研究解决工作中存在的实际困难和问题。全市转介重性精神病人到上级专科医院住院治疗有64人次，到市中心医院精神病门诊来就诊有1708人次。健全以卫生和残疾人联合会等有关部门组成精神病防治康复领导机构，完善以疾控中心防治为网顶、镇卫生院（街社区卫生服务中心）为枢纽、村卫生站为网底的三级防治网络。在广州市精神病医院等上级部门的大力支持和帮助下，市疾控中心精防科发挥职能作用，完成病例诊断复核和肇事肇祸危险性评估及定期检查督导工作，不断改进存在问题。

完成全市农村居民重性精神病人现场再次和末次评估　根据上级的安排，市卫生局和残疾人联合会印发关于做好从化市农村重性精神病人现场再次和末次评估工作实施方案，并相应召开专题会议布置和举办业务培训，要求各街镇场和相关单位密切配合，共同完成各项工作。在广州市精神病医院派出专家现场指导下，中心派出车辆和专科人员，下乡到到各村（居）委集中评估点，分别在5月26日至6月15日和11月21—30日按时完成全市农村重性精神病人（1—5级患者）再次和末次评估工作。经统计经再次评估评出3—5级80人，而年底末次评估评出3—5级为42人，两次比较减少38人，显示取得较明显的康复效果。

精神病防治康复专业知识和社区重性精神病人管理培训　分别于5月和1月举办重性精神病人管治和评估及末次评估知识培训班，并组织临床医师和兼职医生人26人次参加广州市级短期脱产进修和精防业务知识培训班。为做好社区重性精神病人管理相关人员培训工作，市卫生局和残联专门印发文件，中心于2011年11月21—28日派出专科人员到各个镇政府和街道办事处，按时完成各街镇参与社区重性精神病人管理的相关人员668名（包括全市残联干部、社区民警、村居委民政员、患者的家属或监护人、卫生院精防医生等）进行业务知识培训，通过培训，相关人员能熟悉对社区重性精神病人管理的基本知识。

信息管理　做好指导广州市管理系统与国家重性精神疾病基本数据收集系统的各项工作，

及时补充重性精神病患者相关信息，让患者或监护人在个人信息补充表中签字并知情同意体检，逐个录入管理系统，并对病人进行定期随访，指导患者用药和家庭护理等工作。

【药物维持治疗】 开诊经体检合格累计入组治疗人数152人，基本康复有2人，年内新入组32人，在治人数37人，日均服药人数为24人。在治病人中有一名艾滋病患者和丙肝检查阳性有29人。配合社区社区戒毒（康复）实施尿检监测132人和640人次。治疗点在有效防治艾滋病和丙肝等传染病的发生、参与禁毒宣传、减少吸毒人员犯罪、构建和谐社会、维持社会和家庭稳定等方面发挥一定作用。由于2009年4月开始公安部门的收戒任务较重，已累计收戒吸毒人员800多人，直接或间接地影响美沙酮维持治疗的工作。2011年2月23日市禁毒委员会下达《关于对参加社区戒毒（美沙酮治疗）人员纳入为收戒任务统计规定的通知》文件，明确今后凡是社区戒毒（康复）人员中，参加接受社区药物维持治疗（美沙酮门诊）的人员统一纳入为当年收戒任务统计（但省和广州市政策仍未纳入）。经过各方共同努力，2011年新收治病人与上年相比，有一定增加（见附表1）。

附表1 2008—2011年收治病人情况表

单位：人

2008年（10月13日开诊）	2009年	2010年	2011年
51	55	14	33

【麻风病和性病防控】 性病防治监测 做好性病防治日常管理及监测指导工作，根据“性病科管理制度”、“性病疫情报告漏报检查制度”，中心性病科坚持对全市监测点进行严格监测和指导工作。重点要求各监测点注重性病的规范化诊治，做好登记，和及时报病。2011年从化市通过国家疾病预防控制系统报告各类性病851例，其中梅毒360例，淋病53例，生殖器疱疹50例，尖锐湿疣148例与衣原体感染240例；男性病例347例，女性病例为504例，男女之比为0.688∶1。

梅毒防控 参加《广州市2011年预防与控制梅毒项目实施方案》的启动会，相应制定《从化市的梅毒防控方案》和年内工作计划，由市卫生局发文到各医疗单位开展防控工作。配合广州市皮肤防治所完成“医疗机构梅毒检测能力调查”、“监测点抗生素使用情况调查”、“梅毒检测及门诊量统计”三项调查工作；开展“2011年性病实验室室间质评”工作。开展《性病门诊干预服务包》的发放工作，已累计发放222份、安全套884个、宣传小册子2235张。配合市皮肤防治所在全市范围开展梅毒预防知识知晓率的调查工作，中心分别对3个边远农村，随机抽取417名农村居民进行梅毒基本知识的问卷调查，期间发放宣传小册子1000多份。

督导检查 8月和11月，两次对市性病监测点开展督导检查工作，了解全市各监测点开展性病防治工作的情况，对性病病例漏报率进行调查。发现市各监测点仍存在下列一些问题：对性病传染病报告卡填写不完整；个别监测点存在漏报的情况；部分性病防治人员没有参加年内的相关业务培训；两个监测点均未申报规范化性病实验室。

性病干预与宣传 为提高广大人们群众对性病防治的知晓率，结合梅毒防控各项工作的开展，与相关部门一起组织多次大型的宣传咨询活动。活动中，派出专业人员25人次，进行梅毒知识的问卷调查417份，接受义诊宣传和咨询有195人次，派发宣传小册子1000多份，免费发放安全套244个。

【麻风病防治】 *麻风病疫情和日常防治* 注重对现症病人关怀和爱护，做到用心服务使病人消除对该病的恐惧心理，认识治疗的长期性，建立治病信心。全年全市管治5例现症病人，患病率为0.91/10万；其中有2例新发现病人（分别为LL、BL型，属多菌型麻风），发现率为0.36/10万；年底通过随访评估3例病人规范化联合化疗效果显著，另有2例病人正在进行强化治疗，效果也十分明显。各项指标（管治率、联合化疗率、规治率）均达100%。现症病人家属有5人，已查5人，家检率100%，没有未发现可疑病例。做好监测期病人管理工作，提高防治质量。年内监测期病人应查数为9人，实查9人，监测期受检率为100%，监测期家属有9户，应检人数为17人，已检16人，受检率为94%，监测期病人没有发现复发，家属也没有发现发病情况。

麻风病防治信息管理 注重麻风病防治信息系统管理，先后两次派人员参加省市举办的麻风病防治管理信息系统启动会及相关培训。正确掌握改版升级后全国麻风病防治信息系统的操作，及时、准确地完成标准病历、随访记录等防治信息的录入上报任务。

麻风村休养员健康体检 为早期发现复发病人，提高休养员的生活质量，8月为赤草村麻风休养员进行一次免费健康体检。对现有11名村民全部进行体查，对可疑复发患者4人进行细菌检查，检查结果均为阴性。

性病和麻风病防治培训 中心先后组织派出临床医师和检验等技术人员35人次参加省、市级业务培训班、学术会议。9月6日组织2011年市性病与麻风病二级培训班，邀请广州市性病麻风病专家前来授课，提高防病治病水平。

【慢性非传染性疾病筛查和健康教育】 开展农村60岁以上居民体检及高血压糖尿病筛查项目的工作，推进城乡基本公共卫生服务。根据市卫生局《关于印发广州市农村60岁以上居民体检及高血压糖尿病健康项目实施方案的通知》要求，成立专项领导小组，制定工作计划，在3月23日对各街、镇的专线人员进行项目培训。通过中心提供的信息，卫生局组织各街、镇医院定期通报该项工作的进度，至12月底从化市顺利完成该项工作，体检4.11万人，完成率86.02%，达到上级指标的要求。加强各街、镇医院慢性病基本公共卫生服务专责队伍的能力建设，落实并逐步规范各镇医院开展基本公共卫生服务工作。至12月底，全市建立的居民健康档案36.77万份，建档率60.64%，档案规范管理率达79.37%，档案利用率59.226%。全年完成医改任务情况：高血压患者建档数26919人，任务完成率109.2%，2型糖尿病患者建档数7324人，任务完成率99.46%。启动全民健康生活方式，按照卫生局的指示做好慢性病的健康教育宣传，通过农信通的平台，发放健康信息10条，覆盖面达30万人次。在高血压和糖尿病的宣传日期间进行一个月电视的限油限盐的宣传短片播放。

【卫生监测】 *食品卫生监测* 食品抽送检221宗，合格189宗，合格率：85.52%；食具监测710宗，合格688宗，合格率：96.90%。

公共场所监测 全年对594户公共场所进行监测，监测8424宗，合格8306宗，合格率：98.60%；水质卫生监测371宗，检验7175项

次，合格6861项次，合格率95.62%；其中全市13间镇级水厂抽检出厂水、末梢水各52宗，合格率分别为70%和77%，市政第三水厂抽检出厂水、末梢水各11宗，合格率均为100%。

托幼机构消毒质量监测　根据上级部门下发的《关于印发广东省医疗机构、托幼机构消毒质量监测技术方案〈试行〉的通知》要求，按计划完成40间托幼机构的消毒效果监测，监测项目为：空气、物体表面、玩具、手等，监测样品数1047份，合格率80.90%。

医疗机构消毒质量监测　按计划对市辖区内的21家医疗机构进行消毒质量监测，监测样品数363份，合格率97.52%。

专项监测　开展2011年广州市食品安全风险监测，依据《2011年广东省食品安全风险监测实施方案》和《2011年广州市食品安全风险监测计划》文件要求，对从化市各类食品进行安全风险监测，数据收集上报做到准确、适时、保质、保量，完成2011年全市监测计划工作任务。依据广州市疾控中心监测计划的要求和不同食品污染物的特性制定详细的监测进度表，根据致病菌生长及化学性污染物的季节性，将食源性致病菌和理化检测项目分别分二个季度（6月和9月）和不同地点（四间超市、四间市场、一间餐饮店）进行监测采样，按照要求上报160份样品，实际检测项次数为1040（应检项次数为1128），完成率为92.2%。开展农村饮用水水质卫生监测，根据《2011年广东省农村饮用水水质卫生监测网建设及饮水安全工程水质监测》要求和按照《2011年广东省农村饮用水水质卫生监测技术方案》的相关规定，对全市25个监测点进行一年两个水期（丰、枯水期）的抽样检测，共采集样品96宗，合格57宗，合格率为59.38%。开展市政供水网络监测，按照《广东省2011年饮用水监测工作方案》的具体要求，对指定监测点进行监测，采集末梢水24宗，合格率100%；二次供水4宗，合格率100%。开展游泳场所专项检查，根据广州市卫生局印发的《广州市2011年卫生监督重点检查计划》的工作部署，中心配合卫监所对市内9家游泳场所进行采样检测，所检样品检测项目全部合格。

【劳动卫生】　工人体检　1月顺利签订镇泰上岗员工体检协议，做好原有企业的监测和体检工作，完成各企业作业场所职业危害委托监测和评价，协助各企业完成职业健康监护体检。全年落实工人体检20928人，其中普通健康体检15970人；职业健康监护体检4958人，未检出疑似职业病人员，检出职业禁忌证121人，建议调离职业危害岗位121人，调离率2.44%，有效地控制职业病发生，保护劳动者身体健康，为企业可持续发展提供有力保障。共对36家企业的职业病危害因素进行监测，监测有害因素种类有：粉尘、噪声、苯、甲苯、二甲苯、苯胺、甲醛、高温等，共监测有害作业点744个、合格点663个、合格率89.1%。监测后及时向厂方通报监测报告和卫生学评价报告，通过监测发现全市企业职业病危害依然存在，其职业病危害治理措施有待加强。

全国职业健康状况调查　通过卫生局、安全生产监督管理局、人力资源和社会保障局、总工会等部门密切协调配合，建立职业健康状况调查工作小组，制定详细工作计划和实施方案，通过会议培训、共同督导等方式，完成94间企业调查和信息资料录入上报，完成全市职业健康状况调查工作。

学校卫生　按照《广州市儿童六龄齿免费窝沟封闭项目实施方案》的要求，单位成立项目管理办公室，制定具体技术方案和项目实施年度计划，组织开展技术培训，按要求进行2次督导和验收，按时按质完成信息统计和报送工作。

【健康体检】 完成从化市一年一度的从业人员大体检工作，按时段完成食品、公共场所从业人员、工厂职业和健康体检工作。全年中心体检91140人，完成从业人员体检27211人，其中食品从业人员21285人，检出患病人数72人，体检合格率为99.66%；公共场所从业人员5926人，检出患病人数39人，体检合格率为99.34%；培训从业人员27211人。完成工人体检为23364人，异常人数2324人，异常率为9.94%，其中外出工人体检为16634人，单位内工人体检为6630人。司机体检40565人，异常人数为291人，异常率为0.71%，经济收入达81.13亿元。

（市疾病预防控制中心供稿，黄乐怡执笔）

卫生监督

【管理机构】 市卫生监督所是市卫生局属下的参照公务员法管理的事业单位，定编38名。2011年末，在编38人，临聘人员4人，有所长（书记）1人、副所长3人。内设机构有：办公室、办证科、公共卫生监督科、劳动和医疗监督科。聘任镇街卫生监督协管员20名。

【基本情况】 全年发放卫生许可证820个，“餐饮服务许可证”341个，其中饮食店新办171个、延续91个、变更56个；集体食堂新办15个、延续2个、变更6个。公共场所“卫生许可证”473个，其中理发、美容场所新办90个、延续235个、变更11个；旅业场所新办13个、延续52个、变更6个；文化娱乐场所新办10个、延续27个、变更3个；公共浴室新办3个、延续12个、泳场新办1个、延续10个、变更0个。饮用水“卫生许可证”新办1个、延续8个。发出建设项目审查认可书182份；建设项目竣工验收认可书约161份。进行餐饮及集体食堂、餐具集中洗消企业卫生和公共场所经营单位监督3353户，12059户次，合格11107户次，合格率92.1%。警告并限期整改872户次，停业整顿112户次，关停68户次，立案40宗，结案40宗，罚款45户次，金额71900元。全年完成餐饮业评定2083间，其中评定为A级11间、B级78间、C级1994间，完成评定比例100%；集体食堂评定257间，其中评定为A级3间、B级45间、C级209间，完成评定比例100%。其他餐饮单位评定1826间，其中评定为A级8间、B级33间、C级1785间，完成评定比例100%。对855间公共场所经营单位进行量化评定工作，A级4间次，B级95间次，C级756间次，完成评定率为100%。其中住宿业评定166间，其中A级2间，B级34间，C级1308间，完成评定率为100%；美容美发评定640间，B级32间，C级608间，完成评定率为100%；泳场评定20间，A级1间，B级10间，C级9间，完成评定率为100%；沐浴场所评定29间，A级1间，B级9间，C级19间，完成评定率为100%。完成对全市13间水厂监督检查，对2间存在问题较大的水厂进行立案，并进行行政处罚，罚款8000元。

【卫生保障】 在元旦、春节、五一、端午和温泉美食节等重要节日期间，高度重视食品安全卫生工作，做到有组织、有措施、有检查。

重点加强旅游景点、车站及其周边的饮食店档和辖区内较大型的饮食服务单位和各大商场、超市进行监督巡查。在高考之前，组织卫生监督员到各中学食堂进行卫生监督，要求各食堂认真做好每餐食品留样工作，把好食品原料关，不进和不用易发生食物中毒的食物，注意食品加工过程的卫生管理，要求学校做好学生的防暑降温工作，尽量不要在学校周边的饮食小摊档消费等。而在高考期间，每天安排两组人员对从中及六中两个考点进行反复监督巡查。通过各方面的预防措施，保证2011年高考期间无学生食物中毒事故发生。在从化市委会议、人大政协“两会”、广东从化国际温泉旅游节等重大会议和活动期间，派出卫生监督员驻点进行餐前监督，通过对现场环境考察、索取菜谱、深入每个聚餐接待点进行备餐加工全过程的现场监督、对存在问题和隐患加以改进等措施，保障会议和活动期间内的饮食安全，确保会议和活动顺利进行。全年共出动268人日次，为从化市10多个重大活动和会议开展卫生保障工作。

【执法专项整治】　麻辣火锅店专项检查　1月，对市内12间经营麻辣火锅的餐饮服务经营单位进行监督检查，重点是检查食品原料仓，经核对，上述店档的火锅汤料均没有相关火锅汤料添加剂名单上的8种产品。

葡萄酒和白酒质量安全专项整治　2月，对全市餐饮服务经营单位特别是小餐饮店、酒吧等单位采购和销售、使用葡萄酒和白酒情况进行监督检查，重点是检查食品原料索证索票制和进货查验制度落实情况，防止和杜绝餐饮单位采购和销售、使用来源不明、超过保质期以及假冒伪劣的葡萄酒和白酒。检查餐饮服务单位768间，对13间现场不能出示有关索证索票资料的，均在限期内已补充相关资料。

餐饮服务食品包装材料和一次性餐具安全专项检查　从4月29日至5月10日，出动检查人员98人次、22车次，检查餐饮服务单位157间。对使用无合法来源食品包装材料和一次性餐具的餐饮服务单位依法查处，并责令其立即停止使用。

餐饮服务单位和集体食堂专项整治　出动检查人员357人次，检查餐饮服务单位和集体食堂489间。没有发现使用无正当来源肉品、私宰肉，病、害肉及“瘦肉精”肉品。

食用田鸡情况检查　组织卫生监督员和各镇街卫生监督协管员于2011年5月11日开始对辖区内的餐饮服务单位加工使用田鸡情况进行专项监督检查。出动人员756人次，检查餐饮单位和集体食堂987间，没有发现有关单位加工使用腐臭死田鸡行为。

假红薯粉条专项检查　严查辖区内餐饮企业执行索证索票和进货台账制度落实情况，规范餐饮服务食品安全监督管理。共出动人员416人日次，检查餐饮单位（包括集体食堂）865间，暂未发现有餐饮单位购进和使用中山市祥明食品有限公司违法生产的假红薯粉条现象。

米面制品非法添加和滥用食品添加剂专项整治　对全市餐饮服务单位和集体食堂进行专项整治行动，出动检查人员158人次，检查餐饮服务单位和集体食堂271间。没有发现可能违法添加的用于湿面条、米粉的硼酸与硼砂。

食品中非法添加及滥用食品添加剂专项整治　2011年5月11日召开市内大型餐饮企业、集体食堂以及奶茶类冷热饮品制售单位专项整治动员大会。要求对全市餐饮服务单位和集体食堂开展食品添加剂自查，建立食品添加剂档案，规范食品添加和打击非食用物质添加剂的行为。收到餐饮单位和集体食堂上交自查材料

265份。9月，在接到食安办关于相关彻查罗丹明－B添加剂的通知后，对全市的餐饮服务经营单位进行监督检查，检查经营辣菜类的餐饮服务单位127间，其中有103间单位是使用定型包装的辣椒酱，但其使用的辣椒酱说明书上未标明含有罗丹明－B。

市内大型餐饮服务单位监督检查　从8月开始，出动执法人员72人次，检查餐饮服务单位28家，采购、使用燕窝产品的餐饮服务单位23家。23家餐饮服务单位均落实燕窝产品索证索票、进货查验和有关记录的工作。

学校食堂食品安全专项整治　主要从学校食品安全管理、许可情况、食堂环境、从业人员健康管理和培训、落实食品原料索证溯源制度、规范食品添加剂使用行为、餐用具清洗消毒和食品加工制作管理等方面进行。其中大中专院校和市教育局直管中小学和托幼机构由市卫生监督所进行检查，其他学校和托幼机构由各镇街协管员按片区进行检查。出动人员532人次，检查137间；现场发放有关整治工作材料和食品安全知识宣传材料300多份；其中设立专（兼）职食品卫生管理员有125家；使用食品添加剂有56间，均为大中专院校和部分托幼机构食堂用于制作面包点心或烧卤熟肉制品，均按食品添加剂专项整治的要求对使用的添加剂进行“五专”（专店采购、专柜存放、专人负责、专用工具、专用台账）管理并向卫监所进行申报；大部分单位均能按要求对采购的食品原料、食品添加剂和食品相关产品进货查验、索票索证并进行台账登记。对检查中发现的问题现场书写监督意见书，责令限期整改，收到整改意见书28份，并对整改情况进行跟踪落实，27间按要求进行整改，另外对1间不落实食品原料台账登记的食堂进行立案查处。

无证照生产经营场所整治　从8月至11月，对没有办理相关证照的生产经营场所发出限期办证通知书，引导无证照生产经营场所办证10间，取缔/停业63间，立案4宗，行政处罚14000，没收违法所得5789.5元，74间无证照生产经营场所中，不属管理范畴1间，查无此店1间，引导办理证照11间，取缔61间。

餐饮具集中消毒单位检查　对市内3家餐饮具集中消毒单位的选址、布局、生产用水、设备、卫生、出厂检验、包装、销售记录等情况进行卫生监督检查和抽检。3家餐饮具集中消毒单位消毒产品的抽检结果符合卫生要求。

【应对公共卫生突发事件】　按职责分工，对办公室登记转办或领导交办的群众有关食品卫生、公共场所卫生及饮用水卫生方面的投诉及时安排人员进行核查，对核查中发现的违法违规行为按有关法律法规进行行政处罚，同时在《从化市卫生监督所群众投诉登记表》中详细进行记录，并把检查处理情况及时向投诉人反馈。全年接到和处理有关投诉45宗，其中有效投诉36宗，无效投诉9宗。接到有关疑似食物中毒事件电话报告2宗，按要求及时派出人员到医院和现场进行核查，经调查及结合市疾控中心检查结果均已排除食物中毒事件。

【医疗卫生监督管理】　医疗机构和执业人员注册许可　全年受理医疗机构许可335间，其中新办证1间，增加诊疗科目2间，校验312间，变更21间。新办理“放射诊疗许可证”8间。因2011年各镇街医疗机构变更执业机构名称，执业医护人员须全部办理变更，受理变更人数显著增加。全年受理医师执业资料732人，其中注册85人，变更647人；受理护士执业资料702人，其中注册92人，变更606人，换补证4人。

医疗卫生监督检查　开展医疗机构规范使

用药品专项整治，根据广州市卫生局《关于印发广州市卫生系统开展药品安全专项整治行动方案的通知》工作布置，以及按照卫生局要求，依法加强对辖区内开展医疗机构规范使用药品专项整治工作。组织卫生监督员和各镇街医院卫生监督协管员对县以下医疗机构、个体诊所开展专项监督检查。全年出动卫生监督员和监督协管员579人次，车辆264车次，检查医疗机构和村级卫生站246间次，对没有按规范使用药品的4间医疗机构发出监督意见书。开展全市村级卫生站专项监督检查。进一步加大对村卫生站医疗监督的力度，开展全面的专项监督检查。11月，检查村级卫生站186间，发出监督意见书186份，查处超出诊疗科目开展滴注的卫生站5间，没收药品460公斤，进一步规范村级卫生站自身管理水平和提高依法行医意识。开展传染病防治监督检查，根据广州市卫生局《转发卫生部办公厅关于加强学校传染病防控监督检查工作的通知》布置要求，为防控甲型H1N1流感和手足口病等传染病在市内学校流行，保障在校师生身体健康和生命安全，从4月开始，对市内的中小学校、托幼机构开展以防控甲型H1N1流感和手足口病等传染病为重点的传染病防控专项检查，检查学校99间，出动卫生监督员285人次，车辆62车次。对检查中发现的问题督促落实，指导学校切实做好防控甲型H1N1流感和手足病等传染病工作。加强医疗废物处置监督检查，结合日常医疗监督和专项监督检查，重点对医疗机构处治医疗废物进行监督，督促医疗机构按要求处置医疗废物。加强医疗美容服务监管。为规范市内医疗美容服务行为，根据广州市卫生局《转发卫生部办公厅关于加强医疗美容服务监管的通知》和广州市卫监所《转发广东省卫生监督所〈关于开展医疗美容专项监督检查的通知〉的函》要求，开展医疗美容专项监督检查，进一步规范全市医疗美容服务行为，保障群众就医安全。

打击非法行医　根据《2011年从化市整治无证生产经营场所专项行动方案》的要求，采取主动巡查和群众投诉相结合的方式，充分发挥各街镇医院聘用的20名卫生监督协管员工作在基层的作用，对日常监督工作中发现的无证诊所，各镇街卫生监督协管员巡查发现以及群众投诉案件等线索，一经发现立即做好调查取证，做到发现一间，依法取缔一间，在取缔完毕后张贴取缔公告的形式告知社会，保持打击非法行医工作的高压态势。全年出动车辆326车次，执法人员695人次，查处非法行医诊所98间次，发出法律告知书46份，没收医疗器械及药品6873公斤，没收违法所得5789.5元，立案查处5间次，行政处罚14000元。受理工商部门移交的非法行医线索15个，群众投诉9个，均已办结，并及时回复投诉者。在开展医疗机构无证照整治的过程中，积极同当地相关部门沟通，开展联合执法。主动联合棋杆派出所、太平镇出租屋中心各查处1间非法行医诊所。协助公安部门查处2间疑因无证行医致患者伤害的案件。在查处非法行医后，做好信息的报送，把取缔的无证诊所名单抄送相关职能部门。

职业卫生监督　开展职业病防治法宣传活动，做好2011年《职业病防治法》宣传周活动，通过咨询、发放咨询资料、深入工厂检查等形式宣传职业卫生知识，提高广大群众和工厂负责人，特别是工厂从业人员的职业病防治法律法规和卫生防护知识，切实保障相关从业人员的身体健康。还通过市安监局举办职业卫生培训班的平台，为全市23间木质家具企业负责人讲解职业危害防治相关知识和职业病防治法等法律法规，切实提高有毒有害企业负责人的法律意识。依法开展职业卫生监督检查，受理1间企业建设项目职业卫生竣工验收，及时处理2宗职业卫生投诉。共检查工厂37间，对检查发现未开展职业健康监护、职业卫生管理制度不完善的工厂发出整改意见书11份，切实维护劳动者的健康权益。开展医疗机构放射诊疗监督检查，督促医疗机构以申请放射诊疗许可证为契机，落实职业体检、人员培训、个人剂量监测、设备检测、工作人员和受检者防护用品等工作。至年末，已有10间医疗机构取得放射诊疗许可。督促有开展放射诊疗活动未取得"放射诊疗许可证"的医疗机构按照卫生局要求尽快取得放射诊疗许可证。

【创建国家文明城市指数测评迎检】　根据从化市创建全国文明城市办公室《关于做好广州市城市文明指数实地考察项目测评迎检工作的通知》（从创建办通〔2011〕2号）文件精神和工作部署，市卫生监督所组织卫生监督人员对照《从化市城市文明指数测评实地考察项目责任分工表》和《城市文明指数测评实地考察操作说明》的划分标准和要求，继续对全市各镇街的经营性公共场所（美容美发店、浴场、小餐馆、游泳馆、休闲娱乐场所）的情况进行全面的卫生监督检查。成立所创文工作领导小组，组长由黎惠国所长亲自担任，其他所领导为副组长，下设工作督导组，由所领导和相关人员组成，负责对各镇街的经营性公共场所创文工作质量进行验收。派署5名中层干部到5镇分别负责带领5镇的卫生监督协管员开展相关卫生监督检查工作，把街口、江埔、城郊3街划分为7个片区，分别由7个监督巡查组负责。落实专区岗位责任制，实行网格化卫生监督动态巡查，做到一店不漏，店店合格。检查的内容包括：亮证（卫生许可证、餐饮服务许可证和健康证）经营；全体从业人员需持有效健康证明和卫生知识培训证明上岗；配备足够负荷数量并能正常运转的卫生消毒设施设备，消毒制度落实；公共场所禁烟工作。至年末，共检查全市经营性公共场所4835间次，其中小餐馆2635间次。有证的餐馆785有间，均能做到亮证，无证的有41间，督促其停业并发出限期办证通知书；从业人员4879人，持有效健康证的有3754人，督促无健康证从业人员进行健康体检接近1125人（据市疾控不完全统计）；有消毒设备设施的有723间，督促无消毒设施设备或不能正常运作的经营店档及时购置符合要求的设施设备共62间。期间共发出责令整改通知书95份，落实整改意见的小餐馆有54间，对其中19间拒绝落实整改意见的进行扣留相关许可证件并限期停业整顿，对部分不愿配合创文工作的顽固店档进行行政处罚。对部分存在问题店档仍在整改的，由相关人员进一步跟踪落实。对全市餐饮服务企业和经营性公共场所进行控烟检查执法工作，共检查餐饮服务企业单位285间次，小型餐饮店档、美容美发店档和休闲娱乐场所3640间次。对全部单位发出控烟标识，要求其落实控烟工作，对不按要求落实控烟工作的单位发出整改通知书15份。

（市卫生监督所供稿，冯志敏执笔）

二级甲等医院

【市中心医院】　基本情况　市中心医院是二级甲等综合性医院，爱婴医院。门诊部位于市区朝阳街1号，保健部位于市区新城西路76号，住院部位于市区从城大道566号全院占地面积10万平方米，建筑总面积14.18万平方米，业务用房建筑面积9.8万平方米。医院于2010年投入资金4500万元，修建15225平方米的3号住院楼。定编病床750张，开放病床1000张。重新调整科室布局，进一步完善和优化医疗服务流程及医疗环境。2011年末，全院职工总数1395人。其中在编职工707人，编外职工484人，离退休人员204人。在岗职工中有卫生专业技术人员903人，占在岗职工人数的75.82%，行政后勤人员288人，占在岗职工人数的24.19%。卫技人员中有副高职称人员71人，占卫技人员的7.87%，中级职称253人，占卫技人员的28.02%，初级职称579人，占卫技人员的64.12%。全院有医学博士1人，硕士研究生39人，本科学历324人，大专学历379人。

3月28日，市中心医院举行三号住院楼落成剪彩仪式

全院有价值万元以上医疗设备622台（件），总价值9772万元。其中2011年投入资金2957万元，购置MR、CT、彩色B超、乳腺钼靶X光机、全自动生化仪、电子喉镜、电子腹腔镜、数字胃肠X线机、中心工作站监护系统、呼吸机、全自动清洗消毒机、DR、高压氧舱等大中型医疗设备26台（件）。

2011年，全院住院科室重新布局，1号楼为外科大楼，2号楼为内科大楼，3号楼为妇儿大楼；医院成立内六科，并撤销综合科；把产科分为产一科和产二科，将ICU整合为重症医学科，综合科整合为中西医结合科，其中产一科负责产前病区及产房接产，产二科负责产后康复。至年末，医院设有职能科室12个，医技科室7个，临床一级科室20个，二级科室10个，4个重点专科：分别是儿科、内一科、外一科和检验科。内科以内一科、内二科和内四科为主；外科以外一科、泌尿科和五官科为主。均能完成各种常见疾病的诊治。急诊科、输液区24小时对外应诊，急诊科还肩负着从化地区120业务。

全年门诊就诊86.69万人次，比上年（下同）增加8.82万人次，增长11.3%。收治住院病人34303人次，增加4333人次，增长14.5%。抢救急危重症患者2201人，抢救成功率为88.1%，增长1.2个百分点。出院病人治愈好转率为97.0%，增长0.3个百分点。病床使用率为108.6%，下降34.5个百分点。急诊科收治患者11.42万人次，增加2.1万人次，增长22.9%。辅助科室检查816.07万人次，增加97.21万人次，增长14.7%。120中心全年出车4602次，比上年增加672次，抢救急危重症者256人次，抢救成功率超过90%。

全年业务收入29310万元，增加4179万元，增长16.63%。其中医疗收入17524万元，增加2718万元，增长18.36%；药品收入11735万元，占业务收入40.04%，增加1460万元，增长14.21%。

2011年纪律教育学习月活动和反腐倡廉教育活动　开展收受医药回扣专项治理工作，组织党员干部和职工观看《广东省纠风工作专题暗访法㈡》；学习《从化市卫生局开展收受医药回扣专项治理工作实施方案》、《卫生部关于

进一步深化治理医药购销领域商业贿赂工作的通知》和上级领导的讲话精神。院长与中层干部和采购人签订抵制商业贿赂承诺书，对医院基建招标、药品、设备、后勤物资招标采购和临床医疗服务活动开展调查摸底。通过自查，没有发现收受回扣的违法现象，使党员干部和职工从中得到一次很好的思想教育和医德医风教育，端正工作态度，提高思想认识，起到一定的镇慑作用，为更好地开展服务工作，促进医院持续发展打下坚实基础。把纪律教育学习月活动与反腐倡廉教育活动结合起来，开展“以人为本，执政为民”为主题，以加强队伍建设促进干部廉洁为重点，结合查摆出来的问题，从制度层面上查原因，找不足；在改善服务态度，推行院务公开，提高办事效率、规范行医行为等方面，建立健全符合科学发展观要求的工作机制，以提高全体医务人员的廉洁修养和观念。

“三好一满意”活动和行风评议活动 通过发问卷调查表、发征求意见信和召开座谈会征求社会各界和病人家属的意见，针对群众反映的医药费用高、服务意识差、候诊时间长、特需病房少、食堂饮食差、护理水平低6个方面的问题，制定切实可行的整改措施，加强廉洁从业意识和法纪观念教育，提高医院的整体服务质量和服务水平，进一步提高工作效率和综合救治能力，调动全体医务人员的工作积极性和主动性，在医院形成政治坚定、团结和谐、开拓进取、干净干事的良好工作作风。

科研教学 2011年科研立项结题12项；发表论文51篇，其中中华系列杂志、核心期刊的19篇。选派到广州大医院进修18人，短期培训36人。接收大专院校实习生299人及镇街医院进修人员36人。院内举办学术讲座98次，邀请省、广州市级专家讲座8次，累计参会人员1.7万人次。开展医疗新技术新项目，提高医疗技术水平。外一科开展的腹腔镜肝囊肿开窗术，手辅助胸腔镜肺大泡切除术，早期乳腺癌保乳手术，巨大腹壁切口疝无张力修补术；泌尿科开展的血液透析滤过治疗；妇一科开展的单孔腹腔镜下附件手术，腹腔镜下骶棘韧带悬吊术及骶骨韧带缩短术；普儿科开展的舌下脱敏治疗过敏性鼻炎和哮喘；功能科开展的简便法超声引导肝肾穿刺；康复科开展的离子药物导入治疗玻璃体混浊病变，激光神经照射法治疗神经根痛等新技术新项目都获成功，效果良好。许多科室不断拓展技术领域，通过提高医疗质量和服务水平，逐步形成自身特色，为专科品牌建设打下良好技术基础。

提高医疗质量和服务水平 通过开展抗菌药物临床应用管理专项整治工作，落实执行医疗核心制度，加强临床用血管理工作，确保临床用血安全，加强医院感染管理工作，有效预防和检测医院感染，加强护理质量监控，提高临床护理质量，加强院前急救工作，提高急救服务工作水平，不断地提高医疗质量，保证医院整体医疗水平的发挥，减少医疗纠纷，促进临床医疗工作健康发展。同时加强学科建设，逐步完善人才结构，搞好学科建设是提高医疗质量的基础，是医院发展的重要保证。许多科室不断拓展技术领域，通过提高医疗质量和服务水平，逐步形成自身特色，为专科品牌建设打下良好技术基础。通过全院医务人员积极参加各种培训、演练工作，做好资料整理、医疗文书修改操作训练、教学查房、病例讨论、集体备课、理论授课等创非实施工作，市中心医院于2011年12月1日评审过关，取得广州医学院非直属附属医院资格。

妇幼保健 孕产妇保健管理率98.16%；孕产妇住院分娩率99.76%；农村高危孕产妇

住院分娩率 99.91%；非住院分娩中新法接生率 100%；妇科常见病普查普治率 78.70%；7 岁以下儿童保健管理率 97.84%；5 岁以下儿童中重度营养不良发生率 1.37%；孕产妇死亡率 14.04/10 万；婴儿死亡率 4.07‰；5 岁以下儿童死亡率 6.04‰；低出生体重儿发病率 4.97%；出生缺陷发生率 91.59/万；新生儿破伤风发生率 0；0—4 个月婴儿母乳喂养率 95.82%．婚前医学检查率 20.75%。以上十五项妇幼“两纲”（《中国妇女发展纲要（2011—2020 年）》和《中国儿童发展纲要（2011—2020 年）》）指标中，仍有 7 岁以下儿童保健管理率、5 岁以下儿童中重度营养不良发生率、低出生体重儿发病率等 3 项尚未达到标准。

医院荣誉　医院被评为 2008—2010 年度从化市文明单位；2010 年度广州市卫生系统表扬护理集体；全市人民防空先进单位；先进基层党组织。罗玉容同志获得“广州市优秀党员”称号。

医院基建　完成 3 号住院楼建筑工程，全院住院科室重新布局。1 号楼为外科大楼，2 号楼为内科大楼，3 号楼为妇儿大楼，服务流程趋于合理，方便广大人民群众看病就医。投入资金 7.7 万元，完成皮肤科门诊和精神病专科门诊的装修工作，确保皮肤科门诊和精神病专科门诊按时开诊。投入资金 27.86 万元，完成供应室和实习生宿舍的装修工程，为改善实习生宿舍环境和保证供应室达标验收创造了良好条件。投入资金 39.08 万元，完成 MR 室、CT 室的改建工程及检验科、供应室、后勤楼、传染病楼设备电力设施的安装工程，确保各科室业务工作正常开展。投入资金 323.47 万元，完成外电网改造工程和 1—2 号楼部份活动室、开水间、污洗间、值班室装修工程，缓解了全院用电压力，改善医务人员的工作环境。

队伍建设　推行岗位设置聘任制，根据广东省人社厅、广东省卫生厅《关于印发〈广东省卫生事业单位岗位设置管理指导意见〉的通知》精神，结合医院实际，制定《从化市中心医院岗位设置方案》、《从化市中心医院岗位设置管理实施方案》，医院设置管理、专技、工勤三类岗位 808 个，实际聘任各类岗位 670 个，预留各类岗位 138 个，实行全员岗位聘任管理。打造医院文化品牌，增强医院凝聚力和向心力，医院利用电视、报纸、院刊、宣传栏等宣传载体，组织形式多样的科普知识和健康宣教，大力宣传医院内涵建设。全年编印院刊 3 期共 5000 份，健教宣传单张 2.5 万份，各类宣传栏、宣传板、宣传标识 900 余块，报纸刊登宣教文章 39 篇，电视新闻报道 19 次。

（市中心医院供稿，张墨执笔）

【市中医医院】　基本情况　市中医医院是二级甲等中医医院，院址在街口街镇北路 21 号。医院占地面积 8660 平方米，业务用房 11592 平方米，有固定资产 5938 万元，有编制床位 330 张，其中 2011 年新增床位 30 张。医院有在职员工 422 人，其中：在编 278 人，编外 144 人；在职员工中卫技人员 361 人，其中：医生 131 人、药剂 31 人、护士 173 人、技师 26 人；高级职称 26 人，中级职称 97 人，初级职称 238 人；学历结构为博士研究生 1 人，硕士研究生 16 人，本科 109 人，大专 137 人，中专及高中以下 159 人。分别与广东省中医院、广医附一院、珠江医院、广州市陆军总医院建立医疗协作医院关系，聘有专家、教授常年应诊。

医院科室齐全，功能完善，技术过硬，医院设有职能科室 12 个，医技科室 3 个，临床一级科室 8 个，二级科室 14 个，两个重点专科：

分别是中风专科，砭石综合治疗科。内科以心内科、内分泌科、呼吸内科、脑病科、肾内科、肿瘤科为主；外科有骨外科、普外科、泌尿外科、颅脑外科，均能完成各种常见疾病的诊治。急诊科、输液区24小时对外应诊，急诊科还肩负着从化地区120业务，在从化地区急症工作中发挥重要作用。2011年砭石综合治疗科被确立为“广州市中医名科”。

在充分发挥中医药优势的基础上，不断配备先进的医疗设备，至年末，全院拥有美国GE全身螺旋CT、ATL三维彩色B超、日立500mAX光机、呼吸机、日本颈腰椎牵引机、德国狼牌腹腔镜、输尿管镜、电子阴道镜、费森尤斯血液透析仪、血液净化稀释仪、经颅多普勒、运动平板、全自动生化分析仪、遥控中心心电监护仪及床边心电监护仪等一大批先进医疗设备，总值2500多万元。

全年门急诊25.31万人次，比上年（下同）增长17.1%；入院8920人次，增长3.07%；出院8901人次，增长4.69%；手术例数1397例，下降8%；危重病人抢救成功率80%，业务总收8025万元，增加1080万元，增长13.46%；总支出8269万元，增加1280万元，增长15.48%。药品收入占业务总收入42%。全院申请科技项目立项共4项。

市中医院是广州中医药大学实习医院，承担下级医院的进修、培训任务，以及教学医院的实习任务。响应上级要求“进基层”，与太平镇神岗卫生院、温泉镇灌村卫生院结成对口帮扶医院，进行技术帮带和交流。不定期派遣医师到基层卫生院进行义诊、健康教育、适宜技术培训等项目。

提高医疗服务质量　2011年是市中医院中医管理年评审年，医院确定办院宗旨、医院院训，明确医院的发展战略，制订《医院员工手册》，完善医院言语行为规范准则，并组织专门的培训学习，为全院医务人员树立正确的医疗伦理观念，对建立良好的医患关系起到促进作用。在日常工作中，医务部门不定期地督导、参与各临床科室管理，根据医疗质量管理规定的要求，做好各项医疗质量和医疗安全工作。严格落实首诊负责制，做好与病患方的沟通，减少因沟通欠缺而引发的医疗纠纷。

重视科研　组织人员申报有关项目，鼓励新技术、新业务的开展。根据科室需求，继续邀请珠江医院、广州医学院第一附属医院、广州军区总医院等上级医院教授定期前来教学查房、会诊、手术指导等，邀请省中医院专家、教授长期驻点，协助管理、指导临床，给全院的临床医师带来宝贵的经验与技术。市中医院骨科在省中医院及广州医学院第一附属医院专家的带领下，共开展新技术5项，其中有股骨头颈钻孔减压术、股骨头颈髓芯减压加植骨填充支撑术、股骨近段髓内钉PFNⅡ型治疗股骨转子间骨折、加压滑动鹅头钉加螺旋刀片治疗股骨转子间骨折、足背逆行带蒂皮瓣转移术。外一科开展腰大池引流术在蛛网膜下腔出血的应用、直肠下段肿瘤经肛门入路切除术、重型颅脑损伤合并腹腔脏器损伤同时行开颅术及开腹脾破裂切除术、硬膜下水瘤的外科手术治疗、脑室胶质瘤外科手术治疗等五项新技术、新项目。妇科开展的新技术有：微创手术的开展；能完成腹腔镜下卵巢肿瘤剔除术；异位妊娠手术；非脱垂子宫经阴道切除术；青春期多囊卵巢综合征合并代谢障碍的筛查；二甲双胍在多囊卵巢综合征的应用；新型口服避孕药在青春期功血和围绝经期功血中的应用。

加强与外院的联系　市中医院与广州市残疾人联合会签订广州市残疾人康复资助定点机构（医疗类）康复服务协议，确保白内障患者及适合残疾矫治术患者康复工作服务质量。筹备与太平镇神岗卫生院、温泉镇灌村卫生院成立对口帮扶医院的前期工作。根据市中医院与政府签署的服务包协议内容，组织人员到从化市救助站驻点，从事医疗、护理的相关工作。通过这些途径，强化合作关系，拓展服务范围，共同做好科研计划及成果推广，扩大双方影响力。

开展抗菌药物整治活动　根据省卫生厅《关于印发2011年全省抗菌药物临床应用专项整治活动工作方案的通知》和从化市卫生局《2011年从化市抗菌药物临床应用专项整治活动工作方案》要求，进一步加强医院抗菌药物临床应用管理，促进抗菌药物合理使用。4月开始选派业务骨干参加广州市卫生局组织的抗菌药物临床应用管理培训，5—6月按文件要求在全院开展自查自纠，开展合理用药调查，仔细调查各科室药物的使用情况。讨论明确市中医院的抗菌药物分级目录，制定实施《从化市中医医院抗菌药物临床应用管理规定》、《从化市中医医院中成药临床使用原则》，于8月17日举办《从化市中医医院抗菌药物临床应用管理及合理用药》课程的全员培训，并于8月23日举行全院临床医师抗菌药物临床应用和规范化管理知识考试。经考核合格后才能获得相应的抗菌药物使用权限。并于8月底与各科室主任签订抗菌药物合理使用责任状。每月组织相关人员到各科室进行抗菌药物使用比例抽样调查，估算出当前我院抗菌药物的使用情况，抗菌药物临床使用管理初见成效。住院患者抗菌药物使用率低于60%，使用抗菌药物的微生物检验样本送检率大于30%，门诊患者抗菌药物处方比例基本达标，一类切口手术患者预防使用抗菌药物率明显下降。

队伍建设　开展医德医风宣传教育，完善药品和医用耗材集中采购工作。规范医务人员执业行为，进一步改善和提高医疗服务质量。加强“民主管理、院务公开”制度，全年制作“院务公开”宣传栏共6期。组织全院职工“为患病职工爱心募捐”活动，收到善款1.86万元。鼓励职工参加职工安康互助保险，有145名职工参加。组织青年志愿者进行义诊7场，服务群众1000多人次，慰问孤寡老人16人次，慰问留守儿童12人次。6月14日是世界无偿献血日，团总支发出倡议书，23名团员青年踊跃参与到无偿献血的活动。

（市中医医院供稿，刘年香执笔）

体育事业

【管理机构】　市体育发展中心（挂体育局牌子）属赋予行政管理职能事业单位，2011年12月13日，办公地址从街口街河滨北路74号迁至江埔街七星路83号综合运动大楼四楼。定编7名，后勤人员1人。2011年末，在职10人，其中党支部书记1人、局长1人、副局长1人，副局级2人。内设机构有：办公室、业务科。下属机构有：市青少年业余体校、河滨游泳场、市体育活动中心，共有在职人员108人，其中体校42人、泳场9人，活动中心57人。

【体育成果】　参赛情况　7月，从化市组织由300多人组成的体育代表团，参加广州市第十五届运动会，派出283名运动员参加21个项目的比赛。获得金牌49.5枚，银牌24枚，铜牌26枚，总分1922.06分；获得重竞技三项第六名、大球三项第八名和体育道德风尚奖。从化市代表团获金牌数在12个区（市）代表团中排

8月8日，2011年从化市全民健身日暨第十二届“体育节”启动仪式在从化金瓯广场举行

名第八位，改写从化市参加历届广州市运动会取得的最好成绩。10月，组队参加第七届全国城市运动会，获第一名3项、第二名3项、第三名1项。

体育人才输送情况 2011年，从化市向国家、省、广州市输送集训优秀运动员36名，其中女足队员李雁琴入选U－14国家队。

【体育经营场所情况】 全市有各类体育经营单位173家，其中营业性游泳场所24家，漂流3家；体育彩票销售点80家，户外拓展基地3家，羽毛球馆7家；乒乓球馆8家；健身馆10家；武术训练馆5家；舞蹈、瑜伽、健身操训练馆25家；醒狮训练馆8家。

【全民健身活动】 *群众体育运动* 紧抓广州亚运会对体育事业发展有积极推动作用的机遇，突出“传承亚运，和谐共享”为主题，贯彻落实《广州市全民健身条例》，精心组织体育赛事和活动，进一步提高群众参与健身的积极性，促进全市群众体育运动的蓬勃发展。全年举办全市性单项比赛15次，约20万人次参加；乡镇运动会7次，约8万人次参加；系统单位运动会10次，约5万人参加。全年全市经常参加体育锻炼的体育人口达26万人次，占全市总人口的47.8%。

承办大型体育赛事和活动 2011年，先后承办广州市第十五届运动会曲棍球和拳击比赛，“市长杯”从化赛区羽毛球、乒乓球赛等多项赛事活动和2011年广州市体育三下乡活动启动仪式。在市政府的高度重视和市相关部门的支持下，市体育局做好场地、器材的准备，人员的食、宿安排和安全保卫、卫生防疫等后勤保障工作，顺利、安全、圆满地完成各项承办任务。

组队参加全民健身活动 组织参加广州市体育局主办的元旦万人健身跑、金秋万人登山和第六次横渡珠江活动。组织300名羽毛球爱好者组成45支代表队和150名乒乓球爱好者组成37支代表队参加“市长杯”羽毛球、乒乓球系列赛事。选派鳌头镇桥头村醒狮队代表从化市参加“龙腾虎跃闹元宵”舞狮比赛，获得第三名。组织23人组成从化代表队参加在广州体育学院举办的广东省传统武术锦标赛，获得金牌21枚、银牌17枚。配合广州市国民体质监测中心，完成对农业局、法院、江埔街、从化市第六中学4个单位的400名城市非体力劳动者进行样本量抽样调查。

举办体育活动和专项比赛 先后举办新春体育集市活动以及“和谐共享杯”羽毛球赛、“红牛杯”登山比赛、“体育节”游泳、足球、羽毛球等全市性系列大型赛事，为广大市民参与健身搭建良好的平台。市内多个机关单位分别举办运动会或单项比赛，如：市公安局、街口街、明珠工业园举办系统运动会、江埔街举办篮球比赛、市科协举办象棋比赛等。

【体育专项管理】 *推进基础设施建设和升级*

改造工程 完成局办公场所搬迁工作，新址设在江新市体育活动中心综合运动大楼4楼，有会议室2间、办公室7间、档案室1间、打字室1间。完成市体育活动中心建设并向市民开放，该中心建有体育馆、综合运动大楼、室外体育场等设施。推进市体校新建综合楼和升级改造工程，其中已完成训练场室、饭堂和危楼的整修工程。推进市河滨游泳场升级改造工程各项前期工作，完成初步设计、立项，召开第一次规划评审会，进入测量和地质钻探工作阶段。

体育彩票销售管理 加大对体育彩票的宣传力度，通过电视台、报纸、滚动电子屏等方式进行宣传，扩大体育彩票的知名度。创新形式，通过买彩票获得抽奖机会、节假日在新世纪广场等人流聚集点开展即开型彩票义卖活动等办法，激发市民群众的购买热情。通过改善服务态度，提高服务质量，加强对网点的技术支持，提高销售网点的积极性。至年末，全市体育彩票销售网点增至80个，销售额比上年有大幅增长，达到4500万元，超额完成广州市体彩中心下达的任务，从化市的体彩公益金分成达170万元，为从化市体育事业发展提供资金支持。

体育经营场所监管 2011年5—9月，市体育局会同工商、防疫等部门对全市高危险性体育项目经营场所进行安全卫生检查，检查游泳、漂流等经营单位28家。为提高全市救生员的业务水平，根据国家对泳场救生人员的资质认定的新标准，举办国家救生员资格证培训班，共有54名救生员参加培训和考试。加强对市河滨泳场的管理，提高干部职工的安全意识和服务意识，以“安全第一”为宗旨，保证泳场在泳季安全开放。河滨泳场从5月13日至10月7日泳季开放期间，开放700多场次，接待进场泳客13万人次，开设游泳培训班10期，培训游泳学员760多名，收入120万元。全年全市没有发生高危体育项目经营场所安全事故。

附表2 2011年从化运动员参加运动会获奖项目情况表

一、第七届全国城市运动会（时间：2011年10月，地点：江西共青城）

姓名	性别	项目	名次
利美娟	女	田径：100米	1
		田径：200米	2
		田径：4×100米	3
谭月明	女	田径：撑竿跳高	5
李敏婷	女	柔道：52公斤	2
乌云格勒图	男	柔道：73公斤	1
巫永林	男	4×100米混合泳、接力	1
		100米蝶泳	5
罗德聪	男	佩剑（团体）	1
罗德聪	男	佩剑（团体）	2
曾东杰	男	重剑（团体）	7

二、广州市十五届运动会（时间：2011年7月，地点：广州）

（一）摔跤

姓名	组别	项目	名次
谭学文	男甲	古典式52公斤级	1
潘在发	男甲	古典式65公斤级	1
骆嘉健	男甲	古典式+65公斤级	1
叶国明	男丙	古典式35公斤级	1
张梓健	男丙	古典式44公斤级	1
姜晓尚	男丙	古典式50公斤级	1
陈德林	男丙	自由式35公斤级	1
肖俊安	男丙	自由式50公斤级	1

续上表

姓名	组别	项目	名次
陈惠林	女丙	自由式 32 公斤级	1
刘文惠	女丙	自由式 40 公斤级	1
刘嘉怡	女丙	自由式 44 公斤级	1
冯芷晴	女丙	自由式 +55 公斤级	1
陈炳任	男乙	古典式 40 公斤级	2
李海宏	男乙	古典式 48 公斤级	2
欧勇军	男丙	古典式 35 公斤级	2
蔡俊浩	男丙	古典式 46 公斤级	2
黄钊洪	男甲	自由式 65 公斤级	2
沈康明	男丙	自由式 38 公斤级	2
何思敏	女乙	自由式 40 公斤级	2
冯伟杰	男甲	古典式 65 公斤级	3
巢嘉锐	男乙	古典式 52 公斤级	3
孙润鸿	男甲	古典式 52 公斤级	3
骆大申	男乙	自由式 48 公斤级	3
利杰聪	男乙	自由式 65 公斤级	3
丘文华	男丙	自由式 41 公斤级	3
刘文锋	男乙	自由式 60 公斤级	3
孙艺生	男甲	自由式 55 公斤级	3
陆颖媚	女乙	自由式 44 公斤级	3

（二）拳击

姓名	组别	项目	名次
温梓锋	男乙	48 公斤级	1
曾智良	男丙	35 公斤级	1
潘金祥	男丙	48 公斤级	1
何逸阳	男甲	+67 公斤级	1
吴灿威	男甲	48 公斤级	2

续上表

姓名	组别	项目	名次
梁泽邦	男甲	54 公斤级	2
方泽润	男甲	60 公斤级	2
关家城	男乙	45 公斤级	2
唐子航	男乙	48 公斤级	2
黄泽坚	男乙	54 公斤级	2
冯梓聪	男乙	57 公斤级	2
戴皓民	男乙	+60 公斤级	2
郑文华	男乙	45 公斤级	3
谢子俊	男丙	40 公斤级	3

（三）柔道

姓名	组别	项目	名次
张俊鹏	男甲	66 公斤级	1
杨朗	男乙	56 公斤级	1
何凤恩	女甲	+70 公斤级	1
何丽琼	女乙	+66 公斤级	1
温广峰	男甲	52 公斤级	1
江学俊	男甲	52 公斤级	2
刘华欢	女甲	66 公斤级	2
李俊南	男丙	48 公斤级	2
谢展超	男丙	52 公斤级	2
黄坤伦	男甲	73 公斤级	3
吴俏珠	女甲	52 公斤级	3
李俊鸿	男乙	66 公斤级	3
李晓慧		-66 公斤级	3

（四）举重

姓名	组别	项目	名次
朱轩弘	男丙	+56 公斤级	1
罗志荣	男甲	52 公斤级	1
何庆华	男甲	56 公斤级	1
邓鹏辉	男乙	56 公斤级	2
潘美莲	女甲	41 公斤级	2
黄可心	女乙	+58 公斤级	3
黄海燕	女甲	56 公斤级	3
邓雪清	女甲	+56 公斤级	3

（五）跆拳道

姓名	组别	项目	名次
林凯帆	男甲	62 公斤级	1
马荣峰	男甲	+54 公斤级	2

（六）散打

姓名	性别	项目	名次
张海顺	男甲	65 公斤	1

（七）赛艇

姓名	组别	项目	名次
郭炜明	男甲	500 米单人双桨	3
陆杰洲	男甲	1000 米双人双桨	3
何乃基	男甲	1000 米双人双桨	3
陆杰洲	男甲	500 米单人双桨	5

（八）田径

姓名	组别	项目	名次
陆少文	女甲	撑竿跳高	1
王路标	女乙	撑竿跳高	1

续上表

姓名	组别	项目	名次
罗建权	男甲	200 米栏	3
黄雅婷	女乙	撑竿跳高	3
陆少文	女甲	跳远	5

（九）击剑

姓名	组别	项目	名次
曾东杰	甲组	男子重剑	1
钟子键	甲组	男子重剑	5
吴嘉敏	乙组	女子重剑	1
刘心琪	乙组	女子重剑	3
李卓凡	乙组	男子重剑	5
张泳琪	乙组	女子重剑	7
武煜深	丙组	男子重剑	3
巢子灏	丙组	男子重剑	4
胡慧贤	丙组	女子重剑	7

（十）男子曲棍球

姓名	性别	项目	名次
黄志良	男	曲棍球	1
谭兆斌	男	曲棍球	1
夏志杰	男	曲棍球	1
朱卫江	男	曲棍球	1
潘东权	男	曲棍球	1
巢杰明	男	曲棍球	1
张　锐	男	曲棍球	1
李昌家	男	曲棍球	1
范志运	男	曲棍球	1

（十一）女子曲棍球

姓名	性别	项目	名次
汤钰欣	女	曲棍球	1
江燕琼	女	曲棍球	1
邓婉婷	女	曲棍球	1
李舒欣	女	曲棍球	1
陈宝玉	女	曲棍球	1
张明慧	女	曲棍球	1
钟嘉琪	女	曲棍球	1
钟舒婷	女	曲棍球	1
肖旖蕾	女	曲棍球	1

（十二）垒球

姓名	性别	项目	名次
郭伟丝	女	垒球	1
庾晓君	女	垒球	1
杨诗赟	女	垒球	1
廖美欣	女	垒球	1
谢绮文	女	垒球	1
陆嘉媛	女	垒球	1
梁敏玲	女	垒球	1
李雁琴	女	垒球	1
邝芷君	女	垒球	1
王嘉怡	女	垒球	1
钟敏玲	女	垒球	1
李颖欣	女	垒球	1
谢翰林	女	垒球	1

（十三）女子篮球

姓名	性别	项目	名次
陈梓晴	女	篮球	3
徐苑冰	女	篮球	3
李 珊	女	篮球	3
李 丁	女	篮球	3
邝雨婷	女	篮球	3
谭嘉祺	女	篮球	3
黄美宜	女	篮球	3
李燕根	女	篮球	3
陈梓晴	女	篮球	3
黄嘉仪	女	篮球	3
曾楚倩	女	篮球	3
李敏华	女	篮球	3

（市体育发展中心、市体校训练室供稿，曾皓执笔）

科 技 信 息

科技和信息管理

【管理机构】 市科技和信息化局属政府序列行政单位，办公地址在街口街河滨北路科技楼。定编26名，其中行政编制23名、工勤编制3名。2011年末，在职26人，有局长1人、副局长3人。内设机构有：办公室、高新技术发展和产业化科、农村和社会发展科、知识产权科、信息化发展与电子政务科、网络与信息安全科、无线电管理科（挂市无线电管理办公室牌子）、信息资源科。属下事业单位有：市科技创新服务中心、市地震办公室。

【完善自主创新政策】 在市委、市政府重视下，推动科技创新和成果转化推广应用，加快产业转型升级和信息化建设，推动全市经济社会发展，全面开展调研，成立由知名专家组成的工作小组，在全市范围内开展科技和信息化调研，研究广州市和从化市的发展规划，编制符合从化市科技和信息化发展的“十二五”规划，构建低碳、经济、绿色、生态从化的科学发展蓝图。制定符合“大交通、大旅游、大产业、大平台”发展的科技政策措施。8月3日市委、市政府出台《关于加快科技进步和自主创新，促进经济社会发展的意见》（从发〔2011〕20号），为从化市在“十二五”期间的科技和信息化发展进一步明确指导思想、基本原则和总体目标，成为从化市在加快产业科技进步、加强创新体系建设、实施知识产权战略、加大科技多元化投入、落实财税优惠政策、强化科技意识和加强领导等方面的指导性文件。

【引导科技型企业认定】 贯彻落实研发费税前扣除政策，聘请广州市高新技术创业服务中心资深专家到从化授课，举办科技型企业实务培训班，发动科技型企业开展自主创新活动，做好研发费税前扣除申报工作。对有一定科技含量的民营企业，重点培育和引导发展，通过引导企业开展科研攻关和自主创新活动，提高企业的科技含量和市场竞争力，提高全市的自

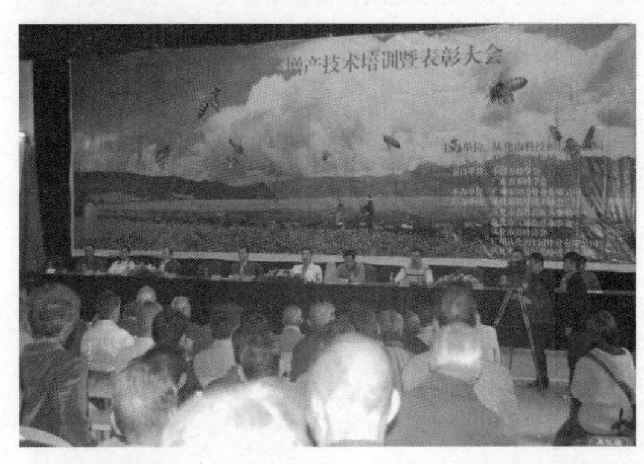

11月10日，从化市冬季养蜂增产技术培训暨表彰大会在江埔街召开

主创新能力。2011 年，有 2 家企业申报认定高新技术企业，其中 1 家获广东省科技厅认定，全市累计有高新技术企业 18 家；有 14 家企业申报广州市民营科技型企业，其中 13 家通过广州市科技局认定（见附表 1），全市累计有民营科技型企业 50 家。

【通过省科技部门对科技进步的考核】 根据省科技厅《关于开展 2011 年广东省县（市）科技进步考核工作的通知》和广州市科信局的通知要求，对从化市进行 2009 年和 2010 年的科技进步考核工作，市科信局组织开展对广州知识产权局、市发改局、市财政局、市统计局、市人社局、镇（街）、市环保局、市卫生局、市国税局等部门数据采集，按质按时完成和通过上级部门的考核。

【召开从化市人才和科技大会】 11 月 24 日，市委、市政府召开从化市人才和科技大会，会议总结近两年人才和科技工作总结，表彰“从化市 2009—2010 年度科学技术进步奖”18 项，从化市科技杰出专业技术人才 10 名，“从化市 2009—2010 年度科技和信息化工作先进单位”20 个和“从化市科技和信息化先进工作者”20 名。调动科信人员的积极性，进一步营造重科技、学科技、用科技的社会氛围。

【推进高新产业发展】 基本情况 2011 年，从化被认定为广东省高新技术（自主创新）产品 8 项（见附表 2）。全市高新产品产值达 87 亿元，占工业总产值的 20.5%，提高 4.5 个百分点，比 2010 年的 57 亿元增长 53.6%，市的自主创新能力不断增强。

市高新技术工业园区建设 配合市的高新技术工业园区建设和认定工作，根据《广东省高新技术产业开发区认定申报暂行办法》进行逐条分析对照，并多次邀请省科技厅和广州市科信局的专家领导给予申报认定工作的指导，争取上级科技部门的支持，启动高新区申报认定的各项工作。

数据谷建设调研 推动市新兴产业发展，联合国家工信部、省市有关部门开展市“华南数据谷”建设的产业调研和规划工作。华南智慧城建设的目标是围绕数据服务产业开展前沿信息技术的产品的研究与开发，建设软硬件、网络技术国家级研发中心。以广州市政务信息处理与服务中心为基础，建立数字产品、软件和信息服务高端信息产业生产基地。创建数字产品、软件和动漫电子商务交易市场。其中已完成对市内的有关机关单位、工业园区、企业、及广州市有关信息化企业和相关地区数据产业的调研工作，全面掌握市信息产业的有关情况，邀请国家工信部的有关专家做好规划工作，加强与广州等上级科信部门的沟通联系，争取上级部门的政策和资金的支持。

推进清华大学“从化市医用加速器研制及产业化项目” 通过加强与清华大学的领导及相关项目人员的联系，多次到北京进行沟通，邀请国内著名的专家组织召开“从化市医用加速器研制及产业化项目”研讨会，促进清华大学世界领先的首创科技项目“kV/MV 同源双能影像引导放射治疗直线加速器产业化”及研发中心落户从化市。

广州市巨亮光电股份有限公司落户从化 该公司属科技型企业，于 7 月在从化开业，总投资 1 亿元，将形成 LED 芯片分选 300KK，直插 120KK，贴片 300KK，大功率 8KK，灯带 50 万米，路灯 2000 盏的月生产能力及室内照明，亮化工程安装一体化的垂直生产链。

【科技计划项目管理】 参照《关于国家科技计划管理改革若干意见》、《国家科技计划管理暂行规定》、《国家科技计划项目管理暂行办法》、《广州市科技计划与项目管理办法》和《广州市科技三项费用管理办法》的有关规定，完善科技计划项目的管理管理制度建设，制定《从化市科技计划项目实施细则》，对科技计划项目的前期调研、制定《指南》、项目征集、专家评审、项目立项程序、中期跟踪管理、结题验收等各方面作出全面的规定，做到以制度管事、制度管人，切实完善管理，促进项目的正常实施，切实促进全市自主创新能力的提高。引导科技含量较高，技术水平在广州市以至省和国家为先进的项目申报广州市以上科技计划项目，争取更大的资金支持为从化市的经济社会发展服务。2011 年，获广州市以上科技部门立项 30 项（见附表 3），其中 25 项扶持资金已到位 756 万元，获立项项目中，国家科技计划项目 1 项，省科技计划项目 8 项，广州科技计划项目 21 项。特别是科技型中小企业创新基金有 8 项获广州科信局立项扶持，1 项获国家科技部立项扶持，有 4 项产学研项目获省科技厅立项扶持。全年有广州市以上科技部门项目结题验收 8 项（见附表 4）。

【组织实施科技计划项目】 对照往年科技计划项目的实施情况，结合从化实际出台科信政策文件，做好扶持的重点和方向计划，加强对市内企事业单位和科研单位的科研攻关情况，到各单位开展调研，广泛征求科研单位的意见，掌握全市开展自主创新的实际情况，调整工作计划，切实做好前期调研工作。组织各业务科室对 2011 年的科技计划的分类和重点扶持方向进行研究，制定切实可行的《从化市科技计划项目申报指南》，全年科技计划项目分为：高新技术和产业化专项，农村和社会发展专项、知识产权科技计划专项和信息化发展和电子政务专项，并分别制定细化的分指南，为引导全市开展科研攻关和自主创新活动打好基础。向全市广泛征集，共征集项目 166 项，其中：高新技术和产业化专项 50 项，农村和社会发展专项 77 项，知识产权科技计划专项 13 项，信息化发展和电子政务专项 26 项。制定《从化市 2011 年科技计划项目专家评审工作方案》，成立项目评审领导小组，邀请广州市相关的专家组成专家评审组，对征集的项目进行评审。进一步发掘科技含量高、发展潜力好的项目和企业，将有限的科技资金用到刀刃上，发挥财政经费的引导作用，确保科技计划项目评审工作科学、公正、规范、健康有序地开展。组织项目评审领导小组的工作人员，对专家评审较好，拟立项的项目进行实地考察，进一步掌握企业对项目实施的条件和进度，为项目的立项打好基础。2011 年，组织实施科技计划项目 102 项，其中高新技术和产业化项目 38 项；农村和社会发展专项 34 项；知识产权科技计划专项 8 项；信息化发展和电子政务专项 22 项。新上项目总投资近 1.1 亿元，项目完成后将实现增加年产值近 5 亿元，实现年税利 5000 多万元，企业通过对科技计划项目的实施，进一步提高自主创新能力。

【推进信息化建设】 信息化基础设施建设 借助广州全力扶持北部山区镇建设的契机，争取广州科信部门支持，建设山区镇村信息通信管道，实现通信光纤到行政村到户；推动村村通电话、通互联网、通移动通信、通有线电视、通无线网络，加强全市信息化基础设施建设。

电子政务建设 完善从化市党政办公自动化系统（OA）建设。市科信局研究方案，做好党政办公自动化系统进行更新和维护工作，严格按照市委、市政府的要求，做好OA系统软硬件的升级改造，组织全市的机关干部开展OA系统使用培训，为全面实行党政机关无纸化办公打好基础。做好电子政务安全保护工作，加强全市电子政务网机房的信息安全工作，加强网站正常安全运行的监察维护，确保全市电子政务网络的安全和畅通。完善各项电子政务建设，协助和联合有关单位，做好电子监察系统三期项目、“大组工网”、广州市府办网络视频会议系统（从化分会场）、“效能建设年”专题网站和新搬迁单位的电子政务建设工作。

从化市信息对外宣传发布　多渠道收集从化市相关新闻信息，做好信息的报送发布工作，全年报送信息4000多条。向广州政府网站信息联播栏目上报信息2100条，向从化山区信息网发送信息2000条，以信息化手段全面宣传和推介从化市的优良投资环境。

镇村级信息化建设　利用亚运后的设备，加强与上级科信部门的沟通联系，按照广州市政府的要求，加强镇级信息化培训中心建设，提高全市镇村的信息化应用水平，减少城乡数字鸿沟。

协调推进治安视频建设　指导各镇街三期工程，完善并管好用好治安视频系统。至年末，市视频监控系统一、二期建设工作已完成用户初验，根据“三分建、七分管”原则，正进入运行维护阶段。视频监控系统自建成以来运行情况良好，通过利用视频系统提供有价值线索、抓获破案犯罪嫌疑人及破获案件取得一定效果，其中直接破获刑案：双抢案12件，盗窃18件，其他刑案25件；间接破获刑案：双抢案15件，盗窃22件，其他刑案32件；抓获犯罪嫌疑人201人；处理其他城市管理案件或事件647件。有效地为办案单位提供案件侦查线索，极大地提高视频监控的应用成效。

【推进“无线城市”建设】　根据《加快广州无线城市建设实施方案》的要求，结合从化市的实际情况，制定《加快推进‘智慧广州，生态从化’无线城市建设方案》，以“政府推动、购买服务，企业投资、建设运营”的模式稳步推进。其中第一期建设已完成，包括市属机关重点区域、山区镇惠民服务站、公共场所和工业园区等地区200多个无线热点覆盖，让市民和游客随时随地可以上网查询信息、交流信息，提升从化市现代化、信息化水平。

【科普宣传】　“科技引领未来 建设幸福从化”大型社区科技咨询活动　组织市委宣传部等22个职能单位和群团组织的140名科技工作者在新世纪广场举行2011年从化市科技活动周开幕式暨科技咨询活动，近1万多人次参加咨询活动。

工业园区科普宣传活动　在市经济技术开发区开展“广东从化经济开发区第二节工业设计大赛科技沙龙”活动和知识产权培训讲座活动，搭建平台促进企业和高校的交流，促进产学研合作，提高企业的自主创新意识和知识产权保护意识。

科技下乡活动　联合有关部门到鳌头镇、良口镇、太平镇及有关小学，开展“幸福、便民、防病”大型下乡义诊咨询活动，百名党员志愿者送健康，送书（送展）下乡。开展“从化市冬季养蜂技术培训暨表彰大会”，邀请省养蜂学会的专家，组织全市近400名蜂农，举办冬季养蜂技术培训，表彰先进蜂农。开展“国际科学与和平日”科普宣传活动，联合有关单位组织开展送医送药下乡和义诊活动，宣传科学与健康生活。组织各镇（街）和工业园区开展科技咨询、讲座，实用技术培训、农村先进适用技术推广等各项科普宣传活动，进一步提高广大群众的科技意识。

青少年科技教育活动 开展防灾避险演练及科普模型作品比赛，联合喜乐登青少年素质拓展训练中心组织从化地区的各大、中、小学青少年和学生家长开展“我智慧、我行动、我幸福”防灾避险演练及科普模型作品比赛。开展科技大篷车进校园活动，联合市科学技术协会、广州市科学技术中心把科普大篷车开进校园—龙潭中学、城郊中学、棋杆中学，提高学生科学素质。举办科普讲座及预防地震图片展览，邀请市退休科技协会老同志、原广州市科普协会会员卢道旺先后到市职业技术学校、城郊小学、北星小学举办《防御强震突袭，减轻地震灾害》科普讲座，提高学生科学防范地震自然灾害的意识。开展“夸父追日”大型科普活动，联同市开发区科协、太平镇政府、五羊天象馆等有关部门以及天文爱好者、中学生开展2011年夏至北回归线“夸父追日”大型科普活动。全面提高市民群众的科技意识。

【知识产权保护】 组织开展知识产权培训班和宣传活动，提高企业和群众的知识产权保护意识。做好日常加强整顿和规范市场经济秩序，加强对城区重点商业区域的商铺开展专利执法检查，多次到城区的利亨百货、永亨隆货仓商场、广百百货、万和百货以及新城市场等进行监督巡查。按照广州市“双打”办的统一部署，联合市打假、工商、经贸、质监、食品监督、公安等单位，以重点地区、重点领域、重点市场、重点商品（化妆品、网络布线产品）为突破口，迅速在全市开展“双打”（打击侵犯知识产权和制售假冒伪劣商品）整治行动，整顿和规范产品生产经营秩序，打击侵犯知识产权和制售假冒伪劣商品侵权者的嚣张气焰，维护商家和消费者的合法权益。2011年，全市专利申请量280项，比上年增长26.1%，其中发明专利56项，实用新型专利111项，外观专利113项；专利授权量138项，比上年增长10.4%，其中发明专利21项（见附表5）。

【地震科普阵地建设】 指导市喜乐登青少年素质拓展训练中心进一步充实地震应急科普设施、宣传资料，指导开展青少年地震应急讲座、地震应急疏散演练活动等，做好地震科普宣传工作。联合市民政局、市应急办等有关单位在新世纪广场开展“5.12防灾减灾日”咨询活动，派发相关资料。结合日本地震、海啸，编著《灾难知识读本——地震、海啸、核辐射》知识读本两万册，派发到社区群众、学校师生，印制防震减灾宣传展板25张，在5.12当日《今日从化》报刊登防灾减灾专版，在科技活动周期间向广大市民群众派发，普及防震减灾、海啸以及核辐射科学防护知识。组织从化三中、英豪学校在“5·12防灾减灾日”、“科技活动周”期间，以宣传栏宣传形式对学生进行防震减灾科普教育及开展应急演练。邀请广州市及从化市防震减灾有关专家到新城小学、从化七中、城郊北星小学等中小学校师生讲授地震应急避险和疏散知识，并指导学校进行地震应急演练。协助广东省、广州市地震局办好“广东省2011年地震应急志愿者骨干培训”工作，并组织从化市有关志愿者骨干参加培训，有120多名来自广东省各地的学员参加这次培训活动。

【扶贫开发】 *贫困村帮扶* 市科信局挂钩帮扶城郊街城康村，还协助广州科信局帮扶鳌头镇五丰村、广州知识产权局帮扶良口镇黄龙带胜塘村。主要思路是为村引入科技含量高，无染污的农业项目，增强村的造血功能，并已和城郊街及城康村做好沟通，与扶贫企业签订项目合同，推进各项扶贫工作。

培育中草药材种植基地　通过汉方等中药企业牵头，组合市的有关中药企业，在北部山区镇加强中草药种植基地的建设，以点带面，发动农民群众种植中草药材，通过公司+基地+农户的形式，加强培训，统一标准种植，统一收购，进一步提高农民收入。汉方企业正牵头调研撰写可行性报告，并初步与有关的镇开展协商。

配合广州市科信局做好扶贫开发　由从化市科信局牵头组织，加强沟通协调，推进信息化建设和各项农业项目，做好“一管、五通”工程，即集约化建设山区镇村信息通信管道，实现通信光纤到行政村到户；村村通电话、通互联网、通移动通信、通有线电视、通无线网络。并购买两年的吕田镇、良口镇、温泉镇、鳌头镇4个山区镇公共场所WLAN网络服务。在从化建立4个镇级电子政务培训中心和139个行政村级电子政务上网服务站。开展数字家庭示范试点工程，在鳌头镇、良口镇以及五丰村向有信息消费能力的农户提供新型智能机顶盒，提供国家数字家庭基地星海文化大平台相关信息资源服务。建设山区镇的特色农产品、旅游电子商务平台，利用网络的平台，推介从化市的特色农产品和旅游资源。加强农业项目的立项扶持，提高从化市农产品的科技含量。组织吕田镇蔬菜质量控制体系规程建设、温泉镇中蜂种质资源选育及蜂产品质量安全控制研究示范、鳌头镇蜜饯（三华李）绿色深加工技术应用研究及产业化、五丰村LED灯示范工程及科普示范村建设、鳌头镇珍稀名贵水产品科普示范基地建设等项目开展。提升良口镇卫生院、鳌头镇卫生院医疗服务水平工程，开展急救平台和急救网络的建设，开通远程会诊，加强全院急救培训，提升两个卫生院的医疗服务水平。

附表1　2011年从化市被上级科技部门认定的高新技术企业、民营科技企业

1. 高新技术企业			
序号	企业名称	认定部门	证书编号
1	广州基业长青化工有限公司	广东省科技厅	GR201144000508
2. 广州市民营科技企业			
序号	企业名称	认定部门	认证编号
1	广州市嘉裕科农育苗有限公司	广州市科技和信息化局	穗2011C001
2	广州市振杰机械有限公司	广州市科技和信息化局	穗2011C002
3	广州从化明兴机械有限公司	广州市科技和信息化局	穗2011C003
4	广州市迈克林电力有限公司	广州市科技和信息化局	穗2011C004
5	广州市明兴电缆有限公司	广州市科技和信息化局	穗2011C005
6	广州三荣包装材料有限公司	广州市科技和信息化局	穗2011C006

续上表

序号	企业名称	认定部门	认证编号
7	广州中弈信息科技有限公司	广州市科技和信息化局	穗 2011C007
8	广州市明华园艺有限公司	广州市科技和信息化局	穗 2011C008
9	广州市振杰自动售货机有限公司	广州市科技和信息化局	穗 2011C009
10	广州市独步科技信息咨询有限公司	广州市科技和信息化局	穗 2011C010
11	广州市荔泉食品有限公司	广州市科技和信息化局	穗 2011C011
12	广州振亚科技有限公司	广州市科技和信息化局	穗 2011C012
13	广州市锦绣园艺有限公司	广州市科技和信息化局	穗 2011C013

附表 2　2011 年广州市以上科技部门高新技术产品认定从化部分项目汇总表

序号	新产品级别	新产品名称	承担单位
1	广东省自主创新产品	逆变悬挂焊机	广州（从化）亨龙机电制造实业有限公司
2	广东省高新技术产品	高性能纤维光锥	广州宏晟光电科技有限公司
3	广东省高新技术产品	高性能光学纤维倒像器	广州宏晟光电科技有限公司
4	广东省高新技术产品	高性能光学纤维面板	广州宏晟光电科技有限公司
5	广东省高新技术产品	注射用单磷酸阿糖腺苷	广东先强药业有限公司
6	广东省高新技术产品	硫普罗宁肠溶胶囊	广东先强药业有限公司
7	广东省高新技术产品	头孢克肟分散片	广东先强药业有限公司
8	广东省高新技术产品	高效复合万分级水泥助磨剂	广州基业长青化工有限公司

附表 3　2011 年从化市获国家科技立项项目汇总表

序号	项目编号	项目类型	项目名称	承担单位
1	2011J4200039	创新基金	基于 WEB 技术的食品安全溯源软件系统	广州中弈信息科技有限公司

附表 4　2011 年从化市获省科技立项项目汇总表

序号	项目编号	项目类型	项目名称	承担单位
1	2011B090600033	特派员工作站	企业科技特派员心脑血管药物研发工作站	广东丽峰药业有限公司

续上表

序号	项目编号	项目类型	项目名称	承担单位
2	2011B040100020	科技服务	动漫交易平台	广州从化动漫产业园发展有限公司
3	2011B040100019	科技服务	护肤品功效成分透皮吸收系统研究创新服务平台建设	广州赛莱拉化妆品科技有限公司
4	2011B090300024	战略合作	鲟鱼优良品种选育及苗种规模化生产	广州市先步农业发展有限公司
5	2011B090400429	产学研	人干细胞生长因子生产及其在医学美容方向的应用研究	广州赛莱拉化妆品科技有限公司
6	2011B090400065	产学研	南方特色果酒技术创新及产业化	广州市从化顺昌源绿色食品有限公司
7	2011B090400510	产学研	杂交兰新品系的栽培技术研究和成品生产示范	从化市温泉尚品兰花农场
8	2011B090400124	产学研	蜂蜜、蜂胶等蜂产品安全控制技术的研发与应用示范	广州市谭山蜂业有限公司

附表5　2011年从化市获广州市科技立项项目汇总表

序号	项目编号	项目类型	项目名称	承担单位
1	2011kp009	科普专项	创新建设地震及自然灾害模拟逼真效果的4D动感影院	从化市喜乐登青少年素质拓展训练中心
2	2011J4200192	创新基金	UG小机房乘客电梯	广东联合通用电梯有限公司
3	2011J4200151	创新基金	环保型高韧耐曲挠高分子材料	广州德旺塑料制品有限公司
4	2011J4200184	创新基金	高活性毛霉蛋白酶的工业化生产	广州市华琪生物科技有限公司
5	2011J4200174	创新基金	医用电动脉冲冲洗器	广州佳林医疗用品制造有限公司
6	2011J4200113	创新基金	城乡饮用水超声场消毒杀菌关键技术与设备	广州市新栋力超声电子设备有限公司

续上表

序号	项目编号	项目类型	项目名称	承担单位
7	2011J3300007	工程中心	广州市高精铜板带材加工重点工程研究开发中心	广州铜材厂有限公司
8	2011J4200039	创新基金	基于WEB技术的食品安全溯源软件系统	广州中弈信息科技有限公司
9	2011J4200019	创新基金	抗高血压新药苯磺酸氨氯地平盐酸贝那普利复方胶囊研发	广东丽峰药业有限公司
10	2011J4200057	创新基金	YY动漫视频教育系统	广州市三学苑网络科技有限公司
11	2011Y2－00010	民生专项	大米加工副产物高值比利用技术研究及应用示范	广州市荔泉食品有限公司
12	/	电子商务	从化农家乐旅游电子商务网升级与推广	广州永拓信息科技有限公司
13	/	扶贫专项	购买2011鳌头镇、温泉镇、良口镇、吕田镇公共场所WLAN网络服务	从化市科技和信息化局
14	/	扶贫专项	吕田镇蔬菜质量控制体系规程建设	广州东升有机种植有限公司
15	/	扶贫专项	温泉镇中蜂种质资源选育及蜂产品质量安全控制研究示范	广州市从化国祥蜂业专业合作社
16	/	扶贫专项	从化市良口镇医院医疗服务水平提升工程	广州军区广州总医院
17	/	扶贫专项	鳌头镇珍稀名贵水产品科普示范基地建设	广州先步农业发展有限公司
18	/	扶贫专项	从化市五丰村科普示范村建设	从化市科技和信息化局
19	/	扶贫专项	吕田镇、良口镇蜜蜂文化科普宣传	广州市从化蜂博蜜蜂研究所
20	/	扶贫专项	从化市鳌头镇五丰村LED路灯村道照明试点示范工程	广州市光机电技术研究院
21	/	扶贫专项	鳌头镇蜜饯（三华李）绿色深加工技术应用研究及产业化	广州市从化市龙丰园果子食品厂

附表6　2011年广州市以上科技部门项目结题从化部分验收汇总表

序号	项目编号	项目类型	项目名称	承担单位	项目结题验收时间
1	2007B090400030	广东省科技项目	高档出口西式肉制品生产和质量控制技术研究及产业化	广州雨润肉类食品有限公司	2011.1
2	2009Z2－D381	广州市科技支撑	食品安全溯源软件服务系统	广州中弈信息科技有限公司	2011.2
3	2008Z1－E671	广州市科技项目	鳄龟养殖产业化关键技术研究	广州市先步农业发展有限公司	2011.3
4	2008B080502008	广东省科技项目	水性丙烯酸气雾剂	广州保赐利化工有限公司	2011.4
5	2009Z1－E691	广州市成果转化	三华李食品绿色深加工技术应用研究及产业化	广州市从化龙丰园果子食品厂	2011.4
6	2009C6－I051	广州市难题招贤项目	荔枝酒典型香气成分的确定及产业化研究	广州市从化顺昌源绿色食品有限公司	2011.5
7	2007Z1－E0091	广州市创新中心专项	广州特色果酒科技创新中心	广州市从化顺昌源绿色食品有限公司	2011.6
8	2009A1－D251	广州市一区一项目	低VOC环保型安全气雾剂关键技术研究与应用	广州保赐利化工有限公司	2011.9

附表7　2011年从化市获发明专利授权情况表

序号	专利名称	专利号	申请日	授权日	专利权人
1	一种节能防电全塑电热水器混水阀的制作方法	CN200810028942.5	2008.06.19	2011.02.16	从化市聚赛龙工程塑料有限公司；广州京英塑料有限公司

续上表

序号	专利名称	专利号	申请日	授权日	专利权人
2	电容储能焊机及其使用方法	CN200810028810. 2	2008. 06. 17	2011. 04. 06	广州（从化）亨龙机电制造实业有限公司
3	一种车用低 VOC 内饰件 PP 复合材料的制备方法	CN200910037827. 9	2009. 03. 07	2011. 05. 04	从化市聚赛龙工程塑料有限公司；广州京英塑料有限公司
4	一种智能控制逆变恒功率充电方法	CN200710028673. 8	2007. 06. 19	2011. 05. 11	广州（从化）亨龙机电制造实业有限公司
5	缝焊机电极的活动导电结构	CN200910040263. 4	2009. 06. 16	2011. 05. 11	广州（从化）亨龙机电制造实业有限公司
6	一种透明 PC/PET 复合材料的制备方法	CN200910130820. 1	2009. 04. 16	2011. 06. 15	从化市聚赛龙工程塑料有限公司；广州京英塑料有限公司
7	猴耳环提取物及其制剂的质量控制方法	CN200910038646. 8	2009. 04. 15	2011. 06. 22	广州莱泰制药有限公司
8	工装装置	CN200810028744. 9	2008. 06. 12	2011. 06. 22	广州（从化）亨龙机电制造实业有限公司
9	电阻焊用夹具及其使用方法	CN200810028722. 2	2008. 06. 11	2011. 09. 07	广州（从化）亨龙机电制造实业有限公司
10	用于纤维光锥的芯料玻璃	CN200910038712. 1	2009. 04. 20	2011. 09. 28	广州宏晟光电科技有限公司
11	光纤倒像器转动扭制装置	CN201010154019. 3	2010. 04. 16	2011. 09. 28	广州宏晟光电科技有限公司

续上表

序号	专利名称	专利号	申请日	授权日	专利权人
12	一种干白荔枝酒及其酿造方法	CN200710027467.5	2007.04.09	2011.11.16	广州市从化顺昌源绿色食品有限公司
13	水膜式空调机及其所用室内换热器	CN2009100415051	2009.07.29	2011.11.17	苏宇贵
14	一种低VOC高性能汽车内饰件专用PP复合材料及其制备方法	CN200910037828.3	2009.03.07	2011.11.30	从化市聚赛龙工程塑料有限公司；广州京英塑料有限公司
15	无卤无锑阻燃聚对苯二甲酸乙二醇酯工程塑料及制备方法	CN2009102143210	2009.12.29	2011.12.01	从化市聚赛龙工程塑料有限公司；广州京英塑料有限公司
16	一种耐低温PC/PET复合材料及其制备方法	CN2009101922477	2009.09.06	2011.12.01	从化市聚赛龙工程塑料有限公司
17	一种具有腹部瘦身功能的组合物	CN2011100456082	2011.02.25	2011.12.09	广州市天吻娇颜化妆品有限公司
18	一种无卤阻燃ABS/PET合金及其制备方法	CN2010101967184	2010.06.08	2011.12.29	从化市聚赛龙工程塑料有限公司
19	一种果香型荔枝酒及其制备方法	CN2009101921489	2009.09.08	2011.12.30	广州市从化顺昌源绿色食品有限公司
20	一种专用于酿造荔枝酒的冷冻罐	CN2007100274694	2007.04.09	2011.12.31	广州市从化顺昌源绿色食品有限公司
21	人干细胞生长因子在化妆品中的应用	CN2010106146973	2010.12.30	2011.12.31	广州赛莱拉化妆品科技有限公司

（市科技和信息化局供稿，赵伙有执笔）

社 会 生 活

人 口

【概述】 2011年，全市总户数176469户，比上年增加4774户，增长2.78%，每户平均人数3人；其中非农业户68191户，比上年增加2538户，增长3.87%。全市总人口586826人，比上年增加8108人，增长1.40%，其中：非农业人口153271人，占全市总人口的26.12%，比上年增加4354人，增长2.92%。农业人口433555人，占全市总人口的73.88%，增加3754人，增长0.87%。在总人口中，男性人口297650人，占全市总人口的50.72%，比上年增加3940人，增长1.34%；女性人口289176人，占全市总人口的49.28%，增加4168人，增长1.46%。性比例（女=100）为102.93，比上年下降0.12个百分点。2011年出生人口4933人，比上年减少1271人，下降20.49%；出生率8.46‰，比上年下降2.38个千分点。当年人口自然增长率3.14‰，比上年下降0.97个千分点（公安局数据，按户籍口径分）。

【人口密度与耕地面积】 全市土地面积1974.5平方公里（广州市民政局确认的数据）。人口密度297人/平方公里。耕地面积309629亩（从化市统计局数据），全市农业人口人均耕地面积0.71亩。

【人口迁移】 全市省内迁入人口3121人，比上年增加372人，增长13.53%；省外迁入人口4090人，比上年增加193人，增长2.31%。迁往省内人口2303人，比上年增加65人，增长2.90%；迁往省外人口712人，比上年增加181人，增长34.09%。

【外来暂住人口】 从化市登记的外来暂住人口91677人。从来源看，来自省内的56542人，占61.68%；来自省外的35135人，占38.32%。从职业来看，常规暂住外来人口48112人，占52.48%，务工36353人，占39.65%，务农621人，占0.68%，从事服务业3355人，占3.66%，经商2474人，占2.70%，从事其他职业762人，占0.83%。

【从化市劳动力构成】 全市从业人员352455人，比上年增加42813人，增长13.83%。其中第一产业139660人，比上年减少7389人，下降5.02%；第二产业107759人，比上年增加26923人，增长33.31%；第三产业105036人，比上年增加23279人，增长28.47%。在从业人员中，第一产业占39.63%，第二产业占30.57%，第三产业占29.80%。

【人民生活】　全市城镇非私营单位在岗职工年人均工资36871元，同比增长15.7%。城镇居民人均可支配收入21755元，比上年增长11.88%；农村居民人均纯收入9856元，比上年增长16.92%。

（市统计局供稿，李伯英执笔）

计划生育

【管理机构】　从化市人口和计划生育局属政府序列行政单位，2011年5月办公地址从街口街新城东路99号搬迁至街口街蓝田西路29号。定编21名，其中行政编制8名、事业编制12名、工勤编制1名。2011末，在职20人，有局长1人、副局长2人。内设机构有：办公室、宣传教育科、规划统计科。驻局政府协调事业机构有：从化市流动人口计划生育管理办公室、从化市人口与计划生育目标管理责任制考核办公室、从化市计划生育协会办公室。下属事业机构有：从化市计划生育服务站，办公地点在街口新城西路69号，在职在编25人。

【基本情况】　2010年10月至2011年10月，全市总人口为57.11万人，出生6858人，出生率为12.06‰，比上年下降0.60个千分点；自然增长4141人，自然增长率7.28‰，比上年下降0.19个千分点；按政策出生6550人，政策生育率为95.51%，比上年上升0.28个百分点。各项指标均在省的控制要求以内，出生率和自然增长率均有所下降。2011年度全省人口计生工作考评成绩突出，再次获得“广东省人口与计划生育先进单位”荣誉称号，受到省的通报表扬和奖励，整体水平再次得到较大提升。

【计生综合治理网络建设】　市各有关单位把综合改革示范单位创建活动作为重中之重来抓，成立专项领导机构，以人口计生综合治理信息化和独生子女结扎户、纯二女结扎户幸福楼工程为重点，加大综合改革力度。建立以计卫（计生和卫生部门）联手为主，计民（计生和民政部门）、计物（计生和部分大型物业小区管理中心）等为辅的人口计生综合治理网络信息平台。计卫联手工作得到进一步强化，物业小区人口计生网络信息平台逐步建立，并向全市物业小区铺开。推进独生子女结扎户和纯二女结扎户幸福楼工程。做好申报、审核和登记工作，危破房改造工程顺利推进，部分群众住上新楼房，受惠家庭近500户。

【计生宣传教育】　举办各类培训班20多场次，把人口理论纳入计生干部培训内容，加强对村（居）计生干部的人口形势教育，增强国策意识、人口意识。进一步规范更新宣传标语内容，突出各种奖励优惠政策和生殖保健知识的宣传，把固定宣传标语向村社和人口居住集中区延伸。强化入户宣传，把入户访视作为入户宣传的重要平台，在入户访视、产术后随访工作中，针对不同群众的不同需求，按需施教，给群众详细讲解计生政策、生殖保健、优生优育等知识。印制配发5万多份涵盖计生法规、生育节育、流动人口管理、奖励扶助、优惠政策、生殖保健等内容的宣传资料，扩大宣传品发放面，提高群众对计生政策的知晓率。开展集中服务活动，各镇（街、场）以外出务工人员回乡过春节为契机，利用宣传车、开展现场咨询活动等形式深入宣传《广东省人口与计划生育条例》等，受惠群众3.28万人次。

【流动人口计生管理】　坚持把强化流动人口

服务管理作为减少违法生育的重点，强化“一盘棋”服务管理机制，完善流动人口信息库和信息交换平台，推进“网络化管理”。加大对流动人口计生服务管理力度，保障流动人口计划生育均等化服务经费的投入。按照“属地化管理，市民化服务”的原则，加强对流动人口计划生育服务管理工作的指导。加强流动人口计生服务管理业务知识培训，强化流动人口婚育证明管理工作。流动人口享受与户籍人口同等服务，拓宽流动人口药具免费发放渠道，提高流动人口避孕节育药具的获得率。开展流动人口计划生育服务管理专项清理行动。流动人口政策生育率达到88%以上，查环查孕近8000人次，已婚育龄妇女节育率约为87%，信息反馈8643宗，信息通报3016宗。

【计生利益导向】　落实广东省农村部分计划生育家庭奖励办法和城镇居民独生子女父母计生奖励政策，其中农村部分计划生育家庭奖励办法惠及群众1500多人，居民独生子女父母计生奖励政策惠及220多人，发放奖励金180多万元。落实计划生育特别扶助制度。春节期间，投入20多万元，慰问计生贫困家庭；对因病致贫的家庭进行慰问和资助，发放资助款8万多元，受惠家庭10多户。落实农村独生子女户以及纯二女户的考生中考加分投档工作，受惠学生124名。

【计生服务】　从化市把羊城幸福家庭促进计划作为工作的重点，制订实施计划，不断加大人、财、物的投入，不断向群众提供更多、更优、更贴心的服务。加强对人员素质的培训，举办服务站所医技人员培训班7次，受培训人员达150多人次，有效提高医技人员的业务技能。组织实施避孕节育优质服务、生殖道感染、出生婴儿缺陷干预“三大工程”，通过送服务上门及举办计划生育咨询服务活动等形式，全面开展“三查一治一服务”（查环、查孕、查病，治病和优质服务）工作，为群众提供优质服务53700多人次。市人口计生局、市计生服务站联合城郊街等单位开展“三下乡”（科技、文化、服务三下乡）计生宣传服务活动，派发宣传资料、接受群众现场咨询、开展义诊活动等，深受当地广大群众的好评。

【巩固计生基层基础】　各有关单位对“两无”（即无政策外出生和无政策外多孩出生）活动高度重视，进一步强化“两无”工作。全面开展“关心到户、服务到人”活动。把宣传和服务结合起来，把责任落实到人，把服务落实到人，把奖惩落实到人。加强基层组织建设，推进计划生育基层群众特别是村（居）民自治。开展计划生育手术库存专项清理行动。各镇（街、场）村（居）干部深入村社，摸清底数，把未落实节育措施的对象分解到每一名镇（街、场）村（居）干部。2011年度，全市清理计划生育手术库存4942例，其中结扎1770例，上环2245例，落实补救措施924例，总量比上年增加241例。有效推动人口计生工作重心下移，促进“两无”活动深入开展，进一步稳定低生育水平。

（市人口和计划生育局供稿，
汤焕兴、邝小明执笔）

民　政

【管理机构】　市民政局属政府序列行政单位，办公地址在街口街城南路87号。局定编71人，其中行政编制12人、机关后勤服务人员事业编制2人（含新合同制管理后勤人员1人），事业编制57人。2011年末，局在编在职人员52人，有局长1人、副局长2人。内设机构有：办公室、优抚安置科、救灾救济科、社会福利科、基层政权和社区建设科、社会事务科。局属单位有：市婚姻登记处（参照公务员法管理单位）、市老龄工作委员会办公室（参照公务员法管理单位）、市殡葬管理所、市殡仪馆、市公墓管理服务所、市社会福利院、市民间组织管理办公室、市区划地名办公室、市社区服务中心、市救助管理站。2011年9月，新成立市敬老院，为市民政局属下股级事业单位，配事业编制3名。驻局政府协调机构有：老区建设办公室（下简称老建办）、拥军优属、拥政爱民办公室（下简称双拥办），均在优抚安置科办公，无编制。

2011年9月6日，市领导谭凯平（右四）、刘宗静（左四）出席太平镇邓村颐养园揭牌活动

【城乡最低生活保障】　全面落实应保尽保，2011年4月1日开始，从化市城乡低保标准大幅提高，其中城镇低保标准由原来的355元/月提高到415元/月，提高幅度17%；农村低保标准由原来250元/月提高到300元/月，提高幅度20%。孤儿养育标准从2011年1月1日开始，由每人每月650元提高到每人每月1000元。至2011年底，全市享受城乡低保救助有8840户，22849人，发放低保金4982.34万元；其中城镇664户，1527人，发放资金423.98万元；农村8176户，21322人，发放资金4558.36万元。

【社会救助】　实施医疗救助和临时救助，有效缓解困难群众生活难、看病难等问题。从化市农村低保户按每人每月42元、城镇低保户按每人每月58.1元的标准报销医疗费。全市受理困难群众医疗救助申请累计37243人次，救助总金额361.12万元（其中农村31778人，313.7万元，城镇5465人，47.42万元）。2011年春节期间，全市各级民政部门发放春节慰问金、省级临时性价格补贴、中央一次性补助资金共2356.135万元，惠及全市2.8万名困难群众及重点优抚对象，改写历年发放最多纪录。根据物价上涨情况，向困难群众、重点优抚对象和政府供养人员发放3次共9个月的临时物价补贴1303.04万元，受惠群众达8.4万人次。

【救灾减灾】　建立健全救灾减灾机制，应对自然灾害的能力有所提高。进一步完善救灾物资储备仓库建设，加强救灾应急体系建设。建立各级灾害信息员联络制度，及时掌握一线灾情动态。继续开展综合减灾示范社区创建工作。至年末，全市累计有“全国综合减灾示范社区”6个，其中新增街口街凤仪社区、吕田镇吕田社区、温泉镇灌村社区3个社区被国家减灾委、民政部命名为“全国综合减灾示范社区”。

【社会福利】　*五保村和敬老院建设*　2011年末，全市建成五保村60个，拥有床位615张，已入住老人236名，农村五保老人居住条件明显改善。做好从化市敬老院组建工作。争取广州市民政局资金支持139万元，对全市8家镇级敬老院进行维修改造。全力配合做好广州凤凰山颐乐养生文化村落户从化的各项工作，大力发展社会福利机构养老事业。

居家养老服务和老年人优待 把免费安装“平安通”呼援服务系统的范围扩大至80周岁以上户籍老年人。为108名老人购买居家养老服务，为老人提供日常照料，居家清洁、谈心等服务。2011年7月开始，把长寿保健金发放范围扩大至70周岁以上老年人，发放标准为每人每月30元；提高80周岁以上老人长寿保健金发放标准，其中80至89周岁老人长寿金由每人每月50元提高至100元；90至99周岁由每人每月100元提高至200元；百岁老人长寿金为每人每月300元。全年全市发放长寿保健金1335.5万元，新办理老年人社会保障卡4680张（次），补办578张（次）。

【“双拥”优抚安置】 *落实各项优抚政策* 2011年，两次提高全市优抚对象补助标准，提高幅度平均为11%；为全市2450名优抚对象发放补助金1675.17万元，为745名生活困难的在乡退伍军人发放临时补助共193.4万元。制定优抚对象医疗保障办法，解决优抚对象医疗难、生活难、住房难等“三难”问题，为维护社会和谐稳定做出努力。

退役士兵接收安置和免费职业技能培训 完成年度退役士兵接收安置任务213名，接收安置率100%，为40名退役士兵发放一次性自谋职业安置补助金304万元。215名退役士兵报名参加职业技能培训，退役士兵就业能力明显提高。

双拥和老区建设 春节、“八一”期间，市领导分别带领慰问团慰问驻从化部队和在乡复退军人，向他们送去节日的祝福，全市慰问驻从化部队赠送慰问金共计60多万元，向优抚对象和在乡退伍军人发放节日慰问金约370万元。支持老区建设资金124万元，解决老区的饮水难、读书难、看病难、行路难、照明难等“五难”问题。

【基层政权和社区建设】 *推进社会管理服务改革创新* 街口街完成“一队三中心”（即综合执法队、街道政务服务中心、综治信访维稳中心、家庭综合服务中心）组建，街道家庭综合服务中心引入专业社会工作机构开展专业社区服务，至2011年底，开展家庭服务、长者服务、青少年服务、妇女服务，义工服务等5项活动服务类别，服务3.6万人次。城郊、江埔街改革理顺街道管理体制机制稳步推进，突出抓好家庭综合服务中心建设，已落实资金和场地并启动建设。

基层民主建设 按照省、广州市的要求，全市221个村、44个社区提前完成第五届村委会和第四届居委会“两委”换届选举工作，共选出新一届村委会成员1030人，社区居委会成员290人，换届选举工作走在全省前列，实现“三满意”，即党委政府满意、干部满意、群众满意（96%的村、社区在换届选举中零上访、零投诉），受到省、广州市的肯定。指导各镇（街）村开展村务公开和民主管理工作，完善并落实“两委”联席会议、村民会议和村民代表会议制度，开展村务公开民主管理示范村创建工作。在全市24个试点村开展以农村社区综合服务中心为重点的农村社区建设实验工作，其中已建成8个，在建16个。

社区居委会规范化建设 通过开展省“六好”（即自治好、管理好、服务好、治安好、

环境好、风尚好）平安和谐社区和村（居）务公开民主管理示范村（社区）等创建工作，进一步规范从化市社区居委会建设。至年末，全市44个社区中已有39个社区创建成为广东省“六好”平安和谐社区。59个村（社区）创建成广东省村（居）务公开民主管理示范村（社区）。提高社区居委会专职人员薪酬待遇，社区专职人员工资待遇由每月1500元增加到每月1800元。

规范发展社会组织　至年末，属从化籍社工师和助理社工师有15人。筹备社会管理创新“孵化器”项目建设，支持发展公益慈善类、社会服务类、行业协会商会等类型社会组织，引导各类社会组织参与社区管理服务，发挥社会组织在社会管理中的重要协同作用。全市有社会组织134个（其中社会团体76个，民办非企业单位58个）。组织开展社会组织年检工作和社会团体“小金库”专项治理工作，年检率和自查率达100%。

【社会事务管理】　救助管理　全力做好人大、政协“两会”和广州市“创文”迎国检期间救助管理工作。2011年，市救助管理站共救助生活无着及流浪乞讨人员505人次，其中收治流浪精神病人26人次、保护救助流浪未成年人17人次，街头流浪乞讨人员明显减少。

婚姻登记　顺利完成2011年11月11日婚姻登记工作，当天全市办理婚姻登记350对，全年全市办理婚姻登记8379对，其中结婚登记6249对，离婚登记1441对，补领证件689对。

地名审批和界线管理　积极创建平安边界，建立界线委托管理制度，没有发生边界纠纷，保持边界地区的稳定。依法审核地名业务32宗，批准使用地名79个。

收养登记　妥善解决从化市居民私自收养弃婴（童）入户问题，全年办理收养登记60宗。

殡葬管理　殡葬管理工作成绩突出，被国家民政部评为全国殡葬工作先进单位。全年办理遗体火化5961具，其中本地3171具、外地2790具。落实困难群众基本殡葬服务费用减免政策，其中低保、低收入等困难家庭遗体火化数511具，减免费用66.5万元。

附表1　2011年从化市在册百岁老人名录

姓名	性别	出生年月	至2011年岁数	所在镇（街）村
卢义足	女	1904.2	107	街口街开源路
李汝兰	女	1904.3	107	良口镇石岭村
张　灶	女	1904.9	107	鳌头镇龙聚村
李有梅	女	1907.1	104	良口镇良新村
李桂连	女	1908.12	103	鳌头镇乌石村
李杏彩	女	1909.2	102	鳌头镇中塘村
潘亚镜	女	1909.3	102	吕田镇竹坑村
蓝甘英	女	1909.5	102	明珠园区广场路
朱　秋	女	1909.5	102	江埔街凤院村
李　带	女	1909.6	102	江埔街南方村
温金娇	女	1909.6	102	流溪河林场流溪香雪大街
王木娇	女	1909.8	102	良口镇小杉村
罗榕兰	女	1909.9	102	城郊街新开村
朱霞女	女	1909.9	102	温泉镇石海村
黄木杨	男	1910.3	101	温泉镇桃莲村
吴英义	女	1910.3	101	鳌头镇西山村
邝　三	女	1910.9	101	江埔街禾仓村

续上表

姓名	性别	出生年月	至2011年岁数	所在镇（街）村
朱记洪	男	1910.10	101	太平镇银林村
杨英	女	1911.2	100	太平镇佛岗村
何永娇	女	1911.2	100	街口街镇北路
谢灶榕	女	1911.3	100	温泉镇龙新村
禤凤	女	1911.4	100	太平镇邓村

（市民政局供稿，李婷婷执笔）

人力资源和社会保障

【管理机构】 市人力资源和社会保障局属政府序列行政单位，办公地址在街口街河滨南路43号。定编180名，其中行政编制16名、事业编制156名、工勤编制8名。2011年末，在职257人，有局长1名、副局长4名，党委书记1名，专职党委副书记1名。内设机构8个：办公室（党委办公室、监察室与其合署，挂“信访办”牌子）、规划财务科、培训就业管理科（挂“从化市就业工作领导小组办公室”牌子）、人才资源开发管理科、社会保险管理科、信息管理科、工资福利科、劳动关系科（挂劳动监察科牌子）。下属事业机构13个：从化市机关事业单位工资统发管理办公室、从化市人才服务管理办公室、从化市劳动就业服务管理中心、从化市劳动力市场服务中心、从化市社会保险基金管理中心、从化市劳动争议仲裁委员会办公室、从化市农村社会养老保险管理中心、从化市医疗保险服务管理中心、从化市城乡居民基本医疗保险中心、从化市劳动监察大队、从化市职业技能鉴定所、从化市劳动力管理所、从化市退休职工管理委员会办公室。代市政府管理机构3个：从化市人事争议仲裁办公室、从化市新型农村合作医疗管理委员会办公室、从化市公费医疗管理委员会办公室。

【就业和再就业】 全年举办各类招聘会58场，提供就业岗位2.363万个，达成就业意向1.03万人次。转移农村富余劳动力就业1.13万人，比上年增加370人。其中登记“4050”（指男性50岁、女性40岁以上的大龄下岗失业人员）就业困难人员525人，安置就业407人，再就业率77.5%；特困人员登记52人，安置就业32人，就业率61.5%；高校毕业生登记失业4519人，推荐就业443人，就业率85.3%；全市城镇失业率控制在3.5%以内。创建充分就业社区31个，创建率70%，充分就业村3个，市级创业（孵化）示范基地7个，扶持375人成功创业，带动就业493人。

【劳动监察和仲裁】 依法维权，力促劳动关系和谐稳定。全年接待群众通过来电、来信、来访等方式咨询政策556批2267人次，受理劳动违法投诉案件524宗，涉及人员4584人。处理30人以上突发事件23宗。落实企业最低工资标准，从2011年3月1日开始，企业最低月工资标准由960元提高到1100元。受理工伤案件2596宗，做出工伤认定1913宗，工伤认定胜诉率100%，为劳动者挽回及取得经济补偿金3989万元。实施劳动保障常规监察2747户，发出询问通知书191份、整改指令书19份，实施行政处罚18.48万元。受理劳动争议案件824宗，结案728宗，结案率88.3%，为劳动者追回欠薪2500万元。

【职业技能培训】　全年实施职业技能培训20377人，其中初级工18298人、中级工1807人、高级工272人。实施职业技能鉴定9615人，合格7019人，合格率73%。首次开展培训券发放工作，全年发放培训券12115张，培训券培训10170人，培训券使用率83.95%。办理高校毕业生学历认证753人。

【社会保障】　*社会保险基金管理*　全年全市参加企业职工社会保险人数33.9万人，比上年增长5%。其中参加养老保险15.3万人，失业保险8.7万人，工伤保险32.87万人，生育保险6.8万人。全市企业职工人月均退休费由人均1697元/月提高到1796元/月。支付退休人员基本养老金0.19亿元。

城镇老年居民工作扎实开展　征缴收入618.74万元，财政补助收入645.17万元，支付待遇1221.37万元，基金结余448.32万元。城镇老年居民享受待遇为每月450元，与广州市区一致。

城镇职工基本医疗保险　2011年，全市参加基本医疗保险职工14.6万人。累计征缴医疗保险基金3.85亿元。在市内外医院住院或就医病人64479人次，支付各项医疗保险费5941万元，住院平均报销比例69.42%。全年医保基金累计结余5.51亿元（含政府资助划拨）。

城乡居民基本医疗保险　全市参加城乡居民基本医疗44.26万人，参保率98.5%。参加城乡医保住院33861人次，医疗费总金额17671.3万元，医保基金支付6957.7万元。2011年的筹资标准为230元（不含中央财政资助），个人缴交35元，各级财政补贴195元。全年住院报销40051人次，报销金额7736.4万元，住院次均报销金额1932元（含住院分娩3796人次，医疗费总额1244万元，城乡居民医保补助190万元），实际报销比例37.8%。全年共筹集医保基金10179.8万元，实际支出7896.5万元，结余2283.3元，历史结余6523.60万元。

公费医疗　全年全市享受公费医疗的单位168个，享受公费医疗人员17253人。2011年财政预算支付3300万元，实际支付医疗费3600万元，医疗费用增长控制在合理范围内。

新型农村社会养老保险实现全覆盖　全市共有262014名农村居民参保，完成总任务数的109.99%。其中16周岁以上农村居民参保率为79.65%，35周岁以及60周岁以上农民居民的参保率达100%。提前超额完成广东省、广州市下达的三年全覆盖的目标任务，从化市被广东省新型农村社会养老保险工作领导小组授予“广东省新农保全覆盖试点县区”。

【深化人事制度改革】　优化人才资源配置，促进人才合理流动。扎实推进事业单位岗位设置管理工作，市内313个事业单位开展岗位职责设置工作，其方案已全部通过审核，进入聘用实施阶段。

【专业技术人员管理】　按照事业单位公开招考办法，为卫生、教育系统等部门招考工作人员178人。办理专业技术人员初级职称认定429人。网上审核专业技术人员申报初、中、高级职称评审材料447人次，完成专业技术人员继续教育学分审核、验证805人次。

【人事业务】　从2011年1月开始，启动机关事业单位住房物业维修基金补贴、七大节日补贴等项目。住房物业维修基金补贴人均月增资525元，七大节日补贴人年均增资3500元，在职人员调整增加津贴补贴约501元/月，离退休月人均320元。抓好公共卫生及基层医疗卫生事业单位绩效工资的实施工作。培训及派遣“三支一扶”（指大学生在毕业后到农村基层从事支农、支教、支医和扶贫工作）高校毕业生进驻基层20名。按政策要求做好广州市下达的4名军转干部的定职定位工作。

【队伍建设】 全局工会人员207人，退休人员56人。为关心职工生活，局工会探视及慰问住院人员为10多人次、生育人员为2人、工伤1人、协助办理职工济难基金救助1人；慰问已故职工家属2人；全年职工及退休人员发放生日券共336张。贯彻落实妇女儿童权益保障法律法规，抓好“三八”妇女维权日活动。开展《妇女权益保障法》等法律法规知识宣传活动，发放养老、医疗、失业、工伤、生育保险等法律法规，宣传资料、图册1万余份，现场咨询服务1000多人次，展出宣传展板20余块，宣传条幅10余条，宣传挂图10余幅。发挥党员后备军的骨干作用，开展“讲文明、树新风”、“迎亚运、保平安”等主题活动，普及志愿服务理念，弘扬奉献精神。局党委下辖9个党支部，2011年有党员167人，其中当年新发展党员9人。

（市人力资源和社会保障局供稿，钟晨晖执笔）

开　发　区

高技术产业园

【管理机构】　2011 年 2 月 24 日，广东从化市经济技术开发区更名为广东从化经济开发区高技术产业园，广东从化市经济技术开发区管理委员会相应更名为广东从化经济技术开发区高技术产业园管理委员会，属从化市人民政府派出机构，为参照公务员法管理的正局级事业单位。2011 年 2 月，办公地址从广东从化经济开发区工业大道 1 号迁至广东从化经济开发区高技术产业园广源路 25 号。定编 46 名。2011 年末，在职 183 人，有主任 1 人，书记 1 人，副主任 3 人，纪委书记 1 人。内设机构有：党政办公室、人事保卫部、建设规划部、企业管理部、外经招商部、财政所、国土房管分局、科学技术委员会。下属机构有：国有资产管理中心、城市管理和安全生产监察中队、计划生育管理办公室、出租屋管理服务中心、劳监中队、总工会。直属企业有：出租屋、永宽房地产公司、宝泰贸易公司、职业介绍所、太源发展公司、信达物业管理公司、自来水公司等。

【经济效益】　全年完成工业总产值 116.85 亿元，比上年增长 9%（按紧缩法计算增长 2.7%）；完成税收总收入 4.75 亿元，增长 37.97%；全年累计完成固定资产投资 7.6 亿元，增长 105.86%；实际利用外资 2721 万美元，增长 146%。园区 60 家总部经济企业共创造税收收入 7509.29 万元，增长 73.6%。

【发展战略】　在年初制定的工作方案中，产业园管委会提出继续以“优二进三”工作为抓手，加快产业结构的转型升级。优先引进电子信息、生物制药、节能减排等战略性新兴制造业，提升已形成集聚优势的现有四大产业；加快引进“生产性服务、研发设计、服务外包”等现代服务业。以战略性新兴产业和先进制造业带动现代服务业的发展，以现代服务业推动和引导战略性新兴产业及先进制造业向集聚和高效提升。

【产业平台建设】　“重大产业平台”和“重大基础设施”的建设工作不断推进，二期的征地和基础设施建设基本完成扫尾工作，全年清迁坟墓 235 座，完成征地约 130 亩；高湖路、福从路、创业大道、永宽路在二期范围内的部分路段全线贯通，同庆路进入施工扫尾阶段；110 千伏“绿水线”工程全面竣工，水南变电站投入使用；至 2011 年末，三期开发建设已完成征地约 700 亩，平整土地约 350 亩；一期道路升级改造和美化亮化等工程顺利推进；开发区自来水公司3万吨/日扩容工程已基本完成制水主体部分施工。

【招商引资】 招商引资工作实施“腾笼换鸟”工程，取得新进展。全年新引进（包括置换用地和增资扩股）工业项目18个，合同利用资金6178万美元，完成市政府下达计划的205.93%，实际到位资金2721万美元，完成市政府下达计划的227.16%。新引进项目建成投产后预计新增年产值约350亿元，税收约11亿元。其中国家集成电路（IC）深圳产业化基地从化园区的建设顺利推进；先强药业增资扩建项目已完成立项，进入环评和修建性详细规划设计工作；广州梦芭莎电子商务产业园项目已签订协议书，完成项目立项和工商注册；华南理工大学国家大学科技园、海航华南空港后台服务基地项目均已签订协议书。全年新引进总部经济项目9个，实现运营目标后预计新增税收约3500万元。

【为企业服务】 *开展领导干部联助企业活动* 由党政领导班子成员及相关中层干部组成9个联助小组，对53家销售收入500万元以上的工业企业和正在试产的重点工业项目进行联助，深入企业调研，了解掌握企业的运营情况、存在问题和困难，加强协调服务，尽力帮助企业解决实际困难。与从化海关签订《关于加强企业服务，推进促产培税合作备忘录》，针对企业的实际困难和需求，制订切实可行的服务措施并落到实处。帮助企业申报技改资金支持，共为6家企业申报技改补助资金5项、技术创新项目1个、战略性新兴产业发展补助资金项目3个；为5家企业申报建设现代产业体系技术进步项目滚动计划5个，为4家企业申报进入上市后备企业资源库。加强与广州联银融资担保有限公司的沟通联系，探讨为企业提供贷款担保、融资顾问、财务咨询等服务。

加强对现有中小型企业的政策服务 采取引导股权重组、引进新产品等多种行之有效的帮扶形式，促使一批中小企业脱颖而出，成为园区税源的新生力量。先强药业、亨龙机电、莱泰制药、理想电子、心宝药业、金百合陈列用品、珍奇味食品等中小企业的产值和税收出现跳跃式增长，产值和税收比上年增长35.2%和52.3%，其中先强药业的产值和税收增长37.39%和152.10%，成为2011年从化工业经济企业税收增长的龙头，该企业已与全球知名制药企业阿斯利康公司签订战略合作协议，在产业园三期增资扩建。

【科技创新】 做好科技创新工作，搭建校企合作平台，推动产学研工作的开展。先后成功举办校企座谈会、第二届工业设计大赛科技沙龙、工业设计大赛作品评选会、对市内9所高校进行调研并召开校企合作研讨会等一系列活动。为企业举办各种培训和交流活动，大力开展科普宣传活动。区内企业共申报广东省、广州市、从化市科技项目39项，通过科技立项项目23项。产业园申报各种专利累计221个，有高新技术企业8家，民营科技企业6家。

【重点项目建设】 产业园二期有28个项目纳入市2011年重点建设项目，其中签订责任状必须考核固定资产投资的项目14个，可开工建设项目14个。为推进重点项目的建设，管委会成立重点项目建设工作领导小组，并把该项工作纳入效能建设年活动考核范围，务求在项目动工建设和竣工投产上取得突破。

【综治维稳】 妥善处理金百合“8·6”高空

坠物伤人事件，成功劝退参加市“5·30”群体事件辖区参与上访人员，化解祥基公司与高坤电子公司的电费纠纷；落实深圳大运会期间一级社会面整体防控工作；启动“国家安全社区示范区”建设工作；派出所接警情共412宗，比上年下降1.7%，全园没有发生严重群体性事件、恶性事件。扎实开展安全生产、消防安全、整规打假、食品安全、特种设备监管等工作。对165家生产经营单位进行安全生产检查，实现执法监察覆盖率达到100%，隐患整改率达到100%；对612家单位进行食品安全检查，对934家单位进行整规打假检查；出动1500多人次，对958间出租屋进行清查；拆除违章广告牌608块，整治乱摆乱卖乱停放65宗；接听劳动来电投诉和咨询35宗，受理15宗，帮助59人追回欠薪37.67万元。被广州市和谐劳动和社会保障局授予“广州市和谐劳动关系工业园区”。

11月17日，从化市高技术产业园创建国家安全社区启动仪式会议在产业园管委会举行

【直属企业管理】　管委会帮助企业开拓思路，拓展业务，保障直属企业的正常运行和良性发展。2011年，管委会直属公司总营业额1632万元，其中永宽房地产公司实现主营业务收入320万元，信达物业管理有限公司实现主营业务收入320万元，自来水公司实现主营业务收入804万元，保税仓实现主营业务收入131万元，太源发展公司实现主营业务收入约57万元。

（广东从化经济开发区高技术产业园管理委员会供稿，陈志发执笔）

明珠工业园区

【管理机构】　2011年2月24日，从化市明珠工业园更名为广东从化经济开发区明珠工业园，从化市明珠工业园区管理委员会相应更名为广东从化经济开发区明珠工业园管理委员会，属从化市人民政府派出机构，为正局级事业单位。办公地址在明珠工业园广场路1号管委会大楼。定编49名，其中市财政全额拨款41名，市财政核拨8名。2011年末，在职122人，其中使用全额拨款有38人，市财政核拨4人，聘用人员96人。有主任1人、党委书记1人、纪委书记1人、副主任4人。内设机构有：办公室、招商投资和企业管理服务部、建设规划部、组织人事劳动部、国土资源和房管管理分局、财政所、社会事务综合管理部、科技管理办、鳌头工业基地建设指挥部办公室。直属机构有：城监中队。下属事业机构：出租屋管理服务中心。群团组织有：明珠工会联合委员会、共青团明珠工业园区委员会、明珠妇委会。属下单位有：宝珠开发有限公司、宝聚物业管理有限公司、宝盛人力资源有限公司，民乐公司、横江公司、明珠居委会。园区落户企业135家，其中已投产100家。

【经济效益】　园区全年完成固定资产投资总额14.12亿元，其中社会投资金额13.43亿元，政府投资额0.69亿元。全年实现工业总产值

108.44 亿元，比上年增长 14.55%，其中上规模工业企业 37 家（2000 万以上收入，新统计口径），实现工业总产值 103.69 亿元，增长 42.77%；实现销售产值 98.25 亿元，增长 44.55%。全年园区各项税收入库 4.38 亿元，增长 31.13%。

【规划设计】 规划、环评、设计编制方面：继续推进明珠工业园总体发展规划、鳌头工业基地万宝物流片区控制性详细规划的编制工作；先后完成明珠工业园职工安置小区、汽车零部件方向及兴园南路方向 10KV 线路和配电工程、明珠工业园市政供水管网及市政消防系统首期工程、MZW0810－3－1 地块土方工程、有线电视光纤线路铺设首期工程的环评报告表编制与报批工作，并取得环保部门的批复，完成污水处理厂、自建厂房首期等项目的竣工环保验收；完成鳌头工业基地物流中心“稔仔窝”1:2000地形测量及万宝物流片区 1:500 地形补充测量、日野汽车周边路网布设 GPSE 点工作；完成明珠市政道路职工安置区二期入口改造绿化工程、日野零部件配套厂房项目二期工程、天然气管网首期工程、兴园北路箱涵工程、棋杆污水泵站配电工程、省道 355 线改造、园区有线电视光纤线路铺设首期工程、天之湘项目地块土石方、集泰化学项目地块土石方、聚宝片区排水渠（龙潭村）改造工程等项目的施工图设计及施工图审查报批工作；完成供水加压泵站项目建议书及龙聚大道一期工程可行性报告编制工作；委托相关单位对污水泵站编制水土保持方案，并完成报批；完成华南新材料产业基地项目、华南光伏产业基地的规划选址工作。报建审批方面：园区密切配合企业动工建设报建的需要，加快报建审批工作进展。2011 年，完成 24 个项目的单体建筑设计方案审查，建筑总面积 42.64 万平方米；审批核发建设工程规划许可证 23 个，建筑总面积 47.64 万平方米；核发规划验收合格证 14 个，建筑总面积 7.14 万平方米；密切配合企业及农民安置户动工建设需要，根据规划，完成 21 个项目的建筑物放线工作；跟踪落实垃圾压缩站、明珠工业园市政供水管网及市政消防系统首期工程、明珠日野零部件配套厂房项目二期、兴园北路箱涵工程、鳌头镇污水系统工程（旗杆片区－泵站和污水管、压力管工程）等 10 个项目的施工报建工作。

【基础配套设施建设】 *土方及道路建设* 大津电器地块土石方工程目前已完成总工程量的 90%。待鳌头镇完善交地手续后可加快施工尽快交地给企业建设。全年完成平整土地面积 22.41 万平方米（335.8 亩），完成道路建设总长约 1.5 公里，铺设排雨水管道 2.28 公里，污水管网 1.54 公里，弱电管网 3.57 公里，自来水管网 11.8 公里，10 千伏强电网的电缆沟约 5.8 公里。

重点配套工程 2011 年，明珠工业园市政供水管网及市政消防系统首期工程，已完成总工程量的 90%。职工安置小区、汽车零部件方向及兴园南路方向 10KV 线路和配电工程，完成总体进度约 45%。鳌头镇污水系统工程（棋杆片区—泵站和污水管、压力管工程），已完成招投标工作，因未有用地指标及未完善用地报批暂停。明珠工业园西区污水处理厂首期（第二步）工程项目，完成人防、工程证报批、施工图设计及审查工作，下一步是按市政府有关精神进行重新评审。横江公司职工安置区项目，已完成地质勘察、修建性详细规划报批及单体设计等前期工作，并通过市政府常务会议，正进一步细化方案，报政府批准后实施。

水土流失及绿化整治　针对雨季水土流失情况，先后对大津电器地块周边、明珠大道北4标段周边地块、二横路与日野零部件基地A线平交位等进行水土流失整治，以减少对周边村民的影响，并对2号沟下游段、水坑村排洪渠进行清淤，确保农田灌溉需要。对园区白云振亚厂附近、环湖路、北二路等地块进行复绿，完成复绿面积18.34亩。

工程预结算与招投标　2011年，经评审出具评审报告的工程预结算70项。依法依规组织招投标28项，合计预算评审额9194万元，中标额9093万元，节约资金101万元。签订施工、监理、设计、咨询、勘察、环评、施工图审查等合同118份，合同总额9700万元。

【征地拆迁】　稳步推进征地和用地报批工作，全年完成集体预征地总面积约507亩（不包括华南国际新材料项目用地），正在开展预征地约1242亩。已完成征地的有穗凌电器项目，基本完成征地的有威莱日化扩建项目、返还地项目、摩托车生产基地项目、湖西项目用地。推进光伏太阳能等重点项目用地以及日野生活区配套用地、丰力轮胎新征土地的征地工作；努力催促鳌头镇尽快做好塘贝村储备用地、日野生活区土地的移交工作；稳步有序推进明珠污水加压泵站、自来水加压泵站以及日野生活区配套地块的开征工作。对拆迁户安置问题进行全面梳理，对有关拆迁户安置情况和财差租金历史遗留问题进行深入调查研究，探索具体的解决方案。有效推进坑尾村三社文化室地块拆迁户位置安排问题。研究解决因未完全交地导致的利泰花园旁4户拆迁户尚未安置的问题。推进霖鑫、龙翔、维金三个项目的招拍挂前期资料准备工作。完成190亩土地成本的核算工作；正在准备用地报批手续的有6宗，共918亩。重点推进华南国际新材料项目收地工作，在管委会负责的2440亩国有农用地中，已完成测量面积1211.8311亩（首期600亩红线内已测量面积214.8708亩），已签约付款面积1110.3208亩（首期600亩已签约付款面积210.0404亩）。

【招商引资】　引进新项目　新引进工业项目10个，分别是华南国际新材料产业基地项目、华南光伏产业基地项目、广东中烟仓储物流中心和再造烟叶项目、郑州三全食品项目、广州市和合医疗设备有限公司项目、广东金光伏能源（从化）产业基地项目、普宁绿洲胶囊项目、三雅摩托项目、隆鑫摩托项目、御居家具项目，计划总投资额达672亿元，建成投产后预计年产值约可达2100多亿元，年税收超100亿元；新引进配套设施项目1个（广州航空旅游产业园）。在谈项目近20个，包括宏希太阳能、泓杏堂药业、立白集团、日本多田野等项目。

引导原有企业增资扩产　其中年增资扩产规模较大的有广汽日野汽车有限公司1万根车桥项目、万宝冰箱二期、丰力公司扩建年产400万条载重子午线轮胎首期200万条项目、万博钢业扩产、利建二期项目等，以上项目2011年度累计增资总金额达12亿元，预计新增工业产业30多亿元。

推进在建项目。促进在建项目加快投资，促进可开工项目的动工建设和竣工投产。16个在建项目中，广汽日野汽车项目（首期）、明珠工业园市政供水管网及市政消防系统首期工程等项目已基本完成；百仕高实业、奥太制冷、迦莱日用品、利建项目二期、飞奔汽车配件等项目工程建设已经竣工，进入投产阶段；荣亚塑胶、钻石轮胎项目已经进入试产阶段。17个可开工项目中，澳宏化学品、皇城金钻水晶玻璃、万州电气、沣士源合成材料、山峰车辆配件、屯星有色金属、阿塔米得拉乐器、联佩皮草、鳌头镇污水系统工程（旗杆片区－泵站和污水管、压力管工程）等项目已经开工。借助“新广州、新商机”招商推介活动，在美国、上海、重庆、西安、香港、澳门等推介会上，大力推介园区汽车制造基地，宣传园区优良投资环境，并与重庆隆鑫机车、台州商会等签订合作框架协议。

6月9日，举办广州航空旅游产业园项目签约仪式

【服务企业】 协助企业办理动工建设和正常经营所需的各种证件，落实有关优惠政策，为企业解决实际问题。协助杰事杰新材料、广东金光伏、太阳岛光伏办理工商注册，法人代码证，国、地税登记手续；协助园区企业办理国土证、环保审核、项目立项、建设用地规划许可证等相关报建手续；为澳宏化学品、大津电器等15家企业办理规费减免；为利建集团等3家企业办理财政奖励；协助企业解决各种困难和纠纷。协助维金公司完成办理工商经营地址的迁移及公司更名手续；协调处理威莱日化污水排放、吉声琴业排放问题引发的纠纷；针对屯星、沣仕源、水晶玻璃、维鑫、白云钢板等项目反映最多的用水、用电问题，积极通过与供水、供电部门沟通，研究拟定解决方案。办好企业交流各项活动，组织《劳动法》法规政策培训讲座、外出考察学习、企业文化建设经验交流会。

【转型升级与科技管理】 园区逐步淘汰铭达陶瓷厂、多友花厂、丰华五金塑料厂、富兴无纺布厂、家贤工艺厂、景泰园林工艺厂、国利灯饰厂、兆得电线厂等8家高耗能、劳动密集型小企业；腾出用地厂房资源，引入汽车及摩托车零部件企业；新入华南新材料项目、金光伏项目、太阳岛项目、宏希太阳能等一批战略性新兴产业。园区大力推动技改创新工作，邀请资深专家为园区企业科技管理人员进行专题培训，讲授“高新技术企业认定”和“科技型中小企业技术创新基金项目申报”的政策、流程及申报技巧。深入企业调研，摸清园区企业的科技创新、技术水平、积极引导符合条件的企业了解、参与科技计划项目的申报；组织聚赛龙、德旺塑料、顺昌源、丽峰药业、龙丰园、科宇能源、中宇冷气、威莱日化、华琪生物等9家企业申报科技计划项目；组织聚赛龙、奥太制冷、中宇冷气、天鹿锅炉、江丰生物等企业申报技术改造和技术创新项目；通过引导企业加大投入、加快技改创新，从而促进园区企业科技能力提升。至年末，园区有经认定的国家级高新技术企业5家（聚赛龙公司、中宇公司、德旺公司、威莱公司、万宝公司）。

【人事管理和党建】 严格按程序完成园区机关7名在编干部的考核、任免，11名职工的调动以及14名职工的考察、录用；加强干部信息管理，对园区干部的专业、职称、任职时间等信息进行整理、录入；对园区规模以上企业人才情况进行调查统计，全面掌握园区人才状况；加强基层党组织建设，全年建立非公企业党支部2个，发展预备党员21人，正式党员14人。

深入开展“创先争优”、“民主评议”等活动，营造崇尚先进、争当先进的良好氛围，做好建党90周年系列工作；做好党建带工建、党建带团建，全年建立工会组织23个，团支部2个。

【效能与廉政建设】 全面梳理、完善各项管理制度15项，制定挂钩联系重点项目负责制、首问责任制等制度，形成以制度管人、管事、管财的良好局面，加强效能建设和廉政文化宣传教育，推进廉政文化和效能建设进园区、进机关、进社区、进学校，并设立宣传专栏，定期更新，通过在楼层标示牌中融入建设“廉洁、勤政、务实、高效”型机关和效能建设“五个明显”（服务意识明显增强，办事效率明显提高，发展环境明显优化，企业群众满意度明显上升、实事好事明显增多）目标的内容、发放廉政台历、安装“清正廉明”电脑屏保，不断深化“日渗透，月提醒，季教育”的反腐倡廉长效机制；强化监督考核，把干部职工落实效能建设情况作为年度考核重要内容，不断增强决策和制度的执行力；加强换届纪律教育，发放换届纪律明白卡，组织干部职工进行换届纪律测试，严肃换届纪律，务实加强纪检监察，深入开展季度反腐倡廉教育和2011年纪律教育学习月活动，增强园区干部队伍拒腐防变的自觉性和坚定性。

【社会各项事业】 扶贫开发 成立扶贫工作小组，选派驻村干部到园区扶贫帮扶单位（城郊街坑尾村）开展驻村帮扶工作。在2011年投入235万元，推进坑尾村的基础设施建设，分别投入7.9万元建设村公厕工程、投入17.48万元用于坑尾农民安置区配电一户一表安装工程、投入209.13万元用于坑尾农民安置区供水管网及一户一表安装工程；共组织4场企业现场招聘会，为社会提供就业岗位3077个，吸引4200多人现场应聘，登记用工869人；圆满完成第四届社区两委换届选举、园区党代会、人代会选举等工作；为明珠小学争取到30多万元资金支持，改善办学条件；开展“六一”慰问、结对帮扶等活动，为困难儿童和家庭送温暖、献爱心；组织园区第三届运动会，吸引20多家企业300多人的参与；开展无偿献血工作，组织园区管委会和企业干部职工100多人参加无偿献血活动。

信访维稳综治。2011年，完成对园区企业及建筑工地的日常巡查11次，宣传劳保年审制度，依法敦促企业补签劳动合同56份。受理调解劳资案件21件，追回欠薪金额72万元。深入调查园区存在的不稳定因素，做好解释劝解工作，最大限度地把不稳定因素消除在萌芽状态。严格依法依规妥善处理信访事件，共处理来信来访以及上级交办、转办的信件14件。

安全生产监管。组织园区企业23人报名参加安全主任考证和12人参加企业负责人安全生产管理培训，并取得合格证书，确保安全生产落到实处。出动380多人次对园区企业进行建筑安全、消防安全、危化品和特种设备等专项整治行动，排查、整改各类一般安全隐患130多处，整改率100%，从而保障园区平安和谐稳定、无制假贩假等违法经济行为。

城市监察与物业管理。重点对占道经营、乱搭乱建、乱倒垃圾、乱张贴、乱拉挂等现象进行整治；整治乱倒卸余泥渣土、运输散体材料车辆沿途撒漏现象；开展日常巡查，依法对违法建设进行查处；开展卫生清扫、城乡清洁工程等活动，努力营造环境优美、服务优质的园区形象。全年累计整治占道经营及乱摆卖现象400多宗次，清理出乱拉挂广告牌230多张、乱张贴广告标牌180多张，乱涂画160多处，累计查处违章建筑4宗，建筑总面积约1360平方米，开出询问通知书7份、责令限期整改通知书18份、证据先行登记保存通知书1份；累计清理抢种果苗2000多棵，清理面积达80亩，拆除违章搭建的棚架2宗，面积约800平方米。

计划生育和外来人口管理。完成外来已婚育龄妇女办证和查环查孕工作，保证园区没有出现违反国家计划生育政策的行为，计划生育率100%；做好房屋租赁登记备案工作，对7间未办理房屋租赁备案的出租屋进行整治，全年完成备案34宗；深入开展出租屋房屋结构和消防安全专项检查，整治3间存在消防隐患的出租屋，收缴老虎机2台和发热棒11根；确保流动人员的“登记率、纳管率、录入率”达100%。全年受理发放居住证1790个。

治安管理。开展“粤安11”、“飓风”、“春雷”等行动，对治安复杂场所和治安重点地区进行集中整治，全年立治安案件80宗，比上年下降12.2%，破获各类刑事案件27宗，查处治安案件32宗，调解处理各类民事纠纷36宗，开展统一清查行动16次，出动警力264人次，确保辖区治安状况持续好转。

（广东从化经济开发区明珠工业园管理委员会供稿，邹雅婷执笔）

从化市流溪温泉旅游度假区

【管理机构】 市流溪温泉旅游度假区管理委员会是市直属事业机构，办公地址在良口镇流溪温泉旅游度假区御泉大道238号。有事业编制18名。2011年末，在职45人，有主任1人、副主任4人、总工程师1人。内设机构有：办公室、建设规划部、招商投资部、旅游部。下属机构有：从化市流溪温泉供水管理站。

【招商引资】 度假区招商引资的重点项目中，在建（续建）项目旅游度假项目为温泉项目、从都国际会议中心、广州（从化）花园酒店，上述3个项目全年合计完成投资7.78亿元（温泉项目23340万元、从都国际会议中心49669万元、花园酒店4762万元）。从都国际会议中心首期项目于2011年8月31日开业，先后成功举办“2011中澳经贸友好交流会”和“国际博物馆论坛”，高端会议功能形成并得以展示，备受国内外媒体关注，有效提升温泉项目品位和影响力。流溪温泉旅游度假区正逐步形成以从都国际会议中心、广州香港马会赛马训练场、红树林度假酒店三大项目为核心，以正在筹建的广州斯博瑞温泉度假酒店、华熙温泉度假酒店、雅居乐酒店，以及文轩苑、碧水湾等建成项目为配套的基本格局，后续发展潜力巨大。

【征地拆迁安置】 至2011年底，累计征地7615亩。其中征收集体土地面积7293.27亩，收回国有土地322亩，累计拆迁房屋约20多万平方米，累计建成安置房1406套，建筑面积16.43万平方米，分配安置房1324套，安置人口约3700人。

【规划建设】 完成《广州从化温泉地区控制性详细规划（修编）》编制工作，并报送广州市规划局审批。《广州从化温泉地区控制性详细规划（修编）》从2010年4月开始进行编制，至2011年11月，规划设计研究院完成规划成果的编制，现正报广州市规划局审批。该规划编制结合市场环境变化和实际发展需要，对度假区目标和发展定位进行重新审视和研究，并对度假区建设容量调整后旅游生态容量与人口规模进行论证研究。该编制工作的完成和报批工作有序推进，将有利于流溪温泉旅游度假区日后实现绿色发展、科学发展、和谐发展。基础设施建设顺利推进，发展基础逐步夯实。度假区内市政基础设施得到全面提升改善，投资1.5亿元的110千伏养生谷变电站（南方电网投资）、投资6000多万元的自来水厂（从化供水部门投资）、投资3000多万元的污水处理厂（广州水务投资集团有限公司投资）均已建成投入使用。供电、供水、排污、排水、电信等设施基本满足企业投资和发展的需要。本年度按计划已完成温泉广场码头永久用电供电及送电工程、度假区1#路景观工程、105国道流溪温泉段沥青改造工程、安置区三期及四期场地平整、挡土墙工程；流溪广场工程基本完工；完成安置区四期工程基础施工70%工程量，西区、南区及北二区完成主体框架结构施工80%的工程量。105国道流溪温泉照明工程，良口镇米埔村高地社楼拆除后草皮复绿工程，安置区生活污水临水设施拆除工程，四期机耕道路工程，四期基础检测工程和安置区小型维修项目工程，塘尾村民俗文化村屋工程等7项小规模工程亦顺利完成。

【度假区管理】　安全生产　深入开展“安全生产年”活动，有效落实企业主体责任，大力强化“一岗双责”制和行政问责制，切实提高企业安全生产经营水平。落实责任制，明确主体责任。3月与辖区各监管单位签订《安全生产》、《消防安全》、《食品安全》、《道路交通安全》等5项目标管理工作责任书，层层抓落实，明确单位主体责任，形成齐抓共管的安全生产工作局面。加强监督，狠抓隐患排查治理。全年出动约150人次，对建筑工地、油站和20多家企业进行检查，发出责令整改指令书11份，查处个别企业存在的消防器材配置不足、堆放凌乱、通道阻塞等安全隐患100多宗。完善机制，加强培训和教育，通过以会代培的形式对企业负责人进行安全生产培训；同时结合“安全生产宣传月”等活动，以设立宣传站、悬挂标语、发放宣传单等形式进行宣传教育，年度合计悬挂横幅100多条，张贴挂图800多套，展出展板30多块，发放宣传单2000多张，营造浓厚的安全生产学习氛围。全年度假区没有发生重、特大道路交通安全事故以及火灾事故。

城市管理和监察执法　开展环境和卫生专项整治工作，2011年初与辖区监管单位签订《流溪温泉环境卫生保障工作责任书》，加强责任监督管理。针对排查出现的突出问题，多次对从都国际会议中心工地、农家庄园进行重点整治。在近期开展的“城乡清洁工程全民行动月”工作中，督促从都国际会议中心清理路边余泥渟土、垃圾约150吨；责令农家庄园进行施工围蔽，清理施工及生活垃圾约5吨。加强打假整规与无证照经营整治工作。一年来，项目办与管委会按照“严防范、常整治”的指导方针，通过坚持群众举报与实地暗访相结合、协会组织配合与主动出击相结合等方法，对辖区市场的各种无证经营行为进行主动巡查与联合检查。全年出动检查人员180人次，联合工商、城管等部门发出责令整改书35份，取缔无证经营店（档）1家，进一步规范企业经营秩序和净化市场环境。严把“两违”查处关，为切实做好辖区范围内的属地管理职责，流溪温泉城监中队密切配合市国土、林业、农业等部门，重点监督落实从都项目违法用地的复绿整改工作，多次发出责令整改通知书并敦促其限期内执行，复绿违法用地面积约2000平方米，拆除违章建筑面积约5500平方米。在2011年年底，流溪温泉城监中队开展集中查处违法建设专项行动暨请拆违法建设行动，与良口城监中队紧密配合，加大宣传力度，严格落实地段巡查责任制，对高沙、洛溪村社严重“两违”现象进行全面调查摸底，及时上报情况。11月底，由良口镇政府牵头，在市城监大队、镇国土所、司法所、公安派出所等部门的协助下，流溪温泉与良口两城监中队组织近100人对良口镇溪头村3宗共约800平方米的违法用地、违章建筑实施强制整治清拆。全年在良口镇范围内共查处违法建设40宗，涉及面积约5825平方米；清拆违法建设6宗，清拆面积约1050平方米。做好迎接创文“省检”迎检等各项工作，落实整治“六乱”工作，流溪温泉城监中队会同良口城监中队开展2011年市容市貌整治大行动，对泳衣街、美食街两旁商铺室外经营现象进行重点整治；组织巡查队伍，以定期结合不定时的巡逻方式对米埗桥两旁、辖区旅游企业门前、油站、农民季节性农作物105国道两旁的经营现象开展整治工作，及时发现并制止个别出现的占道经营、乱摆乱卖的现象。全年在良口镇范围内整治违法占道经营行为650宗，乱摆卖行为260宗，乱堆放90宗。规范管理建筑工地施工，按照《广州市建筑工地文明施工管理规定》及“城乡清洁工程”的工作要求，严格对辖区在建工程进行全面的检查，对不符合规范的华熙温泉度假酒店主体楼高支模工程责令停工整改，并上报主管部门。在市城乡清洁月活动期间，加大对在建工地的环境卫生整治力度，在市城管办的督察和协助下，对侨鑫从都项目生活区垃圾乱排放现象进行重点整治，责令该项目建立符合要求的垃圾中转站，活动月期间清理各种垃圾约30吨。规范整治无证照经营，配合做好前置审批工作。为进一步配合好无证照整治监管工作，合理规范辖区内商铺的经营时效，2011年，流溪温泉城监中队联合良口有关职能部门，对合符办理房屋租赁登记备案前置审批申请的10家商铺企业发出半年或一年的临时经营许可证明，规范辖区的商业经营秩序。11月，流溪温泉城监中队配合管委会整规办、安监中队和良口镇相关职能部门，对辖区内无证照生产经营场所进行依法查处和取缔。

劳动保障监察与信访维稳 落实责任，加强排查。制定《进一步加强劳动监察管理》、《突发群体事件应急处置》等一系列管理制度，明确劳动保障监察的工作任务。结合节日、年末等重要时间节点，走访企业、工地等重要监察点，详细了解劳动保障工作情况并排查存在问题。做好群众工作，积极化解矛盾。全年受理信访27宗，信件回复2宗，处理劳资纠纷引起的矛盾25宗（其中30人以上的群体上访4宗），为2500名农民工追讨工资2500多万元，为从化市“两会”和“2011中澳经贸友好交流会”的顺利召开提供和谐稳定的环境。

【温泉水资源管理】 明确各自工作岗位职责任务和目标，狠抓日常管理工作，确保供水设备、设施保持良好运行状态，加强日常检查和维护，实行每天一巡查制度，全年维修故障约650多宗，设备保养与维护960宗/次，有效保证温泉水正常供应。利用7、8月天气较热用水淡季分别对ZK3、ZK10号井进行水泵打捞和机械洗井，成功打捞多年遗留在井内的水泵并同时打捞蓄水层内的沉积岩石等杂物，通过这次打捞和清洗对温泉水补给以及水井使用寿命非常有利。受领导委托跟进协调广东省工程勘察院在辖区内进行水文地质勘察工作。全年温泉水总用水量81.55万吨，比上年减少4.9%，总水费261.22万元，减少3.3%，电费下降约6%。

【扶贫开发】　根据广州市和从化市扶贫开发工作的总体部署和要求，管委会组织本单位依公、事业编制内人员共17人，开展对太平镇飞鹅村的结对帮扶工作，定期落村拜访，联系帮扶对象，结合实际制定切实可行的各种帮扶措施。本年度管委会到村到户走访共130多人次。经过一线的入户调查工作，最终确定71户属于贫困户家庭，针对每户情况，实施“一户一策”，以帮助该村贫困群众解决就业、医疗、社保等核心问题。管委会已经组织2次该村贫困户家庭的适龄就业人口参加太平镇经济开发区招聘会，同时也制订一系列的扶贫开发计划，共上报项目16项，涉及金额2500多万元，内容覆盖农业、道路、基础设施、危房改造、学校等，下一阶段将加快与村委、扶贫办研究敲定造血项目，争取早日实现村集体年收益10万元以上的目标。

【精神文明建设】　加强党风廉政建设，把党风廉政建设和反腐败各项工作纳入行政管理，做到与经济工作统一部署。做好政务公开工作，并继续推动党务公开规范化、程序化、制度化，在党内有效营造知晓、参与、监督的民主氛围。响应市文明办关于开展创建全国文明城市工作的号召，广泛动员，发动单位职工和辖区企事业单位参与开展创文活动，以活动为抓手，着力提高广大干部职工和辖区企业员工文明素质，着力提升辖区公共文明水平，促使辖区创文工作上台阶、上水平，为亚运会营造文明、和谐的社会环境。

（流溪温泉旅游度假区管委会供稿，罗挺执笔）

街 镇 场

街 口 街

【区域】 街口街位于从化市中南部，南距广州56公里，东南面与江埔街、太平镇接壤，西北面与城郊街为邻。街口街是市委、市政府所在地，是从化市的政治、商贸、文化中心，办事处办公地址在街口街河滨南路8号。辖区总面积54.8平方公里，辖雄锋、城南、街口、团星、城郊、赤草、大凹、沙贝、石潭9个行政村，90个经济社以及东成、西宁、新村、镇安、府前、凤仪、中田、城内、新城、青云、育宁、碧溪、荔苑、城西、逸泉、河滨南、建云西17个社区居委会。

【人口】 全街总户数3.78万户，户籍人口9.61万人。其中农业户4827户、农村人口1.85万人，非农业户3.30万户，城镇居民7.76万人，外来人口1.51万人。

【管理机构】 2011年末，全街在职干部职工96人。街内设综合机构有党工委办、街道办事处办（合署办公）、组织宣传科、社会事务科（加挂民政科牌子）、维护稳定及综合治理科（加挂信访科）、人口和计生办、农业科和财务管理科（水务办牌子）、社区管理科。群团组织有：工会、团委、妇联、残联。单列机构有：人民武装部、财政结算中心、纪检监察室、人大工作室。街下属事业单位共9个：农业技术服务中心、社会事务服务中心、投资服务中心、人力资源和社会保障服务中心、计生服务中心、财务管理中心、出租屋管理服务中心、城市管理和环境监察中队、安全生产监察和消防中队。市垂直管理机构有：国土所、司法所。还有扶贫办、重点工作协调办、社区建设试点办等临设机构。

2月23日，街口街家长学校工作经验交流会在凤仪社区召开

【经济状况】 2011年，全街全年实现生产总值436221万元，比上年增长13.9%；完成工业总产值55848万元，完成年计划任务的

105.4%；地税总收入68258万元，增长24.34%；国税总收入14649万元，增长1.03%；实际利用外资1166万美元；外贸出口总额17182万美元，增长49.07%。全年农业总产值8789.95万元，增长3.7%；农民人均纯收入7800元，增长11%。完成固定资产投资171653万元，增长38.6%。

【农业】 全年粮食播种面积4126亩，总产1095吨，全年蔬菜复种面积1.87万亩，总产1.2万吨。水果种植面积5717亩，总产295吨，其中荔枝207吨，龙眼88吨。生猪出栏量2657头。家禽出栏量10.47万只。2011年，街纳入林改面积8800亩，其中已完成勘界面积8700亩，并已完成林改工作所有法定程序。

【招商引资及第三产业发展】 依托中心城区地域优势，营造良好的投资环境，注重引入规模大、效益好的总部经济项目落户发展。2011年引进总部经济6家，实现总部企业纳税1612万元，比上年增长39.93%。根据街口的实际情况，探索发展经济新方式，发挥中心城区基础设施完善和服务功能齐全等资源优势，争取市相关职能部门的支持，为外资公司在街口设立企业提供良好的条件，全年引进外资企业15家。商贸、物流、中介、服务等第三产业快速发展，产业结构得到进一步优化升级，经济的发展质量和效益进一步提升，三次产业比值由2010年的2.23：18.61：79.16调整为1.98：18.37：79.65。

【征地拆迁】 2011年，街征地（租地）拆迁项目有7个，其中风云岭酒店征地项目和风云岭调蓄湖项目已进入施工阶段；珠江学院扩征项目已交付使用；坪地公园项目进入扫尾阶段；赤草村征地项目已进入征地结案阶段；四季花城项目已基本丈量完毕并已签订征地协议220亩；旺城商贸广场建设项目正在加紧协调推进；推进陈屋“三旧”改造项目，已完成“陈屋”片区的调查摸底工作，配合市更新改造办制订补偿方案。

【城乡建设】 农村基础设施建设 扎实推进农村道路亮化工程，完成农村道路建设情况摸底调查工作，制定在2012年在辖内大凹、石潭、赤草、沙贝四条村安装1510盏太阳能路灯的计划。完善农村生产设施建设，完成排灌渠清疏、清於2.32万米。

城乡人居环境 每年投入50万元开展“城乡清洁工程”工作，使农村环境卫生不断改善。扎实推进农村污水治理工作，完成大凹村和石潭村农村生活污水处理一期工程建设。城乡住房改造工作有序开展，在完成第一批32户农村危破房改造任务的基础上，稳步推进第二批110多户农村危破房改造工作（其中第一期54户的改造工作已完成，下拨改造资金共36万元）。做好村民建房用地申请审核工作，全年审核批准共52宗，面积4860平方米。

“两违”查控 全年街组织清查“两违”（违法用地、违法建设）大行动45次，执法涉及面积1.75万平方米，涉及强行拆房29户，查控违章建筑95户；发出责令停止土地（矿产）违法行为通知书3宗，完成违法用地复绿5宗，已复绿面积16.9亩，复绿率达97.1%。

参与“创文” 街围绕市委、市政府的工作部署，紧扣文明测评目标，着力提高市民的文明素质，发动全民扎实细致地开展各项创建工作。组织街（居）干部、社区志愿者等入户开展宣传工作，推动全民参与创建活动，全年派发各类宣传资料5万多份，悬挂各类宣传横额500多幅；开展“创文”主题月、主题日和社区文化活动共130多场，提高市民的文明素养；排查和整改各类不文明行为和现象，解决市民反映最突出的问题，如修理楼道灯等共5000多件。全年投入“创文”经费近200万元，镇安居委获广州市和从化市文明社区称号。

【党组织建设】 *推进学习型党组织和学习型党员建设* 切实抓好领导班子建设，坚持落实党工委中心组学习制度，组织领导班子成员参加理论学习培训，促使班子成员的理论水平、思想政治素质和依法行政水平得到较大提高，促进街各项工作决策的科学化、民主化，不断提高领导班子的集体领导水平。做好党员干部的教育培训工作，不断提高党员干部的思想理论素质。

基层党组织建设 圆满完成村、社区“两委”换届选举工作，依法依规选举产生党员、群众满意的“两委”干部178人。完成中共从化市第十二次代表大会代表选举工作，选出党代表22名。抓好发展党员工作，全年培养入党积极分子67人，发展新党员61人。

开展“创先争优”活动 以开展2011年民主评议党员工作为契机，按照“创先争优”活动党员“五带头”（带头学习提高、带头争创佳绩、带头服务群众、带头遵纪守法、带头弘扬正气）要求，组织街44个党支部、2065名党员参加民主评议活动，评议优秀党员255名。落实党内帮扶机制，组织街包村（居）干部和村（居）干部慰问困难党员71人。

加强党风廉政建设 坚持以党员干部教育为重点，建立健全廉政教育学习机制，强化党员干部的党性观念和纪律意识，增强勤政廉洁、遵纪守法的自觉性，规范党员干部的从政行为。开好各阶段街领导班子民主生活会，班子成员通过结合本职工作实际，对照检查内容进行自查自纠，落实整改措施，切实转变思想作风和工作作风，不断提高领导水平和执政能力。加大对街、村（居）公有资产的监管力度，执行建设工程招投标管理办法和政府采购规定，确保权力在阳光下运行。加强党内监督，稳步推进党务公开，促进党务工作的规范化。

【社区建设与社区服务】 *社区管理服务体制改革试点* 成立街社区建设试点办公室，制订《街口街基层管理服务体制改革试点工作方案》，并根据街实际情况，调整机构，整合编内、编外人员，按照执法、管理和服务三大职能，基本完成“一支队伍，三个中心”的建设，较好地完成广州市创新街道、社区管理服务体制改革试点工作任务。其中投入200多万元，建成600多平方米的家庭综合服务中心，并于2011年4月投入使用，中心通过政府购买社工服务的方式，实现专业发展、公共服务、社会管理、群众福利的共赢，真正体现“党委领导、政府负责、社会协同、公众参与”的社会管理与服务的新格局。街口街家庭综合服务中心从正式运营至今服务2.84万人次；入户家访76户，开展个案28宗；开展社区活动50项，为街居民提供青少年、长者、妇女、家庭、义工等各项服务；开展文艺表演、居民互动游戏、广场文化活动、养生和保健知识讲座、妇女权益保障宣传、家庭互动、子女沟通教育工作坊等一系列活动，逐步发挥政府购买服务的作用。新成立的政务服务中心把计生、出租屋、劳保、民政、残联、家电下乡等各项便民、为民的服务，实行“一条龙”办证服务，方便群众办事。

推进社区“五个一”工程建设 全面完成社区“五个一”工程，包括：一个社区服务中

心、一个社区卫生服务机构、一个小公园（河西堤公园、河岛公园、河滨公园、青云公园）、一个娱乐文化中心、一个治安视频监控中心；街文化站升级改造和第二家庭综合服务中心项目已立项并开展各项前期工作。切实做好“六好”（自治好、管理好、服务好、治安好、环境好、风尚好）平安和谐社区申报和自查工作。至年末，累计有10个社区被评为“六好”平安和谐社区，为实现“六好”平安和谐社区全覆盖的目标，各社区严格对照广州市六好平安和谐社区检查验收评分标准进行自查，其余5个社区已于6月申报创建“六好”平安和谐社区。荔苑社区被广州市人民政府评为广州市最具绿色环保社区、逸泉社区被广州市人民政府评为广州市绿色社区。

【社会各项事业】效能建设　成立街口街“效能建设年”活动领导小组，制订《街口街开展“效能建设年”活动实施方案》等多个工作方案，建立由服务承诺制、限时办结制、首问责任制、一次性告知制和政务公开制组成的服务监督体系，并建立以限时办结率、当事人满意率和廉洁情况为主要指标的服务考核体系，从制度上确保效能建设各项工作落到实处。

扶贫开发　做好贫困村和贫困户的摸底调查审核工作，全街有大凹村、赤草村、沙贝村和石潭村4条村纳入贫困村帮扶范围，至年末，已确定贫困村符合帮扶条件的贫困户有15户。扎实推进扶贫开发项目，其中赤草村山坡地已出租，租金每年9万元，加上原有的收入，已实现脱贫；旧沙贝小学校舍部分已出租；沙贝村旧厂房改建和旧大凹小学校舍出租已确定意向。街文化站升级改造、第二家庭综合服务中心和4条贫困村的视频监控项目已立项并开展各项前期工作。

社会保障　社会保险保障能力不断提高，参加2011年城乡居民基本医疗保险4.01万人，参加2012年城乡居民基本医疗保险3.95万人；超额完成新型农村社会养老保险三年全覆盖工作任务，全年有1.09万名农民参加农保，市要求16周岁以上农村居民参保率70%，街完成率74.96%；做好35周岁以上和60周岁以上农村居民参保任务，完成率100%。城乡低保救济实现应保尽保，全年发放农村低保金120多万元；发放困难群体救济金、慰问金等共60万元；及时发放低保、低收人员临时物价补贴30万元。扎实开展优抚工作，全年发放优抚对象临时救济款、节日慰问金共30万元。做好老年人社会保障卡的办理工作，全年办理老年人社会保障卡734个，核发3589名70周岁以上长者的长寿保险金近120万元。劳动就业形势保持稳定，失业人员实现就业567人，就业率95.13%；实现农村富余劳动力转移就业622人，全面完成市下达的转移任务；实现创业促就业229人；为20名军队退役人员安排公益性工作岗位。落实粮食“四项补贴”（粮食直补、良种补贴、农机具购置补贴和农资综合补贴）33万元，发放家电等各项补贴近60万元。残疾人管理服务工作扎实有效。完成亚运公共交通现金补贴发放工作，发放现金补贴450多万元。

科教文卫　街有医院1所，医务人员220人；村（居）卫生站9个，村医14人。2011年度（2010年10月至2011年9月）人口出生832人；计划生育率为95.07%，落实“四术”591例，全年平均查环查孕率为98.08%；登记流动人口17442人；发放节育奖励金、纯二女结扎户慰问金等共9万多元。全街有小学5所，幼儿园3所，在校小学生3612人，幼儿园学生591，小学入学率及幼儿入园率100%，有教职员工256人。开展农村基础教育的“五项工程”（农村义务教育学校学生生活设施改造工程、义务教育“标准班额”工程、农村中小学“新装备”工程、普通高中“扩容促优”工程、“强师兴教”工程），对薄弱学校实施改造，其中易地新建的城郊小学于2011年下半年开学，新城小学塑道操场改造工作完工，为适龄儿童入读创造优美、舒适的学习环境。开展科技活动周系列主题活动。人大工青妇武装等工作得到进一步加强，顺利完成街口街选举市人大代表工作，选出市第十五届人大代表33名；完成2011年冬季征兵任务14人。应急处置公共突发事件能力得到提高。档案、保密工作和统计工作水平有新的提高。成功举办街口街第六届运动会，开展篮球、拔河、登山、羽毛球四项赛事，参加比赛有2500多人次；组织街干部职工参与从化市甲级篮球比赛等市举办的各项体育赛事。扎实推进街道辖区内道路有路无名称专项整治工作，给80条无名称的道路（街、巷）补办命名登记手续，并安装路牌188个。

【社会治安综合治理】 *治安管理* 2011年，街口街被广州市列为社会治安重点整治地区，2月开始，按照《关于开展治安重点地区和突出问题整治的通知》要求，针对入屋盗窃、盗窃摩托车案件较多，流动人员登记率和注销率偏低，出租屋地址整合进度较慢等问题，组织开展社会治安重点整治工作，坚持“打击防范并举、整治疏导结合”的工作方针，通过集中时间、集中精力对治安重点难点问题进行整治。各派出所每天当班巡警分组进行巡逻检查、便衣伏击、利用高科技等手段防范打击违法犯罪。全年全街发生刑事案件822宗，比上年836宗下降1.7%，其中刑事案件中“两抢”，比上年108宗下降0.9%；“两盗”案件471宗，比上年525宗下降10.3%；治安发案2278宗，比上年2745宗下降17%。

出租屋管理 街出租屋管理中心全年办理居住证4642人，提前完成“推居”（推行办理广东省居住证）任务。流动人员和外来人员登记办证率98.7%，流动人员登记率99.6%，流动人员注销率97.8%，出租屋信息建档率98.8%，出租屋治安责任书签档率100%，出租屋消防合格率99.9%。

信访调解 街以构建“大排查、大接访、大调解”的工作格局为目标，健全、落实综治信访维稳工作责任制。深化矛盾纠纷排查调处工作，健全调处制度和机制，严格执行属地管理和领导包片责任制。每天都安排一名班子成员带班接访，着力做好排查、接访、调解工作，确保基层纠纷能得到及时有效调处。全年受理信访案件39件次，办结38件；接受群众来访21批175人次。调处各类纠纷233宗，调解率100%。

（街口街道办事处供稿，周显英执笔）

江 埔 街

【区域】 江埔街位于从化市中心城区的东部，地处城乡结合部，办事处设在河东七星路16号。区域面积127平方公里。辖凤院、江埔、江村、高峰、山下、新明、南方、锦一、锦二、锦三、上罗、下罗、和睦、海塱、禾仓、凤一、凤二、鹊塱、钓鲤、黄围、汉田21个村和江埔、河东南、河东北、吉星、新星、联星、沿江南、龙井、海塱9个社区。

【人口】 全街总户数2.19万户，总人口7.1

万人，其中农业户9934户，农业人口4.39万人；非农业户11922户，城镇居民2.67万人。从化户籍外到江埔工作、学习、生活外来人口约4.6万人。

5月27日，从化首个集休闲、娱乐、购物、餐饮、商务办公、高尚住宅于一体的大型城市综合体——欣荣宏国际商贸城落成剪彩

【管理机构】　2011年末，街道办事处在编在职79人，其中行政编制26人，事业编制46人，工勤编制7人。街内设综合机构有：党工委办公室、社会事务管理科、综治维稳和信访科、经济管理科、人口和计划生育办公室。单列机构有：武装部、纪检监察室。群团机构有：工会、共青团、妇联、残联。下属机构有：农业技术服务中心、社会事务服务中心、投资服务中心、人力资源和社会保障服务中心、计生服务中心、经营管理服务中心、出租屋管理服务中心、城市管理和环境监察中队、安全生产监察和消防中队。市垂直管理机构有：国土所、司法所。

【经济状况】　全街全年实现生产总值26.21亿元，比上年（下同）增长14.2%；工业总产值52.7亿元，增长14.2%；农业产值2.52亿元，增长5.9%。实现税收5.59亿元，增长24%；其中国税2.95亿元，增长20%；地税2.64亿元，增长30%。实现第三产业增加值13.77亿元，增长14%；社会固定资产投资22.69亿元，增长22.7%，实际利用外资1220万美元，总部经济税收3415万元。农民年人均收入10470元，比增17.6%。

【农业和农村工作】　全街耕地面积2.31万亩，粮食种植面积1.83万亩，其中水稻种植面积1.64万亩，产量5276吨；花生种植1923亩，产量369吨；蔬菜种植3.25万亩，产量4.97万吨；水果种植2.39万亩，产量9286吨；薯类种植860亩，产量306吨；玉米种植1100亩，产量364吨。全年生猪出栏量2.5万头，家禽出栏量3.76万只；养殖面积2012亩，产鱼1271吨。大力发展和规范农民专业合作社，建立农民专业合作社14家，拥有社员1400多人，涉及水果、蔬菜、花卉、流通等产业，农产品销售额约2800万元。鼓励和扶持农民自主创业，完成全街种养大户、流通大户的调查登记和上报工作，并协助10个农户和锦峰白榄、锦二桃花2个专业合作社，争取上级专项扶持资金共7.8万元。争取广州市财政资金近400万元，对山下村、锦三村进行蔬菜基地标准化建设。争取市水务局资金190多万元，对锦一、锦二、新明、上罗、下罗、江埔、和睦、鹊塱、钓鲤等村的“5·6”洪灾水毁设施进行修复验收。投入96万元，完成锦联河、罗沙河的清疏护堤和清淤工作。投入68多万元，实施小型水利设施的冬修水利工作。争取广州市专项资金1300多万，实施山下堤围安全达标整治和青毛窿山塘除险加固工程。做好锦三、上罗和下罗等村小型农田水利项目渠道勘察设计等前期工作，稳妥推进锦三村单竹社农田水利项目建设，进一步提高全街农业综合生产能力。全街列入集体林权制度改革范围的林地面积104485.89

亩，林地所有权已发证 103768.09 亩，林地使用权发证 102824.3 亩，集体经营林地股权发证 102624.13 亩，发证率在 99.8% 以上。

【招商引资】 新引进广州家富食品有限公司、广州星亚塑料管道有限公司和广州市巨亮光电科技股份有限公司 3 个工业项目；新上广州凯景酒店有限公司、蜂蜜文化博览园、广州名人婚纱摄影公司和广州市喜满堂娱乐有限公司 4 个商业项目；新上广州御盈房地产有限公司 1 个房地产项目。还有中科鸿宇项目尚在洽谈中，凤凰生态旅游度假区项目在紧张筹划中。

【第三产业】 商贸业 着力提升酒店、宾馆、食肆的品质和档次，推进凯旋宫、南海食街、华景酒店等项目升级；推进和睦饮食一条街项目的建设，规范农家乐饮食店档的管理。乘省道 355 线升级改造之势，着力拓展新城区消费圈。借力国道 105 线，打造饮食娱乐住宿和汽车、摩托车销售集约经营圈，推动商业服务蓬勃发展。凯景酒店、五菱汽车 4S 店、东风日产华溢专卖店等强势进驻；美时家居广场于 6 月 30 日开业；欣荣宏国际商贸城 A 区于 5 月 27 日剪彩落成，这些项目将有力地带动江埔的经济增长。

生态旅游业 以大金峰生态旅游和外婆家农业生态旅游项目为主线，发展产品多样、文化特色浓厚的美食生态休闲短线旅游线路；为广州市祺极农业生态有限公司、亮点美食村申报市观光农园示范点，并顺利通过考评；以水厅农庄、好景田农庄、亮点美食村为试点，申报首批星级农家乐，分别获得从化市首批一星级、二星级、三星级农家乐称号。2011 年，全街旅游业总收入 3.88 亿元，增长 28.5%；旅游人数 122.5 万人次，增长 18.3%，旅游业板块效应愈发明显，成为江埔发展新亮点。

【基础设施建设】 农村基础设施建设 争取广州市财政资金近 400 万元，对山下村、锦三村进行蔬菜基地标准化建设。争取市水务局资金 190 多万元，对锦一、锦二、新明、上罗、下罗、江埔、和睦、鹊塱、钓鲤等村的“5·6”洪灾水毁设施进行修复验收。投入 96 万元，完成锦联河、罗沙河的清疏护堤和清淤工作。投入 68 万元，实施小型水利设施的冬修水利工作。争取广州市专项资金 1300 多万元，实施山下堤围安全达标整治和青毛窿山塘除险加固工程。完成村道、社道建设 3 条，共 4.5 公里。争取资金 95 万元，对上罗等 9 个村进行巷道、改排水排污等设施建设。为凤一村金钱山、锦二村、高峰村的改水工程争取立项，其中高峰村的改水工程已动工建设，受益人口 2000 人；凤一金钱山、锦二村的改水工程 2012 年动工建设。投入资金 150 万元，完成 4 个村的生活污水治理，受惠人口 3500 人。投入 60 万元，完成新明村、南方村 2 公里的路灯建设，其他村、社已完成测量设计工作。

城区基础设施建设 完成街北出入口白田岗路段两侧 20 幢共 5550 平方米的人居环境整饰工程，优化、美化江埔人居环境。累计投入 2300 多万元，对河东南路人行道进行升级改造，对沿江南路、上城湾畔六中段进行硬底化建设，改善河东片区的交通通行能力，有效提升河东片区的城市形象。

城乡建设和管理 持续以高压态势打击“两违”（违法用地、违法建设）现象，坚决做到“早发现、早制止、早处理”，把各类违法建设控制在萌芽状态。2011 年，街共制止违法用地 14 宗，整改 60 宗，落实土地复绿面积 120 亩，复耕面积 7 亩。查处各类违章建（构）筑物504宗、5.96万平方米。组织4次专项行动，对城区“六乱”现象进行整治，整治流动摊档163宗，城区“脏、乱、差”黑点60处，有效维护江埔城乡规划建设秩序。

城乡环境卫生　不断加大城乡清洁工程的宣传、巡查和监督力度，制定长效机制，发现问题及时处理，并对后进村进行重点监督整治，经过全街上下的共同努力，2011年，街的城乡清洁工程考核均被市评为优秀。开展灭蚊工作，组织街道和社区干部多次上门对辖区住户进行宣传、检查，并组织开展3次全民统一灭蚊行动，为辖区居民营造良好的生活、工作环境，11月，街顺利通过省灭蚊达标工作组的考核。

生态文明村建设　争取上级补助资金约170万元，对凤二村、榄树新村等8个点进行生态文明村创建立项工作，惠及村民1000多人；鹊塱村被确定为广州市第六批文明示范村，并与广州市相关单位进行精神文明创建结对。

【社会治安综合治理】　维护社会治安稳定　抓好在深圳举办的世界大学生运动会期间社会面整体防控工作。大运会社会面整体防控勤务响应期间，街借鉴2010年亚运安保社会面整体防控工作的成功经验和做法，构建“以专门力量为主体、辅助力量为补充、社会义务力量广泛参与”的大防控格局。全力加强社会面巡逻防控工作，设置136个控地岗，岗位分布在城区主干道、社区主要出入口、商贸集中场所、易发案部位等场所，共发动社会义务力量450人，落实上岗制度。发挥群防群治作用，各村（居）委会的治安联防队员参与治安巡逻。严整秩序，净化社会环境。围绕影响全街治安秩序的突出问题，坚持从源头抓起，不断强化清理整治，最大限度净化社会环境。

信访工作　稳步推进领导干部大接访、大下访活动。建立“平时掌控，重点监控，依法处置，妥善化解”的长效管理机制；定期召开班子会，研判解决重大和疑难信访案件。各片和各村（居）也相应实行属地管理，落实工作责任制，并把信访工作纳入年终考核，充分调动全街干部做好信访工作的责任感和积极性。信访工作整体水平不断提高，全年街信访办受理信访问题45件次，比上年下降26%。

安全生产和劳动监察　深入开展专项整治行动，配合各职能部门对辖区企业进行建筑安全、消防安全、食品安全及整规打假方面的专项检查，出动检查人员670人/次，检查经营单位310家，发现事故隐患299条，已落实整改299条。全年接待群众来电来访90多人次，受理举报投诉案件29宗，已调解处理结案案件29宗，为劳动者追回工资和押金84.95万元，结案率100%，有效维护劳动者的合法权益。

出租屋和流动人员管理　全面登记、及时掌握全街流动人员就业信息，出租屋主及承租人信息，全年新办居住证4320张、延期2943张，征收流动人员调配费、治安联防费30.9万元，房屋租赁税218万元。对流动人口实行一般管理、落实跟踪管理、重点管理三类管理。对出租屋实行“放心类、关注类、严管类、禁租类”分级管理。重点加强对严管类、禁租类出租屋的巡查管控。建立与村、居委互动平台、与屋主信息平台、逐步实现街、村（居）、屋主三级联动管理，配合公安部门落实门牌整治、加强对出租屋管理，确保社区有更好的治安环境。

【重点项目工程建设】　美时家居广场、广州南洋理工职业学院校园建设、广州君源置业有限公司（商品房建设）已超额完成年度投资计划；新引进的广州巨亮光电科技股份有限公司建设厂房项目已投产。广州市凯景酒店有限公司已完成年计划投资额；山下村蔬菜基地标准化建设完成投资；家富食品有限公司厂房建设顺利，进入设备购置和安装；大理石厂安置区A区工程开工。玮思工业园“三旧”改造项目总投资20亿元，2011年投资6亿并办理报建手续。在谈的广州市星亚塑料管道有限公司、三奇石矿及真巧公司“三旧改造”项目达成意向，中科鸿宇公司项目尚在洽谈中；广州市星亚塑料管道有限公司（厂房建设）项目用地已办理过户。增从高速公路项目全面完成主体工程建设工作；西气东输项目已全面完成征（租）地和管道铺设工程建设以及地貌恢复，租期届满地段分地还地工作；凤凰山疗养院项目解决二十多年来的历史遗留问题，已交付施工单位建设；北部农产品市场征地工作进入扫尾阶段；其他征地拆迁项目有序推进。

【社会各项事业】 教育 全街有中学1所，小学9所，幼儿园13所，在校中学生2500多人，小学生5300多人，在园幼儿1900多人，全街教职员工680人。全年投入900多万元用于教育创强后续工程等建设。其中投入100多万元，基本完成江埔小学扩征地工作，填土、排水、围墙等工程建设稳步推进；投入80多万元，完成和睦小学、下罗小学教学楼维修及硬底化等校园附属工程建设；投入37万多元，完成凤凰小学围墙建设工程；投入60多万元，完成联星小学校园附属工程；投入286万元，进行河东中学运动场建设，该工程进入办理招投标阶段；投入290多万元，进行锦联小学教学楼拆除重建工程（校安工程），并完成拆除，进入办理报批重建相关手续；投入53万元，对街中心学校校园进行改造施工。

医疗卫生 全街有医院1所，医技人员153人，村医疗站22个，有村医39人。2011年全街城乡医疗保险参合人数4.78万人，筹资180.11万元，参合率99.9%；全街有3960多人/次共享受医疗保险报销800多万元，其中收送从化市外住院就医报销人数500多人/次。不断完善村、社区医疗卫生网络，城乡医疗卫生工作稳步推进；投入近百万元对上罗村等7个村的卫生服务站进行升级改造。街组织无偿献血活动，连续多年被评为广州市无偿献血先进单位。

计划生育 2011年，街人口和计划生育工作围绕稳定低生育水平，提高出生人口素质和群众满意率这一总体目标，加大综合治理人口问题的力度，全面落实计划生育基本国策。全年全街出生781人，其中一孩565人，二孩205人，三孩11人（其中计划内748人，计划外33人），计生率95.77%。男415人，女366人，男女性别比为113.54∶100。全街无计划生育恶性、群体性事件发生，在接受广州市、从化市计生部门检查考核中均受到肯定。

社会保障 全年纳入低保648户共1589人，发放低保金353.2万元，发放医疗救助、临时救助、物价补贴等困难救助金192万元，困难群众的基本生活得到有效的保障。全年为3180名70岁以上长者发长寿金141万元。扎实开展拥军优抚工作，全年发放在乡退伍军人慰问金及困难补助57万元，发放优抚对象定期补助金123万元，发放现役军人优待金30万元。全年共申报审批1—4级残疾1067人，发放重残补助137万元，为302名一、二级农村特困残疾人申办农村社会养老保险。

群团工作 加强新时期群团组织公共服务职能，整合资源，新组建非公企业工会12家，联合工会新覆盖经济单位16家。街总工会在2011年度工会工作目标考核中被评为模范单位，受到从化市总工会的表彰。重视新经济组织和新社会组织团建工作，在锦二桃花专业合作社等13家“两新”组织中建立团支部，把企业青年紧紧地凝聚在团组织周围。开展农村妇女“学文化、学技术、比成绩、比贡献”竞赛活动和城镇职业妇女“巾帼献才建功”活动，凯旋宫假日酒店前台被授予“广东省巾帼文明岗”称号。配合创文工作创建社区家长学校28家，其中联星社区家长学校被评为“广东省社区家长学校示范点”，做好妇女儿童服务工作和弱势群体妇女救助工作，争取上级资金4.15万元，帮扶单亲贫困母亲26名，资助贫困学生6名，街妇联被评为从化市2011年度优秀妇联。

【精神文明建设】　协助锦一村、锦二村等多个村分别组织开展新春文艺演出、篮球比赛等一系列传统群众性文化体育活动，观众人数达近万人，丰富人民群众的文化生活。选送多个节目参加由市委宣传部举办的从化市农村业余文艺广场系列汇演，组织150人参加从化市万人同唱文明歌歌咏活动；组织40人参加市首届大型文化广场集体舞比赛，获二等奖。组织开展“创文”各类主题社区文化活动60多场/次，推动街“创文”工作的深入开展，为广州市成功创建全国文明城市作出贡献。加强对村（社）文化室（农家书屋）管理与指导工作，全力做好街文化中心的评估定级（省二级）工作。

【人大工作】　在市人大换届选举工作中，全街十六个选区依法依规依程序一次性选举出胡少民等24名从化市第十五届人民代表大会代表。发挥人大监督作用，对村居“两委”换届选举工作进行指导、监督，保障换届选举依法、依规、依程序进行；组织人大代表参加从化市第十四届人大七次会议和十五届人大一次会议，并就民生、法制建设、社会治安等方面进言献策，找准科学发展的方向。

【基层组织建设】　*农村基层组织建设*　在2011年村居“两委”换届选举工作中，圆满完成21个村、7个社区的换届选举工作，成为全市率先完成村、社区“两委”换届选举工作的街（镇）。换届期间，实现零群体性事件和零上访。

开展“创先争优”活动　精心组织全街党员开展“履职尽责当先锋，攻坚克难促发展——百万记”主题实践活动、“警钟长鸣，廉洁在我心”教育活动和“我为党旗添光彩”演讲比赛等活动，进一步深化创先争优活动。扎实开展2011年年度民主评议党员工作。要求各支部严格遵循实事求是、民主公开、教育为主、注重结合原则，结合创先争优活动党员“五带头”要求，对承诺、履诺情况进行评议，共评选240名优秀党员，有效激发党员的积极性，进一步增强党组织的号召力、凝聚力和战斗力。

党风廉政建设　坚持“党委统一领导，党政齐抓共管、职能部门各司其职，群众积极参与，纪检监察组织协调”的工作体制，健全党风廉政建设监督机制，始终坚持把维护好、实现好、发展好最广大人民群众的根本利益作为反腐倡廉工作的出发点、着眼点和落脚点，解决群众反映的最直接、最现实、最紧迫的利益问题，以“突出重点，把握关键，分类指导，整体推进”的指导思想，深入各个职能部门加强纠风工作，切实提高机关效能。抓好党风廉政建设信息公开平台运行工作，每月15日前编写信息平台录入情况短信，通报、提醒、督促

各部门按时录入。

【扶贫开发】 通过深入摸查，确定贫困村19个，贫困户418户，其中有劳动能力帮扶户261户；确定街道公益项目8个，村级扶贫项目9个。其中河东北社区卫生服务站改造工程已投入使用，江埔社区卫生服务中心改造工程已立项进入人防审批阶段，河东中学运动场建设正在办理招标手续，锦联小学5号楼完成清拆工作，重建手续正在办理中，其他项目也抓紧办理相关手续，全面进入实施阶段；村级扶贫项目中，江村厂房装修项目已经完成施工并出租使用，汉田村辗米房完成建设并投入使用，南方村的商铺建设、凤院村的扶贫综合楼建设、鹊塱村厂房加建、和睦村饮食一条街项目等进入实际操作阶段，正抓紧办理相关手续。

【“三旧”改造】 共上报“三旧”（旧城镇、旧厂房、旧村庄）项目119个，面积约6600亩。其中旧厂房86宗，面积3281亩，主要集中在河东城区；旧村庄23宗，面积2098亩；旧城镇10宗，面积1227亩。按照“先易后难，以点带面，全面促进”的原则，玮思工业园、天马集团、新动力塑胶等19家企业提交书面申请，共涉及改造项目面积1349亩，改造的对象主要是旧厂房，其中玮思旧厂房项目已完成土地重新出让工作，新公司已进驻。

【社区改革】 整合资源，在原有基础上增设社区居民委员会2个，使各社区区域布局更加合理，居民户数更加平衡，有效提高服务水平；完善社区居家养老服务部建设，为老年人提供周到、便捷、高效、体贴的专业服务；加紧推进社区家庭综合服务中心建设，以满足居民群众多样化、个性化的服务需求。

【房地产业】 继雅居乐、云星地产、合景地产之后，兴利地产、兴业地产、君源置业等知名房地产开发商投资江埔。玮思工业园、天马摩托集团、真巧食品等企业将在“三旧”改造中转型为商业房地产业。

【基层武装】 通过组织召开民兵预备役营（连）长座谈会、开展“四个基本”建设参观交流会和检查民兵预备役营（连）和民兵之家建设等形式，确保每个村（居）有民兵营牌子，民兵营长有办公室，室内有制度牌，民兵有组织，切实把武装战线建设工作落到实处。总结经验、层层把关、扎实开展兵役登记工作，选拔27名优秀青年应征入伍，高标准完成征兵工作任务。

【党务工作】 高度重视党员发展工作，举办入党积极分子培训班1期，发展党员86名。举办庆祝中国共产党建党90周年表彰大会，表彰奖励先进党支部9个和优秀共产党员112名，并组织广大党员认真学习先进典型和先进事迹，广泛开展向身边的优秀共产党员学习活动，形成学先进、赶先进、争先进的良好氛围。充分发扬民主，选举并组织胡少民等22名党代表参加中国共产党从化市第十二次代表大会。

（江埔街道办事处办公室供稿，庾燕珊执笔）

城 郊 街

【区域】 城郊街位于从化中部，毗邻街口地区，办公地址在新村北路55号，全街总面积160平方公里。辖新开、大夫田、荷村、三将军、水坑、坑尾、西和、红旗、麻一、麻二、麻三、塘下、光联、白岗、茂新、黄场、矮岭、左村、城康、光辉、东风、向阳、高步、新星共24个村和旺城东、旺城西、镇北、关围、横江、北星、明珠7个社区。

【人口】　全街人口总户数2.18万户，总人口6.89万人，其中农业户1.18万户，人口4.57万人，城镇居民2.32万人。外来人口1.47万人。

【管理机构】　2011年末，在编在职100人，其中公务员44人、事业编制45人、工勤7人，另有政府雇员4人。按照“三定”方案内设机构有：党工委办公室社会事务管理科、综治维稳和信访科、经济管理科、人口和计划生育办公室、纪检监察室、武装部、工会、团工委、妇联、残联。下属机构有：社会事务中心、农业技术服务中心、计生服务中心、投资服务中心、人力资源和社会保障服务中心、经营管理服务中心、城市管理和环境监察中队和安全生产监察和消防中队。

【经济状况】　全街全年实现生产总值15.83亿元，比上年增长14.6%；工业总产值21.97亿元，增长19.9%；农业总产值5.82亿元，增长7.9%。上缴税收1.99亿元（含总部经济税收），增长27.6%；其中国税收入6692万元，增长21.89%，地税收入1.32亿元，增长41.9%；固定资产投资7.50亿元，增长51.2%，完成年计划任务的114.3%；农村居民人均纯收入1.06亿元，增长17.1%。

【基础设施建设】　花卉大道一期已完工，交通标识不断完善，三期工程建设和二期征地工作加紧推进；万花园区内交通网络不断完善；

1月，广东幸美化妆品股份公司落户城郊街美都基地

北星路和向阳一横路正在规划放线，启动征地工作。配合做好大广高速城郊段、山前大道城郊段、从化大道和从化大桥等一批市政道路桥梁筹备工作，完成省道355线城郊段绿化景观整治以及10.32公里自然村道路建设，完成2012年规划建设的33.13公里自然村道的测量。配合村道路灯勘察规划工作，推进村村通路灯工作。做好新一轮土地利用总体规划修编、城乡建设用地增减挂钩和“三旧改造”工作，缓解街用地困难问题。完成龙潭水库等一批重要水利工程的综合整治工作，有效保障群众安全和农业生产。加快左村、矮岭村以及光联村的改水工程建设，实现农村改水全覆盖。顺利推进流溪河绿道城郊段以及万花园郊野绿道租地及建设工作。投入300万元，加强污水和河涌综合整治工作，河涌水质不断好转。

【农业和农村工作】　生产情况　全街耕地面积8.87万亩，主要农作物种植面积8.71万亩，其中水稻种植面积42751亩，产量13296吨；花生种植7305亩，产量1175吨；蔬菜种植23455亩，产量39347吨；水果种植43211亩，产量5763吨；生猪存栏3.478万头，增长

2.6%，出栏5.562万头，增长2.5%；禽存栏34.89万只，增长0.3%，出栏108.05万只，增长0.2%；牛存栏201头，减少15%，出栏196头，增长136%；羊存栏431头，增长220%，出栏4头，增长400%。

现代农业　培育发展农业龙头企业8家，引导建立"公司+基地+农户+订单"的发展模式，带动一方农业率先发展。继续巩固和深化"一村一品"工程，扶持城康红葱头、从城鸡心黄皮、大丘园火龙果和东风村野菜等专业生产基地建设，实现种植农户增多、种植面积增大、农民收入增加"三个增"效果。扶持和规范农民专业合作社，鼓励村民参与专业合作社，抱团取暖，增强抵御风险的能力，让广大农民生产种植优，农产品卖得好，全街已建立农民专业合作社16个，社员约2000人。

万花园建设　万亩鲜切花生产示范基地建设紧抓从化市创建国家绿色农业示范区和全国现代农业示范基地的有利契机，优化农业区域布局，推动农业生产向规模化、集约化、现代化发展。万花园落户企业31家，完成土地流转约1.2万亩，园区基础设施进一步完善，道路景观带项目建设顺利推进，园区产业改造升级工作加快。

促进农民增收　鼓励农民自主创业，支持农户参与农家乐建设，发展吃、住、玩为特色的乡村旅游。完善村（社区）劳动保障工作站的建设，加大农村劳动力培训和转移就业工作力度，鼓励村民外出打工，增加工资性收入。

集体林权制度改革　全街列入集体林权制度改革范围的林地面积11万多亩，林地所有权证全部发放，林地使用权发证和集体经营林地股权发证发证率在97%以上，顺利通过省的检查验收。

疫情监控防治　做好动物重大疫情的监控和防治工作，有效保障畜牧业健康发展。

推进生态文明村建设　16个生态文明村创建点顺利通过市的验收，西和、光辉等多条自然村被广州市文明办评为广州市生态文明村。继续做好城乡清洁工程，全年累计投入约200万元，有效地改善农村"脏、乱、差"现象。街连续4年获从化市城乡清洁工程优秀单位称号，水坑3社、光联2社、矮岭5社被广州市爱国卫生运动委员会评为广州市卫生村，水坑12社被广东省爱国卫生运动委员会评为省卫生村。

【项目建设】　美都化妆品产业基地建设成效显著，签约落户的26家企业中有21家已动工建设，广东幸美化妆品股份公司率先建成投产，企业排污问题已有初步解决方案。广州诗兰服饰有限公司已进入试产阶段。加大招商引资力度，总投资150亿元的从化保利低碳生态城已签约落户城郊街。服装制造、塑料制品、家私制造、金属制品等行业保持较快发展势头。

【第三产业】　发挥地理环境的优越性，发展房地产业，其中以向阳村、东风村、旺城大道片区为主的房地产市场销售快速增长。新开物流城、钢材市场及河滨北路周边的商贸业发展欣欣向荣。以现代农业与旅游业相结合的乡村旅游显现迅猛发展态势。加快发展以观光休闲农业和乡村旅游为亮点的旅游业，完善旅游发展环境。城郊段绿道征租地工作基本完成，连接万花园主要景区的花卉大道一期工程已完工，街人线城郊段亮化工程已投入使用。宝趣玫瑰世界、大丘园农庄、田心农家乐等三个景区被国家旅游景区质量等级评定委员会授权广州市旅游局评为国家AAA级旅游景区，田心农家乐被广州市农业局授予广州市四星级农家乐，进一步提升街乡村旅游的水平和知名度。挖掘开发各类赏花、摘果、农事体验、乡村风情等生态、休闲、观光型休闲农业及农家乐餐饮、住宿等乡村旅游项目10多个。抓住万花园被评为全省乡村农业观光旅游示范基地的有利时机，引导园区企业突显各自特点整合资源，构建一站式农业观光旅游示范区。全年园区累计接待各地游客150.7万人次，并带旺当地旅游服务餐饮业的发展，有力地促进当地农村经济转型，增加农民收入。

【扶贫开发】　经摸查，确定贫困村23条，贫困户638户，其中有劳动能力帮扶户457户；确定街道公建6个。新开村、光联村、大夫田村、西和村率先完成年村集体收入10万元的目标，村集体经济有可持续来源，78户贫困户共275人实现年人均纯收入5000元以上。23条贫困村基本实现通电、通邮、通讯、通电视广播，70多公里自然村道路实现硬底化，村文化室、小学、卫生站等基础设施不断完善。重点公共建设项目稳步推进。希贤小学和黄场靖安小学家长候车区已建成投入使用，城郊中心幼儿园、城郊社区医院、横江社区综合服务中心和旺城西社区服务中心项目加快推进。

【城区管理】　全年查处“两违”28宗，拆除违建7847平方米，整改违法用地11306平方米，复绿整改16宗约8400平方米，复绿率为96.5%。查封非法采砂点3个。清理拆除违法户外广告招牌23宗1740平方米，有效遏制“六乱”现象。

【社会治安综合治理】　依法严厉打击各种违法犯罪行为，侦破刑事案件138宗，抓获各类违法犯罪人员332人，“两抢两盗”（抢夺、抢劫、入室盗窃、盗窃机动车）立案比上年下降，治安形势明显好转。镇北社区和旺城西社区社会治安视频监控已建成使用。开展“平安社区、村”创建工作，创建单位累计29个，创建达标率居全市各镇（街）首位。着力抓好“排查、调处、稳控”三个关键环节，确保深圳大运会等国家重大事项、敏感期间的社会稳定。全年街综治信访维稳中心接待群众来访24批次（上级交办16宗），共73人；受理上访案件40件次，成功调处28件次，调处成功率达70%。加强和创新社会管理，社区“五个一”（一个社区服务中心、一个文化活动中心、一个小公园、一个社区医院、一个视频监控系统）建设稳步推进，加大对流动人员和出租屋管理服务工作力度。加大道路交通、食品、消防、危化学品、建筑等重点行业领域隐患排查和监管力度，严防重特大事故发生。

【群团工作】　工会　2011年新组建工会10家，新发展会员705人，其中新建独立私营工会10家，新发展会员595人，区域性联合工会函盖经济单位在原来的基础上新增加20家，新发展会员110人。推行工资平等协商和集体合同制度，签订集体合同1份，其中包括私营企业10家，区域性联合工会函盖经济单位20家，覆盖职工700人，续签3家，覆盖职工250人。健全民主管理，全街有企事业单有80多个企业实行厂务公开民主管理制度，81%的单位达到了规范化的要求。推广职工医疗互助保障计划和女职工安康互助保障计划。

青年团　新组建8个“两新”（新社会组织和新经济组织）组织团支部，其中非公企业7个，新社会组织1个，超额完成团市委下达的工作任务，新发展共青团员225名，其中学生团员占201人。在发展青年团员的同时，向同级党组织大力推荐优秀共青团员，全年有30名团员经推优入党。开展“五四”运动纪念活动、“大拇指”志愿活动及各类慰问活动，送上慰问金和慰问品总值6000多元，在增强团的活力的同时增强党的凝聚力。在村居两委换届工作中统筹考虑团组织换届工作，培养青年中的优秀分子，让他们担任团的领导职务。顺利完成团的组织格局创新工作，形成年富力强的团工委领导班子。

妇联　与街劳保中心联合举办2场招聘会，共有150名妇女找到自己的岗位。以创文为契机，在关围、旺城、镇北、北星等社区广泛开展“爱我家园”巾帼文明活动。积极配合上级妇联组织开展“三八”维权周活动，接待群众来访30宗，来电1宗，调处率100%。举行“爱心传递，幸福六一”为主题活动，积极组织参加“我为从化建设添光彩”的年轻女干部演讲比赛，一名干部获得三等奖。对我街的孤儿、单亲特困母亲等30户家庭进行慰问，认真做好“两癌”筛查检查工作，认真做好家长学校的建设。顺利通过广州市妇女儿童发展规划终期评估检查。

【社会各项事业】　就业和再就业　全年共转移农村富余劳动力1236人，提高农民培训的水平和质量，挖掘就业岗位信息，举办两场小型现场招聘会，100多人成功面试就业。

教育　全街有中学1所，小学7所，在校中学生2700多人，小学生4700多人，在园幼儿400多人。着力推进学前教育，深入推进义务教育规范化学校和校舍安全工程建设，加强希贤小学等农村学校基础设施建设，开展学校及周边环境综合专项治理，加强安全管理工作，教育质量不断提升，城郊中学获市教学一等奖。

参与“创文”　着力推进农家书屋等公共文化设施的建设和使用，深入开展全国文明城市创建活动，群众素质和城市文明程度进一步提升，配合做好上级对从化市“创文”工作的检查。

医疗卫生体育　全街有镇级医院1家，村医疗站23个。实施农村卫生站升级改造工程，推动城郊社区卫生服务中心的筹建工作。2011年发放重大医疗救济金9.3万元，全街城乡医疗保险参合人数47961人，参保率100.3%；体育事业不断发展，全街各村基本建有标准篮球场，体育设施不断完备，成功举办“三雅杯”篮球赛，提升各村（居）的精神面貌。

计划生育管理　人口计生工作深入扎实，各项人口管理指标均保持省一类地区的要求。2011年全年全街出生829人，其中一孩588人，二孩230人，多孩11人（其中计划内788人，计划外41人），计生率95.05%。男443人，女386人，男女性别比为114.79

双拥工作　征兵、民兵预备役和“双拥”工作成效明显，被广州市委、市政府、广州警备区评为“广州市拥军优属标兵单位”。

新农保试点。全街2.683万人购买新型农村社会养老保险，完成年任务106.49%。

城乡低保　全年发放低保金843户共343万元，发放物价补贴110多万元。发放医疗救济金60多万元，实行低保门诊报销金额直拨个人账号，惠及全街430名困难群众及重大疾病人员。发放重大疾病医疗救助金9.3万元。临时救助450多人次，发放救助金44万元。核定发放残疾人专项补助金129万元。对218名享受定补定恤对象发放定补资金约310万元。

关爱弱势群体　想方设法发动社会各界力量对重症家庭、孤寡老人、贫困学生等进行帮助。建设管理好社区“星光老人之家”和居家养老，丰富老人文化生活，切实做好老有所养，老有所乐。扎实推进农村危破房改造和五保安居点建设，231 户完成农村危破房改造，西和村五保安居楼建成投入使用。

【人大工作】 贯彻落实《中华人民共和国各级人民代表大会常务委员会监督法》，完善监督机制，着力增强监督实效，促进街科学行政、民主行政、依法行政、公正司法。组织人大代表城郊代表小组参加从化市十四届人大七次会议和十五届人大一次会议。开展市人大代表闭会期间的学习培训、执法检查、述职评议和调研视察等活动。配合市人大常委会对街“林权改革情况”等开展专项调研视察，完成各项工作任务。全面部署，成立选举工作办公室，全街 18 个选区顺利产生十五届市人大代表 25 名，并按照上级有关要求，完成资料归档工作，顺利完成新一届人大换届选举工作。

【党务工作】 加强理论建设 进一步完善《城郊街党工委中心组学习制度》，做到年有计划，季有安排，月有课题，围绕“履职尽责当先锋，攻坚克难促发展——百万记”系列主题活动开展工作，组织全街党员开展创先争优活动，统一广大干部群众的思想，为建设宜居、生态、幸福城郊，为实现跨越式发展提供强有力的思想保证。

干部队伍建设 不断完善干部管理制度和选人用人体制机制，深化干部教育培训工作，提高各级党员干部科学发展，依法行政和构建和谐社会的能力，干部队伍建设进一步加强。争取上级组织部门支持，安排 3 名“三支一扶”（大学生在毕业后到农村基层从事支农、支教、支医和扶贫工作）大学生到街工作。

村居“两委”换届 全面完成2011 年各级人大和村居“两委”换届选举工作，进一步优化各级领导班子和村居党支部委员结构，让一批能干事、干成事，能为群众办好事、办实事的人进入党支部，配强配好基层党组织，既保证村、社区干部队伍相对稳定，又增添新力量。

农村基层组织建设 继续抓好“一工程四机制”（农村党建“三级联创”活动创建“生态文明建设排头兵”先进村示范工程、建立农村干部任职公开承诺机制，农村干部成长机制，党内帮扶困难党员机制和农民全面培训机制）基层组织活动，继续深化城乡基层党组织互帮互助活动，基层党组织的战斗力、凝聚力、创造力进一步增强。

党风廉政建设 深入开展反腐倡廉宣传教育工作，通过季度学习、建设廉政文化示范点等工作进一步增强党员干部廉洁自律意识。开展农村党风廉政信息公开平台建设工作，保障群众的知情权、参与权和监督权，促进基层党风廉政建设。

财务管理 强化村账街记、社账村记工作。以农村党风廉政建设信息公开平台为抓手，规范农村财务建设及审计，增加透明度，减少群众为资金问题而引发上访事件，受到群众的好评。

（城郊街道办事处办公室供稿，杨颖执笔）

太 平 镇

【区域】 太平镇位于从化市南部，距街口镇 20 公里，镇政府办公地址在广从北路 33 号。区位优势得天独厚，地处“三区两市”（白云区、花都区、萝岗区、从化市、增城市）交界，105 国道和省道 118 线贯穿南北西东，西距白云国际机场 15 公里，南距北二环高速公路入口

22公里，辖区内，国道、省道和村道构成太平四通八达的交通网络。全镇总面积210.33平方公里。辖红石、颜村、钱岗、文阁、影田、分水、高田、秋枫、飞鹅、高埔、屈洞、共星、太平、何家埔、牛心岭、水南、黄溪、湖田、佛岗、菜地塱、邓村、神岗、元洲岗、三百洞、西湖、木棉、银林、上塘、石联、钟楼、井岗、连塘、格塘33个村和太平、神岗、翠荔、广东省经济开发区高技术产业园4个社区，是从化市两个特大镇之一。

12月6日，方圆集团捐助钱岗古村落改造项目动工仪式在太平镇钱岗村隆重举行。图为广州市委副书记、纪委书记苏志佳（左六）出席仪式

【人口】 2011年末，全镇总户数22434户，总人口95524人。户籍人口84204人，其中农业户17676户，农业人口83467人，非农业户5758户，非农业人口12057人，外来人口7674人。

【管理机构】 2011年末，全镇机关在编在职干部职工有116人，其中公务员编制52人，工勤编制8人，事业编制56人。

内设机构有：党政办公室（党委办公室、政府办公室合署办公）、党务办公室、经济发展办公室、社会事务办公室、规划建设办公室、农业办公室、人口与计划生育办公室、科教文卫办公室、财政所、维护稳定及社会治安综合治理办公室；单列机构有：人大办公室、监察室、人民武装部；群团组织有工会、共青团、妇联、残联；下属机构有：社会事务服务中心、农业技术服务中心、经营管理服务中心、文化体育服务中心、计划生育服务中心、投资服务中心、劳动就业服务中心、出租屋管理服务中心、城监中队；垂直管理机构有：国土所、司法所。还有中心镇办、征地办公室、效能办公室、信访办、扶贫办等临设机构。

【经济状况】 全镇全年实现生产总值22.14亿元，比上年增长13.1%；实现工业总产值30.18亿元，增长17.08%；实现工业销售产值28.49亿元，增长22.24%；年主营业务收入2000万元以上规模企业共20家，实现工业产值26.79亿元；年主营业务收入500万元以上企业共47家，实现工业产值29.61亿元，增长26.03%；合同利用外资1010万美元；实际利用外资510万美元；实现国税、地税收入2.70亿元，增长29%，其中国税0.70亿元，增长8.37%，地税1.99亿元，增长38.26%；全年固定资产投资完成额11.74亿元，增长63.6%。

【农业】 全镇实现农业总产值5.52亿元。全镇有耕地4.16万亩，其中水田3.96万亩，蔬菜复种3.98万亩，水稻种植面积3.14万亩，产量1.04万吨。花生种植面积1.02万亩，产量1920吨。蔬菜种植面积3.98万亩，产量5.29万吨。水果种植面积8.27万亩，产量1.58万吨。养鱼面积2710亩，产量775吨。生猪存栏4.09万头、出栏6.61万头，家禽存栏38.16万只、出栏158.79万只。

【农村工作】 调整农业产业结构 在钱岗糯

米糍荔枝、红石村白榄、共星村沙糖桔等“一村一品”板块基地格局初步形成的基础上，重点扶持新兴农业项目，完成苗树种植基地、木棉村茶树油基地、分水村兰花基地3个农业项目，总投资2800万元。继续加大对广州佳荔干果、华隆果菜保鲜、从玉菜场等农业龙头企业扶持力度。全年实现农业总收入3.25亿元，比上年增长2%；农民人均收入6838元，增长11%。

新农村建设　在农村自来水普及率超过99%基础上，完成上塘村二次改水和银林村改水工作。上塘村谭庄社、叶宅、新安3个经济社通过省卫生村验收，瓦窑社、高庄社、四五社、米田社4个经济社通过广州市卫生村验收。钟楼村被评为广州市第六批文明示范村。邓村被评为广州市新农村建设城乡一体化档案工作示范村。飞鹅村被评为广州市无邪教创建活动达标示范村。幸福莲塘中心村改造项目完工。上塘村设全镇第一个村级便民服务站，得到市、镇广泛好评。

【基础设施建设】　完成镇辖内街北高速沿线视线范围内建筑物整饰及美化，建设国道105线及省道118线（太平段）两旁的绿化带及人行道，并在公益广场、古币广场、绿化广场及105国道、太平墟、神岗墟路段人行道安装路灯、交通红绿灯，对国道、省道两旁的建筑立面进行整饰；完善中心镇污水收集处理系统，建设污水处理厂配套排污管网；建成北片园林式垃圾压缩中转站，解决镇垃圾处理问题；重新启动商业大道片区建设规划，打造一条贯穿太平镇东、西走向的商业中轴，促进太平镇105国道东边生活区的发展，打破太平镇发展依赖马路经济的僵局；完成镇区主要内街环保型太阳能路灯建设工程；完成城区主要道路改造，推进道路交通建设，使得城乡路网不断完善。基础配套设施的建设使中心镇城乡道路、环卫等基础建设得到不断优化。

【招商引资】　全年新引进企业11家，实际总投资1.03亿元，实现年产值1.84亿元。其中广州宝生园有限公司投资4500万元，项目于6月投产；广州和江汽车散热器有限公司投资全年实际投资1000万元，年产值3000万元；广州鸿旺鞋业有限公司全年实际投资500万元，年产值1500万元。引进多个总部经济项目，总部经济入缴地方库税金338万元。其中有深圳中深建广州分公司、广州平葆建筑安装有限公司、广州市帮意医疗器械有限公司等一批相对成熟的总部经济企业。

【第三产业】　充分发挥地理环境的优势，发展房地产业。其中东方夏湾拿、紫泉翠荔嘉园、珠江国际城等高尚生态住宅区成为促进经济发展和加快城镇化进程的重要推动力。兴富批发市场、丽柏家具广场、太平镇步行街、女人街等商贸市场的带动作用日益显现，餐饮、休闲、运输等现代服务行业陆续入驻。观光休闲农业蓬勃发展，太平乡村文化旅游项目陆续建成开放。

【项目建设】　2011年以来，镇积极推进中心镇项目建设，主要完成左灌渠一、二号桥梁建设、“幸福莲塘”中心村改造、镇区内街亮化照明、神岗片区太阳能路灯安装、港湾式候车站、神岗太阳能路灯工程、一级泵房改造工程、花园式环保垃圾压缩中转站设备项目8个项目的验收结算；启动左灌渠环境整治、城区污水处理系统管网建设，马仔山生态森林公园基础设施（一期）建设等项目的施工；完成绿水线电网拉线工作。

【扶贫开发】 帮扶“双低户” 镇想方设法为双低户（低保、低收入家庭）提供就业帮扶。创建“人力资源电子服务平台”，与开发区联合举办招聘会。结合双低户实际，制定种植、养殖项目；为贫困户办理社保、申请危破房改造、减免子女学费等，全年实现122户共439人脱贫。

村集体项目建设 以发展村经济项目为抓手，促进村集体经济脱贫。其中钱岗、屈洞、颜村、牛心岭4个村项目已确定，上塘村已实现村集体经济脱贫，村年收入10万元，比上年增加4.3万元。以公益项目为切入点，促民生幸福和谐。实施村集体项目54个，完成29个，累计投入资金720万元。

镇级公共项目建设 启动中心客运站、中心幼儿园、中心医院、神岗卫生院住院大楼和钱岗古村落改造5个公建项目。其中神岗卫生院住院大楼已动工。钱岗古村落改造项目已落实、中心医院项目完成招投标。

【党务工作】 领导班子建设 在镇党委换届工作中，切实加强领导，精心组织，严格把关，周密安排，规范操作，稳步推进镇党委换届工作。选举产生党委委员13名、纪委委员5名、市党代表31名，选举成功率100%。新当选的党委成员平均年龄39岁，达到大专以上文化程度。通过这次换届，镇党委、纪委班子结构进一步优化，干部素质进一步提高，班子平均年龄有所下降，优秀年轻干部比例有所提高。

基层党组织建设 先后完成村（居）“两委”班子换届选举和镇党委领导班子换届选举工作。在全镇33个村，3个社区两委的换届选举工作中，选举产生出村、社区支部委员112名，其中村支部委员103名，书记33名，副书记2名，社区党支部委员9名，书记3名。选举产生村（居）委成员145名，其中每个村（居）都确保至少有一名妇女干部。党员干部队伍发展壮大，全年发展新党员86名，培养入党积极分子458名。注重镇村干部的管理培养工作，举办“两委”干部培训班5期，并组织村（居）党员干部定期收看专题教育课件，进一步提高村（居）干部的思想理论和政策水平。

组织“七一”系列活动 为庆祝建党90周年，按照镇党委的要求部署，组织举办一系列活动庆祝党的生日。举办“2011年太平镇入党积极分子培训班”，邀请市委基层办的领导授课，进一步提高入党积极分子的政治理论水平；举办“庆七一，明基杯”篮球赛，以党支部为单位组队报名参加，进一步激发基层党组织的活力；组织慰问镇贫困党员、年老体弱党员共47名。

【纪检工作】 在换届选举中，镇纪委通过政府公开栏、标语横额、电子荧屏、集群手机短信、宣传车等媒介，开展多层面、全方位的宣传，号召群众积极大胆监督换届风气，警示竞选者依法依规参加选举，使镇换届选举工作圆满完成。及时调处解决群众来信来访，全年受理案件11宗（其中上级转来案件3宗），全部已妥善处理。成立党风廉政信息公开平台工作领导小组，相关职能人员落实工作，做到层层落实，责任到人。强化办案措施，严格办案纪律，保证办案工作依法依规进行。不断加强机关作风建设，提高党员干部廉政意识和制度执行力。开通镇长热线、镇长邮箱，实施“便民工程”，增强政务服务工作的公开性和透明度。进一步改善服务环境，严明工作纪律，落实干部职工出勤动态去向汇报制度，方便群众办事，接受群众监督。

【人大工作】　注重发挥人大代表的执政主体作用，做好村（居）“两委”换届等重点工作的监督，落实人大的建议和议案，组织代表进行跟踪考察。9月，镇第十七届人民代表大会第一次会议召开，选举产生新一届镇人大、政府领导班子。会议审议通过太平镇人民政府工作报告和其他各项报告，明确下一步镇的主要任务和奋斗目标。

【宣传和精神文明建设】　深入开展新农村建设活动，促进精神文明建设，生态文明村创建点工作有条不紊进行。2011年下半年，镇指导钟楼村成功申报广州市第六批文明示范村，为村争取创建资金共30万元。结合市“大交通、大产业、大旅游”发展战略，做好宣传工作，围绕镇各项事业的顺利开展创造良好的舆论环境，10月开始，每月编制出版一期《太平时讯》，发放到各级机关单位，内容涉及中心镇项目建设、扶贫、民生等中心工作。

【社会各项事业】　教育　全镇有幼儿园18所（神岗中心幼儿园1所、联办1所、民办7所、小学附设9所），小学11所，分教点3个，中学4所，成人文化技术学校1所。中学教职工382人，小学教职工472人，幼儿园教职工228人；中学生5212人，小学生5933人，幼儿园在园幼儿3398人。教育强镇工作深入开展，教育投入2687万元，建成校舍20幢，建筑面积28504平方米。镇属13所中小学校获市义务教育学校教育质量优良奖，获奖率86%。12月，率先在全市顺利通过广东省教育强镇复评督导验收。

医疗卫生　全镇有医院2所，医技人员236人。村医疗站33个，有村医48人。进一步加快医疗卫生建设，加大医院基础设施改造力度，新建神岗卫生院住院大楼，继续加强对村级卫生站的管理工作。

计划生育　以创建省人口和计划生育综合改革示范单位为目标，抓巩固、防反弹、力促工作上水平。从2010年10月至2011年9月，全镇出生1016人（含漏报55人），政策内出生969人，计划生育率95.37%，无政策外出生村（居）17个，男女性别比112∶100，落实四术579例，其中结扎226例，含纯二女结扎20例，上环225例，补救措施127例，双查平均率达98%以上，术后随访率达98以上。

城乡居民基本医疗保险　2011年，全镇参加城乡居民医疗保险人数73477人，参合率99.93%。共有5766人次享受住院报销，住院总费用2979.36万元，报销金额1116.48万元，报销比例是住院总费用的37.74%，平均每人次报销1936.31元。共有20838人次享受门诊报销，门诊总费用127.04万元，报销金额23.98万元，报销比例是门诊总费用的18.87%，平均每人次报销门诊费用11.51元。

就业和社会保障　全年全镇新增农村劳动力转移就业人数2028人，完成市下达指标2000人的101.4%，组织开展“订单式”培训等多种形式的培训，组织农民工技能培训409人；为用工企业和农民工提供平台，以切实解决镇农村富余劳动力转移就业问题，全年开招聘会4场，进场人数840人，总招聘岗位400个，企业设摊数71家，当场成功人数98人。至2011年，累计参加农村养老保险43369人，超额完成省、广州市下达三年全覆盖的目标任务。低保户、五保户、优抚安置和残疾人帮扶工作到位，发放低保金990多万元，优抚金192多万元。五保户人均供养金基本达到农村人均生活水平，格塘、文阁、高田、邓村、西湖、红石、共星、银林、钟楼、钱岗10个村五保安居楼已竣工，上塘、太平、分水、飞鹅4个村五保安居楼正在施工。

群众文化体育活动　2011年，镇文化站开展省一级创建活动，前期工作已经完成，省检查组已经检查验收完毕。在体育竞技方面也取得新的成绩，尤其是篮球比赛取得新的进步。在从化市2011年甲级男子篮球赛中，镇篮球队勇夺冠军。镇以“创文”为契机，大力改善公共环境，通过环境卫生整治、绿化美化、六乱整顿、网吧整治等措施，使得墟镇面貌大为改观。组织开展各种群众性文体活动，组织队伍参与全市爱国歌曲大家唱汇演等活动；开展“志愿服务月”、“诚信月”、“友爱互助月”等文明关爱活动，促进市民和谐生活；组织开展乒乓球、篮球、羽毛球等各项群众喜爱的体育比赛，活跃群众气氛。

【社会治安综合治理】　镇综治中心大楼建成，面积370平方米，配备办公电脑9台，办公车辆1辆。建成村工作站36个，100%完成从化市下达的任务。镇综治中心全年受理矛盾信访案件486宗，已调处化解459宗，调处成功率达95.7%。其中村工作站受理403宗，调处成功396宗；镇中心受理83宗，调处成功53宗。积极开展综治宣传、禁毒宣传、人屋整治、打击传销等专项行动，加强应急工作管理，完善《太平镇突发公共事件总体应急预案》和10多个专项应急预案，一般性突发事件应急预案覆盖率达100%。全年没有发生重大安全生产事故。

（太平镇党政办供稿，张平执笔）

温　泉　镇

【区域】　温泉镇位于从化市城区东北面，办公地址在从化市温泉镇温泉大道383号，距市城区11公里。区域总面积210.9平方公里。辖卫东、乌石、云星、宣星、源湖、龙桥、乌土、龙岗、中田、密石、桃莲、平岗、南平、新南、石坑、龙新、新田、南星、石南、石海、温泉、天湖22个村和龙岗、温泉、灌村3个社区。

12月29日，从化市政府在温泉镇政府礼堂举行海珠区援建设温泉镇扶贫开发项目物流配送中心收益分红发放仪式

【人口】　全镇总户数1.31万户，总人口5.35万人，其中农业户1.09万户，农业人口4.57万人；非农业户1523户，城镇居民3395人；外来人口4465人。

【管理机构】　2011年末，镇机关在职干部职工105人，其中公务员编制53人、事业编制46人、工勤编制6人。内设机构有：党政办、党务办、经济发展办、社会事务办、规划建设办、农业办、人口与计划生育办、维护稳定及社会治安综合治理办、宣传文化办、安委办、城乡清洁办、宣传办、信访办。单列机构有：人大办公室、纪检监察室、人民武装部、财政所。群团机构有：工会、共青团、妇联、残联。下属机构有：社会事务服务中心、农业技术服务中心、经营管理服务中心、劳动和社会保障服务中心、出租屋管理服务中心、计划生育服务中心、投资服务中心、文化体育服务中心、城监中队、环卫所、安全生产检查和消防中队。市垂直管理单位有：国土所、司法所。临时机构有：山区镇办、效能办、扶贫办、。托管机构有：劳监中队。

【经济状况】　全镇全年实现生产总值11.93亿元，比上年（下同）增长13.1%；工业产值24亿元，增长12.89%；农业产值4.15亿元，增长7%。实际利用外资510万美元。全年税收收入3.31亿元，增长42.38%，其中国税收入6833.4万元，增长36.5%；地税收入2.62亿元，增长44%。固定资产投资14.25亿元，增长31%。农民人均纯收入6792元，增长10.2%。

【招商引资与工业发展】　温泉　镇规模以上工业企业（产值为2000万元以上）15家，其中外资企业3家，上亿元企业5家，产值8000万元以上企业7家，2011年新上规模以上工业企业1家（广州市雅乔化工有限公司）。全镇工业企业主要以摩托车制造、塑料制造、木业加工、无纺布、金属制品、药业为主。

【农业】　全镇有耕地面积3.79万亩，其中水田面积3.13万亩。农业生产以水稻、花生、蔬菜、水果为主。全年种植水稻3.34万亩，产量1.15万吨；蔬菜品种主要以丝瓜、豆角、茄瓜、菜心、白菜为主，种植面积3.75万亩，产量6.49万吨。水果主要有有荔枝、龙眼、青梅、红柿、砂糖橘等，种植面积4.68万亩，产量1.61万吨；生猪出栏量1.1万头，三鸟上市量40.79万只；养鱼面积4056亩，产量889吨。

【农村工作】　加快农业结构调整，推动“一村一品”发展，引导农民扩大改良品种的耕种面积，鼓励农民实施退果还田。加大农田水利基础设施建设，改善村民耕作条件。狠抓重大动物疫病防控工作，全镇全年实现零疫情。完满完成17万亩的集体林权主体改革任务，林地所有权证发证率99.86%；使用权证发证率99.95%；调处山林纠纷10宗，调处率达91%，林权改革工作综合成绩全市排名前列。深入开展农村富余劳动力转移工作，全镇总农村劳动力2.01万人，农村转移就业9765人，富余劳动力暂未转移就业2000多人。2011年，镇举办两场以“促就业、惠民生”为主题的现场招聘会，组织61家企业招工，提供空缺岗位2000多个，招聘会上，共有711人与用人单位达成用工意向。并定期或不定期组织农村富余劳动力到市参加就业招聘会。至年末，全镇农村富余劳动力转移就业人数1129人，完成全年任务的141%。农村社会养老保险参保人数2.71万人，参保率107.28%。其中35周岁以上参保率达100%。城乡居民医保参保人数4万人，参保率100%。

【基础设施建设】　树立“大交通”的发展意识，完善交通网络和基础设施建设，狠抓从增高速公路建设收尾工作，力争2012年6月通车；加快珠江温泉大桥、花卉大道二期工程、大广高速等重大项目的推进。加快实施温泉风景区柏油路改造，力促旅游环境提档升级。重点完成新田村等约4公里村道建设以及桃莲村等约10.6公里社道建设，争取城乡公路硬底化全覆盖。全面开展城乡路灯建设工程，启动各类路灯安装6167盏。实施11条行政村的农村生活污水治理工程，其中源湖村八社、密石村陈屋（三社、四社）两个点的农村生活污水治理工程投资约44.43万元，已基本完成，力争“十二五”城乡污水治理全覆盖。进一步配套完善市政、民生等公用设施，提升城乡功能。帮扶项目建设稳步推进。温泉镇和海珠区、珠江公司等帮扶单位制定镇级扶贫项目有47个，总投入资金概算3.38亿元，其中灌村中学、温泉西路升级改造和石坑、龙岗路灯安装工程等3个项目已完工并交付使用。

【旅游业】 实施城乡清洁工程，启动美化、绿化、净化、亮化、生态景观化工程。2011年投入252.21万元实施城乡清洁工程，切实加强对辖区内环境卫生的管理，加大对国道沿线两边的综合治理力度，对辖区内的“脏、乱、差”现象进行大力整治，坚持每天两打扫一保洁。深入开展城乡“六乱”专项整治，依法拆除违法建设7118.39平方米，整饰主干道沿线建筑立面6万平方米，拆除违章广告招牌2210平方米。镇容镇貌和村容村貌不断改善，全面提升旅游居住环境。温泉限上餐饮、服务业单位有13个（望谷、温泉宾馆、专家村、正大、翠岛、锦泉、公路疗养院、幸福楼、碧泉、映月湾、华辉、万丰、竹溪），80间宾馆酒店中有7间是三星级酒店，接待酒店共有客房6000多间，1万个床位，1.8万个餐位。镇继续加大投入，对温泉风景区一河两岸及周边道路环境改造、温泉西路道路升级改造工程等方面进行升级整治规划。盘活景区内澳泉企业总部的“烂尾楼”工作，提升景区的旅游形象。并努力做好农家乐农庄业务指导管理工作。2011年，全镇共接待中外游客237.6万人次，比上年增长21.3%，旅游业收入8.3亿元，增长23.5%。房地产业有序发展，餐饮业、旅业等服务性行业不断提升服务质量和档次，经济发展水平进一步提高。

【人大工作】 全力做好从化市第十四届人民代表大会第七次会议、温泉镇第十七届人民代表大会第九次会议、温泉镇第十七届人民代表大会第十次会议工作，使人大代表能顺利、完满地完成会议的各项议程。充分发挥人大代表的参政议政作用，提交的议案、批评和建议得到大会的肯定。注重发挥人大代表的执政主体作用，组织代表进行视察，认真审议、落实人大建议和议案。

【党务工作】 温泉镇党委下辖62个党（总）支部，有党员2251人。继续深入开展创先争优活动，加大力度，深入推进农村党务公开工作，确保镇村远程教育管理工作正常开展，夯实农村基层组织建设。依法依规，圆满完成村、社区“两委”换届选举工作。中共温泉镇委员会第十二次代表大会胜利召开，顺利选举产生新一届党委委员11名、纪律检查委员会委员5名、出席市第十二次党代会代表24名。坚持标准，抓好党员发展工作和非公企业党建工作，全年发展党员85人。

【群团工作】 镇妇联积极引导农村妇女参与社会主义新农村建设，推动镇的“双学双比”（学文化、学技术、比成绩、比贡献）活动。发挥妇女业余学校的作用，协同相关职能部门加大对农村妇女的技能培训，针对推动“一村一品”发展，组织260多名农村妇女参加蔬菜、果树等科学管理知识培训，帮助150多名农村富余劳动力向非农领域转移。共青团温泉镇委员会第十五次代表大会胜利召开，选举产生新一届镇团委班子，配齐配强团组织工作力量。镇团委发挥党的后备军作用，开拓创新，以开展各项有益活动为载体，团结带领广大团员青年投身到全镇各项事业建设中。

【社会各项事业】　教育　全镇有中学2所、小学6所、幼儿园3所，在校中学生2839多人，小学生2507多人，在园幼儿886多人，全镇有教职员工570人。巩固教育创强成果，全面推进教育理念、体制、模式的创新，积极开展校舍安居工程建设，2011年全镇中小学共有7幢教学楼或宿舍楼列入拆除重建或加固维修项目，总建筑面积7700平方米，总投资约1935.02万元。

医疗卫生　全镇有中心医院2间，医技人员76人，村卫生站22间，有村医22人。不断完善医疗卫生水平，全面实施灌村医院防保综合楼新建和温泉医院改造扩建。继续推行农村合作医疗，全镇应参加合作医疗人数42658人，已参加人数41097人，占应参加合作医疗人数的96.3％。其中村（居）低保2907人，残疾444人。

文体活动　继续完善各村（居）文化室和“农家书屋”的建设，坚持每季度送书供农民阅读学习。青少年思想道德建设工作不断加强，志愿服务、友爱互助的意识深入民心，城乡软实力逐步增强，人民幸福指数日渐提升。

精神文明建设　根据从化市创建全国文明城市的工作部署，组织开展“慈善帮扶月”暨书香从化“阅读月”、第四届广州市道德模范事迹宣传、志愿服务日等群众文化活动；“微笑服务月”、“爱护公物月”、“志愿服务月”、等主题社区文化活动；“关爱空巢老人志愿服务行动”、“文明交通行动计划”等主题实践活动，全镇创文工作有序推进，人民综合素质明显提高。

计划生育管理　2011年全镇常住总人口54087人，已婚育龄妇女11953人，占总人口比例的22.10%，已婚育龄妇女节育率为88.91%，其中一孩夫妇4005人，落实节育措施3791人，二孩夫妇4377人，落实节育措施4342人，三孩夫妇2490人，落实节育措施2483人。全年全镇出生564人，其中一孩400人，二孩162人，三孩2人（其中计划内549人，计划外15人）。男301人，女263人，男女性别比为114：100。

社会保障　全年发放低保金470.6万元，发放物价补贴82.5万元。临时医疗救济128人次，救济款27.8万元。完成石南村、宣星村、密石村、龙新村4个五保安居楼的建设。完成农村危破房改造217户。全面建立优抚对象优待经费机制，逐月、足额发放优抚定补资金147.8万元，并发放退伍军人及优抚对象节日慰问金10.7万元，退伍军人优抚对象的生活得到保障。

【社会治安综合治理】　2011年，镇辖区两个派出所共接警情542宗，比上年614宗下降11.73%；立刑事案件129宗，比上年141宗下降8.5%。抓获各类犯罪嫌疑人372人，其中刑事拘留69人，逮捕34人。全年破获刑事案件79宗。其中破获贩毒案件14宗，比上年9宗上升55.6%，全年打掉犯罪团伙7个，抓获网上追逃人员7人，强制戒毒16人。纠正查处交通违法行为1528宗，查扣无牌无证摩托车523辆，汽车33辆，拘留无证驾驶人员35人，查处酒后驾驶8人，查处机动车非法营运152多宗。全年无重大恶性刑事案件发生，无严重黑恶势力犯罪活动。全年全镇各相关职能部门开展大规模的联合整治重点场所的专项行动40多次，立案查处无照经营案15宗，罚没人民币10万多元，引导办照22户，取缔19户，清查辖区内各类场所854间次，查处治安“黄赌毒”案件39宗，查处取缔黑网吧1户。排查调处各类矛盾纠纷及不稳定因素182宗，已办结170

宗，办结率达93.4%。大部分上访到镇本级并得以及时化解。

【扶贫开发】 镇的扶贫开发工作严格落实领导包干责任制，科学制定扶贫开发战略。如期完成“半年初见成效、一年大见成效”的目标任务。19条贫困村中有13条年集体收入超过10万元，脱贫率68.42%。19条贫困村中考核的贫困户达标户数238户，达标人数963人，脱贫率83.82%。温泉镇和海珠区、珠江公司等帮扶单位制定镇级扶贫项目有47个，总投入资金概算3.38亿元，其中灌村中学、温泉西路升级改造和石坑、龙岗路灯安装工程等3个项目已完工并交付使用，另外物流配送中心项目已提前分配收益，使海珠区帮扶的11条村集体提前脱贫。这些项目涵盖温泉镇经济发展类项目以及基础性公共配套设施，对改善温泉镇投资环境，促进镇经济发展，完善镇基础设施建设和提升教育、医疗、文化水平等产生积极影响。

（温泉镇党政办供稿，黄健执笔）

良口镇

【区域】 良口镇位于从化市北部，东与龙门县毗邻，南与温泉镇接壤，西与清远市佛冈县交界，北与吕田镇相连，环抱流溪河林场、黄龙带水库。全镇森林覆盖率75%。全镇总面积409.45平方公里。镇政府办公地址在良口墟新街76—78号。全镇管辖锦村、溪头、下溪、团丰、和丰、合群、达溪、赤树、磻溪、少沙、石岭、米埔、塘料、高沙、良明、塘尾、良平、良新、联群、联平、梅树、胜塘、长流、石明、乐明、仙溪、北溪27个村和良口社区。

【人口】 2011年末全镇总户数9496户、总人口3.94万人，其中农业人口37704人、居民1696人。外来人口1400人。

10月22日，广州市伟腾企业集团捐资建设良口镇医院碧水新村综合门诊部项目签约仪式在文轩苑举行

【管理机构】 2011年末，镇在编在职干部105人（含司法所、国土所），内设机构有：党政办公室、党务办公室、人口与计划生育办公室、规划建设办公室、宣传文化办公室、社会事务办公室、经济发展办公室、农业办公室、维护稳定及社会治安综合治理办公室；单列机构有：武装部、人大办、纪检监察室、财政所；群团组织有：工会、团委、妇联、残联；下属机构有：社会事务服务中心、计划生育服务中心、农业技术服务中心、投资服务中心、经营管理服务中心、劳动就业服务中心、出租屋管理服务中心、安全生产检查和消防中队、城市管理和环境监察中队。市垂直管理单位有：国土所、司法所。还有中心镇办、效能办公室、扶贫办、信访办等临设机构。

【经济状况】 全镇全年实现生产总值6.23亿元，比上年增长13%；全镇实现农业总产值2.45亿元，比上年增长4.3%，工业总产值1115万元，比上年增长1.2%。完成国税收入

1054.04万元，地税收入8700万元。完成固定资产投资1.69亿元，增长65.1%。全年接待各地游客130万人次，旅游收入3.2亿元，增长14%。第三产业逐步成为镇的支柱产业。农民年人均纯收入5556元，增长16%。

【基础设施与镇村建设】 *基础设施和公共服务设施建设* 完成105国道共青路口至五指山旅游区段沥青路面升级改造、从都国际会议中心至威格诗庄园段道路整饰、从都度假村至动感温泉市政道路升级改造、新敬老楼、善施学校升级改造、良口第二小学升级改造、镇区功能环境整治、垃圾压缩站、旧城区亮化等项目建设；全面完成镇文化站升级改造，并顺利通过广东省特级文化站评审专家组的检查验收，成为从化市第一个被评为“广东省特级文化站”。灾后重建斗潭二期和胜塘二、三期工程已动工。完成4个村20个社农村污水处理工程，埋设排污管网近8公里，污水工程受益人口约3363人。

生态文明示范村建设 完成长流村长三社、达溪村达一社、北溪村三太社3个点的社会主义新农村建设，进一步加大二次改水力度，保障村民的安全用水。全年完成巷道硬底化2.68万平方米、建设排水排污渠6000多米、改厕115户。

【农业和农村工作】 全年水稻播种面积2.9万亩，年亩产318公斤，年总产9900吨；全年组织举办各类型科技培训班、科技咨询、现场会、田间咨询8场次，受训农民1650人次，发放技术资料5700多份；全年转移富余劳动力1207人，农村劳动力双转移培训461人，促进农民充分就业；扶持农业种养、农产品流通大户11户，扶持资金7.4万元，其中农业种养大户2户、流通大户9户；发展农村合作社14家，发展社员533人，其中长流村的广州从化荣联砂糖桔专业合作社、合群村的广州从化梦溪果蔬专业合作社为从化市示范合作社，有效促进农业增产增收；全年开展农资打假执法检查4次，出动执法人员55人次，检查农资商店30间次，印发宣传资料580份，有效净化镇村农资市场；实现全镇辖区农贸店铺、规模种养场、标准化示范区、无公害生产基地、绿色食品和有机食品生产基地100%纳入质量安全监测范围，做好每月检测120份农产品样品的报送工作，有效确保农产品消费安全；对受干旱影响的5850亩农作物，制订技术措施、落实抗旱资金、组织广大农户清污水，指导农户开展自救，把灾害损失减少到最低限度；与扶贫“双到”工作相结合，联合举办广州市秋季农业科技下乡咨询活动，通过送科技、送技术、送种子等活动，不断提高农民的种养技术水平，优化品种结构，促进农业向高产、优质、高效方向发展，达到农业增产，农民增收的目的。

【招商引资】 至2011年末，全镇新注册的拟总部公司3家，按择优选留原则，镇拟总部经济公司保留8家，缴税总额约588万元，比上年增长170%；成功引入由星河湾企业集团计划总投资100亿元的“五指山生态旅游度假区”项目，正加紧办理项目前期报批工作和项目基础设施建设施工前期工作。

【党务工作】 全年发展新党员75人，其中女党员16人，占21.3%；35岁以下的51人，占74.6%；中专或高中以上学历的30人，占40%；大专以上学历的13人，占17.3%。抓好村居干部培训工作，全年组织村、居书记、主任52人参加市举办的培训班，组织村、居干部

120人参加镇举办的培训班。抓好村远程教育工作，通过完善站点运行和管理工作周报制度、明确支部书记及站点管理员职责，进一步规范镇农村远教管理工作。周密部署、广泛宣传、精心组织，稳妥做好村居“两委”换届选举，扎实做好镇党委换届选举相关工作，为顺利召开镇第十五次党代会和第十七届人大一次会议提供组织保障。慰问镇2011年广州市特困党员166人，发放生活困难补助1.08万元；慰问镇“三老”（生活困难的60岁以上老党员、老党员干部、老党员模范）困难党员110人，发放生活困难补助3万元；慰问60岁及以上农村老党员170人，发放慰问金8500元；为17名符合条件的广州市农村困难老党员申请生活困难补助5.11万元；帮扶2名困难党员申请市党内关爱扶助金4000元。

【人大工作】 依法召开镇十六届人大七、八次会议，其中在镇十六届人大七次会议上，审议通过镇政府工作报告、财政预算和镇人大主席团工作报告；加强代表议案、建议的督办工作，会议结束后，镇人大收到建议、意见20件，及时移交镇政府有关职能部门办理，于7月底全部办理答复。精心组织，周密安排，市、镇人大代表换届选举工作顺利完成。在镇第十六届人大八次会议上，补选副镇长1名。开展专题座谈，强化代表参政职能，提高代表履职水平，增强代表的责任感和使命感。积极协助省十一届人大代表调研良口扶贫开发工作。

【群团工作】 工会 发展基层工会组织，新增组建企业工会5家，覆盖企业8家，发展会员90多人，签订集体合同13份，工资专项集体合同3份，完成市总工会下达的组建任务。开展情暖职工心，关心困难职工活动，对特殊困难和受灾职工家庭户进行救济，全年慰问20户次，发放救济金额1万多元。做好女职工工作，全年购买女职工安康保险5份，举办女职工各类知识培训2期，参加培训人数41人次，有效提高女工的劳动技能。开展职工文娱体育活动，举行“庆‘五一’职工篮球赛”和“文明交通我行动”等活动，丰富企业、职工的业余生活。

妇联 开展农村妇女科技和职业技能等方面培训，配合镇劳动就业服务中心对镇180名3级或4级残疾人进行双转移物管培训；配合市妇联开展新一轮“爱我家园”巾帼文明行动，开展“六进我家”（美德进我家、爱心进我家、法律进我家、廉洁进我家、低碳进我家、好书进我家）活动；做好妇女儿童维权信访工作，全年接待来访5件，调处率100%；开展困难妇女儿童帮扶活动，做好镇36户单亲特困母亲安居房的建设跟踪工作，做好重症儿童的救治工作，做好镇育龄妇女“两癌”排查工作；做好贫困女高中生调查工作，通过穿针引线，得到社会热心人士的大力帮助，扶助镇13名贫困女高中生3年高中书学费及4名单亲特困儿童和孤儿的学习生活费。

【社会各项事业】 教育 全镇有中学1所、小学3所、幼儿园2所，各校坚持巩固教育创强成果，整合教育资源，提高办学效率，教学成绩有所提高，2010学年度汇考各中小学的成绩有所提高：3所小学有6名学生考入从化重点中学；中学有27人被从化中学、从化六中录取，有99人被普通高中录取。

医疗卫生 全镇有中心医院1所，医院设科室7个，有CT、B超、X光、心电图、生化仪等设备，有病床40张，手术室2间，能进行常规手术治疗。2011年，门诊58755人次，比上年增长3%；住院1312人次，增长21%；业务收入809万元，比上年增加33万元，增长4.2%。开展传染病知识培训，全年举办讲座6次，培训258人次，张贴甲型H1N1流感等各类传染病画报10期，派发宣传资料6210份。推进计划免疫工作，全年儿童建卡率继续保持100%，“五苗”（卡介苗、脊灰疫苗、百白破三联疫苗、麻疹疫苗、乙肝疫苗）覆盖率100%。2011年度城乡居民基本医疗保险参保人数35392人，参保率99.8%，全年累计报销1.52万人次，其中住院2979人次，门诊1.22万人次，报销补贴居民住院款项590.28万元，门诊款项14.31万元，有效解决群众疾病医治难问题。

计划生育　制定一系列规章制度，并向全镇28个村（居）委会下达计划生育任务书，镇与村、村与社层层签订责任书，落实层级责任制；从清理“四术”（人流、引产、上环、结扎）库存和提高查环查孕率着手，扎实推进“两无”（村无政策外出生、镇无政策外多孩出生）工作。2011年，镇人口自然增长率控制在5.24‰以内；无政策外生育村（居）达到15个，比上年增加2个，人口计划生育工作整体水平得到稳步提升，顺利完成全镇人口入库登记工作、流动人口“四术”及“双查”工作。

社会保障　建立和健全社会保障体系，实现“应保尽保”，截至年末，全镇纳入农村低保972户2546人，城镇低保26户48人，低保资金按时足额发放到个人账户，全年发放救济款32万元；抓好农村社区建设示范点的规划建设，投入13万元，建成磻溪村社区服务中心；做好《老年人社会保障卡》的办理和升级工作；按时给700多名80岁以上长者发放长寿保健金；全力推进新型社会养老保险参保工作，动员2.37万人参保；扎实推进扶残助学工作，为22名残疾学生和18名残疾人子女（学生）申请2011学年助学经费，为18名在校住宿残疾学生申请资助生活费；组织17名聋人参加由广州市残疾人康复中心开展的听力筛查活动，并为10名符合条件的残疾人免费佩戴助听器；全面抓好残疾人、精神病人康复工作与残疾人的劳动技能培训工作；推进农村危破房改造，全年批准整体改造点6个（共215户）、零散户改造503户。

创建文明城市　结合创建全国文明城市的开展，完成镇垃圾压缩站主体结构建设以及小公园等惠民设施建设，开展“清洁家园、爱护环境”行动，组织群众对卫生环境进行大整治，以整洁有序的镇容镇貌迎接各方游客，创文工作得到上级部门的肯定。

林权改革　全面完成27个行政村、302个经济社集体林权改革实施方案的票决与外业堪界工作，顺利通过省林改工作的验收。

【维稳及社会治安综合治理】　落实一把手工作负责制，层层签订治安责任状和无毒责任状，完善“三位一体”调解制度，把人民调解、行政调解和诉讼调解有机组合；全年受理信访41宗，接待群众来信来访43批次92人，上级交办转办案件23宗，已办结39宗，办结率95%；各村级调解委员会受理各类矛盾纠纷228件，成功调处225件，调解成功率98.6%；排查存在的不安定因素30多件（项），做到情况清、底子明；加强对美发美容厅、电子游戏厅、网吧等公共娱乐场所的管理，严厉打击卖淫、赌博、吸毒、“六合彩”等违法犯罪行为，维护社会面的稳定，全年受理刑事治安警情357宗，比上年下降35.7%；全年出动117人次，检查出租屋192套，检查流动人员188名，整治存在消防隐患的出租屋2间，督促35名流动人员办理居住证；切实整顿非法生产，坚决取缔无证照生产经营场所，及时发现问题，堵塞漏洞；在“清网行动”中，抓获上网追逃人员22名（良口所抓获19名，外单位押送3名），完成总清网数的91.67%；开展“两违”拆迁行动，拆除违建6宗，取得良好的警示效果。

【扶贫开发】 成立镇扶贫开发工作领导小组，制定相关的措施方案；商定涉及教育、文化、卫生、基础设施等45个近、中、远期帮扶项目；9月，全面完成第一批扶贫项目——镇文化站升级改造、镇敬老院新敬老楼建设、善施小学升级改造、第二小学升级改造4个项目的建设；全年完成帮扶资金投入3490万元（其中黄埔区帮扶资金690万，广州扶贫专项资金700万元，星河湾帮扶资金1800万元，财政资金300万元），广州伟腾企业集团捐建良口镇医院碧水新邨综合门诊部550万元已汇入镇扶贫开发专户；25个贫困村集体经济实现增收66.59万元，其中已完成10万元收入以上的贫困村4个（合群村、联群村、糖料村、少沙村）；共537户、1847名贫困对象成功实现脱贫，其中考核的贫困户410户、1682人，占考核贫困户总数的70.8%，实现考核的贫困户人均增收1882元。

（良口镇党政办供稿，李丽芳执笔）

吕 田 镇

【区域】 吕田镇位于从化市东北部，东面和南面与龙门县交界，西与良口镇相连，北与新丰县毗邻。距广州市115公里。镇政府办公地址在吕田镇中新北路68号。全镇总面积390.4平方公里，辖塘田、安山、草埔、小杉、鱼洞、新联、联丰、桂峰、塘基、三村、吕新、莲麻、吕中、水埔、狮象、竹坑、份田、东联、东坑、五和、坪地21个村和吕田、东明2个社区。

【人口】 全镇户籍人口总户数8952户，总人口3.05万人，其中农业人口7089户，2.7万人，城镇居民3147人。外来人口1906人。

12月30日，吕田镇第七届美食节开幕，市领导谭凯平（左一）等出席开幕式

【管理机构】 2011年末，全镇在职干部职工80人，其中公务员编制43人，事业编制32人，工勤编制5人。内设机构有：党政办公室、党务办公室、经济发展办公室、社会事务办公室、规划建设办公室、农业办公室、人口与计划生育办公室、科教文卫办公室、维稳综治办公室等；单列机构有：人大办公室、纪检监察室、人民武装部、财政所；群团机构有：工会、共青团、妇联、残联；事业机构有：社会事务服务中心、农业技术服务中心、经营管理服务中心、计生服务中心、投资服务中心、劳动和社会保障服务中心、出租屋管理服务中心、城市管理和环境监察中队、安全生产检查和消防中队；市垂直管理机构有：国土所、司法所。还有扶贫办、效能办等临设机构。

【经济状况】 全镇实现地区生产总值5.5亿

元，比上年增长19.2%；实现农业总产值2.2亿元，增长8.6%；工业总产值3189万元，比上年下降11%。完成固定资产投资3.2亿元，比上年增长70.3%；完成镇级财政收入3837万元，与2010年基本持平。完成税收收入2.44亿元，增长4.1%；其中国税入库1.37亿元，减少0.3%，地税入库1.07亿元，增长10%；接待游客120.6万人次，增长20.9%；实现旅游收入3.9亿元，增长23.2%；农村居民人均纯收入8972元，增长17.7%。

【农业】　全镇拥有林地面积50.4万亩，耕地面积3.27万亩，其中水田2.07万亩、旱地1.19万亩。南片的安山、塘田、草埔等村以发展水稻生产为主，兼顾发展蔬菜产业；东片的新联、桂峰、联丰、吕中和北片的莲麻、三村等村以发展蔬菜和特色水果为主，兼顾粮食生产；西片各村和份田村在种粮基础上重点发展番薯、水果和蔬菜种植；中片的狮象、竹坑等村以发展有机蔬菜、花卉为主，兼顾水稻生产。全年粮食种植面积4.34万亩，总产1.58万吨，其中水稻3.95万亩，总产1.45万吨；玉米620亩，总产231吨；薯类1660亩，总产673吨；大豆1657亩，总产383吨。花生种植面积2300亩，总产383吨。蔬菜种植面积1.65万亩，总产2.31万吨。水果种植面积6.68万亩，总产1.13万吨，主要有三华李、青梅、早李、红柿、柑桔类、板栗、枇杷、杨梅等品种，以三华李、青梅、柑桔、红柿为主。其中三华李种植面积2.99万亩，总产5311吨；青梅种植面积9850亩，总产960吨；柑桔橙类6877亩，总产2111吨；柿类1.32万亩，总产1842吨；其他杂果有6940亩，总产1103吨。

【农村工作】　*农村经济稳步发展*　加强水利工程建设，投入20万元，完成竹坑河清淤工程；投入125万元，基本完成新联村河堤整治工程；推进五和村、坪地村和竹坑村的中低产田标准化建设工作。新发展和坪蜂业、荣泰园艺、尖峰沙糖桔和新优蔬菜4个专业合作社。协助吕中村的鹰嘴桃专业合作社争取到26万元的资金支持，并申报农业科技推广专项。年末，全镇有农民专业合作组织11家，为农业增效、农民增收发挥积极作用。新打造五和村金银花基地、吕新村淮山基地、吕中村蔬菜种植基地等多个较大型的种养基地，开展集约化种植，提高农业生产效率，解决农村富余劳动力就业问题，有效提高农户的收入。成功举办第七届美食节，接待游客8万多人次，拉动农民直接收入约200万元，给各行业带来直接、间接收入达600多万元。

林权改革通过省验收　镇划拨林权改革专项工作经费，完成林地勘界确权7839宗，面积47.7万亩，确权到户率达95%；林地所有权发证面积48万亩，发证率达99%；使用权发证面积47.8万亩，发证率达98%；排查林权纠纷103宗，成功调处林权纠纷89宗，调处率达86%，顺利通过省、广州市验收。

生态文明村建设　全年投入资金30万元，建设桂峰村、三村村、竹坑村、塘基村、鱼洞村5个村的篮球场及乒乓球场设施，并已全部完成建设并通过验收。申报9个自然村、经济社为2012年广州市新农村建设示范村，各示范点正进行招投标工作，争取在2012年上半年完成建设。

【农村财务管理】　规范农村财务管理，抓好村务、政务、财务公开工作，完善村民“一事一议”自治机制。全面推行村账镇代记、社账村代记制度。健全制度，明确会计职责，以村务公开为重点，开展“村帐镇代记”工作。加强对各村会计基础工作的检查监督，把农村会计基础工作纳入法制化轨道。各村建立财务公开日，设立财务公开栏。加快“社账村代记”工作，规范农村财务管理。

【基础设施建设】　全年完成自然村道建设测量及设计8条，总长35公里，总投资约776.43万元。年末竣工验收自然村村道15公里，正在动工建设3.5公里。继续加大村道的管护力度，全镇村道里程全长69.8公里，已纳入专项资金和专人管护的管理模式，其配套资金每公里补助250元（其中广州市150元、从化市50元、镇50元），力求巩固村道建设成果。落实管护队伍人员，制定奖罚制度，抓好管护队伍建设。建设农村路灯3350盏，路灯全面覆盖全镇各村居、经济社。全力做好105国道升级改造，年末工程已基本完工，国道两旁面貌焕然一新。推进农村二次改水工程，完成吕中村等13条村的改水工程。

【招商引资】　全年引进投资项目7个，其中特色观光农业项目3个，工业项目4个，投资总额1.27亿元，总部经济项目18个。其中广州创尔生物技术有限公司在市开发区购地20亩，投资8000万元，建设1.2万平方标准工业厂房，生产高档化妆品；广州市星河湾狮象经济发展有限公司，投资3000万元，在狮象村种植观光花卉及相关经济作物，打造特色生态旅游观光产业。还有从化新聚鑫手表配件厂、吕田竹盛苗竹加工制品厂、广州绿佳源农业有限公司、广州古振农业发展有限公司、广州绿得贸易有限公司、广州市锐进农业发展有限公司已投资落户吕田镇。

【第三产业】　2011年，全镇有第三产业企业31家，个体工商户738户，从业人员2060人。第三产业企业实现总产值1.28亿元，上缴税金334万元。举办第六届美食节，参加活动的游客8万多人次，给吕田镇各行各业带来直接、间接收入达1000多万元。以打造“绿色生态旅游强镇”为目标，加快促进蝴蝶谷森林公园和生命谷项目建设，项目立项和规划、环评、用地等审批工作不断推进。

【扶贫开发】　荔湾区三大项目　荔湾区对口帮扶镇的综合服务中心、文体活动中心、社区服务中心三大项目总用地面积9885平方米，总建筑面积1.64万平方米，总投资5428万元。包含“一站式”对外政务服务大厅、党员电化教育中心、多功能电影会议厅、专项文体娱乐活动室、公租房138套等。三大项目已进入内部装修和室外道路施工阶段。

狮象村新农村建设项目　星河湾集团捐资1.19亿元建设的狮象新农村建设项目，总规划建设房屋586套，并建设文化室及村屋周边道路、照明、绿化等配套，建设资金约8000－9000万元，另安排经济发展基金3000－4000万元，用于发展本地畜禽养殖、苗圃种植及旅游业等。该项目3月26日动工，前期工作已基本完成，新居建设正有条不紊地推进中，上片居住点已开始室内装修及进行配套设施建设，部分房屋2012年上旬交付村民入住。

合景泰富集团帮扶项目　合景泰富集团对口帮扶镇建设幼儿园、敬老院、吕田中学教学楼和宿舍楼、吕田医院住院楼等项目，涉及资金近1亿元。其中投资2500万元新建吕田幼儿园，用地面积7800平方米，建筑面积4000平方米，建设后可容纳600名幼儿就读；投资2500万元新建吕田敬老院，用地面积10亩，总建筑面积6500平方米，配有100个床位、老人康复设施、电梯、太阳能热水器、无障碍通道等先进设备；投资1500万建设吕田中学教学楼和宿舍楼，教学楼高五层，占地900平方米，建筑面积4500平方米，学生宿舍楼高三层，占地250平方米，建筑面积800平方米，配备太阳能热水器、床铺、水电等；投资3000万元新建吕田医院住院楼，住院楼高七层，占地面积700平方米，建筑面积约5000平方米，配备电梯、医技室等。

扶贫“双到”初见成效　按照“一村一计、一户一策”的工作思路，镇配合帮扶单位在就业、就读、种养、医疗、保险、基建等方面进行全方位、多角度帮扶，力促贫困家庭脱贫致富。全镇投入“双到”（规划到户、责任到人）帮扶资金7300万元，已实施和正在实施的村级扶贫项目达52个，至年末，镇21个贫困村具备劳动能力的425户“双低户”（低保、低收入家庭）中，人均年收入达到5000元以上的有337户，脱贫率为79.3%。

【党务工作】　严格按照市有关组织工作的部署安排，全面加强和改进党的基层组织建设、党员队伍建设。组织完成镇委换届及村、居“两委”换届工作。换届选举产生出党委委员12名，成功率100%，产生村、社区委会成员112人，占换届职数的100%。坚持和完善党委理论中心学习组学习制度，加强镇委班子自身建设。做好党员干部管理工作，举办村（居）“两委”干部培训班，提高村（居）干部的整体素质。举办入党积极分子培训班，参加培训73人，全年发展新党员57名。继续深入开展新联村创建先进村示范工程工作。建立困难党员帮扶机制，开展关爱帮扶困难党员活动，“七一”期间，对36名困难党员以及镇的5名农村无职老党员发放慰问品一批及慰问金5100元。推行党务公开制度，促进党内各项制度的贯彻落实，逐步使党的工作步入制度化、规范化和法制化的轨道。

【人大工作】　履行人大职责，在3月、7月、9月通过认真组织筹备，顺利召开镇第十七届人大八次、九次会议和十八届人大一次会议，收到代表议案、建议和意见46件，已分别交相关职能部门办理和答复，人大督促镇政府及相关部门认真办理，逐件回复，取得满意的成效。定期组织镇人大代表开展活动，先后视察狮象村新农村建设项目和荔湾区对口帮扶建设项目等，有效促进镇各项重点工作开展。

【群团工作】　妇联　开展创建“文明家庭”、“平安家庭”、“无毒社区”、“无毒村”等活动，关心山区妇女及困境儿童，开展妇女“两癌”筛查工作，全年有1000多名妇女参加免费体检；“六一”节期间，慰问10户10名困境儿童，慰问金3000元。维护妇女儿童合法权益，全年接待群众来信来访案件8宗，办结率100%。统筹城乡妇女发展，在城镇组织广大妇女开展“巾帼献才建功”活动；10月13日在上级妇联的支持下，在塘基村举办“从化市吕田镇‘女能手’农技培训班”等。

镇团委　完成镇团委换届，吸收社会有为青年加入镇团委，加大镇团委的影响力。开展关爱青年，服务社会，植树、清明扫墓等活动，开展“两进三同”（全团各级领导机关干部“走进基层，走进青年”、与青年“同劳动、同学习、同生活”）实践活动。注重对外联系工作，整合社会资源，与广州各高校大学生联合开展暑期文化、科技、卫生“三下乡”社会实践活动，联系东风标致广狮会等企业策划爱心助学扶贫活动。

【精神文明建设】 开展系列宣传教育活动，提高群众公德意识。广泛开展“讲文明、树新风、促和谐”全民行动系列活动、社会志愿服务活动等。抓好村级文化室及“农家书屋”的建设、维护和管理工作。全镇村级文化室建室率达100%。在镇文化广场举办“荔乡风情——从化市农村业余文艺宣传队文艺汇演”，取得圆满成功，为当地群众奉献丰富的文化大餐。不断加大基层公共文化服务体系建设力度，投入24万元，建设桂峰村、三村村、竹坑村、塘基村、鱼洞村5个村的篮球场，投入900多万元，完成1750平方米的吕田中学英敏体育馆建设。

【社会各项事业】 人居环境不断改善 加快推进农村路灯建设工作和村庄整治工作。配合广州建委落实农村路灯工程的建设，共建设农村路灯3350盏，农村路灯全面覆盖各村居、经济社。塘田村塘下江自然村、安山村暖水塘自然村、三村村杨梅塘社3个村庄整治工程已竣工并验收完毕。加快推进105国道综合升级改造工作，国道两旁面貌焕然一新。推进农村二次改水工程，组织专门力量负责全镇的改水工程，吕中村等13个村的改水工程已顺利完成。

计划生育 计划生育工作从队伍建设和基础建设着手，不断加大投入，加大工作力度，以抓查环查孕和落实“四术”为重点，较好地落实稳定低生育水平工作。2011年计生年度出生小孩315人，计生率95.56%，出生率10.44‰，自然增长率3.91‰。

医疗和保险 全面推进城乡居民基本医疗保险和新农保工作，全镇有2.7万人参加城乡居民医疗保险，参加新农保人数1.6万人，超额完成参保工作任务数632人。

社会保障 经核定审批，全镇纳入最低生活保障困难补助的农村低保户645户共1620人，城镇65户共183人。五保户有98人，其中集中供养的吕田敬老院20人、东明五保供养点10人，联丰五保供养点7人，分散供养63人。拥军优抚各项政策全面落实，支持住房难的优抚对象、在乡复员退伍军人、现役军人家庭，优抚对象生活补助资金达160万元，退伍军人优待金10万多元。

基层武装 做好民兵整组工作，精挑细选259名优秀退伍军人、优秀青年，充实到基干民兵各类分队和专业分队。做好兵役登记和征兵工作，对各村（居）委会辖区内的适龄男性青年进行详细的调查摸底，并鼓励参军。节假日期间，主动配合镇双拥办对镇内有困难的退伍军人、军属等进行慰问。

【社会治安综合治理】 维持社会治安稳定 加大治安综合治理管理力度，落实领导包案制度，全年没有出现非正常上省（广州市）、上京上访和群体性恶性事件。

完善治安防控网络 组建村级治安联防队，开展严打整治行动，开展打击“两抢两盗”（指抢夺、抢劫、入室盗窃、盗窃机动车）等一系列专项整治行动。全年刑事立案42宗，刑事拘留40人，逮捕22人，分别比上年下降2.43%和29%。查处治安案件23宗，治安处罚违法人员86名，其中治安拘留66人，送劳动教养1人，强制戒毒10人，刑事发案得到有效遏制。

信访和司法 司法所主动调解纠纷27宗，调解率100%，成功率98%，指导、协助村（居）调委会和有关职能部门调解纠纷38宗，村（居）调解委员会直接调解纠纷123宗。全年全镇信访共承接上级交办和群众来信来访26件次，广州市转办案件1件，从化市交办案件14件，镇内案件5件，政务网案件6件。全部案件已交由有关部门调处，其中已办结24宗，剩余2宗已交有关部门调处过程中，办结率92.3%，及时有效地维护镇的社会稳定。

出租屋和流动人员管理　全镇有出租屋390栋436套，流动人员796人，办理租赁合同121宗，申办居住证413人，续期及补办居住证104人，变更信息资料192条，注销流动人员351人，"两费一税"（治安联防费，流动人员调配费，出租屋综合税）征收7.61万元。出租屋管理完善，人员配足，信息更新及时到位，没有发生治安和刑事案件及传销现象，没有发生安全事件。

（吕田镇党政办供稿，邓健聪执笔）

鳌　头　镇

【区域】　鳌头镇位于从化市西部，距广州市区60公里、从化市中心城区20公里，是从化市的工业重镇、农业大镇、广东省中心镇和广州市第二批中心镇。镇政府办公地址在鳌头镇前进路，全镇总面积410平方公里，下辖大氹、汾水、高禾、岭南、铺锦、小坑、新隅、横坑、横岭、鹿田、潭口、塘贝、西塘、黄茅、山心、石咀、五丰、西湖、洲洞、鳌山、凤岐、黄罗、桥头、沙迳、水西、宝溪、高平、上西、乌石、爱群、大岭、帝田、横江、龙潭、松园、西山、官庄、龙聚、珊瑚、石联、新村、月荣、车头、龙田、楼星、民乐、南楼、新围、白兔、丁坑、岐田、象新、新兔、中心、白石、龙角、龙星、务丰、中塘、西向、下西61个村民委员会和棋杆、人和、民乐、鳌头、龙潭5个居民委员会。

2月28日，鳌头镇接受省教育强镇的复评验收

【人口】　全镇总户数3.7万户，总人口14.6万人，其中农业人口3.2万户，13.3万人，城镇居民0.5万户，1.3万人，常住人口13.6万人，外来人口1.0万人。

【管理机构】　2011年末，全镇有在编在职干部156人，其中行政编制74人、事业编制72人、工勤编制10人。内设机构有：党政办公室（党委办公室、政府办公室合署办公）、党务办公室、经济发展办公室、社会事务办公室、规划建设办公室、农业办公室、人口与计划生育办公室、宣传文化办公室、维护稳定及社会治安综合治理办公室、城监中队、安监中队。单列机构有：人大办公室、纪检监察室、人民武装部、财政所。群团组织有：工会、共青团、妇联、残联。下属机构有：社会事务服务中心、农业技术服务中心、经管管理服务中心、文化体育服务中心、计生服务中心、投资服务中心、劳动和社会保障服务中心、出租屋管理服务中心、城市管理和环境监察中队。垂直管理机构有：国土所、司法所。还有中心镇办公室、扶贫办公室等临设机构。

【经济状况】 全镇实现生产总值28.1亿元，比上年增长13.8%；工业总产值61.44亿元，增长20.06%；农业总产值10.27亿元，增长5.3%；财政收入1.08亿元，增长8%；实现税收3.26亿元，增长44.21%，其中国税1.53亿元，地税1.73亿元，分别比上年增长4.13%和88.93%；完成固定资产投资5.31亿元，增长221%。农民年人均纯收入6592元，增长10%。

【农业和农村工作】 农业生产情况 全镇耕地面积10.78万亩，农作物种植面积20.52万亩，粮食种植面积12.48万亩，其中水稻种植11.64万亩，亩产342公斤，总产3.98万吨；油料作物种植2.04万亩，亩产169公斤，总产3441吨；蔬菜种植4.04万亩，亩产1112公斤，总产4.49万吨；水果种植面积6.1万亩，产量9000吨，主要有荔枝、龙眼、柿子、甘蔗、砂糖橘、黄皮等品种；生猪出栏18.82万头，“三鸟”（鸡、鸭、鹅）出栏327.93万只；淡水养殖面积9735亩（其中鱼塘养殖面积5250亩），产量3076吨。

推动农业产业化发展 全镇有农业龙头企业14家，共培育、巩固和发展的农业企业项目主要有珍稀植物种植基地、绿异农业牧草基地、风行牛奶横江牧场基地、中塘村广州福天来果蔬有限公司基地、龙潭乌石村现代养猪基地等。重点规划建设万亩兰花基地，已有近1500亩实行连片化、规模化种植和管理。

壮大“一村一品”和农民专业合作社规模 全镇“一村一品”已有车头粉葛、白兔花生、小坑火龙果及上西、下西、月荣乌鬃鹅等4个品种，农民专业合作社35个，其中2011年新成立11个。

完善农村基础设施建设 完成一批小型农田水利设施、“五小”（小水库、小塘坝和蓄水池、机电井、小型抽水站和小型拦河坝）改造等农业基础项目，冬修水利投入211万元，建设单项小型水利工程13项，完成清淤圳路450公里；新增“五小”改造工程7项。完成村社道建设80公里；安装高科技太阳能路灯1.2万多盏，涉及61个行政村。投入125万元，开展水西、白兔、岭南、塘贝、沙迳、龙聚、官庄、珊瑚、高平9个村的新农村建设工作。

落实惠农政策 做好种粮补贴款发放工作，全年发放种粮补贴款176.45万元，其中划拨玉米补贴款2.89万元，惠及农户2.4万户；全面完成5.8万多亩水稻种粮保险购买工作，完成率100%。选取21个村作为试点，全面完成冬种紫云英（绿肥）1.2万多亩和良种马铃薯1700多亩的种植、管理工作。加强畜牧疫病的宣传、防疫工作，完成全镇32.3万头牲猪、538万羽鸟、1.9万只犬和1427头牛的防疫工作。

集体林权制度改革 全镇列入林改范围的林地面积28.64万亩，林地所有权已发证27.51万亩，林地使用权发证27.93万亩，集体经营林地股权发证27.3万亩，发证率均在95%以上。

【财务管理】 以“适度从紧，量入为出，统筹安排，确保平衡”的财政工作指导思路，合理安排财政支出，严格管理和加强预算监控。设立扶贫资金专户专账核算，制定详细、严谨的资金使用管理方案，加强监督，确保扶贫资金依法依规安全运行。加强涉农资金管理，严格执行“专项申报、专款专用、跟踪监督”的资金管理办法，发放种粮直补、综合直补。优化财政支出结构，优先安排财力向“三农”（农业、农村、农民）、农村教育事业和弱势群体倾斜，保障农村改水、新型农村合作医疗等农村实事顺利进展。建立健全财政部门内部监督约束机制，提升财政监督管理水平。加强对财务人员的培训，提高其业务素质。加强监督，进一步完善以公开栏为主的传统公开形式，同时做好网络公开工作，增加透明度。

【基础设施建设】　全面完成鳌头市场旁商住区基础设施整治工程等5个中心镇建设项目，并通过竣工验收；推进康卫路拓宽改造工程等4个建设项目。在西山河与潖江河交汇处新增两口深13米、宽15米的取水井，已建成投入使用，并通过广州市水质检测部门检验达标。推进城镇污水治理项目，镇污水管网铺设工作有序开展。全年镇农村生活污水治理项目共涉及9个村，惠及人口16141人，共计29个点，其中3个污水处理点的工程已完成施工，26个污水处理点项目已完成财评工作。

【招商引资】　全镇有各类企业2579家，其中工业121家（规模以上10家）。在巩固原有经济成果的基础上，加大服务质量、扩宽渠道，做好招商引资工作。拓宽总部经济发展平台，加大企业引进力度，年初与领慧投资管理有限公司联合成立鳌头镇物流总部基地，为引进高质量总部经济企业建立一个新平台。总部经济新引进企业10家，累计引进37家，为地方区库留成500多万元，总部经济收入已成为镇重要的财税来源。探索可持续的经济发展方式，引进中石油昆仑天然气利用有限公司等5家大型企业。配合推进中塘扶贫产业转移园区建设，引进优质企业5家。优化工农业产业结构，引入翠亨农业生态科技项目和乔鑫有机生态游等生态项目。

【党务工作】　全年发展预备党员144人，预备党员转正187人，把立场坚定、思想进步、文化素质高、群众可信度高的入党积极分子吸纳进党组织。加强基层党组织执政能力建设，严格按照换届选举实施办法，顺利完成村居“两委”换届选举工作，干部队伍整体素质有新的提高。加强全镇农村党员现代远程教育终端收看和管理工作，加强对农村地区党员发展及思想、作风、纪律建设，帮助农民了解更多信息，用于实际生产中，促进农业生产水平提高。全年全镇67个远程教育站点累计3.07万人次收看各类节目。深入开展创先争优活动，把创先争优活动与完成本地本部门本单位重点任务紧密结合起来，搭建创先争优平台，以创先争优活动推动各项工作，打造典型，创建一批“五个好”（精神状态好、能力素质好、团结协作好、服务群众好、廉洁自律好）、“五带头”（党员带头做到：带头学习提高、带头争创佳绩、带头服务群众、带头遵纪守法、带头弘扬正气）基层党建工作示范点。2011年在全镇范围内开展民主党员评议活动，共评出优秀党员440名。在各村（居）党支部的协助下，做好关爱帮扶老党员、生活困难党员工作。

【人大工作】　按照市人大的工作要点的要求，结合镇具体实际，充分发挥人大职能，制定人大代表活动方案，审议各项工作报告，提出建设性的建议和议案，加强代表议案、建议的督办工作，协助市人大的各种视察和调研工作。3月，组织鳌头镇的市人大代表参加从化市第十四届人大第七次会议，听取、审议“一府两院”（政府、法院、检察院）2010年工作报告，并顺利选出有关领导及广州市人大代表。3月17日，组织召开鳌头镇第十六届人民代表大会第九次会议。4月，对鳌头镇第十六届人大第七次会议上代表提出的34件议案建议进行整理分类，并召开交办会议，协调各部门认真办理，逐件回复。7月12日，组织召开鳌头镇第十六届人大第十次会议，补选镇长1名、副镇长2名。9月8日，依法依规组织进行人大换届选举工作，顺利选出市代表29名和镇代表130名。9月27日，组织召开鳌头镇第十七届人大第一次会议，选举产生新一届人大、政府领导班子。11月22日，组织召开第十七届人民代表大会第二次会议。12月，组织鳌头镇的市人大代表出席从化市十五届人大第一次会议。

【群团工作】　工会　加大基层工会建设力度，不断提高工会组织覆盖面。对全镇基层工会进行摸底调查，新组建私营企业工会10家，由联合工会覆盖个体工商户13家，新发展工会会员760人；组建企业工会121家，覆盖企业867家。通过贯彻实施《劳动合同法》、开展厂务公开民主管理制度、推行平等协商集体合同制度以及劳动关系三方协商机制，维护职工合法权益，调动职工的积极性。

妇联　履行镇妇儿工委办公室的职责，组织协助做好镇妇女、儿童2001年—2010年发展规划终期评估工作，并顺利通过广州市考核验收。联合社会力量，开展帮困助学及救治先天性心脏病重症儿童活动；举行“广州妈妈”结对帮扶单亲特困母亲家庭活动，已帮扶285户，占镇单亲特困母亲家庭的90%。协助镇卫生院做好妇女“两癌”（宫颈癌、乳腺癌）检查工作。加强对《妇女权益保护法》的宣传，做好群众的来信来访工作，依法维护妇女儿童的合法权益。组织镇妇女、儿童参加从化市妇联组织的各项活动。

共青团　加强团组织建设，加强团干部和团员的学习和培训，做好推优入团工作，做好广州市、从化市两级团委的评优评先工作，抓好非公团建工作。抓好各项主题活动，增强团组织的凝聚力，组织开展青年志愿者活动和缴纳特殊团费活动。开展多彩的文娱活动，丰富团员的精神生活，开展“五四”外出拓展活动，慰问贫困学生。发挥团委带队带头作用，大力开展少先队工作，举办“六一”文艺汇演，开展征文活动和中学志愿者服务队活动。

【精神文明建设】　以创建全国文明城市为契机，大力开展创文活动，迎接广州市每月城市文明指数实地测评工作，开展各种主题月实践活动、市民文明督导员行动、学习道德模范事迹座谈会等，共举办活动达100多次。配合各部门组织开展丰富多彩的文艺汇演，成功举办醒狮拜年活动、粤曲专场巡演等活动。举办第八届“鳌头杯”男子篮球赛，组队参加市青年“五四”男子篮球赛，市全民健身节男、女子拔河比赛，市“常青杯”男子篮球赛，市甲级男、女子联赛，市健身节暨足球赛等比赛，均获佳绩。开展“扫黄打非”和整治“黑网吧”行动，维护镇的文化市场安全。

【社会各项事业】　计划生育管理　全面推进计生基层基础建设工作，继续深化计划生育“两个规范”（广东省农村人口与计划生育管理服务规范、广东省城市人口与计划生育管理服务规范）建设，按省的标准维修建设镇、村两级“一校二室三栏”（婚育学校、计生办公室、服务室、宣传栏、公开栏、读报栏）。向村（居）委下达责任书，实行镇、村干部与计生工作实绩与工资、资金挂钩，在全市率先设立计生岗位奖励金，建立长效管理机制。制定镇内齐抓共管单位责任制，与卫生院、派出所、民政办、出租屋管理中心等部门密切配合开展计生工作，发挥“齐抓共管、综合治理”的作用。通过一系列的措施和各方的努力工作，镇的人口增长控制能力进一步增强，全年出生1960人，人口出生率14.2‰，人口自然增长率为9.46‰，计划生育率95.53%；落实“四术”（输卵管结扎术，中期引产术，人工流产术，放、取宫内节育器手术）1473例，全年查环查孕率均达98%以上；男女性别比为115：100，比上年下降8%。

“两违”和非法采矿查控　加强“两违”（违法用地、违法建筑）的巡查，全年共处理违法建筑等纠纷46宗，整治违法用地行为45宗，拆除违法建筑7宗、3280平方米。对村民建房进行严格把关，完成农民报建现场勘察270宗，对城镇规划报建现场勘察132宗，受理群众投诉件70件，处理率、反馈率均为90%，满意率达到90%。严厉打击非法采矿行为，出动220多人次进行执法，取缔非法采矿点14个，关闭瓷泥囤积点10多个，查扣挖掘机12台。

教育　全镇有各级各类学校28所，其中，公办幼儿园4所，民办幼儿园7所，小学12所，中学4所，成人文化技术学校1所。中小学教职工1165人，中小学在校学生15616人，幼儿园在园幼儿3566人。其中有省级示范性乡镇成人文化技术学校1所、广州市义务教育阶段规范化学校15所、广州市一级幼儿园2所、从化市一级学校1所。镇会同教育指导中心和各中小学认真开展“创建教育强镇”复评工作，高质量通过广州市教育专家督导组的检查验收。密切跟进做好校园安保工程建设工作，建设优质校园环境。配合雅居乐集团做好鳌头中学、鳌头中心小学和第三中心小学升级改造工程的进场施工协调工作。

基层武装　搞好民兵整组，高质量完成防空作战分队、空军雷达勤务保障分队、工兵仓库阵地抢修分队、应急分队等民兵队伍共961人的整组任务。按步骤、分阶段地推进镇村级民兵营“四个基本”（基本教育、基本队伍、基本制度和基本设施）建设。高质量完成征兵工作，严把质量关，从报名的3112名适龄青年中选送48名优秀青年到部队保家卫国，圆满完成上级兵役机关交给镇的新兵征集任务。

就业及培训　圆满完成上级部门下达的农村富余劳动力转移就业、农民工职业技能培训和举办招聘会等任务，全年实现农村富余劳动力转移就业3512人，组织1080人参加各类技能培训班，举办现场招聘会4场。

医疗卫生　全镇有中心医院1间，医技人员181人，村卫生站58间，有村医61人。继续推行城乡居民医疗保险，全镇应参保人数124540人，已参保人数123120人，占应参保人数的98.86%，其中村（居）低保7241人，残疾人4289人。

社会保障　全年发放低保金1392.1万元，发放物价补贴297.9万元。救助6264人次，累计资金59.26万元，其中门诊医疗救助5873人次共22.44万元，住院医疗救助280人次共33.49万元；临时救济111人次共3.33万元。逐月、足额发放优抚定补资金196.76万元。发放老人保健金93923人次共374.44万元。

【社会治安综合治理】　2011年，镇辖区3个派出所共立刑事案件331宗，立案数比去年同期上升13.3%。共抓获各类犯罪嫌疑人529人，其中刑事拘留151人，逮捕99人。全年破获刑事案件268宗。纠正查处交通违法行为5890宗，查扣无牌无证摩托车965辆，汽车45辆，拘留无证驾驶人员36人，查处酒后驾驶13人，查处机动车非法营运0宗。围绕“平安鳌头”，努力营造“和谐鳌头”、“幸福鳌头”的社会格局，做到“六个到位”（即组织领导到位、决策部署到位、责任落实到位、宣传教育到位、学习培训到位和经费保障到位）。采取多种有力措施，加强维稳事件的处理，突出重点，坚持把维护广大群众的切身利益和社会稳定作为根本任务，化解不稳定因素，调处信访维稳案件。全年，镇综治信访维稳中心接待群众来访203批次，共396人；受理上访案件95件次，成功调处91件次，调处成功率达95.8%；及时处理答复市政府网站“政民互动”栏目中的市长信箱和市民热线信访问题72宗，办结率100%。镇法庭运用“三位一体”（站、点、庭）调解机制调解案件118件，受案338宗，结案337宗，结案率达99.7%，有效维护群众的合法权益，维护社会和谐稳定。

【扶贫开发】　按照广州市委、市政府的部署和安排，由对口帮扶区广州市萝岗区、对口帮扶企业雅居乐地产集团和广州48个市直部门承担鳌头镇及59条贫困村的扶贫开发工作。全镇确定实施镇级项目13个、村级项目186个，帮扶双低户784户。59个贫困村均已落实集体经济帮扶项目以及“双低”户帮扶措施和资金，其中40个贫困村集体经济收入已提前达到10万元以上；全镇94%的“双低”（低保、低收入）户已实现脱贫。镇级项目稳步推进，基本实现“一年大见成效”的目标。

（鳌头镇党政办供稿，钟秋燕执笔）

广州市流溪河林场

【管理机构】　广州市流溪林场位于从化市北部，隶属广州市林业和园林局，林场场部距街口35公里。2011年末，全场有事业编制93人，自收自支管理在册职工563人，退休人员869人。有党委书记1人、场长兼党委副书记1人、党委副书记兼纪委书记1人、副场长3人。

【基本情况】　全场总面积88.31平方公里，林业用地面积11.41万亩，生态公益林面积10.36万亩（其中省级生态公益林面积5.35万亩，广州市级生态公益林面积5.01万亩），水库面积2.2万亩。林场下辖黄竹塱、新群、三棵松、红岭4个全民工区和东星、谷星、温塘肚3个村民委员会。有派出所1所，医院1所，学校1所。场内有森林派出所等外驻单位。2011年末，林场总人口5803人。

7月8日，“2011流溪泼水狂欢节”开幕

【林场经济情况】概况　全场生产总产值3681.8万元，比上年增长14.52%。其中第一产业产值1379万元，增长13%；第二产业产值642.6万元，增长14.08%；第三产业产值1660.2万元，增长16%。全场人均年收入9005元，比上年增长10.51%，其中全民人年均收入9934元，增长9.36%，集体人年均收入6865元，增长15.53%。

经济林产品效益 全场经济林产品总收入1794.29万元，比上年增长55.69%。经济林总产量5603.65吨，增长67.46%。

旅游业 全年森林公园全年接待游客28万人次，比上年增长16.67%；营业收入1500万元，增长13%。

企业管理 水电办经营总收入225.5万元，比上年减少36.6%。全年总发电量420万千瓦时，减少34.48%，上网电度202万千瓦时，减少46.28%。茶厂经营总收入67万元，增长91.43%。职工医院总收入204万元，减少17.41%。门诊人数1.233万人次，减少27.68%，住院368人次，减少0.59%。

12月8日，第十届广东从化流溪梅花节开幕

扶持和项目资金构成 全年上级下拨林场的扶持和项目资金共8130.47万元，项目包括：营林生产、社会性资金补助、基建工程、青山绿地工程建设、绿道建设、后期扶持资金、省市生态公益林补偿资金、森林植被恢复费、抗洪抢险、农村基层建设、林业棚户区（危旧房）改造等。

【水源涵养林管护】 林场加大对水源林建设管护的力度，严格执行采伐限额制度，以资源培育和保护为重点，开展多种经营。全年累计维修林道242公里，完成低产林改造650亩，中幼林抚育6800亩，毛竹抚育1.75万亩，单竹抚育1513亩，毛竹改培600亩。完成生物防火林带维修56.6公里。完成间伐木材销售57.9立方米，完成毛竹间伐销售15.08万根。

【护林防火】 为提高林场森林消防整体配合作战能力，加强对护林防火专业队的管理和各相关职能部门协作联动相结合，完善山林巡护、节假日值班备勤、林区防火巡查和治安巡查防范联动等工作制度，在“清明”、“重阳”等重大节假日制定森林防火工作方案和应急预案，有效遏制乱种滥占、盗伐林木的现象，严格按广东省防火条例控制野外用火，全年没有发生森林火灾。

【社会治安综合治理】 2011年，场与下属单位签订目标管理责任书，落实情况良好。维稳、安全生产工作接受从化市的检查考核，有关考核指标全部达标。维护稳定和社会治安综合治理方面，受理调处民事纠纷7宗，成功调处7宗；安置帮教12人；社区矫正5人。开展场领导星期一公开接访日活动，接访群众44批317人次。林场派出所全年受理各类警情164宗，比上年上升5.6%；刑事治安警情81宗，下降6.8%；立刑事案件16宗，破获11宗，破案率68.7%。安全生产方面，加大对林业生产安全、道路交通安全、水上安全、消防安全和食品卫生安全等的宣传教育和投入，坚持每月对各单位及驻场企业进行例行安全生产检查，发现问题及时整改，全年没有发生重大安全事故。

【计划生育】 全场全年出生56人（含往年漏报3人），其中一孩41人、二孩11人，多孩1

人；计生率96.43%（职工部分为100%）；出生率10.31‰，出生性别比100∶107.41；自然增长人数28人，自然增长率5.16‰；落实“四术”53例，其中结扎6例，上环27例，人流引产20例；已婚育龄妇女节育率90.25%；平均查环查孕率98.27%。已婚育龄夫妇应签订计生合同人数53对，签订率100%。独生子女当年应办证人数35人，办证率100%。流动人员持证率100%，验证率100%，外来已婚育龄妇女查环查孕率100%。荣获广州市政府颁发“广州市人口与计划生育工作暨‘两无’活动先进单位”称号；从化市委、市政府颁发“从化市人口与计划生育工作达标单位”称号。

【林场管理】 依法行政和民主管理 依法行政，公开办事制度，对重大的工程建设，严格执行建设工程招标制度。坚持场务公开制度，场领导、各科室经费实行包干使用、工会监督、季度公布，接受群众监督。加强内部管理，财务管理执行收支“两条线”。

扶贫解困 为落实广州市政府解决流溪河林场问题的各项措施，林场积极筹集资金，开展各种扶贫解困活动，切实缓解职工群众的实际困难。全年发放各类扶贫解困资金87.94万元。林场广大干部职工群众积极参与广州市职工基金会开展的“送温暖、献爱心”捐款活动3次，全年募集捐款1.49万元。落实城乡基本医疗保险，筹集30万元，资助3197人参加和享受从化市城乡基本医疗保险项目，占参加人数的97%。

待业人员就业培训 加大对失业人员，特别是大龄失业人员的扶持力度，争取上级政策资助，解决困难群体的养老保险问题。新增办理“4050人员”（女40岁、男50岁，无特别的专业技能人员）社区就业29人，累计办理159人，全年申领社会保险资助31.70万元。新增自主创业2户，申领自主创业社会养老保险资助1.03万元。办理招用失业人员11人，申领招用失业人员社会保险资助和岗位补贴0.26万元。办理农转居养老保险63人、退休37人，申领资助4.22万元。开展职业技能培训，全年培训80人，推荐就业109人，成功就业66人。

新农村建设 落实3个村437户危破房改造资金2000万元，已到位1026.95万元，并实施改造。村委换届选举工作合法有序顺利完成。完成农村社会养老保险参保人员1384人。投入56.8万元完善农村生产生活基础设施建设。落实贫困村补贴资金17.5万元。

（广州市流溪河林场供稿，温剑斌执笔）

广州市黄龙带水库管理处

【管理机构】 广州市黄龙带水库管理处位于从化市北部，距街口街35公里，隶属于广州市水务局，核定事业编制72人，内设办公室、工程管理科、运行管理科、人事保卫科和财务科，是公益性水利工程管理单位。2011年末，在职67人，退休50人，其中主任（兼书记）1名、副主任2名。

【基本情况】 库区总降雨量1402毫米，比2010年2362毫米少40.7%，比多年平均1969毫米偏少28.8%。达到暴雨量级的降雨共有6次，库区最大一日降雨量为87.7毫米（6月11日），最大日6月29日入库水量109.55万立方米（6月11日入库为101.4万立方米）。入库水量为5618万立方米，比2010年11933万立方少52.9%，比多年平均10068万立方米少

44.2%。累计发电量 1183.3 万度，售电量 1133.8 万度。

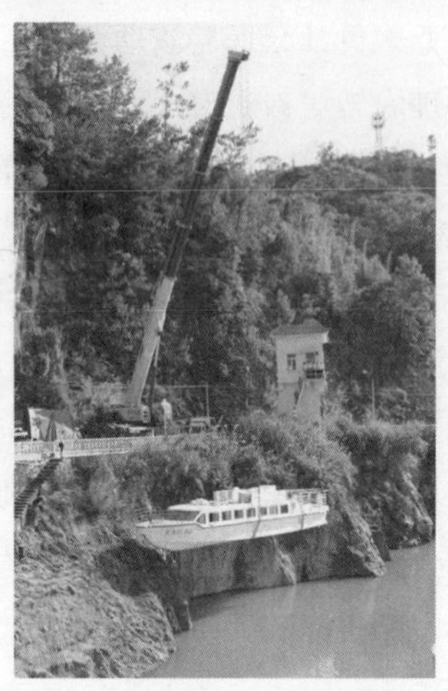

9 月 7 日，黄龙防汛 2 号船下水，试航正常

【安全管理】 *提高干部职工安全素质和自救互救能力* 进行电站业务技术培训，聘请从化技校的老师对电站的干部职工进行理论和实践知识的授课，进一步提高电站职工的业务知识和素质。举行消防培训和演练，在 6 月 30 日组织全体干部职工 68 人学习火场逃生十三诀，然后演练使用灭火器等消防技能。组织干部职工外出参加培训，全年安排 66 人次外出参加各种培训。培训的内容主要有岗位技能培训、水务工程安全生产管理培训、安全主任、生产经营单位负责人再教育培训、消防安全重点单位责任人、管理人培训等。

提高事故救援和应急处置能力 针对 2011 年汛期出现的强暴雨天气，为提高防汛抢险实战水平，在 6 月 30 日上午举行 2011 年防汛抢险演练。这次演练主要是针对黄龙带水库在汛期容易出现山体滑坡、路树倒塌等险情进行。黄龙带水库管理处全体干部职工共 68 人参加演练，演练分四个组：水文工程巡查组、现场抢险组、安全保卫组和后勤保障组。通过演练，提高黄龙带水库全体干部职工的防洪抢险意识，明确各自的抢险任务以及相互之间的协同作战能力。

提高安全保障能力 更换大坝安全监测系统的部分设备，提高大坝安全监控系统的稳定性。黄龙防汛 2 号船于 2011 年 9 月 7 日下水，试航正常，为水库的防汛巡查提供保障。在上级部门的支持下，及时补充防汛物料大石 600 立方米、角石 600 立方米、砂 600 立方米，达到国家定额标准。完成 2011 年度水利工程维修养护任务。按规范的格式、规程开展大坝、电站的维修养护，重点加大对电站生产环境的改造，如一、二级站主厂房、高压室等，签订合同 30 项，完成资金 256.76 万元，确保工程的安全运行及设备的正常运行。

【财务管理】 各项预算支出均按有关规定执行。提倡使用公务卡结算，严禁大额支付现金；办公设备的采购、公务车的加油、维修、保险按有关规定进行政府采购；固定资产已经开始信息化管理，到期固定资产按规定报批处置；工程建设坚持以“按计划、按预算、按合同、按进度”原则拨款，按财政国库管理制度的要求支付工程款，做到专款专用。

【参与创建文明城市】 为配合广州创建全国文明城市活动，管理处结合实际，制订相应的工作方案，及时做好宣传，并向每个干部职工发放《黄龙带水库职工文明公约》。开展“友爱互助月”活动，在 2011 年“慈善一日捐”献爱心活动中，全处共捐款 1.6 万多元。开展“爱绿护绿月”活动。3 月 11 日上午，组织干部职工在公园空地举行主题为“爱绿护绿”的大规模植树活动，共种植大乔木丝木棉 3 株，园林花卉勒杜鹃 1200 株。开展“环保行动月”活动，8月10日，为净化水库水质，管理处在库区放养鳙鱼5万多尾、鳊鱼4万多尾、草鱼2万多尾，并落实措施，安排安保人员加强对库区的巡查，在库区树立告示牌，确保鱼苗的安全成长。

【为职工办好事实事】 组织全体干部职工到广州市工人疗养院体检和疗养。为职工办理特种重病互助计划保险，2011年为特种重病患病职工申请领取互助保障金2宗合计30000元，减轻职工经济负担。到医院探望住院职工13人次，慰问退休职工、遗属、患病和困难职工68人次，支付特殊困难补助3000多元。

（黄龙带水库管理处供稿，饶宁执笔）

广州市大岭山林场

【管理机构】 大岭山林场位于从化市东北部，隶属于广州市林业和园林局，距广州市区85公里、从化市区25公里、从化温泉16公里，在从化市、增城市、龙门县的交界处。2011年末，场部有在职人员100人（其中事业编制21人，自收自支管理在册职工79人），退休人员49人。有场长1人、副场长2人。内设机构有：办公室、林管科、护林防火办公室。

【基本情况】 林场总面积26.36平方公里，其中林地面积25.24平方公里，森林覆盖率高达98%，活立木总蓄积量42万立方米。林场有华南地区保存较为完好的原始次生林1.6万亩，海拔1210米的天堂顶是广州地区最高峰。场内分设田园风光区、石灶风景区、石门风景区、峡谷探险区、天堂顶风景区，还有石门电站、大指背电站、金鸡电站。

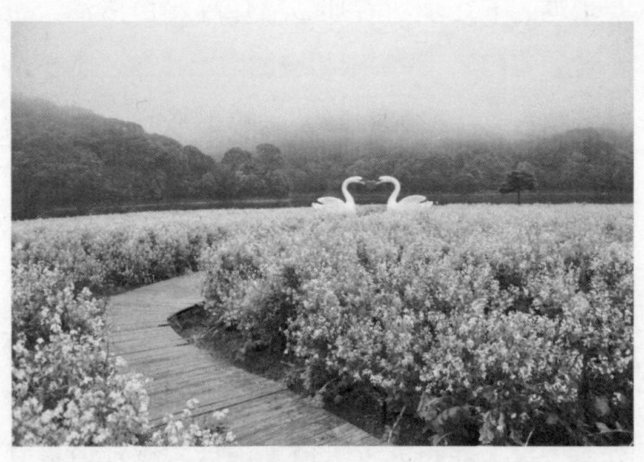

2011年石灶景区的七彩天池油菜花

【经营情况】 林场经营收入为1355.8万元，比上年增加93.8万元，增长7.4%。其中小水电站全年发电量559万千瓦时，售电收入288万元，比上年减少48%；旅游经营，石门国家森林公园全年接待旅客人数约57万人次，门票总收入982.4万元，比上年增长56%；其他经营收入85.4万元。

【林场业务】 营林管理 全年抚育中幼林6000亩，包括梅园、桃花园、木芙蓉风水林、杜鹃园、禾雀花林、红叶林、山苍子林、红花荷林、千年桐林、乌桕林等风景林，完成率100%；与中国林科院热带林业研究所、广州市林业科技推广站合作营造枫香等红叶景观林100亩。全年木材生产400多立方米，由于采伐量小于生长量，保证活立木蓄积持续增长，林场活立木蓄积达42万立方米。

森林防火 全年出动宣传车200多台次，发放宣传单张3万多条，新建、维修、固定宣传牌50多块。成立森林防火督查组，多次对林区森林防火落实情况进行分组督导检查。通过按地段划分片区，全场划分一级防火区2个（石灶区和石门区），二级防火区8个（松英、烂坂塘、下灶坝、石灶、猫仔坪、白茫潭、奄鸡坑、石门），并制定相应的防火措施，责任落实到个人。严格控制野外火源的管理，清除火灾隐患，重点对林区内的电站、果园、花卉基地及其他作业的生产工作人员，严格执行野外火源管理规定，禁止一切野外用火。加强防火值班和火情监测，翻修生物防火林带。进入防火戒严期，林场实行24小时值班制度，由场领导及中层干部轮流带班值勤，每天做好值班登记和值班日志。防火期内各科室领导未经批准不得外出，在林场值班领导不准离岗。各护林点夜间定时巡逻，监测林区动态，确保林区的森林安全。防火车辆实行24小时在林场值班待命。全面做好生物防火林带的翻修、清杂工作。对已有的50多万平方米的生物防火林带、林区重要旅游景点、森林小道和林区公路两旁进行全面的维修、清杂工程，并组织林场工程验收小组对工程进行验收。

森林病虫害防治　贯彻预防为主的原则，严格控制未经杀虫药处理的新松木板、新松方材进山，在源头上杜绝松材线虫病的入侵，并请专业公司清除3株感染松材线虫病的病株。对于经济林、一般松林、行道树的病虫害防治采用以防为主，防治结合的原则，先后投入大量的人力物力进行防治微甘菊和森林病虫害，有效控制微甘菊迅速蔓延和扩展，把病虫害控制在发病初期，达到较好的防治效果。

林场基础设施建设　2011，林场完成石门国家森林公园绿道一期工程、景区公路挡土墙排水沟维修工程、拓宽石门风景区和石灶风景区部分路段的路面、小卖部的搬迁改造和标识指示牌的整改，并加紧推进白茫潭水库旁山体防护加固及绿化恢复工程、古炮楼风水林改造、红花荷林改造、石灶毛竹林改造、红叶林生物技术改造、广州市水生植物基地建设、石门国家森林公园绿道二期等工程初步设计、概算评审、招投标、施工等一系列工作。

石门国家森林公园建设和管理　优化旅游品牌，国庆期间，林场与广州市园林科学研究所合作，花重金打造升级版的新“七彩天池”景观，在石灶景区栽种醉蝶花、一串蓝、矮牵牛、一串红等时花，并添置天鹅、热带鱼、蝴蝶、心形拱门等立体造型。加大宣传，林场全年在珠三角地区各大媒体投入宣传费用约300万元，加强与金羊网及各网站合作，发挥各自优势并借助旅行社的销售网络全方位宣传介绍公园景区靓点，组织和策划第四届黄金花海推介会、第三届七彩天池推介会、第九届石门红叶推介会等活动，邀请数十家新闻媒体、旅行社和摄影机构，宣传造势，适时派出人员走访珠三角地区，利用网络、电话、手机与旅行社、企业、各大院校加强沟通联系，以互惠合作形式促进公园旅游经济增长。健全管理制度，针对公园内部管理中存在的问题，完善《石门公园管理制度》，加强内部管理，明确岗位职责。针对各重大节日制定相对应的工作方案和应急预案，有效地做好各项工作的安排部署，使各项工作高效有序运作。加强培训学习，提高管理服务水平。对公园工作人员进行全面业务培训，提高全体职工的服务接待水平，特别加强对旅游部、售票部以及交通协管员等人员的服务培训，树立游客至上的观念，切实提高服务水平和业务素质，营造优良的景区环境。

电站管理　建立健全电站值班制度和消防安全管理制度，保证丰水期间24小时开机发电，确保电站安全运行。全年对工作环境、生产设备进行安全检查6次。派出两名人员参加从化市安监局组织的安全主任再教育培训。

（大岭山林场供稿，苏丽华执笔）

统 计 资 料

表1　2011年国民经济主要指标

项　　目	单　位	2011年	2010年	比2010年增减（%）
一、人　口				
年末户籍总人口	人	586826	578718	1.40
其中：非农业人口	人	153271	148917	2.92
二、年末社会从业人员	人	352455	309642	13.83
＊其中：城镇非私营单位在岗职工人数	人	77837	75077	＊＊
三、＊从化市生产总值（现行价）	万元	2259324	1872716	13.3
其中：第一产业增加值	万元	197890	181769	5.7
第二产业增加值	万元	1057058	864808	16.2
其中：工业增加值	万元	875759	738773	13.1
第三产业增加值	万元	1004376	826139	11.8
四、农业生产				
＊农林牧渔业总产值（现行价）	万元	334696	306105	4.73
其中：种植业	万元	197345	186225	6.13
林　业	万元	10983	6978	50.74
牧　业	万元	80419	68231	0.37
渔　业	万元	14108	12937	6.14
农林牧渔服务业	万元	31841	31734	-4.80
主要农产品产量				

续上表

项　　目	单　位	2011 年	2010 年	比 2010 年增减（%）
粮食产量	吨	117480	109013	7.77
蔬菜产量	吨	316117	321324	-1.62
水果产量	吨	79202	74671	6.07
水产品产量	吨	9262	9261	0.01
猪肉产量	吨	26683	26461	0.84
牛肉产量	吨	164	130	26.15
禽蛋产量	吨	1790	1577	13.51
花生产量	吨	8366	8124	2.98
蜂蜜产量	吨	325	265	22.64
五、工业生产				
工业总产值	万元	4218350	3478661	14.02
其中：轻工业	万元	2620061	2160823	14.01
重工业	万元	1598289	1317838	14.03
主要工业产品产量				
汽 车	辆	3996	3230	23.72
铜材	吨	18374	27534	-33.27
化妆品	万元	576484	540764	6.61
六、固定资产投资				
*固定资产投资额	万元	1112986	911394	22.12
其中：房地产投资	万元	538501	286859	87.72
工业投资	万元	220077	145188	51.58
七、社会消费品零售总额	万元	783243	663177	18.10
其中：住宿餐饮业	万元	131488	107668	22.12
八、对外贸易、外经				
外贸出口总值	万美元	188535	146564	28.64
实际利用外资	万美元	20892	15579	34.10
九、财政、金融				

续上表

项　　目	单　位	2011 年	2010 年	比 2010 年增减（%）
地方财政一般预算收入	万元	236285	181223	30.38
地方财政一般预算支出	万元	363566	255327	42.39
金融机构人民币存款余额	万元	2500502	2178064	14.80
城乡人民币储蓄存款余额	万元	1448542	1244444	16.40
金融机构人民币贷款余额	万元	1436441	1092683	31.46
十、人民生活				
*城镇非私营单位在岗职工年平均工资（地区数）	元/人	36871	31674	* *
城镇居民人均可支配收入	元/人	21755	19445	11.88
农村居民年人均纯收入	元/人	9856	8430	16.92

说明（带*号）：

1. 从化市生产总值及其中数的增长速度按 2010 年不变价计算；农林牧渔业总产值及其中数、工业总产值及其中数的增长速度按价格紧缩法计算。

2. 固定资产投资按法人单位所在地统计口径。从 2011 年起，固定资产投资统计起点由 50 万元提高到 500 万元；“全社会固定资产投资”指标改称为“固定资产投资”。

3. 城镇非私营单位在岗职工人数、在岗职工年平均工资指标口径有所调整，2011 年数据含劳务派遣人员，2010 年数据不含劳务派遣人员，年度数据不可比。广州反馈的 2011 年城镇非私营单位在岗职工年人均工资为 36871 元，按可比口径计算，同比增长 15.7%。

表 2　2011 年从化市生产总值（现行价）

单位：万元

指　　标	2011 年	2010 年	增长速度（%）
从化市生产总值（GDP）	2259324	1872716	13.3
第一产业（农业）	197890	181769	5.7
第二产业	1057058	864808	16.2
工业	875759	738773	13.1
建筑业	181299	126035	34.3
第三产业	1004376	826139	11.8
交通运输、仓储和邮政业	85378	79079	10.0

续上表

指　　标	2011 年	2010 年	增长速度（%）
批发和零售业	278791	232641	14.2
住宿和餐饮业	94914	82554	2.1
房地产业	207423	145163	19.1
金融业	11366	8908	21.4
其他服务业	326504	277794	9.1

说明：增长速度按 2010 年不变价计算。

表 3　2011 年从化市分类工业总产值

单位：万元

项　目	2011 年	2010 年	按价格紧缩法计算的增长速度（%）
工业总产值	4218350	3478661	14.02
其中：规模以上企业工业总产值	3985850	3272679	14.52
规模以上按经济类型分：			
国有控股经济	615137	561403	3.03
集体经济	3461	2569	26.68
外商及港澳台经济	2281550	1942045	10.47
其他经济	1085702	766662	33.16

说明：2011 年规模以上工业企业划分标准由年主营业务收入 500 万元及以上提高到 2000 万元及以上。

表 4　2011 年从化市主要农作物播种面积及产量

项　　目	单　位	2011 年	2010 年	比 2010 年 ±（%）
农作物播种面积合计	亩	667925	659391	1.29
一、粮食作物播种面积	亩	346587	345084	0.44
亩　产	公斤	339	316	7.28
总产量	吨	117480	109013	7.77
其中：稻谷播种面积	亩	314298	314115	0.06
亩　产	公斤	337	320	5.31
总产量	吨	105963	100589	5.34

续上表

项　目	单　位	2011 年	2010 年	比 2010 年 ±（%）
二、经济作物播种面积	亩	76318	71182	7.22
其中：花生播种面积	亩	48832	47985	1.77
亩　产	公斤	171	169	1.18
总产量	吨	8366	8124	2.98
三、其他作物播种面积	亩	245020	243125	0.78
其中：蔬菜播种面积	亩	224858	229437	-2.00
总产量	吨	316117	321324	-1.62

表 5　2011 年从化市各镇（街）、园区、场工业总产值和农林牧渔业总产值（现行价）

单位：万元

镇　（街）	工业总产值			农林牧渔业总产值		
	2011 年	2010 年	增长（%）	2011 年	2010 年	增长（%）
全市合计	4218350	3478661	14.02	334696	306105	4.73
太平镇	301818	246239	13.54	54510	51038	4.08
温泉镇	240727	207090	10.54	39627	38144	4.43
良口镇	13346	13186	1.16	21744	20614	2.69
吕田镇	3189	3595	-11.00	23699	20283	13.99
鳌头镇	614396	504584	13.46	102481	91378	3.49
街口街	55844	66533	-30.32	8790	8373	0.18
江埔街	527023	442566	14.24	24801	22844	4.90
城郊街	219719	165384	26.23	54939	49565	5.49
高技术产业园	1173360	1069724	2.95			
明珠工业园	1068928	759760	32.52			
流溪河林场				2072	2036	12.73
横江公司				2032	1830	1.02

说明：1. 各镇（街）、园区工业总产值按地域分（含省、广州市企业）。

2. 农林牧渔业总产值、工业总产值增长速度按价格紧缩法计算。

3. 工业总产值 2010 年数据口径有所调整。

表6 2011年从化市商业发展情况

项　　目	单　位	2011年	2010年	比2010年±（%）
一、社会消费品零售总额	万元	783243	663177	18.10
按行业分				
批发、零售贸易业零售额	万元	651755	555509	17.33
住宿餐饮业零售额	万元	131488	107668	22.12
二、商品购、销、存				
1、商品购进总额	万元	1092540	560593	94.89
2、商品销售总额	万元	1911534	1466143	30.38
3、年末库存总额	万元	43967	25639	71.48

（市统计局供稿，李伯英执笔）

附　录

2011年市属局级以上单位领导名录

市委、市人大、市政府市政协、市纪委领导

中共从化市委

书　记：黄河鸿

副书记：梁建清（—2011.02）

郭清和（2011.02—）

谭凯平（—2011.09）

何镜清（2011.09—）

常　委：王建新（—2011.08）

李艳阳（—2011.09）

李　波（—2011.09）

何镜清（—2011.09）

魏素新（—2011.08）

邱永权　赵　丰　王建红

蔡　澍（2011.08—）

刘宗静（2011.09—）

梁锦华（2011.09—）

黄信敬（挂任，2011.03—）

欧阳翔（2011.08—）

李朔熹（2011.09—）

从化市人大常委会

主　任：黄河鸿

副主任：张汉江　胡少民　余志平

罗爱萍　刘树生　赖志英

党组成员（正处级干部）：张献华

从化市人民政府

市　长：梁建清（—2011.02）

郭清和（2011.03—）

副市长：王建新（—2011.09）

温洁夫（—2011.09）

刘宗静（—2011.10）

梁锦华（—2011.10）　方纪章

孙石康　谭文标（挂任）

蔡　澍（2011.09—）

卢凤萍（2011.09—）

刘　岗（2011.09—）

邓宇恒（2011.09—）

党组成员（副处级干部）：

李东强（—2011.09）　谢焕扬

从化市政协

主　席：李玉宜（—2011.11）

谭凯平（2011.11—）

副主席：邹建潮（—2011.11）　蒋琼芳

刘维嘉　黎艺钦　任洪华

刘大光　李东强（2011.11—）

中共从化市纪委

书　记：李　波（—2011.08）

欧阳翔（2011.08—）

副书记：黄柏强　李艳影（2011. 01—）

市人大常委会机关

办公室主任：何伟东（—2011. 08）

高广雄（2011. 09—）

副主任：罗建斌

邝冬梅（—2011. 08）

黄浩军（2011. 11—）

选举联络人事任免工作委员会

主　任：林奕办

副主任：巢小玲（—2011. 04）

温晓敏（—2011. 08）

林仲新（2011. 07—）

教科文卫和外事华侨民族宗教工委

主　任：梁联峰（—2011. 08）

温晓敏（2011. 09—）

副主作：黄浩军（—2011. 11）

财政经济工作委员会

主　任：罗灼尧（—2011. 08）

巢校明（2011. 09—）

副主任：卓东华（—2011. 06）

黄志刚（2011. 07—）

法制工作委员会

主　任：李树根（—2011. 08）

张惠英（2011. 09—）

副主任：潘志华

农村农业工作委员会

主　任：何钊活（—2011. 08）

梁联峰（2011. 09—）

副主任：黎建华

城乡建设环境与资源保护工委

主　任：黄炳新（—2011. 08）

莫庆钟（2011. 09—）

副主任：莫庆钟（—2011. 08）

依法治市办公室

主　任：余志平

副主任：刘建明（—2011. 12）

市政协机关

秘书长：陈滟湘（—2011. 11）

梁柱生（2011. 11—）

副秘书长：刘深房　朱小聪

办公室主任：陈滟湘（—2011. 11）

梁柱生（2011. 11—）

学习文史委员会主任：梁柱生（—2011. 11）

教文体卫联络委员会主任：李汉强

副主任：邹丽芬

科技经济委员会主任：陈接辉

提案法制委员会主任：谭金文

副主任：朱仁和

联络委员会主任：李夏明（2011. 12—）

市委工作部门

市纪委机关（与市监察局合署办公）

办公室主任：李记平

副主任：巢金沂

第一派驻纪检监察组组长：

邓帝新（2011. 06—）

副组长：汤玮雄（2011. 06—）

第二派驻纪检监察组组长：

张柏强（2011. 12—）

第三派驻纪检监察组组长：

李　民（2011. 06—）

第四派驻纪检监察组组长：

黄海标（2011. 06—）

市监察局

局　长：黄柏强

副局长：李艳影　郭志锋

张　帆（2011. 10—）

市委办公室

主　任：张献华（—2011. 12）

王建红（2011.12—）

副主任：庾赞彬　巢金培

吴丹柯（—2011.06）

谢钦伟（2011.09—）

市委组织部

部　长：何镜清（—2011.09）

李朔熹（2011.09—）

副部长：钟梅芳　李惠祥

市委宣传部

部　长：王建红（—2011.09）

梁锦华（2011.09—）

副部长：杨远强（—2011.08）

李小敏　邝冬梅（2011.08—）

市委统战部（与市台办、民族宗教事务局合署办公）

部　长：邹建潮（—2011.09）

邱永权（2011.09—）

副部长：杨秀萍　李炳文

市台办主任：杨秀萍

市民族宗教事务局局长：李炳文

市政法委员会（与市维稳办、综治办合署办公）

书　记：谭凯平（—2011.09）

刘宗静（2011.09—）

副书记：刘宗静（—2011.09）

魏素新（—2011.09）

刘　岗（2011.09—）

李伟文　黄锦添

市综治办

主　任：刘润光（—2011.06）

路俊华（2011.06—）

副主任：黄叔全

市委维稳办

主　任：钟治富

副主任：白洪效

市委老干部局

局　长：庾美金

副局长：孙剑峰　李桂燎

市直属机关党委

书　记：邹少宁

副书记：赖昔珍　谢国标（2011.06—）

市编委办

主　任：何镜清（—2011.09）

李朔熹（2011.09—）

副主任：钟灼均

市委党校

校　长：何镜清（—2011.09）

李朔熹（2011.09—）

常务副校长：罗桂平

市信访局

局　长：李燕锋

副局长：谢祯强 胡钰英

市政府机构

市政府办公室（加挂市法制办、市侨外办牌子）

主　任：刘　敏（—2011.12）

刘建明（2011.12—）

副主任：唐石森　陈丹昭

李楚辉　李爱文

市发展改革局（加挂市粮食局、市物价局牌子）

局　长：黄桂明

党委书记：冯树标

党委副书记：黄耀祯

副局长：赵　勇　刘德慧　高志明

潘路明　刘凯明

市经济贸易局（加挂市外经贸局牌子）

局　长：王建中

党委书记：侯　刚

副书记、副局长：巢校明（—2011.08）
李泳忠（2011.10—）
副书记：钟金池
副局长：黄燕芳　吴国强　李泳忠
纪委派驻纪检组组长、纪委书记：石金儿

市统计局

局　长：朱永明（—2011.12）
何志强（2011.12—）
副局长：黄细英

市城乡建设局

党委书记：陆广英（—2011.04）
伍　元（2011.04—2011.12）
余俊杰（2011.12—）
局长：陆广英（—2011.05）
冼叶生（2011.12—）
党委副书记：黎国伟
副局长：黄凌云　蔡健明　汤建明
余俊杰（2011.05—）
纪委派驻纪检组长、纪委书记：冯文柱

市国土资源和房屋管理局

局　长、党组副书记：李泽铃
党组书记：梁耀民
党组副书记、纪检组长：黄少明
副局长：黄少明 曹立韬
邹金明　陈杰明

市规划局

局　长：彭德循
副局长：莫雄斌　钟俊平

市交通局（加挂市公路局牌子）

局　长：钟继阳
党委书记：钟继阳（—2011.04）
王元强（2011.04—）
党委副书记：杨炳坚　庾伯强
副局长：徐国雄　邹　才　邱海涛
纪委派驻纪检组组长、纪委书记：江本康

市公安局

党委书记、局长：魏素新（—2011.09）
刘　岗（2011.09—）
党委副书记、政委：黄国送
党委副书记、纪委书记、督察长：傅志文
党委副书记、副局长：何劲松
副局长：吕志成（—2011.12）
邓效明　胡记生
党委委员、政工办主任：刘焕林

市司法局

局　长：李夏明（—2011.12）
莫雄伟（2011.12—）
党工委书记：周日会（2011.04—）
党工委副书记：利伯泉（2011.08—）
副局长：利伯泉（—2011.08）
卓东华（2011.07—）
利颖瑜（2011.09—）

市民政局

局　长：黄记雄
副局长：梁谢欣　李暖辉

市人力资源和社会保障局

局　长：江柱兴
党委书记：朱鉴清
党委副书记、纪委派驻纪检组组长、
纪委书记：利志良
副局长：李卫雄　彭俊明
李锦文　张敏辉

市审计局

局　长：张伟强（—2011.12）
朱永明（2011.12—）
党支部书记：张伟强（2011.12—）
副局长：方伟文　叶晓媚

市教育局

局　长：罗树人
党委书记：李　斌

党委副书记、副局长：陈媚薇

副局长：郭永章　黎国勇

纪委派驻纪检组长、纪委书记：谢梓荣

市科技和信息化局（加挂市知识产权局牌子）

局　长：卢绍辉

副局长：李焕根　陈燕明 罗新华

市财政局

局　长：潘锦峰

党支部副书记、副局长：何耀源

副局长：黎伟洲

纪委派驻纪检组组长：黄镜标

市环境保护局

局　长：邱瑞贞

副局长：徐骏翔　巢赛红

市人口和计划生育局

局　长：朱记培

副局长：肖演平　邓展聪

市卫生局

局　长：李宝玲

党委书记：曾斐文

党委副书记、纪委派驻纪检组长、纪委书记：

梁锦芬

副局长：邓灿茗　黄大庆（—2011.07）

市文化广电新闻出版局（加挂市版权局牌子）

局　长：邝健平（—2011.12）

朱虹霞（2011.12—）

党委书记：谭　智

副局长：钟汉文　梁宁东

市农业局（加挂市委农村工作办公室牌子）

局　长：陈鉴池

党委书记：黄柱明

副局长：涂汉辉　黎　均 朱秀英

纪委派驻纪检组组长、纪委书记：李柱辉

市水务局

局　长：冼叶生（—2011.12）

伍　元（2011.12—）

党委书记：谭照宏

党委副书记、纪委派驻纪检组组长、纪委书记：

温汝强（—2011.06）

李文芳（2011.06—）

副局长：姚焕枢　王丽英

李普航（2011.07—）

市林业局

党委书记、局长：何向阳

党委副书记：邓钊明

党委副书记、纪委派驻纪检组长、纪委书记：

李穗英

副局长：谭进光　巢继秋

市安全生产监督管理局

局　长：高广雄（—2011.09）

吕志成（2011.12—）

副局长：陆瑞华　陆永锋　李炽彬

市城市管理局（加挂市城市管理办牌子、内设科室挂市爱国卫生运动委员会办公室牌子）

局　长：朱镜中（—2011.05）

刘　辉（2011.09—）

党委书记：刘　辉（2011.04—2011.12）

邝健平（2011.12—）

副局长：李泗桥　崔凤奎

人民武装

市人民武装部

部　长：刘杨新（—2011.04）

肖恒明（2011.04—）

政　委：赵　丰

副部长：文建勇（—2011.04）

张小波（2011.04—）

法院　检察院

市法院

院　长：邬耀广（—2011.09）

姜耀庭（2011.11—）

党组书记：邬耀广（—2011.09）

姜耀庭（2011.09—）

副院长（代理院长）：

姜耀庭（2011.09—2011.11）

副院长：郭满雄　李祖强 陆财根

市检察院

检察长：谭可为（—2011.09）

蒋　晋（2011.11—）

党组书记：谭可为（—2011.09）

蒋　晋（2011.09—）

副检察长（代理检察长）：

蒋　晋（2011.09—2011.11）

副检察长：张志坚　李　宁　田　伟

人民团体

市总工会

主　席：刘树生

党组书记、副主席：张惠英（—2011.08）

杨远强（2011.08—）

副主席：白宏兵　何　忠

团市委

书　记：邓宇恒（—2011.04）

蓝小军（2011.05—）

副书记：丘俊超

许拥旺（挂职，2011.04—2011.12）

市妇联

主　席：李金花

副主席：路秋霞　王玉华（2011.06—）

市工商联

主　席：刘维嘉（—2011.10）

朱永红（2011.10—）

党组书记：邱桂深

常务副主席：陆树芳

市侨联

主　席：林兆智

市文联

专职副主席：谢文姬（2011.08—）

市科协

主　席：任洪华

副主席：郑　巍　杨远云（2011.06—）

市贸促会

会　长：巢校明（—2011.08）

李泳忠（2011.10—）

专职副会长：黄志文

市残联

理事长：邝显能

副理事长：黎镜铭

市政府派出机构

广东从化经济开发区管委会

主　任：方纪章

副主任：邓耀慈　林远明　邓世强

市高技术产业园管委会（加挂市经济技术开发区管委会）

主　任：林远明

党委书记：江裕增

副主任：熊进勇　邹立新

李烈锋（2011.07—）

纪委派驻纪检组长、纪委书记：欧阳小玲

流溪温泉旅游度假区管委会

主　任：梁锦华（—2011.12）

副主任：余俊杰（—2011.5）

张从涛　刘大光　黄康华

总工程师：魏景阳

市投资服务中心

主　任：徐南宁

副主任：邝瑞林　潘海涛　李景峰　李　萍

市明珠工业园管委会

主　任：邓耀慈

党委书记：朱虹霞（—2011.12）
　　　　　刘　敏（2011.12—）
党委副书记、副主任：李沛森
副主任：黎绍光　梅界岗　刘贵鹏
党委副书记、纪委书记、纪委派驻纪检组组长：张柏强（2011.12—）
副处级干部、援疆干部：肖智斌

赋予行政管理职能事业机构

市档案局（国家档案馆，市志办，党史研究室）
局（馆）长：徐惠贞
副局（馆）长：陈国联　李信慧
市体育局（体育发展中心）
局　长：范桂彬
副局长：郑日华
市旅游局
局　长：李妙娟
党总支书记：杨小彦（2011.06—）
副局长：谭　鸿　王泽宁（—2011.06）
　　　　陈文东（2011.07—）
副处级干部、援藏干部：曾令泰
市畜牧兽医渔业局
局　长：詹大欢
副局长：邓国斌　覃东周
邓伟琴（2011.07—）
市民防办公室（加挂市人防办牌子）
主　任：宋跃平
副主任：黄戈进
市机关事务管理局
局　长：颜仲冬
副局长：郭培新　黄润杭
市城监大队
大队长：朱镜中（—2011.05）
政　委：李剑平
副政委：戚泳强（2011.07—）
副大队长：黄振康　郭文袖

事业机构

市广播电视台
台　长：谢晓明
党委书记：戚桂芬
副台长：韩　轶　邬影红
市新闻中心
主　任：黄鉴森
副主任：张金柱 袁　杰（2011.08—）
市供销社
主　任：林楚俊
党委书记：赵子毅
副主任：杨志斌　李伟行（2011.09—）
市新城区开发建设办公室
主　任：陈可斌
副主任：张伯金　张　恺
市城市房屋拆迁管理办公室（加挂市城乡更新改造工作办公室牌子）
主　任：李锦福
副主任：陈万联（—2011.11）　王　峰

医　院

从化市中心医院
院　长：马镇国
副院长：金来明　宋杰丽　白俊杰
从化市中医院
院　长：梁冠峰
副院长：梁英明　吴敏刚　杨双民

学　校

市职业教育中心
校　长：叶卫国
副校长：朱国辉　王光华

市职业技术学校（市农业中等专业学校）

校　长：黎潮钦

副校长：黄镇潮　谭祥响

李寿桥（2011.07—）

从化中学

校　长：邱榕基

副校长：吴羽君　李跃建　邓艺海

郭英霞（—2011.05）

市第二中学

校　长：廖志坚

副校长：秦三元　李迎春　屈雄伟

市第三中学

校　长：彭　迈

副校长：黄杰锋　利燕珠

何素馨（2011.08—）

市第四中学

校　长：罗世聪

副校长：骆宝祥　刘武文　黄长新

市第五中学

校　长：陈宇航

副校长：李建波　李剑名　赵如松

市第六中学

校　长：戚锦明

副校长：邱文英　刘　远　黄铭新

太平中学

校　长：肖楚荣

副校长：黄立新　谢云开

街　镇

吕田镇

党委书记：何志强（—2011.12）

陈少烟（2011.12—）

人大主席：何志强（—2011.12）

人大主席：陈少烟（2011.12—）

党委副书记、镇长：刘　辉（—2011.04）

朱峰锋（2011.07—）

党委副书记：李灼垣（2011.06—）

党委委员、副镇长：李飞鸿

副镇长：廖仲明（—2011.06）

朱泽红（—2011.06）

廖文忠（2011.07—）

胡香玲（2011.07—）

党委委员、纪委书记：李灼垣（—2011.06）

邝显威（2011.06—）

党委委员、人大副主席：

吴桥新（—2011.06）

余洁明（2011.06—）

党委委员、武装部部长：

欧阳卫东（—2011.06）

欧伟良（2011.06—）

党委委员：王志辉（—2011.06）

李振辉（—2011.06）

黄耀强（—2011.06）

邝显威　赖成益　潘思有

王泽宁（2011.06—）

张　宇（2011.06—）

冼栩龙（2011.06—）

良口镇

党委书记、人大主席：巢石养

党委副书记、镇长：张志坚

党委副书记：黄海标（—2011.06）

何崇山（2011.06—）

党委委员、副镇长：黄志良

副镇长：江建华（—2011.06）　赖志威

张　怡（—2011.06）

邓书升（2011.07—）

党委委员、纪委书记：

欧阳宇高（2011.06—）

党委委员、人大副主席：

黄彩琼（—2011.06）

廖仲明（2011.06—）

党委委员、武装部部长：张　健

党委委员：张　帆（—2011.06）
邓书升（—2011.06）
练永坚（—2011.06）
邝浩新（—2011.06）
许文东（—2011.06）　肖卫文
陈惠凌（2011.06—）
邓燕红（2011.06—）
黄伟宽（2011.06—）

温泉镇

党委书记：李朔熹（—2011.10）
李卫权（2011.10—）

人大主席：李朔熹（—2011.10）
李卫权（2011.11—）

党委副书记、镇长：李卫权（—2011.10）
黄雯婷（2011.11—）

党委副书记：练国辉

党委委员、副镇长：麦燮良

副镇长：梁汝深（—2011.06）
李　智（—2011.06）
邓宇辉（2011.07—）
黎杰祥（2011.07—）

党委委员、纪委书记：廖杰初（2011.06—）

党委委员、人大副主席：
林仲新（—2011.06）
李秀珍（2011.07—）

党委委员、武装部部长：
祝良松（2011.06—）

党委委员：杨远云（—2011.06）
邓宇辉（—2011.06）
黄朝伟（—2011.06）　李秀珍
廖杰初　巢海清　谢海佳
申国海（2011.06—）

太平镇

党委书记：莫雄伟（—2011.12）
朱镜中（2011.12—）

人大主席：莫雄伟（—2011.12）

人大主席：朱镜中（2011.12—）

党委副书记、镇长：王元强（—2011.04）
朱镜中（2011.04—2011.12）

镇　长：陈万联（2011.12—）

党委副书记：路俊华（—2011.06）
江建华（2011.06—）
陈万联（2011.12—）

党委委员、副镇长：黄晓雯（—2011.06）
李贵朝（2011.06—）
董培峰（2011.07—）

副镇长：李贵朝　董培峰
蔡伟青　陈景晖

党委委员、纪委书记：罗耀光（—2011.06）
易志航（2011.06—）

党委委员、人大副主席：
黎树辉（—2011.06）
江健游（2011.06—）

党委委员、武装部部长：
董培峰（—2011.06）
林达军（2011.06—）

党委委员：张观池（—2011.06）
唐金标（—2011.06）
陆伟峰　钟小勇 易志航
关　平（2011.06—）
邱泽广（2011.06—）
王青毅（2011.06—）

鳌头镇

党委书记、人大主席：黄鉴洲

党委副书记、镇长：周日会（—2011.04）
邓宇恒（2011.04—2011.10）
温汝强（2011.11—）

党委副书记：何崇山（—2011.06）
李燕航（2011.06—）

党委委员、副镇长：李燕航（—2011.06）

彭世信（2011. 07—）

董晓星（2011. 07—）

副镇长：张昔潮（—2011. 06）

周文成（—2011. 06）

刘建中　潘炜文

党委委员、纪委书记：李文芳（—2011. 06）

周文成（2011. 06—）

党委委员、人大副主席：

黄志刚（—2011. 06）

巢启明（2011. 06—）

党委委员、武装部部长：

巢启明（—2011. 06）

梁柱星（2011. 06—）

党委委员：陈惠民（—2011. 06）

何崇山（—2011. 06）

曾榕增（—2011. 06）

肖毅锋（—2011. 06）　许杰华

吴燕萍　梁智高　曾志军

周文成　邝浩新（2011. 06—）

胡炳枢（2011. 06—）

街口街

党工委书记：刘伯秀（—2011. 05）

陆广英（2011. 05—）

党工委副书记、主任：陈少烟（—2011. 12）

党工委副书记：李　民（—2011. 06）

吴丹柯（2011. 06—）

党工委委员、副主任：周巨培（—2011. 06）

郑金伦（2011. 06—）

张观池（2011. 07—）

副主任：董晓星（—2011. 06）　郑金伦

张志宏　李秀梅（2011. 07—）

党工委委员、纪工委书记：丁泽铿

党工委委员、武装部长：

林斯义（—2011. 06）

欧阳卫东（2011. 06—）

党工委委员：王玉华（—2011. 06）

吴展锋（—2011. 06）

叶浩初（—2011. 06）　曾卫民

黄世超　朱泽红（2011. 06—）

黄军豪（2011. 06—）

城郊街

党工委书记：林　康

党工委副书记、主任：何敏然

党工委副书记：邓帝新（—2011. 06）

吴展锋（2011. 06—）

党工委委员、副主任：陆伟南　方锦洲

副 主 任：李暖平　李寿桥（2011. 06—）

李烈锋（2011. 06—）

党工委委员、纪工委书记：孙桂金

党工委委员、武装部部长：

戚泳强（—2011. 06）

曾榕增（2011. 06—）

党工委委员：王华斌（—2011. 06）

陈伟康（—2011. 06）

陈伟广　谢锐钊　汤灿荣

王志辉（2011. 06—）

戚向阳（2011. 06—）

江埔街

党工委书记：刘伟灵

党工委副书记、主任：邝显扬

党工委副书记：黄雯婷（—2011. 10）

党工委委员、副主任：李建雄　黄均平

副 主 任：刘锐强（—2011. 06）

罗耀光（2011. 07—）

张国兴（2011. 07—）

党工委委员、纪工委书记：

邓伟琴（—2011. 06）

陈惠民（—2011. 06）

党工委委员、武装部长：

曾建辉（2011. 06—）

党工委委员：李　凡（—2011.06）
邓汝彬（—2011.06）
陈文东（—2011.06）
谢国标（—2011.06）
何日高（—2011.06）
林振森　黎就明　曾建辉
黄彩琼（2011.06—）
陈伟康（2011.06—）
刘启兵（2011.06—）

（市委组织部供稿）

2011年广州市垂直管理单位、驻从化单位领导名录

广州市工商行政管理局从化分局

党委书记：周仲春

局　　长：赖灶炎

副 局 长：黄国强黎树忠　黄海锋

从化市地方税务局

党组书记、局长：苏向荣（2011.03—）

副局长：谢卫文　温炎基　李镜权

党组成员、纪检组长：冯文锋

党组成员、总经济师：谢榕林

党组成员、总会计师：卢国权

从化市国家税务局

党组书记、局长：罗桂新

副局长：任启棠（—2011.08）
廖志坚（2011.08—）

纪检组长：麦　斌（—2011.08）
许　惠（2011.08—）

总经济师：陈国贤（2011.08—）

副调研员：黄伯航

广州市从化质量技术监督局

局　长：郑俭影

副局长：陈永忠　杨自立　梁海平

广州市烟草专卖局从化分局

局长、书记：徐立峰

副局长：黄　斌

广东电网公司广州从化供电局

局长（总支书记）：朱伟平
苏志鹏（2011.01—）

副局长：梅永恒（—2011.05）
潘淑君（—2011.11）
许　宁（2011.05—）
吴　靖（2011.11—）

总支副书记：王树堂（—2011.12）

局长助理：张立新

市邮政局

局长、党组书记：于法磊

副局长兼副书记：施永华

副局长：黄劲松（2011.11—）

市电信局

总经理、党委书记：罗　建

副总经理：吴宇晖（—2011.04）
杨剑文　黄领俊

广东移动通信有限责任公司从化分公司

总经理：杨斌（2011.07—）

副总经理（主持工作）：梁广（—2011.06）

副总经理：韩　嵩（—2011.09）
张　帆（2011.10—）

中国人民银行从化市支行

行　长：黄昌隆

副行长：张伟文

中国工商银行从化市支行

行　长：黄向前（—2011.06）

黄德洪（2011.07—）

副行长：邹崇光　陈汝威

中国农业银行股份有限公司从化市支行

行　长：谢卫平

副行长：周乘骏　潘康能　黄冬妮

中国银行股份有限公司广州从化支行

行　长：陈　西（—2011.02）

　　　　蔡伟东（2011.02—）

副行长：李　胜　余　斌　徐桂英

中国建设银行股份有限公司从化市支行

行　长：许广平

副行长：陈　镔　刘向阳

中国农业发展银行从化市支行

行　长：王愈发（2011.01—）

副行长：贺永旺

广州农村商业银行股份有限公司从化支行

副行长：崔　巍（主持工作）（—2011.03）

　　　　李天明（2011.03—）

行长助理：李天明（—2011.03）

　　　　　伍绍豪（2011.03—）

市气象局

局　长：罗靖民

副局长：但建茹　郑思轶

广州市流溪河林场

党委书记：卢广雄（—2011.11）

　　　　　何小毅（2011.11—）

党委副书记、场长：张庆平（—2011.04）

　　　　　　　　　何小毅（2011.04—2011.11）

　　　　　　　　　李　进（2011.11—）

党委副书记：陈　凡（2011.04—）

副场长：温玉区（—2011.04）

　　　　张柱华（—2011.04）　钟家辉

　　　　温焜城（2011.04—）

　　　　梁有添（2011.04—）

黄龙带水库管理处

书记、主任：黄昌南

副主任：范南青　梁伟雄

大岭山林场（石门国家森林公园管理处）

场　长：李　进（—2011.04）

　　　　张庆平（2011.04—）

副场长：郑燕波　温玉区（2011.04—）

（各有关单位供稿）

2011 年荣誉

一、先进集体

表 1　2011 年从化市获国家级先进集体一览表

获奖单位	获得称号	颁奖单位	获奖时间
良口镇人民政府	中国生态（人文）宜居规划建设示范镇	人民网、中国品牌建设与管理协会、中国城市发展促进会	2011. 01
市国家档案馆	国家二级档案馆	国家档案局	2011. 03
吕田镇人民政府	中国绿色名镇	中国绿色名镇推介委员会、中国县镇绿色发展论坛组委会	2011. 03
市交通局综合行政执法局	全国工人先锋号	中华全国总工会	2011. 04
街口街府前社区居委会	全国综合减灾示范社区	国家减灾委员会民政部	2011. 05
市司法局良口司法所	广州亚运会安保工作表扬单位	司法部	2011. 11

表 2　2011 年从化市获省级先进集体一览表

获奖单位	获得称号	颁奖单位	获奖时间
市人民法院	全省法院调解工作先进集体	广东省高级人民法院	2011. 01
广州市黄龙带水库管理处	2009—2010 年度广东省水利财务工作先进集体	广东省水利厅	2011. 01
从化市	广东省人口与计划生育先进单位	广东省人民政府	2011. 02
市体育局	2010 年广东省体育工作突出贡献单位	广东省体育局	2011. 02

续上表

获奖单位	获得称号	颁奖单位	获奖时间
市体育局	2010年度全省体育彩票县级体彩突出贡献奖	广东省体育彩票管理中心	2011.02
从化体育彩票管理分中心	广东省县级体彩突出贡献奖	广东省体育局	2011.02
江埔街团工委	广东省志愿服务铜奖	广东省志愿者联合会	2011.02
从化市	2010年度广东省人口与计划生育先进单位	广东省人民政府	2011.03
市人民法院	广东省法院第22届学术讨论会“论文组织工作先进奖”	广东省高级人民法院	2011.03
市人民法院执行局	广东省法院系统集体二等功	广东省高级人民法院	2011.03
市司法局法制宣传科	广东省司法行政系统“五五”普法工作先进集体	广东省司法厅	2011.03
市委办公室	广东省广州亚运会亚残运会先进集体	中共广东省委、省人民政府	2011.04
市政府办公室	广东省广州亚运会亚残运会先进集体	中共广东省委、省人民政府	2011.04
良口镇人民政府	广东省广州亚运会亚残运会先进集体	中共广东省委、省人民政府	2011.04
市地方公路局	广东省工人先锋号	广东省总工会	2011.04
市政府	2006—2010年全省法制宣传教育先进集体	广东省普及法律常识领导小组	2011.08
市总工会	广东省群众体育先进单位	广东省体育局	2011.08
市体育局	2010年广东省传统武术（套路）锦标赛成年组集体项目一等奖	广东省体育局	2011.08
市体育局	2010年广东省传统武术（套路）锦标赛集体项目一等奖	广东省体育局	2011.08
市民政局	广东省“十一五”殡葬管理工作先进单位	广东省人力资源和社会保障厅、广东省民政厅	2011.08
市农村社会养老保险管理中心	广东省新型农村社会养老保险三年全覆盖达标单位	广东省新型农村工作领导小组	2011.08

续上表

获奖单位	获得称号	颁奖单位	获奖时间
广州从化东麟钻石厂工会	广东省模范职工之家	广东省总工会	2011. 10
市司法局良口司法所	广东省司法行政系统亚运安保工作先进集体	广东省司法厅	2011. 11
街口街府前社区居委会	“六好”平安和谐社区	广东省民政厅	2011. 11
市委组织部	全省组织系统先进集体	中共广东省委组织部	2011. 12
广州市流溪河林场	全省林业有害生物防治先进单位	广东省林业局	2011. 12

表 3　2011 年从化市获广州市级先进集体一览表

获奖单位	获得称号	颁奖单位	获奖时间
市人民政府	广州市“双拥”标兵市	广州市委、广州市人民政府、广州警备区	2011. 01
市委办公室	广州市党委系统信息工作表扬单位	中共广州市委办公厅	2011. 01
城郊街党工委、城郊街道办事处	拥军优属标兵单位	中共广州市委员会、广州市人民政府、广州警备区	2011. 01
广东从化市经济技术开发区科协	2005—2010 年度广州市科协系统先进单位	广州市科协	2011. 01
太平镇人民政府	获广州市广州亚运会、亚残运会工作先进集体	广州市综治委	2011. 01
太平镇人民政府	广州市广州亚运会、亚残运会社会整体防控志愿者工作先进集体	广州市综治委	2011. 01
太平镇人民政府综治办	2010 年禁毒工作先进集体	广州市禁毒委	2011. 01

续上表

获奖单位	获得称号	颁奖单位	获奖时间
良口镇人民政府	“广州亚运会、亚残运会社会面整体防控志愿者工作”先进集体	广州亚残运会人力资源与志愿者服务联络组、第十六届亚运会组委会广州亚残运会志愿者部、广州2010亚残运会组委会志愿者部、共青团广州市委员会、广州市社会治安综合治理委员会办公室	2011.01
街口街新村社区	广州市2010年度创建充分就业社区“达标单位”	广州市就业工作领导小组	2011.01
街口街东成居委	在广州市2010年度创建充分就业社区中，荣获“达标单位”称号	广州市就业工作领导小组	2011.01
街口街育宁社区	2010年创充分就业社区达标单位	广州市就业工作领导小组	2011.01
江埔街道办事处	广州市2010年度人口与计划生育目标管理工作先进街（镇）	广州市人民政府	2011.02
江埔街道办事处	2010年度“两无”活动（街镇无政策外多孩出生、村居无政策外出生）达标街	广州市人民政府	2011.02
街口街育宁社区	2010年人口计生“两无”活动先进居委	广州市人民政府	2011.02
街口街新村社区	2010年度“两无”活动先进居委	广州市人民政府	2011.02
市卫生局	广州亚运会和广州亚残运会消防工作先进单位	广州市消防安全委员会	2011.02
良口镇人民政府	广州市亚运和广州亚残运会消防志愿服务先进单位	广州市消防安全委员会	2011.02
市人民政府	广州市创建文明城市工作突出贡献单位	广州市精神文明建设委员会、广州市创建文明城市联席会议	2011.03
市人民法院	广州市文明单位	中共广州市委、广州市人民政府	2011.03
城郊街党工委、城郊街道办事处	广州市军警民共建先进单位	中共广州市委、广州市人民政府	2011.03
温泉镇人民政府	广州市文明镇	中共广州市委、广州市人民政府	2011.03
市人民法院	广州市依法治市工作先进单位	中共广州市委	2011.03

续上表

获奖单位	获得称号	颁奖单位	获奖时间
街口街府前社区居委会	2010 年度“两无”活动（街镇无政策外出生、村居无政策外出生）先进居委	广州市人民政府	2011. 03
市人民法院民事审判第一庭	广州市两级法院集体三等功	广州市中级人民法院	2011. 03
市委宣传部	广州市创建文明城市工作积极贡献单位	广州市文明办、广州市创建办	2011. 03
江埔街道办事处	2010 年度广州市流动人口出租屋管理工作先进单位	广州市流动人员和出租屋管理工作领导小组	2011. 03
城郊街道办事处	从化市城郊街安监中队《镇街委托执法工作成绩突出单位》	广州安全生产监督管理局	2011. 03
市人民法院少年法庭	广州市巾帼文明岗	广州市妇联	2011. 03
市委宣传部	广州市广州亚运会亚残运会先进集体	中共广州市委、广州市人民政府	2011. 04
市卫生局	广州市广州亚运会亚残运会进集体	中共广州市委、广州市人民政府	2011. 04
江埔街道办事处	广州市广州亚运会亚残运会先进集体	中共广州市委、广州市人民政府	2011. 04
市疾病预防控制中心	《广州市登革热登革出血热预防控制体系及策略研究》项目科技进步类二等奖	广州市人民政府	2011. 04
市人民检察院	广州市检察机关服务保证亚运工作先进集体	广州市检察院	2011. 04
市人民检察院	2010 年度无违法违纪单位、2010 年度依法办案零投诉部门	广州市检察院	2011. 04
市人民检察院监所科	广州市检察机关服务保证亚运工作先进集体	广州市检察院	2011. 04
市人民检察院综合预防科	广州市检察机关服务保证亚运工作先进集体	广州市检察院	2011. 04
市总工会	2009—2010 年广州市工会财务工作综合竞赛表扬单位	广州市总工会	2011. 04

续上表

获奖单位	获得称号	颁奖单位	获奖时间
市畜牧兽医渔业局	广州市工人先锋号	广州市总工会	2011.04
市劳动就业服务管理中心	就业工作先进集体	广州市就业工作领导小组	2011.04
市委宣传部	广州市广州亚运会亚残运会先进集体	中共广州市委、广州市人民政府	2011.04
政法委（维稳办、综治办）	广州亚运会亚残运会先进集体	中共广州市委、广州市人民政府	2011.05
市卫生局	2006—2010年广州市法制宣传教育先进单位	中共广州市委、广州市人民政府	2011.05
市纪委、市监察局	2006—2010年广州市法制宣传教育先进单位	中共广州市委、广州市人民政府	2011.05
江埔街团工委	2008—2010年度广州市先进基层团委	共青团广州市委员会	2011.05
市中心医院	2010年度广州市卫生系统表扬护理集体	广州市卫生局	2011.05
良口镇人民政府	广州市先进基层党组织	中共广州市委	2011.06
市民政局	广州市民政局系统职工烹饪技能大赛优秀组织奖	广州市民政局、广州市总工会、广州地区烹饪协会、广州地区饮食行业协会	2011.06
市民政局	羊城慈善先进集体优秀组织奖	广州市慈善会	2011.06
市政法委	2009—2010年度广州市社会治安综合治理工作先进集体	广州市社会治安综合治理委员会	2011.07
市人民法院	2009—2010年度广州市社会治安综合治理工作先进集体	广州市社会治安综合治理委员会	2011.07
中国银行股份有限公司广州从化支行营业部	“2011年上半年绩效管理优秀奖	广州市白云支行	2011.07
中国银行股份有限公司广州从化支行营业部	企业存款拓展奖	广州市白云支行	2011.07

续上表

获奖单位	获得称号	颁奖单位	获奖时间
中国银行股份有限公司广州从化支行营业部	中高端客户拓展突出贡献奖	广州市白云支行	2011.07
中国银行股份有限公司广州从化支行营业部	储蓄存款半年卓越贡献奖	广州市白云支行	2011.07
中国银行股份有限公司广州从化支行营业部	对私电子银行业务突出贡献奖	广州市白云支行	2011.07
中国银行股份有限公司广州从化广场路支行	“2011年上半年核心指标突出贡献奖、储蓄存款半年突出贡献奖	广州市白云支行	2011.07
中国银行股份有限公司广州从化河东支行	2011年上半年中间业务先进单位、储蓄存款半年突出贡献奖	广州市白云支行	2011.07
中国银行股份有限公司广州从化太平支行	2011年上半年对公特色产品拓展奖	广州市白云支行	2011.07
市人民检察院	2009—2010年度广州市社会治安综合治理工作先进集体	广州市社会治安综合治理委员会	2011.08
市体育局	2007—2010年度广州市群众体育先进单位	广州市体育局	2011.08
市体育局	广州市第三届“市长杯”乒乓球百姓系列和谐赛·2011优秀组织奖	广州市市长杯乒乓球比赛组织委员会	2011.08
市体育局	广州市第15届运动会大球三项总分奖第八名	广州市第十五届运动会组委会	2011.08
市体育局	广州市第16届运动会重竞技三项总分奖第六名	广州市第十五届运动会组委会	2011.08
广东从化经济开发区高技术产业园总工会	2005—2009年度广州市先进职工之家	广州市总工会	2011.08

续上表

获奖单位	获得称号	颁奖单位	获奖时间
江埔街道办事处	广州市民族团结进步模范社区	中共广州市委宣传部、市委统战部、广州市民族宗教事务局、广州市精神文明委员会办公室	2011.08
城郊街党工委	广州市民族团结进步模范社区	中共广州市委宣传部、市委统战部、广州市民族宗教事务局、广州市精神文明建设委员会办公室	2011.08
市司法局	2006—2010年广州市法制宣传教育先进集体	中共广州市委、广州市人民政府	2011.09
市民政局、市殡仪馆	广州市十一五期间殡葬管理工作先进单位	广州市人民政府	2011.09
市政府	广州市亚运空气污染综合整治优秀集体	广州市人民政府	2011.09
市政府	健康亚运健康广州全民健康活动表扬单位	健康亚运健康广州全民健康活动工作领导小组	2011.09
良口镇人民政府	广州市第二届“共创文明城——万人同唱文明歌”暨“爱国歌曲大家唱”群众歌咏大赛银奖	中共广州市委宣传部、广州市精神文明建设委员会办公室、广州市文化广播新闻出版局	2011.09
市妇联	广州市第32届“羊城之夏”青少年暑期系列活动先进集体	广州文化广电新闻出版局	2011.09
市科学技术协会	广州市《全民科学素质》先进单位	广州市全民科学素质领导小组	2011.09
市总工会	2011年度广州市工报征订工作先进单位二等奖	广州市总工会	2011.10
从化市广州永益有限公司工会职工之家	广东省职工书屋示范单位	广州市总工会	2011.10
从化市镇泰（广州）实业有限公司图书馆	广东省职工书屋示范单位	广州市总工会	2011.10

续上表

获奖单位	获得称号	颁奖单位	获奖时间
广东从化经济开发区高技术产业园管委会	广州市第六次全国人口普查市级先进集体	中共广州市委、市政府	2011. 11
市司法局江埔司法所	亚运安保工作集体三等功	广州市司法局	2011. 11
市司法局基层调解科	广州市司法行政系统亚运安保先进集体	广州市司法局	2011. 11
市委市政府机关大院	无烟单位	广州市爱卫办	2011. 11
广东从化经济开发区高技术产业园劳动监察中队	广州市 2011 年度劳动保障监察协管工作先进单位	中共广州市委、市政府	2011. 12
街口街道办事处	广州市 2011 年度无政策外多孩出生街	广州市人民政府	2011. 12
良口镇人民政府	广州市基层应急管理“五个一”工程示范镇	广州市人民政府	2011. 12
市委市政府机关大院	广州地区优秀花园式单位	广州地区绿化委员会	2011. 12
市政协	《从化文史》第 24 辑图书，被评为广州市文史资料图书表扬奖。	广州市政协	2011. 12
市政协	第四届广州市“政协杯”扑克牌（拖拉机）领导组双人赛季军	广州市政协	2011. 12
市政协	第四届广州市“政协杯”羽毛球团体赛季军	广州市政协	2011. 12
市总工会	广州市工会工作目标考核模范单位	广州市总工会	2011. 12
市总工会	广州市工会工作“五一”创新标兵奖	广州市总工会	2011. 12
市总工会	广州市工会信息工作先进单位	广州市总工会	2011. 12
市个私协会	2011 年度广东省先进扶贫济困日暨广州市慈善日活动组织捐款先进单位	广州市工商行政管理局、广州市个体私营企业协会	2011. 12

续上表

获奖单位	获得称号	颁奖单位	获奖时间
广东从化经济开发区高技术产业园管委会	广州市 2011 年劳动保障监察协管工作先进单位	广州市人力资源和社会保障局	2011. 12
街口街青云社区居委会	广州市优秀家长学校	广州市精神文明建设委员会办公室	2011. 12
江埔街劳动保障监察中队	广州市 2011 年度劳动保障监察协管工作先进单位	广州市人力资源和社会保障局	2011. 12
江埔街司法所	2011 年度优秀司法所	广州市司法局	2011. 12
城郊街道办事处	广州市第六次全国人口普查先进集体	广州市第六次全国人口普查领导小组、广州市统计局	2011. 12
太平镇人民政府	第六次全国人口普查先进集体	广州市第六次全国人口普查领导小组、广州市统计局	2011. 12
良口镇人民政府	广州市第六次全国人口普查先进集体	广州市第六次全国人口普查领导小组、广州市统计局	2011. 12
江埔街道办事处	广州市第六次全国人口普查先进集体	广州市第六次全国人口普查领导小组、广州市统计局	2011. 12
鳌头镇人民政府	广州市第六次全国人口普查先进集体	广州市第六次全国人口普查领导小组、广州市统计局	2011. 12
从化市流溪小学	全国教育科学“十一五”规划重点课题——羊城儿童分级阅读实验学校	广州市小学语文教研会	2011. 12
市公安局“清网行动”战斗集体	集体二等功	广州市公安局	2011 年
刑事侦查大队	集体二等功	广州市公安局	2011 年
良口派出所	集体二等功	广州市公安局	2011 年
市委组织部	2010 年度调研信息工作先进单位	中共广州市委组织部	2011 年
市妇联	羊城之夏先进集体	广州市妇联	2011 年
良口镇人民政府	2010 年广州市禁毒工作先进集体	广州市禁毒委员会	2011 年
良口镇人民政府	2009—2010 社会治安综合治理安全社区（村）标兵	广州市社会治安综合治理委员会	2011 年

续上表

获奖单位	获得称号	颁奖单位	获奖时间
良口镇人民政府	2009—2010 年度社会治安综合治理先进集体	广州市社会治安综合治理委员会	2011 年

表 4　2011 年获从化市级先进集体一览表

获奖单位	获得称号	颁奖单位	获奖时间
市委老干部局	2010 年度工会工作目标考核模范单位	中共从化市委、从化市人民政府	2011.01
市机关事务管理局	第十六届亚运会从化赛区亚运工作突出贡献单位	中共从化市委、从化市人民政府	2011.01
市流溪温泉旅游度假区管理委员会	第十六届亚运会从化赛区亚运工作杰出贡献单位	中共从化市委、从化市人民政府	2011.01
江埔街道办事处	第十六届亚运会从化赛区亚运工作杰出贡献单位	中共从化市委、从化市人民政府	2011.01
市委办公室	杰出贡献单位	中共从化市委	2011.01
市人民检察院	2010 年度政务信息工作表扬单位	从化市人民政府	2011.01
市民政局	2010 年度政务信息工作表扬单位	从化市人民政府	2011.01
市流溪温泉旅游度假区管理委员会	2010 年度政务信息工作表扬单位	从化市人民政府	2011.01
城郊街道办事处	2010 年度政务信息工作表扬单位	从化市人民政府	2011.01
良口镇人民政府	2010 年度政务信息工作表扬单位	从化市人民政府	2011.01
吕田镇人民政府	2010 年度政务信息工作表扬单位	从化市人民政府	2011.01
鳌头镇人民政府	2010 年度政务信息工作表扬单位	从化市人民政府	2011.01
市机关事务管理局	从化市 2010 年度维护稳定及社会治安综合治理工作优秀单位	中共从化市委、从化市人民政府	2011.03
市委老干部局	2010 年度从化市人口与计划生育工作优秀单位	中共从化市委、从化市人民政府	2011.03
市司法局	2010 年度从化市维护稳定、社会治安综合治理工作优秀单位	中共从化市委、从化市人民政府	2011.03

续上表

获奖单位	获得称号	颁奖单位	获奖时间
市司法局鳌头司法所	2010年度从化市维护稳定、社会治安综合治理工作先进集体	中共从化市委、从化市人民政府	2011.03
市司法局安置帮教科	2010年度从化市维护稳定、社会治安综合治理工作先进集体	中共从化市委、从化市人民政府	2011.03
市司法局	从化市2010年信访工作优秀单位	中共从化市委、从化市人民政府	2011.03
市民政局	人口与计划生育工作优秀单位	中共从化市委、从化市人民政府	2011.03
明珠工业园管委会	2010年度从化市维护稳定、社会治安综合治理工作优秀单位	中共从化市委、从化市人民政府	2011.03
江埔街道办事处	2010年度从化市维护稳定、社会治安综合治理工作优秀单位	中共从化市委、从化市人民政府	2011.03
江埔街维稳及综治办	2010年度从化市维护稳定、社会治安综合治理工作先进集体	中共从化市委、从化市人民政府	2011.03
江埔街综治信访维稳中心	2010年度从化市维护稳定、社会治安综合治理工作先进集体	中共从化市委、从化市人民政府	2011.03
太平镇人民政府	从化市2010年度流动人员和出租屋管理工作先进单位	中共从化市委、从化市人民政府	2011.03
太平镇人民政府	2010年度从化市维护稳定、社会治安综合治理工作优秀单位	中共从化市委、从化市人民政府	2011.03
市卫生局	从化市二〇一〇年度打击生产和经销假冒伪劣商品工作优秀单位	从化市人民政府	2011.03
市卫生局	二〇一〇年度食品安全监管工作先进单位	从化市人民政府	2011.03
广东从化经济开发区高技术产业园管委会	从化市2010年度打击生产和经销假冒伪劣商品工作优秀单位	从化市人民政府	2011.03
广东从化经济开发区高技术产业园管委会	2010年度食品安全监管工作先进单位	从化市人民政府	2011.03
明珠工业园管委会社会事务部	从化市二〇一〇年度打击生产和经销假冒伪劣商品工作优秀单位	从化市人民政府	2011.03
江埔街道办事处	从化市2010年度食品安全责任制考核优秀单位	从化市人民政府	2011.03

续上表

获奖单位	获得称号	颁奖单位	获奖时间
江埔街道办事处	从化市没有发生食品安全事故单位	从化市人民政府	2011. 03
江埔街道办事处	从化市无出现制假窝点单位	从化市人民政府	2011. 03
城郊街道办事处	从化市 2010 年度打击生产和经销冒伪劣商品工作	从化市人民政府	2011. 03
城郊街道办事处	二〇一〇年度食品安全监管工作先进单位	从化市人民政府	2011. 03
良口镇人民政府	2010 年度食品安全监管工作先进单位	从化市人民政府	2011. 03
良口镇人民政府	从化市 2010 年度打击生产和经销假冒伪劣商品工作优秀单位	从化市人民政府	2011. 03
鳌头镇人民政府	2010 年度食品安全监管工作先进单位	从化市人民政府	2011. 03
广东从化经济开发区高技术产业园管委会	2008—2010 年度从化市文明单位	中共从化市委、从化市人民政府	2011. 04
市人民检察院	2010 年度从化市信访工作优秀单位	中共从化市委、从化市人民政府	2011. 04
市信访局	2010 年度综治及维稳工作先进单位	中共从化市委、从化市人民政府	2011. 04
市信访局	2010 年度信访工作优秀单位	中共从化市委、从化市人民政府	2011. 04
市综治办	2010 年综治工作先进集体	中共从化市委、从化市人民政府	2011. 04
市中心医院	2008—2010 年度从化市文明单位	中共从化市委、从化市人民政府	2011. 04
市流溪温泉旅游度假区管理委员会	2008—2010 年度从化市文明单位	中共从化市委、从化市人民政府	2011. 04
良口镇人民政府	2010 年度从化市维护稳定及社会治安综合治理优秀单位	中共从化市委、从化市人民政府	2011. 04
良口镇人民政府	2010 年度从化市维护稳定及社会治安综合治理先进集体	中共从化市委、从化市人民政府	2011. 04

续上表

获奖单位	获得称号	颁奖单位	获奖时间
良口镇人民政府	从化市2010年信访工作优秀单位	中共从化市委、从化市人民政府	2011.04
中共吕田镇委员会、吕田镇人民政府	2008—2010年从化市文明单位	中共从化市委、从化市人民政府	2011.04
江埔街农业技术服务中心	2009—2010年度科技和信息化工作先进单位	中共从化市委、从化市人民政府	2011.05
市民政局	2010年度建议提案办理工作先进单位	从化市人民政府	2011.05
江埔街党工委	先进基层党组织	中共从化市委	2011.06
市中心医院	先进基层党组织	中共从化市委	2011.06
街口街府前社区居委会	先进基层党组织	中共从化市委	2011.06
中共温泉镇委员会	先进基层党组织	中共从化市委	2011.06
市中心医院	全市人民防空先进单位	从化市人民政府、从化市国防动员委员会	2011.06
市委组织部	2006—2010年从化市法制宣传教育先进集体	中共从化市委、从化市人民政府	2011.10
市维稳办	2006—2010年从化市五五普法先进集体	中共从化市委、从化市人民政府	2011.10
市科学技术协会	从化市2009—2010年度科技和信息化工作先进单位	中共从化市委、从化市人民政府	2011.10
市人民检察院	从化市“五五”普法先进集体	中共从化市委、从化市人民政府	2011.10
中共吕田镇委员会、吕田镇人民政府	从化市2009—2010年度科技和信息化工作先进单位	中共从化市委、从化市人民政府	2011.10
市人民法院	从化市“五五”普法先进集体	中共从化市委	2011.10
市科技和信息化局	从化市2009—2010年度科技和信息化工作先进单位	中共从化市委、从化市人民政府	2011.11
江埔街农业办公室	从化市2009—2010年度科技和信息化工作先进单位	中共从化市委、从化市人民政府	2011.11

续上表

获奖单位	获得称号	颁奖单位	获奖时间
江埔街道办事处	从化市“十一五”期间殡葬管理先进单位	从化市人民政府	2011. 11
吕田镇人民政府	从化市“十一五”期间殡葬管理先进单位	从化市人民政府	2011. 11
太平镇人民政府民政办	从化市“十一五”期间殡葬管理先进单位	从化市人民政府	2011. 11
街口街道办事处	2011 年度从化市维护稳定、社会治安综合治理工作优秀单位	中共从化市委、从化市人民政府	2011. 12
街口街综治信访维稳中心	2011 年度从化市维护稳定、社会治安综合治理工作先进集体	中共从化市委、从化市人民政府	2011. 12
市卫生局	2011 年从化市美食文化节优秀组织奖	从化市人民政府	2011. 12
街口街道办事处	从化市 2010—2011 年度安全生产先进集体	从化市人民政府	2011. 12
街口街道办事处	从化市 2010—2011 年度道路交通安全先进单位	从化市人民政府	2011. 12
太平镇人民政府农业办公室	2009—2011 年度科技和信息先进单位	从化市人民政府	2011. 12
江埔街道办事处	2009—2010 年从化市流动人口出租屋管理工作优秀单位	中共从化市委、从化市人民政府	2011 年
江埔街信访办	2010 年度从化市信访工作优秀单位	中共从化市委、从化市人民政府	2011 年
市妇联	二〇一一年信访优秀单位	中共从化市委、从化市人民政府	2011 年
市妇联	从化市“五五”普法先进集体	中共从化市委、从化市人民政府	2011 年
市疾病预防控制中心	从化市维护稳定、社会治安综合治理工作先进集体	中共从化市委、从化市人民政府	2011 年
良口镇人民政府	2009—2010 年从化市流动人员出租屋管理工作先进单位	中共从化市委、从化市人民政府	2011 年

二、先进个人

表5　2011 年从化市获国家级先进个人一览表

姓名	性别	籍贯	工作单位	职务（职称）	项目	授荣单位	授荣时间
谭东山	男	广东从化	从化蜂业协会	副秘书长	全国科普惠农兴村带头人	中国科协、国家财政部	2011.07

表6　2011 年从化市获省级先进个人一览表

姓名	性别	籍贯	工作单位	职务（职称）	项目	授荣单位	授荣时间
朱镜垣	男	广东从化	良口镇人民政府	司法所所长	广东省亚运安保工作先进个人	广东省司法厅	2011.01
邬耀广	男	广东中山	市人民法院	院长	《主动执行机制概要》获广东省法院学术研讨会一等奖	广东省高级人民法院	2011.03
周强	男	安徽利辛	市人民法院	助理审判员	《主动执行机制概要》获广东省法院学术研讨会一等奖	广东省高级人民法院	2011.03
吴欣羡	女	广东化州	市司法局法制宣传科	科员	广东省司法行政系统“五五”普法工作先进个人	广东省司法厅	2011.03
李炳权	男	广东从化	市司法局鳌头司法所	所长	广东省司法行政系统“五五”普法工作先进个人	广东省司法厅	2011.03
温洁夫	男	广东从化	市政府	副市长	广东省广州市亚运会亚残运会先进个人	中共广东省委、广东省人民政府	2011.04

续上表

姓名	性别	籍贯	工作单位	职务（职称）	项目	授荣单位	授荣时间
刘　敏	男	广东从化	市府办	主任	广东省广州市亚运会亚残会先进个人	中共广东省委、广东省人民政府	2011.04
陈丹昭	男	广东从化	市府办	副主任	广东省广州市亚运会亚残会先进个人	中共广东省委、广东省人民政府	2011.04
范桂彬	男	广东从化	市体育局	局长	广东省广州亚运会、亚残运会先进个人	中共广东省委、广东省人民政府	2011.04
巢石养	男	广东从化	良口镇委员会	党委书记、人大主席	广州亚运会亚残运会省部级先进个人	中共广东省委、广东省人民政府	2011.04
杨　柳	男	江西宁都	市委组织部	市人才储备推荐测评中心办公室主任	2010 年度《广东组工通讯》优秀通讯员	广东省委组织部	2011.04
邬耀广	男	广东中山	市人民法院	院长	广东省法院系统个人二等功	广东省高级人民法院	2011.04
周　强	男	安徽利辛	市人民法院	助理审判员	广东省法院系统个人三等功	广东省高级人民法院	2011.04
黄小红	女	广东佛冈	从化市流溪小学	校长	广东省优秀共产党员	中共广东省委	2011.06

续上表

姓名	性别	籍贯	工作单位	职务（职称）	项目	授荣单位	授荣时间
孙桂金	女	广州从化	城郊街党工委、城郊街道办事处	党工委委员、纪工委书记	在纪检监察工作中表现突出、予以嘉奖	中共广东省纪委、省监察厅	2011.06
孙金光	男	山东郯城	市人民法院	法警	广东省志愿服务铜奖	广东省志愿者协会	2011.06
任洪华	男	江西	市政协、市科协	市政协副主席、科协主席	广东省“科普惠农兴村计划”实施工作先进个人	广东省科学技术协会	2011.09
刘伟灵	男	广东从化	江埔街道办事处	党工委书记	第六次全国人口普查先进个人	广东省第六次全国人口普查领导小组、广东省统计局	2011.09
杨伟红	女	从化良口	市企业离休干部管理办公室	主任	广东省老干部先进工作者	广东省委组织部、广东省委老干部局、广东省人力资源和社会保障厅	2011.10
巢沛燎	男	广东从化	市司法局基层调解科	科长	广东省司法行政系统亚运安保工作先进个人	广东省司法厅	2011.11
朱镜垣	男	广东从化	市司法局良口司法所	所长	广东省司法行政系统亚运安保工作先进个人	广东省司法厅	2011.11

续上表

姓名	性别	籍贯	工作单位	职务（职称）	项目	授荣单位	授荣时间
李伟鸿	男	广东从化	市司法局安置帮教科	科长	广东省司法行政系统亚运安保工作先进个人	广东省司法厅	2011.11
李芬芬	女	广东从化	市疾控中心	医师	2009—2010 年广东省卫生统计工作先进个人	广东省卫生统计信息中心	2011.11

表 7　2011 年从化市获广州市级先进个人一览表

姓名	性别	籍贯	工作单位	职务（职称）	荣誉称号项目	授荣单位	授荣时间
黄记雄	男	广东从化	市民政局	局长	广州市拥军优属标兵	中共广州市委、广州市人民政府、中国人民解放军广东省广州警备区	2011.01
林　康	男	广州从化	城郊街党工委、城郊街道办事处	党工委书记、市人大城郊工委主席	广州市拥军优属标兵	中共广州市委、广州市人民政府、中国人民解放军广东省广州警备区	2011.01
叶剑雄	男	广东从化	市人民法院	审判员	广州亚运会、亚残会社会面整体防控志愿者先进个人	广州市亚运会组委会、广州亚残会组委会	2011.01
陈　亚	男	湖北武汉	市人民法院	法警	广州亚运会、亚残会社会面整体防控志愿者先进个人	广州市亚运会组委会、广州亚残会组委会	2011.01

续上表

姓名	性别	籍贯	工作单位	职务（职称）	荣誉称号项目	授荣单位	授荣时间
黄凌云	女	广东湛江	市城乡建设局	副局长	广州市城乡建设管理工作先进个人	广州市城乡建设委员会	2011.01
杨远强	男	广东河源	市总工会	党组书记、常务副主席	广州亚运会、亚残运会志愿者工作先进个人	第十六届亚运组委会志愿者部	2011.01
刘美芷	女	广东增城	市人民检察院	法警大队队员	广州亚运会、亚残运会社会面整体防控志愿者先进个人	第16届广州亚运会组委会	2011.01
陈志程	男	广东广州	市人民检察院	公诉科科员	广州亚运会、亚残运会社会面整体防控志愿者先进个人	第16届广州亚运会组委	2011.01
王　涛	男	山东潍坊	市人民法院	书记员	广州市法院系统亚运维稳安保专项嘉奖	广州市中级人民法院	2011.02
赖成营	男	广东从化	市人民法院	书记员	广州市法院系统亚运维稳安保专项嘉奖	广州市中级人民法院	2011.02
王建红	女	广东从化	市委宣传部	市委常委、部长	广州市2006—2010年度精神文明建设先进工作者	中共广州市委、广州市人民政府	2011.03
杨远强	男	广东河源	市委宣传部	副部长	广州市2006—2010年度精神文明建设先进工作者	中共广州市委、广州市人民政府	2011.03

续上表

姓名	性别	籍贯	工作单位	职务（职称）	荣誉称号项目	授荣单位	授荣时间
吴跃飞	女	广东从化	市人民法院	副局长	百名亚运维稳安保优秀政法干警	中共广州市委政法委	2011.03
谢文姬	女	广东河源	市委办	副主任（挂职）	2008—2010 年精神文明先进个人	广州文明委	2011.03
郭满雄	男	广东从化	市人民法院	副院长	广州市两级法院个人嘉奖	广州市中级人民法院	2011.03
梁勇雄	男	广东清远	市人民法院	政工办主任	广州市法院系统个人三等功	广州市中级人民法院	2011.03
徐志成	男	广东从化	市人民法院	审判员	广州市法院系统个人三等功	广州市中级人民法院	2011.03
李艳霞	女	湖北汉川	市人民法院	助理审判员	广州市法院系统个人三等功	广州市中级人民法院	2011.03
张志坚	男	广东从化	从化市良口镇人民政府	党委副书记、镇长	2010 年度广州市消防宣传工作先进个人	广州市消防安全委员会	2011.03
李伟文	男	从化鳌头	政法委	副书记	广州市“百名亚运维稳安保优秀政法干警”	广州市委政法委	2011.03
陈志程	男	广东广州	市人民检察院	公诉科科员	百名亚运维稳安保优秀政法干警	广州市委员会政法委员会	2011.03
谢文姬	女	广东河源	市委办	副主任（挂职）	2009—2010 社会治安综合治理先进个人	广州市社会治安综合治理委员会	2011.03
刘佰新	男	广东从化	江埔街道办事处	出租屋管理员	2010 年度广州市优秀流动人员和出租屋管理员	广州市流动人员和出租屋管理工作领导小组	2011.03

续上表

姓名	性别	籍贯	工作单位	职务（职称）	荣誉称号项目	授荣单位	授荣时间
陈雪敏	女	清远连州	市妇联	妇女儿童部副部长	广州市妇联“创先争优 服务亚运”竞赛活动先进个人	广州市妇联	2011.03
黄凌云	女	广东湛江	市城乡建设局	副局长	广州亚运残运会嘉奖个人	中共广州市委、市人民政府	2011.04
刘伟灵	男	广东从化	江埔街道办事处	党工委书记	广州市广州亚运会亚残运会嘉奖个人	中共广州市委员会、广州市人民政府	2011.04
邝显扬	男	广东从化	江埔街道办事处	党工委副书记、办事处主任	广州市广州亚运会亚残运会嘉奖个人	中共广州市委员会、广州市人民政府	2011.04
谢文姬	女	广东河源	市委办	副主任（挂职）	2006—2010 年法治宣传教育先进个人	中共广州市委、广州市人民政府	2011.04
利敏红	女	广东从化	市府办	综合科副科长	广州市亚运会亚残会嘉奖个人	中共广州市委、广州市人民政府	2011.04
陈国林	男	广东从化	市府办	督办科科长	广东省广州市亚运会亚残会嘉奖个人	中共广州市委、广州市人民政府	2011.04
李利东	男	广东从化	市府办	调研科副科长	广州市亚运会亚残会嘉奖个人	中共广州市委、广州市人民政府	2011.04
林　康	男	广州从化	城郊街党工委、城郊街道办事处	党工委书记、市人大城郊工委主席	广州市广州亚运会亚残运会嘉奖个人	中共广州市委、广州市人民政府	2011.04

续上表

姓名	性别	籍贯	工作单位	职务（职称）	荣誉称号项目	授荣单位	授荣时间
周 强	男	安徽利辛	市人民法院	助理审判员	调研工作先进个人	广州市中级人民法院	2011.04
吴 环	女	山西临汾	市人民法院	书记员	优秀新闻联络员	广州市中级人民法院	2011.04
陈志程	男	广东广州	市人民检察院	公诉科科员	广州市检察机关服务保障亚运工作先进个人	广州市检察院	2011.04
刘美芷	女	广州增城	市人民检察院	法警大队队员	广州市检察机关服务保障亚运工作先进个人	广州市检察院	2011.04
彭 亚	女	湖南邵阳	市人民检察院	综合预防科科员	广州市检察机关服务保障亚运工作先进个人	广州市检察院	2011.04
李献明	男	广东从化	市人民检察院	监察室主任	广州市检察机关服务保障亚运工作先进个人	广州市检察院	2011.04
何锦成	男	广东广州	市人民检察院	检察委员会委员	广州市检察机关服务保障亚运工作先进个人	广州市检察院	2011.04
谢文姬	女	广东河源	市委办	副主任（挂职）	广州亚运会亚残运会组委会嘉奖个人	第 16 届亚运会组委会、广州 2010 年亚残运会组委会	2011.04
白洪效	男	从化吕田	市维稳办	副主任	广州市广州亚运会亚残运会嘉奖个人	中共广州市委、广州市人民政府	2011.05

续上表

姓名	性别	籍贯	工作单位	职务（职称）	荣誉称号项目	授荣单位	授荣时间
孙艺华	女	广东从化	街口街新村社区	委员	广州市2010年优秀共青团员	广州市团委	2011.05
罗玉容	女	广东从化	市中心医院	护士长（主管护师）	广州市优秀党员	中共广州市委	2011.06
刘伟灵	男	广东从化	江埔街道办事处	党工委书记	广州市优秀党务工作者	中共广州市委	2011.06
吴跃飞	女	广东从化	市人民法院	副局长	广州市两级法院个人三等功	广州市中级人民法院	2011.06
刘伟灵	男	广东从化	江埔街道办事处	党工委书记	2009—2010年度广州市社会治安综合治理工作先进个人	广州市社会治安综合治理委员会	2011.07
夏毅雄	女	广东从化	市人民法院	助理审判员	2009—2010年度广州市社会治安综合治理先进个人	广州市社会治安综合治理委员会	2011.07
李暖辉	男	广东从化	民政局	副局长	信访优秀督察员	广州市信访局、广州市维稳办	2011.07
何崇山	男	广东从化	良口镇委员会	党委副书记	广州市信访系统“创先争优·能力建设活动”优秀办信员	广州市加强信访工作和维护社会稳定协调领导小组办公室、广州市信访局	2011.07

续上表

姓名	性别	籍贯	工作单位	职务（职称）	荣誉称号项目	授荣单位	授荣时间
李燕锋	男	广东从化	市信访局	市委副秘书长、局长	广州市信访系统优秀信访工作者	广州市信访局	2011.07
张小勉	女	广东罗定	市人民检察院	纪检组长	2009—2010 年度广州市社会治安综合治理工作先进工作者	广州市社会治安综合治理委员会	2011.08
巢石养	男	广东从化	良口镇委员会	党委书记、人大主席	2009—2010 年度广州市社会治安综合治理先进工作者	广州市社会治安综合治理委员会	2011.08
江志辉	男	广东从化	市人民法院	办公室副主任	2006—2010 年度广州市法制宣传教育先进个人	中共广州市委、广州市人民政府	2011.09
黎柏威	男	广东从化	市法律援助处	副主任	2006—2010 年广州市法制宣传教育先进个人	中共广州市委、广州市人民政府	2011.09
李真达	男	湖北宜昌	市司法局法制宣传科	副科长	2006—2010 年广州市法制宣传教育先进个人	中共广州市委、广州市人民政府	2011.09

续上表

姓名	性别	籍贯	工作单位	职务（职称）	荣誉称号项目	授荣单位	授荣时间
周日会	男	广东高州	市司法局党工委	书记	2006—2010 年广州市法制宣传教育先进个人	中共广州市委、广州市人民政府	2011.09
吴仲荣	男	广东从化	市司法局街口司法所	副主任科员	2006—2010 年广州市法制宣传教育先进个人	中共广州市委、广州市人民政府	2011.09
邓演文	男	广东从化	市司法局太平司法所	所长	2006—2010 年广州市法制宣传教育先进个人	中共广州市委、广州市人民政府	2011.09
陈康华	男	广东从化	市司法局吕田司法所	副所长	2006—2010 年广州市法制宣传教育先进个人	中共广州市委、广州市人民政府	2011.09
黄楚成	男	广东从化	市司法局城郊司法所	副所长	2006—2010 年广州市法制宣传教育先进个人	中共广州市委、广州市人民政府	2011.09
田延安	男	湖北恩施	市司法局温泉司法所	科员	2006—2010 年广州市法制宣传教育先进个人	中共广州市委、广州市人民政府	2011.09

续上表

姓名	性别	籍贯	工作单位	职务（职称）	荣誉称号项目	授荣单位	授荣时间
李暖辉	男	广东从化	市民政局	副局长	广州市十一五期间殡葬管理工作先进个人	广州市人民政府	2011.09
李志明	男	广东从化	市民政局	殡葬管理所所长	广州市十一五期间殡葬管理工作先进个人	广州市人民政府	2011.09
曾艺群	女	广东广州	市关工委办公室	主任	广州市第32届“羊城之夏”青少年暑假系列活动积极分子	广州市文化广电新闻出版局	2011.09
路秋霞	女	广东从化	市妇联	副主席	广州市“羊城之夏”先进个人	广州市文广新局	2011.09
李夏明	男	广东从化	市司法局	局长	个人三等功	广州市司法局	2011.11
江杏梅	女	广东从化	市司法局良口司法所	副所长	广州市司法行政系统亚运安保先进个人	广州市司法局	2011.11
田延安	男	湖北恩施	市司法局温泉司法所	科员	广州市司法行政系统亚运安保先进个人	广州市司法局	2011.11
王　琦	男	湖北黄岗	市司法局基层调解科	科员	广州市司法行政系统亚运安保先进个人	广州市司法局	2011.11
熊进勇	男	河北新乐	产业园管委会	管委会副主任	广州市第六次全国人口普查市级先进个人	中共广州市委、广州市人民政府	2011.11

续上表

姓名	性别	籍贯	工作单位	职务（职称）	荣誉称号项目	授荣单位	授荣时间
陈满芬	女	广东从化	产业园管委会	企管部副部长	广州市第六次全国人口普查市级先进个人	中共广州市委、广州市人民政府	2011.11
潘俊儒	男	广东从化	产业园管委会	团委副书记	广州市第六次全国人口普查市级先进个人	中共广州市委、广州市人民政府	2011.11
郑　巍	男	黑龙江	市科协	副主席	《一个基层科协工作者的日记获》广东省科协征文比赛一等奖	广州市科学技术协会	2011.11
彭旭华	男	广东五华	市总工会	科员	广州市工会信息工作优秀信息员	广州市总工会	2011.12
黄美环	女	广东花都	市委宣传部	科员	2011年广州市城市文明志愿服务全民行动先进个人	广州市志愿者协会	2011.12
孙金光	男	山东郯城	市人民法院	法警	2011年广州志愿服务先进个人	广州市发展志愿服务事业指导委员会	2011.12
邝显扬	男	广东从化	江埔街道办事处	党工委副书记、办事处主任	第六次全国人口普查先进个人	广州市第六次全国人口普查领导小组、广州市统计局	2011.12
李　凡	男	广东从化	江埔街道办事处	党工委委员	第六次全国人口普查先进个人	广州市第六次全国人口普查领导小组、广州市统计局	2011.12

续上表

姓名	性别	籍贯	工作单位	职务（职称）	荣誉称号项目	授荣单位	授荣时间
郑瑞珍	女	广东从化	江埔街道办事处	党政办副主任	第六次全国人口普查先进个人	广州市第六次全国人口普查领导小组、广州市统计局	2011.12
莫颖苗	女	广东从化	江埔街道办事处	经管办办事员	第六次全国人口普查先进个人	广州市第六次全国人口普查领导小组、广州市统计局	2011.12
陈伟坚	男	广东从化	江埔街道办事处	党政办副主任	第六次全国人口普查先进个人	广州市第六次全国人口普查领导小组、广州市统计局	2011.12
黎于蓝	女	广东从化	江埔街道办事处	统计办统计员	第六次全国人口普查先进个人	广州市第六次全国人口普查领导小组、广州市统计局	2011.12
谢伟航	男	广东从化	江埔街道办事处	出租屋管理中心管理员	第六次全国人口普查先进个人	广州市第六次全国人口普查领导小组、广州市统计局	2011.12
欧阳慧云	女	广东从化	江埔街道办事处	社区管理科科长	第六次全国人口普查先进个人	广州市第六次全国人口普查领导小组、广州市统计局	2011.12
曾丽丽	女	广东从化	江埔街道办事处	党政办办事员	第六次全国人口普查先进个人	广州市第六次全国人口普查领导小组、广州市统计局	2011.12
欧阳翠仪	女	广州从化	城郊街党工委、城郊街道办事处	街道办事处主任助理	第六次全国人口普查先进个人	广州市第六次全国人普领导小组、广州市统计局	2011.12
李冬梅	女	广东从化	太平镇政府	党政办办事员	第六次全国人口普查先进个人	广州市第六次全国人口普查领导小组、广州市统计局	2011.12
郭文相	男	广东从化	太平镇政府	党政办副主任	第六次全国人口普查先进个人	广州市第六次全国人口普查领导小组、广州市统计局	2011.12

续上表

姓名	性别	籍贯	工作单位	职务（职称）	荣誉称号项目	授荣单位	授荣时间
谢月明	男	广东从化	太平镇政府	综治办主任	2011年度广州市综治信访维稳三级平台建设“十佳调解员”	广州市综治办	2011. 12
谢月明	男	广东从化	太平镇政府	综治办主任	第六次全国人口普查先进个人	广州市第六次全国人口普查领导小组、广州市统计局	2011. 12
陆康儒	男	广东从化	太平镇政府	党政办办事员	第六次全国人口普查先进个人	广州市第六次全国人口普查领导小组、广州市统计局	2011. 12
陆伟峰	男	广东从化	太平镇政府	党委委员	第六次全国人口普查先进个人	广州市第六次全国人口普查领导小组、广州市统计局	2011. 12
黄鑑洲	男	广东	鳌头镇人民政府	鳌头镇党委书记、人大主席	广州市第六次全国人口普查省级先进个人	广州市第六次全国人口普查领导小组、广州市统计局	2011. 12
朱晓静	女	广东	鳌头镇人民政府	科员	广州市第六次全国人口普查省级先进个人	广州市第六次全国人口普查领导小组、广州市统计局	2011. 12
李东民	男	广东	鳌头镇人民政府	团委书记	广州市第六次全国人口普查市级先进个人	广州市第六次全国人口普查领导小组、广州市统计局	2011. 12
邱瑞洪	男	广东	鳌头镇人民政府	助工	广州市第六次全国人口普查市级先进个人	广州市第六次全国人口普查领导小组、广州市统计局	2011. 12
张秋艳	女	广东	鳌头镇人民政府	统计员	广州市第六次全国人口普查市级先进个人	广州市第六次全国人口普查领导小组、广州市统计局	2011. 12

续上表

姓名	性别	籍贯	工作单位	职务（职称）	荣誉称号项目	授荣单位	授荣时间
黄　天	女	广东	鳌头镇人民政府	工作人员	广州市第六次全国人口普查市级先进个人	广州市第六次全国人口普查领导小组、广州市统计局	2011.12
肖　琳	男	陕西	司法局鳌头司法所	科员	广州市第六次全国人口普查市级先进个人	广州市第六次全国人口普查领导小组、广州市统计局	2011.12
高建斌	男	广东	鳌头镇城监中队	队员	广州市第六次全国人口普查市级先进个人	广州市第六次全国人口普查领导小组、广州市统计局	2011.12
林卫民	男	广东	鳌头镇政府	科员	广州市第六次全国人口普查市级先进个人	广州市第六次全国人口普查领导小组、广州市统计局	2011.12
罗祥劲	男	广东	鳌头镇政府	工作人员	广州市第六次全国人口普查市级先进个人	广州市第六次全国人口普查领导小组、广州市统计局	2011.12
陆霭莹	女	广东	鳌头镇人民政府	档案员	广州市第六次全国人口普查市级先进个人	广州市第六次全国人口普查领导小组、广州市统计局	2011.12
曾庆权	男	广东	鳌头镇龙潭居委	副主任	广州市第六次全国人口普查市级先进个人	广州市第六次全国人口普查领导小组、广州市统计局	2011.12
谢金凤	女	广东	鳌头镇乌石村委	村支部书记	广州市第六次全国人口普查市级先进个人	广州市第六次全国人口普查领导小组、广州市统计局	2011.12
胡永全	男	广东	鳌头镇龙聚村委	村干部	广州市第六次全国人口普查市级先进个人	广州市第六次全国人口普查领导小组、广州市统计局	2011.12
李少玲	女	广东	鳌头镇白石村委	副主任	广州市第六次全国人口普查市级先进个人	广州市第六次全国人口普查领导小组、广州市统计局	2011.12

续上表

姓名	性别	籍贯	工作单位	职务（职称）	荣誉称号项目	授荣单位	授荣时间
曾伟峰	男	广东	鳌头镇白石村委	村干部	广州市第六次全国人口普查市级先进个人	广州市第六次全国人口普查领导小组、广州市统计局	2011.12
李伟霞	女	广东	鳌头镇新围村委	妇女主任	广州市第六次全国人口普查市级先进个人	广州市第六次全国人口普查领导小组、广州市统计局	2011.12
邹丽婵	女	广东	鳌头镇新围村委	计生专干	广州市第六次全国人口普查市级先进个人	广州市第六次全国人口普查领导小组、广州市统计局	2011.12
李锦红	男	广东	鳌头镇潭口村委会	治保主任	广州市第六次全国人口普查市级先进个人	广州市第六次全国人口普查领导小组、广州市统计局	2011.12
李子文	男	广东从化	良口镇人民政府	党政办主任	广州市第六次全国人口普查先进个人	广州市统计局、广州市第六次全国人口普查领导小组办公室	2011.12
邓活坤	男	广东从化	从化市良口镇人民政府	规划建设办副主任（挂职）	广州市第六次全国人口普查先进个人	广州市统计局、广州市第六次全国人口普查领导小组办公室	2011.12
梁家亮	男	广东从化	从化市良口镇人民政府	宣传文化办工作人员	广州市第六次全国人口普查先进个人	广州市统计局、广州市第六次全国人口普查领导小组办公室	2011.12
胡文娟	女	广东从化	从化市良口镇人民政府	党政办工作人员	广州市第六次全国人口普查先进个人	广州市统计局、广州市第六次全国人口普查领导小组办公室	2011.12
何劲松	男	广东从化	市公安局	副书记	个人二等功	广州市公安局	2011年
徐新宇	男	吉林白城	市公安局刑警大队	副大队长	个人二等功	广州市公安局	2011年

续上表

姓名	性别	籍贯	工作单位	职务（职称）	荣誉称号项目	授荣单位	授荣时间
余华超	男	广东新丰	市公安局刑警大队	中队长	个人二等功	广州市公安局	2011 年
许良驹	男	广东潮安	市公安局刑警大队	中队长	个人二等功	广州市公安局	2011 年
莫建忠	男	广东佛冈	市局神岗派出所	所长	个人二等功	广州市公安局	2011 年
宋定国	男	广东花都	市局便依大队	副大队长	个人二等功	广州市公安局	2011 年
魏文红	男	湖北随州	市局治安大队	副大队长	个人二等功	广州市公安局	2011 年
任　杰	男	内蒙古自治区	市局指挥中心	科员	个人二等功	广州市公安局	2011 年
张志坚	男	广东从化	从化市良口镇人民政府	党委副书记、镇长	广州市广州亚运会亚残运会嘉奖个人	广州市人民政府	2011 年
黄海标	男	广东从化	中共从化市良口镇委员会	党委副书记	广州市广州亚运会亚残运会嘉奖个人	广州市人民政府	2011 年
肖卫文	男	广东从化	中共从化市良口镇委员会	党委委员	广州市广州亚运会亚残运会嘉奖个人	广州市人民政府	2011 年

表8　2011 年获从化市级先进个人一览表

姓名	性别	籍贯	工作单位	职务（职称）	荣誉称号项目	授荣单位	授荣时间
颜仲冬	男	湖南	市机关事务局	市委副秘书长、局长	第十六届亚运会从化赛区亚运工作杰出贡献个人	中共从化市委、市人民政府	2011.01
黄润杭	男	广东从化	市机关事务局	副局长	第十六届亚运会从化赛区亚运工作杰出贡献个人	中共从化市委、市人民政府	2011.01
黄润华	女	广东从化	市机关事务局	副局长、接待办副主任	第十六届亚运会从化赛区亚运工作杰出突出个人	中共从化市委、市人民政府	2011.01
郭培新	男	广东从化	市机关事务局	副局长、支部副书记	第十六届亚运会从化赛区亚运工作贡献个人	中共从化市委、市人民政府	2011.01
黄志光	男	广东从化	市机关事务局	主任科员	第十六届亚运会从化赛区亚运工作积极贡献个人	中共从化市委、市人民政府	2011.01
曾伟强	男	广东从化	市机关事务局	副主任科员	第十六届亚运会从化赛区亚运工作贡献个人	中共从化市委、市人民政府	2011.01
李燕开	女	广东从化	市机关事务局	科长	第十六届亚运会从化赛区亚运工作积极参与个人	中共从化市委、市人民政府	2011.01

续上表

姓名	性别	籍贯	工作单位	职务（职称）	荣誉称号项目	授荣单位	授荣时间
李丽珍	女	广东从化	市机关事务局	科长	第十六届亚运会从化赛区亚运工作积极贡献个人	中共从化市委、市人民政府	2011.01
雷德英	男	广东台山	市机关事务局	科长	第十六届亚运会从化赛区亚运工作积极贡献个人	中共从化市委、市人民政府	2011.01
黎庆科	男	广东从化	市机关事务局	高级工	第十六届亚运会从化赛区亚运工作积极贡献个人	中共从化市委、市人民政府	2011.01
黄浩威	男	广东从化	市机关事务局	副科长	第十六届亚运会从化赛区亚运工作贡献个人	中共从化市委、市人民政府	2011.01
陈灼基	男	广东从化	市机关事务局	普工	第十六届亚运会从化赛区亚运工作贡献个人	中共从化市委、市人民政府	2011.01
欧伟伟	男	广东河源	市机关事务局	科员	第十六届亚运会从化赛区亚运工作贡献个人	中共从化市委、市人民政府	2011.01
陈晓华	女	广东从化	市机关事务局	科员	第十六届亚运会从化赛区亚运工作积极参与个人	中共从化市委、市人民政府	2011.01

续上表

姓名	性别	籍贯	工作单位	职务（职称）	荣誉称号项目	授荣单位	授荣时间
陈　增	男	广东从化	市机关事务局	科员	第十六届亚运会从化赛区亚运工作积极参与个人	中共从化市委、市人民政府	2011.01
郑丽丹	女	广东从化	市机关事务局	妇委会副主任	第十六届亚运会从化赛区亚运工作积极参与个人	中共从化市委、市人民政府	2011.01
陈汉东	男	广东从化	市机关事务局	餐厅副经理	第十六届亚运会从化赛区亚运工作积极参与个人	中共从化市委、市人民政府	2011.01
温爱婵	女	广东从化	市机关事务局	中级工	第十六届亚运会从化赛区亚运工作积极参与个人	中共从化市委、市人民政府	2011.01
戚美英	女	广东从化	市机关事务局	初级工	第十六届亚运会从化赛区亚运工作积极参与个人	中共从化市委、市人民政府	2011.01
曾彩群	女	广东从化	市机关事务局	初级工	第十六届亚运会从化赛区亚运工作积极参与个人	中共从化市委、市人民政府	2011.01
黄少冰	女	广东从化	市机关事务局	普工	第十六届亚运会从化赛区亚运工作积极参与个人	中共从化市委、市人民政府	2011.01

续上表

姓名	性别	籍贯	工作单位	职务（职称）	荣誉称号项目	授荣单位	授荣时间
李蔚婷	女	广东从化	市机关事务局	临工	第十六届亚运会从化赛区亚运工作积极参与个人	中共从化市委、市人民政府	2011.01
蔡淑伊	女	广东从化	市机关事务局	临工	第十六届亚运会从化赛区亚运工作积极参与个人	中共从化市委、市人民政府	2011.01
谭玉婷	女	广东从化	市机关事务局	临工	第十六届亚运会从化赛区亚运工作积极参与个人	中共从化市委、市人民政府	2011.01
胡容凡	男	广东从化	产业园管委会	管委会正局长级干部	广州亚运会、亚残运会社会面整体防控志愿者先进个人	中共从化市委、市人民政府	2011.01
刘伟灵	男	广东从化	江埔街道办事处	党工委书记	第十六届亚运会从化赛区亚运工作杰出贡献个人	中共从化市委、市人民政府	2011.01
邝显扬	男	广东从化	江埔街道办事处	党工委副书记、办事处主任	第十六届亚运会从化赛区亚运工作积极贡献个人	中共从化市委、市人民政府	2011.01
邓伟琴	女	广东从化	江埔街道办事处	党工委纪委书记	第十六届亚运会从化赛区亚运工作贡献个人	中共从化市委、市人民政府	2011.01

续上表

姓名	性别	籍贯	工作单位	职务（职称）	荣誉称号项目	授荣单位	授荣时间
林振森	男	广东新会	江埔街道办事处	党工委委员	第十六届亚运会从化赛区亚运工作贡献个人	中共从化市委、市人民政府	2011.01
李　凡	男	广东从化	江埔街道办事处	党工委委员	第十六届亚运会从化赛区亚运工作贡献个人	中共从化市委、市人民政府	2011.01
曾建辉	男	广东从化	江埔街道办事处	党工委委员	第十六届亚运会从化赛区亚运工作贡献个人	中共从化市委、市人民政府	2011.01
邓汝彬	男	广东从化	江埔街道办事处	党工委委员、江埔所所长	第十六届亚运会从化赛区亚运工作贡献个人	中共从化市委、市人民政府	2011.01
陈伟康	男	广东梅州	江埔街道办事处	党工委委员	第十六届亚运会从化赛区亚运工作贡献个人	中共从化市委、市人民政府	2011.01
刘树生	男	河北遵化	市人大常委会、市总工会	市人大副主任、市总工会主席	亚运工作特殊贡献奖	中共从化市委	2011.01
白宏兵	男	湖南华容	市总工会	副主席	亚运工作先进个人	中共从化市委	2011.01
李素红	女	广东从化	市总工会	办公室主任	亚运工作贡献奖	中共从化市委	2011.01

续上表

姓名	性别	籍贯	工作单位	职务（职称）	荣誉称号项目	授荣单位	授荣时间
巢沛燎	男	广东从化	市司法局基层调解科	科长	2010 年度从化市维护稳定、社会治安综合治理工作先进个人	中共从化市委、市人民政府	2011.03
郭金爱	女	广东从化	市司法局安置帮教科	科长	2010 年度从化市维护稳定、社会治安综合治理工作先进个人	中共从化市委、市人民政府	2011.03
李夏明	男	广东从化	市司法局	局长	从化市 2010 年信访工作优秀工作者	中共从化市委、市人民政府	2011.03
李金花	女	广东从化	市妇联	主席	从化市就业工作先进个人	中共从化市委、市人民政府	2011.03
路秋霞	女	广东从化	市妇联	副主席	从化市信访工作优秀工作者	中共从化市委、市人民政府	2011.03
邝健敏	男	从化	市机关事务局	科长	2010 年度从化市维护稳定、社会治安综合治理工作先进个人	中共从化市委、市人民政府	2011.03
陈永椿	男	广东从化	从化电大退休教师	从化市关工委讲师	2010 年度维护稳定及社会治安综合治理先进个人	中共从化市委、市人民政府	2011.03

续上表

姓名	性别	籍贯	工作单位	职务（职称）	荣誉称号项目	授荣单位	授荣时间
黎绍光	男	广东从化	明珠管委会	管委会副主任	2010年度从化市维护稳定、社会治安综合治理工作先进个人	中共从化市委、市人民政府	2011.03
黎　勇	男	广东从化	明珠管委会	科员	2010年度从化市维护稳定、社会治安综合治理工作先进个人	中共从化市委、市人民政府	2011.03
宋少华	男	广东梅县	明珠管委会	组织管理人事部部长	从化市2010年信访工作优秀工作者	中共从化市委、市人民政府	2011.03
梁世桓	男	广东从化	明珠管委会	出租屋管理中心主任	从化市2009—2010年度出租屋流动人员管理工作先进个人	中共从化市委、市人民政府	2011.03
卓文芳	女	广东五华	明珠管委会	科员	从化市2009—2010年度出租屋流动人员管理工作先进个人	中共从化市委、市人民政府	2011.03
黄雯婷	女	广东从化	江埔街道办事处	党工委副书记	2010年度从化市维护稳定、社会治安综合治理工作先进个人	中共从化市委、市人民政府	2011.03

续上表

姓名	性别	籍贯	工作单位	职务（职称）	荣誉称号项目	授荣单位	授荣时间
林振森	男	广东新会	江埔道办事处	党工委委员	从化市 2010 年信访工作优秀工作者	中共从化市委、市人民政府	2011.03
曾建辉	男	广东从化	江埔街道办事处	党工委委员	2010 年度从化市维护稳定、社会治安综合治理工作先进个人	中共从化市委、市人民政府	2011.03
肖润淦	男	广东从化	江埔街道办事处	综治办主任	2010 年度从化市维护稳定、社会治安综合治理工作先进个人	中共从化市委、市人民政府	2011.03
李志华	女	广东从化	江埔街道办事处	信访办主任	2010 年度从化市维护稳定、社会治安综合治理工作先进个人	中共从化市委、市人民政府	2011.03
李文雄		广东从化	江埔街道办事处	出租屋管理员	2010 年度从化市维护稳定、社会治安综合治理工作先进个人	中共从化市委、市人民政府	2011.03
付学国	男	河北献县	太平镇政府	出租屋主任	从化市 2010 年度流动人员和出租屋管理工作先进个人	中共从化市委、市人民政府	2011.03

续上表

姓名	性别	籍贯	工作单位	职务（职称）	荣誉称号项目	授荣单位	授荣时间
何冠棋	男	广东从化	太平镇政府	出租屋办事员	从化市2010年度流动人员和出租屋管理工作先进个人	中共从化市委、市人民政府	2011.03
谢静文	女	广东从化	太平镇政府	出租屋管理员	从化市2010年度流动人员和出租屋管理工作先进管理员	中共从化市委、市人民政府	2011.03
李灶清	男	广东从化	太平镇政府	出租屋管理员	从化市2010年度流动人员和出租屋管理工作先进管理员	中共从化市委、市人民政府	2011.03
骆邓曦	男	广东从化	太平镇政府	出租屋管理员	从化市2010年度流动人员和出租屋管理工作先进管理员	中共从化市委、市人民政府	2011.03
李新灵	男	广东从化	从化市良口镇人民政府	出租屋管理中心主任	2009—2010年度流动人员出租屋管理工作先进个人	中共从化市委、市人民政府	2011.03
朱乐坚	男	广东从化	从化市良口镇人民政府	出租屋管理中心管理员	2009—2010年度流动人员出租屋管理工作先进管理员	中共从化市委、市人民政府	2011.03
何　忠	男	湖南冷水滩	市总工会	副主席	从化市信访工作优秀工作者	中共从化市委	2011.03

续上表

姓名	性别	籍贯	工作单位	职务（职称）	荣誉称号项目	授荣单位	授荣时间
何　忠	男	湖南冷水滩	市总工会	副主席	从化市维护稳定、社会治安综合治理工作先进个人	中共从化市委	2011.03
阮世荣	男	广东从化	市疾控中心	中心主任	从化市2010年度食品安全监管工作优秀个人	从化市人民政府	2011.03
张国兴	男	广东从化	江埔街道办事处	办事处副主任	从化市打假工作责任制考核优秀工作者	从化市人民政府	2011.03
王毅川	男	广东增城	江埔街道办事处	安监中队队长	从化市2010年度食品安全监管工作优秀个人	从化市人民政府	2011.03
王毅川	男	广东增城	江埔街道办事处	安监中队队长	从化市2010年度打击生产和经销假冒伪劣商品优秀工作者	从化市人民政府	2011.03
禤思聪	男	广东从化	太平镇政府	经济办办事员	从化市2010年度食品安全监管工作优秀个人	从化市人民政府	2011.03
阮世荣	男	广东从化	市疾控中心	中心主任	2008—2010年度从化市精神文明建设先进工作者	中共从化市委、市人民政府	2011.04

续上表

姓名	性别	籍贯	工作单位	职务（职称）	荣誉称号项目	授荣单位	授荣时间
谢祯强	男	广东佛岗	信访局	副局长	2010年度综治及维稳工作先进个人	中共从化市委、市人民政府	2011.04
何伟永	男	广东五华	信访局	办公室主任	2010年度信访工作优秀工作者	中共从化市委、市人民政府	2011.04
何文霞	女	广东大埔	信访局	市长专线和信访网络受理中心副主任	2010年度信访工作优秀工作者	中共从化市委、市人民政府	2011.04
黄润杭	男	广东从化	市机关事务局	副局长	从化市精神文明建设先进工作者	中共从化市委、市人民政府	2011.04
李伟文	男	从化鳌头	政法委	副书记	2010年出租屋流动人员管理工作先进个人	中共从化市委、市人民政府	2011.04
李记清	男	从化太平	综治办	科长	2010年综治维稳工作先进个人	中共从化市委、市人民政府	2011.04
李记清	男	从化太平	综治办	科长	2010年出租屋流动人员管理工作先进个人	中共从化市委、市人民政府	2011.04
张家齐	男	广东信宜	办公室	主任	2010年从化市信访工作优秀工作者	中共从化市委、市人民政府	2011.04
邓健猛	男	从化太平	综治办	科员	2010年从化市信访工作优秀工作者	中共从化市委、市人民政府	2011.04

续上表

姓名	性别	籍贯	工作单位	职务（职称）	荣誉称号项目	授荣单位	授荣时间
钟治富	男	从化鳌头	维稳办	主任	2010 年从化市信访工作优秀工作者	中共从化市委、市人民政府	2011.04
李忠良	男	广西天等	防邪办	副主任	2010 年综治维稳工作先进个人	中共从化市委、市人民政府	2011.04
白洪效	男	从化吕田	维稳办	副主任	2010 年综治维稳工作先进个人	中共从化市委、市人民政府	2011.04
张　标	男	广东南雄	办公室	副主任	2010 年综治维稳工作先进个人	中共从化市委、市人民政府	2011.04
庾清溪	男	广东从化	禁毒办	副主任	2010 年综治维稳工作先进个人	中共从化市委、市人民政府	2011.04
黄　斌	男	广东从化	市人民检察院	控申科科长	2010 年度从化市信访工作优秀单位	中共从化市委、市人民政府	2011.04
刘伟灵	男	广东从化	从化市江埔街道办事处	党工委书记	从化市精神文明建设先进工作者	中共从化市委、市人民政府	2011.04
谢国标	男	广东从化	从化市江埔街道办事处	党工委委员	从化市精神文明建设先进工作者	中共从化市委、市人民政府	2011.04
林　康	男	广东从化	城郊街党工委、街道办事处	党工委书记、市人大城郊工委主席	2008—2010 年度从化市精神文明建设先进工作者	中共从化市委、市人民政府	2011.04

续上表

姓名	性别	籍贯	工作单位	职务（职称）	荣誉称号项目	授荣单位	授荣时间
王玉华	女	广东饶平	市妇联	副主席	从化市2009—2010年度科技和信息化先进工作者	中共从化市委、市人民政府	2011.05
林惠群	女	广东从化	市妇联	办公室主任	从化市2009—2010年度科技和信息化先进工作者	中共从化市委、市人民政府	2011.05
林惠群	女	广东从化	市妇联	办公室主任	从化市2006—2010年法制宣传教育先进个人	中共从化市委、市人民政府	2011.05
李秋香	女	广东从化	从化市江埔街道办事处	农办主任	2009—2010年度科技和信息化先进工作者	中共从化市委、市人民政府	2011.05
李　宁	男	广东从化	市人民检察院	副检察长	嘉奖	中共从化市委、市人民政府	2011.06
田　伟	男	贵州江口	市人民检察院	副检察长	嘉奖	中共从化市委、市人民政府	2011.06
李国葳	男	广东从化	市人民检察院	法警大队队长	嘉奖	中共从化市委、市人民政府	2011.06
刘湘凌	男	广东从化	市人民检察院	民行科科长	嘉奖	中共从化市委、市人民政府	2011.06
朱燕华	男	湖南汝城	市人民检察院	公诉科科长	嘉奖	中共从化市委、市人民政府	2011.06
范永河	男	广东梅州	市人民检察院	办公室副主任	嘉奖	中共从化市委、市人民政府	2011.06

续上表

姓名	性别	籍贯	工作单位	职务（职称）	荣誉称号项目	授荣单位	授荣时间
唐　玮	女	湖北潜江	市人民检察院	公诉科科员	嘉奖	中共从化市委、市人民政府	2011.06
陈志杰	男	湖北赤壁	市人民检察院	政工办科员	嘉奖	中共从化市委、市人民政府	2011.06
甄　静	女	湖北宜昌	市人民检察院	反渎局科员	嘉奖	中共从化市委、市人民政府	2011.06
严秀芳	女	广东从化	市人民检察院	侦监科副科长	嘉奖	中共从化市委、市人民政府	2011.06
陈淑霞	女	广东从化	市人民检察院	公诉科科员	三等功	中共从化市委、市人民政府	2011.06
李小敏	女	广东从化	市委宣传部	副部长	从化市2011年度优秀党务工作者	中共从化市委、市人民政府	2011.06
李洁霞	女	广东	市中医医院	医务科科长	从化市科技杰出专业人才	中共从化市委、市人民政府	2011.06
林远明	男	广东从化	产业园管委会	管委会主任	2009—2010年度广州市社会治安综合治理工作先进个人	中共从化市委、市人民政府	2011.06
林　康	男	广州从化	城郊街党工委、街道办事处	党工委书记、市人大城郊工委主席	2009年度考核优秀，嘉奖一次	中共从化市委、市人民政府	2011.06
谭广元	女	广东从化	吕田镇政府	宣传办主任	2009年度考核中被评为优秀	中共从化市委、市人民政府	2011.06
何锦成	男	广东广州	市人民检察院	检察委员会委员	优秀共产党员	中共从化市委	2011.06

续上表

姓名	性别	籍贯	工作单位	职务（职称）	荣誉称号项目	授荣单位	授荣时间
肖少珍	女	广东从化	市人民法院	副庭长	从化市优秀共产党员	中共从化市委	2011.06
邝洁玲	女	广东从化	市直属机关党委	办公室主任	优秀党务工作者	中共从化市委	2011.06
邝健敏	男	广东从化	市机关事务局	科长	从化市优秀共产党员	中共从化市委	2011.06
黄润杭	男	广东从化	市机关事务局	副局长	从化市2009年度嘉奖公务员	中共从化市委	2011.06
雷德英	男	广东台山	市机关事务局	科长	从化市2009年度嘉奖公务员	中共从化市委	2011.06
李伟文	男	从化鳌头	政法委	副书记	从化市优秀共产党员	中共从化市委	2011.06
黄记雄	男	广东从化	市民政局	局长	从化市2009年度记三等功公务员名单	中共从化市委	2011.06
林南明	男	广东汕头	市民政局	副主任科员	从化市2009年度嘉奖公务员名单	中共从化市委	2011.06
张桥养	男	广东从化	市民政局	副主任科员	从化市2009年度嘉奖公务员名单	中共从化市委	2011.06
李暖辉	男	广东从化	市民政局	副局长	从化市优秀共产党员	中共从化市委	2011.06
朱鉴清	男	广东从化	人社局	党委书记	从化市优秀共产党员	中共从化市委	2011.06
成仕娥	女	广东兴宁	街口街道办事处	组织宣传科科长	优秀共产党员	中共从化市委	2011.06

续上表

姓名	性别	籍贯	工作单位	职务（职称）	荣誉称号项目	授荣单位	授荣时间
邝显扬	男	广东从化	江埔街道办事处	党工委副书记、办事处主任	从化市优秀党员	中共从化市委	2011.06
黄雯婷	女	广东从化	江埔街道办事处	党工委副书记	从化市优秀党员	中共从化市委	2011.06
林振森	男	广东新会	江埔道办事处	党工委委员	从化市优秀党务工作者	中共从化市委	2011.06
邓汝彬	男	广东从化	江埔街道办事处	党工委委员、江埔所所长	从化市优秀党员	中共从化市委	2011.06
林　康	男	广州从化	城郊街党工委、街道办事处	党工委书记、市人大城郊工委主席	从化市优秀党务工作者称号	中共从化市委	2011.06
何敏然	男	广州从化	城郊街党工委、街道办事处	街道办事处主任	从化市优秀共产党员称号	中共从化市委	2011.06
巢石养	男	广东从化	良口镇委员会	党委书记、人大主席	优秀党务工作者	中共从化市委	2011.06
张志坚	男	广东从化	良口镇政府	党委副书记、镇长	从化市优秀共产党员	中共从化市委	2011.06
江建华	男	广东从化	良口镇政府	副镇长	从化市优秀共产党员	中共从化市委	2011.06
邱子慧	女	广东从化	市计生局	妇委会主任	从化市优秀共产党员	中共从化市委	2011.07

续上表

姓名	性别	籍贯	工作单位	职务（职称）	荣誉称号项目	授荣单位	授荣时间
李伟文	男	从化鳌头	政法委	副书记	2006—2010 年从化市五五普法先进工作者	中共从化市委、市人民政府	2011.10
白洪效	男	从化吕田	维稳办	副主任	2006—2010 年从化市五五普法先进工作者	中共从化市委、市人民政府	2011.10
黄叔全	男	从化太平	综治办	副主任	2006—2010 年从化市五五普法先进工作者	中共从化市委、市人民政府	2011.10
黎志平	男	广东从化	市委宣传部	办公室主任	2006—2010 年度从化市法制宣传教育先进个人	中共从化市委、市人民政府	2011.10
严秀芳	女	广东从化	市人民检察院	侦监科副科长	从化市“五五”普法先进工作者	中共从化市委、市人民政府	2011.10
陆智文	男	广东从化	市人民检察院	综合预防科科长	从化市“五五”普法先进工作者	中共从化市委、市人民政府	2011.10
黄思楚	男	广东从化	市司法局法制宣传科	科长	从化市“五五”普法先进工作者	中共从化市委、市人民政府	2011.10
杨晓珍	女	安徽阜南	市司法局律师公证管理科	科长	从化市“五五”普法先进工作者	中共从化市委、市人民政府	2011.10
张小萍	女	广东广州	市司法局法制宣传科	科员	从化市“五五”普法先进工作者	中共从化市委、市人民政府	2011.10
曾　扬	男	广东梅县	市法律援助处	主任	从化市“五五”普法先进工作者	中共从化市委、市人民政府	2011.10

续上表

姓名	性别	籍贯	工作单位	职务（职称）	荣誉称号项目	授荣单位	授荣时间
巫桂连	女	福建上杭	市公职律师事务所	主任	从化市“五五”普法先进工作者	中共从化市委、市人民政府	2011.10
陈康华	男	广东从化	市司法局吕田司法所	副所长	从化市“五五”普法先进工作者	中共从化市委、市人民政府	2011.10
江杏梅	女	广东从化	市司法局良口司法所	副所长	从化市“五五”普法先进工作者	中共从化市委、市人民政府	2011.10
余速伟	男	广东饶平	市司法局温泉司法所	所长	从化市“五五”普法先进工作者	中共从化市委、市人民政府	2011.10
李炳权	男	广东从化	市司法局鳌头司法所	所长	从化市“五五”普法先进工作者	中共从化市委、市人民政府	2011.10
陈顺兴	男	广东从化	市司法局太平司法所	科员	从化市“五五”普法先进工作者	中共从化市委、市人民政府	2011.10
吴仲荣	男	广东从化	市司法局街口司法所	主任科员	从化市“五五”普法先进工作者	中共从化市委、市人民政府	2011.10
张光辉	男	广东从化	市司法局江埔司法所	科员	从化市“五五”普法先进工作者	中共从化市委、市人民政府	2011.10
朱汝兴	男	广东从化	市人民法院	书记员	从化市“五五”普法先进工作者	中共从化市委	2011.10
黄丽平	女	河南漯河	市人民法院	审判员	从化市“五五”普法先进工作者	中共从化市委	2011.10

续上表

姓名	性别	籍贯	工作单位	职务（职称）	荣誉称号项目	授荣单位	授荣时间
熊进勇	男	河北新乐	产业园管委会	管委会副主任	从化市2010年环境保护目标考核先进个人二等奖	中共从化市委、市人民政府	2011.11
李炳文	男	广东从化	市委统战部	副部长	信访工作优秀工作者	中共从化市委、市人民政府	2011.11
邓小文	男	广东从化	街口街民政科	科长	从化市“十一五”期间殡葬管理先进个人	从化市人民政府	2011.11
谢玉红	女	广东从化	江埔街道办事处	社会事务科主任	从化市“十一五”期间殡葬管理先进个人	从化市人民政府	2011.11
梁泽基	男	广东从化	良口镇政府	社会事务办副主任	从化市“十一五”期间殡葬管理先进个人	从化市人民政府	2011.11
刘少英	女	广东从化	市企业离休干部管理办公室	科员	从化市“三八”红旗手	中共从化市委、市人民政府	2011.12
吴丹柯	男	广东河源	街口街	党工委副书记	2011年度从化市维护稳定、社会治安综合治理工作先进个人	中共从化市委、市人民政府	2011.12
李泽权	男	广东从化	街口街	综治办副主任	2011年度从化市维护稳定、社会治安综合治理工作先进个人	中共从化市委、市人民政府	2011.12

续上表

姓名	性别	籍贯	工作单位	职务（职称）	荣誉称号项目	授荣单位	授荣时间
李沛辉	男	广东从化	街口街	计生办主任	2011 年度从化市维护稳定、社会治安综合治理工作先进个人	中共从化市委、市人民政府	2011. 12
李志明	男	广东从化	市民政局	殡葬管理所所长	从化市“十一五”期间殡葬管理工作先进个人	从化市人民政府	2011. 12
祝良松	男	湖北监利	温泉镇委员会、镇人民政府	党委委员、武装部部长	从化市“十一五”期间殡葬管理工作先进单位和先进个人	从化市人民政府	2011. 12
陈敬良	男	广东从化	市委宣传部	科员	从化市 2011 年度打假工作优秀工作者	中共从化市委、市人民政府	2011 年
欧阳亮	男	广东从化	市委宣传部	科员	从化市 2011 年度打假工作优秀工作者	中共从化市委、市人民政府	2011 年

说明：按授荣时间先后为序排列，时间相同的，排名不分先后，收录受中共从化市委、从化市人民政府表彰以上部分集体和个人

（各有关单位供稿）

2011 年市委文件目录

文　号	标　　　　题
从发〔2011〕1 号	关于表彰第十六届亚运会从化赛区亚运工作先进单位和先进个人的决定
从发〔2011〕2 号	中共从化市委 从化市人民政府关于加快大交通建设的意见
从发〔2011〕3 号	中共从化市委 从化市人民政府关于开展“交通建设年”的实施意见
从发〔2011〕4 号	中共从化市委关于印发《从化市依法治市第五个五年规划 2011—2015 年》的通知
从发〔2011〕5 号	中共从化市委 从化市人民政府关于 2010 年度人口与计划生育目标管理责任制考评结果的通报
从发〔2011〕6 号	中共从化市委 从化市人民政府关于加快工业经济发展的意见
从发〔2011〕7 号	中共从化市委 从化市人民政府关于加快民营经济发展的意见
从发〔2011〕8 号	中共从化市委 从化市人民政府关于加快农村扶贫开发工作的实施意见
从发〔2011〕9 号	关于表彰 2010 年度从化市综治信访维稳及出租屋流动人员管理工作优秀单位、先进集体、先进个人及命名“平安社区（村）”的决定
从发〔2011〕10 号	关于表彰从化市 2008—2010 年度精神文明建设先进集体和先进工作者的决定
从发〔2011〕11 号	关于对获利全国、省、广州市“工人先锋号”和广州市模范职工之家，先进职工之家优秀工作者，优秀工会积极分子表彰的通报
从发〔2011〕12 号	中共从化市委关于进一步加强工会工作的意见
从发〔2011〕13 号	中共从化市委 从化市人民政府关于进一步加强我市农村扶贫开发工作的意见
从发〔2011〕14 号	关于对我市 07—09 年度考核被评为优秀的公务员给予记三等功和嘉奖的通报
从发〔2011〕15 号	关于印发《中共从化市委常委会 2011 年工作要点》的通知
从发〔2011〕16 号	关于授予从化市科技杰出专业技术人才荣誉称号的通报
从发〔2011〕17 号	关于表彰从化市 2009—2010 年度科学技术进步奖、科技和信息化先进集体和先进个人的通报
从发〔2011〕18 号	中共从化市委关于表彰优秀基层党组织、优秀党务工作者和优秀共产党员的决定

续上表

文　号	标　题
从发〔2011〕19号	中共从化市委　从化市人民政府关于深化医药卫生体制改革的实施意见
从发〔2011〕20号	中共从化市委　从化市人民政府关于加快科技进步和自主创新，促进经济社会发展的意见
从发〔2011〕21号	关于印发市委十一届十一次全会有关文件的通知
从发〔2011〕22号	中共从化市委　从化市人民政府关于表彰2011年从化市高考成绩优良单位等先进单位和先进个人的通报
从发〔2011〕23号	关于加强和创新街道社区管理服务的意见
从发〔2011〕24号	关于十二届市委常委分工的通知
从发〔2011〕25号	关于印发市第十二次党代会有关文件的通知
从发〔2011〕26号	中共从化市委　从化市人民政府关于表彰从化市“五五”普法先进集体和先进工作者的决定
从发〔2011〕27号	关于表彰2010年环境保护目标考核先进集体、个人的决定
从发〔2011〕28号	关于印发《从化市事业单位分类改革实施方案》的通知

（市委办供稿）

2011 年市政府文件目录

文　　号	标　　题
从府〔2011〕1 号	关于谢焕扬市政府党组成员工作分工的通知
从府〔2011〕2 号	关于表彰从化市 2010 年度食品安全责任制考核优秀单位和优秀工作者的通报
从府〔2011〕3 号	关于从化市 2010 年度打假工作责任制考核优秀单位和优秀工作者的通知
从府〔2011〕4 号	关于印发从化市国民经济和社会发展第十二个五年规划纲要的通知
从府〔2011〕5 号	关于印发从化市交通基础设施征地拆迁暂行办法的通知
从府〔2011〕6 号	关于印发《从化市重点项目督查工作制度》的通知
从府〔2011〕7 号	关于印发《关于重点工程建设项目行政审批绿色通道的实施意见》的通知
从府〔2011〕8 号	从化市人民政府征收土地公告（江埔街江村）
从府〔2011〕9 号	关于印发从化市水土保持补偿费征收和使用管理规定的通知
从府〔2011〕10 号	关于印发从化市开发建设项目水土保持方案编报审批规定的通知
从府〔2011〕11 号	关于印发从化市水土保持管理规定的通知
从府〔2011〕12 号	关于加强从化无规定马属动物疫病区管理的通告
从府〔2011〕13 号	关于佛清从高速公路工程建设有关事项的通告
从府〔2011〕14 号	关于加强行政审批服务效能建设的意见
从府〔2011〕15 号	从化市人民政府征地公告（鳌头镇西湖村、水西村）
从府〔2011〕16 号	关于市政府领导工作分工的通知
从府〔2011〕17 号	关于废止行政规范性文件的通知
从府〔2011〕18 号	关于做好 2011 年重阳节期间森林防火安全保卫工作的通告
从府〔2011〕19 号	关于市政府领导工作分工的通知
从府〔2011〕20 号	关于废止从化市利用城市资源设置户外广告管理暂行规定等 2 份行政规范性文件的通知
从府〔2011〕21 号	表彰 2011 年度从化市先进工作者的通报
从府〔2011〕22 号	从化市人民政府征地公告（鳌头镇龙星、龙聚、南楼、新兔）
从府〔2011〕23 号	从化市人民政府征地公告（从化市 2010 年度第 2 批次地块 2）
从府〔2011〕24 号	从化市人民政府征地公告（从化市 2010 年度第 2 批次地块 1）
从府〔2011〕25 号	从化市人民政府征地公告（从化市 2009 年度第 14 批次地块 2）

续上表

文　号	标　题
从府〔2011〕26号	关于调整广州从化村镇银行筹建工作协调领导小组成员的通知
从府〔2011〕27号	关于表彰从化市“十一五”期间殡葬管理工作先进单位和先进个人的通报
从府〔2011〕28号	转发广州市法制办《关于公布调整和新增行政审批备案事项目录的通知》的通知
从府〔2011〕29号	从化市人民政府征地公告（从化市2010年度第2批次3号地块）
从府〔2011〕30号	从化市人民政府征地公告（从化市2009年度第14批次1号地块）
从府〔2011〕31号	从化市人民政府征地公告（从化市2009年度第14批次3号地块）
从府〔2011〕32号	关于表彰从化市参加广州市第十五届运动会取得优异成绩的教练员和运动员的通报

（市政府办供稿）

表格索引

说　明

1. 本表格索引按其所在篇目顺序排列。
2. 表格的数字，表示表格所在的页码。

城乡规划　建设　管理

环境保护　气象事业

经济监管

旅游　商业

农业　林业　水务　养殖业

财　税

文化　新闻

教　育

卫生　体育

科技信息

社会生活

统计资料

2011 年荣誉